本书受中国社会科学院大学中央高校基本科研业务费资助出版

政治传播研究的中国进路

"政治传播与社会发展"
论坛十周年
纪念文集

何晶 ◎ 主编

**The Chinese Approach to
Political Communication Studies**

Selection of Papers Commemorating the 10th Anniversary
of the Forum on Political Communication and Social Development

中国社会科学出版社

图书在版编目（CIP）数据

政治传播研究的中国进路："政治传播与社会发展"论坛十周年纪念文集/何晶主编 .—北京：中国社会科学出版社，2023.10
ISBN 978-7-5227-2626-7

Ⅰ.①政… Ⅱ.①何… Ⅲ.①政治传播学—中国—文集 Ⅳ.①D60-53

中国国家版本馆 CIP 数据核字(2023)第 181851 号

出 版 人	赵剑英
责任编辑	喻 苗
责任校对	胡新芳
责任印制	王 超

出　　版	中国社会科学出版社
社　　址	北京鼓楼西大街甲 158 号
邮　　编	100720
网　　址	http://www.csspw.cn
发 行 部	010-84083685
门 市 部	010-84029450
经　　销	新华书店及其他书店
印　　刷	北京明恒达印务有限公司
装　　订	廊坊市广阳区广增装订厂
版　　次	2023 年 10 月第 1 版
印　　次	2023 年 10 月第 1 次印刷
开　　本	710×1000 1/16
印　　张	44.5
插　　页	2
字　　数	691 千字
定　　价	239.00 元

凡购买中国社会科学出版社图书，如有质量问题请与本社营销中心联系调换
电话：010-84083683
版权所有　侵权必究

序 一

著名政治传播学者麦克奈尔曾吸收了登顿和伍德沃关于政治传播意图性的阐述，用"关于政治的有目的的传播"来概括政治传播的内涵。麦克奈尔关于政治传播的理解几乎囊括了所有的政治话语，并体现出一种基于"关系"的社会结构，而政治传播多元主体之间的"关系格局"将决定政治传播的整体面貌。然而，学界在既往的政治传播研究中常常忽视这样一个问题：以"关系格局"为实践基础的政治传播过程，其所带有的在新闻传播学那里天然内嵌的多元主体性结构这一核心知识关切，是否在我们当前的研究中得到了有效阐释？更进一步的价值追问即是——我们的政治传播研究是否关注到了多元主体互动这一进程与中国社会发展、人民政治生活之间的有效勾连？

实际上，麦克奈尔的解释与马克思所秉持的"具有公共性的社会关系"这一政治传播观念大体上有相似之处，只不过，马克思的政治传播观念在价值理性层面走得更远。在马克思看来，社会关系在广义上的内涵是指许多个人的共同活动，不管这种共同活动是在什么条件下、用什么方式和为了什么目的而进行的。不过，按照马克思的唯物史观来看，社会关系的内涵则需更近一步，它往往与具体的生产关系紧密相连，即"以一定的方式进行生产活动的一定的个人，发生一定的社会关系和政治关系。"而一旦社会关系随着生产力、生产关系的变化而生发或确立，社会的政治结构也就此演化并酝酿革新。在这里，社会关系的共同性基础体现政治传播结构所内嵌的多元主体，而社会关系的公共性外延则彰显政治传播过程应关切的政治秩序与人类福祉，两者合二为一正是马克思主义政治传播观所凸显的学理意义和价值指向。

长久以来，在国内外学术界，政治传播这一概念的诠释者通常都会承认，"政治传播"所涉及的"政治（politics）"和"传播（communication）"两个词语，本身就有"大而无边"的倾向。也因此，"政治传播学"的研究经过几十年的发展，至今仍面临理论体系不够成熟、研究方法不够规范、学科话语不够响亮、问题边界不够清晰的局面。特别是对于中国学界来说，基于马克思的政治传播观所做的理论探究和学术探讨，还稍显薄弱。这也同样意味着：作为新闻传播学、政治学等学科自主知识体系建构的重要组成部分，中国政治传播学的自主知识体系建构仍然任重道远。

2016年5月17日，习近平总书记在主持召开哲学社会科学工作座谈会时提出了我们建构自主知识体系的基本路径。在我看来，自主知识体系包括学科体系、学术体系、话语体系，要构建这三大体系，既不能忘记本来，又要吸收外来，面向未来。令人欣喜的是，中国社会科学院大学政治传播研究中心对此做出了有益尝试，何晶教授团队在过去十年里联手各界方家，立足中国、放眼全球，对中外政治传播实践的历史经验进行多方总结，对当前政治传播活动中涌现出的根本问题和关键议题进行深度探索，尤其是对如何用理论来促进中国本土的政治传播实践、助益社会全面发展做出了不懈努力。眼前这本集结了在十届政治传播与社会发展论坛中首发的优秀论文的学术论文集，力求"不忘本来"——让政治传播历史、理论、进路与方法等研究走过的足迹成为今天的学术知识镜鉴；努力"吸收外来"——在国际政治传播、政治治理、政治参与、社会舆论等研究中聚焦他山之石，放眼世界之维；勇于"面向未来"——慎思工业时代的底层逻辑遭受的数字技术迭代冲击，为深度媒介化时代的社会福祉提炼价值旨归，体现了中国社会科学院大学政治传播研究中心所具有的历史使命感和学术责任感，也是中心为构建中国特色政治传播学和中国特色新闻传播学"三大体系"所作出的独特贡献。

应当看到，进入新时代，随着互联网、算法、人工智能等数字技术的高速发展，哲学社会科学的发展正面临概念、理论甚至研究范式的颠覆性转变，人类的生活处境同样面临百年未有之大变局。在这一背景下，历史机遇和现实挑战共同构成了新闻传播学科发展和人类社会关系、政治秩序变迁的双重面向。在这一过程中，政治传播研究将面临历史、现实与未来的理论交互和实践交融，政治运行逻辑与传播体系建构也将在深度媒介化时代迎来互通、互嵌、互动的全新格局。这将意味着，政治传播研究的未来必然需要深度反思工具理性和价值理性的可能错位，必然需要高度关注社会规则体系与政治实践逻辑的可能隐忧，必然需要深切聚焦政治传播的历史文本、理论源泉和实践经验的可能基点，同时，还应力求放眼国际大势、落地本土实践、回归学术初心。

2023 年是全面贯彻落实党的二十大精神的开局之年，也是赓续新时代十年伟大变革的启航之年。我们期待，这部优秀论文集的出版能够擘画中国政治传播研究的十年之路，为开创政治传播研究的新时代篇章、推动政治传播研究顺应新时代的中国特色新闻传播学科发展贡献微薄之力。我们也期待各界学人能够以优秀文本为契机，携手互鉴、深度对话，通过回顾历史、面向现实、展望未来"面向国家重大战略、面向学科重点前沿、面向实践重要问题"，以庄严的使命感、崇高的责任感和强大的执行力为中国特色新闻传播学"三大体系"的构建倾心蓄力。

胡正荣
中国社会科学院新闻与传播研究所所长
中国社会科学院大学新闻传播学院院长

序 二

　　这本文集由第一届至第十届"政治传播与社会发展"论坛的部分精选论文结集而成。"政治传播与社会发展"论坛（下文简称"论坛"）是由中国社会科学院大学主办、中国社会科学院大学政治传播研究中心（下文简称"中心"）组织的年度学术会议，也是国内第一个大型的政治传播研究专题学术论坛。中心定位于以研究政治传播活动的基本规律、为政治传播实践提供理论参考为主要内容的学术研究机构，致力于以中外历史上形成的政治传播智慧为基础，以扎实的政治传播研究成果为依托，关注政治传播实践中的核心问题，建构有效的政治传播路径，以丰富和深化政治传播理论，同时为政治传播实践提供参考，以推进政治活动参与主体间的相互信任与良好协作，实现共同的社会发展目标。论坛即是中心搭建以促进政治传播研究学术交流的平台。首届论坛于2014年9月21日在北京召开，2023年10月28、29日举办第十届，至今已成为政治传播研究同仁一年一会的固定学术空间。在首届论坛举行的当天，中心还启动了"政治传播研究"学术公众号，以每周二至三期、每期两篇的频率推送学术论文和学界、业界动态，素由全国各大高校本硕博学生担任志愿编辑。公号与论坛相互补充，十年来打造了一个持续为学术界、实务界和政策制定者提供参考的学术阵地。

　　作为集中呈现每年国内政治传播研究最新学术成果的平台，"政治传播与社会发展"论坛始终得到学人们的鼎力支持，十届论坛收到投稿约七百余篇，入选论坛进行学术报告的有近三百篇。由于数量较大，悉数收录并不现实，我们商讨之后设定了一个入选标准，即针对第一至九届论坛的来稿论文，选取在论坛首发、之后在CSSCI期刊正式发表的论文；第十届论坛因为在文集出版之时召开，其投稿论文尚不可能在期刊正式发表，即组织专家从来稿中遴选两篇论文收入其中。当然，即便是这样，符合基本条件的论文也已经远超这本论文集的容量，我们结合论文集的体例需求和编辑部审稿意见，最终确定了40篇入选论文。

这本文集是社科大政治传播研究中心十年建设与"政治传播与社会发展"论坛十年耕耘的印迹，更是中国政治传播实践及学术研究十年演进的一种记录，它在一定程度上呈现了过去十年来中国政治传播研究领域主要研究议题的样貌与变化。1991年邵培仁老师所著《政治传播学》一书的出版通常被视为政治传播研究作为传播学分支领域在中国内地的正式亮相，但在其后相当长的一段时间里，"政治传播"这个关键词在新闻传播学界一直未得以彰显。尽管在中国，政治传播的实践历史久远，相关研究素有积累，引自美国的传播学也是以政治传播"起家"，并且国际上较为知名的传播学会如 ICA（International Communication Association，国际传播学会）、AEJMC（Association for Education in Journalism and Mass Communication，新闻与大众传播教育学会）、NCA（National Communication Association，美国全国传播学会）、ECREA（European Communication Research and Education Association 欧洲传播研究和教育学会）等及政治学会如 IPSA（International Political Science Association 国际政治学会）、APSA（American Political Science Association 美国政治学会）等都有"政治传播"分会，但在中国学术界，以"政治传播"为名的研究并不显眼。2008年中国传媒大学政治传播研究所和2013年中国社会科学院大学政治传播研究中心（当时为中国青年政治学院政治传播研究中心）的先后成立，以及2014年起中国社会科学院大学政治传播研究中心组织的"政治传播与社会发展"年度学术论坛和2015年起中国传媒大学政治传播研究组织的"中国政治传播研究"双年学术论坛，在国内新闻传播学界以机构和学术活动的名义点明并不断强化了"政治传播"这一关键词。

过去十年来，中国社会科学院大学政治传播研究中心组织的十届"政治传播与社会发展"论坛，力求对历史上和当下政治传播实践活动中浮现出的核心议题进行学术观照，以推进政治传播基础理论建设，为建构既具有中国特色、又能与国际学术界有效对话的政治传播学术体系贡献绵薄之力；同时积极回应中国之问、世界之问、时代之问、人民之问，以期对促进政治信息的充分流动、实现各政治传播主体间的良好沟通有所助益。每届论坛的主题设计即体现了对中国社会建设发展重心、国内外重大形势或本研究领域重要发展方向的观照，比如2022年第九届论坛的主题是"数字中国建设与政治传播研究"，这是为了呼应党中央、国务院建设数字中国的战略方针。2021年值中国共产党百年华诞，第八届论坛即以"以史为鉴、开创未来：面向新征程的中国政治传播研究"为主题。2017年第四届论坛的主题是"全球化与逆全球化背景下的国际政治传播"，是对当时中国政治传播面临的内外环境及其现实影响的学术关注。2020年第七届以"计算科学、政治传播与国家治理"为主题，则是对计算科学在新闻传播学领域开始兴起这一变化的回应。论坛主题的变化反映了中国政治传播研究的场景变化，而这也正是政治传播研究的起点和落脚点，政治传播研究必须回应现实问题，直面重大问题。这本文集即是中国学界同仁对这些重大问题上下探索、同时在理论上积极创新的成果之一。

就十年来"政治传播与社会发展"论坛来稿所涉及具体的研究议题而言，呈稳中有变的态势。政治传播史论、主流意识形态传播、舆论、政治传播与政治参与、政治传播与国家治理、国际政治传播等议题贯穿始终，近年来，一个新的议题"技术与政治传播"也日渐明晰。这些议题既有鲜明的中国特色，也体现了政治传播活动的普遍性关切，是中国学人基于自身研究兴趣自然形成的问题域，是对过去十年甚至更长时间范围内中国政治传播研究价值旨趣、核心关切和学术思想演进的真实呈现。

由于文集容纳数量有限，难免有遗珠之憾；且因为数量限制，也未能呈现过去十年来论坛有关政治传播研究的全貌，故文集附上"第一至十届'政治传播与社会发展'论坛主题演讲及会议论文目录"，作为供读者了解更大图景的参考。另外，由于首届论坛博士、硕士研究生投稿踊跃，我们也吸纳了部分研究生参会，从第二年（2015年）开始，"政治传播与社会发展"论坛就开辟了"研究生专场"，2017年起正式命名为"政治与传播"研究生论坛，延续至今。可以说，研究生论坛从一开始就与"政治传播与社会发展"论坛相伴相生，二者共同描绘了致力于政治传播研究的学者和青年学子在这一领域接续耕耘的画卷。因此，文集也附上研究生论坛的会议论文目录以现全貌。

在整理十届论坛学术发表信息之时，不禁心生感慨：十年时光，倏忽即逝。2014年9月21日首届论坛召开的情景历历在目。当日，李金铨、高钢、程曼丽、喻国明、黄煜、荆学民、陈生洛、祝华新等学界、业界前辈均到场发表主题演讲，他们深刻而真诚的发言犹在耳畔；50位学界同仁在八个分论坛做论文发表，现场"如切如磋、如琢如磨"的氛围令人感动，"政治传播与社会发展"论坛从一开场就彰显了它"求真务实、交流对话"的精神气质。一手促成中心成立、时任学术共建委员会主任的的高钢老师说"政治乃管理众人之事；政治传播研究，需关注众人之意见，也需集众学者之力"。论坛十年历程也见证了中国政治传播研究学术共同体在交流对话、相互扶持中的不断成长。但愿这本文集能成为这一重要历史过程的一份有价值的记录与纪念。

从政治传播研究中心的建立、"政治传播研究与社会发展"论坛的举办，到这本文集的出版，所有计划的实现端赖学校科研处一直以来的支持。在中心建设、论坛组织的过程中，会遇到各种挑战，科研处的同事们以他们温暖而坚定的支持与帮助让我们可以专心做好自己该做的事，这份支撑，十年间未曾改变。先后主管科研工作的副校长林维、高文书一路给予指导和扶持。与新闻传播学院的领导和同事们共事多年，各项工作上的默契合作、相互扶持自不必言，中心和论坛的发展自然离不开新闻传播学院和新闻与传播研究所的大力支持。尤为特别的是，十年来，新闻传播学院的学生们以及"政治传播研究"公众号的编辑同学们也为中心、论坛和这本文集做出了独特贡献。每年"政治传播与社会发展"论坛的会务工作都是以学生志愿者为主体的，线下论坛会动用到三十余位志愿者，线上的也会有二十多位志愿者参与服务工作，我清晰地记得他们每一位的名字，篇幅所限无法一一列出，但至少应写下历届会务负责同学的名字，她们是袁纯子、王治国、方佳媛/邓立峰、王美华/武文、李瑛琦、王楠、严嘉悦。会后，则由"政治传播研究"学术公众号的编辑同学们集体协作推送论坛的学术报告及评议内容。具体到这本《十周年文集》，李瑛琦、王楠、严嘉悦、李墨馨、刘铭勤、詹依依、于轶婷、景文萱等同学参与了选稿、转录、校对等环节，他们认真细致的工作为《十周年文集》的面世打下了很好的基础。

《十周年文集》的编辑喻苗女士以她的专业、耐心和高度的责任心为此书的出版一路保驾护航,她的易于沟通和勤勉敬业令人心安。

《十周年文集》付梓之日,谨对所有前辈、同仁、同事、同学、合作者及中国社科大、社科大新闻传播学院、社科院新闻与传播研究所表示衷心感谢,是你们的共同奉献,使这本文集成为可能。我们也期待,在下一个十年,经过所有人的共同努力,可以再推出一本充满惊喜的纪念文集。

何晶

中国社会科学院大学政治传播研究中心主任

中国社会科学院大学新闻传播学院教授

目 录

专题一 政治传播史研究

水舟论：中国古代政治权力博弈下的民心传播
　　隐喻 ………………………………… 谢清果　王　婕（3）
李提摩太译介与马克思主义在中国的早期传播 … 邢云文　韩晓芳（18）
马克思主义新闻学早期传播中的知识偏向
　　——《新莱茵报》在中国的早期传播史考证 … 李　斌　季为民（35）
妥协的自由：民国南京临时政府新闻事业管理体制研究 … 高山冰（55）
纠偏与规训：新中国成立初期的连环画媒介批评 ………… 张勇锋（76）
政治传播学视野下的内参现象初探 ………………………… 刘宪阁（89）

专题二 政治传播理论、方法与进路

政治传播研究的"行省化"：理论反思与路径重构 ………… 史安斌（99）
当代中国政治传播研究的方法论现状及未来发展 ………… 李　智（107）
政治传播与主流意识形态构建 …………………… 施惠玲　杜　欣（112）
网络政治意识形态传播的动力、特性及其规制 … 张爱军　秦小琪（125）
"匹配效应"：政治谣言的心理及意识形态根源 …………… 马得勇（142）
"底层表达"视角下中国政治传播研究的路径创新 ………… 何　晶（164）
从信息全球化到信息地缘政治：互联网思维逻辑的演进与
　　趋势 ……………………………………………………… 马立明（179）
深度智能化时代算法认知的伦理与政治审视 ……………… 段伟文（198）

专题三 政治传播与国家治理研究

政治时间与冲突现场：外压型议题如何进入政策视野 …… 张　宁（223）
决策转型中的媒体参与 ……………………………… 章　平　郝　晔（238）
全媒体时代基层民主协商的传播创新与经验启示
　　——以浙江省温岭市为例 ………………………… 黄军勇（257）
网络社群的三重效应及其对公共决策的影响研究
　　——基于传播政治经济学的视角 ………………… 张彦华（273）
竞争还是共生？政策传播渠道关系演变研究
　　——基于19个城市的问卷调查数据分析 …… 杨　君　陈莹晶（290）
政府微博的长效管理分析 ……………………………… 谢进川（313）
"双微联动"：建构党政与民众对话新渠道 ……… 黄楚新　张　安（322）
从反应性政治到回应性政治：县级融媒体建设中的
　　政治传播逻辑转向 ………………………………… 张　波（336）

专题四 政治传播与政治参与研究

传统媒体与网络媒体：媒介新闻使用对青年政治表达的
　　影响及政治效能的中介作用 ……………………… 卢家银（351）
新媒介技术环境下上海大学生的意见表达研究 ………… 廖圣清（372）
二元性互构：选择性接触影响下的青年网络政治意见
　　表达 ………………………………………………… 晏齐宏（390）
中央与地方：网民的政府信任度比较
　　……………………………… 张洪忠　马思源　韩　秀（421）
一个线上公祭空间的生成
　　——南京大屠杀纪念与数字记忆的个案考察 …… 李红涛　黄顺铭（430）

专题五 舆论研究

李普曼与我们的世纪
　　——《舆论》出版百年之际回望"李杜之辩" ……… 胡　泳（461）

为"科学的"民意调查辩护
　　——学科史视域中乔治·盖洛普的民意调查理论·········张　健（494）
政府回应民意的理性选择·················刘小燕　秦　汉（513）
大数据、网络舆论与国家治理·············张志安　曹艳辉（525）
谈论雾霾：日常性意见表达对舆论的影响及其情感
　　机制···闫文捷（543）

专题六　国际政治传播研究

共情、共通、共享：中国话语国际影响力提升的
　　新进路···························于运全　朱文博（569）
新时代中华文化海外传播内容创新的四个"度"
　　——以第一届"讲好中国故事"创意传播国际
　　大赛获奖作品为例···崔　潇（579）
被"标识"的国家：撤侨话语中的国家认同与家国
　　想象···陈　薇（586）
国际传播的平台化转向······································季芳芳（607）

专题七　《中国社会科学报》专题

有温度的政治传播话语才能入耳入心····················陈叶军（621）
大陆政治传播研究亟待政治学深度介入··················荆学民（624）
香港政治传播研究的发展进程·············黄　煜　徐　来（627）
新媒体语境下的台湾政治传播研究·······················陈清河（631）

附　录

第一至十届政治传播与社会发展论坛主题演讲及会议论文目录···（637）
第一至九届研究生论坛论文目录································（676）

专题一

政治传播史研究

水舟论：中国古代政治权力博弈下的民心传播隐喻*

谢清果 王 婕

（厦门大学新闻传播学院教授，厦门大学传播研究所所长；
厦门大学新闻传播学院博士研究生）

摘 要：作为中国古代政治文化的经典隐喻，水舟话语通常出现在臣子或知识分子对统治者的劝谏情境中。水舟论以民心传播为底层逻辑，以"水能载舟，亦能覆舟"为代表论述，其本质是基于中国古代统治阶级和被统治阶级对政府统治与社会发展之间互动关系的共同认知，而形成的对民心观念及民意争夺传播机制的高度概括。水与舟的关系，透露着民本思想和王权主义的不解渊源，体现在国家制度设计以及社会各方借用民意而展开的权力博弈，表征为圣贤治世的政治想象和天道民心的政治叙事框架。水舟论所彰显的政治传播逻辑增强了华夏文明的韧性，但同时也使中国社会不免坠入王朝更迭、文明止步的陷阱。一定程度上，水舟论可被视为中国政治传播的根隐喻。

关键词：水舟论；水舟隐喻；民本思想；权力博弈；政治传播；民心传播

---

* 本文系国家社会科学基金一般项目"华夏文明传播的观念基础、理论体系与当代实践研究"（项目编号19BXW056）的研究成果。

"民心"在中国的政治传播语境中占有重要地位，是构建权力合法性的重要基石，在华夏政治文明的实践过程中，构成了一套"得民心者得天下"的话语体系，形成了注重民心的政治传统。"民意"舆论场关乎政治统治的合法性，也规约着统治者的行为，常常是政策变革或朝代更替的先声。在舆论的造势和组织下，达到一定程度的"民意"可催化出实际的军事力量，进而成为社会变革的主力。"民意"不仅为统治者所用，也为百姓和知识分子所用，或监督、或劝谏、或改革、或革命，本质上是在舆论场上各取所需的权力博弈。"民意"舆论场是各方权力博弈的主战场之一，而其中，对"民心"的争夺成为政治传播的焦点。

"得民心"的政治智慧形塑了中国传统政治传播的内在逻辑，然而"民意"与"民心"却有所区分："民意"常常被裹挟、被争夺、被煽动、被利用，成为舆论场的潮流方向，正是在各方博弈的"民意传播"过程中，权力关系在受众的意识中被建构起来；而"民心"代表一种政治正确，"民心传播"[①] 通常是指中国古代统治者基于天命思想、考虑百姓的根本利益和长远利益的正向传播活动。从民意入手，而超越民意，最终以民心归趋为核心，正是中国政治文明的历史底蕴。出于对"民心"和"民心传播"的集体认同，无论是统治者还是官僚知识分子，抑或是革命者与普通百姓，都有意、自觉建构出一套"水舟"政治传播理论。

本研究试图从中国历史与现实提炼和升华出中国政治传播的根隐喻——水舟论。水舟论以"君，舟也；人，水也。水能载舟，亦能覆舟"[②] 为代表论述，是中国古代政治传播活动的隐喻式表达，具体体现在借以各种民意调控手段而赢得民心的一系列政治活动中，其本质是以"得民心者得天下"为标志性论调的中国古代民心观念的集中概括。水与舟的关系，透露着民本思想和王权主义的不解渊源。水舟论的政治传播逻辑对中国历史的发展具有双重作用：一方面，在政治上增强了王朝统治与华夏政治文明的张力和韧性，使得中国历史历经千年跌宕起伏，却

---

① "民心传播"这一提法最早见谢清果、王婕《民心传播：中国式扶贫实践的文明底蕴》，《广西职业技术学院学报》2020 年第 5 期。

② （唐）吴兢：《贞观政要》，张燕婴等译注，中华书局 2012 年版，第 22 页。

依然能够朝着维护中华民族共同体整体利益的方向迈进；同时，在文化上超越了国界，彰显出华夏文明交融共生的特性，成为中华文明血脉不断的精神支柱所在。另一方面，民本思想始终与王权相绑定，生成了圣贤治世的政治想象和人格追求①，作为虚设集体的臣民被束之高阁，致使中国政治文明在王朝更迭的历史轮回中止步不前。

一 "得民心者得天下"的学术争议：民心与武力的悖论

"民心"是水舟观念的核心意涵所在，"得民心者得天下"可被视为"水能载舟"的一种话语阐释，对民心的争夺成为水舟政治传播的焦点。强大的秦帝国二世而亡，汉初贾谊在其政论文《过秦论》中，将秦之过归结为"仁义不施"，终被人民灭亡。这一观点被以司马迁为代表的文人采纳，进一步在《史记》中构建出秦失民心而亡的历史叙事，"得民心"的政治思想成为文人笔下中国古代政治更迭主要原因的叙事框架。特别体现在文学作品中，如《三国演义》中黄巾军首领张角以"至难得者，民心也。今民心已顺，若不乘势取天下，诚为可惜"②为由鼓动人心，发动起义；孙策死后，孙权因任用张紘、顾雍等贤臣"深得民心"③，故而能够"威震江东"④；刘备在进入益州牧刘璋的领地后"广施恩惠，以收民心"⑤……民心成为发动一切政治行为的理由、前提条件，以及导向某种政治结果的原因。"得民心者得天下"的逻辑思维也潜移默化地深植于国人对华夏政治文明的认知当中延续至今。

然而，在历史叙事中，朝代的更迭与政治变革往往诉诸武力，战争胜负并不直接由民心向背所决定。尤其在战乱时代，多数情况下武力强弱是战争胜负的核心；即使是在和平时期，也不免昏君、奸臣把持朝政，压榨、奴役百姓的案例。用民心决定论去解释历史，"得民心者得天下"

---

① 陈永森：《民本位与官本位论析》，《广东社会科学》2001年第2期。
② （明）罗贯中：《三国演义》，申龙点校，岳麓书社2008年版，第3页。
③④ （明）罗贯中：《三国演义》，申龙点校，岳麓书社2008年版，第253页。
⑤ （明）罗贯中：《三国演义》，申龙点校，岳麓书社2008年版，第514页。

的逻辑往往会陷入困境。① 典型的如元末明初时期，苦于盐警欺压的盐民们起兵反元"颇轻财好施，得群辈心"②的张士诚被众人推举为首领，建立了大周政权。面对"元右丞相脱脱总大军出讨，数败士诚，围高邮，幕其外城"③的军事碾压，张士诚一度溃不成军。如若不是"顺帝信谗，解脱脱兵柄，削官爵"④致使元军群龙无首，一时星散，张士诚的命运恐怕就会被改写。"得民心者得天下"逻辑在历史战争实践中的失灵、民心与军事实力的悖论，造就了历史学界"得民心者得天下"的学术争议。

作为中国经典政治哲学思维的典型体现，为何在实践中看起来往往失灵的"得民心者得天下"理念，却得到中国古代社会各阶层的广泛追捧和认同，甚至成为一种政治文化遗产而代代继承？又是什么力量支撑着这一观念的传承？要想解答这些问题，就不得不探究"得民心"与"得天下"之间的作用机制和逻辑关系。正是在纷繁错杂的舆论争夺中，"民心"才得以被凝聚、瓦解和动员，为权力所争夺的同时也为权力正名，间接转化为"得失天下"的实力。民心舆论场的形成同样反噬着中国的政治文明，在维持权力秩序并带来民众话语权的同时，也忽视和矮化了作为个体的民众，加固了官本位的圣贤文化想象。基于此，笔者立足政治传播视野，试图从传播角度来剖析民心与军事实力的悖论，并阐释其背后的传播机制及舆论争夺。

政治传播研究在诞生之初，就与西方现代民主体制下的政治环境捆绑在一起。西方的政治传播研究学者将"身处的政治环境当做了恒定的政治"⑤，其目光圈定在对选举政治的媒介作用考察。现行的很多研究虽标榜政治传播之名，归根结底却是一种传播本位的"传媒政治"研究。⑥对中国的政治传播生态而言，比起媒介、议程设置等要素，"或许政治文明本身的特征与成熟度才是影响政治传播效果的根本要素"⑦。故而，对

---

① 刘巍：《"民心"决定论的困境——以秦亡汉兴为例》，《北京理工大学学报》（社会科学版）2015年第4期。
② （清）张廷玉：《明史》，中华书局1999年版，第2446页。
③④ （清）张廷玉：《明史》，中华书局1999年版，第2447页。
⑤ 白文刚：《中国古代政治传播研究》，中国社会科学出版社2014年版，第282页。
⑥ 荆学民：《政治传播活动论》，中国社会科学出版社2014年版，第23页。
⑦ 白文刚：《中国古代政治传播研究》，中国社会科学出版社2014年版，第286页。

水舟观念的考察不能简单遵循西方政治传播研究的路径，而应当回归中国政治传播的情境中去。从"得民心"到"得天下"是一个多方因素共同作用的漫长过程，"民意"舆论场的后台，是各方对信息传播的控制和对话语权的争夺。传播是民意建构的关键，是连通"民心"与"天下"的逻辑桥梁，若无综合考量传播的民心研究，就无法洞窥民心向背与天下得失背后的关联。

水舟叙事作为一种权力合法性的隐喻构建，一方面通过话语引导社会的价值观，另一方面暗含着实践与话语的交织，本质上也是对认识的一种形象概括。例如人们将教化喻为风草，借助风吹草偃隐喻，强化上行下效的宣传效果；将君民关系喻为水舟，借助水舟隐喻，凸显出统治者与被统治者之间互动牵制的关系。从先秦时期流行的风草之喻，到秦汉之后盛行的水舟之喻，水舟是如何被建构为政治隐喻的？笔者以贯穿于中国人的经验生活并影响着中国人思想行为的"水舟"观念为了解中国社会的重要"文化钥辞"[①]，去考察其背后的政治理念，及其与政治制度和社会行为、社会场景之间的互相形塑，以期探究以水舟隐喻为代表的政治观念对中国政治文明的发展造成了哪些积极或消极影响，进而反思在谋求打破西方宰制话语权的当下，在依赖传统文化资源重构中国话语时，需要时刻警惕哪些理论陷阱。

二 天道民心：水舟话语生成的政治传播情境考察

"水能载舟，亦能覆舟"因魏征劝谏唐太宗的君臣佳话而妇孺皆知，"水舟论"也成为华夏政治文明的典型体现之一。在其最著名的谏文表《谏太宗十思疏》中，魏征直言："怨不在大，可畏惟人；载舟覆舟，所宜深慎。"[②]《贞观政要》中，记载了魏征与唐太宗对历史理政得失的论辩："臣又闻古语云：'君，舟也；人，水也。水能载舟，亦能覆舟。'陛

[①] 吴予敏：《中国传播观念史研究的进路与方法》，《新闻与传播研究》2008年第3期。
[②] （清）吴楚材、（清）吴调侯：《古文观止（下）》，张天来、王华宝校注，江苏人民出版社2019年版，第586—587页。

下以为可畏，诚如圣旨。"① 政权如舟，百姓如水，人心向背决定着统治者的生死存亡，也就是"得民心者得天下，失民心者失天下"的写照。"舟"是君，是传播主体，"水"是民，是传播受众，"水能载舟，亦能覆舟"就是传播主体与传播受众在社会互动中经过一系列传播活动而实现的两种截然不同的传播效果。"载舟覆舟"之论并非魏征的原创，据目前所见文献，最早源于春秋时期《荀子》。《荀子·王制》云："庶人安政，然后君子安位。传曰：'君者，舟也；庶人者，水也；水则载舟，水则覆舟'。"《荀子·哀公》则记载了孔子以水舟作喻劝谏鲁哀公的史例。生于深宫、自小养尊处优的鲁哀公向孔子讨教经验："寡人生于深宫之中，长于妇人之手，寡人未尝知哀也，未尝知忧也，未尝知劳也，未尝知惧也，未尝知危也。"② 针对"未尝知危"的困惑，孔子以水舟论告诫哀公民心向背对维护政治统治的重要性："且丘闻之，君者，舟也；庶人者，水也。水则载舟，水则覆舟，君以此思危，则危将焉而不至矣！"③ 此后，水舟论被朝廷官员频频提起，如汉朝宗室大臣刘向④、东汉名将皇甫规⑤、三国时期曹魏将领王基⑥、三国时期吴国将领骆统⑦、唐初著名谏臣魏征等。正是出于对水舟政治传播理论底层逻辑的真切认同，唐太宗奉行"广开言路""兼听广纳""宜言无隐"的舆情传播政策⑧，以保证下情上达，开启了初唐"贞观之治"的局面，水舟论也成为中国古代政治传播的重要隐喻。

通过对水舟话语生成的语境考察不难发现，水舟隐喻通常出现在臣子或知识分子对统治者的劝谏情境中，并因知识分子和统治者的共同倡导而成为中国古代政治文化的经典隐喻。在中国古代君主专制社会，一国之君享有至高无上的权力，君权凌驾于法律之上，导致了"君私于上，吏奸于下"⑨的局面。即便是广为称颂的唐太宗，在《贞观政要》中也

---

① （唐）吴兢：《贞观政要》，张燕婴等译注，中华书局2012年版，第22页。
②③ 北京大学《荀子》注释组：《荀子新注》，中华书局1979年版，第500页。
④ （西汉）刘向：《说苑今注今译》，卢元骏注释，天津古籍出版社1977年版，第182页。
⑤ （南朝宋）范晔：《后汉书》，中华书局1999年版，第1440页。
⑥ （西晋）陈寿：《三国志》，中华书局1999年版，第557页。
⑦ （西晋）陈寿：《三国志》，中华书局1999年版，第987页。
⑧ 潘天波：《变化的传播偏向》，中国社会科学出版社2014年版，第253—254页。
⑨ （唐）吴兢：《贞观政要》，杨宝玉译注，北京燕山出版社1995年版，第189页。

有多次怒而杀人的记录，甚至因爱马死亡而怒杀养马宫人。史载贞观之初，太宗尚能志存公道，然而随着年岁日久，皇帝断案"取舍在于爱憎，轻重由乎喜怒。爱之者，罪虽重而强为之辞；恶之者，过虽小而深探其意"①，以至于"顷年犯者惧上闻，得付法司，以为多幸"②。纵观中国历史，英明的皇帝凤毛麟角，而因圣明而青史留名的唐太宗尚且有滥用权力的多次记录，可见规范和制约皇权使用的难度之大。在此情况下，以民心得失作为底层逻辑的水舟论成为规范和制约君主权力和行为的一种补充，借由教育和历史典籍等多种媒介的传播，民心理念在统治者和知识分子中得到了广泛而切实的认可，并作为自身的政治理念而付诸实践，深刻影响了中国政治的历史走向。尤其是在中国古代朝代更替的舆论建构中，民心成为王权建立或消亡的主要缘由。③

以水舟论为代表的"民心"话语体系的建构并非一蹴而就，而是在漫长的历史演进中、在社会各方势力激烈的权力斗争和心理博弈中不断被运用、解释和重构而形成的。在人类社会初期，由于生产力和科技水平的低下，人类对自然的认识不可避免地落入神秘主义，原始宗教产生，巫术盛行，国家权力来自至高无上的神权。发展到夏、商、周三代，天帝信仰与祖先崇拜成为社会的主要思想，分别产生了《连山》《归藏》《周易》三易，统治者通过祭祀、占卜问天的形式来维系国家统治的神圣性和合法性。然而商周的政权更迭给神权信仰带来了挑战：如何向社会解释周朝取代殷商的合法性？殷商遗民如何接受"殷人神祖"的失败？面对这一难题，作为国家实际统治者的周公旦引入"以德配天"的概念来说服人心："皇天无亲，惟德是辅。"④ 王权固然受命于天，但倘若没有"德"的加持，上天也会抛弃他，"德"主要表现为是否得到民心。天命与民心是一体的，根据对世间民心的考察，就能洞悉天命的意志。如殷商暴君桀纣骄奢淫逸、残暴无道，"暴殄天物，害虐烝民"⑤，致使"诞

---

① （唐）吴兢：《贞观政要》，杨宝玉译注，北京燕山出版社1995年版，第188页。
② （唐）吴兢：《贞观政要》，杨宝玉译注，北京燕山出版社1995年版，第189页。
③ 谢清果：《华夏文明与舆论学中国化研究》，九州出版社2018年版，第39页。
④ 李民、王健：《尚书译注》，上海古籍出版社2004年版，第334页。
⑤ （西汉）孔安国传，（唐）孔颖达疏：《尚书正义》，李学勤：《十三经注疏》，北京大学出版社1999年版，第291页。

惟民怨……故天降丧于殷"①，而周文王"维天之命，於穆不已……文王之德之纯"②。故而武王能够"恭天成命，肆予东征……以济兆民"③，于是周代商就成为天命意志，中国政治与文化由此发生了剧烈的变革。④ 周公这一改革被视为"中国古代民本思想初步理论化的标志"⑤，民心被引入政治视野。

在后世发展中，周公以德配天的思想为统治者所延承，并进一步发展成"得民心者得天下"的政治理念。春秋初期，辅佐齐桓公成为春秋五霸之首、掌握政治实权的管仲提出："政之所兴，在顺民心；政之所废，在逆民心。"⑥ 民心成为政府选贤任才的重要考量依据。即便是面对与其有着"管鲍之交"情谊的鲍叔牙，管仲也因其"刚愎而上悍。刚则犯民以暴，愎则不得民心，悍则下不为用"（《韩非子·十过》）即性格固执、难得民心的理由，否决了齐桓公任用鲍叔牙的提议。正因"政之所废，在逆民心"的政治理念深入于心，被驱逐出境的政治家屈原对"终不察夫民心"（《楚辞·离骚》）的楚怀王深感失望和愤慨；儒家"亚圣"孟子直接将民心与天下相关联，"桀纣之失天下也，失其民也；失其民者，失其心也。得天下有道：得其民，斯得天下矣；得其民有道：得其心，斯得民矣"⑦，进而提出"民为贵，社稷次之，君为轻。是故得乎丘民而为天子"⑧ 的政治观点。

总之，掌握实权的周公旦在西周初年为了稳固统治秩序，创造性地将民心引入天命，为以民心得失作为底层逻辑的水舟论的诞生奠定了基础。面对占绝对优势地位的君权，古代知识分子基于对社会历史的考

---

① （西汉）孔安国传，（唐）孔颖达疏：《尚书正义》，李学勤：《十三经注疏》，北京大学出版社1999年版，第380页。
② 程俊英：《诗经译注》，上海古籍出版社2004年版，第323—324页。
③ （西汉）孔安国传，（唐）孔颖达疏：《尚书正义》，李学勤：《十三经注疏》，北京大学出版社1999年版，第292页。
④ 王国维：《殷周制度论》，载《观堂集林（外二种）上》，河北教育出版社2001年版，第287页。
⑤ 张分田：《民本思想与中国古代统治思想（上）》，南开大学出版社2009年版，第86页。
⑥ 颜昌峣：《管子校释》，岳麓书社1996年版，第3页。
⑦ 杨伯峻注译：《孟子译注》，中华书局2012年版，第182页。
⑧ 杨伯峻注译：《孟子译注》，中华书局2012年版，第364页。

察，逐渐将天道与民心相结合，形成了一套民心传播逻辑，借以警醒统治者的思想、规约统治者的行为。而在具体的政治实践中，"民心"得失已然成为那些成功获取权力的新任统治者（旧统治的革命者）解释统治合法性的理论阐释，体察民心民生也为历代统治集体所倡导，而这一解释在一定程度上"与民分权"，给了被统治群体一个舆论道德的制高点，夺取民心成为政治统治及后世各方权力博弈的舆论焦点，水舟论也成为中国古代政治文化的经典隐喻以及制约和规范君权的一种补充。

三 民心传播：水舟论作为政治传播活动的阐释逻辑

水舟话语的传播逻辑不仅融汇着统治者对民心重要性的客观认知，也渗透着中国传统文化的人生价值追求和情感寄托。对圣贤治世的追求是中国古代政治传播的典型叙事，自《尚书》始，这种叙事就已成型。召公劝谏周成王"惟不敬厥德，乃早坠厥命。今王嗣受厥命，我亦惟兹二国命，嗣若功"[①]。只有施行德政方能"祈天永命"[②]。周成王虔诚地听取召公劝谏，在他统治期间，"天下安宁，刑错四十余年不用"[③]。与此类似，《逸周书》中也记载大臣祭公在临死前劝谏周穆王要以夏商的灭亡为鉴戒，敬祖安民，否则终将"周有常刑"（《逸周书·卷八·祭公解》）。而周穆王在位期间，不断扩大疆土，有力巩固了周王朝的统治。圣君贤臣的想象在这里可见一斑。而后在《管子》中，开始出现水舟明喻：河与舟分别对应臣民与国君，治理国家如同过河，国君拥有贤臣就如同"鸿鹄之有翼，济大水之有舟楫"[④]。

中国古代文化场景中的"臣"既包括政府各级官员，也包括民间百

[①] （西汉）孔安国传，（唐）孔颖达疏：《尚书正义》，李学勤主编：《十三经注疏》，北京大学出版社1999年版，第399页。
[②] （西汉）孔安国传，（唐）孔颖达疏：《尚书正义》，李学勤主编：《十三经注疏》，北京大学出版社1999年版，第400页。
[③] （西汉）司马迁：《史记》，中华书局1999年版，第98页。
[④] 颜昌嶢：《管子校释》，岳麓书社1996年版，第236页。

姓，是一个虚设的集体。水舟隐喻所彰显的民本思想，将中国的政治文明引入了圣君贤臣的政治想象。这种想象掩盖了王权与民心的矛盾。一方面，道德、天命、民心在现实的军事实力面前显露出了它的空虚性。在军事实力面前，以民生悲喜为参考的"天命"和"德"被广泛质疑和抛弃。《左传·僖公二十二年》载泓水之战，"宋人既成列，楚人未既济。司马曰：'彼众我寡，及其未既济也，请击之。'公曰：'不可。'既济而未成列，又以告。公曰：'未可。'既陈而后击之，宋师败绩。"宋襄公的仁德被嘲讽为"宋襄之仁"，此时讲道德已经成为死板迂腐的代表了。另一方面，在至高无上的王权面前，民心的约束作用与君主个体的觉悟和道德紧密相关，这就使得民心在大多数情况下成为一种虚设。即便是重视民心的君主，其行为也可能与其理念背道而驰。例如热衷于开矿收税建宫殿、群臣"屡谏不听"[①]的万历皇帝在病危之际竟主动悔过，叮嘱首辅大臣沈一贯在自己死后废止矿税："矿税事，朕因殿工未竣，权宜采取，今可与江南织造、江西陶器俱止勿行。"[②] 大臣闻言皆感动落泪，万历皇帝在死前还惦记着废止矿税，说明他自身也明白广征矿税给百姓带来的负重和灾难。但第二天万历皇帝病好了，马上反悔，不仅追回了成命，甚至税负更重，以至于"矿税之害，遂终神宗世"[③]。可见，缺乏制度保障，圣贤的道德只是一种天真的想象，掌握实权的多数统治者总是更倾向于在稳固军事实力的基础上享乐和独裁，由此在中国历史上爆发了多次以生命为代价的斗争，如焚书、禁书、文字狱等言论管制，东汉太学风潮、明朝东林党争等集团内部舆论争斗以及众多起义的舆论造势等。

面对君主专制独裁的制度缺陷，在见证和吸取前朝历史颠覆的教训上，统治者发觉并认可了民心传播逻辑，并将之归结为水舟隐喻。具体体现在采纳民意方面，采取一系列措施扩张"天子耳目"以提供天子决策的依据。如西周时期的采诗官每年春天摇着木铎到民间收集民谣，整理后交由太师加工谱曲，再唱给天子听，以达到"王者不出牖户，尽知

---

① （清）张廷玉：《明史》，中华书局1999年版，第184页。
② （清）张廷玉：《明史》，中华书局1999年版，第3837页。
③ （清）张廷玉：《明史》，中华书局1999年版，第3838页。

天下所苦"(《春秋公羊传·宣公十五年·解诂》)的目的。而《春秋》作为一种官方的新闻采集活动成果,"形成了中国最早的官方史实记录"①。中国古代老百姓并非总是憨厚的逆来顺受者,有时是杰出的讽刺家。"对于大多数官员而言,他们始终是持续而坚定的讽刺者——这个事实在人民对其统治阶层表面的驯服下经常被掩盖起来。"② 中国历史讽刺民谣的传诵从未中断,"没有任何审查制度或独裁统治能够真正阻止人民内心对于政府的批评"③。而这些批评借由采诗观风的形式为官方所掌握并反馈给上层统治者。到了汉代,政府仍旧专门派遣官员深入民间收集民意,并鼓励乡议,激励百姓向基层组织上书,设置朝议制度,召开特别会议讨论,以保证民意表达渠道的畅通。

既然无法确保权力继任者的贤愚,统治者转而寄希望于谏议大夫、御史制度等一系列的制度安排,来规避和降低出现昏庸统治的风险。张文英将中国古代舆情表达分为谏诤制度、清议、政治性谣谚和民变四种方式。④ 谏诤是指朝堂之上御史官员的规谏,尤其是其弹劾和请愿活动,往往代表着整个社会舆论的核心,⑤ 朝堂谏诤往往也对整个社会的舆论有着指引和导向作用。借由思想控制而实现的民心传播卓有成效,尤其体现在知识分子和官僚群体对皇室的忠诚上。在王朝衰败之际,仍宣誓效命的知识分子和政治家屡见不鲜。正是基于对民心的把握,统治者们自觉编造出种种故事乃至神话传说,创建相应的话语体系和价值观取向,以争夺民心,而这又进一步促进了水舟政治文明的成型与传承。再加上深受儒家文化所倡导的家国情怀文化氛围的熏染,在稳固统治的现实需求和追求圣君贤臣理想人格的双重作用下,以民心传播为核心的"水舟论"逐渐强化为古代中国政治的底层逻辑。

---

① 林语堂:《中国新闻舆论史》,王海、何洪亮主译,中国人民大学出版社2008年版,第13页。
② 林语堂:《中国新闻舆论史》,王海、何洪亮主译,中国人民大学出版社2008年版,第18页。
③ 林语堂:《中国新闻舆论史》,王海、何洪亮主译,中国人民大学出版社2008年版,第19页。
④ 张文英:《中国古代舆情表达方式探析知》,《天府新论》2013年第3期。
⑤ 邱江波:《从舆论学角度看中国古代谏诤现象》,《社会科学家》1991年第3期。

四 载舟覆舟：水舟互动的舆论博弈

朱传誉先生在《中国民意与新闻自由发展史》一书中，将民意归结为中国传统社会的舆论形式。"天视自我民视，天听自我民听"[1]，言论渠道是否畅通成为评判政府好坏的标准之一，而这条标准"伴随着人类血肉生死的代价而得以争取和捍卫……受到中国历史上所谓'铁腕'执政者的一贯压制……中国新闻史就是民间舆论和中国当权者之间的斗争史"[2]。从传播与权力的建构角度而言，水舟论正是中国古代社会对统治者与被统治者之间传播较量认知的写照。中国古代政治场域中的民心是古代知识分子群体借以发声和影响国家权力的传播手段。

顺水推舟的前提是对"舟"地位的绝对认可和效忠。以御史监察制为代表的言论制度"实现通常由现代新闻界来履行的公众批判职能"[3]。在中国古代，他们是天子耳目。有时他们向民众解释和传达统治阶级的旨意以争取民心，有时广泛收集民意，作为民意代言人通过进谏和各种渠道向统治阶级施压，监督和迫使统治者在舆论压力下做出改变。但同时，知识分子的发声也面临着缺乏法律保护的生命威胁、被贿赂收买的利益诱惑，以及来自政治生活领域的各种挑战，总是遭遇"惊吓、嫉恨、利用、收买、勾结、操纵、哄骗、恐吓、惩罚和谋杀，尤其是宦官集团的戕害"[4]。在国家生死存亡的关头，他们出于自身的责任感，借由联名上书等方式激发民间舆论，"假如舆论被正确的领导者所引导或者被国家的安危所激励，它的确能够发挥作用，达到以弱敌强的效果"[5]。

在中国历史上，具有家国情怀的殉道者屡见不鲜，甚至出现了以死谏为人生幸事的价值观。尤其是在宦官掌权、腐败透顶或遭遇外来入侵

---

[1] （西汉）孔安国传，（唐）孔颖达疏：《尚书正义》，李学勤主编：《十三经注疏》，北京大学出版社1999年版，第277页。

[2] 林语堂：《中国新闻舆论史》，王海、何洪亮主译，中国人民大学出版社2008年版，第2页。

[3] 林语堂：《中国新闻舆论史》，王海、何洪亮主译，中国人民大学出版社2008年版，第52页。

[4][5] 林语堂：《中国新闻舆论史》，王海、何洪亮主译，中国人民大学出版社2008年版，第5页。

之时，体现得尤为明显。汉代太学生的清议与两次党锢之祸、宋代太学生反对外来入侵的救国运动①和明代东林党人运动是中国古代三场以太学生为主导而发起的舆论争斗事件，这三场舆论事件都是在国家、民族危亡时发生的，知识分子与朝中正直官员相互激荡的、相互呼应的有组织的舆论事件，②正是这些知识分子凝聚、引导和推动着中国古代公众批评的浪潮。可见，民心传播本质上就是一种权力制约，是对话语权和传播渠道的争取。文吏、儒生们通过劝谏、请愿、上书等传播手段顺水推"舟"，规制皇权并干预国家政治的决策和走向。

革命起义的舆论造势则是对水舟论最为极端的应用。"天意"与"民意"是统治阶级维护统治合法性的理论解释，同样也是改革者与革命者推行变革和夺取权力的舆论资源。卡斯特认为，自由传播是最重要的颠覆活动，"传播的形式与过程对于这一互动（权力与反权力的互动）的形塑具有决定性的影响"③。革命者借助神话故事、民谣、小册子、宣言等多种形式，通过广泛的传播来组织动员，而"长期生活在不公社会中的人们心中滋生的反抗的种子，只有在与其他人连接时才能生长开花，并打破个体间的隔阂，演变为社会动员"④，进而将民意转化为实际的军事力量，推动着社会运动中权力的重构。因而，在革命中，新任统治者总是把前朝的统治描摹成逆水行舟的典范，来打破前任统治的惯性与合法性，这成为政治传播除圣贤治世想象外的另一重要叙事范式。

从官方的采风到御史监察制度，从禅让表演到微服私访的故事传播，从联名上书到清议、清谈再到死谏的殉道者，从圣贤治世的想象到替天行道的政治叙事，华夏重"民"的政治文化理念在社会各方互相制约的历史过程中奔突前行，最终产生了一套重视统治者与被统治者之间互动关系的政治文化理念，而"水舟论"正是对这一理念的传播机制与传播

---

① 黄现璠:《宋代太学生救国运动》，商务印书馆1936年版。
② 侯东阳:《林语堂的新闻舆论观——评林语堂的〈中国新闻舆论史〉》，《新闻与传播研究》2001年第2期。
③ 曼纽尔·卡斯特:《传播力（新版）》序言，汤景泰、星辰译，社会科学文献出版社2018年版，第5页。
④ 曼纽尔·卡斯特:《传播力（新版）》序言，汤景泰、星辰译，社会科学文献出版社2018年版，第3页。

过程的绝佳暗喻与概括。

五　结论

本研究立足中国历史，将中国古代社会民意的表达渠道纳入社会宏观体系的变迁之中来解释上层建筑、知识分子与普通民众之间的传播互动过程，探究以水舟论为典型体现的政治传播观念对中国政治体系实践和变迁的影响。透过历史的窗户，可以看到统治者通过采风、御史等制度了解民心、广开言路，并采纳言禁、文字狱等强制手段控制舆论；以儒生等为代表的知识分子则多采用劝谏、请愿、上书等传播手段顺水推"舟"，干预国家政治决策。在儒家文化影响下的中国古代知识分子具有浓厚的家国情怀和自我牺牲意识，高度关注国家事务；百姓也借助歌谣、民谣等一系列方式表达民间对政府和国家事务的态度。水舟论是中国古代统治阶级和知识分子，基于统治者立场的舆论传播逻辑，对政府统治与社会发展之间互动传播关系的共同认知，具体体现在社会各方借用民意而展开的权力博弈与制度设计上，充斥着古代知识分子肩负家国情怀的民心争夺与舆论争斗。水舟论是对中国古代民心争夺的传播机制的高度概括。

古人以水舟论为高度概括的政治传播认知奠定了华夏政治文明的总基调，生发出以德配天、天下大同的政治使命追求。对统治而言，民意就是感知社会变化的"皮肤"。尤其是在言论畅通的时代，往往政治清明时，统治者也相对包容。然而在实际的政治实践中，言禁、书禁、出版审查、诽谤罪与文字狱常常沦为政治迫害的工具，知识分子面临专制独裁政权的制度缺陷，缺乏人身安全保障。当知识分子群起之时，往往对应着政治腐败、宦官专政、政场裙带关系严重等现状。这时统治阶级对社会言论的容忍度往往很低，知识分子与统治阶级之间的斗争也会白热化。而当代表民心的知识分子在斗争中落败，他们就会遭到迫害乃至屠杀，大规模的迫害与法律制度保护的缺乏严重打击了知识分子的发声意愿。

对水舟的审视同样也需要辩证的目光。以水舟论为代表的民心传播思想，彰显了中国古代统治者的柔性传播智慧，借用情感传播①的策略，增强了华夏文明的韧性，特别是保障了王朝更替之间文明的延续。但同时，这种矛盾的解决不是以王权主义的终结而告终，而是使专制制度更有应变能力。中国专制王朝的韧性实属世界罕见。失去民心的王朝崩溃了，声称与民休息的新王朝又诞生了。在圣贤治世的政治想象与天道民心的主流叙事框架背后，隐藏着中国古代王朝兴衰更替的密码，在带来华夏文明在时间上的稳定传承的同时，也使得作为个体的"民"被集体抽象化，进而被束之高阁。"对圣王的祈盼使思想家们不从政治进化的思路去考虑问题，不去探讨民的灾难的最终原因，而是从遥远的'三代'去寻求美好的政治模式，在既成的专制制度中等待圣君的出现"②，进而导致华夏政治文明在自洽的轮回中故步自封。只有打破圣贤的藩篱，真正发挥民的主体性，才能真正思考政治文明的进路。这也揭示着传播渠道的畅通对文明发展的重要性。只有在舆论场保障舆论表达权，才能更好地判别文化的精华与糟粕，实现文明的传承和改进。传播渠道的畅通程度关系着社会观念的进步和社会秩序的建构，人类需要探讨的从来都不是民意该不该存在，而是民意怎样避免被裹挟，才能真正做到代表民心，以及怎样健全发声机制，舆论表达的范围、内容和底线该在哪里。民意调控如果能以民心传播为精神依归，则政权能够获得相对长期且稳固的基础；如果玩弄民意，终将丧失民心，招致政权合法性的质疑。"水舟论"体现着华夏政治传播隐喻的高度智慧，这种智慧通过创造性转化与创新性发展，可为当下"以人民为中心"的一系列理论提供思想源头与理论逻辑。

（该文首发于 2021 年第八届"政治传播与社会发展论坛"，刊载于《福建师范大学学报》（哲学社会科学版）2022 年第 2 期。）

---

① 李建军、马瑞雪、周普元：《论情感传播的特点和原则》，《东北师大学报》（哲学社会科学版）2020 年第 5 期。
② 陈永森：《儒家的民本思想与王权主义》，《江西社会科学》2001 年第 8 期。

李提摩太译介与马克思主义在中国的早期传播

邢云文　韩晓芳

（山西大学马克思主义学院教授、山西大学新闻学院教授；
山西大学马克思主义学院博士生，山西大学新闻学院讲师）

摘　要：马克思主义在中国的早期传播始于十月革命前。这其中，李提摩太作为最早译介马克思、恩格斯思想文本的西方人，是一个重要的中介。文章主要结合"西学东渐"的历史语境，分析他在"以学辅教"的主体动机下，如何使马克思主义作为进化论的补充进入中国知识分子的理论视野。在具体的译介过程中，他采用"西译中述"的译介模式，与中国文人蔡尔康合作，把对马克思、恩格斯思想的解读与中国传统的大同思想结合起来，使其适应中国传统文化体系，实现了话语的转化。同时采用"先刊后书"的载体策略，针对当时中国有影响力的官员和知识分子群体进行针对性传播。李提摩太对马克思主义附带的译介，不仅开启了马克思主义在中国传播的"史前史"，形成了马克思主义中国表达的早期话语形式，也促进了清末民初中国社会变革的主体启蒙，具有重要的历史意义。

关键词：李提摩太；马克思主义中国化；传播细节；历史意义

在1949年，毛泽东说道："十月革命一声炮响，给我们送来了马克思列宁主义。"一直以来，我们都把这一论断当作马克思主义最早传入中国的确切结论。① 事实上，早在 19 世纪末，马克思、恩格斯的名字及思想就由传教士李提摩太（Timothy Richard）等人译介到中国。虽然这些零碎译介被淹没在各种社会思潮的传播中，没有引起国人重视，但却为马克思主义在中国的传播埋下了种子。而且，他们通过一系列社会活动与社会交往影响了中国知识分子，为之后马克思主义在中国的接受提供了一定的知识准备和思想参照。值得注意的是，这个过程是一种"创造性叛逆"，体现了国人从被动接受到主动选择的成长变化：从西学中汲取精华，为我所用，最终走出自己的道路。

一 李提摩太在中国传播马克思主义的历史语境和主体动机

李提摩太是近代西方来华的著名传教士，1870 年以英国浸礼会传教士身份来到中国。在晚清"丁戊奇荒"（1876—1878 年）中，他通过在山东、山西开展赈灾活动，在中国取得了较高的社会声望。之后，他改变传教策略，以启发思想、献计献策、发展教育等为途径，加强与高层官员和知识分子的社会交往，对晚清政治特别是维新派产生了较大影响。在他传播基督教的过程中，马克思、恩格斯的名字及其零星思想也被附带传入中国。

（一）李提摩太最早译介马克思主义文本考辨

关于李提摩太何时介绍马克思主义到中国，学界有两种说法：1899 年李提摩太述、蔡尔康译《大同学》说（简称"1899 年说"），1898 年李提摩太委托胡贻谷译《泰西民法志》说（简称"1898 年说"），都把李提摩太当作在中国提及马克思名字的第一人。

有学者认为，1898 年"李提摩太委托胡贻谷将英国人科卡普

---

① 这句话中的"送来"并非一般意义上所理解的"传来"。毛泽东之所以说"送来"是基于一个重要的历史背景，即十月革命使中国人民认识到马克思、列宁主义的价值，从而成为中国先进知识分子选择马克思主义的一个现实参照。同时，马克思主义真正传入中国确实也有苏俄的主动作为，特别是 1920 年后。参见李爱华《对十月革命"送来"马克思列宁主义的新思考》，《当代世界社会主义问题》2017 年第 3 期。

（Thomas Kirkup）撰写的《社会主义史》一书译成中文，题名为《泰西民法志》，这是中国近代出版的书刊中最早提到马克思名字及其学说的著作"。① 究其源头，则是1987年陈铨亚②根据美国学者马丁·贝尔纳（Martin Bernal）《1907年以前中国的社会主义思潮》等书的不明确提示，推测有1898年版《泰西民法志》，进而否定"1899年说"。经《中国共产党创建史》（1991年）③、《马克思主义在上海的传播》（1994年）等书作者引用，④"1898年说"逐渐传播开来，近年来还有一些论文引用⑤。

也有学者认为，1899年《万国公报》连载了李提摩太节译、蔡尔康笔述的《大同学》，其原著为英国社会学家颉德（Benjamin Kidd）《社会进化》一书。在这篇节译的文中首次提到了马克思、恩格斯的名字及其观点⑥。1899年2月《万国公报》刊载《大同学》第1章内容，在叙述欧洲因经济发展导致的贫富差别和阶级对立情况时提道："其以百工领袖著名者，英人马克思也。"⑦ 马克思的国别表述有误，可能因译者根据马克思晚年定居伦敦的情况而误认为他是英国人。⑧ 同年4月刊载第3章内容，介绍当时社会主义的各个流派："试稽近代学派，有讲求安民新学之一家，如德国之马客偲，主于资本者也。"⑨ 此处译名与上述不同，更正了国别，同时提及了马克思的著作《资本论》。同年5月出版的《大同学》第8章又指出："德国讲求养民学者，有名人焉。一曰马克思，一曰恩格思。"⑩ 进一步介绍："恩格思有言，贫民联合以制富人，是人之能自

---

① 许门友：《19世纪末20世纪初：马克思主义在中国的介绍、传播及其特点》，《西北大学学报》（哲学社会科学版）2010年第5期。
② 陈铨亚：《马克思主义何时传入中国》，《光明日报》1987年9月16日。
③ 汪家熔：《最早介绍马克思恐非胡贻谷》，《编辑学刊》1993年第1期。
④ 王也扬：《关于马克思主义何时传入中国的一个说法之误》，《马克思主义研究》2000年第2期。
⑤ 刘宁、王新旺、白森文：《十月革命前马克思主义著作在中国的传播状态》，《出版发行研究》2014年第1期。
⑥ 夏良才：《也谈早期中文刊物中有关〈资本论〉和马克思译名的记载》，《近代史研究》1979年第2期。
⑦ 李提摩太：《今世景象》，蔡尔康译，《万国公报》1899年第121期。
⑧ 颉德：《大同学》，李提摩太、蔡尔康译，姚达兑校注，南方日报出版社2018年版。
⑨ 李提摩太：《相争相近之理》，蔡尔康译，《万国公报》1899年第123期。
⑩ 颉德：《大同学》，李提摩太、蔡尔康译，姚达兑校注，南方日报出版社2018年版，第56页。

别于禽兽，而不任人簸（拨）弄也。"①

事实上，1993年汪家熔就根据广学会1898年的年报没有记录该书信息等质疑"1898年说"。② 2000年王也扬通过确切的史料证明这种观点有误。他发现广学会1912年度英文版工作报告中才录有《泰西民法志》一书，且看到译者胡贻谷在1917年《谢庐隐先生传》中提到1898年自己年仅14岁，因此推断1898年他不可能翻译《泰西民法志》。③ 因而，当前学界比较一致的结论是"1899年说"。

（二）"西学东渐"的历史语境

鸦片战争后，伴随着西方列强入侵，中国人开始学习西学，特别是西方科技和近代自然科学知识，洋务运动即是集中体现。甲午战争后，中国知识分子的救国设想和思想需求发生转变，近代西方政治、法律和哲学思想等的传播在中国成为主流。维新变法时期，西方传教士主导下的西学传播达到高潮，参与机构众多，译介面和辐射面广，影响深远。变法失败后，传教士在中国的影响力式微，特别是全国留学日本浪潮的兴起，日书中译渐成主流，④ 留日学生也成为译介西学的主体。

维新变法前，中国知识界比较流行两种西方理论，一是主张适者生存、全面竞争的社会进化论，作为反思现实的思想引导；一是与已经开始没落的资本主义相对立的各类社会主义思潮，作为畅想未来的思考框架。前者契合了中国的现实需求，成为危机中国的一个"药方"；后者则让中国人看到了未来社会的图景。马克思主义就是伴随着这两种思想的传播进入中国。19世纪70年代初张德彝《随使法国记》（原名《三述奇》）⑤ 及王韬《普

---

① 颉德：《大同学》，李提摩太、蔡尔康译，姚达兑校注，南方日报出版社2018年版，第57页。

② 汪家熔：《最早介绍马克思恐非胡贻谷》，《编辑学刊》1993年第1期。

③ 王也扬：《关于马克思主义何时传入中国的一个说法之误》，《马克思主义研究》2000年第2期。

④ 据不完全统计，1896—1911年，中国翻译日文书籍至少1014种，远远超过此前半个世纪中国翻译西文书籍数字的总和，也大大超过同时期中国翻译西文书籍的数字。参见熊月之《西学东渐与晚清社会》，上海人民出版社1994年版，第640页。

⑤ 钟叔河：《巴黎公社目击记稿本的发现——介绍张德彝的〈随使法国记（三述奇）〉》，《历史教学》1982年第6期。

法战纪》等对巴黎公社革命的描述,让中国人最早接触到西方社会主义思想。李提摩太和蔡尔康译介的政治乌托邦小说《百年一觉》①也描绘了一个资本主义制度消亡、社会主义意识形态及其制度取而代之的理想社会,②直接影响了晚清中国知识分子从传统大同社会构想中寻求西方社会主义文化基因的"大同热"。社会进化论在中国的传播从 1896 年严复译赫胥黎(Thomas Henry Huxley)《天演论》开始,李提摩太译介的《大同学》即是对《天演论》的回应。《大同学》的原著《社会进化》一书将斯宾塞(Herbert Spencer)的社会进化论与宗教伦理思想结合起来,也介绍了西方流行的社会主义学说。李提摩太为更有效说明基督教强大的社会作用,满足当时中国社会渴望变革的心理需求,有选择地译介了《大同学》。③ 在翻译时,他自然而然地为中国人介绍了书中内含的马克思、恩格斯及其思想④,马克思主义也被引入近代中国的文化语境中。

(三)"以学辅教"的主体动机

在晚清中国,李提摩太虽集学者、政客、报人等社会角色于一身,但他最根本的还是传教士。在他的认知中,中国虽然是"非基督教国家中最文明的"⑤,但却"像非洲野外一样鲜有人知悉",很"危险"。中国

---

① 《百年一觉》原著是美国作家爱德华·贝米拉(Edward Bellamy)1888 年发表的具有空想社会主义性质的长篇小说《回顾 2000—1887》,书中虚构了主人公一觉醒来就穿越到 113 年后的故事,一出版便引起轰动,李提摩太出于宗教传播需求翻译了这本畅销书。参见孙燕京《双重困境中的李提摩太——兼评〈亲历晚清四十五年——李提摩太在华回忆录〉》,《社会科学战线》2007 年第 5 期。《百年一觉》于 1891 年 12 月到 1892 年 4 月以"回头看纪略"为题目在《万国公报》上连载,1894 年又由广学会出版了单行本。译者李提摩太和蔡尔康"因其书多叙养民新法",充分挖掘了这本书的政治、经济意义,可见与《大同学》中介绍马克思主义的主体动机有一致性。该书的观点和结构启发了康有为写作《大同书》、梁启超创作、翻译政治小说的实践。参见何绍斌《从〈百年一觉〉看晚清传教士的文学译介活动》,《中国比较文学》2008 年第 4 期。
② 孙燕京:《双重困境中的李提摩太——兼评〈亲历晚清四十五年——李提摩太在华回忆录〉》,《社会科学战线》2007 年第 5 期。
③ 姚达兑:《斯宾塞福音:李提摩太译〈大同学〉及其对梁启超的影响》,《中山大学学报》(社会科学版)2016 年第 6 期。
④ 颉德:《大同学》,李提摩太、蔡尔康译,姚达兑校注,南方日报出版社 2018 年版,导读第 8 页。
⑤ 李提摩太:《李提摩太在华回忆录》,陈义海译,江苏凤凰文艺出版社 2018 年版,第 4 页。

人不仅"无知",而且"迷信",需要基督教"拯救"和"帮助"[①]。同时,他秉持"西方中心论"和"新教文明等级观",认为西方文明优于其他文明。[②] 因此,"挽救"与"解放"就成为李提摩太等传教士对中国的主要情感倾向。

由于中国人对外国人的刻板印象,特别是受"义和团运动"的影响,李提摩太等传教士在中国巡回布道遇冷。为解决异质文化传播的阻力以及克服这些问题,他们采用"以学辅教"的方式,即结合中国人的实际需求,以办学校、办医院、办报刊、译介西书等形式传播西学知识,从而打破中西文化隔阂,迂回传播宗教。他们的主业(即传教)渐渐隐身,副业却获得了中国知识分子和官员的广泛认同。在此过程中,那些夹带来的西方思想为后世中国带来了长远影响,甚至成为中国改革先驱的思想资源。[③]

对马克思主义的译介也是李提摩太在"以学辅教"主体动机下带来的"副产品"。颉德的《社会进化》并非一部马克思主义著作,其主旨思想是肯定宗教在社会进化中的重要作用,人称"斯宾塞福音",即斯宾塞的社会进化论+基督教的福音书[④]。李提摩太译介这本书的原因,除了它在西方广为流传外,根本上是为了传教。他在《大同学》自序中说:"先生心窃悯之,特著此书,……俾人共知善治国者,必以善讲天道为指归。……此理甚深"[⑤]。这里所讲的天道,即颉德的宗教进化论。[⑥] 可见,李提摩太是在推广基督教的过程中译介了马克思、恩格斯的思想。虽然这些零碎思想并没有进入当时中国社会的主流意识形态,但他在无

---

① 李提摩太:《李提摩太在华回忆录》,陈义海译,江苏凤凰文艺出版社 2018 年版,第 5 页。
② 颉德:《大同学》,李提摩太、蔡尔康译,姚达兑校注,南方日报出版社 2018 年版,总序第 11 页。
③ 孙燕京:《双重困境中的李提摩太——兼评〈亲历晚清四十五年——李提摩太在华回忆录〉》,《社会科学战线》2007 年第 5 期。
④ 颉德:《大同学》,李提摩太、蔡尔康译,姚达兑校注,南方日报出版社 2018 年版,导读第 11 页。
⑤ 颉德:《大同学》,李提摩太、蔡尔康译,姚达兑校注,南方日报出版社 2018 年版,自序第 2—3 页。
⑥ 颉德:《大同学》,李提摩太、蔡尔康译,姚达兑校注,南方日报出版社 2018 年版,导读第 19—20 页。

意识中最早开启了马克思主义在中国的传播。

二 李提摩太对马克思主义的译介活动及其传播细节

在马克思主义早期传播的各种路径中，相比十月革命前留日学生主动译介和十月革命后到五四运动前大规模传播这两个阶段，晚清时期李提摩太的附带传播很容易被忽略。但是，通过再现其译介活动的细节，我们可以了解马克思主义早期如何在中国落地，更为重要的是，可以进一步了解在这个过程中中国人所发挥的主体作用。

（一）"西译中述"的译介模式

从主体角度看，马克思主义译介到中国非李提摩太一人之功，而是他与中国文人蔡尔康①合作的结果。《万国公报》刊载《大同学》前四章的署名都是李提摩太口述、蔡尔康撰文。这种合作翻译模式体现了19世纪西方传教士在中国进行译介活动的特点，即传教士口述、中国本土学者笔录并润色文字。这种模式的形成与西方传教士和中国文人中西语言水平不高有直接关系，也是晚清中国语言与文化规范制约的结果。虽然传教士来华前都经过语言培训，且大多来华多年，②但他们的文字表述水平远没有口语表达水平高。同时，文言文复杂的语法系统和差异的文学规范，使传教士难以真正掌握这种异质文化③。所以，传教士在译介时要把基督教思想与中国传统文化嫁接，必须以中国文人为媒介。

在这样的译介模式中，蔡尔康作为近代中国第一批翻译人才，在马

---

① 在近代新闻史上，蔡尔康被誉为"上海华文报业中的最佳作者"。在他任华文主笔期间，《万国公报》的社会影响力也达到了最高潮。参见田中初《游历于中西之间的晚清报人蔡尔康》，《新闻大学》2003年第4期。他在史志译撰方面很有建树，19世纪90年代对中国社会影响巨大的译著《泰西新史揽要》和资料集《中东战纪本末》他都参与其中，系统地向国人介绍世界历史，意义重大。参见马军《首个将Karl Marx译为"马克思"的人》，《史学理论研究》2002年第4期。

② 李提摩太来华的时间从1870年到上海算起，到1899年译介《大同学》时已将近30年。

③ 何绍斌：《越界与想象——晚清新教传教士译介活动研究》，博士学位论文，复旦大学，2006年，第74—76页。

克思主义译介到中国的过程中发挥了重要的作用。他不仅把李提摩太的口述内容用中文表达出来,为这些西方名词寻找合适的中文对应词汇,以有助于它们更好地被中国人理解和接受。更为重要的是,他凭借过人的文采①把自己的政治见解和爱国情怀②蕴含在所译介内容中,因而具有较大的主体性。

李提摩太与蔡尔康二人译介《大同学》时期,正是维新变法失败后国人热衷于从日文转译西学的阶段,他们的合作译介也成为当时特定语境下"西译中述"的最后景观。中文译者开始掌握西文,主动性和话语权进一步凸显。在一些译著中,蔡尔康所发挥的作用甚至超过传教士。1894年至1901年他任《万国公报》华文主笔期间,连李提摩太也承认,"广学会频年译著各论说,亦大半出其手笔"③。同时,在他与林乐知(Young John Allen)合译那本曾风靡全国的《中东战纪本末》时,大部分翻译及政论文的写作由他单独完成,所以林乐知在该书自序中对他加以肯定:"至于此书之成,始终藉蔡君子茀之笔"④。具体到译介《大同学》的过程,以自序中提到的"天道"为例,"凡不顾讲天道之国,无不衰败随之"⑤,这里的"天道"是指天意,对应的英文词汇是"Providence"(天意、神、上帝)。但在清末一般知识分子的思想语境中,"天道"一词是指宋明以来的新儒学。李提摩太能如此巧妙地进行话语嫁接,没有蔡尔康的帮助不可能完成。⑥可见,蔡尔康在译介马克思、恩格斯思想及其评述中也发挥了不可忽视的作用。

---

① 时人有"林君之口,蔡君之手,几合美华而为一人"之誉。参见汪叔子、王河《近代著名报人蔡尔康及其手稿本》,《江西图书馆学刊》1992年第2期。

② 蔡尔康不仅是有才学的人,而且是一位维新思想宣传家。在他与林乐知合译的《中东战纪本末》中,他客观分析甲午战争的原因,对林乐知的看法进行批驳,直言自己作此书的目的是"呼寐者而使之觉""敢言翰林、御史所不敢言",爱国立场鲜明。参见汪叔子、王河《近代著名报人蔡尔康及其手稿本》,《江西图书馆学刊》1992年第2期。

③④ 汪叔子、王河:《近代著名报人蔡尔康及其手稿本》,《江西图书馆学刊》1992年第2期。

⑤ 颉德:《大同学》,李提摩太、蔡尔康译,姚达兑校注,南方日报出版社2018年版,自序第3页。

⑥ 颉德:《大同学》,李提摩太、蔡尔康译,姚达兑校注,南方日报出版社2018年版,自序第3页注释2。

（二）"附会儒学"的意义建构

面对中西方不同的文化语境，在西学东渐的过程中，译者往往采取"附会儒学"的方式对原文的意义进行重新建构，以实现传播效果的最大化。李提摩太对马克思主义的介绍也是如此，他第一次将马克思、恩格斯的思想放置到特定的中国语境中，对原文进行主观改写与操控。译者还附加了原文所没有的主体选择、主观嫁接、主观评述和主观联系。在《大同学·序言》中，他阐释了这种意义建构方式："惟中西文法不同，不必句翻字译。故仅节取各章中扼要语，胪举无遗。"① 李提摩太和蔡尔康对马克思主义的理论定位和情感倾向，就决定了其在中国话语体系中被建构或被改造的方式，从而构成了马克思主义早期在中国的理论特点。

通过比较颉德原著和《大同学》的第1章，可以看到译者如何用主体选择来实现新的语义建构。原著主要概述了《共产党宣言》的四层意思：财富聚集到大资本家手中；社会生产面临过度恐慌；无产阶级通过将生产工具集中在国家手中而掌握政权；阶级差别和对抗消除等。其中，财富归属等与主旨不符，所以李提摩太没有选择翻译。② 在选择的基础上，他将马克思在《共产党宣言》中的论断嫁接到译文中："纠股办事之人，其权笼罩五洲，突过于君相之范围一国"③，今译作"资产阶级，由于开拓了世界市场，使一切国家的生产和消费都成为世界性的了"。④ 可见，李提摩太对这篇革命文献比较熟悉，所以能自然而然地运用其中。⑤

译者在介绍马克思、恩格斯观点时还添加了主观评述：一方面是用自己创造的"安民学"对马克思主义进行界定。译文中把马克思、恩格

---

① 颉德：《大同学》，李提摩太、蔡尔康译，姚达兑校注，南方日报出版社2018年版，自序第3页。
② 方红、王克非：《〈共产党宣言〉在中国的早期翻译与传播》，《外国语文》2011年第6期。
③ 颉德：《大同学》，李提摩太、蔡尔康译，姚达兑校注，南方日报出版社2018年版，第8页。
④ 邓绍根、张文婷：《马克思主义在华早期传播与马克思主义新闻观中国化萌芽》，《新闻与传播评论》2018年第3期。
⑤ 陆扬：《一个理论旅行的学术史考察：马克思主义登陆中国后的传播》，《南国学术》2014年第4期。

斯定性为"德国讲求养民学者"即体现了他的情感倾向。在李提摩太的思维框架中，"安民良法"与当时的"格致"（科学）、军事等相对，又与社会主义理论特别是马克思主义相联系，指"治理社会、族群、国家的良好方案"①。另一方面是对马克思、恩格斯的观点进行直接评价："吾侪若不早为之所，任其曼延日广，诚恐遍地球之财币，必将尽入其手。"②"此言也，讲目下之情形，实属不刊之名论"③，将恩格斯的观点当作不可更改的确切结论。至于颉德原著中提到的无产阶级掌权的必然性，译者却用"实已计无复之""不得不"等词表达其"无奈而为之的被动性"④。

此外，李提摩太、蔡尔康二人用中国传统儒家思想对颉德著作的重新阐释与局部改造，使二者建立了主观联系。颉德原著并未提及与"大同"相对应的词语⑤，他们二人译介时，为了更好地将"斯宾塞福音"与中国文化建立联系，便将二者关联，客观上也将马克思主义置于中国传统大同学说语境中。

（三）"先刊后书"的载体策略

广学会在中国宣传西学主要是通过"书刊结合""先刊后书"的方式进行。"先刊"是为了"投石问路，观察社会反应"，同时"扩大影响，预做广告"。广学会先把正在翻译或编撰好的重要西学书籍在报刊上部分连载。如果反响不错，则加快编译或出版单行本。此前颇受国人欢迎的《泰西新史揽要》《中东战纪本末》等都以这样的方式传播。"好书的出版，反过来也扩大了报纸的影响。这样，书、刊互补，相得益彰。"⑥ 这种媒介组合策略充分利用了新式报刊与传统书籍两种媒介不同的传播偏

---

① 颉德：《大同学》，李提摩太、蔡尔康译，姚达兑校注，南方日报出版社2018年版，导读第21页。
② 李提摩太：《今世景象》，蔡尔康译，《万国公报》1899年第121期。
③ 颉德：《大同学》，李提摩太、蔡尔康译，姚达兑校注，南方日报出版社2018年版，第57页。
④ 方红、王克非：《〈共产党宣言〉在中国的早期翻译与传播》，《外国语文》2011年第6期。
⑤ 颉德：《大同学》，李提摩太、蔡尔康译，姚达兑校注，南方日报出版社2018年版，导读第16页。
⑥ 熊月之：《西学东渐与晚清社会》，上海人民出版社1994年版，第555页。

向，即在晚清语境中"书博古，报通今"的知识传播差异。"中国传统上形成了以'书'为主导的知识生产和秩序格局"①，书籍被传统知识分子赋予基于政治功用的"神圣感"。但传教士带来的近代报刊通过定期出版、持续更新以及碎片化信息传播的媒介形态改变了这种秩序。这些报刊不仅向中国民众传递了新闻信息，而且为知识分子动员民众提供了媒介支持。同时，大批量的译书延续了中国传统书籍对知识分子作用的发挥。林乐知的中文助手范祎就认为，中国文人从知西艺到知西政，进而知西教，都同《万国公报》及广学会译书有密切关系。②

在关于马克思主义的早期译介过程中，当时的流行刊物《万国公报》③和采用传统书籍形式的《大同学》构成了传播的重要载体。该刊在晚清时期已超越了媒介本身特质，成为当时中国传播西方新式知识和意识形态最重要、发行量最大的中介。特别是维新变法之前、义和团运动后，该刊在中国的影响逐渐达到巅峰。在出版单行本之前，《大同学》第1章到第4章就连载于同年《万国公报》上。因报刊连载的社会反响好，于是初印两千本单行本④，成为影响晚清思想界的重要著作。同时，"书刊结合"意味着能充分利用媒介特质和编辑手段进行配合传播，扩大译介内容的影响。1899年2月起《万国公报》刊登《大同学》内容时，该刊处于发行的低谷，《大同学》正是它1889年复刊后鼎力推介的一部作品⑤。此外，广学会遍布全国的图书经销处为《大同学》的传播提供了保障，"1898年有28处，1899年增至35处"⑥。可以推测，1899年译介马克思、恩格斯思想的《万国公报》和《大同学》也会通过这些经销处到达全国35个城市，在一定程度上推动了马克思主义早期在中国的传播。

---

① 黄旦：《媒介变革视野中的近代中国知识转型》，《中国社会科学》2019年第1期。
② 刘兴豪：《论〈万国公报〉舆论对维新派的影响》，《求索》2010年第10期。
③ 该刊于1868年由美国传教士林乐知创办，原名《教会新报》。1883年停刊，1889年复刊后成为教会出版机构广学会机关刊物，1907年终刊。
④ 颉德：《大同学》，李提摩太、蔡尔康译，姚达兑校注，南方日报出版社2018年版，导读第6页。
⑤ 陆扬：《一个理论旅行的学术史考察：马克思主义登陆中国后的传播》，《南国学术》2014年第4期。
⑥ 熊月之：《西学东渐与晚清社会》，上海人民出版社1994年版，第556页。

(四)"发现+培养"的受众机制

李提摩太在译介西学的过程中采取了主动细分、培养受众的策略,主要基于传教士对中国才智阶层①重要社会地位和影响力的把握。围绕这一群体,广学会确立了相应的文化传播宗旨:"在熟悉当地人思维的基础上,站在中国的角度著书立说,使之适应于引导和提升民众,尤其是那些知识阶层和领导阶层"②。1891年李提摩太出任广学会总干事时,也一再重申这样的宗旨。

"发现+培养"的受众机制首先表现在对才智阶层的开发上。李提摩太是"第一个明确提出西方文化征服中国官员和文人的构成和数量情况的在华新教士"③。根据1891年《同文书会年报》,他选择有代表性的目标受众并做了详细的统计,共44036人。④ 其目的在于影响有影响力的人,再通过与这些领袖人物的社会交往,进而影响到整个中国。基于这样的计划,李提摩太在中国充分开展各类社会活动:(1)收集对中国社会最重要的题目,组织专人撰写文章并翻译;(2)筹备与推广各种讲座⑤;(3)在科举考场附近免费发放印刷品;(4)对中国人所写的有关社会进步的优秀论文进行奖励⑥。同时他也加强与中国才智阶层的往来,晚清官员李鸿章、张之洞等,知识分子康有为、梁启超、谭嗣同、孙中山等。他"经常应邀参加强学会的群体活动","也时常邀请他们参加这

---

① 1887年,传教士韦廉臣(Alexander Williamson)在《同文书会发起书》中提到了广学会的宗旨,即为中国更有才智的阶层提供更为高档的书籍。他根据自己对中国的了解,把中国文人和官员当作有影响力的才智阶层进行针对性传播,故本文沿用此说法。参见孙邦华《李提摩太与广学会》,《江苏社会科学》2000年第4期。

② 李提摩太:《李提摩太在华回忆录》,陈义海译,江苏凤凰文艺出版社2018年版,第136页。

③ 孙邦华:《李提摩太与广学会》,《江苏社会科学》2000年第4期。

④ 统计如下:县级及以上的主要文官2289人;营级及以上的主要武官1987人;县学政及以上的教育官员1760人;书院(学堂)教习2000人;各省的高级候补官员2000人;以5%计的文人30000人。经挑选的官员和文人家庭的妇女儿童,以10%计4000人。参见孙邦华《李提摩太与广学会》,《江苏社会科学》2000年第4期。

⑤ 李提摩太:《李提摩太在华回忆录》,陈义海译,江苏凤凰文艺出版社2018年版,第139页。

⑥ 李提摩太:《李提摩太在华回忆录》,陈义海译,江苏凤凰文艺出版社2018年版,第140页。

边的聚会。"①

其次，表现在按实际需要、分阶段传播中国才智阶层最感兴趣的西学。初期以普及科学发明创造为主，甲午战争后以传播社会历史、政治思想等为主。广学会及其出版机构也表现出同样鲜明的特点，截至1901年，共计出版书籍130多种，其中宗教类60多种，社会科学类与自然科学类90余种。非宗教类书籍中，又以历史、社会等人文类书籍占多数。②

此外，还表现在发展教育以培养西学人才方面。义和团运动后，李提摩太在中国最重要的活动就是发展教育。他提出利用山西赔款银50万两创办学堂，1902年山西大学堂（今山西大学前身）创立。"利用庚子赔款在中国办学堂，这是首倡，它对近代中国文化教育的发展，有过很大的影响。"③李提摩太任西学专斋总理，为了解决教材问题，他还在上海成立了翻译部，翻译了历史、商业、天文等各方面的教材。

三　李提摩太译介马克思主义的社会历史影响

在维新思想家的各类著作中，"随处可见广学会出版物的影响。……毫不夸张地说，在19世纪90年代的中国，凡有传教士的地方，就有广学会的影响。"④李提摩太译介马克思主义的零星信息也随着这些出版物在国内的广泛传播直接或间接影响到中国人，从而为马克思主义在中国的传播提供了外在机会。更重要的是，通过一系列铺垫式译介活动，一些中国知识分子的主体性被唤醒，进一步增强了变革现实的欲望与动力。他们译介的西书也"成为中国知识分子'开眼看世界'的知识资源和想象空间。"⑤

---

① 李提摩太：《李提摩太在华回忆录》，陈义海译，江苏凤凰文艺出版社2018年版，第165页。
② 此数据引自徐士瑚《李提摩太传略》第34页，此书于1981年为山西大学80周年校庆而写，1992年90周年校庆重新修订，未正式出版。（徐士瑚1946年6月至1949年7月出任国立山西大学校长。）
③ 熊月之：《西学东渐与晚清社会》，上海人民出版社1994年版，第589页。
④ 熊月之：《西学东渐与晚清社会》，上海人民出版社1994年版，第562—563页。
⑤ 何绍斌：《越界与想象——晚清新教传教士译介活动研究》，博士学位论文，复旦大学，2006年，第185页。

（一）形成了马克思主义中国表达的早期话语形式

西学东渐的过程也是西学中国化的过程，许多中西观念的第一次对接都源于传教士的译介活动。虽然李提摩太和蔡尔康对马克思主义的译介本身并不等同于中国化，但通过他们，作为外来文化的马克思主义无形中开始了与中国传统大同理想、民本思想等接触、碰撞和融合的进程。在文本和表达方式转换的同时，其形式和内涵也因附会中国思想文化框架和概念系统而发生相应变化和拓展，于是形成了马克思主义中国表达的早期话语形式。这种话语形式首先体现在对应的译名上。虽然关于马克思主义早期在中国传播的相关研究中，日文译名更受关注。但实际上，他们二人的译名"是在日语中的汉字译名全面登陆之前，中国接受西学的原生态译笔，值得充分重视"[1]。这种翻译对接，使马克思主义和中国传统文化之间产生良性的互动关系：马克思主义在中国的传播有了民族思想前提，中国传统文化则因马克思主义丰富了内涵，进而实现异质文化的被认同与接受。

其次，体现在共同的思想逻辑上。通过他们二人的译介，中国传统大同理想与马克思主义找到了共同的归结点，即社会发展到一定程度必将会使全人类到达一个理想世界。这个世界在中国传统思想里被表述为"大同"，在马克思的话语体系中则是共产主义社会。[2]

此外，还体现在民本思想的视角上。综观《大同学》的八章内容，"民"是通篇的关键字眼，也是提到马克思、恩格斯思想的标签。译者创造性地使用中国传统民本思想解释西方思想，以此拉近其与中国民众之间的文化距离，使马克思主义与中国民本文化有了第一次接洽，也让马克思主义中国化有了中国传统文化的根基。

（二）促进了清末民初中国社会变革的主体启蒙

李提摩太以便于中国人理解的"救贫""均富"[3]等视角将流行于欧

---

[1] 陆扬：《一个理论旅行的学术史考察：马克思主义登陆中国后的传播》，《南国学术》2014年第4期。

[2] 李晓峰、朱新华：《马克思主义早期传播对中国政治思想的影响》，《理论与改革》2013年第6期。

[3] 夏良才：《也谈早期中文刊物中有关〈资本论〉和马克思译名的记载》，《近代史研究》1979年第2期。

美的一些改良主义和社会主义学说带到中国，客观上为中国知识分子开辟了新的理论视野。他针对中国当时的现实问题，通过《近世要务》等文章将自己对于理想社会制度的分析及变革主张介绍给中国人，促进了中国知识分子的蜕变，使之成为有极强变革现实诉求的实践主体，特别是对维新派改革思想的形成有决定性作用。值得进一步分析的是，梁启超于1902年在《新民丛报》上连续发表了《进化论革命者颉德之学说》等文章，从日本向国内输入马克思等人的新思想。他称马克思是"社会主义之泰斗"，也是当时德国最有影响力的思想家之一。① 当代日本学者森纪子认为，颉德的《社会进化》一书1899年在中国和日本几乎同时翻译出版。虽然梁启超后来的文章多用日译的词语，但梁启超在中国及1902年前后的日本，可能读到了相关译本。② 尽管他把马克思译作"麦喀士"，与李、蔡二人的译名不同，③ 但这可能是中国早期知识分子在李提摩太译介活动影响下主动传播马克思主义思想的一个典型案例。

除了理论视野，李提摩太也为中国知识分子更新思想提供了情感引导。当中国知识分子面对强大的西方异质文化影响而产生焦虑时，由传教士引导他们对中国传统的政治体制和文化规范进行批判，同时有倾向性地推介西方思想，从而使他们可能从情感上接受传教士所提供的各种前景选择。一切启蒙从批判开始，"传教士与中国基督徒对中国文化风俗陋习的系统批判，启发了从康有为、梁启超到新文化运动的文化反思与启蒙主义"，"可以称为近代第一波启蒙主义运动"。④ 批判基础之上再进行引导：在《大同学》中，李提摩太不仅表现了对《共产党宣言》⑤ 和

---

① 汪信砚：《西学东渐与马克思主义哲学中国化》，《中国社会科学》2012年第7期。
② 颉德：《大同学》，李提摩太、蔡尔康译，姚达兑校注，南方日报出版社2018年版，导读第36页。
③ 学者周伟驰这样分析："梁启超去日本之前的西学知识主要来源于译述，流亡日本后他凭借自创的'和文汉读法'，能够阅读日文著作。"参见颉德《大同学》，李提摩太、蔡尔康译，姚达兑校注，南方日报出版社2018年版，总序第5页。
④ 颉德：《大同学》，李提摩太、蔡尔康译，姚达兑校注，南方日报出版社2018年版，总序第13页。
⑤ 李提摩太首次翻译了《共产党宣言》中的一段文字。参见赵耀《〈共产党宣言〉在中国的早期传播和历史意义》，《湘潮（下半月）》2012年第8期。

《资本论》①的熟悉，而且用"安民新学"②体现了对马克思主义的明朗态度。除了翻译包含同情劳动人民、揭露帝王对人民压迫的《泰西新史揽要》，他还写过《论工人致富》一文，分析工人所受的不公正待遇，认为"工人之于国家即生财之源致富之本"③，揭露了资本主义国家的本质。这些情感引导都会激发有识之士变革社会的潜能。

四 结语

这场由传教士主导、"西述中译"的西学传播活动不可避免地会发生创造性叛逆④，即传教士译介目的与结果之间的错位，以及中国知识分子在接受西学时的创造性吸收。动机与效果的错位也为中国近现代思想文化发展提供了新的契机与动力。中国知识分子在接受传教士译介的西学内容时，通过批判性吸收，另辟蹊径，重新转化，最终接受了新的思想，即马克思主义。

今天再回顾李提摩太译介马克思主义的这段历史活动，应采取历史唯物主义的态度，一要看到他译介和传播的主要目的就是传教；二要看到在译介过程中，由于中国文化的特殊性，国人从中吸收了对自己有用的部分，使它们在文学、教育、政治等各个领域的变革中成为知识、技能储备和改革参照物。⑤李提摩太译介的马克思主义，从解释的正确性来看有不少问题，且由于时代和阶级的局限性，并未在中国得到广泛传播，但它是马克思主义在中国早期传播的历史起点。

马克思主义作为一种无产阶级的世界观和思想武器，其接受的土壤

---

① 这是中国刊物上第一次提及马克思的《资本论》。参见徐洋、林芳芳《〈资本论〉在中国的翻译、传播和接受（1899—2017）》，《马克思主义与现实》2017年第2期。

② 1895年李提摩太在《永息教案折》中陈述了"改良中国"的"教民、养民、安民、新民"四法。参见张涌《传教士·政客·学者——晚清变局中的李提摩太研究》，《三峡大学学报》（人文社会科学版）2015年第2期。

③ 参见徐士瑚《李提摩太传略》，第30页。

④ 何绍斌：《越界与想象——晚清新教传教士译介活动研究》，博士学位论文，复旦大学，2006年，绪论第2页。

⑤ 何绍斌：《越界与想象——晚清新教传教士译介活动研究》，博士学位论文，复旦大学，2006年，第156页。

只有在中国无产阶级发展到一定阶段才可能出现。十月革命为我们送来了马克思主义，当时中国工人有了无产阶级意识，马克思主义在中国才有了发生发展的土壤，开始成为一种改造世界的理论武器，而不是像早期传播阶段仅存在于知识界的书写文本中。毛泽东之所以说"十月革命给我们送来了马克思列宁主义"，一方面是因为十月革命使中国人真正认识到马克思主义的价值，另一方面是因为十月革命激活了之前在中国知识界已有一定思想基础的马克思主义，使其成为解决中国现实问题、回答中国要往何处去的方案，直到这时马克思主义才真正地在中国生根发芽。

（该文首发于2021年第八届"政治传播与社会发展论坛"，刊载于《山西大学学报》（哲学社会科学版）2020年第9期。）

马克思主义新闻学早期传播中的知识偏向[*]

——《新莱茵报》在中国的早期传播史考证

李 斌 季为民

(中国社会科学院大学新闻传播学院博士研究生；
中国社会科学院大学新闻传播学院教授、
中国社会科学院工业经济研究所副所长)

摘 要：现实社会的构建，是通过知识的产生、采集、筛选、分析、分类、传播直至应用完成的，这是一整套漫长而复杂的运行系统。涉及社会各知识阶层进行知识的表达，新旧权威机构进行知识的认定，市场与大众媒介进行知识的传播，读者及上述各个方面最终对知识的获取和认同。不论哪一个环节有了偏差，都会影响到知识的现实建构。《新莱茵报》伴随着马克思及马克思主义学说一起传入中国，却因为各种理论和现实的原因，主观和客观的因素，导致其在传播中出现偏差，进而影响到马克思及马克思学说面向的完整性。

关键词：《新莱茵报》；知识社会学；知识偏向；传播史

马克思以及相关著作和学说，究竟何时传入中国，一直存在争议。目前有1898年说和1899年说两种观点。在1899年4月发行的第123期

---

[*] 本文系国家社科基金重大项目"马克思主编《新莱茵报》的编译及研究"(项目编号：22&ZD323)、中国社科院马工程重大课题"新时代中国特色新闻学理论创新与新闻事业发展研究"(项目编号：2018MGMGCZD001)的研究成果。

《万国公报》登载了《大同学》，由李提摩太节译蔡尔康的第一章《今世景象》一文中提到"试稽近世学派，有讲求安民新学之一派，为德国之马客偲，主于资本者也"。[1] 夏良才认为："马克思最早的译名不是麦喀士，而是李提摩太在《万国公报》上使用的马客偲和马克思，最早出现的时间不是1902年，而是1899年。"[2] 林代昭、潘国华也在其编著出版的《马克思主义在中国——从影响的传入到传播》一书前言中称："中国报刊提到马克思主义理论，最早可以追溯到1899年2月，上海广学会主办的《万国公报》发表的李提摩太节译、蔡尔康笔述的《大同学》，其中多次提到马克思、恩格斯的名字"。[3] 而在1987年9月16日的《光明日报》第3版发表文章《马克思主义何时传入中国》，陈铨亚提出1898年传入说，认为：1898年夏，《万国公报》编者在中国出版了第一部系统讲解多种社会主义学说的著作，以《泰西民法志》之名交付广学会出版，并断言："马克思的名字也好，马克思主义学说也好，说道它们在中国的传播都应把首功归之于它。"[4] 当然，也有一些学者质疑，但目前，1898年传入说成为主流。关于马克思主义在中国的早期传播，除学界对"传入时间"考证的热衷，《共产党宣言》《资本论》等马克思政治经济文献的传播研究也是主要方向。另外还有从翻译角度的研究，关注早期传播中翻译以及译者的贡献。新闻传播领域的研究则更多关注宏观层面，如传播历程的回顾[5]、大众媒介在传播中的效果作用[6]等等，也有集中在某一地区的研究，如东北[7]、浙江[8]等。而作为新闻研究主体——与马克思相关

---

[1][2] 夏良才：《也谈早期中文刊物中有关〈资本论〉和马克思译名的记载》，《近代史研究》1979年第2期。

[3] 林代昭、潘国华：《马克思主义在中国——从影响的传入到传播》（上），清华大学出版社1983年版，第44页。转引自王昌英《文化境遇与历史时空：马克思主义学说在中国1899—1923》，厦门大学出版社2018年版，第12页。

[4] 王昌英：《文化境遇与历史时空：马克思主义学说在中国1899—1923》，厦门大学出版社2018年版，第14页。

[5] 陈力丹、王敏：《马克思恩格斯论著及传播观在中国的早期传播和影响》，《新闻界》2021年第7期。

[6] 李军林：《大众传媒在早期马克思主义传播中的作用》，《当代传播》2007年第5期。

[7] 王莹：《图像媒介与东北早期马克思主义大众化传播》，《青年记者》2021年第12期。

[8] 何扬鸣：《试论浙江早期传播马克思主义的报刊》，《浙江大学学报》（人文社会科学版）2001年第5期。

的报刊、记者等知识——在中国传播的研究不是很多,微观研究就更少,比如对于《莱茵报》《新莱茵报》《新莱茵报·政治经济评论》鲜有专题研究。

在马克思和马克思主义学术传入中国之际,《新莱茵报》也一起被介绍到中国,出现在中国人的眼前,成为马克思主义知识体系中重要的一环。但是,与马克思和马克思主义其他相关思想的引介数量相比,《新莱茵报》对国人而言,一直处于"只闻其声,不见其形"的状态。

一 《新莱茵报》在中国传播的早期历程及特点

文中所谓的"早期",被界定在1903年到1937年之间,主要来自两个方面的考量。首先,从文献梳理的情况来看,有两个低谷年份,具体说就是1936年和1942—1945年是报刊刊载马克思及其相关学说最少的年份(见图1)。

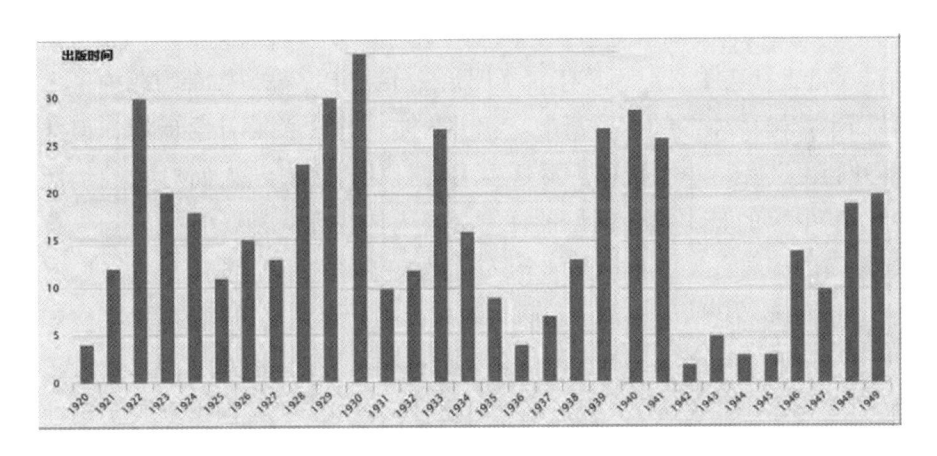

图1　1920—1949年《新莱茵报》研究的年度分布情况

其次,从历史来看,1937年全面抗战开始,1946年解放战争开始,1937年和1946年都成为天然的分界点(见图2)。

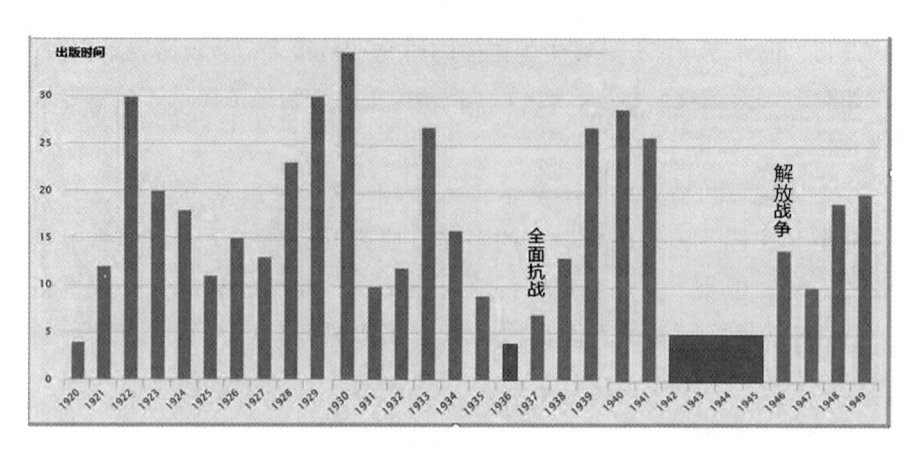

图 2　1920—1949 年《新莱茵报》研究低谷的分布情况

在此基础上，将早期分为三个阶段：译介的发展时期、传播弱势时期，还有量变质不变的时期。

（一）《新莱茵报》译介的开始

赵必振①翻译《近世社会主义》，上海广智书局于 1903 年 1 月印刷，2 月发行，分上、下两集，其中译介了部分《新莱茵报》的相关内容。《近世社会主义》原著于日本明治三十二年完稿，作者为相模国大住郡小岭村（神奈川县平冢市）福井准造。作者关心社会问题，但并非社会主义者，并"自称，写这本书的目的，在引起人们对'隐约胚胎于其中'的日本社会问题的注意。使人们找到一种既能'补救'贫富悬隔的弊端，又'不至妨害治安'的良策。"②《近世社会主义》有上、下两册，共四编十九章和两个附录，将社会主义分期编写为："第一编第一期之社会主义英法二国之社会主义""第二编第二期之社会主义德意志之社会主义""第三编近时之社会主义""第四编欧美诸国社会党之现状"。在第二编"第一章加陆马克斯及其主义"分两节详述了马克思的经历和相关思想。在"第一节其履历"中，以时间为轴，介

---

① 赵必振（1873—1956），湖南省常德市鼎城区石板滩人，受康有为今文经学影响较深。起义未成，流亡日本，积极从事译述，包括《二十世纪之怪物——帝国主义》《近世社会主义》《日本维新慷慨史》《日本人权发达史》等著作多种。

② 夏征农主编：《社会主义辞典》，吉林人民出版社 1985 年版，第 333 页。

马克思主义新闻学早期传播中的知识偏向 / 39

绍了马克思和恩格斯共同创办和经营《新莱茵报·民主派机关报》的简略情况，共291字：

> 千八百四十八年之革命既兴。马克斯再归德意志。恩格尔斯初与其友乌拉陆列及诗人列拉伊利科拉等相谋。兴一杂志。题为"意希野额西特"盛唱民主主义。与劳动者之味方。以倡一世之舆论。而其所说。与日耳曼联邦之共和组织相反对。与当时支配社会复旧的运动。大示攻击之旨。为劳动者而吐万丈之气焰。保护其利益而怜其不幸。于劳动以外之阶级。其利害休戚。与劳动者相反背者。则必痛论之。以故政府又禁其续刊。其设立后。仅一年。至四十九年。忽遭废止。同时共其创立者。咸被放逐。流寓于他方。马克斯。再至伦敦。至千八百八十二年乃卒。
>
> 新意希野额西特唱社会民主主义。喷满腔之热血。刊行于时。其创立者为一诗人列拉伊利科拉托。尝为一诗。刊于其上。乃其告终之绝命词。革命之精神。跃跃于纸上。以助马克斯之指挥焉。①

其中提及《新莱茵报》的名称"'意希野额西特'";② 创办和编辑人员，有"马克斯③再归德意志。恩格尔斯④初与其友乌拉陆列⑤及诗人列拉伊利科拉⑥等相谋"；报纸的停刊时间，"其设立后。仅一年。至四十九年。忽遭废止"。除此基本信息外，还有一些细节，如办报主旨，"盛唱民主主义。与劳动者之味方。以倡一世之舆论。而其所说。与日耳曼联邦之共和组织相反对。与当时支配社会复旧的运动。大示攻击之旨"；刊载内容，"为劳动者而吐万丈之气焰。保护其利益而怜其不幸。于劳动以外之阶级。其利害休戚。与劳动者相反背者。则必痛论之"。也提及终刊

---

① ［日］福井准造:《近世社会主义》，赵必振译，上海时代书店1927年版，第106页。
② 今译为《新莱茵报》。
③ 今译为马克思。
④ 今译为恩格斯。
⑤ 今译为威廉·沃尔弗。
⑥ 今译为斐迪南·弗莱里格拉特。

有"列拉伊利科拉托。① 尝为一诗,② 刊于其上。乃其告终之绝命词。革命之精神。跃跃于纸上"。

> 移於英國之倫敦仍與馬克斯往來。共其運動至馬克斯之死四十年無異趣焉
> 千八百四十八年之革命既與馬克斯再歸德意志恩格爾斯初與其友烏拉陸列及詩人列拉伊利科拉等相談與一雜誌題為「查希野額西特」虛唱民主義與勞働者之味方以倡一世之輿論而其所説與日耳曼聯邦之共和組織相反對與當時支配社會復舊的運動大示攻撃之旨為勞働者而吐萬丈之氣焰保護其利益而憤其不幸於勞傷以外之階級其利害休成與勞働相反背者則必痛論之以故政府又禁其續刊其設立後僅一年至千八百四十九年忽遭廢止同時共其創立者咸被放逐流寓於倫敦至千八百八十二年乃卒
> 新意希野額西特唱社會民主義喷满脸之怒魚列行於時其創立者為一詩人列拉伊利科拉托皆為一詩刊於其上乃其告終之絕命詞革命之精神躍躍於紙上以助馬克斯之指揮焉
> 馬克斯既逐於本國而移倫敦以餘生之運動以集注於國際的勞働者同盟之結合于

图3 《近世社会主义》上海时代书店1927年版③

《近世社会主义》首先译介《新莱茵报》进入中国,是有一定历史必然性的。20世纪以来,中国知识青年为了救亡图存,掀起留日热潮,这促成西方新思潮经日文汉译进入中国,其中很多是关于社会主义学说的著作。如1902年的《近世政治史》和《广长舌》;1903年的《社会主

---

① 即为前文提及"诗人列拉伊利科拉",今译为斐迪南·弗莱里格拉特。原文有误。
② 即《新莱茵报告别词》(*Abschiedswort der NeuenRheinischen Zeitung*)。
③ 此图并非上海广智书局于1903年1月印刷,2月发行的版本,而是1927年,上海时代书店印行的。

义》《近世社会主义评论》和《社会主义神髓》；1906 年的《万国社会党大会略史》；1908 年的《共产党宣言》；等等。《近世社会主义》也是这个时期翻译引介到中国的。通过对以上文献的梳理，不难看出，这与留日救亡有密切的相关性。

(二)"五四"前后《新莱茵报》译介的发展期

随着新文化运动的不断深入，尤其是"五四"时期，中国新闻事业迎来一个重要改革时期：政治思想评论和学术自由讨论普遍开展，报刊上呈现出百家争鸣的民主气息。[①] 到 1919 年之后，越来越多关于马克思和社会主义学说的文章，见诸报端。如李大钊发表于《新青年》的《我的马克思主义观》；凌霜[②]发表于《新青年》的《马克思学说的批评》；John Spargo 著，云舫意译并发表在《约翰声》[③] 的《广义派与马克思学说之差别》；河上肇[④]、罗琢章发表于《法政学报（北京 1918）》的《马克思之经济论》；等等，其中多有提及《新莱茵报》的内容。

1919 年，《新青年》第 6 卷第 5 期转录了渊泉发表在《晨报》上的文章《马克思奋斗生涯》，其中称："其最初著作，为其三十岁时（一八四八）在《莱茵新闻》所发表之论文集成一小册共三十二页。马氏之社会主义，已结胎于此矣。"[⑤] 文中将《新莱茵报》写为《莱茵新闻》，这和《近世社会主义》所犯的错误类似，说明当时国人对于马克思作为记者编辑的事迹并不十分清晰，更无法区分《莱茵报》和《新莱茵报》的区别，多有以讹传讹的嫌疑。但也有较为准确的介绍，刘秉麟[⑥]在《新青

[①] 方汉奇：《中国新闻事业通史》（第 2 卷），中国人民大学出版社 1996 年版，第 2 页。
[②] 凌霜（1901—1988），原名黄文山，广东台山人。中国无政府主义代表人物，近代思想家、文化学者。
[③] 《约翰声》创刊于 1899 年，停刊于 1937 年。有双月刊和季刊两种形式，属于大学校刊，是我国较早的文理综合性大学学报之一。
[④] 河上肇（1879—1946），日本经济学家，日本马克思主义研究的先驱者，京都帝国大学教授。有志于解决贫困等社会问题，从研究资产阶级政治经济学，逐渐转变为马克思主义的宣传和阐释者。
[⑤] 渊泉：《马克思奋斗生涯》，《新青年》（第 6 卷）1919 年第 5 期。
[⑥] 刘秉麟，1891 年 6 月 24 日生于湖南长沙。在李大钊的直接教育下，开始研究和学习马克思主义学说，发表了《马克思传略》《劳动问题是什么？》等文章。

年》发表《马克思传略》,称:

> 同年复至廊伦①与昂恪思渥日夫 Wolff②及诗人弗吕利吕 Freiligrath③等。同组织一报名曰 Neue Rhelnische Zeilung。④投稿最多者首推罗随 Lassalle。此报印行。总计约一年之久。于工人一方面。可谓鼓吹尽致。其助导工人攻击各方面之处最多。始终以为工人之利益。实有与各方面不能相容者。一八四九年因政府之干涉。受两次庭审。卒被封禁。主笔者亦被逐出德境。其最后的刊行之一页中有临别赠言诗一首。诗为弗吕利吕所作。其一往无前之气概。始终不变。诗意以为此别不过暂时。精神所注金石为开。行见卷土重来。再接再厉。彼掌权握势之人。必有屈服之一日。⑤

(三) 中国共产党成立后《新莱茵报》在马克思主义传播中的弱势期

1921 年 7 月,中国共产党在上海法租界一幢二层居民小楼里诞生。至此,对于马克思主义的宣传进入更加系统、全面的阶段。从文献量上来看,"五四"后,文献数量逐年增加。到 1922 年,文献数量第一次呈现井喷的态势,达到历史第二高点(1949 年前)(见图 4)。

但是,细读文本就会发现,虽然对马克思主义的译介比过去更加系统、更加全面,国人对《新莱茵报》的了解却并未得到明显的提升,也就是说,新的知识并未增加。1929 年,李德谟在《新思潮》上发表了《关于马克思及马克思主义中文译著书目试编》,总结了 1929 年前,马克思传记、著作,以及关于马克思主义的著作和译著,包括经济学说、马克思主义和反马克思主义的内容(见表 1)。包括 1926 年由李季⑥撰写的《马克思传记》;Ulianoff 著,黄剑锋翻译出版的《马克思评传》;Riazanoff

---

① 今译科隆,是繁华的商业城市,也是德国西部莱茵河畔的历史文化名城和重工业城市。
② 斐·沃尔弗(Ferdinand Wolff),为《新莱茵报》编委会编辑。
③ 今译为弗莱里格拉特(Ferdinand Freiligrath),常为《新莱茵报》写署名诗歌和小说。
④ 原文有错,应为"Neue Rheinische Zeitung"。
⑤ 刘秉麟:《马克思传略》,《新青年》1919 年第 5 期。
⑥ 李季(1892—1967),1920 年参与筹建上海共产主义小组,为小组成员。1920 年出版的译著《社会主义史》由蔡元培作序。

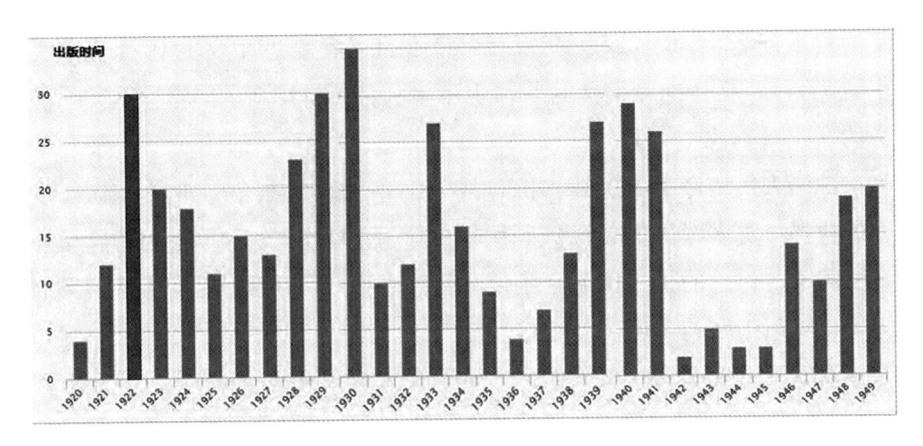

马克思主义新闻学早期传播中的知识偏向 / 43

图 4　1920—1949 年《新莱茵报》研究高峰的分布情况

著，李一氓①翻译的《马克思恩格斯合传》。马克思传记类书籍的出版，对于《新莱茵报》以及相关史实的传播有重要作用，但这一时期关于马克思及马克思主义最主要的译介多为经济、政治、哲学等相关内容的著作，如李季翻译的《价值价格及利润》；朱应祺翻译的《工钱劳动与资本》；杜竹君②翻译的《哲学之贫困》；陈望道③翻译的《共产党宣言》；陈豹隐④翻译的《资本论》；等等。还有关于马克思相关著作和学说的解读著作，如 Kautsky 著，戴季陶⑤翻译的《资本论解说》；Untermamn 著，陈影清翻译的《资本论概要》；Pleakhanoff 著，彭康⑥翻译的《马克思主

---

① 李一氓（1903—1990），四川省彭州市人。1925 年加入中国共产党。参加过长征，抗战胜利后，先后任苏北区党委书记、华中分局宣传部部长、大连大学校长等职。
② 汪泽楷，1894 年 8 月生。湖南醴陵县西乡栗山坝人。1929 年参加托派组织"无产者社"。在上海以杜竹君笔名翻译出版马克思《哲学的贫困》等书。
③ 陈望道（1891—1977），浙江金华义乌人。中国现代著名的思想家、社会活动家、教育家和语言文学家，"五四"新文化运动的积极推动者。
④ 陈启修（1886—1960），后改名陈豹隐，四川中江人。大革命失败后流亡日本，从事理论著述、文学创作和翻译工作，为中文《资本论》最早译者。
⑤ 戴季陶（1891—1949），原籍浙江吴兴，中国国民党元老，中国近代思想家、理论家和政治人物。
⑥ 彭康（1901—1968），江西省上栗县人，中国著名的马克思主义哲学家、教育家、革命家。早年留学日本，就读于鹿儿岛第七高等专科学校和京都帝国大学哲学系。1927 年回国投身革命，1928 年 11 月参加中国共产党。彭康是二三十年代沪上著名文学团体——创造社的发起人之一，先后翻译恩格斯的《费尔巴哈论》《费尔巴哈和德国古典哲学的终结》和普列汉诺夫的《马克思主义的根本问题》等经典哲学著作。

义的根本问题》；Beer 著，胡汉民①翻译的《马克思主义时代社会主义史》。另外，反马克思主义的著作也不少，如 Sinkho-Viteh 著，徐天一翻译的《反马克思主义》等。

中国人民历经十年内战，抗日战争，直至解放战争，常常面临历史性的抉择，更多考虑的是民族和国家的生死存亡，关切的是人民群众的切身利益，讨论的是中国未来道路的走向。关于马克思即马克思主义的内容，见诸报端的内容主要也分为这三大类：一是关于民族国家。例如1936 年，唯真翻译列宁的文章《马克思主义与民族战争问题》，并发表在《全民月刊》上；1946 年，智建中发表在《北方文化》上的《马克思、恩格斯论中国》；1947 年，陈元德发表在《政衡》上的《马克思与亚洲问题》等。二是关系人民切人利益。例如 1930 年，向乃祺发表在《国立北京大学社会科学季刊》的《自马克思农业理论之发展论到我国土地问题》；1930 年，向乃祺发表在《国立北京大学社会科学季刊》的《自马克思农业理论之发展论到我国土地问题》；1934 年，发表在《行健月刊》上的《德国一九三四年元旦的新律：马克思主义者不准充当记者》。三是关系未来道路。例如 1933 年，《河南政治》刊载的《孙中山先生的主义与马克思主义比较》；1939 年，朱元懋发表在《青年月刊》（南京）的《中国青年信行马克思主义是走绝路》；1948 年，胡绳发表在《理论与现实丛刊》的《马克思主义与近代中国社会思想发展概观》。

这些报刊的文章，包括出版物，对马克思及马克思主义学说的传播，有着积极的作用，但国人对《新莱茵报》的了解并未得到明显的提升。

---

① 胡汉民（1879—1936），广东广州府番禺县人，中国近代民主革命家，中国国民党早期主要领导人之一。

表1　关于马克思及马克思主义中文译著书目试编（1929年前）[①]

	关于马克思		关于马克思主义的著译	
马克思传记	马克思著作	经济学说	马克思主义	反马克思主义
1.《马克思传》，李季著（平凡书店） 2.《马克思传》，Ul-ianoff 著，黄剑锋译（启智书局） 3.《马克思恩格斯合传》，Riazanoff 著，李一氓译（江南书店）	1.《价值价格及利润》，李季译（商务印书馆） 2.《工钱劳动与资本》（人民社），朱应祺译（泰东图书局） 3.《哥达纲领批评》，李春蕃译 4.《哲学之贫困》，杜竹君译（水沫书店） 5.《共产党宣言》，陈望道译（人民社） 6.《政治经济评论》，李达译（昆仑书店） 7.《资本论》，陈刻隐译 8.《马克思论文选集》，李一氓译（江南书局） 9.《革命与反革命》，李一氓译（江南书店） 10.《法国内战》，李铁声译（江南书店） 11.《拿翁政变记》，陵鹏云译（江南书店）	1.《资本论解说》，Kautsky 著，戴季陶译（民智书局） 2.《资本论概要》，Emmett 著，汤澄波译（远东图书公司） 3.《资本论解说》，Borchardt 著，李云译（昆仑书店） 4.《资本论要旨》，Untermann 著，陈影清译（春潮书局） 5.《资本论入门》，河上肇著，刘berated平译（晨曦书局） 6.《学生的马克思》，Aveling 著，吴曲林译（联合书店） 7.《马克思主义经济学》，河上肇著，温盛光译（启智书局） 8.《马克思经济学》，吴曲林译（联合书店） 9.《马克思经济学的发展》，河西太一郎等著，樊仲云译 10.《马克思经济学概念》，朱应祺译（泰东书局） 11.《马克思经济学方法论》，邢墨卿等译（新生命书局）	1.《马克思主义的根本问题》，Riazanoff 著，彭康译（江南书店） 2.《马克思主义与社会史观》，成廉著，刘芦隐译（民智书局） 3.《马克思主义时代社会主义史》，Beer 著，胡汉民译（民智书局） 4.《马克思伦理概念》，朱应祺等译（泰东图书局） 5.《马克思民族、社会及国家概念》，朱应祺译（泰东图书局） 6.《马克思与唯物史观》，东方文库之一（商务印书馆） 7.《马克思主与列宁主义之研究》，李逹编（华通书局） 8.《马克思理论的基础》（晨曦书店）	1.《反科学的马克思主义》，郭任远著（民智书局） 2.《反马克思主义》，Sinkhovitch 著，徐天一译（民智书局） 3.《马克思主义的谬误》，又尔高迹著，邱勤修译（启智书局）

[①] 根据李鼎声读在《新思潮》上发表的《关于马克思及马克思主义中文译著书目试编》整理绘制。

（四）20 世纪 30 年代之后量变质不变的传播

在 20 世纪 30 年代之后，传播情形有所改变，至少在数量上表现明显。1933 年，平健翻译了石滨知行的文章《马克思的私生活》发表在《国际译报》（上海 1932），文中提到"新莱茵新闻时代（1848 年），他拥有妻孩三人，真正没有饭吃的事情都曾发生过"①。虽是讲个人逸事，但从侧面展示了马克思领导下《新莱茵报》经营上的困难。更有自传类文章，大篇幅介绍《新莱茵报》，甚至对细节进行描述，例如：

> 马克思因从事政治运动，于一八四九年二月七八两日连受两次审判。他于这两次审判时，虽经有声有色的辩护，均受无罪的宣告，然而德国五月革命镇压以后，普政府遂挟其武力，严禁新莱茵报发行，并且逼令马克思出境。新莱茵报于一八四九年五月十九日接到这种命令，遂与同月十九日发行终刊号，全都用红纸印刷，卷头载着佛莱利格拉有名的告别诗。马克思被逐的命令发表时，他正往各处替新莱茵报张罗款项。新莱茵报的经费，向来特别困难，马克思除牺牲他所有的私产外，复东拉西借来维持报馆的生命。马克思自被驱出，即与昂格思分途进行他们的事业，于五月底，前往巴黎。②

文中介绍马克思以及领导主编的《新莱茵报》所经历的司法审查，即"一八四九年二月七八两日连受两次审判"，包括过程中的关键节点都做了详细的交代，"有声有色的辩护，均受无罪的宣告"，时间也准确无误。段末还提及马克思在筹款经营方面所付出的巨大努力，甚至个人牺牲。另有文称：

> 三月革命以后，马克思去到科伦，在那儿创办了《新莱茵报》，从一八四八年六月一日出版到一八四九年五月十九日停刊——这是

---

① ［日］石滨知行：《马克思的私生活》，平健译，《国际译报》（上海 1932）1933 年第 1—12 期。

② 周震：《卡尔马克思传》，《现象月刊》（第 1 卷）1933 年第 2 期。

当时民主运动中代表无产阶级观点的惟一报纸。这已经表示在它对一八四八年六月巴黎暴动，表示无条件的拥护的这一点上，为了这点，使它差不多全体的股东，都脱离了它。《十字报》指斥《新莱茵报》对于一切神圣事物——上自国王和执政下至宪兵，而所有这些，都是在当时拥有八千警卫军的普鲁士堡垒内——的攻击，是"登峰造极的狂妄"，但这指斥，并没有效力；突然变得反动的莱茵省自由主义庸人们底激怒，也没有效力；在一八四八年的秋天，科伦的戒严法使《新莱茵报》停刊了一个颇长的时间，但也没有效力；弗兰克府的皇家司法部对《莱茵报》的文章一篇又一篇地要求科伦的法院检察官加以检举，还是没有效力；在当局注视之下，《新莱茵报》继续编辑和印行，它攻击政府和资产阶级愈厉害，它的销数与声誉，也就愈加提高。在一八四八年十一月普鲁士发生政变时，《新莱茵报》每天在报头上号召人民拒绝纳税并以暴力对付暴力。①

文章对《新莱茵报》的阶级立场和办报原则进行了准确的概括，"民主运动中代表无产阶级观点的惟一报纸""对一八四八年六月巴黎暴动，表示无条件的拥护"。并且引用了《十字报》的评论"登峰造极的狂妄"，使得《新莱茵报》的形象更加鲜活真实地呈现在读者眼前。

总体来看，中国早期关于马克思以及马克思主义学说的介绍，对马克思作为新闻记者以及办报实践方面的关注不够，仅有1934年，仁心在《民国新闻》上的《马克思与莱因新闻》和1940年，罗稷南翻译梅林《马克思传》②部分章节并发表在《哲学杂志》的《关于"德法年刊"》（"马克思传"第三章第一节）寥寥几篇，是专门关注报刊的，其中一篇还是引自专著，也是"从马克思或恩格斯政治思想和活动角度记述"。③

---

① ［德］恩格斯：《马克思小传》，黎平、石巍译，《解放》1939年第66期。
② 弗·梅林的《马克思传》在中国翻译出版的最早的版本是1948年由骆驼书局在哈尔滨出版，罗稷南翻译的。
③ 陈力丹：《完整再现马克思〈新莱茵报〉版面的辉煌——论编译中文版〈新莱茵报〉的意义和编译原则》，《新闻与传播研究》2020年第S1期。

(五)《新莱茵报》早期传播的文本特点

译介伊始,即20世纪以降,中国知识青年留日热潮,促成西方新思潮经日文汉译进入国人视域,其中不乏社会主义学说的著作,如1902年出版的《近世政治史》和《广长舌》;1903年的《社会主义》《近世社会主义》《近世社会主义评论》和《社会主义神髓》;1906年的《万国社会党大会略史》;1908年的《共产党宣言》;等等。但也有一些不尽如人意的地方,以《近世社会主义》为例,由于译者留日时间不长,日文水平有限,译文中大量采用直译,例如"乌拉陆列"现译为威廉·沃尔弗,《新莱茵报》编辑之一;"列拉伊利科拉"现译为斐迪南·弗莱里格拉特,《新莱茵报》编辑之一、诗人;"意希野额西特"现译为《新莱茵报》。另外,不同文化间存在差异,尤其是德国文化经日文,再到中文,二次转译后,出现表意误差,甚至错误,就在所难免了。例如将《新莱茵报》错误翻译为"杂志",甚至《新莱茵报》的翻译中漏译"新"字,一字之差,将完全不同的两份报纸混淆在一起,令读者迷惑不解。

这种情况在中国共产党成立后传播的弱势期反而有所改观,因为关于《新莱茵报》的知识体系并未更新,其在细节的不断重复中得以修正和确认。其中虽还有德文拼写的错误,但事实类已有信息越来越准确。尤其一些细节介绍,比如"两次庭审"的情况,"临别赠言诗"的内容形式以及报纸与工人运动的关系等,使当时国人对《新莱茵报》有更加准确的了解。当《新莱茵报》的相关译介再次多起来的时候,同样的问题再次出现。例如"返回德国,与其友办《新莱茵时报》(Neue Rheinische Yeitung),时常登载拒捐税的论文,提倡武力对抗暴力的学说,卒因鼓吹过甚,被政府封禁,逐其出境"[①] 中的德语报名将"Zeitung"写作"Yeitung",还有将"Rheinische"拼写错的情况。由于《新莱茵报》(Neue Rheinische Zeitung)和《莱茵报》(Rheinische Zeitung)一字之差,有个别文章中,依旧存在丢掉"新(Neue)"字的现象。另外,还有一些具体史料细节上的错误,比如将《新莱茵报》最后一期用红墨印刷出版,叙述成"同月十九日发行终刊号,全都用红纸印刷"。当然也有极个别文章,出现严重事

---

① 冯荫祺:《马克思》,《骚墨》1935年秋季期。

实不符、时间颠倒的错误。例如"最初,他组织共产党同盟,不久便解散了。其后他办了一份评论,名《新莱因报》,也仅仅出了六期"① 其中将《新莱茵报·政治经济评论》当成《新莱茵报》;共产党同盟②于1847年6月在伦敦成立,1852年科隆共产党人审判案后被正式解散。而《新莱茵报·政治经济评论》确实一共出版6期,但出版发行时间是从1849年12月到1850年11月。两件事情在时间上不存在一前一后的逻辑线索。

综上所述,《新莱因报》在早期的传播中体现如下特点:第一,译名不定,但趋向统一。由于语言的障碍,《新莱茵报》有各种译法,例如《新莱因报》《莱茵新闻》等,甚至按日文发音直译为《意希野额西特》。但随着《新莱茵报》在中国早期传播的推进,不论是人名、报名、机构名称,还是德语原文的拼写,都越来越精准合理。第二,细节错误,导致史料理解的偏差。因为翻译过程中资料的不足或语言的障碍,很多细节常被忽视甚至被错译。除了前文指出的"新"字的丢失,马克思在《新莱茵报》停刊后创办的一份报刊——《新莱茵报·政治经济评论》也常常被混淆,这样必然带来连锁的时间和事件错误,给早期传播带来负面影响。第三,与日本马克思主义的传播过程有着一定的相似度。"日本最初引入社会主义概念时,多出于批判的目的,传播的社会主义思想也主要源自欧美,而非德国。"③

二 《新莱茵报》在早期传播中的知识偏向

(一)《新莱茵报》译介有日本情结,缺失对原典的追溯

在俄国爆发十月革命之前,马克思主义学说主要是经由日本传入我国的,其中留日学生、旅日学者政客以及流亡日本的维新党和革命党人是传播的主力军。他们本就属于知识分子阶层,对于知识的采集、分析、传播和应用有着本能的嗜好。日本共产党虽然成立晚于中国,但早在1897年,就发生罢工32起,参与的工人达到3517人;1907年,发生罢

---

① 《世界小闻:马克思在英伦之逋逃生活》,《新中华》(第2卷)1934年第12期。
② 今译为共产主义者同盟,是第一个以科学社会主义为指导思想的国际无产阶级的政党。
③ 张妍:《马克思主义在日本的早期传播及对中国之影响》,《学术交流》2017年第4期。

工57起，参与的工人提高近三倍，达到9855人；到1917年，罢工次数多达398起，参与人数早已过万，高达57390人。另外，工人运动愈演愈烈，催生了工人团体和工人报刊，他们开始有计划有目的地通过演说、著作和报刊，系统宣介社会主义学说，其中就包括马克思的科学社会主义学说。如1897年，片山潜的《拉萨尔传》和《英国今日的社会》；1899年，村井知至的《社会主义》；1900年，久松义典的《近世社会主义评论》；1904年，幸德秋水和堺利彦合作翻译的《共产党宣言》；1908年，田添铁二的《社会主义史》；等等。当然也包括前文提到的介绍了《新莱茵报》的《近世社会主义》。至于报刊方面，数量就更加庞大，仅同情工人运动的报刊就有《每日新闻》《万朝报》《社会新报》《二六新报》《北海道每日新闻》《社会杂志》《东京经济杂志》《社会》《天地人》《东洋经济新报》《六合杂志》《东京评论》等。留日的知识分子，通过交友集会、阅读书报，甚至直接参与办报活动，近距离观察对比，选择了将大量在日本社会传播的马克思主义学说进行翻译，带给中国的知识界。例如《译书汇编》是留日知识分子最早创办的一份月刊，1900年12月创刊起，就连载日本有贺长雄的《近世政治史》，"社会主义"一词便出于此。然而，早期的社会主义在日本传播也经历了曲解时期，早在明治初年，已经有"社会党""共产党"的名称，"但仅是几个学者的肤浅地介绍"，[①] 明治十五年，即1882年，"社会主义""国家社会主义""民主社会主义"不时出现，但均不见"马克思"的名字。日本对于马克思及马克思学说的引介，存在信息缺失和译名混乱，并不可避免地影响到中国知识分子。例如，1902年，梁启超在《进化论革命者颉德之学说》称："今之德国，有最占势力之二大思想。一曰麦喀士之社会主义，二曰尼志埃之个人主义。"[②] 其中"麦喀士"就是马克思的音译。如前文所述更晚译介的《近世社会主义》中也明显存在并不尽如人意的地方。

（二）《新莱茵报》译介缺位对社会现实的探求

进入20世纪20年代，各种政治和文化思潮的碰撞在中国并没有减

[①] 大炎：《马克思主义在日本的发展》，《国闻周报》1933年第10期。
[②] 梁启超：《进化论革命者颉德之学说》，《新民丛报》1902年10月16日。转引自姜义华编《社会主义学说在中国的初期传播》，复旦大学出版社1984年版，第51页。

弱，反而愈演愈烈。在这样的大背景下，经济和政治才是马克思及马克思学说传播的重点，而马克思作为记者编辑的身份以及主编《新莱茵报》的经验教训并不受当时重视。以经济学说的译介研究为例，1921年，陈昭彦发表在《学艺》[①]的《马克思主义经济学》；1922年，周佛海发表在《民国日报·觉悟》[②]的《通信：介绍马克思经济学说》；1924年，萨孟武发表在《学艺》的《马克思之资本复生产论》；1926年，李季发表在《新青年》的《马克思通俗资本论序言》；1927年，德佑发表在《澄衷学生半年刊》[③]的《亚丹斯密和马克思》；1929年，萧铁峰发表在《经济科学》[④]的《社会主义经济学鼻祖马克思的略传》；1935年，谌小岑翻译科尔（G. D. H Cole）并发表在《劳动季报》[⑤]的第5期和第6期的《马克思价值论述评》等。除了理论方面的探讨外，也有不少涉及现实经济问题的内容。如1932年，可浊翻译布夸若斯夫的《马克思底农业理论与实施》并发表在《燕大月刊》[⑥]，讨论俄国集体农庄运动的问题，认为"集体农庄运动带着强有力的日渐高涨的，反富农的性质，这个运动在道路上扫除了富农的反抗，击破了富农，在乡村中为广大的社会主义建设开辟了一条道路"，[⑦]并从多个面向，纯熟运用马克思理论进行分析，反驳了各种布尔乔亚的与小布尔乔亚的理论，开阔了当时国人的视野，也给中国道路的选择提供借鉴。还有作品更加专业地将约翰·梅纳德·凯恩斯[⑧]和马克思的经济学说进行对比，认为在马克思的经济学说的分析中，

---

① 1917年4月在东京（日本）创刊，月刊，学艺杂志社发行，1956年7月停刊，综合性刊物。

② 该刊是《民国日报》的副刊之一。1919年创刊于上海，1931年停刊。由邵力子任主编，陈望道协助编辑，由上海民国日报馆主办并发行。

③ 1927年创刊于上海，由澄衷中学学生自治会出版，澄衷中学学生会出版股编辑，半年刊，停刊时间不详。

④ 1929年，由（国立）成都大学经济学会编辑，在成都创刊并发行，季刊。该刊属于经济刊物。

⑤ 1934年4月创刊于南京，1937年停刊。劳动季报社编辑并出版，主要编辑人有谌小岑、周巍峙等。

⑥ 1927年创刊于北平，燕京大学燕大月刊社编辑部编辑，月刊，1934年5月12日停刊。《燕大月刊》属于综合性刊物。

⑦ [俄]布夸若斯夫：《马克思底农业理论与实施》，可浊译，《燕京月刊》1931年第3期。

⑧ 约翰·梅纳德·凯恩斯（John Maynard Keynes），英国经济学家，现代经济学最有影响的经济学家之一。

"资本主义制度知识经济发展史上的一个必然的过程,归结是必然崩溃的"。① 这些文章不仅分析经济,也涉及中国道路的选择,但很少提及报刊,即便《雇佣劳动与资本》最初是以社论形式自1949年4月5日起在《新莱茵报》发表,依然不能引起国人对于马克思经营主编的《新莱茵报》的重视。1922年3月25日,《大公报》仅在第10版做了简单的介绍,重点也在这本未完成的经济学小册子,称"(时一八四九年五月十九日)而在马克司的遗稿中。也找不出有接续这篇的文章。(劳银劳动与资本)曾几次印成小册子。最末一次是一八八四年。在瑞士支黎苏士。这几次都是翻印原文的。现在新版志在推广印一万本以上",② 而不是《新莱茵报》。

三 《新莱茵报》在中国传播中的缺失与固化

(一)《新莱茵报》传播的沉积缺失

《新莱茵报》作为马克思革命斗争实践的重要组成部分,具有里程碑式的意义。但是在马克思及马克思学说传播的早期,《新莱茵报》并未引起国人,尤其是当时作为传播主力的知识分子的重视。半个世纪的传播,这种偏向造成马克思及马克思学说面向的缺失,而这种缺失存留在中国人对于马克思及马克思学说的意识里,"这些被存留的经验沉积下来,凝结为记忆中可识别与可记忆的实体"。③ 在大众传媒上,在大众共享马克思及相关学说的知识经验时,还会发生主体间的沉积,并且与之后的经验不断相互融合并强化成为一个为大众所共享的知识库。在这个过程,大众的知识不断积淀直至形成符号化系统,并在这个系统中被客体化,最终一代一代地传递下去。

《新莱茵报》在早期传播中一直作为被忽视的,并不重要的马克思及马克思学说中的一环,这可以在《新莱茵报》在早期传播中,出现的信息误差甚至完全错误中看出来。而马克思作为新闻记者的一层重要面向

---

① 张培刚:《书评:从"新经济学"谈到凯因斯和马克思》,《观察》1948年第15期。
② 《劳动问题序马克司的劳银劳动与资本》,《大公报》(天津版)1922年3月25日第10版。
③ [美]彼得·L.伯格、[美]托马斯·卢克曼:《现实的社会建构:知识社会学论纲》,吴肃然译,北京大学出版社2019年版,第86、91页。

的缺失，也在这样的偏向下沉淀给后代，形成难以挽回的沉积缺失。

（二）《新莱茵报》传播的传统固化

知识的沉积，影响随后的继续沉积。但这种沉积，并不一定带来进步或退步。《新莱茵报》在早期传播过程的沉积中，并没有进一步扩展和延伸其本身的知识系统，反而固化为一个传统，一个语言传统，一个词汇传统，一个表达传统。在形形色色的大众媒介中可见一斑："国际无产阶级喉舌""充满了战斗的""革命无产阶级政党的战斗司令部""革命运动宣传鼓动者与组织者""革命无产阶级最好的机关报"等。这些原本有力、鲜活的话语，在沉积中形成传统，在一遍遍的重复中被固化成缺乏激情和意义的符号。这并不是带有褒义或贬义的价值判断，不是"抽象逻辑或是技术功能的问题，而是一个完全不同的命题；在思维上，人类既表现出精巧（ingenuity），又表现出盲信（eredulity）"。[①] 在这种"盲信"中，《新莱茵报》被固化为大众不愿进行更多了解、不愿更多思考的大众传统中的"《新莱茵报》"。这种情况，绝不仅仅出现在中国，就目前马克思领导主编或参与编辑、写稿的报刊，在国际范围也并没有得到如同《资本论》一样的重视，甚至直到今天，"就世界范围来看，没有任何一个国家将德语原版《新莱茵报》完整地翻译成本国文字"。[②] 在理论上，导致了知识多样性的难以实现——马克思在大众眼中只有被称为伟大的革命导师的单一面向。

四 结语

1949年10月1日，新中国成立后，为了满足当时的学术研究需要，尤其是涉及马克思列宁主义、国际共产主义运动史、世界近代史、新文学史等方向，中共中央马克思、恩格斯、列宁、斯大林著作编译局于

---

① ［美］彼得·L.伯格、［美］托马斯·卢克曼：《现实的社会建构：知识社会学论纲》，吴肃然译，北京大学出版社2019年版，第86、91页。

② 季为民、李斌：《〈新莱茵报〉编译研究的创新价值和时代意义——兼论马克思主义方法论的运用》，《广州大学学报》（社会科学版）2021年第6期。

1959年8月，根据库藏的《新莱茵报》德文版，出版发行了《新莱茵报》影印合订本，以对开形式，共两大本，近1700版，其中缺第113号和二十几期非正刊，共发行了158套。虽然这套影印版《新莱茵报》略有缺省，但也让国人，至少相关研究人员看到原汁原味的《新莱茵报》——马克思和恩格斯在新闻实践中具有里程碑意义的成果。然而，原版《新莱茵报》采用170余年前的德语哥特体排版印刷，而当年德语人才匮乏，即便在今天，能够认识这种字体的人才也不多。另外，受170年前的印刷技术所限，很多字句并不清晰，甚至有一些错误，难以辨识，这就给利用原版《新莱茵报》进行译介传播带来极大的困难。由于这些条件限制，《新莱茵报》也就并未全部翻译成中文。在1958年11月和1961年8月，中央编译局相继翻译完成并出版了《马克思恩格斯全集》第五卷和第六卷，其中大量《新莱茵报》原文的译介对于《新莱茵报》的认知、传播和研究进程有了极大的提升，有效地弥补了无法完整翻译的遗憾，但两卷的《马克思恩格斯全集》与原版《新莱茵报》报道文章的数量相比，相差甚远。可见，这种传播的偏向影响是长远的。2018年7月8日，《马克思主义新闻观百科全书》新书发布及"马克思主义新闻观与新时代中国新闻传播新使命"研讨会在暨南大学召开，以这次会议为契机，陈力丹教授统筹组织，以《新莱茵报》原版德语报纸为基础，参照《马克思恩格斯全集》中文版（特别是第二版）的编译规格和样式，进行版面再现。经过众多学者、翻译工作者及其他工作人员的不懈努力，尤其是陈力丹教授对整个编译过程，全程不辞辛劳的指导和监督，目前已经取得阶段性成果。希望通过这样的努力，能够对《新莱茵报》传播中的偏向做出一定的修正，更希望能还原马克思及马克思学说在新闻传播研究的独特面向。

（该文首发于2022年第九届"政治传播与社会发展论坛"，刊载于《现代传播》2023年第1期。）

妥协的自由：民国南京临时政府新闻事业管理体制研究

高山冰

（南京师范大学新闻与传播学院副教授）

摘　要：南京临时政府贯彻和实践了孙中山等革命党人的民主思想，在新闻管理权限划分、新闻宣传架构设置、报纸创刊程序及新闻管理措施等方面继承和发展了清末新闻管理体制，创建了以《中华民国临时约法》为纲领；以中央和地方二级行政建制为依托；以《大清报律》为框架；以筹办刊发官报为向导；以减免邮资等举措为补充的新闻管理体制。南京临时政府试图建立一个自由的新闻管理体制，然而在政府的软弱妥协下，过度自由为新闻业发展提供机遇的同时也埋下了隐患。政府、新闻出版业及民众三方就新闻自由与新闻法制的认识的激烈博弈，对此后南京国民政府新闻出版管理体系的形成产生了重要影响。

关键词：南京临时政府；新闻事业；管理体制；出版自由；言论自由

武昌起义，清帝退位，清王朝统治结束。以孙中山为首的革命党人成立南京临时政府（以下简称临时政府），推行民主共和，创立新的新闻法制体系，新闻事业的生存得以喘息。临时政府虽为期不长，但对于新

---

* 本文系国家社科基金重大项目"中华民国新闻史"（项目编号：13&ZD154）的研究成果。

闻人而言，却是最为自由的时期。临时政府成立后，以孙中山为首的资产阶级革命党人，力图推翻清廷旧制，建立资产阶级民主共和国的新制度。在新闻监管方面，临时政府通过一系列政策法规，确立了基本的新闻管理体制。临时政府创建的以言论民主为核心的新闻法制，对于宣传资产阶级民主观念，促进民初新闻事业的发展，具有重要的进步意义。在临时政府新闻管理体制的建立过程中，政府、新闻出版业及民众三方就新闻自由与新闻法制的认识和激烈博弈，对此后南京国民政府新闻出版法律体系的形成产生了重要影响。临时政府新闻管理体制在我国近代法制史上占有重要的历史地位，尽管它存在严重缺陷，但仍闪烁着革命光辉。

一 临时政府新闻管理体制对清末新闻法制的继承与改进

武昌起义后，革命洪流愈加汹涌，本就岌岌可危的清廷统治受到严重打击。临时政府仓促成立后，将精力更多地投入到与北方军阀谈判如何实现共和方面，而对于一般的社会管理体制，则有选择性地继受清朝相关规定。

3月10日：袁世凯发布通告，以民国法律尚未议定颁布，前清诸法律除与民国国体抵触之条应失效外，其余一律延用。①

3月24日：孙中山据司法部呈：前清民刑各律及诉讼法除第一次刑律草案关于帝室之罪及关于内乱之罪死刑不能适用外，余皆继续有效，俟民国法律颁布即行废止。是日孙中山将此案咨请参议院审议施行。②

在当时的历史条件下，临时政府尚无力全面更新旧制，因此在不影响共和国体的情况下，有条件地使用一些技术性条款，可以更加有效地

---

① 金冲及、胡绳武：《辛亥革命史稿》第二卷，上海人民出版社1985年版，第337页。
② 金冲及、胡绳武：《辛亥革命史稿》第二卷，上海人民出版社1985年版，第341页。

行使社会管理职能。新闻管理法制亦是如此。1906—1908年，清廷相继颁布了《大清印刷物专律》《报章应守规则》《报馆暂行条规》及《大清报律》，构成了比较完备的新闻法律体系。临时政府则从以下几个方面予以继受。

（一）趋同的新闻管理权限划分

鸦片战争后，西方侵略者打开了中国的国门，不同的思想潮流涌入这个沉寂的国度，革命思想四处蔓延。及至晚清，国外的传教士将报纸带入中国。"1833年，外国传教士创办的近代中文报刊开始进入中国本土。是年8月1日，《东西洋考每日统计传》在广州创刊，成为中国境内出版的第一份近代中文报刊……1873年，艾小梅在汉口创办国人自办的第一份中文报刊《昭文新报》。随后，在上海、广州等沿海通商口岸，陆续出现一批国人自办报刊。至甲午战前，累积约20余种。"[①] 甲午战争之后，出于对革命思想宣传的需要，民间小报林立，"辛亥革命前夕，鼓吹革命的报刊仍然不断涌现，上海由于它的地理位置适中、交通方便、有较好的通信印刷设备和有帝国主义的租界为之缓冲等特殊条件，仍然是革命派在国内进行宣传活动的一个重要中心，《神州日报》《民呼日报》《民吁日报》《民立报》等相继创刊，并产生了相当广泛的影响"[②]。

革命思想的宣传之势引起统治者的警觉，清廷开始加大对新闻的监管力度"但在那时，对新闻的管制，既无专门的法律和一定的政策，又无系统的案例可循，一般禁令都是由朝臣就耳目所及奏请皇帝，下令实施。其主要内容，不外管制发行、禁止泄密、防护军机和事前审查与禁载戏衰文字等项"[③]。在政府机构设置方面，清政府关于新闻监管的职能，分布在一些部门中，如印刷总局"京师特设一印刷总局，隶商部、巡警部、学部。所有关涉一切印刷及新闻记载，均须在本局注册"[④]。清廷为

[①] 赵建国：《分解与重构：清季民初的报界团体》，生活·读书·新知三联书店2008年版，第16—17页。

[②] 朱英：《辛亥革命与近代中国社会变迁》，华中师范大学出版社2011年版，第306页。

[③] 张宗厚：《清末新闻法制的初步研究》，《新闻研究资料》1987年第3期。

[④] 李俊等点校：《大清印刷物专律》，载怀效锋主编《清末法制变革史料》，中国政法大学出版社2010年版，第332页。

实现立宪改革，打破隋唐沿袭下来的传统六部建制，陆续设立外务部、商部、巡警部和学部，其中商部设于 1903 年，巡警部和学部设于 1905 年，巡警部后更为民政部。印刷总局隶商部、巡警部、学部，三部各司其职，在此方面虽有交集，但具体的划分却又不得而知，因此实质上对新闻的监管职能仍旧归属不清。

临时政府在这点上并没有做出实质性改变。其成立之后，对中央行政各部及其权限做出专门规定，共十个部门：参谋本部、陆军部、海军部、外交部、司法部、财政部、内务部、教育部、实业部、交通部。从名称上就可以看出，无一专门为新闻管理而设。根据该权限划分，其中有三个部门涉及此项事务。

  交通部长：管理道路、铁路、航路、邮信、电报、航舶并运输造船事务，统辖船员。
  内务部长：管理警察、卫生、宗教、礼俗、户口、田土、水利工程、善举公益及行政事务，监督所辖各官署及地方官。
  教育部长：管理教育、学艺及历象事务，监督所辖各官署学校，统辖学士教员。[①]

然从官方公布的职权划分上来看，却无从知晓新闻监管职权的具体归属。此次的职能机构设置，并没有专门管理新闻的部门，甚至并没有将新闻监管作为一项专门事务予以列出。

模糊不清的规定在实际管理中产生了很多问题，及后促使孙中山特令内务部掌管新闻宣传事务。

  大总统批法制局呈教育部官职令修改全案并新闻杂志演说会应归教育部管理与否请示遵由……至来呈所称教育部原案中社会教育司编辑所掌握新闻杂志、演说会等事，据中央各部官制及其权限法案所定，应归内务部掌管。此等事项，既非宗教、又非礼俗，初六

[①] 《临时政府公报》第二号，载刘萍、李学通《辛亥革命资料选编》第四卷（下册），社会科学文献出版社 2012 年版，第 537 页。

日阁议并未提及,究竟该项事务应归教育部管理与否,请示遵办等语。查新闻杂志、演说会等事自应归内务部管理,即行查照订定可也。此批。①

可见,原先新闻杂志等事项归教育部社会教育司所掌管,后划归内务部。而从上文内务部长职责之规定可知,内务部所辖事务纷杂,新闻管理只是其中一条未能予以明列的事项。在南京临时政府时期,依旧没有专门的新闻监管机构。

(二) 相似的新闻宣传架构设置

古时的中国,皇权神圣不可侵犯,其统治讲究神秘莫测以使百姓敬畏无比。自子产"铸刑书"之后,中国才开始了公布成文法的历史。而封建王朝为维持统治、神圣皇权,自是没有政务公开一说,民间更是讳谈"国事"。及至清廷时期,官方为宣布传达信息,设置专门的形式,即邸报。"谕旨及奏疏下阁者,许提塘官誊录事目,传示四方,谓之邸报。"② 邸报的存在是为了传知朝政,由各省驻京提塘官誊录,并不是严格意义上的官报,但其实为政府发布消息和命令的渠道之一,对象为各级官员而非百姓。在百日维新期间,光绪帝根据维新派的建议,颁布了几十道改革的诏令,开始允许自由创立报馆、学会。这是清王朝第一次正式承认官报以外的民间报纸有合法存在的权利。这些改革措施也给了人民一定程度的言论、出版、结社的自由,为资产阶级革命思想的传播提供了一定空间。

1906年清廷宣布"预备立宪",御史赵炳麟奏请设立中央政府官报,"朝廷立法行政,公诸国人"③,"使绅民明悉国政,为预备立宪基础之

---

① 《临时政府公报》第二号,载刘萍、李学通《辛亥革命资料选编》第四卷(下册),社会科学文献出版社2012年版,第687页。

② 永瑢:《历代职官表》卷21,载陈玉申《晚清报业史》,山东画报出版社2003年版,第287页。

③ 《考察政治馆奏办〈政治官报〉酌拟章程折并清单》,载上海商务印书馆编译所《大清新法令》第四卷,商务印书馆2011年版,第557页。

意"①。考察政治馆奉旨复议,"中国风气甫开,国民教育尚未普及,朝章国典罕有讲求,向行邸报大抵例折居多,而私家报纸又往往撮拾无挡,传闻失实,甚或放言高论,荧惑是非,欲开民智而正民心,自非办理官报不可"②。议定开办《政治官报》,"专载国家政治文牍"③,"期使通国人民开通政治之智识,发达国家之思想,以成就立宪国民之资格"④。

1907年10月26日,《政治官报》正式创刊,由宪政编查馆所设官报局主持。该报每日一期,以派销为主,利用行政渠道,自上而下,层层分摊。《政治官报》章程有云:

> 本报为开通政治起见,无论官民,皆当购阅,以扩见闻。除京内各部院各省督抚衙门由馆分别寄送外,其余京师购阅者,由馆设立派报处照价发行;外省司道府厅州县及各局所学堂等各处,均由馆酌按省分大小配定数目发交邮局寄各省督抚衙门,分派购阅。⑤

《政治官报》体例分为:谕旨、批摺、宫门钞第一;电报、奏咨第二;咨劄第三;法制章程第四;条约、合同第五;报告、示喻第六;外事第七;广告第八;杂录第九。⑥

南京临时政府时期,沿用了此种官方公报形式。1912年2月13日,"袁世凯令将原清政府之《政治官报》更名《临时公报》,继续发行"⑦。1912年元旦,中华民国临时政府成立,1月29日开始出版《临时政府公报》。4月1日,孙中山辞去临时大总统职务,南京临时政府结束,公报

---

①② 《考察政治馆奏办〈政治官报〉酌拟章程折并清单》,载上海商务印书馆编译所《大清新法令》第四卷,商务印书馆2011年版,第557页。

③④ 《谨拟开办官报章程缮具清单,恭程御览》,载上海商务印书馆编译所《大清新法令》第四卷,商务印书馆2011年版,第558页。

⑤ 《谨拟开办官报章程缮具清单,恭程御览》,载上海商务印书馆编译所《大清新法令》第四卷,商务印书馆2011年版,第559—560页。

⑥ 《谨拟开办官报章程缮具清单,恭程御览》,载上海商务印书馆编译所《大清新法令》第四卷,商务印书馆2011年版,第558—559页。

⑦ 韩信夫、姜克夫:《中华民国史·大事记·第一卷:1905—1915》,中华书局2011年版,第323页。

随即停刊。公报今所见者共58号,最后一号系4月5日出版。[①]

  本报暂定则例：一、本报为临时政府刊行,故定名为临时政府公报。二、本报以宣布法令、发表中央及各地政事为主旨。三、本报暂定门类六：曰令示,曰电报,曰法制,曰纪事,曰抄译外报,曰杂报,其子目见前。四、本报日出一册,如遇国家纪念日政府停止办公时,本报亦休刊一日。五、政府对于各地所发令示,或宣布法律,凡载登本报者,公文未到,以本报到后为有效。六、凡各官署皆有购阅本报之义务,唯具印文请领者,皆照定价五折征纳,余令详前价目表。[②]

  可见,南京临时政府公报为南京临时政府官方发行的以公布政务为内容的报纸,其具有可信度高、时效性高、普及度高的特点,内容较为全面,体例较完整,相比民间所办报纸,其不带有任何舆论导向性,只以公示信息为己任。同时,其所刊载的信息,更为准确。如同清廷《政治官报》一般,南京临时政府公报也是采取中央核发,由地方各级政府订阅并下发的模式。

  中华民国临时大总统令：临时政府成立,政事上一种公布性质,宜有独立机关经营,以收其效,则发行公报是也。……应令各行政机关咸有购阅该报之义务。除将暂定则例登载该报一律照办外,为此令该部都督卫戍总都督知照,并通饬所属一体遵照。此令。[③]

  临时政府在官报经营方面,无论是开办目的、报章体例抑或是推广方式,都与清政府颇为相似,意欲在"百家争鸣"的报界中,开辟出专

---

  ① 刘萍、李学通：《辛亥革命资料选编》第四卷（下册）,社会科学文献出版社2012年版,第517页。
  ② 《临时政府公报》第四十一号,载刘萍、李学通《辛亥革命资料选编》第四卷（下册）,社会科学文献出版社2012年版,第859页。
  ③ 《临时政府公报》第四号,载刘萍、李学通《辛亥革命资料选编》第四卷（下册）,社会科学文献出版社2012年版,第546页。

属官方的宣传阵营。

（三）改进的报纸创刊程序

清廷初始，报社的开办和报纸的创刊并无程序设置规定，及至光绪二十一年，京师官绅文廷式等设强学书局，讲求时务，发行《中外纪闻》，次年正月，改为官书局，并编印《汇报》。光绪二十四年六月，工部尚书孙家鼐在给光绪皇帝的《改上海时务报为官报》的奏折中，拟定了《官报章程》三条。至此，清政府已勉强顺应时势，有条件地允许办立报纸，以"宣国是而通民情"。1906年的《大清印刷物专律》是我国管制新闻的第一部法律，共有六章四十个条款，规定报纸开办实行注册登记制度，特设印刷总局专责管理出版品的注册登记。

"京师特设一印刷总局，隶商部、巡警部、学部。所有关涉一切印刷及新闻记载，均须在本局注册。"① "二、凡以印刷或发卖各种印刷物件为业之人，依本律即须就所在营业地方巡警衙门，呈请注册。其呈请注册之呈，须备两份，并各详细叙明实在，及具呈人之姓名籍贯住址，又有股份可以分利人之姓名籍贯住址。……九、凡印刷人印刷各种印刷物件，即按件备两份呈送印刷所在之巡警衙门，该巡警衙门即以一份存巡警衙门，一份申送京师印刷注册总局。"②

及至1907年，《报馆暂行条规》则规定注册登记制改为批准制。"凡开设报馆者，均应向该馆巡警官署呈报，俟批准后方准发行。"③ 在刊号创立上，清政府采取注册登记制，在对创刊人的审核中，清政府要求其详细登记个人信息，同时要求为年满二十岁以上之本国人、无精神病者、未经处监禁以上之刑者。后期发展为批准制，而自至《大清报律》颁布始，则要求施行保证金制度，同时预先审查。

---

① 李俊等点校：《大清印刷物专律》，载怀效锋《清末法制变革史料》，中国政法大学出版社2010年版，第332页。

② 李俊等点校：《大清印刷物专律》，载怀效锋《清末法制变革史料》，中国政法大学出版社2010年版，第333页。

③ 《报馆暂行条规》第一条，中国第一历史档案馆，顺天府档案，胶片132，28 - 4 - 323 - 001。

南京临时政府对以下这些方面也有相应规定：首先要求创设报纸采取申报注册的方式，同时规定了新闻从业人员的资格限制，并对破坏共和及泄露政府机密等内容予以限制和禁止。这主要体现在《暂行报律》及《大汉四川军政府报律》等法律规定中。《暂行报律》规定"新闻杂志已出版及今后出版者，其发行及编辑人姓名须向本部呈明注册，或就近地方高级官厅呈明咨部注册，……否则不准其发行"。① 尽管其后来被抨击以致取消，然而在政界及报界对登记注册制并无多大异议。在《大汉四川军政府报律》中，规定"凡充发行人、编辑人者"，须"年满二十岁以上之本国大""无精神病者""且未经以私罪处监禁以上之刑者"。②

由此可见，南京临时政府在沿袭清政府相应规定的基础上，又有改进。

（四）相仿的新闻管理措施

清廷及南京临时政府时期，都对违反相关新闻监管法规的行为规定了一系列惩处措施，在此方面，南京临时政府在清政府的基础之上，有所发展。

由前文分析可知，清朝初年并没有针对新闻宣传的管理条例，对相关事件的处理也多是援引其他律文。如光绪二十九年（1903年）发生的"苏报案"，定罚依据是《大清律例》中刑律盗贼类的"造妖书妖言"一条："凡造谶纬妖书妖言，及传用惑众者，皆斩。"③ "各省抄房，在京探听事件，捏造言语，录报各处者，系官，革职；军、民，杖一百，流三千里。"④ 及至《大清印刷物专律》颁布，这方面有了专门的规定，主要涉及罚金、监禁或二者并罚，对违法的印刷物予以销毁或

---

① 《临时政府公报》第三十号，载刘萍、李学通《辛亥革命资料选编》第四卷（下册），社会科学文献出版社2012年版，第791页。

② 邱远猷、张希坡：《中华民国开国法制史：辛亥革命法律制度研究》，首都师范大学出版社1997年版，第220页。

③ 郑秦等点校：《大清律例》卷二十三（刑律贼盗上），载刘海年、杨一凡《中国珍稀法律典籍集成》丙编（第一册），科学出版社1994年版，第305页。

④ 郑秦等点校：《大清律例》卷二十三（刑律贼盗上），载刘海年、杨一凡《中国珍稀法律典籍集成》丙编（第一册），科学出版社1994年版，第306页。

充公。

一、凡未经注册之印刷人，不论承印何种文书图画，均以犯法论。……所科罚锾，不得过银一百五十元，监禁期不得过五个月，或罚锾监禁两科之。①

八、凡发贩或分送不论何种印刷物件，如该物件并未印明印刷人之姓名及印刷所所在者，即以犯法论。……即依本律本章第六条之罚银，或监禁，或罚级监禁两科之法科之。并将所有无印刷人姓名及印刷所所在之各该印刷物件充公或销毁，……②

九、凡印刷人印刷各种印刷物件，即按件备两份呈送印刷所在之巡警衙门，……凡违犯本条者，所科罚银不得过银五十元，监禁期不得过一个月，或罚级监禁两科之。③

至《大清报律》公布，增加了"注销存案"一条，规定根据该律禁止发行及停办的，退还保押费，并注销存案。

南京临时政府时期的相关规定，基本沿用了清政府的处罚办法，包括停止出版、更正不实不适言论，严重者依据刑法处罚。

流言煽惑关于共和团体，有破坏弊害者，除停止其出版外，其发行人、编辑人并坐以应得之罪。④

调查失实，污毁个人名誉者，被污毁人得要求其更正，要求更正而不履行时，经被污毁人提起诉讼，讯明得酌量科罚。⑤

后此两项被报界人士猛烈抨击，也成为《民国暂行报律》被撤销的主要原因之一。但是《民国暂行报律》从某种程度上反映出南京临时政府对于新闻监管的基本态度和措施。

---

①②③ 李俊等点校：《大清印刷物专律》，载怀效锋《清末法制变革史料》，中国政法大学出版社2010年版，第333页。

④⑤ 《临时政府公报》第三十号，载刘萍、李学通《辛亥革命资料选编》第四卷（下册），社会科学文献出版社2012年版，第791页。

二 言论出版自由是临时政府
新闻管理体制的核心

（一）以言论开放为指导思想

辛亥革命推翻了清朝统治，实现共和成为当时进步人士的共同目标。南京临时政府成立后，南京方面一直在积极奔走于各方势力之间，希望能够平稳走向共和，在中华大地上实现民主治国。1912年3月11日公布的《中华民国临时约法》（以下简称《临时约法》）有规定："四、人民有言论、著作、刊行及集会、结社之自由。"① 以宪法性文件明确规定公民的言论自由权利，这说明南京临时政府时期，公民享有基本的言论自由权利，有通过语言表述思想和见解的自由。这个大前提为新闻自由奠定了基调。

其后的《民国暂行报律》风波则是力证。据《临时公报》第三十号登，1912年3月4日，内务部以前的《大清报律》已废除，民国报律尚未颁布，报刊出版发行工作无章可循，从而制定《民国暂行报律》，令报界遵守。其内容有三：

> 一、新闻杂志已出版及今后出版者，其发行人及编辑人姓名，须向本部呈明注册，或就近地方高级官厅呈明，咨部注册；二、流言煽惑关于共和国体有破坏弊害者，除停止其出版者，其发行人、编辑人并坐以应得之罪；三、调查失实，污毁个人名誉者，被污毁人得要求其更正。要求更正而不履行时，经被污毁人提起诉讼时，得酌量科罚。②

该律一经公布，旋即遭到报界人士以政府干涉言论自由、罔顾法律制定程序为由而对其进行猛烈抨击。上海中国报界促进会关于拒绝《民

---

① 《中华民国史》第二册·志一，四川人民出版社2006年版，第253页。
② 《临时政府公报》第三十号，载刘萍、李学通《辛亥革命资料选编》第四卷（下册），社会科学文献出版社2012年版，第790—791页。

国暂行报律》的通电：

> 今统一政府未立，民选国会未开，内务部擅定报律，侵夺立法之权。且云煽惑关于共和国体，有破坏弊害者，坐以应得之罪。政府丧权失利，报纸监督并非破坏共和。今杀人行劫之律尚未定，而先定报律，是欲袭满清专制之故制，钳制舆论，报界全体万难承认。①

革命党人章炳麟在《却还内务部所定报律议》中也向临时政府发难：

> 今详问内务部：是否昌言时弊，指斥政府，评论《约法》，即为弊害共和国体？……若果如前所说，内务部详定此条，直以《约法》为已成之宪，以政府为无上之尊。岂自处卫巫之地，为诸公监谤乎？②

此后，孙中山下令撤销：

> 案言论自由，各国宪法所重，善从恶改，古人以为常师，自非专制淫威，从无过事摧抑者。该部所布暂行报律，虽出补偏救弊之苦心，实昧先后缓急之要序，使议者疑满清钳制舆论之恶政，复见于今，甚无谓也。③

虽经历清政府严厉管制镇压，然言论自由之势却愈演愈烈，及至辛亥革命，各方人士或通过大报小报，或通过演讲授课，无不在积极发表自己的见解。到南京临时政府成立，经过这么多年的斗争酝酿，终于在《临时约法》中，合理规定了此项权利，又通过《民国暂行报律》风波得

---

① 倪延年：《中国报刊法制发展史》史料卷，南京师范大学出版社2006年版，第76页。
② 倪延年：《中国报刊法制发展史》史料卷，南京师范大学出版社2006年版，第77—78页。
③ 《临时政府公报》第三十三号，载刘萍、李学通《辛亥革命资料选编》第四卷（下册），社会科学文献出版社2012年版，第810页。

以巩固。至此，言论自由权利得到法律保障，也成为新闻宣传事业的一项护身符，为其之后的蓬勃发展提供了有力的保障。

（二）过度自由，缺乏基本监管

南京临时政府宣布废除清廷《大清报律》，颁布《临时约法》，从源头放开了舆论限制，给新闻出版事业以法律上的保障，进一步推动新闻界的发展。而一直被清政府高压管制的新闻事业，终于没有了政府的严厉控制，各地各界言论呈井喷式爆发。民国元年初期，很多学者称之为"中国报业的黄金年代"，得益于南京临时政府十分宽松的管理环境，新闻事业飞速发展。

首先报刊数量大大增加。民国成立初期，一批报刊相继出版，主要有《大共和日报》《民权报》《民声日报》《太平洋报》等。"北京是当时的政治文化中心，新创办的报纸最多，有50多家，以下依次是上海40家，天津35家，广州30家，浙江20多家，四川20多家，湖南11家，武汉9家。"[①] 据统计，中华民国元年，全国报纸陡增至500家，总销数达4200万份[②]，创历史最高纪录。这些报纸大部分是以刊载时事性政治材料为主的日刊报纸。同年，中国报业俱进会成立，通讯社大量涌现。"武昌起义前夕，中国人自办的通讯社主要有三家：1904年创办的中兴通讯社、1908年创办的远东通讯社、1911年创办的展民通讯社。民国成立后，由新闻法制的创建引发的办报热潮，促进了通讯事业的发展。在民国成立初的两年时间里，全国出现了公民通讯社、民国第一通讯社、上海通讯社、湖北通讯社、湖南通讯社、北京通讯社等多家地方性的通讯社。"[③] 通讯社的成批出现，是民国初期新闻事业得到蓬勃发展的又一表现，从业人员地位大为提高。同时除原有的报界团体外，在边远偏僻的西南地区，报人也相继建立起自己的团体组织，如贵州报界同盟会和四川报界公会。这些报界团体团结一致，或多或少都为民国初期报纸的创

---

① 赵建国：《分解与重构：清季民初的报界团体》，生活·读书·新知三联书店2008年版，第152—153页。

② 方汉奇：《中国新闻事业通史》第一卷，中国人民大学出版社1992年版，第1014—1015页。

③ 穆中杰：《继受与转型：民国初年的新闻法制》，《新闻爱好者》2011年第4期。

立发行、报人的工作待遇提供了良好的环境和相对有力的保障，促进了新闻事业的进一步发展。

言论自由是新闻事业发展的根基，然而，过度的言论自由却存在一定的隐患。人类发展的历史长河中，每一个得以长久维持的社会秩序，都需要合理适度的监管，新闻亦是如此。民国初期，过度的自由给报界发展带来了机遇，同时也埋下了隐患。伴随着大众对时事新闻的高度关注，甚至出现了捏造假新闻的现象。更为紧要的是，南京临时政府成立于风雨飘摇之中，帝国主义侵略者虎视眈眈，袁世凯等守旧势力根深蒂固，即便是革命党人内部，也是诸口不一。在民国成立后，本就存在的革命道路分歧越发明显。

民国实行议会制度，为争取议会席位，时下涌现出许多政党社团。而这些政党背后，大都有自己的报纸，以宣传自己，攻击其他势力。"国家学会有《国权报》，中华共和宪政会办有《共和报》……这些报刊都具有浓厚的党派性，政见不同，观点各异，在宣传上互相批评揭责，甚至互相攻讦，斗争十分激烈。"[1] 于是各派背后的报纸言论倾向也随着革命的发展而不断改变。其中，《民立报》虽是同盟会的主要机关报，却在刚从英国回来的章士钊主导下迅速转向，于1912年2月23日发表《民立报之宣言》的社论，公开宣称不再具有同盟会机关报的政治倾向性，将性质由"党报"提升为"国报"。其政治妥协倾向比较严重，尤其体现在对袁世凯的态度上，对袁主张采取"勿逼袁反"，甚至喊出"非袁不可"的口号，这与当时孙中山、黄兴的态度一致。而由戴季陶为代表的一批青年革命党人所主持的同盟会的另一重要机关报《民权报》则完全不同，他们尖锐地揭露袁世凯假共和、真帝制的骗局，严厉批判临时政府对袁世凯的妥协态度。更为棘手的是以《大共和日报》为代表的拥袁倒孙报刊活动。该报创刊于1912年1月4日，以"革命名宿"自喻的章太炎在发刊词中公开提出"民主立宪，君主立宪，此为政体高下之分，而非政事美恶之别，专制非无良规，共和非无秕政"。并公开否认民主共和的优越性，否定南京临时政府的进步性和革命性。[2] 通过该报，章太炎等人更

---

[1] 马光仁：《上海新闻通史》，复旦大学出版社2014年版，第402页。
[2] 马光仁：《上海新闻通史》，复旦大学出版社2014年版，第403页。

加露骨地和孙中山、同盟会作对，吹捧黎元洪、袁世凯，成为攻击南京临时政府的领头羊。令人深省的是，不管是哪一方的报纸，在《民国暂行报律》风波中，无一不对南京临时政府提出质疑甚至声讨，给孙中山领导的南京临时政府造成了直接的巨大压力。

南京临时政府与报界的关系一直紧张微妙。随着形势的发展，报界对于政府的离心力与日俱增。"武昌起义后，清廷偏安北隅，号令不行，以前颁布的报律已废弛无形，南方独立各省忙于洗荡旧污，对言论出版无力禁忌，限制办报和束缚报人手脚的禁令完全解除。起义后的各地政府和南京临时政府所颁发的法令都明令'人民有言论、著作、刊行及集会结社的自由'，'巡警署不许干涉报馆议论'，各地革命党人与报界保持着良好的关系。"① 然而，民国初年，报界对于政界直言讽谏，畅言无忌，时常也会突破政界所能容忍的极限，难免招来政府的警觉和非难，引发多次纠纷，从而激化矛盾。尤其《民国暂行报律》风波之后，南京临时政府及各地革命党人与报界关系持续恶化，为各界舆论支持的丧失埋下伏笔。

尽管言论自由是社会进步的必经之路，然而在民国初年的形势下，南京临时政府对于报界只能追捧，却怯于监管，这对于一个刚刚成立的政权来说，显然是不合适的。新政权的巩固和发展需要强有力的舆论宣传和合理恰当的新闻监管，而这些，当时的南京临时政府都未能做到，这除了与它本身根基不强有关外，过度的言论自由也是其后期的失误之一。如果说一开始，革命党人确实积极支持维护报界的言论自由权及舆论监督权，那么至此，情势已经发生转变，孙中山领导的南京临时政府，相较于军阀和旧官僚阶级，仍旧比较弱势。革命成果的维护、共和政体的推行，比原本想象的更为艰难。南京临时政府对于各方势力均小心翼翼，唯恐失去支持、挑起纷争。因此，在纷乱的舆论众出的年代，即便需要一个强有力的报律对报界予以约束监管，即便明知《民国暂行报律》内容确无明显失当之处，以孙中山为首的革命党人仍然以其程序违法为由将其撤销，以极力表明维护言论自由的姿态，对各界人士的意见均悉心采纳，生怕落下口实，动摇国本。

---

① 马光仁：《上海新闻通史》，复旦大学出版社2014年版，第399页。

南京临时政府允许人们自由言论、抨击时弊,却没有对此项权利予以合理约束,而各界人士或真或假、或极端或中肯的言论,让本就举步维艰的政府领导显得更加脆弱不堪。在短短的3个多月里,除了一个被取消的《民国暂行报律》及一些应对性的文件外,南京临时政府并没有在新闻监管方面取得更多的成就,而监管的缺乏却也同时让新闻事业的发展绽放出冶艳之花。

三 孙中山等人民主思想的贯彻与实践

(一) 民主共和

武昌起义之后,南方各省纷纷响应,改旗易帜,宣布独立。在与改良派旷日持久的争论中,革命党人一直坚持民主共和的道路。南京临时政府的成立,正是以孙中山为代表的革命党人成功推翻君主专制,迈向民主共和的第一步。

孙中山在《民报发刊词》中说道:"十八世纪之末,十九世纪之初,专制仆而立宪政体殖焉。世界开化,人智益蒸,物质发舒,百年锐于千载,经济问题继政治问题之后,则民生主义跃跃然动,二十世纪不得不为民生主义之擅场时代也。"

早在晚清政府颁布意图限制言论出版自由的新闻律令时,《中国日报》《神州日报》《国民公报》等报纸均已开始公开抗议对言论的限禁;而在晚清政府查禁有关报纸时,《时报》《复报》等报纸都发表社论以示抗议:新闻界一直反对任何形式的言论钳制。

及至南京临时政府时期,以言论自由为核心,以民主共和为目标,对新闻的管理是宽松民主的。这种思想在南京临时政府出台的多项新闻法制规定中都有所体现。如《中华民国临时约法》第6条第四款规定:"人民有言论、著作、刊行及集会、结社之自由。"人民享有的该项权利,只有在"有认为增进公益,维持治安,或非常紧急必要时,得以法律限制之"。新闻自由得以确定。同时废止了前清关于新闻管制的一些法律法规,开放言论自由,颁布推进新闻事业发展的新法律法令。如1912年3月17日,孙中山在《大总统批示上海日报公会请减轻邮电费呈》中指出"报纸代表舆论,监督社会,厥功甚巨。此次民国开创,南北统一,尤赖报界同心协力竭诚赞助。在报界因经济困难难以为继的情况下，决定减轻其邮电费。"

（二）言论自由

民主共和即意味着言论自由。孙中山苦心经营的理想社会，从各个方面认可并保障公民的言论自由权利。上至具有宪法性质的《中华民国临时约法》，下至《民国暂行报律》风波，无一不体现出对言论自由权利的敬畏。

在对新闻界的态度上，临时政府并没有过多管制，大方承认并予以支持。如上文所知《临时约法》规定人民有言论、著作、刊行及集会、结社之自由，这就从法律上保障了言论自由的权利，尔后孙中山又应上海日报公会之请，下令交通部核减新闻邮电费，以促进报业发展：

"查报纸代表舆论，监督社会，厥功甚巨。此次民国开创，南北统一，尤赖报界同心协力，竭诚赞助，兹据呈称军兴以后困难情形，均属实况，若不设法维持，势将相继歇业。"① 上海得益于此项法令，"报界至电费，悉照现时价目减轻四分之一，邮费减轻二分之一"②。

同时各地革命党人也极力支持本地报业的发展。《时报》1912年3月8日刊沪军都督陈其美给《民权报》的成立批文：

> 案照一国之内，不患在朝之多小人，而患在野之无君子，不患政权之不我操，而患无正当之言论机关以为监督……启发吾民爱国之心，便人人各尽其天职，以助教育之普及，而今日之报纸负责尤重。③

在西南，蜀军政府则欢迎报界监督政府，并广开言路，鼓励民众与政府对话"先后所接条陈，不下数千，凡属可行，无不虚衷采纳。然亦

---

① 《临时政府公报》第四十一号，载刘萍、李学通《辛亥革命资料选编》第四卷（下册），社会科学文献出版社2012年版，第859页。
② 《临时政府公报》第四十一号，载刘萍、李学通《辛亥革命资料选编》第四卷（下册），社会科学文献出版社2012年版，第930页。
③ 马光仁：《上海新闻通史》，复旦大学出版社2014年版，第399页。

有不合时务，窒碍难行者，以立意可嘉，亦不驳斥，以梗言路。"① 可见，得益于革命党人对于舆论的开明态度，南京临时政府时期，新闻事业发展的大环境是相当宽松自由的。

（三）软弱妥协

资产阶级革命党人存在"先天不足"的现象。民国成立之初，各方势力表面按兵不动甚至支持共和，实际上却是处处掣肘南京临时政府，其在军阀、旧官僚和帝国主义的夹缝中求生存，对各方各界均极力维系，唯恐稍有不周，便使来之不易的革命成果付诸东流。这是由资产阶级革命派天然的软弱性和妥协性决定的。而中国民族资产阶级的软弱又源自其没有强大的经济实力做后盾。随着帝国主义入侵的深入，中国的民族经济受到重创，"列强把持了海关，掌握了百分之九十以上进出口贸易，还通过对内河航运权、路矿权的无耻掠夺，……光绪二十八年（1902），各通商口岸进出的外轮吨位占总数百分之八十三点一；中国仅百分之十六点九。宣统三年（1911），全国九千六百多公里铁路线，中国自主铁路只有六百六十五点六二公里，占百分之六点九"②。资产阶级很难找到和打开自己的独立市场，这就从根本上决定了其无法强硬。

首先临时政府人事组织纷繁复杂，其由革命派、立宪派、旧官僚三种势力联合组成。

> 武昌首义后各省相继响应，宣布独立，发动者以同盟会各派人员为主导，立宪派人士及少数仕清军政官员、地方绅士为中坚。临时政府人事安排，实亦反映此一政治情势。如大总统孙中山先生为同盟会员，副总统黎元洪为脱清军官，总统府秘书长胡汉民、陆军部长黄兴、外交部长王宠惠、教育部长蔡元培，及汤茅铭之外的诸次长为同盟会员，黄中瑛原为满清海军军官，程德全、汤寿潜，伍

---

① 重庆地方史资料组：《蜀军政府政纲》第十四条，载重庆地方史资料组编《重庆蜀军政府资料选编》，重庆地方史资料组，1981年，第63页。
② 中国人民大学清史研究所编《清史研究集》第三辑，载严中平《中国近代经济史统计资料选辑》，中国社会科学出版社2012年版，第221页。

廷芳、张謇、陈锦涛则为旧官绅与立宪派人士。①

彼时的中国，革命派人士并没有坚强的经济后盾做支撑，几乎是靠四处借款予以维持革命开销，因此实力有限，不得不向立宪派及旧官僚予以妥协。而这反映在新闻管理体制上，则表现为南京临时政府迟迟不能出台专门的新闻法规。以孙中山为首的南京临时政府，除了倡导言论自由外，几乎无法有其他作为。而民间报界人士，则各有各的立场，分别代表了各种不同势力。如当时几家影响力较大的报纸中，《民立报》一如既往为革命呐喊；《申报》则相对中立，不同阶段立场有所转换，与革命派时合时离；《大公报》则坚决抵制革命，认为其影响中国发展，阻碍社会进步。如上文所述，即便是革命党人内部，也存在着严重分歧。

同时，革命党人对帝国主义侵略者的态度也偏于软弱。帝国主义肆意侵略中国，不仅仅要求割地赔款，同时在上海等诸多城市建立殖民地，更有文化入侵，传教布道、开办学校、开设报馆，浸入中国的政治、经济、社会的方方面面，民族危机日渐加深。在当时的中国，帝国主义侵略者通过扶植傀儡政权的方式控制中国，在清廷旧官僚、立宪派和革命派人士中观望比较，试图寻找最佳代表。因此，对中国的革命，帝国主义更多的是采取隔岸观火的态度，偶有干涉。这便让革命派人士对其产生了幻想甚至依赖。然而，南京临时政府成立初期，却并未得到他们所希望的认可和支持。《中华民国史·大事记·第一卷：1905—1915》中有记载：1912年1月2日"上海英文《字林西报》发表社论，攻击孙中山'独裁'，实行'寡头政治'，即将建立的南京临时政府'远非一个民有、民治、民享的政府'"②。1月5日"孙中山发表《对外宣言书》，声明：凡革命前清廷与各国所订条约、所借外债、所认赔款及让与各国或个人之种种权利，民国均予承认、保护"③。1月11日"孙中山照会各国政

---

① 《中华民国建国史》第一篇革命开国（二），台北编译馆1985年版，第921—922页。
② 韩信夫、姜克夫：《中华民国史·大事记·第一卷：1905—1915》，中华书局2011年版，第302页。
③ 韩信夫、姜克夫：《中华民国史·大事记·第一卷：1905—1915》，中华书局2011年版，第304页。

府，声明已建立临时政府，选举临时总统，组织内阁，要求承认中华民国政府"①。1月17日"南京临时政府外交总长王宠惠于是日及19日两次要求美国承认中华民国，均未得复"②。由此不难看出，为了争取帝国主义的支持，南京临时政府采取了妥协的态度，委婉予认那些不平等条约，对国外的报纸更是纵容有加，几乎毫无限制。

四 妥协的自由：临时政府新闻管理体制的历史评价与思考

辛亥的零星枪响，推倒了危如累卵的清王朝，临时政府匆忙成立。前有封建顽固势力的反扑，后有西方列强的虎视眈眈，临时政府极尽所能地构建起一套体制架构，以维护革命成果、巩固民主政权。新闻管理措施虽散见于各项政举中，却也自成体系：以《中华民国临时约法》为纲领；以中央和地方二级行政建制为依托；以《大清报律》为框架；以筹办刊发官报为向导；以减免邮资等举措为补充；着力开创民主初成时代新闻管理新局面。

经历连年战乱和封建压迫、列强掳夺，民族资本主义发展缓慢，国内经济凋敝、军事落后，唯独新闻事业，得益于西方文明侵入，反于变乱中越发兴盛，有识之士争相办报，以笔代枪，尽抒己见，在这乱世之际，争得一席施展之地。得益于辛亥革命对于封建政权的摧毁性打击，来自封建势力的言论管控压力瞬间崩塌，同时临时政府以《临时约法》为纲，承认并保护言论自由，新闻事业焕若新生，呈井喷式发展。

临时政府通过《临时约法》认可并保障"人民有言论、著作、刊行及集会结社之自由"，同时也声明政府保留"本章所载民之权利，有认为增进公益、维持治安或非常紧急必要时，得依法律限制之"。中央政府曾颁布《暂行报律》及减免邮资等举措，并在不违背民主政体的前提下，

---

① 韩信夫、姜克夫：《中华民国史·大事记·第一卷：1905—1915》，中华书局2011年版，第306页。

② 韩信夫、姜克夫：《中华民国史·大事记·第一卷：1905—1915》，中华书局2011年版，第308页。

有条件地沿用清廷旧制。此外，各地政权机关尤其是革命党人掌权者，都在所颁布的法令和签署的协定中写有保护言论出版自由之类的条款。

无论是出于对言论自由的敬畏，抑或是由于政权自身的软弱妥协，从种种举措上来看，临时政府在试图建立一个自由新闻体制，在这个体制下，新闻人有着充分的发言权，充分履行传递信息、监督政府等职责，"无冕之王"应是实至名归。然而事实并不尽如人意，过度的自由给报界发展带来了机遇，同时也埋下了隐患。伴随着大众对时事新闻的高度关注，甚至出现了捏造假新闻的现象。更为紧要的是，临时政府成立于风雨飘摇之中，帝国主义侵略者虎视眈眈，袁世凯等守旧势力根深蒂固，即便是革命党人内部，也是诸口不一。在民国成立后，本就存在的革命道路分歧越发明显，各项建制并不能稳定推进，即便有着先进的政治理念，亦是无法贯彻落实。

人类发展的历史长河中，每一个得以长久维持的社会秩序，都需要合理适度的监管，新闻亦是如此。新闻宣传该如何管理，新闻独立该如何理解、如何维护，在研读梳理临时政府时期新闻管理史料的情况下，对上述问题的思考显得更加急迫。缘何时逢乱世，却造就中国新闻史上第一个新闻发展的黄金期？新闻管理与社会稳定之间的关联究竟如何？

（该文首发于2015年第二届"政治传播与社会发展论坛"，刊载于《现代传播》2016年第5期。）

纠偏与规训：新中国成立初期的连环画媒介批评

张勇锋

（陕西师范大学新闻与传播学院副教授）

摘　要：新中国成立初期，作为通俗文艺媒介的连环画成为最受新政权推崇的一种大众传播形式，针对"问题连环画"的媒介批评也在全国广泛开展。此一时期的连环画媒介批评主要基于三方面的政治动因：一是《讲话》作为媒介意识形态的规约；二是对连环画文本政治合法性的解释；三是连环画自身艺术特质与政治规约的内在冲突。在传播学意义上，新中国成立初期的连环画媒介批评具有封闭性的"控制循环"特征。通过批评话语的不断强力纠偏，主流话语成功实现了对连环画媒介的政治规训，确保了其在《讲话》指针下的政治正确。

关键词：媒介批评；连环画；政治叙事；意识形态

中华人民共和国成立后，伴随着连环画的改造、整顿和渐趋繁荣，针对连环画的媒介批评也成为一个较为突出的现象，这一现象贯穿了整个五六十年代。从总体上说，连环画批评分为"批劣"和"褒优"这两大类，正如时任新闻出版总署副署长的叶圣陶所说："开展书评工作，要选择好的出版物，给它大力介绍；坏的，给它大力批评。总之，书评的目标是帮助读者选择书刊和提高出版物的质量。"[1] 在 20 世纪 50 年代

---

[1] 叶圣陶：《第一届全国出版行政会议的结论》，载袁亮《中华人民共和国出版史料》（第三卷），中国书籍出版社 1996 年版，第 316 页。

"批劣"占了连环画批评的主体，主要针对创作者的政治倾向、阶级立场和思想内容等有问题的连环画提出批评，同时也有介绍和推荐优秀连环画的评论文章。在批评话语的强力纠偏与规训之下，随着连环画的不断规范以及工农兵文艺一体化格局的形成，"问题连环画"逐渐减少，无产阶级立场和工农兵方向成为连环画媒介框架的唯一正统。综观新中国连环画的政治叙事，新中国成立初期针对"问题连环画"的媒介批评具有纠偏与规训的直接功能，成为新政权确立文化领导权战略的重要内容。

一 新中国成立后连环画媒介批评的普遍开展

新中国成立初期，百废待兴，在全民文化水准普遍严重低下的情况下，成熟于民国时期的"草根媒介"连环画成为最受新政权推崇的一种大众传播形式。中央政府虽然对旧连环画进行了大规模的整顿、清理和改造，但旧连环画在出版流程尤其是出版者的思想观念方面，短时间内不可能完全改变。尤其是在上海，在社会主义改造彻底完成之前尚有大量私营和公私合营的连环画书局。在这种过渡状况下，一方面，旧连环画还有相当的市场；另一方面，新连环画由于方才起步，在各个方面尤其是政治思想上出现了许多问题。因此，这一时期也是连环画被批评得最为集中的一个时期。《人民日报》《美术》《连环画报》《读书》等权威报刊经常刊登评论文章和读者来信，对连环画传播活动中的问题发表看法，提出意见或者建议。在连环画大本营上海，《文汇报》《文汇报·晚刊》《解放日报》等报刊这一时期更是开辟了连环画专栏，作为公开讨论连环画的场所。通过报纸、杂志中介，连环画的读编往来非常活跃，"问题连环画"在这种活跃气氛中受到公开和严厉的批评。新中国成立头两年，仅《人民日报》就经常发表连环画批评文章和有关读者来信。如1950年4月20日《人民日报》发表适夷的批评文章《谈一本新连环——〈二万五千里长征〉》，对上海华东书店出版的新连环画《二万五千里长征》作了全面的批评。文章指出，该连环画"以一种轻浮草率的态度来面对这个革命的庄严的史实。首先作者处理这个题材的态度，完全是冷淡的，客观主义的……编者和绘者要把这个史迹通过图文形象来教育广大群众，究竟要教育一些什么，连自己的观念也是模糊的"。"作者的立场是完全不稳定的,他们固然描写了英勇的红军,但是也同样强调了白军的'英伟'……从这儿看不出作者对他们的憎恨的态度","在连环画的长征中,也无法了解党的政治领导的力量"等。文章最后说道:"总之,我以为连环画'二万五千里长征'在题材的处理和主题的掌握上存在很大缺点和错误,同样的缺点和错误也局部地或多或少地存在一部分新的连环画中,因此减少了应有的教育意义,或甚至起了歪曲的有害的作用。"除了作为"有机知识分子"① 的专业媒介批评者,报刊也常以"读者来信"的形式将群众的批评话语纳入对连环画的媒介批评。1951年9月5日,《人民日报》再次就上海华东书店出版的连环画《二万五千里长征》刊登武少芳的读者来信,信中说:"作者对于中国共产党领导下的这支光荣伟大的军队和伟大的长征,是缺乏认识的。作者只将革命的事迹当成一般的奇闻逸事来处理,而忽视了红军在长征中的革命任务,及与少数民族的相互关系。我认为作者对这本歪曲红军的革命事迹、侮辱歧视少数民族的连环画应加以严格检讨与纠正。"某种程度上"读者来信"作为一种与无形却显在的"无产阶级群众"相勾连的批评形式,对连环画作者的压力往往更大。

新中国成立初期的连环画批评尚未形成统一的话语符号和政治标签,批评者的言说多少显得比较朴素和意气;同时,这些批评虽然语气严厉但态度却非常严肃。1952年2月,《连环画报》发表华君武的文章《这本连环画不能看》,文中说:"《太阳照在工人家》是一本污蔑中国工人阶级的连环画,描写工人积极工作是为了讨老婆,工会干部教育工人好好干工作也是因为可以讨老婆。……画中的工人都画得像流氓一样。这些恶劣的出版商和画家,竟用他们自己肮脏的思想硬套在工人头上,来污辱工人阶级,这是令人不能容忍的,我们应当反对,读者千万不要去看这本连环画。"新中国成立伊始,常有连环画出版商对新政权的各种政策把握不准,因而也受到严厉批评。如1951年9月18日,《人民日报》发

---

① "有机知识分子"(organic intellectual)是意大利共产党人葛兰西提出的概念。根据葛兰西的领导权思想,有机知识分子在创建意识形态和领导权的行使过程中发挥着关键性作用,葛兰西把他们称为"上层建筑活动家",其职能是为他们所代表的意识形态辩护和论证,广泛传播其世界观,使之成为整个社会的常识。参见安东尼奥·葛兰西《狱中札记》,曹雷雨、姜丽、张跣译,中国社会科学出版社2000年版。

表施存龙的读者来信《连环图画"芸姑娘"歪曲了土地改革政策》，文章说，"作者不但歪曲了人民政府的土地改革政策，把阶级的敌人——地主描写成了善于坦白赔不是的良民，而且还'输出财产充善举'……这种歪曲阶级斗争的故事，使群众看了不但不能从中得到启发和教育，反而会使他们模糊了对地主阶级进行斗争的必要性"。在50年代，许多连环画因"绘画拙劣"、"丑化"工农兵形象、没有"无产阶级感情"也常常受到批评，如对《亲生儿子闹洞房》的批评："通过一个干部喜新嫌旧的故事来肆意丑化新社会，……画面上的人物形象更是十分丑陋，正面人物和反面人物都被画得奇形怪状。"① 再如对《新社会里做新人》的批评："这本书的图画，一般都画得很丑，还有一些非常难看的画面（如强奸、死人等）这本书和某些别的粗制滥造的连环画一样，内容很坏，偏用一个漂亮的书名来骗人，这种作风是很要不得的。"② 媒介批评学者胡正强认为"在很多情况和条件下，批评更具有发难、非议、挑剔、吹毛求疵等否定性的倾向"③。新中国成立之初针对"问题连环画"所开展的媒介批评，破旧立新的否定倾向十分明显。

50年代末至60年代初，随着新政权意识形态的逐渐普化与巩固，并经过新中国成立后接连不断的政治运动和思想改造的洗礼，连环画批评的政治色彩日渐浓郁，主流话语常用的政治语汇开始作为固定套式被熟练运用到连环画的媒介批评当中，相比50年代，批评者的政治觉悟和政策水平明显提高，对连环画的政治监督和舆论审查也更为熟稔和老到。如1958年10月，《美术》杂志发表杨湛霖的文章《两本含有毒素的连环画》，文章对上海人民美术出版社出版的《谁是被抛弃的人》和《觉悟》提出了严厉的批评。文章说"这两本连环画的内容都大有问题，都是把极少的个别当作一般，严重地歪曲了共产党员形象的毒草。是有意攻击新社会，攻击我们党的挑战书"，"非常明显，作者是在这些共产党员、革命干部的鼻子上抹灰，是以资产阶级的立场、观点，对新社会生活进行诽谤"，"去年，在大鸣大放时期，文艺界刮起了一股修正主义的妖风，

---

① 晓毕：《几本有错误思想的连环画》，《读书》1960年第9期。
② 白宇：《新社会里做新人》，《连环画报》1952年第29期。
③ 胡正强：《媒介批评学》，世界图书出版广东有限公司2016年版，第8页。

各种毒草借着所谓'干预生活','写真实''揭露阴暗面'的口号,风行一时,在连环画作品中受到这种影响,是毋庸置疑的"。"当然,毒草的出现,也并不是一件坏事,周扬同志说得好:这正标志着工人阶级的锄草队伍要出动了!"①显然,文章中的"毒草""攻击""诽谤""挑战书""妖风""锄草"等斗争话语已经具备了基本的政治批判要素。1960年,才气横溢的青年画家杨逸麟创作了连环画《青春之歌》并由人民美术出版社出版,作者对欧式画风的大胆尝试与作为普遍规范的"社会主义现实主义"写实画风迥然相异,一时批判之声四起,《连环画报》连续几期展开对《青春之歌》的讨论,如蜀人的《低级的趣味和庸俗的感情》、高泽红的《评连环画"青春之歌"的错误倾向》、周之骐的《在追求什么,宣传什么?》等,而同年《美术》第9期刊登的吴兆修的文章《这是一支什么样的画笔——评连环画〈青春之歌〉》,更是给出了盖棺论定式的政治评价:"这只能说明绘画者的思想意识与作品的要求还有着很大的距离,说明绘画者是在资产阶级的思想、感情、观点、立场的指导和支配下进行创作的,也就是说,绘画者的世界观和美学观还存在着严重的问题。可以肯定,正是由于绘画者抱着未经改造的资产阶级世界观来从事艺术创作,才决定他对《青春之歌》这部作品作了这样的曲解和表现。"②不难看出,在50年代末至60年代初的连环画批评中,阶级分析已经明确成为媒介批评的主导框架,其性质也开始从文艺批评向政治批判蜕变。

二 连环画媒介批评的政治动因

(一) 媒介意识形态的规约

从历史来看,新中国连环画的媒介批评活动只是全国普遍开展的书报评论和文艺批评工作的一个侧面。早在新中国成立初期,媒介批评就被纳入国家新闻宣传事业的制度性设计之中。1951年3月21日,新闻总署和出版总署联合发出《关于全国报刊均应建立书报评论工作的指示》,

---

① 杨湛霖:《两本含有毒素的连环画》,《美术》1958年第10期。
② 吴兆修:《这是一支什么样的画笔——评连环画〈青春之歌〉》,《美术》1960年第9期。

从政治角度阐释媒介批评活动的重要意义："在报纸期刊上经常发表对各种出版物（包括书籍、期刊、报纸、美术出版物、挂图等）的批评、介绍和有评论性的出版消息，是有重要政治意义的工作。"《指示》要求全国各种报纸、期刊，增设定期的或不定期的书报评论（或图书评论、出版评论、报纸述评等），书报评论的编辑应当负责督促被批评者在同一报刊上迅速发表对于批评的认真的答复，使正确的批评得到实际的效果。[①] 1951 年 3 月 23 日，《人民日报》发表社论《书报评论是领导出版工作的和报纸工作的最重要的方式之一》，社论指出，"监督和提高图书和报纸的质量，是报纸工作的一部分。图书评论和报纸述评，必须与其他各方面的评论一样，在报纸上占有重要的地位，要使书报评论成为指导读者和出版工作的强有力的武器"。在此，中央党报将媒介批评（书报评论）提升到了与党的"报纸工作"同等重要的位置，并以"社论"的权威话语赋予书报评论以指导工作的工具地位和开展文化领导权斗争的"武器"职能，以确保新政权的媒介意识形态得以合法建立并按照预设轨道稳妥运行。"媒介意识形态是一种对于媒介的认知、理念或信仰"，"是媒介制度变迁中的一种'软规则'，规制着媒介形态与制度的演化"[②]，是统治阶级对媒介传播活动进行规范和管理的核心标准。就文艺传播而言，发表于延安时期的《在延安文艺座谈会上的讲话》（以下简称《讲话》）即是新政权确立的最高媒介意识形态规范。

1942 年 5 月，毛泽东在《讲话》中明确提出了新民主主义文化建设的任务，亦即构建具有时代特征的民族的、科学的、大众的新文化，并为文艺指明了"为政治服务""为工农兵服务"的发展方向。1943 年 11 月 7 日，中央宣传部就《讲话》作出《关于执行党的文艺政策的决定》，要求"全党的文艺工作者都应该研究和实行这个指示，把党的文艺方针贯彻到一切文艺部门中去，使文艺更好地服务于民族与人民的解放事业"[③]。在 1949 年 7 月召开的全国第一次文代会上，周扬对新文艺的发展

---

① 肖东发、方厚枢：《中国编辑出版史》，辽海出版社 2003 年版，第 20 页。
② 潘祥辉：《论作为"软规则"的媒介意识形态及其制度功能》，《浙江传媒学院学报》2011 年第 2 期。
③ 《中央总学委关于学习毛泽东同志〈在延安文艺座谈会上的讲话〉的通知》，载中央档案馆编《中共中央文件选集》（第 14 卷），中共中央党校出版社 1992 年版，第 107 页。

方向作出明确的规定性阐释:"毛泽东的《文艺座谈会讲话》规定了新中国的文艺的方向,解放区文艺工作者自觉地坚决地实践了这个方向,并以自己的全部经验证明了这个方向的完全正确,深信除此之外再没有第二个方向了,如果有,那就是错误的方向。"① 文化领导人不容置疑的言辞为《讲话》赋予了崇高的权威,并获得了强大的统帅力量,对新中国的文学艺术乃至文化政策产生了极为深远的影响。

连环画属于大众传播性质的文艺媒介,自然需要接受《讲话》的统领和规约。新中国连环画领域的媒介批评,正是新政权推动其传播制度和以《讲话》为统领的媒介规范在连环画领域得以顺利实施的具体体现,其中最重要的,是通过以报刊为工具载体的各种批评,直接干预连环画的创作和阅读,使出版社、创作者和读者原先的各种经验、趣味、素养,在时代文化的氛围中旗帜鲜明地得到改造和更新;同时,借助政治斗争的威力,对各种不符合《讲话》精神的"越轨"思想和行为进行批评、抨击和纠偏,确保连环画生产和传播的无产阶级立场和工农兵方向,最终树立《讲话》在连环画领域的绝对权威地位。从这个意义上说"与其说这些文章批评的对象是连环画艺术,不如说是连环画宣传工具职能的履行效果"②。

(二) 对连环画文本政治合法化的解释

如果从另一维度来看,连环画批评实际上是基于对连环画文本及其话语表达进行政治合法化解释的需要。这种解释具有唯一性,为人们提供了一套对于政治是非的阐释框架,它以明确的姿态向人们昭示,所批判的对象何以错误以及何为正确,在解释的过程中,为政治权力所许可的评价标准得以树立。正如姆贝(Dennis K. Mumby)所说:"解释的行为根本上是一种政治行为。在研究者——理论家方面的解释行为包括一种把话语和话语所维持的统治体系重新联结的努力。"③ 詹姆逊(Fredric

---

① 周扬:《新的人民的文艺》,载中华全国文学艺术工作者代表大会宣传处编辑《中华全国文学艺术工作者代表大会纪念文集》,新华书店1950年版,第70页。
② 王军:《上海连环画发展史研究 1949—1966》,博士学位论文,上海大学,2011年,摘要。
③ 丹尼斯·K. 姆贝:《组织中的传播和权力》,陈德民等译,中国社会科学出版社2000年版,第177页。

Jameson）也认为："解释过程首先是一个政治过程。对一个文学文本、历史叙述等等的政治解释不是仅仅对其他分析做补充的残余问题。""解释过程被从政治角度对待，是一个对话语在我们社会中构建统治体系的方式有直接意义的行为。……其目标是把注意力吸引到解释过程本身，并显示某些居支配地位的阅读怎样融合到文本中去，这样，某一个世界观得以维持和再现。"① 詹姆逊此言对我们的启发是，如果把连环画批评视为一种政治解释行为，那么，这种行为对于构建统治体系有着直接的意义；而所谓"居支配地位的阅读"就是政治的观点、阶级的观点，这正是新中国连环画媒介批评所要确立的文本阐释框架和核心标尺。如1950年4月20日《人民日报》的批评文章《谈一本新连环画——〈二万五千里长征〉》，从作者条分缕析、不厌其详的阐释性批评中，明示出一系列新连环画创作的重要标准：（1）要重视社会主义的通俗文艺工作，尤其是表现具有政治意义的严肃题材时更应重视。（2）新连环画的题材应以老解放区文艺作品为范本，反映劳动人民在伟大的人民革命中的生活和斗争；同时要熟悉劳动人民的生活，深入体验革命斗争的实际。（3）从政治的思想的原则上来掌握主题，并且主题要鲜明，通过图文形式对广大群众起到教育作用。（4）阶级斗争是革命题材的本质，只有从阶级斗争的立场出发，主题才有意义。（5）要突出和歌颂党对革命的核心领导和英明伟大，同时要有群众观点。（6）对革命题材要有政治热情，对敌人要憎恨、要站稳立场，不能冷淡和抱客观主义。（7）避免纯粹的猎奇趣味。对这样的一系列标准，可以说，五六十年代的连环画批评和批判文章在其主观意图上几乎无出其右，所不同的是，其中的"劳动人民"和"广大群众"日益明确和固化为"工农兵"而已。

（三）政治规训与文艺生产的冲突性张力

连环画作为一种通俗文艺媒介形式，受自身生产和传播规律的影响"其间的美学质素便会顽强地按照美学的逻辑和法则"，常常突破、僭越

---

① 丹尼斯·K.姆贝：《组织中的传播和权力》，陈德民等译，中国社会科学出版社2000年版，第178页。

政治权力预设的规范框架,"启动文艺从意识形态载体中还原的过程"①。连环画《青春之歌》的作者杨逸麟对欧式画风的探索便是一例。而高度警惕的政治权力绝不允许其放任自流,会及时通过各种批判和斗争的手段,对各种失范行为予以制止和纠偏,将其重新纳入预设的规范框架。正如美国政治学家、传播学奠基人之一拉斯维尔（Harold Lasswell）所说:"占统治地位的精英对其内部环境中存在的潜在威胁有着同样的敏感。……他们采取一些预防办法,……与此同时,精英的意识形态一再被重申,而相反的意识形态则受到压制。"②这种因文艺与政治的冲突张力而产生的"失范—纠偏—再失范—再纠偏"的不断反复,几乎成为新中国连环画发展历程中的一个规律性现象。这也从一个侧面反映出新中国成立后思想文化界批判运动接二连三的内在原因。

新中国连环画作为意识形态国家机器的一部分,文化管理部门、理论家和研究者以及读者大众在不同层面对其行使监督功能,连环画的生产、发行、传播和接受都必须沿着无处不在的批评者提供的阐释框架以及政治权力预设的轨道来运行。美国传播学家施拉姆（Wilbur Schramm）将媒介评阅和批评视为执政党控制传媒的三种手段之一。③ 五六十年代的连环画批评作为一种"治理技术",有效地发挥了对连环画传播的政治监管和规训作用,纠正了那些偏离主流方向的话语实践,排除了种种竞争性的、多元化的可能,确保了一元声音的传播走向新政权预设的正确方向。而随着极左路线在新中国政治生活中不断占据主导地位,媒介批评也日趋演化成为激进的政治批判。

三 "被控制了的循环":连环画媒介批评的反馈

与连环画批评十分活跃的局面相呼应,对连环画批评的反馈也大多及时而诚恳,形式多是连环画出版社和作者在报刊上公开刊登检讨书和

---

① 王丽丽:《在文艺与意识形态之间:胡风研究》,中国人民大学出版社2003年版,第214页。
② 哈罗德·拉斯维尔:《社会传播的结构和功能》,载弥尔顿等《西方新闻传播学名著选译》,顾孝华译注,上海社会科学院出版社2008年版,第365页。
③ F. S. 希伯特、T. 彼得森、W. 施拉姆:《传媒的四种理论》,戴鑫译,中国人民大学出版社2008年版,第124页。

道歉信，分析自己的错误思想根源，表明自己的政治立场和态度，感谢批评者对其所犯错误的监督。如1951年9月6日，《人民日报》发表了上海华东书店对连环画《二万五千里长征》批评所作的检讨。检讨说："武少芳同志对我们书店出版的《二万五千里长征》连环画提出了正确的批评，我们完全接受，并于即日着手修正。……这证明在我们还存在着粗枝大叶的作风，在思想上还多多少少存在着歧视少数民族的思想，这是值得我们深刻检讨的。"1951年10月10日，《人民日报》刊登了上海连联书店对连环画《芸姑娘》批评的答复意见："我店于去年六月中旬发现《芸姑娘》连环画内容歪曲了土地改革政策，即通知各同业不要出售……自九月份起，即对过去发行的图书加以检查，并按内容和错误的程度分别加以处理。""这次由于施存龙同志的热心批评，使我们的检查工作大大地推进了一步。我们限于工作同志政治水平不够，估计今后工作仍然会有缺点，希望读者多多提出意见。"在1951年的批判《武训传》的运动中，连环画的批评与反馈也非常频繁。例如6月1日，大众美术出版社回应批评的来信见报，来信称：该社在看到《人民日报》社论的当天就已停止连环画《武训》的发行，销毁了存书。编辑部同人对于出版《武训》的"糊涂观点"正在进行讨论和批判，"同时结合电影《武训传》的讨论，作更进一步的研究和探讨，唯有这样，才能使我们从中受到教育，获得经验，也唯有这样，才能从思想上、政治上认真提高一步，做好人民的通俗文化的出版工作"。针对华君武、沈之瑜发表的对连环画《武训》的批评文章，是年8月18日，大众美术出版社在《解放日报》发表了3000余字的检讨书，他们"产生错误思想的根源"，"主要是我们长期受反动宣传的毒害比较深，解放后虽然接受了新思想的熏陶，但由于政治锻炼得不够，因此一遇到具体的历史事件与具体的历史人物，就丧失了立场，不能真正站在人民的立场来辨别是非，分清敌我……做了毒害人民的思想的传播工具，这表现了对于工作不认真，对于人民不负责的草率作风"。编委会表态："这一次教训提醒我们必须从头学起，好好学习马列主义，提高我们的思想水平，今后才能做好为人民服务的出版通俗读物的工作。"[①] 除了出版社、书店等机构，连环画作

---

① 王军：《上海连环画发展史研究1949—1966》，博士学位论文，上海大学，2011年。

者的检讨也经常见于报端，如 1953 年的第 19 期《连环画报》刊登了连环画《突围》作者的公开检讨："我是一个旧的工商美术广告工作者，一向以为只要能多挣钱，就可以随便画。在这种唯利是图的思想支配下，养成了我的不好的工作作风。解放后我还是以这种只图挣钱，不顾政治影响的资产阶级思想开始习作连环画《突围》这本连环画册，就是闭户造车用一个星期的时间画成的。虞世英同志的批评，指出这本画册的错误的严重性，给我很大的教育，我虚心接受，并向他致谢。我这种创作态度是与读者的要求不相容的，我现在已经经过思想改造的初步学习，并参加了实际斗争生活，决心继续改造我的错误思想，树立美术工作者对人民事业的责任心，谨慎谦虚的为人民服务。特此向读者公开检讨。"[①]"从实际效果看，这些批评和检讨在连环画界产生的警示和威慑作用是完全可以想见的。"[②]

连环画传播作为一个完整的传播过程，反馈是其不可或缺的一个环节。因为大众传播的基本特征是单向传播，尤其是以宣传为主导的大众传播，受众与传播者的互动性较弱，因而反馈不够及时，数量较少，形式也比较单一，对于连环画来说，主要是读者来信、读者座谈会。就连环画批评而言，不论是理论研究者还是读者（研究者实际上也是读者），他们所提出的批评都是一种对连环画传播者的反馈，而传播者根据批评所做出的回应、道歉或是检讨，又是对批评者的反馈，这样的往返来回从传播结构上构成了一个完整的循环。从形式上看，50 年代出版社和编绘者借助报纸和期刊，与读者大众的交流经常而密切，连环画传播的反馈是比较充分而活跃的；但是，"表面上看起来业已得到蓬勃发育的媒介的自主地位，实际上是深深地植根于权力系统的制度安排之中的"[③]。如果对这些反馈进行内容分析就会发现，一是对传播者（作者）的反馈多

---

① 《〈突围〉作者的检讨》，《连环画报》1953 年第 19 期。
② 1957 年，连环画《艳阳天》《金光大道》原著者浩然在参加完刘绍棠（连环画《运河英豪》原著者）的批判大会后说："真像谚语所说：打骡子马也惊！我的心里总是沉沉的，时时在心里警告自己，不要走刘绍棠的路子。"参见郑实《我的人生：浩然口述自传》，华艺出版社 2000 年版，第 229 页。
③ 孙五三：《批评报道作为治理技术——市场转型期媒介的政治—社会运作机制》，《新闻与传播评论》2002 年第 00 期。

以批评和批判的形式出现；二是被批评者的再反馈多以检讨书的形式出现；三是反馈的内容多是对政治思想和阶级立场的自我批评、自我反省和自我否定。真正意义上的传播是传播双方的地位平等与身份自主，具有双向"对话"和"沟通"的本质特征，而新中国连环画传播的反馈却呈现出完全的消极、被动、同质和受控的特征，从本质上说，这种反馈并非传播学意义上的真正的反馈。一位研究者如此评价"公开的书面检讨，反思自身偏离规范、秩序的行为，其目的是弃旧图新，显示的是对权力话语的臣服，对规范、秩序的皈依。"[①] 法国哲学家让·鲍德里亚（Jean Baudrillard）将这种"反馈"称为"被控制了的循环"[②]，亦即反馈者不能对传播者的传播内容进行任何质疑或者提出相反的观点，而只能在权力的威吓和说服之下心悦诚服地表示自己的接受、顺从和忠诚。鲍氏认为："在这一循环中并没有给予任何回应，或者在任何意义上都没有对任何人作区别对待"，"不过是两个抽象的言说者之间功能性的相互调节，其中没有回应'对话者'并不在场，在场的只是被模式化的话语"[③]。在鲍德里亚看来，这种传播者与反馈者之间的"虚假的回答""实际上还是一种单向传播"[④]。这种在政治权力规训之下而缺失主体性的"传播"与"反馈"，其真正的目的并不在于让传播主体之间相互进行"对话"与"沟通"，而在于对政治越轨者进行及时的纠偏与规训，进而实现对传播主体的有效控制。因此，它必须从本质上阻偏接受者对灌输者的信息回馈之路，并使接受者将灌输的信息无条件作为观念而最终内化。

如果说，50年代中前期的连环画传播和批评式反馈还有一些在形式上稍显平等的"对话"，那么，从50年代末至60年代开始，在建立"文艺为政治服务"的媒介传播模式的绝对权威过程中，连环画批评已经日

[①] 陈伟军：《传媒视域中的文学：建国后十七年小说的生产机制与传播方式》，广西师范大学出版社2009年版，第102页。

[②] 让·鲍德里亚：《符号的政治经济学批判》，夏莹译，南京大学出版社2009年版，第181页。

[③] 让·鲍德里亚：《符号的政治经济学批判》，夏莹译，南京大学出版社2009年版，第168页。

[④] 阿芒·马特拉、米歇尔·马特拉：《传播学简史》，孙五三译，中国人民大学出版社2008年版，第64页。

渐成为政治权力独白的场所,至于被批判的对象,则完全丧失了为自我辩护甚至做公开检讨的权利。在 1960 年对连环画《青春之歌》铺天盖地的批判声浪中,我们甚至看不到一份作者杨逸麟的自白书或检讨书,在这场批判运动中,连环画作者成了"在场的缺席"。从 60 年代初期到中期,随着被批判者"反馈"的销声匿迹,连环画传播就连"被控制的循环"都隐于无形,只剩下了政治批判日益激进的"独角戏"。

四 结语

"对媒介的批评即始于新闻媒介及其从业人员对规范的违背和破坏。"[①] 作为文艺媒介的连环画亦复如是。新中国成立后,针对文艺传播的新的媒介"规范"被建立起来,与此同时,僭越、违背或偏离规范的情况也从未间断,在不同程度上危及规范本身的合法性。违规的存在导致了规范重申的必要。在针对"问题连环画"的一系列否定性陈述中,批评者以各种危言直陈违规行为及其破坏性,并通过肯定性陈述昭示规范所要求的"正确"行为,即符合《讲话》所要求的无产阶级立场和工农兵方向。连环画媒介批评的本质意图,并非文本或者作者本身,批评作为一种话语工具,其目的仍然在于对规范的重新表述和确认,进而实现规范的控制权力。在新中国夺取文化领导权的阵地战中,"以图叙事"而受众巨量的连环画媒介被赋予了整合社会思想、造就社会主义新人的意识形态重任,对其开展严肃而持久的媒介批评不但必要而且必须。事实上,通过批评话语的不断强力纠偏,成功实现了对连环画媒介的政治规训,确保了其在《讲话》指针下的政治正确。

(该文首发于 2016 年第三届"政治传播与社会发展论坛",刊载于《现代传播》2017 年第 1 期。)

[①] 谢静:《美国的新闻媒介批评》,中国人民大学出版社 2009 年版,第 14 页。

政治传播学视野下的内参现象初探

刘宪阁

（郑州大学新闻与传播学院教授、
郑州大学穆青研究中心研究员）

作为当代中国新闻传播领域和社会政治生活中的一个常见现象，不少人对内参可能并不陌生，对新闻从业者来说更是如此。但熟悉未必意味着理解，尤其是在社会科学理论的层次上，如何将熟悉的现象加以陌生化，并予以社会科学理论的提炼与解读，对探索中国经验、建构中国自己的知识体系与理论思考，既有必要性，也有挑战性。本文将尝试从政治传播学的视角来解读中国独特的内参现象。

一　内参在中国

2005年初，笔者在香港中文大学中国研究服务中心访学期间，注意到中心收藏的一套比较完整的《内部参考》[①]。粗略浏览，发现内参现象对理解和把握当代中国政治，尤其是当代中国政治的运行过程非常重要。

以毛泽东为例，在决策过程中，除了个人性格、思想观念等之外，其想法实际上也受到大量外在因素的影响和制约。因为在做出决策之前，他先得了解形势，而要了解形势，就得依据一定的信息，比如基层群众

[①] 1948年6月5日，中共中央发出《关于新华社应供给各种资料的指示》。1949年9月22日，新华社据中央指示正式出版《内部参考》，刊登记者反映的国内外重要情况，供中央领导同志参阅。中国研究服务中心收藏的这套内参资料，起于1949年，止于1964年。

和干部怎么想,甚至国际上如何反应等。1957年春,毛泽东到山东、上海等地视察,推动整风。起初党内很多人不理解,毛主席对此解释说,自己脑海里的每个问题,不论大问题还是小问题,都是根据下面的意见来的。那么,内参正是他赖以作出判断、进行决策的信息渠道之一。

《建国以来毛泽东文稿》《毛泽东年谱》等可为佐证。其中收录了不少毛泽东批阅过的内参材料,为理解其何以判断形势、形成决策留下了重要线索。曾任毛泽东秘书的胡乔木,1989年春在美国访问期间应邀做过一场学术演讲,主题是关于中国领导人是怎样决策的。他也提到,中国领导人通过很多途径来获取信息,进行决策。比如"党政机关建立的全国范围的信息网络",以及报纸、电视、通讯社等新闻机构提供的信息。[1] 在这里,内参资料显然亦包括在内。

曾有报道指出,新华社的《国内动态清样》和中共中央党校的《思想理论内参》,是高层领导最喜欢的两份内参。[2] 中央党校进行建言献策的渠道比较多元而畅通,有直接送中央有关领导的《思想理论内参》,有内部发行的《理论动态》,有供部分干部阅读的《中国党政干部论坛》,有反映研究新观点的《理论前沿》,还有公开发行的《学习时报》等。

关于《思想理论内参》,郑必坚曾指出,其宗旨是向党中央提供他们认为最有价值的决策参考。[3] 每期发行200多份,直接送达政治局书记处,重点栏目是领导干部的思想动态、政策建议,另外也包括国内外的思想理论动态和评介等。

而新华社的《国内动态清样》则属于媒体类内参。媒体类内参主要是指各新闻部门向其对应的上级部门,以及中央的高层机构提交的一些被认为具有重要的参考价值但不适宜公开发表或报道的资料。当然这些资料的具体叫法可能五花八门,有的叫汇报,有的叫汇编,有的叫动态,

---

[1] 胡乔木:《中国领导层怎样决策》,载《胡乔木文集》第2卷,人民出版社1993年版,第271—272页。

[2] 王绍光认为,今日中国六种公共政策议程设置模式依然并存;但与毛泽东和邓小平时代相比,随着专家、传媒、利益相关群体和人民大众发挥的影响力越来越大,"关门模式"和"动员模式"逐渐式微,"内参模式"成为常态,"上书模式"和"借力模式"时有所闻,"外压模式"频繁出现。参见王绍光《中国公共政策议程设置的模式》,《中国社会科学》2006年第5期。

[3] 郑必坚:《怎样办好一个有分量的思想理论内参》,载《郑必坚论集:关于历史机遇和中国特色社会主义的战略道路》中册,上海人民出版社2005年版。

有的叫清样，还有的干脆就叫内参。但不管叫什么名字，都起着向管理机构和决策群体提供信息的功能。

需要注意的是，很多刊物明明是公开发行也叫内参，比如改革内参、理论内参、教育内参，甚至还有投资内参。为什么要冠以内参的名义？恐怕主要还是给人以很神秘的感觉。原来是深不可测、遥不可及的东西，现在突然变得咫尺可探、伸手可及，满足了人们了解某些内幕消息，甚至对高层政治的那种偷窥欲望，满足了民间或社会上对内参充满各种夸张的、未必真切确实的想象。

二 政治传播研究的兴起及其与内参的可能关联

2013年底北京大学新闻学研究会组织的一次学术研讨活动中，几位学者在发言中都不约而同地提到了内参现象（主要指媒体类内参）。比如北京大学历史系王奇生教授在谈及中共新闻史时，就特别提到内参。他提出，内参究竟是情报，还是什么？要是按照情报来理解，起码是要由特殊身份比如特工、间谍之类来完成的，可是内参显然不完全是这样的。如果不是情报，那么是新闻吗？因为毕竟有些是新闻部门提供的材料，但是好像又不是那么专业。那么是宣传吗？可是宣传是对外的，面向普通大众说话；内参却是针对内部的，面向党政领导干部。那么它是大众传播吗？也不是。内参面向组织内部，更多是一种组织传播。

对种类丰富、形式多样的内参现象，[①] 应该如何解读和分析呢？笔者认为，不妨放在政治传播的框架下来思考。

政治传播学是晚近才兴起的比较新的一个学科分支。最初并未被归入政治学，而是在很长一段时间里都被列入传播学领域。国际传播学会在1973年第一次成立了政治传播学部。直到1993年，学者阿达·菲尼特在编辑出版《政治学：学科的状态》时，第一次把政治传播学纳入政治

---

① 尹韵公提出，与以反映国外动态为主的《参考消息》不同，群众来信、各部门和各地区内参、媒体内参等共同构建了以反映国内问题为主的内参及其机制之框架。参见尹韵公《论中国独创特色的内部参考信息传播工作及其机制》，《新闻与传播研究》2012年第1期。

学学科范畴。到现在,又是 20 多年过去了,这个学科发展得非常快。从 20 世纪 50 年代到 70 年代,政治传播学的文章只有 1500 篇左右;可是到了 80 年代,10 年间增长到 3961 篇。①

中国的政治传播研究起初比较零散,近年则逐渐兴起,甚至有望成为新兴的学术热点。这至少表现为政治传播研究机构的渐次成立,相关学术研讨活动逐步展开,研究文章频见发表,博硕学位点也在不断设立。②

那么,内参现象能否容纳到政治传播的分析框架中来?曾有研究者认为,政治传播有四个领域在未来的若干年里会比较突出,即第一是有关选举的传播,这是政治传播学最初的,也是通常所理解的领域;第二是政治传播与新闻媒体的关系;第三是有关政治修辞的研究;第四是政治态度、行为以及信息的研究。按照这个框架来看,内参可属于有关政治的信息的传播与沟通研究。③

这些年来若干媒体的报道里面,也有不少提到了内参。比如 2008 年《凤凰周刊》就发过一篇"内参揭秘",后被多家媒体转载;现在网上关于内参的描述,大多来自这篇报道。2013 年凤凰播报又做了一则题为"内参治国"的报道。

原来供职于《改革内参》的一位作者,前两年也写了篇文章,刊发在新华社《瞭望》周刊,题为"地方官为何怕内参"。直接缘由是 2012 年内蒙古呼和浩特出现的一份假冒的中央内参,内容涉及替矿工讨要欠薪,有人拿着内参来压下面的人。为什么下面的人就害怕?这种心态值得琢磨。首先是来头很大:"全国思想政治工作委员会(中央)构建和谐社会课题组。"其次是那些用语:"由于上述事宜涉及政策性强、社会影响面宽,且紧临十八大政治敏感期,课题组暂以《要情通报》形式,首发当地党委政府,且特别补发呼和浩特市建委,二十个工作日后,视情而定作为典型材料上报国家相关部门和领导参阅批示。"看了这样的文字,这样的"内参",谁不害怕?当然这份假内参后来还是被揭穿了,但

---

① ③ 张晓峰、赵鸿燕:《政治传播研究:理论、载体、形态、符号》,中国传媒大学出版社 2011 年版,第 5 页。

② 刘宪阁:《作为新兴热点的政治传播学》,《青年记者》2016 年 1 月上。

此事的确反映了内参在民间，或者说在社会想象中的巨大威力。

上述文章在作者自己的博客上贴出来的时候，用的标题是"内参政治的现状"。"内参政治"，当然仍是媒体报道用语，还不是严谨的学术概念，但怎样把这些"经验现象上升到抽象的学理层面"，这正是学术研究的任务。

三 内参资料、信息沟通与政治传播

关于内参的严肃研究，首先要提到中国社会科学院新闻与传播研究所原所长、中国特色社会主义理论体系研究中心主任尹韵公教授。作为国内最早提出应注意内参研究的学者，他认为内参现象是当代中国新闻传播的独特形式。结合已经公开整理发表的《邓小平年谱》《建国以来毛泽东文稿》等，尹韵公教授陆续发表过一系列文章，包括内参的机制、邓小平和内参、毛泽东与内参等。[1]

台湾地区也有研究者注意到内参现象。比如黄正楷就在其硕士学位论文中考察了1957年前后新华社《内部参考》功能的演变。据他分析，《内部参考》起初仅限地委以上干部才能阅读；而在实际过程中，内参又成为上、下层干部之间的信息联络渠道，的确有助于政策的推行。在承担下情上达任务的同时，内参也体现出一定的上情下达的功能。由于制度设计的内在缺失，以及越来越趋于紧张的政治气氛，内参在功能上逐渐有所改变，即从侧重收集基层信息的耳目，到被认为是透露和传达高层动态的……喉舌……。[2]

谈到内参研究，还应该提到瑞典学者沈迈克（Michael Schoenhals）教授。2004年应邀来华参加当代中国史高级论坛时，他提交了《信息、决策和中国的"文化大革命"》，考察毛泽东是怎么去获取信息，并据以判断形势、形成决策的，以及它和"文化大革命"的关联。其中提到了

---

[1] 尹韵公：《论中国独创特色的内部参考信息传播工作及其机制》，《新闻与传播研究》2012年第1期；《邓小平与"内参"》，《党的文献》2012年第6期；《毛泽东与内参：基于〈建国以来毛泽东文稿〉的搜索》，《中州学刊》2013年第11期。

[2] 黄正楷：《1950年代中共新华社〈内部参考〉的功能与转变》，硕士学位论文，台湾政治大学，2006年。

内参问题。①

　　像这样从信息与决策的角度谈内参，对今后的研究很有启发。② 另外，早在20世纪80年代，著名学者孙旭培先生就在《传播结构与领导层的信息结构》中谈到中国政治中的信息传播问题。在他看来，"内参"只是人际传播的延长，并不能担负起输送充分、及时、准确的监督信息的功能。他还列举了人际传播在监督过程中（特别是在"大跃进"与"文化大革命"时期）的弊端。如信息损耗、信息失真、受人际关系影响太大，以及信息本身无从得到监督等。③

　　当然，孙旭培先生主要是从人际传播的角度谈的，并没有使用政治传播这样的概念。当时常见的描述是政治沟通，和政治传播虽然相近，但毕竟还不完全一样。也是在此前后，政治学者俞可平从政治沟通的角度分析过中国的信息传播问题。④

　　另外，李侃如教授初版于1995年，随后被美国各大高校广泛使用的教科书《治理中国：从革命到改革》中，也有专门章节谈信息的传播与决策，其中特别提到内参。

　　内参如此，政治传播如彼，怎么来描述内参和当代中国政治传播的关系？或许可以借用某经济学家的一段话来帮助释疑解惑——某些现象已经不是纯粹的经济学问题，而是变成了"政治经济学"问题。这当然未必是妥当的类比，但有启发。中国新闻传播领域像内参这样的现象，用严格的传播学等规范的语言来描述未必恰当和适用，甚至也未必能框定得住，但这里面确实有些政治性的因素和话题，或者说离不开政治的影响。

　　陈力丹教授曾说：如果写一部新中国成立以来新闻学研究的历史，

---

① 沈迈克：《信息、决策和中国的"文化大革命"》，载《当代中国与它的外部世界——当代中国史国际高级论坛论文集》，当代中国出版社2006年版。
② 国内也有政治传播学著作是从信息传播角度着眼的，但并未特别关注内参。如李元书主编《政治体系中的信息沟通：政治传播学的分析视角》，河南人民出版社2005年版。
③ 孙旭培：《传播结构与领导层的信息结构》，载《当代中国新闻改革》附录三，人民出版社2004年版。
④ 俞可平：《论当代中国政治沟通的基本特征及其存在的主要问题》，《政治学研究》1988年第3期。其新近看法，参见俞可平《政治传播、政治沟通与民主治理》，《现代传播》2015年第9期。

"无论作者多么强调新闻学术的特点，恐怕前四分之三不能不写成政治或政治运动史，后四分之一在一定程度上也有点像政治史，一条明显的线索贯穿在整个新闻学中"①。内参的出现、形成和发展，也可以在这样的背景下来关注、思考和研究。翻翻我国新闻学教材，就会发现里面往往会说写好内参是记者的本分，或者是记者的本职工作。大概自 2000 年以后，从中央到地方，在讲党内监督时，也经常把公开报道和内参报道，都看成舆论监督的一种形式。

四　小结

学理上现在也许还很难归纳内参现象到底属于哪个学术领域，但是当代中国新闻传播领域和社会政治生活实际中，内参现象无时无刻不在发生作用和影响，并与政治发生关联。内参现象可以借用政治传播学来加以解释（当然也可以借用阅读史等视角），在可能的情况下，或许还会对既有的政治传播及相关理论做出补充乃至修正。当代中国新闻传播史上类似的现象还有不少。借助于跨学科的视野，并辅以相关的社科理论工具，可以在史料梳理与史实重建的基础上，设法提升当代中国新闻传播史的理论意味，拓展当代中国新闻传播史的研究空间。

（该文首发于 2014 年第一届 "政治传播与社会发展论坛"，刊载于《新闻记者》2017 年第 2 期。）

---

① 陈力丹：《新闻学：从传统意识到现代意识》，《新闻学刊》1988 年第 6 期，转引自陈力丹《不能忘却的 1978—1985 年我国新闻传播学过刊》，人民日报出版社 2009 年版，第 313 页。

专题二

政治传播理论、方法与进路

政治传播研究的"行省化"：
理论反思与路径重构

史安斌

（清华大学新闻与传播学院副院长，
教育部青年长江学者特聘教授）

摘　要：在 2016 年全球进入"后西方、后秩序、后真相"的时代背景下，政治传播学在理论和实践层面的解释力都面临前所未有的巨大挑战。本文通过梳理政治传播学的理论演进与发展脉络，以"行省化"视域作为切入点探讨"新全球化"时代理论创新的可能性，寻求超越"西方化－去西方化"二元对立的现实路径，并分析中国政治传播学界在全球范围的"行省化"探索中应当扮演的角色和发挥的作用。

关键词：政治传播；传播理论；去西方化；行省化；新全球化

20 世纪 50 年代至今，伴随着理论框架和研究方法日臻成熟和完善，政治传播成为传播学领域的一个重要分支，尤其是"规范化"（normative）取向的政治传播成为这一领域的主导范式。但其学科定位一直不甚清晰，常常与修辞学、口语传播、媒介效果研究和舆论学等领域"合体"。直到 1973 年，国际传播学会（ICA）成立了政治传播分会，并在次年出版了第一本专刊《政治传播评论》，后来发展成为本领域的重要学术期刊《政治传播》，由美国政治学会（APSA）和国际传播学会联合主办。围绕这一领域的理论、方法和主题的建构日趋多样化，迅速成长为传播学领域中的一门"显学"。

在20世纪80年代以来兴起的"经济全球化"浪潮和后结构主义、后现代主义、后殖民主义等思潮的影响下，人文社会科学领域掀起了解构"欧美中心主义"（Euro-America-centrism）的潮流，传播学研究的各个领域也在"去西方化"的语境下探索理论重建的可能性。但时至今日，政治传播仍然是"西方中心论"占据垄断地位的最后一块"飞地"。

2016年西方政治体制与社会价值体系出现了结构性的"内爆"，政治传播的理论和实践面临着颠覆性的挑战。当英国脱欧、美国大选的结果出炉后，深居"常春藤""象牙塔"内从事政治传播研究的教授和学子们抱头痛哭，甚至在一段时间内无法正常开展教学研究，成为"精英陷落"的一个有力注脚。逆全球化（de-globalization）和民粹主义的兴起挑战了既有的西方政治秩序，泛滥于社交平台上的"后真相"对西方政治制度和"游戏规则"的改写也消解了经典理论和高头讲章的权威性。另一方面，以中国为代表的新兴政治力量的崛起也标志着"美国治下的和平"（Pax Americana）"布雷顿森林体系"（Bretton Woods System）为代表的传统政治经济秩序日渐解体，世界进入了"后西方、后秩序"的时代。与之相应，"欧美中心主义"色彩浓厚的政治传播在全球范围内"理论旅行"的过程中遭遇多元本土文化的冲击，以往被各国精英和学者奉为圭臬的"普世价值"所具有的"全能解释力"受到了广泛质疑。

从历史源流看，政治传播研究在其理论框架形成的初始期，就已经处于"西方中心论"的强大影响之下。自从熊彼得提出"选举中心论"的民主观念以来，西方政治学界普遍认为，只有自由选举才能被纳入民主国家的考量。从这个角度看，西方政治传播的研究很大程度上就是对选举制度发展史的梳理与分析。"议程设置""意见领袖与两级传播""选择性接触"等大批经典传播理论都是最早针对美国的选举活动所进行的实证研究，并在其他多党制民主国家进行了重复性检验。这在某种程度上暗示了政治传播研究是具有"准入资格"的。只有效仿西方实行多党制和自由选举且拥有"独立"媒体的国家，才有可能进入政治传播的研究领域并与国际学术界展开对话。那些选择不同政治制度和运作方式的国家很自然地被打入"另册"，游走于政治传播研究的边缘地带。追溯现代西方政治传播研究的起源，不难发现其中存在着根深蒂固的"西方中心"视角。与沃勒斯坦的世界体系理论相呼应，全球范围内的政治传播研究也逐渐形成了一套"中心－半边缘－边缘"的权力架构。

由于研究对象与政治密切相关，政治传播长久以来都是传播学界"西方中心论"或曰"欧美中心主义"的积淀最为深厚的一个领域。西方学者在传播研究中潜移默化地形成一种"随处安放的学理自尊"，宣称其研究具有普遍性，并总是试图将其他地区的研究边缘化为一种"特殊"或者"例外"。与大多数人文社会科学领域相似，在当前的传播研究中，以地域为界限的学术分工体系泾渭分明：华裔学者研究中国问题，印度裔学者研究印度问题，欧美国家的"白人学者"研究全球或"普世"问题。这一点在政治传播研究领域表现的尤为显著。西方学者基于本国的政治实践进行实证研究并建构理论，处于"半边缘"的其他"后发民主国家"的学者将这些理论进行重复性的验证，而像中国这样的"例外"国家则被排斥在政治传播的"文化想象"和话语体系之外。

20世纪80年代以来，在后现代主义思潮的影响下，传播学界也加入了学术界以"去西方化"为主线的理论反思和路径重构当中。值得注意的是，研究者在对欧美中心主义和后殖民主义倾向进行反思和批判的同时，其学术路径却走向了另一个极端。他们为了反对西方霸权，建构了某种封闭的"非西方"模式，并且以"非西方"的研究路径占据道德和话语的制高点，形成"西方"与"非西方"研究路径之间尖锐的二元对立。这种"去西方化"的思路一方面将"西方"高度同质化，抹杀了在西方国家内部存在的政治传播实践与研究路径的多样性；另一方面将"非西方"语境下的传播学研究"他者化"，否认了全球政治、社会与媒体生态仍然处于"西方路灯光影"之中的现实状况。如果全然拒斥西方传播研究的话语体系与学术成果，试图在一种"真空"的本土语境下建构"另类空间"或"替代性话语体系"，同样会陷入到形而上的陷阱中。这一点对于政治传播领域的研究者而言尤为重要。

无论是唯"西方"马首是瞻还是彻底地"去西方化"，这样的研究路径都不能完整地诠释处在变化之中的全球政治和传播格局。因此，探索新的媒介环境下的政治传播研究，需要建立一种超越二元对立论的思路。后殖民主义理论家狄普希·查克拉巴蒂（Diepesh Chakrabarty）提出的"行省化欧洲"（provincializing Europe）成为解构"欧美中心主义"的重要理论框架之一，对创新政治传播研究具有振聋发聩的意义。

查克拉巴蒂认为，当前历史研究中的"欧洲"不仅仅是一个现实地理区划，更是一种历史观念，代表着学界对于"政治现代性"（political modernity）的理解。基于欧美学者的历史观，人类历史只有一种标准化的线性演进模式，不同地区之间政治文明的发展差异只能被解释为处在这种演进模式的不同阶段。但查克拉巴蒂认为，欧洲中心的历史观对中国、印度等非西方国家的文明演变进程缺乏足够的解释力。为此他提出，对于欧洲历史的研究也需要纳入"行省化"的视角，即"挖掘历史及其符码的某种局限，从而使其无效的部分公诸于世"[1]。

查克拉巴蒂在这里所说的"历史"，即西方历史学家主导的"宏大叙事"（grand narrative）。在他看来，从来没有一种历史叙事能够穷尽所有文明和区域的发展进路。即便是在欧洲内部，不同国家和地区政治现代性的形成路径也存在着显著差异。因此，经典史学所构建出的"欧洲中心"的传统叙事甚至无法完整地解释地理空间意义上的"欧罗巴"所经历的政治现代性历程，遑论去涵盖整个人类社会的发展史。因此，引入"行省化"的研究视角，不仅是要将欧洲视作人类社会的一个"行省"，而且还要进一步将地理空间意义上的"欧罗巴"分解成为不同的"行省"，以探寻在多元历史背景和文化语境下的政治现代化进路。

相较于"去西方化"或者"本土化"的概念，"行省化"提供了在更具包容性的维度审视政治传播研究的视域。去西方化或本土化有意无意地将西方树立为"他者"，从而使研究的出发点从一个极端走向另一个极端；而"行省化"则以更为多元化的视角审视不同地区的政治和媒体语境下的传播研究，关注根植于不同政治和文化背景下的本土经验和在地实践，将源自西方的理论视作具体历史语境下的"话语型构"（discursive formation）而非空洞抽象的概念[2]。在行省化的框架下，研究者——无论是来自西方不同国家还是来自非西方——所提供的理论都是根植于

---

[1] Dipesh. Chakrabarty, "Provincializing Europe: Postcolonial thought and historical difference", New Jersey: Princeton University Press, 2009.

[2] Zhao Yuezhi," Understanding China's media system in a world historical context", In Daniel C. Hallin. and Paolo Mancini (Eds.), *Comparing media systems beyond the Western world*, New York: Cambridge University Press, 2012, p. 145.

本土视野的产物,理论之间的对话则应当是双向且平等的。

政治传播研究与政治制度和政治实践有着密切的关系。因此,"行省化"的思路对于彻底颠覆政治传播研究中根深蒂固的"西方中心"视角有着重要的意义。如前所述,越来越多居于主流的学者也逐渐认识到,由于政治体制和文化背景的差异,即便是关于西方国家自身的政治传播研究实质上也是高度"行省化"的。在不同政治和文化背景下开展的研究所发掘出来的"在地经验"也从未被证明具有"普世性"。换言之,从"行省化"的思路来看,"欧美中心主义"的政治传播学也是一个被建构出来的"神话"。如果深入到西方国家政治结构的内部和深层,研究者便会发现在貌似同质化的"西方民主"体制背后也存在多种形态的政治传播体系。

作为"行省化"政治传播研究的标志性成果之一,爱德文·贝克(Edwin Baker)和斯科特·奥尔索斯(Scott Althaus)等学者基于"政治责任"(political accountability)的视角,将西方民主体制分为"共和主义""多元主义"和"精英主义"这三种模式,并提炼出了不同模式下政府-公民-媒体的互动关系形式①。在不同的政治责任语境下,政府-公民-媒体存在着截然不同的互动形式。这三种语境下开展的政治传播在方式、目的和效果上也存在着显著的差别。例如,在"共和主义"的模式当中,媒体在政治传播中扮演的是"策展人"(curator)的角色,强调媒体运用专业素养整合多元化的信息和观点并提供权威解读;在"多元主义"的模式当中,媒体在政治传播中扮演着"代言人"的角色,秉持不同政治立场的媒体构成了"彩虹光谱",代表不同的社群发声;而在"精英主义"的模式当中,媒体则扮演着"秩序维护者"和"舆论调停人"的角色。

在政治传播过程中不需要通过商业媒体常用的"反常放大"的方式来制造冲突,吸引眼球,而更多的是通过"协商框架"促进社会整合与

---

① Scott L. Althaus, "Whatau good and bad in political communication research? Normative standards for evaluating media and citizen performance", In Holli A., Semetko, and MargaretScammell, (Eds), *The Sage handbook of political communication*, New York: Cambridge University Press, 2012, p. 97 – 112.

统一。正如一位参与中共十九大报道的境外记者所概括的那样，中国共产党进行的是"接力赛"，而不是西方式的"搏击赛"[①]。这种本质上的差别就使得中国的政治传播研究需要更多地从自身的历史资源和政治现实中挖掘有意义的内容，以建构"行省化"视域下中国语境的政治传播。在政治传播过程中不需要通过商业媒体常用的"反常放大"的方式来制造冲突，吸引眼球，而更多的是通过"协商框架"促进社会整合与统一。

由于其独特的历史背景、文化积淀和社会变迁过程，中国形成了一套符合自身国情的政治体制和传播模式。实践证明，采用"西方中心论"的视角无法发掘和阐释中国政治传播的独特性和复杂性。加之长期以来在意识形态领域中奉行的"不争论""不对抗"的权宜之计，导致包括传播学在内的人文社会科学领域陷入了"去政治化的政治"的话语困境，研究者对于政治传播的相关课题"不敢谈、不愿谈、不会谈"。虽然传播学引入中国已近半个世纪，政治传播对于中国学界而言还是一块待开垦的处女地。

中共十九大为中国特色社会主义建设的新时代绘制了明晰的路线图，也为世界进入"新全球化"时代提供了有力的参照，这也是我国政治传播学科建设和研究体系建设的良好契机。在"后西方、后秩序、后真相"的当下，政治传播的"范式革命"已经成为全球学界的共识。以目前国内外学术资源和话语体系来考量，"行省化"可以成为中国政治传播研究者加入国际学术主流最为便捷的切入点。我们要按照"打造融通中外的新概念、新范畴和新表述"的要求，深入挖掘中国历史与现实的本土资源和在地话语，按照"传播"本位的思路重新厘清政治传播在中国演进的历史脉络和现实考量，并结合在"新全球化"时代构建"人类命运共同体"的理念将中国政治传播的肌理汇入全球政治秩序重构的体系当中。

具体而言，"行省化"视域下的中国政治传播研究可以从传统的政治传播思想、革命时期的政治传播经验以及"新时代"的政治传播实践三个维度展开。国内一些有识之士已经在"行省化"的道路上迈出了坚实的步伐。历史上看，中国古代的政治制度和传统的"天下"观促成了一系列具有中国特色的政治传播模式的形成，提供了那些西方"原典"无

---

① 《十九大开幕式侧记》，香港《大公报》2017年10月19日。

法涵盖的在地经验。谏议制度对君主决策所起到的制约作用，形成了自下而上的信息监督模式和君臣之间的权力互动，对于遏制君主的绝对权力和决策失误具有重要意义[1]。"符命神话"则代表了官方与民间进行互动的一种形态，官方基于民众的普遍信仰建构一系列关于帝王的符命神话，以建立其王朝的合法性地位[2]。在历史上逐步形成的"华夷之辨"则则成为了历史上最早的公共外交叙事之一[3]。

战争年代和社会主义建设时期形成的"革命话语体系"至今仍在型塑中国政治传播的实践，形成了一些具有中国特色的政治传播模式。动员是中国公共议程设置的重要模式之一，通过广泛的社会动员以统一思想，形成共识，促进新的政治议程的高效实施，例如，计划生育政策和企业职工养老保险制度改革等公共政策都是基于"动员"的政治传播模式而展开的[4]。又如，"内参"作为一种起源于战争年代的政治传播模式，对全面了解下情、充分搜集信息，有效管理国家起到了积极的作用[5]。这种模式完全超越了西方政治传播的研究范畴，理应成为"行省化"研究重点发掘的对象。

在新时代的政治传播实践维度上，研究者一方面需要对互联网和自媒体环境下政治传播所面对的新挑战和新动向加以分析，并形成行之有效的研究路径。例如中纪委、外交部通过微信、微博等主流社交媒体、共青团中央通过知乎、B站等亚文化平台主动发声设置议程，在青年群体中产生了广泛而积极的影响。政府机构主动适应数字化时代政治传播需要的实践创新值得学者更多关注和分析。另一方面则需要对"后西方、后秩序"背景下中国对外政治传播进行更为深入的考察。随着中国引领"新全球化"时代的角色和路线图日渐清晰，中国领导人倡导的"一带一路"倡议和"人类命运共同体"在国际社会引发日益强烈的共鸣，如何

---

[1] 陈谦：《传播，政治传播与中国古代政治传播制度体系》，《广西社会科学》2006年第1期。
[2] 白文刚：《符命神话与中国古代王朝的天命建构——基于政治传播视角的考察》，《青海社会科学》2014年第1期。
[3] 葛兆光：《想象异域》，中华书局2014年版。
[4] 王绍光：《中国公共政策议程设置的模式》，《中国社会科学》2006年第5期。
[5] 尹韵公：《论中国独创特色的内部参考信息传播工作及其机制》，《新闻与传播研究》2012年第1期。

能够讲好中国故事的2.0版,提升中国政治文明对外传播的有效性,亦是中国政治传播研究亟待开拓的领域。

基于上述三个维度,中国政治传播研究者应当把握当下的历史契机,找准自身在国际政治传播研究版图中的坐标,在新一轮的"范式革命"中完成"由边缘走向中心"的转型。在经典政治传播理论陷入"解释力的危机",而传播学研究"西方中心主义"和后殖民主义倾向遭遇进一步质疑和解构的当下,强调超越"全球-本土""西方化-去西方化"对立、寻找多元化在地经验的"行省化"视角,无疑对于我们以理论反思和路径重构的方式描绘政治传播研究的未来提供了有力的镜鉴。

(该文首发于2017年第四届"政治传播与社会发展论坛",刊载于《国际新闻界》2018年第2期。)

当代中国政治传播研究的方法论现状及未来发展

李 智

（中国传媒大学新闻传播学部传播研究院教授）

伴随着社会政治生活的不断媒介化，中国（本文主要指中国大陆，下同）政治传播研究越来越成为传播学领域中的显学。与此同时，政治传播研究正面临着方法论上的抽象化、空泛化、主观化和表面（形式）化危机。如何走出这种方法论危机？对这一问题的积极回应，将为中国政治传播研究的未来科学化发展奠定方法论基础。鉴于社会科学的整体性改观在很大程度上是由方法论上的革命引发的，因此，政治传播研究的方法论变革必然会带来政治传播知识形态的转换。

一 中国政治传播研究的方法论现状

据对近年来国内传播学研究专业期刊论文的统计分析，有关政治传播的论文超过了三成的比例，政治传播成为传播学中一大最热门的研究领域。[1] 但同时应该看到，有价值的经验性研究成果只占少数。从整体上看，在研究方法上，大多数的政治传播研究论文采用的是定性研究即思辨的方法，停留于概念演绎和学理阐释的层面。这些倾向于论理的论文

---

[1] 张国良、张巧雨：《中国传播学研究近况实证分析——以专业期刊论文为研究视角（2008—2013）》，《现代传播》2015 年第 9 期。

通常表现为宏大叙事即对人类社会的政治传播现象做整体性、普遍化的发言,对政治传播的学科范畴包括其前提、内涵和边界等"元问题"及相关的基础性命题做一般化、统一化判定和解析,而且多从应然的角度上看待问题,从而折射出对(主观)价值规范分析路径的严重依赖。

思辨有思辨的纯粹,但思辨也有其空泛的一面。思辨的"空泛"性源于其单纯从逻辑的角度把握世界的认识论。作为纯概念、纯理论的思考辨析,思辨的实质是逻辑推导(推演)。在逻辑——无论是形式逻辑还是辩证逻辑——推论的过程中,思辨一味追求概括人类社会(乃至整个世界)的普遍规律和共同特征,从而获取能够解释一切社会现象的抽象而统一的理论,这必然会罔顾和忽略相关论述对象所处的具体的时空情境即其社会现实环境和历史文化传统。这种所谓"脱域"(脱离境遇,dis-embedding)而"真空"化或"蒸馏""升华"式的信息处理方式体现的是思辨的抽象化、本质化的概念思维运作逻辑。思辨的这种"大而化之"的"减法"式思维方式无疑把人类社会中复杂的问题"简单化"了。具体就政治传播研究而言,存在于人类社会世界内的政治传播现象是非常复杂而充满多重意义的,而且对这些意义的解释又是本土性的、个性化的。因此,通过思辨的方式把握丰富、复杂的政治传播现象所得出的结论或所谓"真理"必然是非"本然"的和片面"深刻"的。

思辨是深刻的,但同时也是"务虚"的。脱离现实语境、情境的思辨推导出的结论往往是宏大理论,表现为全称命题。由于社会现象中的很多重要因果关系和意义结构很难通过不可具象化、不可精确地量化和可操作化的概念予以把握和确定,抽象的统一性理论缺乏与微观具体多样的现实世界直接沟通和对接的中观理论作为中介,因而很难直接介入和应用于现实的政治生活中。可见,批判的武器并不必然会转化为武器的批判。关于政治传播的思辨有可能沉湎于故弄玄虚、故作高深的形而上的"论辩",陶醉于"概念叠加","抽离了所指的能指游戏",从而陷入"话语空转"的泥潭之中。

这就不难理解,虽然中国大陆政治传播研究 20 年来产出了众多的学术成果,包括论文、著作等,研究议题不断拓展,研究内容不断扩散,研究形式看起来也"很宏伟",而研究的品质"外强中干",其研究水平并没有实质性的提升,其研究的现实意义和社会效应也没能彰显出来。

还少有政治传播的研究成果积极参与、介入中国现实的政治传播活动中，更谈不上对当代中国政治传播实践发挥规范和引导作用。在现实的政治传播研究政治生态下，本应"入世"的政治传播研究基本上丧失了对中国政治文化发展的学理奠基价值和对中国政治系统运作的决策参考意义。

二　中国未来政治传播研究的方法论转向

从学科归属上看，作为一门学科的政治传播学首先是一门经验科学即政治传播科学，而非政治传播哲学，因此，从方法论上说，政治传播研究无疑首先应该是经验研究，是以（现实）问题为导向的经验研究，即经验实证研究。基于方法论在社会科学知识转型上的至上意义，化解中国政治传播研究困境的唯一出路是方法论变革，即实现从（逻辑）思辨向（经验）实证的方法论转向，从而促使中国政治传播研究摆脱空泛"务虚"的状态，踏上科学化的进程。

实证研究方法的本体论哲学基础是主客二元分离的唯物主义经验论——基于科学意义上的，可供观察、实验和检验的客观经验，而非基于主体的目的性实践经验或由概念和权力话语建构起来、被筛选和过滤后的主观经验或个人性的生存体验。因此，实证研究的根本特性是客观性和科学性，无论采用何种形式的实证研究方法，关键在于忠于客观经验和事实，恪守遵循客观性即价值中立原则的科学规程。鉴于研究方法论对研究实践来说是一个有待解决的前提性"元问题"，加强有关实证研究的方法论，即方法的本体论基础的学理培养和学术操作层面上具体的研究方法的专业性、规范性、系统性训练，将成为未来中国政治传播研究的一大要务。

中国学术原本缺乏科学、规范的（经验）实证精神传统。在中国传播学 30 多年来对西方传播理论范式和研究方法的选择性接触和接受中，经典而主流的美国经验功能主义学派所代表的实证主义传播研究方法论，因其客观、中立、去政治化的科学主义色彩而迎合了"文革"后的中国学者迫切希望纠正学术研究过于政治化趋势的心理，因而在中国传播学界大行其道。不过，这种实证研究方法论并没有在政治传播研究领域兴盛起来，究其原因，或许是出于学界对作为研究内容的政治传播现象与作为研究方法（论）的实证研究之间关系的认知偏差。人们可能认为，不同于一般的信息传播，政治传播具有最为显著的意识形态性，它所涉及的政治系统、政治文化、政治心理和政治行为等内容都具有一定的价值倾向性，因此，无法用"价值中立"的研究立场来加以研究，实证研究方法也就不适用于政治传播研究。殊不知，研究对象的价值倾向性并不能成为否弃客观主义研究方法的理由。人们完全可以用无立场的研究方法来研究有"立场"的研究对象。马克斯·韦伯就曾倡导学者们要以"价值无涉"（中立）的研究方法研究蕴含意义、有价值取向的社会行为。实证主义社会学家迪尔凯姆曾言"感情是科学研究的对象，而不是科学真理的标准"[1]。在此，他所要表达的就是社会科学研究中应该尽力排除感情因素的干扰来研究感情，但同时也表明感情是可以成为科学研究对象的。带有价值偏向和意识形态色彩的政治传播现象自然也可以成为经验科学研究的对象，因而完全可以采用经验实证方法来研究。

实证主义方法论并非不重视理论分析和理论建构。作为实证研究方法的本体论基础，20世纪60年代美国社会学家默顿所倡导的经验功能主义就是寻求介于偏狭的"原始的经验主义"或"抽象的经验主义"与宏大理论之间，介于表面的经验性描述与抽象的统一性理论阐述之间的中层或中观理论。这种理论既重视经验观察和检验，又强调理论假设、抽象和建构——经验分析是理论研究的坚实基础和必要前提，而理论研究对经验分析具有规范和引导作用。概而言之，经验功能主义不是忽视理论，而是"要将理论的建构限定在可触及经验事实的范围之内，并扎根于经验材料之中"。与经验功能主义理论范式相对应的（经验）实证方法论以研究解决真正的现实问题为研究目标"打通了经验事实与抽象理论之间的壁垒，把传统结构功能主义的功能分析中理性主义的、抽象的方法转变为更具有经验性指导意义的方法"[2]。

鉴于中国数千年"经世致用"（所谓"理论联系实际"）的学术传

---

[1] E. Durkheim, *The Rules of Sociological Method*, London: The Free Press, 1966, p. 31.
[2] 张勇锋：《经验功能主义：还原、反思与重构——对中国语境中传播学经验功能主义的再认识》，《新闻与传播研究》2014年第9期。

统，经验功能主义理论范式及其实证主义方法论在中国传播研究中很可能被现实地演绎成功利主义、实用主义的理论及其伪实证的方法论。这表现成为"包装""粉饰"观点而堆砌数据和模型的技术操练"看起来很美",实际上却沦为技术化、工具化的"精致的平庸"。在此,原本旨在用经验事实检验、验证(或证实,或否证)假设和建构理论的实证研究变异、异化成了主观理念按照自我意志或权力意志予以封闭式的自我确认,而不再是一种以问题为导向、开放式的、可以不断地生产出新知识的实证研究。无疑,这种经在地性改造而被"中国化"的实证方法论不自觉地背弃了唯物主义客观经验论这一哲学基础,其以客观性为灵魂的科学精神几乎丧失殆尽。如同玄化的思辨研究方法,功利主义、实用主义化的实证研究方法同样有可能陷入抽象化、空泛化、主观化和表面(形式)化的方法论危机。从这个意义上说,实证研究在中国传播学研究中不是被"过度使用"了,而是尚未在完全的意义上真正加以大规模有效力的采用。

实证研究无疑是对经验匮乏、超验/先验盛行、"主义"泛滥而意义不断"外溢"的"书斋学术"和"浪漫学问"的反拨。对长期浸淫于"玄学"的众多中国政治传播学者来说,实证研究无疑是一种必须接受的学术挑战。中国的政治传播研究要实现从思辨到实证的方法论转向,所需要的不仅仅是投身于实证方法论的学术勇气,同时还要有还原、反思和重构被"误读"(误解)、误用的实证方法论的学术智慧。参照西方政治传播学术方法论发展历程,如果说过去20年中国政治传播思辨研究还有发挥所谓"价值定向"("范导")(现实)功能的某种存在合理性,那么实证研究将是其未来发展方向。

(该文首发于2015年第二届"政治传播与社会发展论坛",刊载于《现代传播》2017年第1期。)

政治传播与主流意识形态构建[*]

施惠玲　杜　欣

（北京交通大学马克思主义学院教授；
北京交通大学马克思主义学院博士生）

摘　要："主流意识形态"是意识形态在政治传播中衍生出来的一个概念，它既有意识形态的"一般"属性，也具有成为"主流"而来的特性与功能，是政治传播过程和结果的体现，是意识形态外化的最高形式之一。作为"政治"与"传播"相融合的视界与系统，政治传播是主流意识形态现实存在的根本条件和场域。在政治传播中，意识形态成为主流意识形态，经过了初始、流行、维持和式微等阶段。这些阶段构成了意识形态外化的历时性过程与发展、演变，呈现主流意识形态的特征和功能指向。认识和理解主流意识形态的政治传播过程，有助于我们把握当代社会主义核心价值观的传播。

关键词：意识形态；政治传播；主流意识形态；意识形态外化；社会主义核心价值观

当代传播技术日新月异，深刻地影响着人类社会和人们的行为活动，主流意识形态恰是在这样的时代语境中衍生出来的一个概念，并被人们熟稔地使用。学者们虽常运用这一概念来分析和阐释相关的问题，但较少对它进行学理上的解读和探讨。基于此，本文着力于分析意识形态如

---

* 本文系国家社会科学基金项目（项目编号：15BXW059）与北京市哲学社会科学规划项目（项目编号：13JDKDB009）的研究成果。

何在政治传播中成为"主流"意识形态的机制，说明所谓"主流意识形态"的形成过程、具有的特征和发挥的功能。

一 主流意识形态和政治传播的概念解析

"意识形态"概念从特拉西开始使用①，就与政治实践紧密相连，成为各个政治派别相互斗争的思想和理论武器。马克思的意识形态观的要旨有二：一是指称统治阶级的思想观念体系；二是指称社会系统构成的结构性要素——由经济基础决定的思想上层建筑，具有自身内在的自主性和相对独立性。由于马克思的意识形态思想始终围绕着历史唯物主义和共产主义的实践而展开，因而，他的意识形态概念既具有强烈的思想批判和否定的意义，同时也具有强烈的政治色彩。有学者认为，在马克思主义理论谱系中，列宁继承了马克思的意识形态思想的基本精神，而且"根据自己所处的时代的实践需要和理论需要，对意识形态的含义做出了新的说明"②。列宁的"新的说明"强调："对社会主义意识形态的任何轻视和任何脱离，都意味着资产阶级意识形态的加强。"③ 也就是说，列宁将马克思关于意识形态是社会结构性要素的宏观论点，具体阐发为：意识形态不仅仅是指资产阶级的统治思想和理论，指导工人阶级革命的马克思主义理论同样也是意识形态，是社会主义的意识形态。由此，就有了性质不同的意识形态之间的斗争、控制、地位高低及流行与不流行的问题。在此基础上，列宁提出了著名的"灌输"理论，即社会主义意识形态需要灌输给工人阶级，才能发挥作用，才能真正成为社会主义的意识形态。列宁的思想对社会主义意识形态的传播及发展具有深远的影响，社会主义国家的政治宣传体系正是在这一思想指导下建立和发展起来的。

现代大众传播的繁荣，为意识形态的存在和发展提供了更有效的和多样化的形式。在大众传播中，任何东西都可能成为意识形态，意识形

---

① "意识形态"一词首先出现于法国学者特拉西的著作《意识形态的要素》一书中，主要是指"理念的科学"或"观念学"，用以阐释流行于社会中的各种观念与偏见的"观念科学"。
② 俞吾金：《意识形态论》，人民出版社2009年版，第203页。
③ 《列宁选集》第1卷，人民出版社1995年版，第326—327页。

态摆脱了过去单一的思想观念的形式，以文字、符号、仪式等多样化的象征形式广泛存在。意识形态的这一变化，将学者们的目光聚焦于文化、技术及日常生活领域中意识形态的广泛影响和后果，注重权力与传播媒介的相互作用和塑造，注重从大众娱乐或流行文化来把握和理解意识形态。主流意识形态、主流话语、主流文化、主流价值观等正是在此语境中出现的概念和术语。"主流"通常与"主要""主体""主导"等相互表意。[①] 某一事物或现象何以成为主流的问题，包含从性质和地位来解释，也包含从数量、形式以及影响和作用来说明。主流意识形态这一概念，既有意识形态的"一般"属性，也具有成为"主流"而来的特性和功能；与其倡导者想要使之成为主导的、大众的、普遍被接受的强烈意图有关，也与其具体的能够让大多数人接受和认同的方式有关。可以说是集"政治"与"传播"于一体的概念或现象，与政治传播的特质相契合。政治宣传和大众传播，或许被认为是主流意识形态惯常有效的运行方式。但现实中政治宣传的过度政治化和大众传播的过度娱乐化问题，使它们自身都不能够有效地成为主流意识形态的运行机制和存在场域。在学理上，仅从政治宣传或大众传播、文化传播的向度来认识主流意识形态是不够的，往往使问题流于表象。因此，从不同于政治宣传也不同于大众传播的政治传播维度来考量，才能理解和把握主流意识形态的本质及其相关问题。

政治传播（political communication）这个词由"政治"与"传播"构成，有政治的传播或传播的政治之意。英国学者麦克奈尔（Brain McNair）从"政治的传播"出发，认为政治传播是"关于政治的有目的的传播"[②]，"传播的政治"或"媒介政治"，则基于媒介与政治或传媒与权力的关系考量传播媒介及其相关问题。不论是政治的传播还是传播的政治的理解，都表明"政治传播"既不能离开政治也不能离开传播，政治与传播的有机结合形成了政治传播的基本之义，即特定政治共同体中及

[①] 主流原指水的干流，与"支流""傍流"相对，因而有比喻事物发展的主要趋向，占据主导或中心地位的事物，社会的主体趋势，大众已接受的常态事物，以及符合社会或者事物的发展规律等。

[②] 布赖恩·麦克奈尔：《政治传播学引论》，殷祺译，新华出版社2005年版，第4页。

政治共同体之间的政治信息的扩散、接受、认同和内化的运行过程。[1] 它首先强调的是"政治"问题——政治信息的流动过程,因而"政治"是其基础;它同时强调政治的"传播"问题——政治信息是在"扩散和接受"状态中流动的[2],因而"传播"是其着力点。如此理解的政治传播,是"政治"与"传播"视界融合的状态,这一状态使政治传播成为连接政治与社会的"中枢"传导机制。政治传播的信息、话语和符号等,不仅使政治系统具有了明确的方向和目的,而且引导、建构和影响整个社会秩序。这些反复、不断流动的政治信息、政治话语、政治符号等是意识形态的现实表征,在此意义上"政治传播已然成为现实社会中意识形态外化或形态化的基本方式和机制"[3]。或者说,意识形态的存在和功能发挥须依赖这些政治信息、话语、符号的不断流动,在流动中呈现出自身的特点与功能指向。在某种意义上,主流意识形态"天然的"与政治传播联系在一起。它是政治传播过程和结果的体现,是意识形态借以政治传播外化的最高形式和样态。作为"政治"与"传播"相融合的视界与系统,政治传播是主流意识形态现实存在的根本条件和场域,是主流意识形态功能发挥的运行机制,并赋予了主流意识形态以鲜明的特征。所谓主流意识形态,是在政治传播中实现了历时性发展的、主导的、大众的意识形态。因此,对主流和非主流意识形态的辨识,政治传播的向度是不可或缺的,它能够提供更有说服力的解释和说明。此外,"主流意识形态"常常被表达为"官方意识形态",或被理解为执政党的意识形态、国家意识形态,当然也被理解为时下流行的、大众的价值观等。主流意识形态能否与这些称谓的意识形态相提并论或将其替代,仍需要从政治传播角度来衡量和把握。

二 政治传播呈现的主流意识形态的特征和功能指向

在政治传播中,主流意识形态的首要特征是政治性。意识形态是维

---

[1][2] 荆学民、施惠玲:《政治与传播的视界融合:政治传播研究五个基本理论问题辨析》,《现代传播》2009 年第 4 期。

[3] 施惠玲:《意识形态在政治传播中的样态》,《现代传播》2015 年第 9 期。

持权力、服务权力的意义体系，政治性是意识形态具有的基本特性。在政治传播中，主流意识形态的政治性，突出地表现在以政治话语、政治符号、政治仪式等象征形式为政治系统提供明确的意义，建构、维持或再造权力关系，保持和维护政治共同体和社会秩序的稳定和运行。

主流意识形态不同于非意识形态的特征，还在于它具有公共性。它的公共性源于政治传播的公共性，是在政治传播过程中获得的特性。"公共性"缘起政治性，在今天又不全然等同于政治性。这是因为现代政治的发展，使它丧失了古代政治天然具有的公共性，需要重新获得公共性作为其正当性的表现。政治传播的"公共性体现在过程、内容和效果三个层面"。但核心在于政治传播过程的公共性，即政治沟通过程："政治体系、传播媒介与公众三个要素互动的过程"，强调社会与公众对政治的、关涉公众利益的议题的关注、协商和认同。[①] 政治传播的政治沟通本质，使受众从被动的受者转变为传播主体，在此意义上，政治沟通意义上的政治传播是传播主体间性存在的场域，主流意识形态的公共性又可以说是政治传播主体间性的表征。[②] 获得政治认同既是内容又是效果层面的政治传播的公共性表现，同时也是政治传播赋予主流意识形态具有公共性的集中体现。在政治传播中，传播媒介是不可或缺的要素，如果说政治体系和公众都带有自身强烈的诉求，那么传播媒介尤其新媒介所具有的赋权特点，在某种意义上让它有了公共领域的色彩，使附着于它的主流意识形态也带有公共性。

主流意识形态具有大众[③]性。主流意识形态的"大众"特性主要体现

---

① 荆学民、苏颖：《论政治传播的公共性》，《天津社会科学》2014年第4期。
② 本文中的传播主体间性，从主体间性引申而来。政治沟通意义上的政治传播，诉求互动、协商和边界开放，在政治信息、政治话语的不断流动与反馈过程中，受众由"宣传"模式中被动的受者转变成传播中的主体，传播者与受众的传播地位取得一致，他们之间的关系形成一种传播主体间性。进一步而言，当受众接受和认同传播者传输的政治信息和政治话语，并达成一定的共识，就意味着传播主体间性的存在。因此，显现传播主体间性的场域是政治传播——政治沟通的过程。当今时代，传播主体间性的凸显，更得益于互联网自媒体等传播技术的发展。作为政治传播过程和结果体现的主流意识形态的存在，其公共性就在于政治认同，因而也是政治传播主体间性的显现。政治传播主体间性问题，值得我们关注和探讨，是现时代政治传播研究的重要课题，将撰文另论，不再赘述。
③ "大众"（mass）一词在不同的语境中有不同的含义，它既指数量上占多数的人民大众、普通群众，也指具有某种政治色彩的利益群体和权力主体。

在，政治传播的话语、符号等各种象征形式与大众生活相对接，能够被大多数人理解和接受，即成为"主流"的意识形态在社会大众人群中普遍流行。另外，主流意识形态的大众性，得益于现代传播媒介的功能——传播的速度、范围等远远突破了人际传播和组织传播，能够在较短的时间达到"引爆点"，从而迅速流行。主流意识形态的大众性，表明它在构建、维持和再构权力关系时相对容易但并不稳定。

政治传播是动态的历时过程，在这一过程中，主流意识形态的"阈限性"特征显著。主流意识形态的阈限性是意识形态在政治传播中"主流"状态的形成、持续、衰微的变化过程或阶段（包括时间上和空间上的序列变化），这个过程或阶段是一种中间状态，可以一直持续，也可以很短暂。达到阈值即边界所在，有转换、改变、反转或共融的出现，就会进入下一个过程或阶段。阈限性呈现的是政治传播中意识形态的动态状况，往往是多种话语、多种声音、多种符号混杂的、模糊的、不确定的状态，是一个充满张力、矛盾、争议、冲突，但也充满了创造性潜力的过程。阈限性是主流意识形态的重要特性，而这一特性常常被忽视或忽略。在一般的理论研究中，意识形态被赋予了多重功能，如政治的、文化的、社会的、信仰的等。意识形态这些功能的发挥和实现，如果不借助政治传播成为主流意识形态，那么也就仅仅停留在理论的应然和想象的层面。也就是说，只有在政治传播的过程中，成为主流的意识形态才能够具有并发挥这些功能，才能够使意识形态具有的应然功能变为实然功能。主流意识形态功能的发挥是一个"自然"的、"自觉"的过程，与政治传播的功能相重合。功能发挥的程度，是考量主流意识形态的基本依据或"指标体系"。

"引领"是主流意识形态在政治传播中实现的首要功能。通过政治传播，主流意识形态在整个社会范围内能够产生巨大的政治行动力和社会影响力，在社会精神层面上，它能够使社会思潮、社会行为、社会生活趋向它所导引的方向，并发挥持续的影响和控制作用。现实中主流意识形态引领功能的发挥，实际上是在政治传播中意识形态获得了"话语权"并维持了这种"话语权"，换句话说，谁掌握了"话语权"，谁就拥有了对整个社会的影响力或控制力。"说服"贯穿于政治传播的始终，它的发挥既体现在接受者显性行为的改变，也表现在接受者情感、态度和意愿的变化。后者是一种隐性的改变，是主流意识形态在传播中的内化——不断扩散、流动的政治话语、政治符号被接受者自觉或不自觉地纳入自身的认知—情感逻辑中，表现为认知和情感的积累——更新或加强，从而达到自我认知—情感、社会认知—情感逻辑的建构或再构。表征意识形态的政治话语、符号，对接受者而言是由外向内的流动和辐射，因而，对它们的接受和内化与政治传播源、政治传播环境、政治传播机制紧密相关，尤其是政治传播环境与接受者的"价值的自我调适"直接关联。可以说，政治传播环境是主流意识形态"说服"功能实现和发挥的关键因素，"塑造"与"说服"类似，既是政治传播的目标也是政治传播本身，是主流意识形态的基本功能之一。在政治传播中，主流意识形态给受众（包括公民个体和社会组织等）以某种社会定位或身份、角色，受众按照这种定位和角色进行交往和行动。政治传播的话语、符号成为受众自身运用的话语或符号，成为自己喜爱、符合自身需要的和所追求的理念、理想和目标，成为广大受众尊奉的政治信条，甚至成为政治生活方式。也就是说，受众的话语与主流意识形态保持一致或基本一致，二者高度和谐与相称。主流意识形态塑造功能的充分发挥，与政治传播中的具体环节和技巧有紧密的关系，各种现代化的媒介及手段方法的综合运用非常重要，"动员"是主流意识形态具有的潜在功能。由潜在变为现实的功能，是政治传播主体为获得、巩固和维护政治权力的目的或达到某种政治意图时，以带有强烈情感色彩的政治口号或符号鼓动和感染目标受众，以实现特定政治目标下的集体行动。主流意识形态的政治动员功能的发挥，往往集中于某一个特殊时期或某一个传播阶段，并非贯穿于整个政治传播过程的始终。上述在政治传播中呈现的主流意识形态的特征和功能，是一般学理意义上的归纳。在政治传播过程中，主流意识形态历经的阶段不同，其特征和功能指向也不同。

三　主流意识形态的政治传播过程透视

主流意识形态的特征和功能是在政治传播的过程中得以呈现和发挥的。在这个过程中，政治传播者、媒介和受众之间形成基本的政治传播结构和链条，政治信息、政治话语和符号等在其中不断地流动，历经一个动态的往复过程——初始、流行、维持和式微阶段。在不同的阶段，政治传播结构要素的组合或者说主体间性不同，呈现的主流意识形态的特征、功能指向也不同，政治传播的技巧和方法更具有差异性。在实践中，忽视某一个阶段上的实际情况往往会导致传播失败或造成相反的效果。

（一）初始阶段

意识形态以"传播者生产→传播媒介放大→受众接受"的线性传播展开。政治传播者对意识形态的功能具有强烈的预期，因而，传播中的意识形态的政治性非常突出，功能指向"塑造"和政治动员。这里的传播者不仅仅是传播的发起人，政府机构、政党与社会组织、企业与公民都有作为传播者的可能。能够发挥巨大影响力和作用的意识形态——政治话语、符号等，需要传播主体具有相当的可信度，这是"主流意识形态"传播的先决条件。传播者的专业性与可信赖度直接关乎传播内容的影响力，"相同内容的传播，由于信源可信度不同，使受众对其效果的评估也不同"[1]。霍夫兰（Carl Hovland）等人的实验表明，传播者的可信度如果较高，就容易获得被测试者的信赖，反之亦然。另外，也表明高可信度的信息源相对更容易改变被测试者的观点，并朝着有利于传播者观点的方向发展。当然，霍夫兰的实验也对高可信度信源效果的持续性提出了质疑。不过可以肯定的是，在"主流意识形态"传播的初始阶段上，传播者保持较高的可信度，后续的传播环节才能得以正常进行，但传播主体间性尚未形成，媒介在此仅是作为传输的工具——传声筒的角色，受众是被动的接收者、倾听者。在一定意义上，二者都是传播的客体和对象性的存在，没有真正意义上的传播主体间性的存在。因而，传播主客体之间的关系是初始阶段的主要关系维度。

传播媒介在初始阶段，起着放大传播内容的范围和影响的作用。媒介的类型和形式与其传播的效果之间有着直接的关系。虽然媒体、学校、家庭与各种社会组织都是"主流意识形态"在初始阶段的传播媒介，但

---

[1] 卡尔·霍夫兰、欧文·贾尼斯、哈罗德·凯利：《传播与劝服：关于态度转变的心理学研究》，张建中等译，中国人民大学出版社2015年版，第29页。

起到放大作用的媒介才是意识形态成为"主流"的推动因素。传播媒介的放大作用与其在社会发展中的角色紧密相关,这种角色定位赋予了它一定的特性,从而使它能够与"主流意识形态"的特征相契合。如"主流意识形态"的公共性就与传播媒介的公共性相关。媒体包括新媒体作为传播媒介在"主流意识形态"传播中的优势地位是显而易见的,在传播内容的扩散上,其他媒介是无法与之相比的,透过各种媒体"来获得信息、形象与观念,对许多人来说,是了解共同的过去(历史)以及现在社会方位的主要来源"[1]。它们一方面过滤了意识形态包含的某些"真实关系",另一方面又放大了它"制造的真实"。因而,传播媒介的放大,也就意味着意识形态的强化与再造。传播媒介的放大功能营造了一种"意见环境",在此环境中,大多数受众容易接受、趋同于所传播的意识形态内容,使之成为"优势意见",此时意识形态具备了扩散和流行的条件。沉默螺旋理论中"公众意见"的分析,可以较好地说明初始阶段上受众的心理和状态,在此不再赘述。应当说,主流意识形态的"主流"地位,离不开线性传播环节的依次展开,这些环节为引爆意识形态的流行提供了条件。而初始阶段上的传播方法归结起来是偏重宣传策略的运用,也即大家所熟知的宣传模式。从政治传播的历时过程而言,宣传的优势和作用主要发挥在初始阶段上,它起着一个"引爆点"[2] 的作用,过度使用或者弃之不用,对主流意识形态的"流行"和"维持"都是不利的。

(二) 流行阶段

"引爆"了的意识形态在不同的阶层、不同社会和文化背景的人群中广泛流行,它的大众性突出,功能指向"引领",其他的特性和功能也会在流行中逐渐显现和发挥出来。它的传播呈现为"传播者再生产↔传播

---

[1] 丹尼斯·麦奎尔:《麦奎尔大众传播理论》,崔保国、李琨译,清华大学出版社2010年版,第66页。

[2] 马尔科姆·格拉德威尔在《引爆点——如何引发流行》中认为,思想、行为、信息及产品会像传染病毒一样迅速传播。正如一个病人就能引起全城流感;几位涂鸦爱好者能在地铁掀起犯罪浪潮;一位满意而归的顾客还能让新开张的餐馆座无虚席;发起小规模流行的团队能引发大规模流行风暴。这些现象均属于"社会流行潮",它达到临界水平并爆发的那一刻,就是一个"引爆点"。

媒介加工扩散↔受众接受反馈"的双向、多向的互动和沟通特征。传播媒介、受众的主体地位开始显现，政治传播者、媒介和受众之间的主体间性形成。与前一阶段相比较，流行阶段有了以下变化：第一，传播者不再只是将话语、符号等信息直接灌输给广大受众，传播者力求传播的意图与受众的需求相结合，"诱导和操控"的同时，多了些"沟通和协调"，传播者与受众在传播媒介构成的"交流平台"上展开互动。第二，传播媒介的大众性在这一阶段上表现得最为突出，是信息反馈和互动的主要场域。互联网等新媒介的广泛运用，使"话题"即传播的内容引爆得更快，规模更大，甚至逾越传播者的掌控。第三，受众的能动性被激发和调动起来，愿意参与公共事务，积极主动利用传播媒介的信息传递反向影响传播者、传播媒介的再生产和再加工。这一阶段上的受众基本上接受和认同了"主流意识形态"的主张和诉求，虽有盲从或迫于"意见环境"的压力，但主动性、能动性也积极表现出来。因此，在这一阶段上，最为重要的是对于政治传播者——尤其是权威性传播者，调整和改变前一阶段上的单向的宣传方式，转而采用形式多样、渠道丰富的互动沟通方式，会更有利于维持广泛流行的主流意识形态。

（三）维持阶段

"引爆"之后的流行，若不进行强化和固化，流行就是短暂的。政治传播中的意识形态同样存在这样的问题。在流行阶段，传播者所传播的政治话语和符号等，具有所有流行事物的特点——属于"即时的信息"。纵然是有很高认同感的信源所表达的意见和主张，在时间的作用下，它们也会获得一种"休眠效应"，即随着时间的推移"即时"成为"过时"，会被人们逐渐遗忘。这样的情形在互联网的今天，被遗忘的时间周期更短、速度更快。因而，得以广泛流行的意识形态也须进行强化和固化，才能维持这种流行，才能持续不断地发挥作用。强化和固化阶段至少要围绕传播内容即意识形态、传播媒介和受众来展开。如果"此时"，没有加入或补充新的内容，仅仅是老调重弹，即使传播技巧、方法花样繁多，也会被已经具有能动性意识的受众厌烦，甚至激起逆反抵触的心理，从而遭到弃置或抵抗。因此"主流意识形态"的"流行"并不意味着它所表达和传递的意义与传播者的可信度具有持续的正相关关系。

如果想要持续保持"主流意识形态"的"流行"及影响力，则需要从以下几个方面着力：第一，需要使主流意识形态成为一个"公共产品"或"普适性"的意义体系。主流意识形态作为"公共产品"，即是上升为社会的基本共识——即社会整体意义上的价值观念，在社会的各个层面和各个生活领域当中，对人们的言行具有普遍影响，成为形塑社会生活、建构和再构社会关系的主要力量，并实现其最终的功能指向——社会共治。第二，强化和固化传播媒介的可沟通性，使它成为传播者与受众对话、交流和理解的名副其实的"公共领域"——关涉公众利益的话题，打破阶层边界，尊重多样性，促成异质人群的聚合和交往，促成受众之间、受众与政治体系之间建立广泛的社会联系。新型传播技术的运用和新媒体的出现，为此提供了可能。新媒介改变了以往点对面的"信息"流动方式，使点对点的直接沟通成为现实，不再受到媒介本身的局限。网络社会的成长，使一个中心化和等级化的社会结构趋于瓦解，一个没有固定边界的动态空间正在取而代之，它带来的不仅是传播形态、传播方式的更新，更重要的是传播关系的变化，即传播者、媒介和受众的主体间性的建立和形成。第三，强化新媒介带来的赋权，推动传播中受众角色的转变。网络技术的发展和运用推进了传播媒介的公共化趋向，对于受众而言，传播媒介不再只是一种获得"信息"和"知识"的中介，还可以是自己参与公共事务、进行社会交往的平台和方式，在这样的"参与""社交"活动中，也能够向他者传递信息、输出自己的观点和意见，使受众参与公共事务的积极性与主动性提高。[①] 因而，作为"公众"

[①] 在《受众分析》一书中，麦奎尔引用了博德维杰克和范·卡姆关于四种受众类型的观点。他们按照"中心"（centrally）还是"个体"（individually）的维度，将"信息储存"和"控制时间和主题选择"交互列表，提出了传播关系中四种类型的受众：训示型、咨询型、对话型和注册型受众。单向传播中的受众是训示型的；而咨询型受众的特点是根据个人爱好和便利选择媒介的内容，能够在一定范围内对相关主题进行选择。训示型和咨询型受众虽有差别，通常被看作较为传统的受众类型。对话型受众积极互动，对话的双方地位平等并且交流自由，传播者和受众的角色不再泾渭分明。注册型受众，则使用网状分布的、既相互联系又彼此独立的传播媒介，无论出于什么目的，他们接触媒介的情况和所接触的具体内容，都会处于某一中心系统的监测并被记录下来。这个"中心系统"实际上是一种需要确认的新型交流平台。新媒体时代的受众，类似于对话型和注册型受众的混合体，可以实现在一个共同的平台上平等地交流互动并交换信息。参见丹尼斯·麦奎尔《受众分析》，刘燕南等译，中国人民大学出版社2006年版，第50—53页。

的受众在新媒介中，既扮演"信息"接受的角色，同时又传播"信息"成为传播的主体。受众积极互动，对话的双方地位平等并且交流自由，当传播主体和受众角色互换时，受众也可以成为传播主体，传播者和受众的角色不再泾渭分明。受众使用网状分布的、既相互联系又彼此独立的传播媒介，可以实现在一个共同的平台上平等地交流互动并交换信息。为此，可以说受众角色的变化，对于维持主流意识形态的"流行"起着决定性的作用。"主流意识形态"与每一个有能动性、主动性的个体受众相关，如果"主流意识形态"所传递的一切与个体受众丝毫无关，短暂的时间内会引起关注，但不可能长久和持续。

（四）式微阶段

维持阶段实际上与流行阶段并没有一个明显的阈值出现，可以看作一个阶段的前期和后期。主流意识形态虽然盛行，但出现了危机的某些征兆，这些征兆预示了主流意识形态的式微不可避免。主流意识形态在强化和固化中，会不断地被符号化和标签化。一方面这样能够使受众容易记忆和印象深刻，但是另一方面，在时空的流转中，符号化、标签化的话语越来越脱离传播信源。"在传播过程中，信源和内容会出现分离；当分离发生时，信源的影响减弱。"[1] 换句话说"传播信源与传播内容分离"的问题，在强化和固化的过程中始终不能解决。主流意识形态的强化和固化是把"双刃剑"。容许不同声音的存在，也就是宽容社会的异质。不同政治话语的传播和表达，就可能削弱"主流意识形态"的吸引力和影响力，甚至中断主流意识形态"流行"的维持过程。

霸权是危机的重要征兆，是导致"主流意识形态"式微的关键问题。霸权意指"阶级统治的非强制性方面，即统治阶级利用社会化力量把其价值观和信仰加诸其他人的能力"[2]。学校、媒介及各类社会组织和团体等都是社会化的力量，成为霸权的载体。霸权依靠这些载体制造出的"同意"

---

[1] 卡尔·霍夫兰、欧文·贾尼斯、哈罗德·凯利:《传播与劝服：关于态度转变的心理学研究》，张建中等译，中国人民大学出版社2015年版，第35页。

[2] 戴维·米勒、邓正来:《布莱克维尔政治思想百科全书》，中国政法大学出版社2011年版，第228页。

来维护掌权者的权力,同时又为全社会提供社会规范。霸权的出现,是主流意识形态的主导地位形成之时,① 又是其式微和衰落的开始。霸权是个悖论,它一方面是主流意识形态在传播中通过制造"同意"成为占主导地位的意义体系,但是另一方面它不断制造的"同意"隐藏着巨大的风险,包含着使自身处于危险、消亡的矛盾——难以弥合自身与现实之间的巨大差距,传播者与受众之间的信任关系被破坏,常常遭遇批评和抵抗,"同意"会被颠覆,功能丧失。因此,霸权让"主流意识形态"处于一种不稳定的平衡中,"尽管霸权是社会关系得以结构化的核心手段,但是它并没有保证社会关系的再生产"②。因此,主流意识形态的式微,既与自身的内在张力有关,也与政治传播环境以及更宏大的社会环境的变化密切相关。

从主流意识形态的动态调整来看,在维持阶段衍生出来的各种问题如果不能得以克服和解决,就会使主流意识形态的维护陷入"困境"——想要达到的传播效果与实际的传播效果之间不断地出现偏差。传播者有意识筛选并操控内容的传递,与之相对应,受者也在按照自己的想法来解读传递的内容,即使有传播媒介的沟通,传播者和受者之间依然存在着理解上的差异,存在着不同程度的误读与误判。当"话语"端之间愈不平衡和不对称,传播效力就愈递减,衰落是不可避免的结果。在式微阶段,主流意识形态的特征衰微,功能下降直至消亡。主流意识形态的衰微,意味着一种意识形态不可能永远是主流的,有退出历史视野的那一天,只是时间的或长或短而已。

从学理和理论上认识主流意识形态的政治传播过程,把握其在传播过程中呈现的特征和功能,有助于我们有针对性地探索当代中国社会主义核心价值观传播中的问题和相应的解决之道。

(该文首发于 2015 年第二届"政治传播与社会发展论坛",刊载于《社会科学战线》2016 年第 9 期。)

---

① 利萨·泰勒、安德鲁·威利斯:《媒介研究:文本、机构与受众》,吴靖、黄佩译,北京大学出版社 2005 年版,第 31 页。

② 文森特·莫斯可:《传播政治经济学》,胡春阳、黄红宇、姚建华译,上海译文出版社 2013 年版,第 271 页。

网络政治意识形态传播的动力、特性及其规制

张爱军　秦小琪

（辽宁师范大学马克思主义学院教授，长安学者；
辽宁师范大学马克思主义学院博士研究生）

摘　要：网络政治意识形态包括由公共权力塑造的网络政治主流意识形态和网民取舍与构建的网络政治非主流意识形态。在"后真相"时代，政治情感是网络政治意识形态传播的根本动力，政治信念是网络政治意识形态传播的基本动力，政治道德与政治正确是网络政治意识形态传播的底线根基。网络政治意识形态传播具有多元性、去中心性、虚拟性、非理性、平面性、互动性、碎片性、变异性的特点。只有遵循网络政治意识形态传播规律及其特性，才能对网络政治意识形态特别是网络政治非主流意识形态进行有效治理。新时代落实宪法和法律权利，完善网络政治意识形态传播的动态平衡制约机制，构建网络政治意识形态传播立体复合干预机制等是网络政治意识形态传播治理的主要措施。

关键词：网络政治主流意识形态；网络政治非主流意识形态；政治传播规律

目前，对网络政治意识形态传播研究还处于初始阶段，这主要表现在以下几个方面：从网络意识形态的视角进行研究，网络意识形态的基本内容、基本特征和应对策略是论述的主要方面；从网络政治学的视角

进行研究，网络意识形态立场、网络意识形态与派别的关系、网络意识形态分梳等成为网络政治学研究的重要内容；从网络政治传播学的视角进行研究，网络意识形态的传播与变异，网络意识形态的互动与去中心化，网络舆情与网络意识形态既有去政治化的内容，又具有强政治化的倾向。网络舆情通过意识形态的政治正确性表达出来的网络意识形态的"沉默螺旋"纳入传播政治学的解释视角；从网络主流意识形态治理视角进行研究，网络主流意识形态在网络传播过程中遇到了网络非主流意识形态的挑战，加强网络主流意识形态建设成为重中之重，挑战、机遇、应对、举措、治理是保障主流意识形态的主题词；从技术方法论视角进行研究，大数据、实证分析、AI 人工智能成为网络意识形态的治理手段。

这些研究存在着一定程度的缺欠和不足，主要表现在以下几个方面：研究网络意识形态传播的一般性较为突出，研究网络意识形态传播的政治特殊性略显不足。网络意识形态传播需要从政治性统摄进行多视角整合和构建；网络政治意识形态传播研究的规律性具有一定程度的不足。网络政治意识形态传播具有不同于传统媒体传播意识形态的特性，也具有不同于西方媒体传播意识形态的特性。中国网络政治意识形态传播遵循着独特的传播规律；网络政治意识形态传播研究的方法整合具有一定程度的不足。各种研究方法具有整合的必要，尤其是大数据分析、实证分析、比较分析、田野调查等方法需要整合和相互补正，从而更好地总结和概括出网络意识形态传播的政治性和规律性。本文仅从网络政治意识形态传播动力、特性、治理三个角度进行分析和论证。

一 网络政治意识形态传播的动力系统

网络政治意识形态是和公共权力直接相关的意识形态，主要包括两种类型的政治意识形态。一种是由公共权力塑造构建的政治主流意识形态，另一种是由网民取舍与构建的政治非主流意识形态。由公共权力塑造的政治主流意识形态其目的主要有两个：一是论证公共权力的合法性、正当性和公共性，二是通过政治主流意识形态维持社会秩序稳定。由网民取舍与构建的政治非主流意识形态主要目的也有两个：一是通过其意识形态监督公共权力，二是维护民众自身存在的合理性和正当性。公共权力与民众权利的意识形态具有一致性、同构性和差异性，二者相互渗透、相互制约。

网络政治意识形态是现实政治意识形态的延伸。从延伸的角度来说，网络政治意识形态就是现实政治意识形态，网络政治意识形态是对现实政治意识形态的转化。从转化的角度来说，网络政治意识形态具有自身的特性，并在其传播的过程中发生变异。真实的政治意识形态传播主体变成虚拟的意识形态传播主体，虚拟的传播主体带来一系列传播特质。在"后真相"时代，个人情感与个人信念取代事实真相，诉诸情感和信念的政治意识形态传播更能影响民意。"后真相"时代的政治意识形态的传播特质主要表现在：政治情感是网络政治意识形态传播的根本动力，政治信念是网络政治意识形态传播的基本动力，政治道德与政治正确是网络政治意识形态传播的底线根基。

（一）政治情感是网络政治意识形态传播的根本动力

勒庞认为"如果想要让自己创立的宗教或政治信条站住脚，就必须成功地激起群众想入非非的感情。影响民众想象力的，并不是事实本身，而是它们发生和引起注意的方式"[①]。政治情感是政治主体在政治生活中对政治客体所产生的内心体验和感受。这种政治心理体验和感受是政治意识形态传播的内在因素和动力。政治情感作为政治心理的构成要素，也是政治心理的外在行为表现，从根本上推动网络政治意识形态的传播。政治情感影响政治信念和政治行为。政治情感对网络政治意识形态传播的根本动力表现在政治情感的主体、政治情感的表达和政治情感的"流动性"三个方面。

政治情感是政治主体对政治体系、政治活动、政治事件和政治人物等政治客体的爱憎、美丑、褒贬的政治认知。网络政治情感的主体主要包括网络意见领袖和普通网民。意见领袖的政治情感通常显出影响力颇大的主导作用。在普通网民、粉丝的效应下，意见领袖的政治情感得到最大限度的表达和宣传。普通网民的政治情感则多具有个体化特性，大

---

① 勒庞：《领袖要让自己的政治信条站住脚，就必须激起群众想入非非的感情》，2018年3月1日，搜狐网（http://www.sohu.com/a/224678166_665352）。

多来自网民的自身感受,通常表露出非正规化和生活化。不管是意见领袖的政治情感还是网民的政治情感都具有"轰动效应",当它们以网络亚文化的形式表现出来时,大都呈现出反抗权威的特点,而且往往具有激进主义色彩。

政治情感的表达具有凝聚力和感染力。政治情感的表达方式是意识形态传播的外在体现。政治情感通常会成为一种"仪式",在这种仪式中网民会找到相似的语言、符号和修辞进行沟通和交流。这种情感也体现网民的政治认同,既包括自我的认同,也包括社会的认同。这种情感认同的仪式能让有同一立场的网民"抱团取暖","激发、维持和重塑"群体生活。网民似乎觉得有了共同"仪式",就会形成有共同立场的固定团体。网络上不同的群体有不同的政治意识形态,不同社群的网民诉诸不同的政治情感,这些政治情感是意识形态传播的根本动力。与传统媒体相比,网民更具有话语权,政治情感也就更具有感染力。

政治情感具有流动性的特性。政治情感的流动性是意识形态传播的催化剂。这主要表现在两个方面,一方面是在网络海量信息面前,网民的注意力具有流动性,网民会自觉选择自己所关注的信息进行传播。另一方面是情感指向选择的议题具有流动性,网民"不愿真正长期和努力参与一个议题并最终推动事件的解决"[1],而是会被新鲜的议题吸引,更乐于追逐新鲜的议题。政治情感的"流动性"导致网民很少会对某一议题进行长期持久的关注。政治情感的"流动性"使意识形态随情感的波动而不断发生变化。政治情感流动程度与意识形态传播范围、传播力度、传播影响力有密切关系。

(二) 政治信念是网络政治意识形态传播的基本动力

政治信念是一种坚定的政治信心、政治信任和政治信仰。网络政治信念对网络政治意识形态具有选择、内控和驱动作用。政治信念的选择作用体现在传播过程中的倾向性,内控作用体现在内化过程中的自我调节,驱动作用体现在实践过程中的推动力量。这些作用是推动政治意识

---

[1] 史松明、袁光锋:《话语的政治:网民舆论监督的实践、逻辑与反思》,《现代传播》2011年第3期。

形态传播的基本动力。

网络政治信念对网络政治意识形态的选择。有什么样的政治信念，就会产生什么样的政治意识形态。在选择政治信念的同时，也就对政治意识形态做出了选择和判断，在网络上则表现为网络政治意识形态。政治信念的选择一方面体现在政治信念选择的内容，另一方面体现在政治信念选择的方向。人天生是政治动物。人与动物的区别在于活动的有意识性和目的性。当内容符合政治信念时，人就会主动接受，并使之成为政治追求的对象和方向；当内容背离个人政治信念时，人就会产生消极的态度，会自动选择疏远和背离。

网络政治信念对网络政治意识形态的内控。内控作用主要体现在政治信念内化的过程中，具有自由性和可调节性。网络内在调控主要包括两个方面：一方面是内化中国共产党的意识形态信仰，另一方面是内化网民的政治信仰。信仰的内化要依靠内力和外力双重作用。外力可以维持网民政治信仰，内力对政治信仰从根本上起决定作用。官媒的意识形态工作者要自觉提升个人政治信仰，具有政治信仰危机意识，主动应对网络非主流意识形态舆论，防范、控制、消解消极的非主流意识形态和西方破坏性的意识形态渗透，用信仰的动力推动意识形态的传播。

网络政治信念对网络政治意识形态的驱动。汤姆斯金认为信号是人类活动的内驱力。信号在借助政治信仰这种放大的媒介后，促使有机体去活动，"一种意识形态成为社会主流意识形态，是因为信奉这种意识形态的政党或集团执掌国家政权，并使这种意识形态在全社会传播，被社会大多数人接受和信奉"[①]。不断加强政治信仰的实践转化，才能用行动提升信仰的力量。

（三）政治道德与政治正确是网络政治意识形态传播的底线根基

网络政治意识形态传播必须以网络道德为前提，才会防止网络政治意识形态极端化。政治道德在网络中表现为网民的伦理规范和行为准则。政治道德既包含公职人员的政治道德，也包含普通公民的政治道德。公

---

① 朱兆中：《意识形态的传播与接受问题研究：兼论中国马克思主义的传播与接受》，《上海行政学院学报》2007 年第 4 期。

职人员的政治道德"核心是围绕权力使用所形成的行政伦理和道德责任",公民的政治道德"核心是公民政治权利维护及义务履行"[①]。网络政治道德是现实政治道德在网络上的延伸,网络道德具有虚拟道德人的特性,虚拟人的道德既拓展了现实道德和网络道德的内涵、范围、程度,易于形成网络道德泡沫,既高扬网络道德,又易于形成网络道德暴政。网络政治意识形态的伦理根基因为网络道德暴政使网络政治意识形态在传播的过程中走向极端化。

极端化与网民规模成正比。当网民达到较大规模时,就可能形成聚合扩散效应。在规模庞大、信息传播快的政治意识形态舆论场需要网络政治道德对网民的行为给予约束。网络政治参与需要政治道德介入。政治参与与网络政治意识形态传播紧密相连。一方面,政治参与影响网络政治意识形态的传播;另一方面,网络政治意识形态的传播可以反作用于政治参与。网络政治参与和网络政治意识形态传播都需要以政治道德为前提和保障。网民的政治道德在政治参与中得到体现,自律自觉自为的政治道德促进政治参与,反之则阻碍政治参与。只有道德介入并发挥监督作用的政治参与才能是基于事实真相的、理性的参与,才能确保网络政治意识形态在传播过程中的理性和真实性。

网络弱控制的无序现象需要政治道德发挥作用。网络空间在呈现自由化、多元化和开放化的同时,也易于形成网络杂乱无序的现象。这主要表现在各种消极且具破坏性的意识形态肆意传播,不明实情的网民盲目追风和炒作,虚假信息占据网络空间,各种声音不绝于耳,鱼龙混杂现象百出。法律制度的不健全及其滞后性使网络空间缺少强制性约束。

政治正确是网络政治意识形态传播的基本主线,符合主流大众的社会主义核心价值观的政治正确贯穿意识形态传播始终。政治正确是出于对社会主流政治意识形态的顺应。政治正确就是与中国共产党主流政治意识形态保持一致。政治正确成为网络政治主流意识形态发展的主流趋势,意识形态的传播不能逾越政治正确的边界。

---

① 黄春莹:《网络政治参与中的公民政治道德建设》,载中国管理现代化研究会《第八届中国管理学年会——公共管理分会场论文集》,2013年。

二 网络政治意识形态传播的特性

网络政治意识形态传播的动力系统特征，决定了网络政治意识形态传播的特性。网络政治意识形态传播的特性一方面是网络本身具有的特性，另一方面是网络政治意识形态自身传播的特性。网络政治意识形态传播特性主要包括多元性、去中心性、虚拟性、非理性、平面性、互动性、碎片性、变异性，这些特性互相关联，互相影响，使网络政治意识形态传播充满了复杂性和变数，同时也为网络政治意识形态传播治理带来严峻挑战。

（一）多元性与去中心性

网络意识形态是现实意识形态的延伸，现实中有多少种意识形态互相激荡，网络上就会有多少种意识形态进行传播。网络政治意识形态传播多元性与去中心性是网络意识形态传播的显著特征，两者相互交叠、碰撞和涤荡，网络空间政治意识形态传播呈现出以主流意识形态为引领，百花齐放、百家争鸣的特色。

网络意识形态多元性主要体现在网络空间政治主流意识形态传播与非主流意识形态传播并存。这些意识形态传播主要包括主流意识形态的习近平新时代中国特色社会主义理论传播和非主流意识形态的民族主义、民粹主义、自由主义及新自由主义、保守主义及新保守主义、左派及新左派、右派及新右派等思想传播。意识形态的多元性从积极的角度说，非主流意识形态为主流意识形态注入活力，开辟多元表达方式，畅通网民表达渠道；从消极的角度说，主流意识形态与非主流意识形态争夺网络空间，且多元意识形态容易引发冲突，持有不同意识形态的网民在网络空间内互相攻击、谩骂，扰乱网络空间秩序，更容易引发群体性事件和纷争。

网络意识形态传播去中心性主要包括三个方面，即网络政治"主流意识形态去非主流意识形态中心化，非主流意识形态去主流意识形态中心化，非主流意识形态之间互去中心化"[①]。网络意识形态传播去中心化

---

① 张爱军、秦小琪：《网络意识形态去中心化及其治理》，《理论与改革》2018年1月11日刊。

平衡网络空间秩序、克服意识形态传播的极端性，使意识形态传播回归理性和客观，去中心化的过程也是意识形态传播过程中自我净化的过程。但是去中心化也可能形成各种意识形态对立局面，压缩主流意识形态传播空间，对主流意识形态发挥引导力造成障碍。

意识形态在多元性和去中心化性相互作用下会重新组合形成新的政治意识形态派别。每种意识形态派别坚守自己的意识形态内核和信条，将其视为意识形态中不可更改的部分，这就极易引发多元政治意识形态之间的相互冲突，加剧不同社会思潮之间的敌对状态，导致社会撕裂。

（二）虚拟性与非理性

网民在网络中扮演两种角色，一种是现实意识形态人的角色，另一种是虚拟意识形态人的角色。现实意识形态人受宪法、制度、规则、习惯的严格约束，意识形态话语具有严格的边界约束，主流意识形态话语成为主导和主宰制式的话语。虚拟意识形态人在网络扮演的角色失去了现实的规制和约束，非理性的意识形态无边界意识话语成为一种趋势。这主要体现在网络政治意识形态传播主体化特性、传播流言化特性和传播戏谑化特性。

网络政治意识形态传播主体化。网络政治意识形态传播主体化主要指网络政治意识形态话语取代事实真相。在"后真相"时代，无论是网络政治主流意识形态话语还是网络政治非主流意识形态话语，往往都是用情感和信念代替事实真相。网民无视事实真相，把意识形态本身视为事实真相，并通过意识形态构建事实真相的幻象，通过意识形态幻象来满足个人的情感诉求、个人信念诉求和意识形态诉求。这些含有强烈情感和信念的意识形态幻象一旦广泛传播，就易于引发意识形态浪潮。从积极的角度来说，用情感和信念取代事实真相的网络意识形态话语，有利于增强网络政治主流意识形态的话语权，提升其影响力、引导力和舆论控制力。从消极的角度来说，网络政治意识形态提升的幻象易于形成意识形态泡沫，不利于营造网络主流意识形态的健康生态环境。

网络政治意识形态传播流言化。网络政治主流意识形态传播的目的是防止流言化，回归正当化和合理化，不断增加其正确性，用正确性对网络政治非主流意识形态全覆盖，压缩网络政治非主流意识形态空间，限制网络政治非主流意识形态的边界性蔓延或溢出，防止网络政治非主流意识形态对网络政治主流意识形态的侵蚀和冲击。网络政治非主流意识形态的流言化是对网络政治主流意识形态的侵蚀和冲击的主要表现。网络大V和意见领袖在流言化过程中扮演着重要角色，他们的网络政治意识形态立场和观点会被追随的粉丝接受、扩散和传播，导致网络政治主流意识形态在传播中失去本真。

网络政治意识形态传播戏谑化。网络政治主流意识形态的传播具有严谨性、严肃性、庄严性和神圣性，其主导地位不容挑战。网民的戏谑化倾向一方面为了提高点击率而故意以夸张、戏谑、娱乐的形式呈现出来，有的甚至为了寻求转发量，哗众取宠，故弄玄虚。另一方面，网民为了表达对网络主流意识形态的不满，就以戏谑化的方式表达自己愤世嫉俗的态度，把本来朴实无华、未经雕琢的网络主流政治意识语言变成了具有"暴力性、血腥性、煽动性、极端性的语言"[1]，从而达到破坏网络政治主流意识形态目的。

（三）平面性与互动性

传统的政治意识形态是由上到下的，网络政治意识形态是由上到下与由下到上并存的；传统的政治意识形态是由精英到大众的，网络时代政治意识形态是精英与大众互动的过程；传统政治意识形态是由一元到多元的，网络政治意识形态是多元并存的。网络突破了传统政治模式，改变了传统政治意识形态传播的特性，网络政治意识形态传播具有平面性和互动性。

网络政治意识形态传播的平面性。网络政治主流意识形态和网络政治非主流意识形态的传播由灌输性转变成平面性。在网络里"所有人失去了现实中的政治身份和社会地位，成为平等的政治交流的网民。这种平等性突出地表现在网民的政治思想交流上"。这是因为"一个宏大思想，以思想碎片的方式传播出去，也会以思想碎片的方式凝聚在一起，并在传播中发挥着巨大的思想力量。思想成为碎片，碎片成为'平'的

---

[1] 张爱军、王伟辰：《微博政治文化功能及其构建》，《湘潭大学学报》（哲学社会科学版）2013年第5期。

思想。不同的思想碎片是平等的,任何思想碎片都失去高居于其他碎片之上的可能性"。从积极的角度来说,"平"既体现政治意识形态传播趋向平等性的特性,也体现网络政治意识形态对传统政治主流意识形态的丰富和完善。从消极的角度来说,网络"平"的政治意识形态传播会使网络政治主流意识形态失去主导性、宰制力、影响力,使网络政治主流意识形态失去传播的权威性。

网络政治意识形态传播的互动性。网络政治意识形态传播的互动性主要体现在协商民主化。习近平总书记指出:"发展社会主义民主政治,是推进国家治理体系和治理能力现代化的题中应有之义。"[1] 中国特色社会主义民主政治是协商民主政治,体现在意识形态民主协商上就是理性沟通、协调共赢。网络政治意识形态传播既可以通过政府微博、政府微信公众号、官方论坛等弘扬主流意识形态,也可以通过网民微博、微信群、论坛留言等方式传播非主流意识形态,"网民来自老百姓,老百姓上了网,民意也就上了网"[2]。网络政治意识形态的多元性体现在网络上政治主流意识形态与政治非主流意识形态沟通协商,进而达到去伪存真的目的。

(四) 碎片性与变异性

网络政治意识形态传播具有碎片性。无论是网络政治主流意识形态和网络政治非主流意识形态,在传播过程中都具有碎片化特征,并在传播中发生扭曲和变异。这主要表现在传播内容碎片化、传播形态无中心化和传播样态变异化三个方面。

网络政治意识形态传播内容碎片化主要体现在传播源头、传播过程和受众三个方面。从传播源头上来说网民发布的意识形态信息就是碎片化的,这些意识形态信息经过分散性和选择性传播后受众得到的是片面不完整的意识形态内容。网民难以判定意识形态信息的真伪、对错,对网络海量的意识形态信息难以进行理性思考,对于浅阅读和理解不深刻

---

[1] 习近平:《法治中国足音铿锵》,《人民日报》2017年12月25日。
[2] 习近平:《在践行新发展理念上先行一步,让互联网更好造福国家和人民》,《人民日报》2016年4月20日。

的意识形态内容进行转发和传播造成了碎片化。网民在扫视阅读、零思考和浅接受后，进入下一个循环和转发的过程，经过无数次的转发必然造成了传播内容的碎片性。

网络政治意识形态传播形态无中心化。这表现在政治意识形态的分散性与不聚焦性。官方发布的内容大多弘扬国家主流意识形态，相对集中，中心化较强，但是网民发布的内容则体现出无中心化的特性。这些内容大多不集中于同一政治意识形态话题，多以对政治意识形态问题的随感为主，没有整体性和逻辑性。在评论、转发、回复过程中具有分散性。以微博为例，在微博上可以单向关注或者互相关注成为好友，这便形成多种意识形态信息传播途径，而多种信息传播途径必然具有分散性。微信群和朋友圈以传播网络政治意识形态多中心的网络族群为主。网络空间在其规模范围上具有政治意识形态"大广场"的特点，谈论的网络意识形态问题和范围没有固定的界限和限制，具有松散性。

网络政治意识传播样态变异化特性。首先，传播样态变异化特性体现在传播意识形态内容的变异性。意识形态在经过无数次裂变式的传播后会重构和组合，这便造成由内容失真而导致变异。政治意识形态并不都是真理，也不代表所有的真相，充斥着谎言和假象。不同的意识派别代表不同的利益。利益的分化导致意识形态的分化，意识形态的分化增加了意识形态传播过程中的变异性，使各种意识形态层出不穷。多元化的思想派别和社会思潮在网络空间传播的过程中不断发生变异，这种变异具有非理性、煽动性、蔑视性和仇恨性。基于个体所属群体利益的正义感也在思想碰撞中迷失方向和共识，使主体感受到不自觉的意识形态变异。其次，传播样态变异化特性体现在传播方式的变异性。这主要表现在意识形态传播由显性传播转化为隐性传播。隐形传播既包括政治意识形态传播方法的隐蔽性，如利用网络政治隐喻，借助漫画、表情包、政治图片、精致的历史小故事等进行更形象、具体、生动的表达，又包括政治意识语言向隐蔽性转化，比如网络政治语言的再造化、字母化、反义化表达都是网络语言传播变异性的典型例证。

需要指出的是，网络政治意识形态传播具有突发性。网络政治意识形态的突发性往往源起于公共事件的突发性。事件的难以预测和难以控制导致网络政治意识形态突发性和快速传播性。网络政治意识形态传播会导致意识形态变异。网络政治意识形态变异的节点与机制难以把握和掌控。网络政治意识形态传播与"后真相"结合在一起呈现复杂性。"后真相"给网络政治意识形态传播带来了难以预测的困难和不确定性,给探索和研究网络政治意识形态传播的基本规律带来了困境。

三 构建适应网络政治意识形态传播特性的实现机制

网络政治意识形态传播既要遵循政治规律,又要遵循网络自身发展规律。充分利用网络政治意识形态传播规律要落实宪法和法律权利,完善网络政治意识形态传播的动态平衡制约机制,构建网络政治意识形态传播立体复合干预模式。

(一) 落实宪法和法律权利

习近平总书记在《关于〈中共中央关于全面深化改革若干重大问题的决定〉的说明》中指出:"如何加强网络法制建设和舆论引导,确保网络信息传播秩序和国家安全、社会稳定,已经成为摆在我们面前的现实突出问题。"政治意识形态传播也要以习近平总书记讲话精神和新发展理念为指引,以宪法为根本,健全网络法律治理体系。

1. 以宪法为根本

党的十九大报告指出:"加强宪法实施和监督,推进合宪性审查工作,维护宪法权威。"[①] 网络政治意识形态传播要以宪法为根本,达到宪法共识。对政治意识形态进行依宪治理是依宪治国的基本内容和要求,必须将宪法落到实处。依宪进行意识形态治理要做到有宪可依、有宪必依、执宪必严、违宪必究,维护宪法权威。意识形态治理要在宪法和法律范围内展开,不能逾越宪法和法律边界。对主流政治意识形态的治理和对非主流政治意识形态的治理都必须严格遵守宪法。依宪执法是捍卫社会主义主流意识形态的保障。对于危害主流意识形态的极端性言论要

---

① 习近平:《决胜全面建成小康社会 夺取新时代中国特色社会主义伟大胜利——在中国共产党第十九次全国代表大会上的报告》,《人民日报》2017年10月28日。

依据法律给予约束，维护宪法的权威；对于违反宪法和法律行为的意识形态言论予以及时制止和惩处；对于对他人、社会造成威胁的意识形态言论要进行法治约束和严厉制裁。同时在宪法指导下健全网络治理相关法律，让网络治理法律细化、明晰化。

2. 把法治原则落到实处

网络空间绝不是法外之地，网络意识形态的传播也必须遵守法律，在网络意识形态传播中将法治原则落到实处。营造良好意识形态传播环境既要用法律维护公权力，也要保护公民合法权利。一方面，公职人员要正确行使公权力，加强对各种非主流意识形态的监管，确保主流意识形态的核心地位和引领地位。对新时代中国特色社会主义意识形态以多种方式，借助多种传播载体进行有效宣传，不断地扩大影响，让网络社会主义主流意识形态转化为网民内在的信仰。另一方面，网民要正确使用公民权利。网民要秉承"法无授权不可为，法无禁止即可行"的原则，将法律内化为信仰进行遵守，约束个人网络行为。在法律理性的支配下适当地行使自己权利，自觉抵制消极的非主流意识形态影响和西方意识形态渗透，维护网络秩序和国家意识形态安全。

3. 以良法促发展保善治

良法是善治的前提，良法也是网络政治意识形态传播的基本保证。网络政治意识形态传播需要良法的维护，既要确保主流意识形态的主导和引领地位，又要引导积极合理的非主流意识形态的健康发展，让非主流意识形态为主流意识形态注入新鲜"血液"，丰富和完善主流意识形态，形成以主流意识形态为统领，多元意识形态健康发展的局面。对非主流意识形态的积极引导是保良法、促善治的重要组成部分。同时在执法过程中，政府要以良法为出发点，对民众关心的热点问题和基于意识形态背后的利益诉求及时回复和解决，进而达到善治的目的。

维护法律权威，把法律落到实处，以良法促发展保善治是在法律层面对网络政治意识形态传播实施保障。用法律维护网络意识形态传播的空间秩序，用法律确保意识形态传播的合法性和正规性，用法律顺应意识形态传播良法善治理念是确保网络空间健康稳定发展的重要抓手。

（二）完善网络政治意识形态传播的动态平衡制约机制

制约网络政治意识形态传播动态平衡制约机制的因素是多方面的。既有显性因素，又有隐性因素。既是静态的，又是动态的。网络政治意识形态传播顺畅与否要看动态平衡处于何种状态。处于平衡状态，说明网络政治意识形态传播处于良性循环中；处于失衡状态，说明网络政治意识形态传播处于恶性循环中，需要及时调适，让网络政治意识形态回到正确的传播轨道。夯实政治主流意识形态主导地位，减少政治非主流意识形态消极影响，消减政治意识形态传播的摩擦是确保政治意识形态传播处于平衡状态的重要途径。

1. 加强网络政治主流意识形态主导地位

习近平总书记强调"必须巩固马克思主义在意识形态领域的指导地位，必须巩固全党全国人民团结奋斗的共同思想基础"①。网络现已成为意识形态前沿阵地，夯实网络政治主流意识形态就要掌握意识形态的领导权和主动权，"增强主动性、掌握主动权、打好主动仗"②。一要构建主流意识形态话语体系，让主流意识形态占领舆论占地。"我们也往往有理说不出，或者说了传不开，一个重要的原因就是我们的话语体系还没有建立起来，不少方面还没有话语权，甚至处于'无语'或'失语'状态，我国发展优势和综合实力还没有转化为话语优势。"③ 要加强我国共产党执政下的网络意识形态语言建设，将马克思主义意识形态观与我国网络实际情况相结合，不讲官话、套话、空话、大话，学会用网络语言，形成网民喜闻乐见、易于接受的语言形式。二要重视文化传播对意识形态的引领作用。弘扬中国传统文化精华，讲好中国故事。不断更新传统话语方式，注重网络意识形态的宣传内容、宣传方式和宣传文风，建立适合网络意识形态的传播形式，占领新时代意识形态前沿阵地。三要加强

---

① 习近平：《胸怀大局把握大势着眼大事 努力把宣传思想工作做得更好》，《人民日报》2013年8月21日。

② 习近平：《意识形态工作是党的一项极端重要的工作》，2013年8月20日，新华网（http://www.xinhuanet.com//politics/2013-08/20/c_117021464.htm）。

③ 中共中央宣传部：《习近平总书记系列重要讲话读本》，学习出版社、人民出版社2016年版，第210页。

网络媒体作用。面对新媒体和自媒体的挑战，传统媒体要第一时间抢夺话语权，报道权威信息和评论，避免因失声、缺位而造成网络谣言，浊化网络空间，威胁网络安全。加大对电脑终端、手机客户端等渠道的重视力度，建立与民众互动平台，掌握网民思想动态。同时要发挥网络大V和意见领袖的积极引导作用，与政府的权威发布相呼应，宣传主流意识形态，弘扬社会主义主流核心价值观，引导网络舆情向积极态势发展。

2. 减少网络政治非主流意识形态消极影响

减少网络政治非主流意识形态的消极影响一要自觉抵制西方意识形态的渗透。面对西方意识形态的入侵，不但没有察觉，反而"奉西方理论、西方话语为金科玉律，不知不觉成了西方资本主义意识形态的吹鼓手"[①]。这严重削弱了我国主流意识形态的宣传力和影响力，侵蚀我国优秀传统文化和社会主义核心价值观，危害我国社会主义意识形态安全。为此要积极应对西方分裂势力的意识形态入侵和文化侵蚀，高度警觉，保持清醒和定力，维护我国网络意识形态安全，提升我国文化软实力和国际竞争力。二要加强舆论宣传工作。改变以往灌输式、说教式工作方法，创新工作方式，提高业务水平，利用润物无声的高超技巧，做到"看不见的宣传"。引导非主流意识形态为我党所用，将宣传工作和各个领域相结合，进而形成大宣传思想格局，减少网络政治非主流意识形态消极影响。三要加强网络自我净化能力。网络空间具有极强的自我净化能力，使网络空间回到平衡状态。网络的自我净化能力让虚假的极端化的网络政治非主流意识形态传播失去土壤，自主恢复网络政治意识形态的良性秩序，使网络多样化的意识形态通过互相牵制趋向平衡状态。

3. 消减网络政治意识形态传播摩擦

网络政治意识形态传播摩擦的化解需要公权力和网民共同努力。一方面要强化公权力对动态平衡制约机制的稳控。政府对网络政治意识形态具有宏观的稳控作用。政府部门可以采取先进科学技术对网络政治意识形态传播进行全程监控，利用人工智能和大数据等技术平衡网络政治意识形态传播空间。对已经失衡的给予及时纠正和调节，对有失衡倾向的及时治理。各部门建立联动机制拓宽对网络政治意识形态传播的动态

---

① 习近平：《在全国党校工作会议上的讲话》，《求是》2016年第9期。

平衡机制控制，加强监管执法力度，使政治意识形态的传播处于平衡状态。另一方面要加强网民心理的正确引导。网络政治意识形态传播摩擦的产生很大程度上受到网民心理因素的影响。网民的心理处于积极健康阳光时传播的大都是正能量的意识形态，对网络空间的平衡有促进作用；当网民的心理处于消极阴暗时传播的大都是负能量的意识形态，破坏网络空间的平衡。当普通网民的心理聚集扩大，形成合力时，会形成社会共同心理，达成共识。因此对网民心理给予正确引导是消减政治意识形态传播摩擦，完善网络政治意识形态传播的动态平衡机制的重要有效措施。

（三）构建网络政治意识形态传播立体复合干预模式

构建网络政治意识形态传播立体复合干预模式要以坚持党的领导为前提，以促进多媒体融合发展为抓手，以加强人才队伍建设为依托形成网络意识形态传播立体复合干预模式。

首先，习近平总书记强调："意识形态工作是党的一项极端重要的工作。"[①] 构建网络意识形态传播立体复合干预模式必须坚持党的领导。加强社会主义意识形态新媒体阵地建设，打造、扶持一批综合实力强、影响力大、覆盖面广的意识形态宣传网络。提升网络政治意识形态传播治理能力的现代化水平，掌握意识形态工作规律，增强网络主流政治意识形态的引导力、控制力、威慑力，维护网络意识形态安全，形成党领导的"互联网+"意识形态工作模式。其次，网络政治意识形态传播又好又快的发展需要传统媒体与新兴媒体融合发展，形成有强大生产力、融合力、传播力的网络意识形态传播空间。充分发挥新媒体网络监督与治理作用，网民借助新媒体平台积极参与，推进网络意识形态的良性互动。主流媒体在多媒体融合发展中负有重要职责，一方面对内要进行正确引导，构建导向正确、底色鲜明的主流媒体客户端，巩固壮大主流思想舆论，加强我国新媒体主流意识形态重要渠道建设。另一方面对外时刻关注国际舆情，对其进行分析和研判，建立意识形态安全评估预警和风险

[①] 习近平：《胸怀大局把握大势着眼大事 努力把宣传思想工作做得更好》，《人民日报》2013年8月21日。

防范机制，防止西方国家利用高科技技术占领网络空间和网络话语权，对我国意识形态进行渗透。最后，复合干预模式的建立需要以人才队伍为依托，要"建设一支政治强、业务精、作风好的强大队伍"[①]，从政治素养、业务精通、作风建设三个方面培养一批网络意识形态领域人才，提高网络政治意识形态传播影响力。

网络政治意识形态传播具有自身的发展规律，只有按照网络政治意识形态传播规律办事，才能让网络政治主流意识形态传播具有实质性的控制力、引导力和影响力，才能让网络政治非主流意识形态在网络政治主流意识形态引领下发挥其积极的作用，自觉抵制网络政治非主流意识形态的消极作用，才能采取正确的富有成效的措施治理网络政治意识形态空间，营造网络政治意识形态的健康生态环境。

（该文首发于2018年第五届"政治传播与社会发展论坛"，刊载于《湘潭大学学报》（哲学社会科学版）2019年第1期。）

---

① 《习近平谈治国理政》，外文出版社2014年版，第199页。

"匹配效应"：政治谣言的心理及意识形态根源

马得勇

（中国人民大学国际关系学院教授）

摘 要：国内多数谣言研究以宏观政治社会结构或环境作为变量来解释谣言的生成和流传，但是，这一理论取向无法解释同一社会政治结构下个体在相信谣言方面存在的差异。本文认为，受众自身的威权人格与意识形态立场是解释个体信谣与否的重要变量，威权人格与信谣、意识形态立场与信谣分别存在着"匹配效应"。以政治谣言为焦点，本研究通过针对网民群体的问卷式实验方法发现：高威权人格者更愿意相信与政府立场一致的谣言，不愿意相信与政府立场不一致或不利于政府的信息，而低威权人格者则相反；左派群体更倾向于相信与政府立场一致的谣言，更不愿意相信批评政府的谣言，而右派群体更倾向于相信批评政府的谣言，更不愿意相信与政府立场一致的谣言。但是在辟谣效果上，并不存在"匹配效应"。文章对研究发现的政治意涵作了分析。

关键词：谣言；辟谣；威权人格；意识形态；匹配效应

谣言作为一种特殊信息在中国历朝历代从来都不曾缺位，而在其他

---

* 本文系国家社会科学基金项目"中国网民的政治态度与公共舆论形成机制实证研究"（项目编号：14B3H053）的研究成果。

国家，各类谣言以及不实信息也大量存在，在政治领域尤为如此。① 研究表明，在互联网技术飞速发展的今天，要阻止虚假信息的传播几乎是不可能的。② 在诸如推特这样的社交媒体上，虚假信息和谣言的传播速度要远远快于事实和真实信息。③ 在信息传播相对受限的体制下，谣言似乎更容易流传。以中国民众为对象的实证研究结果显示，许多政治类谣言会降低民众对政府的信任，即使经过辟谣也不能消除负面影响，政府可能很难打赢谣言的战争。④

切断谣言的源头以及打击造谣和传谣者，是政府通常认为可以有效治理谣言的政策选项，但是在现实中，我们还可以经常看到，很多人在面对事实或真相时，仍然坚持错误信念而拒绝改变。那么，为什么有些人会信谣和传谣？除了宏观的政治体制和信息传播结构的影响外，人们对某个信息相信与否，是否还存在着个体的内在特性差异？如果不对这些微观的个体要素进行分析，就很难理解为什么会有相当数量的人在面对辟谣或澄清事实的信息时仍然相信谣言，并且在事实或真相被披露以后仍然拒绝承认和接受。目前，国内有关谣言的研究数以千篇，但是对谣言的制造和传播过程中个体的内在心理动机的原创性研究还相当薄弱，因此本文将首先分析有些个体会相信谣言和不实信息背后的动机和驱动力，以及个体内在特性与外部信息之间是否存在互动关系；在此基础上，探讨在当前中国的社会政治环境下，什么样的信息供给方式会有效降低人们对谣言的信任和对虚假信息的坚持。本文以网络问卷调查的方式收集问卷，采用实验性问卷调查的方式，分析中国网民信任谣言的决定性因素，以总结和归纳新媒体时代的信息传播机制和驱动力。

---

① ［法］让·诺埃尔·卡普费雷：《谣言：世界最古老的传媒》，上海人民出版社2018年版；［法］阿莱特·法尔热：《法国大革命前夕的舆论与谣言》，文汇出版社2018年版；孔飞力：《叫魂：1768年中国妖术大恐慌》，生活·读书·新知三联书店2012年版。

② Alessandro Bessi, et al., "Science vs Conspiracy: Collective Narratives in the Age of Misinformation", *PLoS ONE*, Vol. 10, No. 2, p. 201.

③ Soroush Vosoughi, Deb Roy, and Sinan Aral, "The Spread of True and False News Online", *Science*, Vol. 359, No. 6380, 2018.

④ Haifeng Huang, "A War of (mis) information: The Political Effects of Rumors and Rumor Rebuttals in An Authoritarian Country", *British Journal of Political Science*, Vol. 47, No. 2, 2017.

一 谣言的微观解释理论

不实信息或虚假信息的来源大致可分为几个大类：文学作品虚构、政府和政客有意或无意地发布虚假信息、特定利益集团对信息的歪曲、媒体特别是互联网媒体发布和流传的虚假信息和谣言。[1] 谣言属于虚假信息的一种。与虚假信息相关联的另一个概念是虚假感受或不实感受（Misperception），指"人们对于某个事情或事件的信念（相信与否）并没有明确的证据或专家意见的支持，既包括错误的信念也包含无根据的信念"[2]。谣言或虚假信息一般具有这样一些特征：信息简单，或残缺不全或模糊不清，缺乏可信来源；观点和立场单一甚至极端，带有强烈的偏见或意识形态立场；信息缺乏平衡性，只披露部分事实或掩盖部分事实；紧随当下时事热点，披露的信息耸人听闻以吸引大众的眼球。

宏观层次的谣言研究一般认为，政治体制的差异对于谣言的流传具有重要影响。非民主体制下的信息是一种稀缺品，官方控制着几乎所有的媒体，对其发布的信息进行审查和筛选，这类媒体信息的发布渠道单一、观点趋同，对事实的表述粗略并刻意回避很多事实，因此更容易导致人们对已有信息的不信任和对真实信息的渴求。"当公共危机来临时，如果政府和权威媒体没有承担起传播真实信息的责任，那么民间以及非正式的传播手段就会粉墨登场来占据主导地位。"[3] 在当代中国，政治谣言还具有"反权力"和"抗议性"的特征。[4] 郭小安指出，谣言在当代中国的盛行，具有强烈的政治诱因，诸如制度化政治参与不足、社会矛盾加剧、社会不安情绪积压、政府公信力缺失等成为诱发谣言的政治社会宏观因素。[5] 然而，对谣言特别是政治类谣言生成与传播的宏观的社会

---

[1] Stephan Lewandowsky, et al., "Misinformation and Its Correction: Continued Influence and Successful Debiasing", *Psychological Science in the Public Interest*, Vol. 13, No. 3, 2012.

[2] Brendan Nyhan and Jason Reifler, "When Corrections Fail: The Persistence of Political Misperceptions", *Political Behavior*, Vol. 32, No. 2, 2010.

[3] 李大勇：《谣言、言论自由与法律规制》，《法学》2014年第1期。

[4] 雷霞：《新媒体时代抗议性谣言传播及其善治策略研究》，中国社会科学出版社2016年版。

[5] 郭小安：《网络谣言的政治诱因：理论整合与中国经验》，《武汉大学学报》（人文科学版）2013年第3期。

政治环境的分析，并未充分揭示出谣言传播的动力机制。对这种动力机制的分析必须从微观的个体特性入手，否则很难勾勒出一个可以解释谣言生成与传播的完整因果链条。

桑斯坦（Cass R. Sunstein）将谣言的流传归为两种原因：一是"社会流瀑"效应，即当人们追随"领头羊"的行为时社会流瀑就会发生[①]；二是"群体极化"效应，即观点相似的人群聚在一起时其观点会更加极端。[②] 不过，作者对这一观点并未进行进一步的经验研究，并且该主张也没有充分解释个体在信谣方面的差异性：为什么有的人比另一些人更相信谣言？为什么有的人会相信这个谣言而有的人则相信那个谣言？从个体层次来分析，当前对于信谣者的研究大体可分为两类：一类是以探寻人的记忆规律和信息认知模式为重点的纯心理学研究，一类则以个体的政治、社会心理特性或政治属性来解释信谣的原因，前者往往是后者的基础。

首先，简要概括一下以探究人的记忆规律为导向的研究发现。有关谣言的个体心理根源的探讨，国内部分学者有所涉及，但这些研究只是总结了国外学者观点或研究发现[③]，基于实证研究基础上的科学和严谨的原创成果仍然非常缺乏。从国外研究来看，流畅性理论是解释谣言的一个重要理论。流畅性（fluency）指行为主体完成一项任务时所需要的对难易程度的主观感受，这一研究脉络最初由特沃斯基和卡尼曼提出[④]，后来的学者做了进一步的完善和深入研究。[⑤] 该理论认为，个体处理信息的难度，例如视觉上的认知难度、概念的生疏与否、语言的流利性等，会影响其对信息精确性的评估，个体会将其容易处理或回想起来的信息作

[①] 桑斯坦：《谣言》，中信出版社2010年版，第6—7页。
[②] 桑斯坦：《极端的人群：群体行为的心理学》，新华出版社2010年版。
[③] 郭小安：《当代中国网络谣言的社会心理研究》，中国社会科学出版社2015年版；雷霞：《新媒体时代抗议性谣言传播及其善治策略研究》，中国社会科学出版社2016年版。
[④] Amos Tversky and Daniel Kahneman, "The Framing of Decisions and the Psychology of Choice", *Science*, Vol. 211, No. 4481, 1981.
[⑤] Adam Alter and Daniel Oppenheimer, "Uniting the Tribes of Fluency to Form a Metacognitive Nation", *Personality and Social Psychology Review*, Vol. 13, No. 3, 2009. Daniel Oppenheimer, "The Secret Life of Fluency", *Trends in Cognitive Science*, Vol. 12, No. 6, 2008.

为真实信息来看待。① 事实上，大部分的谣言或虚假信息对事件或现象的解释和描述，相较于真实信息或科学理论来说更容易为特定人群所接受，因而导致这些信息被当作事实来看待。虚假信息一旦被人的记忆编码之后，被激活的信息就会持续发挥影响，不易消失，特别是虚假信息中提供了有关事件的因果解释而纠错信息并未提供替代性因果解释的时候，将会产生一种"持续影响效应"（continued influenceeffect）②。如果已有的可得信息不完善、在事件的因果关系上缺少完整的链条，而谣言恰好填补了这些不为人知的信息空白，因而会更容易流传。③ 这些"先入为主"的信息即使经过之后的辟谣也仍会发挥影响，因为该信息可轻易从个体的记忆中得以恢复。④ 证伪或辟谣往往需要重复叙述事件或信息本身，因而对消除不实信息的作用是双重的，一方面可能会消除不实信息的影响，另一方面则会因不断重复虚假信息让人们更易记住。⑤ 从这一认知模式来看，对某些人而言，谎言重复一千遍确实会变为真理。但是，辟谣并非毫无用处，研究者的实验结果发现，面对强大的不实信息，对其反驳必须是强烈的，这样就会显著减少持续影响效应；如果反驳不强烈，持续影响效应就会维持在较高水平。⑥ 如果辟谣或纠错信息能够填补原有谣言在因果链条上的空白，以一种更为合理的因果证据链条推翻谣言或错误信息，那么辟谣仍会削弱谣言的影响。⑦ 根据研究，老人、小孩以及记忆力和注意力衰退者易受谣言影响，高智商、高感知力、记忆力强者不易受谣言的影响，认知能力较低、易记错、防御意识低、合作性强、回报

---

① Adam Alter and Daniel Oppenheimer, "Uniting the Tribes of Fluency to Form a Metacognitive Nation", *Personality and Social Psychology Review*, Vol. 13, No. 3, 2009.

②④ Hollyn Johnson and Colleen Seifert, "Sources of the Continued Influence Effec: When Misinformation in Memory Affects Later Inferences", *Journal of Experimental Psychology: Learning, Memory, and Cognition*, Vol. 20, No. 6, 1994.

③⑦ Stephan Lewandowsky, et al., "Misinformation and Its Correction: Continued Influence and Successful Debiasing", *Psychological Science in the Public Interest*, Vol. 13, No. 3, 2012.

⑤ Adam Berinsky, "Rumors and Health Care Reform: Experiments in Political Misinformation", *British Journal of Political Science*, Vol. 47, No. 2, 2017.

⑥ Ullrich Ecker, et al., "Correcting False Information in Memory: Manipulating the Strength of Misinformation Encoding and its Retraction", *Psychonomic Bulletin & Review*, Vol. 18, No. 3, 2011.

依赖型、自我导向型人群容易相信不实信息。① 最近不少核磁共振技术也被使用到不实信息形成的研究中，研究者通过这些技术手段来分析大脑对不实信息的反应。② 研究者通过对澳大利亚、德国和美国的大学社区成员的调查实验发现，相对于澳大利亚人和德国人，美国人更愿意相信有关伊拉克拥有大规模杀伤性武器的虚假消息。③ 可见，在政治体制和社会文化环境的宏观因素影响之外，谣言的流传还具有强大的认知和心理根源。

其次，从政治心理学的视角来看，党派属性和宗教归属是影响人们相信谣言的重要因素。④ 但是，并不是秉持各种不同意识形态立场、宗教信仰的人群在相信谣言的程度上都相同或者在面对辟谣信息时会表现出相同程度的拒斥态度（即仍然坚持原有错误信念）。根据学者对美国民众的研究，政治立场上属于保守派的人群往往更固执己见，不愿改变原有错误态度，而自由派则并非如此。⑤ 扎勒（John R. Zaller）的研究则显示，具有鲜明党派立场或意识形态立场的人更容易抵制与其政治价值观不一致的信息。⑥ 从社会心理学角度看"大五人格"（Big-Five personality）、威权人格（Authoritarian personality）是学者在分析谣言时关注较多的人格因素，而关注后者的相较前者更多。

对于个体的威权人格对其政治意识形态立场、党派归属、政治态度等政治领域的影响这一问题的研究，在国外的政治心理学研究中数量众多。自从1950年阿多诺等人出版《威权人格》至今，相关的研究一直没有间断。以北美为例，威权人格一般在政治上表现为右翼，故被称为"右翼威权人格"（Right-wing Authoritarian）⑦，这一人格是美国保守派的

---

①② Steven Frenda, Rebecca Nichols and Elizabeth Loftus, "Current Issues and Advances in Misinformation Research", *Current Directions in Psychological Science*, Vol. 20, No. 1, 2011.

③ Stephan Lewandowsky, et al., "Memory for fact, fiction, and misinformation: the Iraq War 2003", *Psychological Science*, Vol. 16, No. 3, 2005.

④ Barry Hollander, "Persistence in the Perception of Barack Obama as a Muslim in the 2008 Presidential Campaign", *Journal of Media and Religion*, Vol. 9, No. 2, 2010.

⑤ Brendan Nyhan and Jason Reifler, "When Corrections Fail: The Persistence of Political Misperceptions", *Political Behavior*, Vol. 32, No. 2, 2010.

⑥ 扎勒：《公共舆论》，中国人民大学出版社2010年版，第190—197页。

⑦ Bob Altemeyer, *The Authoritarians*, University of Manitoba, 2006.

典型人格特征。威权人格较强的个体一般表现为保守传统、拒斥变革、追从和崇拜权威、对不同意见不宽容、对外部群体持敌视态度、反民主等。研究者通过实验调查发现，高威权人格者在感受到威胁时会激发其强烈的防御倾向，使之对与自己态度一致的、一边倒的信息更感兴趣，而对那种内容中含有不同观点的平衡性的信息更不感兴趣，并根据自己的立场作出判断。[1]

政治意识形态立场作为个体基础性的政治倾向，是另一影响个体相信谣言或虚假政治信息的重要因素。尽管威权人格和右翼在美国往往相互联结，但严格来讲，两者在概念上含义并不等同，在现实中也并非同一事物。在不同文化和国家，威权人格未必与右翼互为表里。马得勇和王丽娜的研究发现，在中国，高威权人格者的左派意识形态倾向更明显，这一点与美国的情况刚好相反。[2] 国外大量研究表明，政治上的左右立场是影响个体选择、接受何种信息的重要因素。[3]

为什么意识形态或人格特性会影响人们对信息的接受和信任？现有研究认为，一种被称为"动机性怀疑主义"（motivated skepticism）或"动机性推理"（motivated reasoning）的心理动机是其内在根源。[4] 在这种动机驱使下，选择性记忆就会变得持久和有力。"动机性推理"指个体在面对与自己既定的信念或政治立场相一致的信息时会更倾向于相信或赞同，而面对与自己既定的信念或政治立场不相一致的信息时，会变得更加拒斥和挑剔，倾向于将这些信息视为虚假信息（即使这些信息事实上是真实的）。在这种动机的驱动下，个体在相信或不相信某条信息时表现

---

[1] Howard Lavine, Milton Lodge and Kate Freitas, "Threat, Authoritarianism, and Selective Exposure to Information", *Political Psychology*, Vol. 26, No. 2, 2005.

[2] 马得勇、王丽娜：《中国网民的意识形态立场及其形成：一个实证的分析》，《社会》2015年第5期。

[3] 这方面的经典之作请参考扎勒《公共舆论》，中国人民大学出版社2010年版。其他相关研究成果恕不一一列举。

[4] Ziva Kunda, "The Case of Motivated Reasoning", *Psychological Bulletin*, Vol. 8, No. 3, 1990. Charles Taber and Milton Lodge, "Motivated Skepticism in the Evaluation of Political Beliefs", *American Journal of Political Science*, Vol. 50, No. 3, 2006. Kelly Garrett, et al., "Undermining the Corrective Effects of Media-Based Political Fact Checking? The Role of Contextual Cues and Native Theory", *Journal of Communication*, Vol. 63, No. 4, 2013. Brendan Nyhan and Jason Reifler, "When Corrections Fail: The Persistence of Political Misperceptions", *Political Behavior*, Vol. 32, No. 2, 2010.

出一种"匹配效应"(matching effect)。

"匹配效应"理论认为,信息在多大程度上被个体所接受或相信,纠错信息或辟谣信息在多大程度上具有说服效果,使个体从相信错误信息变为不相信,依赖于个体的特征以及这些特征与所处形势之间的匹配与否。当信息接受者的威权人格与框架化了的信息相匹配时,那么说服效果是最好的。① 这一研究结果揭示出,高威权人格者虽然认为自己对特定信息做了客观反应,但事实上他们的反应是主观的。② 威胁性的信息会激发高威权人格者在信息选择上的"动机性推理",使得他们会更偏爱与自己立场一致的信息,并且不容易被那种信息本身不存在争议性事实和观点的信息说服,③ 但现实世界中事实本身往往十分复杂,对这些复杂事实的评价也往往更具争议性。与说服或谣言相关的框架理论研究中,学者也发现,框架效应是媒体信息框架与个体人格交互的结果。④ 这种交互结果就是一种"匹配效应"。

二 理论假设

本文主要从政治和社会心理学角度分析个体对政治类谣言的态度和心理动机。实证分析内容主要分两部分:第一部分分析信谣的个体要素——意识形态和威权人格对信谣的影响;第二部分分析辟谣效果的影响因素。

关于信谣与否,我们认为"匹配效应"是最有力的解释理论"匹配

---

① 关于政治传播中的框架理论和框架效应,请参考马得勇《政治传播中的框架效应》,《政治学研究》2016 年第 4 期。

② Howard Lavine, et al. , "Threat, Authoritarianism, and Voting: An Investigation of Personality and Persuasion", *Personality & Social Psychology Bulletin*, Vol. 25, No. 3, 1999. Joshua Clarkson, et al. , "Cognitive and Affective Matching Effects in Persuasion", *Personality and Social Psychology Bulletin*, Vol. 37, No. 11, 2011. Howard Lavine, Milton Lodge, and Kate Freitas, "Threat, Authoritarianism, and Selective Exposure to Information", *Political Psychology*, Vol. 26, No. 2, 2005.

③ Howard Lavine, Milton Lodge, and Kate Freitas, "Threat, Authoritarianism, and Selective Exposure to Information", *Political Psychology*, Vol. 26, No. 2, 2005.

④ Matthew Luttig and Howard Lavine, "Issue Frames, Personality, and Political Persuasion", *American Politics Research*, Vol. 44, No. 3, 2016.

效应"存在两种匹配：谣言属性与威权人格的匹配、谣言属性与意识形态立场的匹配。前者强调的是个体的心理特性，后者强调的是政治特性，两种匹配彼此独立发挥作用。当谣言属性与其心理特性和意识形态立场相一致时，受众会更倾向于相信谣言；当谣言属性与其心理特性和意识形态立场不一致时，受众会倾向于不相信谣言。在中国，就政治谣言而言，有两种谣言比较流行。

一种是涉及政府及官员行为的谣言。此类谣言常常以批评和损毁政府形象、夸大官员贪腐行为的方式出现。由于现实中地方政府在拆迁、上访等事务中经常表现出蛮横和强硬的姿态，不合法行为屡见不鲜，因此造谣者常以这种方式吸引公众眼球，制造舆论热点。此类谣言一般内含对现政府的批评和不信任的框架化信息。另一种是涉及外交或国际关系的谣言。此类谣言往往内含诋毁或抹黑他国的框架化信息，刺激民众民族主义情绪以达到抵制某国并增强对本国政府支持的目的。此前的研究指出，中国的左派往往仇视外国和外部族群，与现政权关系更为亲近。同时，相比低威权人格者，高威权人格者往往崇拜和依赖权威、排斥外部群体，因此也会更信任象征权威的政府机构及官方权威媒体，并对外国和外群体持有更强的敌意。[①] 由此，我们发展出两个具体的假设：假设1和假设2（见表1）。

表1　　　谣言框架属性与意识形态立场、威权人格的匹配

		左	中	右
谣言框架属性	有利于政府	相信	中间	不相信
	不利于政府	不相信	中间	相信
		威权人格高	威权人格中	威权人格低
谣言框架属性	有利于权威	相信	中间	不相信
	不利于权威	不相信	中间	相信

假设1：当谣言所包含的政治倾向与个体意识形态立场相同时，个体

---

① 马得勇、王丽娜：《中国网民的意识形态立场及其形成：一个实证的分析》，《社会》2015年第5期。

会更加相信该信息；当谣言所包含的政治倾向与个体意识形态立场相反时，个体会倾向于不相信该信息。

假设2：当谣言所包含的框架更亲近于政府时，高威权人格者会更倾向于相信该谣言，低威权人格者会倾向于不相信该谣言；当谣言内含批评政府的信息时，高威权人格者会更倾向于不相信该谣言，低威权人格者会倾向于相信该谣言。

辟谣效果受到多种因素的影响，辟谣的属性（辟谣主体来源、辟谣信息所含政治立场、辟谣或纠错信息的强度等）、受众个体自身的意识形态和威权人格等都是影响辟谣效果的因素。在辟谣效果上，我们认为同样存在上文所提到的"匹配效应"。为此，本文重点分析谣言自身政治属性，即谣言自身所含政治倾向与受众个体的意识形态立场、威权人格之间的匹配如何影响辟谣效果。此外，由于辟谣主体（专家辟谣还是官方或官方媒体辟谣）可能也会影响辟谣效果，因此我们将分别考察两种辟谣主体发布的辟谣信息对辟谣效果的影响。综合上述因素，我们提出下列假设（见表2）。

表2　　辟谣框架属性与意识形态立场、威权人格的匹配

		左	中	右
辟谣框架属性	有利于政府	效果好	中间	效果差
	不利于政府	效果差	中间	效果好
		威权人格高	威权人格中	威权人格低
辟谣框架属性	有利于政府	效果好	中间	效果差
	不利于政府	效果差	中间	效果好

假设3.1：如果辟谣信息内含亲政府框架，那么左派看到辟谣信息后会更容易改变态度，而右派则不易改变态度；

假设3.2：如果辟谣信息内含批评政府的框架，那么右派看到辟谣信息后会更容易改变态度。

假设3.3：对于无明确意识形态立场者，辟谣信息的效果会更明显。

根据已有研究，威权人格在解释中国的政治社会现象方面具有很强的解释力。中国之所以在政治信任方面长期处于高水平，一个主要的原

因就是中国人的威权人格较强。① 在中国，政府是社会中被认为最具代表性的权威。因此，我们提出如下假设。

假设4.1：高威权人格者面对有利于政府的辟谣信息时，其态度改变要比面对不利于政府的辟谣信息时更容易。

假设4.2：低威权人格者面对内含批评政府的辟谣信息时，其态度改变会更容易，在面对内含为政府背书的辟谣信息时，其态度改变更难。

以上假设所表达的"匹配效应"如表2所示。表2中的效果好具体指看到辟谣信息后信谣者的比例下降幅度大，效果差指下降幅度小。

如果辟谣主体与谣言本身所涉及的主体存在利害关系，那么相关主体出面辟谣的效果较差；如果辟谣主体与谣言本身所涉及的主体不存在利害关系，那么辟谣效果会更好。具体假设如下：

假设5：与政府相关的谣言，政府出面辟谣的效果要弱于与政府无直接利害关系的专家出面辟谣。

三 研究设计

为了能够检验假设，本研究通过问卷调查实验的方式进行。我们设计了两个与现实政治有关的谣言，其中一个谣言涉及外交问题，另外一个谣言涉及国内政治。这两个谣言均在网络上真实流传过。首先，我们设置了一个只提供谣言信息的问卷组作为控制组。同时，为了观察辟谣的效果，我们还分别设置另外两个组作为观察组：一组是在两个谣言内容基础上，加上以地方政府或官方媒体出面进行辟谣的内容；另一组是在两个谣言内容基础上加上以专家身份出面辟谣的信息。三个组单独开展问卷，彼此不会看到对方的问卷内容。除了谣言及辟谣相关内容不同外，三个组被访者在其他诸如政治态度和心理量表的问题上全部相同。答题者被随机分配到三个调查组当中，这样以保证三组调查者的基本条件不存在差别。谣言的大体内容如下：

谣言1（简称"贵州谣言"）：2016年12月，贵州省六盘水市水城县

---

① 马得勇：《政治信任及其起源：对亚洲8个国家地区的比较分析》，《经济社会体制比较》2007年第5期。

化乐镇的比德腾庆煤矿，在开采过程中引发滑石村苦瓜地组房屋倒塌、山体倒塌，导致土地被掩埋，威胁当地村民的生命安全，村民根本无法正常生活，当地村民找当地政府讨个公道却遭到冷遇，政府不仅不理不睬，还强行抓走村民四五十名。

谣言2（简称"乐天谣言"）：近日，韩国的《环球新闻眼》采访乐天集团董事长辛东彬关于当前中国人抵制乐天，乐天有何打算这一问题时，辛东彬面露笑容说："不用担心，他们非常市侩，无骨气无血性，我们降价他们就买。根据以往的经验，他们最多抵制一段时间，像刮阵风。……我们只需打折，他们就会像捡了大便宜似的蜂拥而来。……他们（中国人）更关心的是自己的利益，对国家的责任感似乎很淡，不像我们。"①

本研究使用的是作者主持的"网民政治社会态度调查"数据库。该调查通过网络在2017年3—4月进行，问卷主要通过问卷网用户渠道和微信圈收集。我们共收集有效问卷2379份，其中问卷网（也称"爱调研网"）注册用户1478份，微信朋友圈或他人转发798份，新浪微博用户63份，其他途径40份。关于网络问卷的质量和可靠性，此前已有研究进行了讨论，此处不再赘述。②

四 分析结果

（一）信谣理论的检验

意识形态立场和威权人格是本文中的关键概念和变量，此前已有相关研究对其如何测量做了分析和讨论，此处不再赘述。③ 如图1所示，从调查结果可以看到，如果不区分辟谣主体，我们的统计结果显示，在只看谣言内容的群组中，受众相信两个谣言的比例分别为37%和31%。在看了谣言后又看了辟谣信息的群组中，这一比例分别为28%和29%，信谣者比例虽有下降，但幅度不大。这意味着不论辟谣信息是否为权威的

---

① 如有需要辟谣组信息者，可向作者索取。限于篇幅，在此不罗列。
② 马得勇、王丽娜：《中国网民的意识形态立场及其形成：一个实证的分析》，《社会》2015年第5期。
③ 这五个测量参见马得勇、张曙霞《中国网民的左与右》，《二十一世纪》2014年第2期；马得勇、王丽娜《中国网民的意识形态立场及其形成：一个实证的分析》，《社会》2015年第5期。

或可信的信息源，辟谣并不会完全让谣言消失，谣言的存在与个体的某种特性有关。

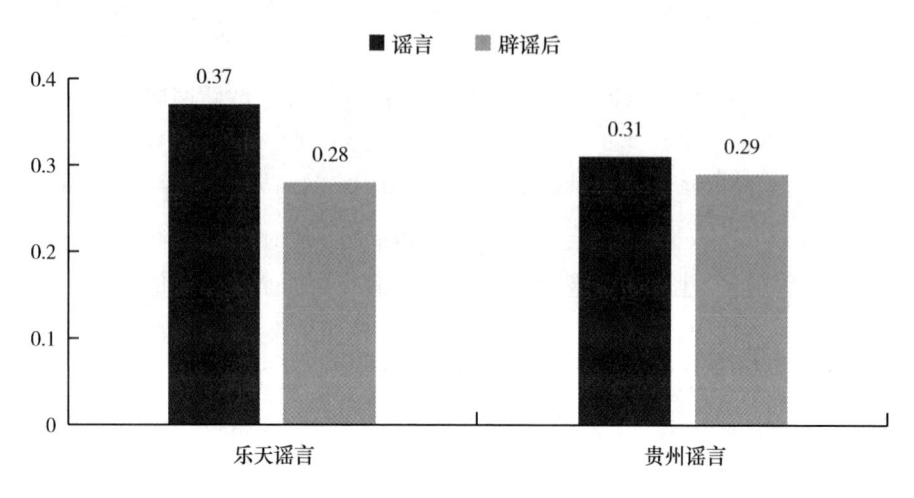

图 1　信谣与辟谣

原始问题为：Q1：您认为当地政府会做出抓走大批村民的行为吗？1 = 会，0 = 不知道或不会；Q2：您认为乐天集团董事长会做这样的发言吗？1 = 会，0 = 不知道或不会。

如假设所言，我们认为个体的意识形态立场对政治类谣言相信与否具有重要影响，意识形态立场与谣言属性之间存在"匹配效应"。我们将网民的意识形态立场分为左、中、右三类，将威权人格分为高、中、低三个档次。如图 2 所示，平均值为正表示该群体总体上信谣者多于不信者，负值表示总体上不信谣者多于相信者。数值大小是相信者、不知道和不信者 3 个选项的平均值（赋值方法见图 2 注）。可以看到，对于三个谣言，左派网民在对诋毁政府的谣言，即对贵州村民被抓谣言更倾向于不信任，而对与政府立场接近的反韩谣言，即乐天总裁言论的谣言，持更加信任的立场。右派网民更倾向于相信诋毁政府形象的谣言，而不相信与政府立场接近的反韩谣言。并且，在贵州村民被抓的谣言上，右派网民信谣者均值很高（0.59），而在反韩谣言上不相信的均值也很高（-0.47）。比较明显的是，相对于左派，右派对待不同属性的谣言态度分裂得更加极端，左、右两派在两类谣言上的态度分裂总体都大于中间派。通过 Pearson 卡方检验，两个谣言相信与否与网民的左、中、右立场之间均不独立，即存在相关关系（P≤0.001）。不仅如此，左、右派网民在信谣与否上并非某一个群体更相信或更不相信，而是与谣言属性相关。这一结果支持了假设1。

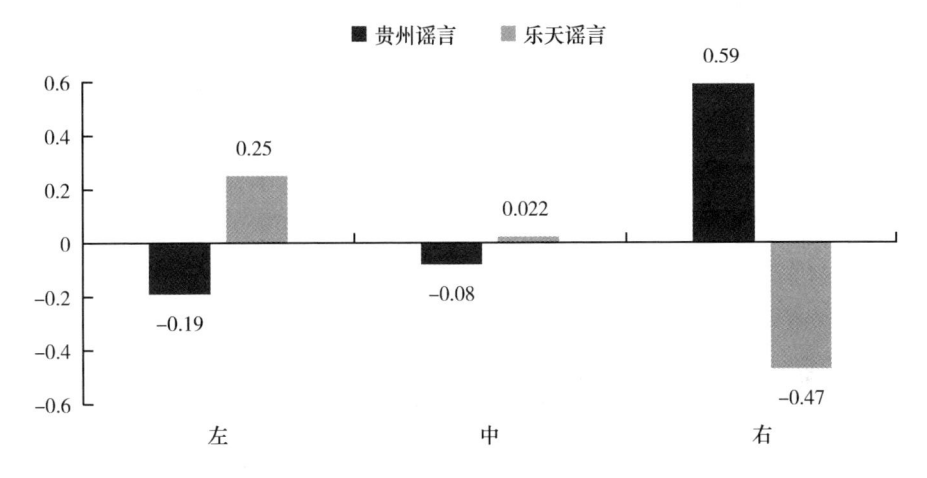

图 2　意识形态立场与信谣

原始问题为：Q1：（贵州谣言）您认为当地政府会做出抓走大批村民的行为吗？1 = 会，0 = 不知道，–1 = 不会；Q2：（乐天谣言）您认为乐天集团董事长会做这样的发言吗？1 = 会，0 = 不知道，–1 = 不会。

根据假设2，威权人格高者会更不愿意相信诋毁政府的消息或谣言，而更愿意相信与政府立场接近的谣言。从图3展示的分析结果可以看到，对诋毁政府的贵州谣言和与政府立场接近的乐天谣言，高、低威权人格者持明显的相异态度，低威权人格者和高威权人格者在两个谣言上的态度与中等威权人格者相比，其分裂更加鲜明。同时，低威权人格者对两个谣言的相信和拒斥态度相较于高、中威权人格者而言，更加极端。通过Pearson卡方检验，相信谣言与否与网民的威权人格特性之间均不独立，即存在相关关系（P<0.001）。由此可见，威权人格的强弱与谣言属性之间具有较为明显的"匹配效应"，这一结果基本与我们的假设2相一致。①

---

① 本文对左、中、右派及中、高、低威权人格者所占比例的划分只是相对的标准。我们对左、右派按照连续的变量或者五分法进行划分，将网民划分为高威权人格者和低威权人格者两个群体时，本文的结论仍然成立。由于篇幅所限，分析结果未在文中展示。

156 / 专题二 政治传播理论、方法与进路

■ 贵州谣言　▨ 乐天谣言

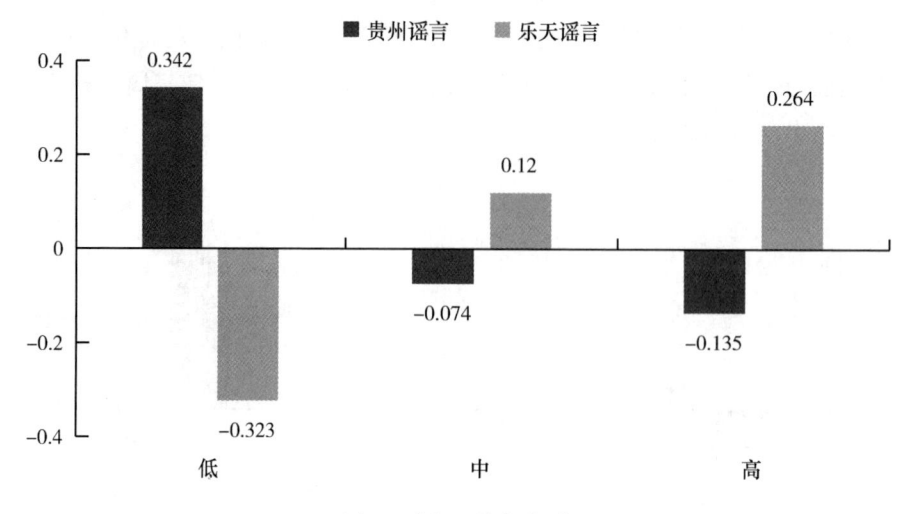

	低	中	高
贵州谣言	0.342	−0.074	−0.135
乐天谣言	−0.323	0.12	0.264

图3　威权人格与信谣

原始问题为：Q1：（贵州谣言）您认为当地政府会做出抓走大批村民的行为吗？1 = 会，0 = 不知道，−1 = 不会；Q2：（乐天谣言）您认为乐天集团董事长会做这样的发言吗？1 = 会，0 = 不知道，−1 = 不会。

那么，威权人格、意识形态与谣言相信之间的匹配是否存在叠加或抵消的交互效应呢？通过多变量方差分析，威权人格与意识形态两个变量对贵州谣言、乐天谣言不存在交互效应（交互效应统计显著性 P > 0.05，具体统计分析结果省略）。

为了能够进一步观察意识形态立场与威权人格对信谣与否的影响，我们运用线性回归模型对其进行分析，以观察其各自的影响。由于威权人格与意识形态立场可能还存在交互作用，也即威权人格高者如果同时是左派立场者，很可能会使其对信谣与否的影响增加。因此，我们在两个自变量之外还增加了一个交互项，以进一步检验其是否存在叠加效应。此外，我们将政治意识、教育水平、性别和收入水平作为控制变量纳入模型。

从图4的回归分析结果来看，意识形态立场与相信谣言与否之间的关系与上文一致，而威权人格与信谣与否的关系上，两个谣言在统计上均具有显著的影响（P < 0.001），且方向与此前的分析一致。政治意识，即个体在政治领域的判断能力被认为是一个影响其接受某一信息的重要

因素,① 是影响个体相信政治谣言与否的可能因素，但是在本文中这一因素的影响在统计上并不显著。值得一提的是，在贵州地方政府抓捕村民的谣言上，威权人格与意识形态立场存在交互效应，但在乐天谣言上则没有。因此，威权人格与意识形态立场的交互影响仍有待进一步研究。总体来看，回归分析支持我们的假设1和假设2。

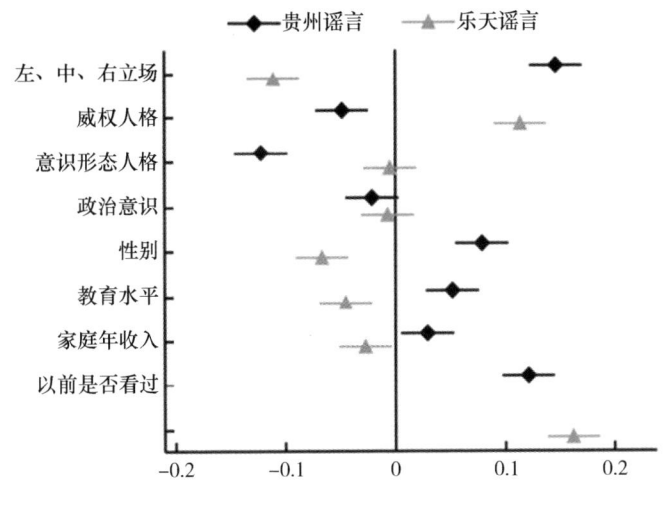

图4　信谣的回归分析

因变量取值参见图2注。图中各自变量的所标的点表示回归系数，点的两侧细线表示标准误。标准误细线若未穿过0刻度线，即表明该系数具备统计显著性；若穿过，即表明不具备统计显著性。政治意识：10个政治知识题答对的平均分值，得分在0—4分编码为政治意识水平低（赋值为1），得分5—7分编码为中（赋值为2），得分8—10分编码为高（赋值为3）。性别：1＝男，0＝女。教育水平：1＝初中及以下；2＝高中；3＝本专科；4＝硕士博士。家庭年收入：1＝2万元及以下；2＝2.1万—3.9万元，3＝4万—5.9万元，4＝6万—9.9万元，5＝10万—19.9万元，6＝20万—39.9万元，7＝40万元及以上。

（二）辟谣效果分析

辟谣效果取决于多种因素。以美国人为对象的研究表明，通过改变权威信息源的党派属性就可以有效降低流畅性效应和纠正对不实信息的

---

① 扎勒：《公共舆论》，中国人民大学出版社2010年版。

信念。① 为此，我们分析了辟谣信息的发布主体对辟谣效果的影响。图 5 展示了两组独立样本 T 检验的结果，即政府辟谣组与无辟谣信息组在信谣与否上的平均值、专家辟谣组与无辟谣信息组的平均值是否存在差异。根据分析结果，两个谣言中，专家辟谣均有效降低了信谣者的比例，T 检验的平均值差异在统计上具有显著性（P < 0.001）。但是，官方或官媒辟谣只在反韩谣言上有效果（P < 0.01），在批评政府的谣言上并未有效降低信谣者的信谣程度（P > 0.1）。我们还进一步对辟谣主体是否影响辟谣效果进行了回归分析。在回归模型中我们控制了个体的意识形态立场、威权人格以及人口学变量。图 6 展示的回归分析结果与图 5 展示的 T 检验结果一致。由此可见，辟谣主体的不同，会对辟谣效果产生不同的影响。

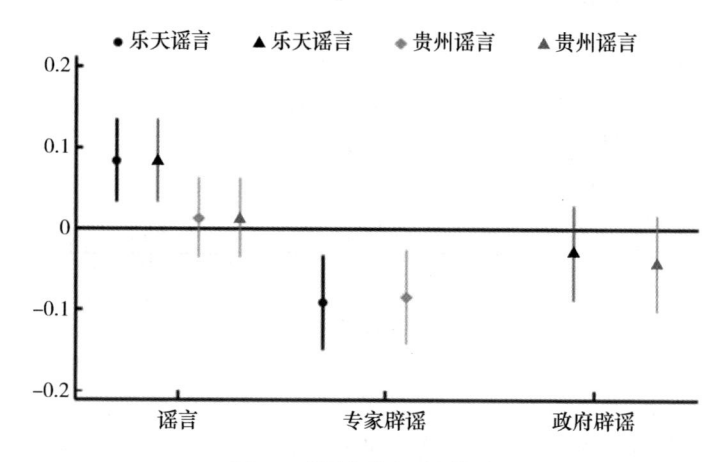

图 5　辟谣主体与辟谣效果

注：变量的赋值方法参见图 4 注。

然而，我们认为辟谣效果不仅与辟谣主体、辟谣框架、辟谣时机等相关，而且与个体的心理特性和政治意识形态立场等相关。辟谣的有效性还取决于辟谣框架和受众个体之间的匹配。为此，我们分别分析了受众个体特性中的意识形态立场和威权人格与辟谣框架之间的互动结果。

为了简化分析，本文仅以专家辟谣作为对照组来观察辟谣信息与意识形态立场之间的关系。图 7 中的百分比是专家辟谣组与无辟谣信息组

---

① Adam Berinsky, "Rumors and Health Care Reform: Experiments in Political Misinformation", *British Journal of Political Science*, Vol. 47, No. 2, 2017.

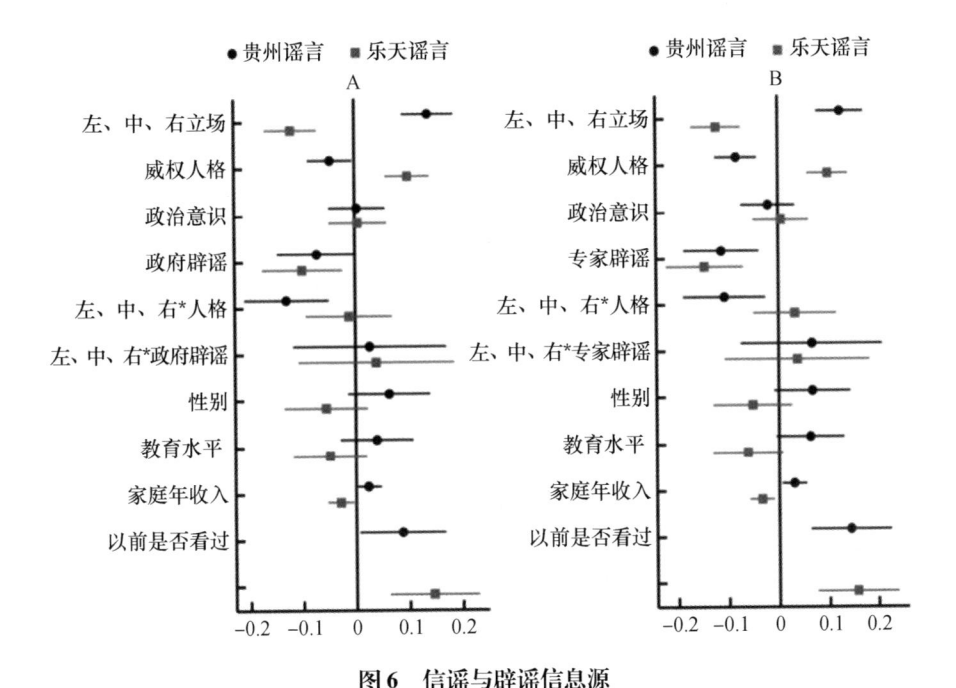

"匹配效应"：政治谣言的心理及意识形态根源 / 159

图6　信谣与辟谣信息源

注：A 图为自变量中加入官方或官媒辟谣的辟谣效果，B 图为自变量加入专家辟谣的辟谣效果。

按照不同意识形态立场划分后的辟谣效果，即在不同意识形态立场派别中，两个谣言中辟谣组与无辟谣组相比信谣者下降的比例。在有关贵州地方政府抓捕村民的谣言中，辟谣信息明显含有为地方政府背书的框架，而乐天总裁发言的辟谣信息含有与政府立场不一致的辟谣框架信息。根据图7中的数据，左派在面对乐天总裁发言的辟谣信息时信谣的下降程度最大，达到33.5%，面对地方政府抓捕村民辟谣信息时下降程度较小，为17%。右派在面对两个谣言时，下降幅度分别达到22.9%（乐天谣言）和12%（贵州谣言）。中间派在面对辟谣信息时，下降的程度总体上小于左、右两派。这一结果与此前那些认为意识形态立场更强者更不容易改变态度的研究明显不同,[①] 其原因有待进一步分析。综合来看，

[①] Richard Hofstetter, et al., "Information, Misinformation, and Political Talk Radio", Political Research Quarterly, Vol. 52, No. 2, 1999. Brendan Nyhan and Jason Reifler, "When Corrections Fail: The Persistence of Political Misperceptions", Political Behavior, Vol. 32, No. 2, 2010. Stephan Lewandowsky, et al., "Memory for Fact, Fiction, and Misinformation: the Iraq War 2003", Psychological Science, Vol. 16, No. 3, 2005.

左、右派与辟谣框架之间的匹配效应并不明显。这与我们此前提出的假设不同,也即假设3未获支持。这一结果有可能是源于辟谣测量方法的问题,因为我们的测量并不是对同一个体在接受辟谣信息前后的态度变化进行的测量,而是比较辟谣组和未辟谣组的相信谣言的比例。另一种可能性则是由中国左、右派人群的某个特征所决定的,何种特征目前未知。还有一种可能性就是这仅仅是以上两个谣言的个别情况,中国的左、右派在面对其他谣言和辟谣信息时未必如此。无论何种可能,都需要进一步研究方可解答。

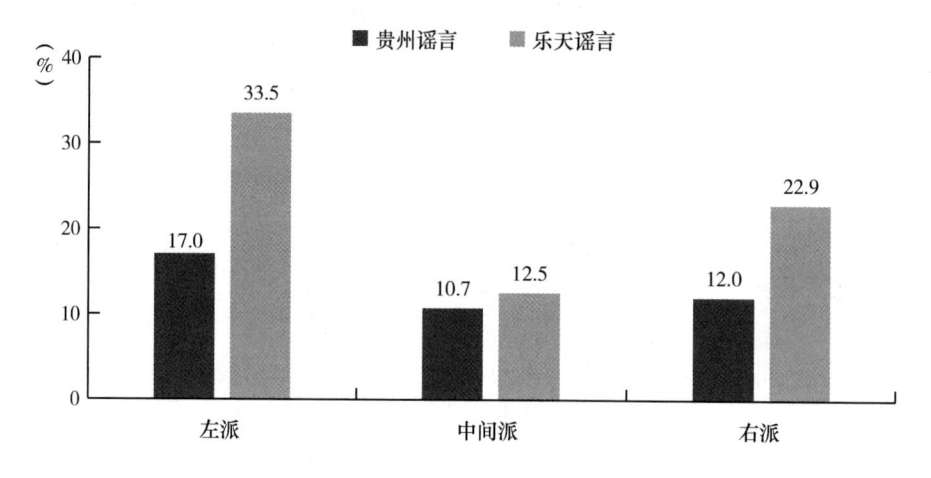

图7 意识形态立场与辟谣效果

注:图中数据为无辟谣信息组中左、中、右派信谣的百分比减去专家辟谣组左、中、右派信谣的百分比之后得到的结果。

图8展示的是威权人格与专家辟谣效果之间的关系。可以看到,低威权人格者在两个谣言中经过专家辟谣,信谣者下降的比例分别为17.22%和13.95%;与之相对照,高威权人格者面对辟谣信息时,信谣比例不仅没有下降,甚至还有小幅增加,分别为-1.6%和0.99%;中度威权人格者信谣比例居中。这显示辟谣框架与受众的威权人格特性之间并不存在我们此前预想的较为明显的"匹配效应"。这一结果展示出的一个明显特征是:相比低威权人格者,高威权人格者比较固执己见,一旦认为某个信息或事件是真实的,就不会轻易改变态度。为什么高威权人格者面对辟谣信息不愿改变信念?一种解释是:高威权人格者更愿意接

受那种立场和观点单一并且与自身立场相一致的信息,而不愿接受那种存在不同立场的平衡性信息或模糊的、复杂的信息,[①] 而辟谣信息属于在同一文章中出现了相互矛盾或竞争性立场的信息内容,高威权人格者恰好不喜欢这种类型。

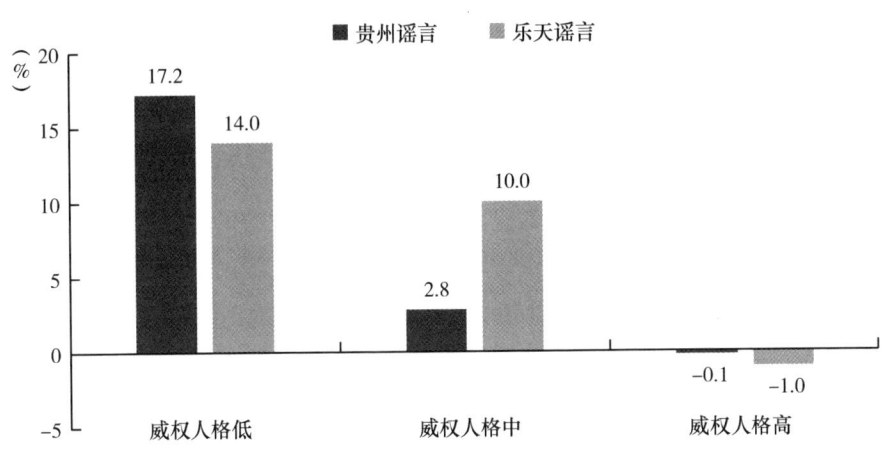

图 8 威权人格与辟谣效果

注:图中数据为无辟谣信息组中高、中、低威权人格组信谣者百分比减去专家辟谣组中高、中、低威权人格者信谣的百分比之后得到的结果。

需要注意的是,上述分析结果并不是对同一个体阅读辟谣信息前和阅读辟谣信息后进行的态度比较,而是根据无辟谣信息组和辟谣信息组的信谣的整体比例进行的分析。这种比较可能存在因果推论中的生态学谬误。由于在设计问卷调查时考虑到调查的难度等因素,本调查并未设计"前测"与"后测"的问题,因此有关辟谣效果的结论还有待进一步检验。

五 结论与讨论

国内学者习惯于从宏观的政治社会环境和信息传播规律角度去解释

[①] Howard Lavine, Milton Lodge, and Kate Freitas, "Threat, Authoritarianism, and Selective Exposure to Information", *Political Psychology*, Vol. 26, No. 2, 2005.

谣言和不实信息的生成和流传，但是对政治类谣言流传背后的个体心理动机和政治意识形态因素缺少实证性分析。国外以中国为对象的政治传播研究尽管从微观的个体层次对谣言的政治后果作了分析，但并未探讨中国民众相信政治类谣言的心理和意识形态根源。本研究的学术价值在于，发现了威权人格与政治意识形态立场在决定中国民众相信政治谣言方面起着十分重要的作用。本研究从个体层次对谣言起源的分析，证明政治谣言的生成具有深厚的心理和意识形态根源，仅靠发布辟谣信息或惩罚造谣者不可能从根本上消除谣言的流传。在当前的中国社会条件下，中国式谣言的流行除了宏观的因素，例如信息爆炸与信息稀缺并存、信息传播渠道空前便捷等因素之外，很大程度上与个体的威权人格与意识形态立场这两个内在特性有关。但是，高威权人格者并非对所有谣言都相信，左派或右派也并非对所有的谣言都相信或都不相信。本研究发现，在个体"动机性推理"的心理动机驱动下，个体是否相信谣言与威权人格、意识形态立场之间分别存在着明显的"匹配效应"。

我们的分析意味着，高威权人格者由于其追随和崇拜权威，对外部群体持有很强的敌意和进攻性，同时他们又倾向于按照自己的信念来判断问题而拒绝接受异于自身信念的事实，因而是一个更容易被权威机构和权威人物动员起来的群体。这一群体一旦被动员起来，就会产生很强的破坏力，这在国内和国外都不难找到例证。① 低威权人格者虽然对政府持更强的批评态度，更愿意相信诋毁政府的谣言，但是这一群体由于对权威持批评和拒斥的态度，也更愿意在收到辟谣信息后改变态度，因此我们推测，他们不会轻易被某个机构或组织利用和动员。值得注意的是，我们原本猜想在面对辟谣信息时，相对于左、右两派而言，政治意识形态立场较为中间的网民会更容易改变态度，但是本研究的分析结果却显示，意识形态立场更为明显的左、右派相对于中间派更容易改变立场。这一结果令人困惑，需要进一步加以研究。

郭小安认为，最佳辟谣方式是政府权威信息供给、传统媒体及时跟

---

① 彭凯平：《美国特朗普和中国文革狂热者的共同心理特性：权威主义人格的泛滥》，2016年5月9日，http://blog.sina.com.cn/s/blog_12ce4f48f0102wlbr.html。

进、网民自我净化三者联动协同。① 周裕琼的研究也强调官民对话对消灭谣言的重要性。② 但是我们的研究结果则显示，对政治谣言的辟谣效果与受众自身特性、辟谣主体和谣言自身属性均有关系，不可轻易断定何种方式会有效地阻止谣言的流传。因此，媒体、各类组织乃至个人在如何辟谣方面需要学习的地方还很多。如果由独立于当事人的媒体（或媒体人）发布，辟谣信息充分而且客观，同时还能够揭穿虚假信息散播者的动机，并且替代性解释更加简洁明了，那么辟谣效果会更有效。③ 无论是官方媒体还是非官方媒体，提高其信息的真实性，仍然是减少谣言和辟谣的有效途径，尽管这样做并不能完全消除谣言。

本文对政治谣言的分析仅选择了两个案例。这两个案例的分析结论在多大程度上可以推广仍是需要进一步研究的课题。在国内政治传播研究中，实验方法并不常见，本研究所采用的问卷调查实验在技术操作层面仍有可以改进的余地。此外，在主要变量，如意识形态、威权人格等概念的测量上，也有改进的必要。以上这些不足将在今后的研究中尝试弥补。

（该文首发于2017年第四届"政治传播与社会发展论坛"，刊载于《政治学研究》2018年第5期。）

---

① 郭小安：《当代中国网络谣言的社会心理研究》，中国社会科学出版社2015年版，第152页。
② 周裕琼：《当代中国社会的网络谣言研究》，商务印书馆2012年版，第161页。
③ Haifeng Huang, "International Knowledge, and Domestic Evaluations in a Changing Society: The Case of China", *American Political Science Review*, Vol. 103, No. 3, 2015. Stephan Lewandowsky, et al., "Misinformation and Its Correction: Continued Influence and Successful Debiasing", *Psychological Science in the Public Interest*, Vol. 13, No. 3, 2012.

"底层表达"视角下中国政治传播研究的路径创新[*]

何 晶

(中国社会科学院大学新闻传播学院教授、
中国社会科学院大学政治传播研究中心主任)

摘 要：国内政治传播研究一直以来具有较为明显的主体偏向（更多关注政府、政党这类主体），对底层表达的重要性认识不足。本研究尝试对底层表达的相关核心概念、底层表达之于政治传播的路径创新意义、理论渊源及在政治传播框架下的理论拓展进路进行梳理。研究认为，将底层表达纳入政治传播的整体框架将从研究主体的完善、主导分析框架的调适和对价值伦理要素的回归这三个维度上实现中国政治传播研究的路径创新。基于底层表达的研究传统，纳入政治传播研究框架的底层表达研究将被赋予新的研究内涵，或可在三个方向上进行理论拓展，并以此为基础为中国政治传播研究提供理论创新的可能性。

关键词：底层；媒介表达；政治传播

对底层群体利益表达的关注应该是政治传播研究中不容忽视的内容，但在国内受到的重视不够。政治传播究其实质是政治主体表达诉求、谋求利益的信息沟通手段和过程。这里的主体包括了政府、政党、社会组

---

[*] 本文系国家社科基金年度项目"新媒体技术条件下弱势群体表达的特点、机制与趋势研究"（项目编号：2020 - KYLX04 - 11）与中国社会科学院大学新文科学科引领项目"新媒体技术条件下的政治传播与国家治理研究"（项目编号：2020 - KYLX04 - 11）的研究成果。

织、利益群体和社会公众等多元化的构成。长期以来，中国的政治传播研究更多关注上层，即权力组织如政府和政党，而较少关注公众尤其是底层群体。这一点在两个方面有具体表现。一方面，关于公众政治传播的研究较少，虽然有一定数量以普通公众为主体的网络政治参与的研究，但整体而言，在整个政治传播研究中所占的比重还是相对较小。一项基于对2003—2017年新闻学和传播学领域中文社会科学引文索引（CSSCI）来源期刊上有关政治传播研究的论文的统计分析，将主体研究定义为"中国共产党政治活动中的新闻媒体"，分析也表明这15年间中国政治传播研究的核心议题在对外、对内的政治传播主要围绕新闻发布和新闻发言人制度展开。[①] 另一方面，就学者们对于国内政治传播主体的判断而言，虽然也认可"社会组织""草根民众"作为政治传播主体的重要性，但政治传播的"多元主体"在中国还没有成为现实是一种较具代表性的看法，[②] 故而有的研究直接将政治传播定义为"以政府、政党等政治主体为行为主体……（的）政治信息传播活动"[③]。这也在一定程度上导致了对以政府和政党为主体的政治传播现象的更多关注，以及对公众尤其是底层群体利益表达的相对忽视。鉴于对底层群体利益表达重要性的认识，即事关社会公平正义和政治治理的有效性，以及考虑到新媒体这个关键变量的引入对包括底层群体在内的普通公众在"说出来"和"被听见"方面的赋权进而对政治传播格局产生的重要影响，本研究认为有必要从政治传播的视角出发对底层群体的利益表达问题进行系统探究。

一　基本概念的讨论

（一）利益表达

利益是每一既定社会的经济关系的首要表现，追求利益是政治发展的直接动力[④]，利益诉求的表达，是政治过程的起点，正如加布里埃尔·

[①③] 周庆安、朱昱炫：《场域理论视域下CSSCI中国政治传播学术史研究（2003—2017）》，《现代传播》2019年第1期。

[②] 荆学民：《政治传播活动论》，中国社会科学出版社2014年版，第66页；谢岳：《当代中国政治沟通》，上海人民出版社2006年版，第193页。

[④] 王中汝：《利益表达与当代中国的政治发展》，《科学社会主义》2004年第5期。

A. 阿尔蒙德（Gabriel A. Almond）和小鲍威尔（G. Bingham Powell, Jr.）所指出的："当某个集团或个人提出一项政治要求时，政治过程就开始了。这种提出要求的过程称为利益表达。"① 利益表达是一种"自下而上地输出利益要求的政治参与行为，其主体是社会各个阶层的个人或者群体，客体是党政机关等各级公共权力机构组织及其组成人员"②。在政治学研究中，利益表达通常被区分为制度化利益表达和非制度化利益表达。制度化的利益表达是"在合法体制框架内进行的"政治表达行为③，非制度化利益表达"是相对于制度化利益表达而提出的一个政治社会学概念，是指社会主体（个人、群体或阶级）无法通过现有制度和特定的法定程序实现自身利益诉求时，采取制度以外的手段和渠道进行政治参与，以期最大限度维护自身权益的社会行为"④。本文将要讨论的，是制度化利益表达中的一种重要类型，即通过大众传媒进行的利益表达，本文将其称为媒介表达。

（二）媒介表达

媒介表达，有广义与狭义之分。广义上是指特定主体借助媒介进行的形象、情感、生活方式、意见观点等的呈现。⑤ 狭义上是指特定主体借助媒介来表达自身利益诉求的行为，即通过媒介进行的利益表达，常以意见的形式表现出来。⑥ 后者的特点在于：第一，与媒介使用紧密相关，从而区别于一般的利益表达手段如上访、游行等；第二，目的在于实现利益诉求，从而区别于其他目的的表达行为，如抖音上大量存在的以展

---

① 加布里埃尔·A. 阿尔蒙德、小 G·宾厄姆·鲍威尔：《比较政治学：体系、过程和政策》，曹沛霖等译，东方出版社 2007 年版，第 39 页。
② 吴家庆、陈媛媛：《近年来我国学界利益表达研究述评》，《湖南师范大学社会科学学报》2009 年第 2 期。
③ 王中汝：《利益表达与当代中国的政治发展》，《科学社会主义》2004 年第 5 期。
④ 梁德友：《"非制度化利益表达"何以可能?》，《东岳论丛》2017 年第 10 期。
⑤ 如李艳红、范英杰新近发表的一篇论文所讨论的"底层表达"，就更侧重于广义上的"媒介表达"。参见李艳红、范英杰：《"远处苦难"的中介化——范雨素文本的跨阶层传播及其"承认政治"意涵》，《新闻与传播研究》2019 年第 11 期。
⑥ 朱光磊将意见表达等同于利益表达，他认为某个集团或个人"提出不同的政治要求的过程，在政府学上，被称为'意见表达'或'利益表达'等"。朱光磊：《当代中国政府过程》（修订版），天津人民出版社 2002 年版，第 69 页。

示个人才艺或生活方式为目的的呈现。① 本研究主要讨论的是狭义上的媒介表达。狭义上的媒介表达常与表达权、言论自由、新闻自由等相联系,因其涉及权利关系而备受关注。不过媒介表达权不是本文论述的重点,暂不多论。

(三) 底层

"底层社会是一种社会存在,也是一种价值观,还是一种研究方法"② 和研究范式。作为与社会上层、中上层、中中层、中下层等相对的社会阶层意义上的底层,其现实存在的历史由来已久。作为学术研究对象的底层,出现的时间并不长。在海外研究中,主要指涉的是 20 世纪 60 年代走向独立的前殖民地国家的普通民众,尤其是农民,其相对的一方是殖民精英和民族精英。当下国内研究所指称的中国底层群体/底层社会,对应于 20 世纪 90 年代出现的作为社会资源重新积聚的一个结果而形成的相当规模的弱势群体。从社会阶层结构意义上说,这是"根据对组织资源、经济资源和文化资源三种主要社会资源的占有情况来判断,基本上没有三种资源或者拥有很少量的三种资源的社会成员"③,主要由贫困的农民、进入城市的农民工和城市中以下岗失业者为主体的贫困阶层构成。④ 其整体特征是生活贫困、经济诉求为主、持续性发展能力弱等。⑤ 作为一种价值观,底层强调的是对普通民众或者是社会中弱势群体的关注及其权利争取,以维护公平正义为价值取向。作为一种研究方法,底层研究主张深入底层的内部,采用实证观察的方法,获取一手经验材料,从而归纳出底层的运作逻辑。作为一种研究范式的底层,以葛兰西的《狱中札记》中提出的"底层"(subaltern)为起点,以聚焦底层民众对于精英统治或霸权的抗争为基本研究指向。鉴于作为研究范式的"底层"所附着的特定历史内涵和意义指向,本研究更倾向于在社会存在、价值观和方法的

---

① 这类呈现也有别于抖音上以展示、吸粉、挣钱等为目的的个人呈现。
② 于建嵘:《抗争性政治》,人民出版社 2010 年版,第 16 页。
③ 陆学艺:《当代中国社会阶层研究报告》,社会科学文献出版社 2002 年版,第 23 页。
④ 孙立平:《资源重新积聚背景下的底层社会形成》,《战略与管理》2002 年第 1 期。
⑤ 朱力、毛飞飞:《城市底层群体的产生、传递及消解机制——基于江苏省低保群体调查》,《探索与争鸣》2013 年第 6 期。

意义上使用"底层"这一概念,即并不必然地将底层和抗争勾连起来,而是更侧重它与"上层""中层"相对的社会阶层含义,以及基于其社会弱势地位的价值关怀。

在国内的研究中,"底层群体/底层社会"常常与"弱势群体"混同使用。① 这是因为两个概念所对应的具体人群有很大的重合度。国内已有研究多从"资源配置匮乏""客观条件限制""社会排斥""国家、市场、社会三维指标"等角度来定义弱势群体,② 他们由于先赋或后天原因,在社会资源配置上处于劣势地位,在权力和权利方面不具有优势,可分为生理性弱势群体和社会性弱势群体两大类。

因此,本研究中所讨论的"底层表达"是指中国社会处于社会分层底端的弱势群体通过媒介所进行的利益表达活动。当代中国利益表达机制表现出的一个重大变化是"从计划经济时期的替代性利益表达机制逐步转化为社会转型期以替代性利益表达机制为主体结构、自主性利益表达机制为辅助结构的状态"③,即由各级党政干部代表人民群众向党和政府的政策系统输入利益诉求信息转向以此种方式为主同时兼有社会成员自主表达利益诉求的混合形态。在自主表达模式中,大众传媒是重要的途径之一。④ 更为重要的是,利用大众传媒拓宽弱势群体的利益表达渠道被认为是完善弱势群体权利保障、促进社会稳定的重要手段之一。⑤ 可见,媒介表达是新时期中国利益表达机制的有机组成部分,也是完善底层群体权利保障的重要依托,具有突出的社会功能,但是对底层群体媒介表达的系统研究暂付阙如。

---

① 底层群体与底层社会是有区别的,在社会分层研究中,底层群体主要是指处于社会分层结构底部的群体,底层社会强调了这类群体的整体状态。但由于"底层"这个概念本身的模糊性,也较难对其作出清晰的界定。可参见朱力、毛飞飞《城市底层群体的产生、传递及消解机制——基于江苏省低保群体调查》,《探索与争鸣》2013 年第 6 期;文军、吴晓凯《大都市底层社会的形成及其影响——以上海市的调查为例》,《华东师范大学学报》(哲学社会科学版)2015年第 5 期。

② 刘德顺:《转型期中国社会弱势群体研究综述》,《社会》2004 年第 10 期。

③④ 马胜强、吴群芳:《当代中国利益表达机制的结构转型——基于国家与社会关系的理论视域》,《学术月刊》2016 年第 8 期。

⑤ 陈建胜:《新闻传媒:弱势群体的利益表达渠道》,《新闻大学》2007 年第 3 期;张晓玲:《社会稳定与弱势群体权利保障研究》,《政治学研究》2014 年第 5 期。

二 "底层表达"对于中国政治传播 研究的路径创新意义

关于政治传播，定义非常多，学者们也难以形成共识。对政治传播的经典定义包括但不限于如下内容：布莱恩所说"关于政治的有目的的传播。这涵盖了 1. 所有政客及政治行动者为求达到目的而进行的传播活动。2. 所有非政治行动者对政治行动者作出的传播活动，例如选民及报纸评论员。3. 所有在媒介中涉及以上政治行动者的新闻报道、评论及政治讨论"[1]。理查德·R. 费根（Richard R. Fagen）认为政治传播是"政治系统内及政治系统与其环境间的任何传播行为"。缪勒·克劳斯（Mueller Claus）认为"政治传播是社会阶级、语言及社会化形态的政治结果"[2]。

可见，政治传播具有如下特点：第一，政治传播是政治生活的信息面向，政治传播系统是一个相对独立的信息系统，具有整体性和结构性。第二，政治传播具有多元主体。第三，政治传播体现了一种关系结构，多元主体之间的关系格局决定了政治传播的整体面貌。

底层群体的媒介表达属于利益表达的范畴，利益表达具有双重面向：首先，它是一种政治行为，并且是政治过程的起点；其次，它是一种信息传播行为。因此，利益表达是政治传播活动的核心，媒介表达作为利益表达的一种重要形式，是政治传播活动的重要组成部分。在这个意义上，底层群体的媒介表达即底层表达自然属于政治传播的范畴。

一旦将底层表达纳入政治传播的框架，这一议题对于中国政治传播研究的路径创新意义便得以清晰地浮现出来。

第一，对底层表达给予充分的重视和系统的研究，将还原政治传播应有之完整面貌。政治传播是多元主体进行利益表达和沟通的过程，多元表达主体的存在和互动是其基础。在传统媒体技术条件及特定的媒介

---

[1] Guha, R., *Subaltern Studies*, New Delhi: Oxford University Press, 1982.

[2] Richard, R. F., *Politics and Communication: An Analytic Study*, Boston: Little Brown, 1996. Mueller C., *The Politics of Communication: A Study in the Political Sociology of Language, Socialization and Legitimation*, London: Oxford University Press, 1973. 转引自张晓峰、荆学民《现代西方政治传播研究述评》，《教学与研究》2009 年第 7 期。

制度安排之下，政府和政党是中国政治传播系统中的主要主体，并以宣传为主要的政治沟通手段，相应地，政治传播系统呈现出浓厚的自上而下的单向传播色彩。互联网、数字技术等新兴媒介技术的出现改变了这一传统，"草根"崛起，普通民众甚至是过去那些几乎听不见声音的弱势群体开始进入新兴媒体构建的话语空间并自主发声[①]，政府与民众在新媒体空间相遇、共处，同时表达，国家—社会的关系格局在网络世界清晰再现。并且民众在公共舆论的形成中显示出前所未有的强大力量，也因此而引起政府的高度重视，"对话""沟通"成为政府应对公共舆论的基本姿态，自下而上的表达及双向沟通在很大程度上得以实现。可以说，在这种状态下，政治传播的应有之义——多元主体的沟通、互动才开始显现。草根崛起、从"传播"走向"沟通"，这是新媒体技术给中国政治传播带来的最大改变。从这个意义上讲，过去的政治传播中被忽视的普通民众理应得到重视。这其中，底层群体的媒介表达又亟待关注，因为比起其他人群，由于社会资源的匮乏，媒介表达是他们为数不多的具有维护权益可能性的途径。同时，由于利益表达受阻的基本状态，底层群体又常常有在制度外寻求维权手段的冲动，其引发的恶性事件就形成了对社会秩序的挑战，因此重视底层群体的媒介表达，缓解压力、减少冲突，也是维护社会稳定的现实需求。基于上述原因，一直以来被忽视的底层表达，理应被纳入政治传播研究的整体框架中给予系统分析，由此也使得政治传播研究的对象构成更为完整。

第二，底层变量的引入，将使政治传播研究的基本框架导向阶层框架，突破此前"国家—社会""组织—个人"的传统框架，也更切近政治传播的现实结构。关于政治传播的多元主体，大多数学者从国家—社会、组织—个人的维度来框定，如认为包括了"国家与政府、政党、社会共同体、个人"[②]，或"行政主体、立法主体、司法主体、政党、利益群体、政治行动组织和政治过程的其他参与者"[③]。事实上，这种主体结构只是

[①] 庞金友：《面对大变局时代的政治传播：革新、议题与趋势》，《新闻与传播评论》2019年第5期。

[②] 荆学民：《政治传播活动论》，中国社会科学出版社2014年版，第44—92页。

[③] Kaid, L. L. and Holtz-Bacha, C., eds., *Encyclopedia of Political Communication*, Vol. 1, Thousand Oaks, CA: Sage, 2008.

政治传播活动参与者身份的面向之一。换言之，政治传播不仅是发生在政府与社会组织/公众或者组织与个人这一面向上的政治信息交互过程，同时也是围绕利益问题发生在不同社会阶层之间的信息沟通过程，只有认识到后者，才能更好地理解当下网络舆论场中的话语纷争，这在政治沟通的意义上是不同社会阶层的利益表达冲突。如果从社会结构的维度上来考察，政治传播的主体包括了社会阶层结构意义上的上层、中上层、中中层、中下层和底层①，对底层表达的关注，就不仅要在传统的国家—社会或者劳资对立的框架中来寻找答案，还要分析底层群体与其他社会阶层的相对关系，如与上层、与中层的关系。从这一视角出发，会发现媒介表达存在阶层之间的竞争关系，底层表达的弱势不仅是资本选择、技术演进的结果，同时也是社会阶层变迁的结果。它是社会下层现实地位的投射，是不同社会阶层话语竞争的结果。而这种话语竞争，未见得一定是对抗性的。这样的话，转向阶层间关系的分析框架，会摆脱现有的更多基于阶级冲突或性别冲突的"抗争性"解读偏向的桎梏，有助于更全面地理解底层群体的媒介表达和利益表达，也为底层表达的弱势这一问题的解决提供不同思路。

第三，眼光朝"下"，有助于烛照政治传播的价值与伦理面向。如同政治活动以公共善作为其价值目标一样，政治传播活动也有其价值诉求，那就是通过有效的政治沟通和对话，实现社会的公平正义，最终达至公共善。但是在国内现有的政治传播研究中，鲜少见到对价值和伦理问题的讨论。这或许是因为一直以来对于核心主体议题的倾斜，尤其是实用主义的效果诉求偏向，导致研究话语更多地以治理为落脚点。而"底层"主体的引入，将会使得公平、正义这样的价值诉求成为政治传播研究中不得不面对的现实议题，对底层群体利益表达权利的赋予和维护，也很自然地成为以精英话语为主体的政治传播实践中具有伦理色彩的议题。对于作为政治活动在信息沟通和意见表达维度上的体现的政治传播活动，这样的价值和伦理问题是道义问题，也是核心问题。遗憾的是，在国内的政治传播研究中，政治传播的价值和伦理问题被相对弱化或有意无意地回避了，"底层"的引入将会使其得以凸显。

---

① 陆学艺：《当代中国社会阶层研究报告》，社会科学文献出版社2002年版，第23页。

综上所述，鉴于中国政治传播研究一直以来对于底层的忽视，将"底层表达"纳入其中将从研究主体的完善、主导分析框架的调适和对价值伦理要素的回归这三个维度上实现中国政治传播研究的路径创新。

三 "底层表达"的理论渊源

对于底层群体的媒介表达，如何做出学理上的解释，既有研究提供了三种主要的分析框架。

（一）抗争性的利益表达

以底层群体/弱势群体的利益表达为主题的实证研究，多数集中在抗争性的利益表达这一取向上，就其理论框架而言，主要包括西方的社会运动理论[①]、印度底层社会理论[②]和詹姆斯·斯科特（James Scott）的日常抵抗研究。在对于中国现象的研究中逐渐形成"依法抗争"[③]"草根动员"[④] 等结合了中国特色的理论模式。这一路径的研究，强调冲突双方的二元对立结构。

遵循上述路径，针对底层群体的媒介表达而言，国外有代表性的理论工具是底层传播（subaltern communication），用于解释在新自由主义霸权笼罩下的全球南方殖民地人民如何抵制以政治、经济、宗教精英为代表的西方"发展"话语主体以及殖民精英和本地精英联合实施的政治和文化霸权，并将底层民众重新组织起来。[⑤] 关于对中国底层表达现象的研

---

① 国内更多借鉴了美国社会运动理论谱系中资源动员论和社会过程论两大传统。关于西方社会运动理论的更全面介绍，可参考冯仕政《西方社会运动理论研究》，中国人民大学出版社2013年版。
② Guha, R., *Subaltern Studies*, New Delhi: Oxford University Press, 1982.
③ 于建嵘：《当前农民维权活动的一个解释框架》，《社会学研究》2004年第2期。
④ 应星：《草根动员与农民群体利益的表达机制——四个个案的比较研究》，《社会学研究》2007年第2期。
⑤ Dutta, M. J., "Decolonizing Communication for Social Change: A Culture-centered Approach", *Communication Theory*, Vol. 25.2, 2015, pp. 123 – 143; Munshi, D., Kurian, P., and Xifra, J., "An (other) Story [ZHANG Ju~xi, WANG Zhen-ning] in History: Challenging Colonialist Public Relations in Novels of Resistance", *Public Relations Review*, Vol. 43.2, 2017, pp. 366 – 374.

究，对象多集中于农民工群体或以农民工为主体的工人阶级群体。国内发展出"弱者的武器"①② 这样的解释框架。"弱者的武器"尤其明确了底层表达所具有的抗争内涵及媒介在其中所扮演的角色。海外有关中国底层群体的利益表达与媒介关系研究，论证新媒体作为底层群体挑战霸权、促进公平正义的工具，在底层群体集体赋权（collectiveem powerment）以及构建弱势群体集体表达空间（deliberative space）等方面所发挥的作用，③ 还有人关注作为个体的农民工如何在不平等的城市社会文化结构中实现个别的、主动的利益表达。④ 在底层群体的媒介表达这一主题之下，新闻被视作底层群体可动用的社会资源，以寻求社会正义，⑤ 并以另类媒体（alternative media）为常见的弱势群体所使用的媒介形态之一。⑥

（二）媒介赋权

媒介赋权是指基于媒介技术的引入，对于从国家、社会这样的宏观构成到社会群体乃至个人这样的中观、微观构成所具有的增益其治理、

---

① 高洪贵：《作为弱者的武器：农民工利益表达的底层方式及生成逻辑——以农民工"创意讨薪"为分析对象》，《中国青年研究》2013年第2期。

② "弱者的武器"（weapons of the weak）这一术语为美国农民研究专家詹姆斯·斯科特提出，主要用于概括底层弱者的日常反抗行为，这些行为包括"偷懒、装糊涂、开小差、假装顺从、偷盗、装傻卖呆、诽谤、纵火、暗中破坏等等"。参见［美］詹姆斯·C. 斯科特《弱者的武器》，郑广怀、张敏、何江穗译，译林出版社2007年版，高洪贵一文中所使用的"弱者的武器"这一概念指涉的是农民工"创意讨薪"这种利益表达方式，因其已超出日常抵抗的范畴并具有冲突性和公开性，与斯科特提出的"弱者的武器"具有不同的内涵。但高文中"弱者的武器"也是用来解释底层的利益表达，并与对大众传媒的借势密切相关。

③ Qiu, J., "Social Media on the Picket Line", *Media, Culture & Society*, Vol. 38, No. 4, 2016, pp. 619－633; Yin, S. Y., "Alternative Forms of Media, ICTs, And Underprivileged Groups in China", *Media, Culture & Society*, Vol. 40, No. 8, 2018, pp. 1221－1236.

④ Sun Wangning, *Maid in China: Media, Morality and the Cultural Politics of Boundaries*, London: Routledge, 2009; Sun, W. N., *Subaltern China: Rural Migrants, Media, and Cultural Practices*, MA: Rowman & Littlefield, 2014.

⑤ Ryan, C., Carragee, K. M., and Schwemer, C., "Media, Movements, and the Quest for Social Justice", *Journal of Applied Communication Research*, Vol. 26, No. 2, 1998, pp. 165－181.

⑥ Yin, S. Y., "Alternative Forms of Media, ICTs, and Underprivileged Groups in China", *Media, Culture & Society*, Vol. 40, No. 8, 2018, pp. 1221－1236.

表达与发展能力的过程。① 媒介赋权既表现在对社会构成中强势一方的赋权，如互联网技术增益高社会经济地位人群的表达与发展能力，使其更具优势，也表现在对社会弱势群体的赋权，如改变弱势群体在公共话语空间保持沉默的状态，使其有空间和能力表达自身的诉求，并引起相应的社会改变，最终实现权益的维护和增长。

"知沟效应"表明媒介技术对不同社会经济地位人群的赋权差异制造了新的社会不平等，这一事实被广为接受。出于对社会公平正义的关注，人们更多地思考如何实现对底层群体更多的赋权。又由于传统媒体受制于特定的组织形式及其背后的政治、经济力量制约，对底层群体的赋权作用很有限。② 当具有突破特定组织形式的、更具有自由面貌的互联网等新媒体出现之后，新媒体对于底层群体的赋权作用被给予特别的关注。在不同国家和地区的实证研究中，这一议题都被进行了检视。研究发现，在美国，互联网对于低收入人群、少数族裔女性和同性恋群体赋权，使得他们得以表达自身的理念，彰显自身的存在，并通过表达建立共同社区。③ 在南亚地区，互联网帮助南亚妇女构建其表达空间，使她们的声音"被听见"。④ 在中国的珠三角地区，通过 NGO 组织的介入，培训女性农民工利用新媒体为自己和其所在的社区发声，为弥合性别数字鸿沟和对弱势女性群体赋权呈现出积极的可能性。⑤

媒介赋权这一向度的传统以理论与实践的融合为突出特征，上述研究几乎都是以底层群体在专家或 NGO 组织的帮助下对媒介的运用为基础的，较为成熟的模式以美国的媒介研究和行动计划（media research and action project, MRAP）为代表，这一计划利用新闻框架建设进而吸引媒

---

① 媒介技术对宏观社会构成的赋权研究，较具代表性的成果如郑永年《技术赋权围》，东方出版社 2014 年版。

② 黄月琴:《新媒介技术视野下的传播与赋权研究》，《湖北大学学报》（哲学社会科学版）2016 年第 11 期。

③ Mehra, B., Merkel, C., and Bishop, A. P., "The Internet for Empowerment of Minority and Marginalized Users", New Media & Societ, Vol. 6, No. 6, 2004, pp. 781 – 802.

④ Mitra, A., "Voices of the Marginalized on the Internet: Examples from a Website for Women of South Asia", Journal of Communication, Vol. 54, No. 3, 2010, pp. 492 – 510.

⑤ Jue, S., "Her Voice in the Making: ICTs and the Empowerment of Migrant Women in Pearl River Delta", China, Asian Journal of Women's Studies, Vol. 22, No. 4, 2016, pp. 507 – 516.

体报道，从而帮助边缘群体发声。①

（三）作为阶层利益的表达

早在1995年，柯林特·威尔逊（Clint C. Wilson Ⅱ）和菲利克斯·古铁雷斯（Felix E. Gutierrez）就揭示了市场细分逻辑之下的美国传媒业，已经将大众传播（mass communication）变成了阶层传播（class communication），他们不断为广告商创设出目标受众，将社会按照种族和阶层划线区隔。②在网络媒体高速发展的信息社会中，社会的结构特征又呈现出另一种划分逻辑，即"信息拥有者（information haves）和信息无产者（information have-nots）之间的对立"。③底层群体既是社会阶层结构意义上的下层，又属于信息无产者的队列。在中国语境下，底层群体的媒介表达得到了一定的关注，并主要集中于农民工阶层。2003年，中国社会科学院社会学研究所发表《当代中国社会流动》报告，其中指出中国2.1亿农民工已作为一个新的社会阶层崛起于中国社会。2003年9月22日，中国工会第十四次全国代表大会报告也明确表示："进城务工人员是工人阶级队伍的新成员，在促进城乡经济发展、巩固工农联盟方面发挥着重要作用。"然而，实证研究表明，农民工阶层的媒介表达是非常受限的，就传统主流媒体对其利益诉求的呈现而言，虽多有关注，但也存在回避核心矛盾的问题。④就新媒体而言，即便是互联网、移动电话等新媒介形态在农民工阶层中广为普及，也在他们的工厂抗争中发挥表达诉求、组织行动的作用，但实际上作用有限。⑤

上述有关底层表达研究的三种路径，彼此关联又相互区分。抗争往往建立在赋权的基础上，但是抗争取向的研究侧重点在于"抗争"，突出

---

① Ryan, C., Carragee, K. M., and Meinhofer, W., "Theory into Practice: Framing, the News Media, and Collective Action", *Journal of Broadcasting & Electronic Media*, Vol. 45, No. 1, 2001, pp. 175–182.

② Wilson, C. C. Ⅱ and Gutierrez, F. E., *Race, Multiculturalism and the Media: From Mass to Class Communication* (2nd Edition), Thousand Oaks, CA: Sage, 1995.

③⑤ 邱林川：《信息时代的世界工厂：新工人阶级的网络社会》，广西师范大学出版社2013年版。

④ 何晶：《传统主流报纸对农民工"讨薪"事件的媒介呈现分析（2002—2015）》，《国际新闻界》2018年第10期。

对立性和冲突性；而赋权取向的研究重在探讨媒介如何对底层赋权，赋权并不必然导致抗争。此外，抗争建立在阶层对立的假设之上，自然已经带有阶层的视角，但是"作为阶层利益的表达"这一研究取向更关注的是在社会阶层的关系框架下，底层如何通过媒介去进行利益表达，这种表达与社会其他构成有何关系，并不以抗争作为主要的解释路径。目前，有关底层表达的研究多集中于抗争性的利益表达这个维度，技术赋权路径的研究相对较少，关于阶层取向的研究则更少。换言之，已有研究多将底层表达限定在冲突性的关系结构中，强调其作为对抗性表达的性质，而忽略了利益表达作为达成共识、形成整体性认知的阶层建构手段这一路径，也忽视了在冲突性关系之外其他关系模式存在的可能性。造成这种缺憾的原因，在于没有把对这一议题的分析，安放在一个更大的图景之中。

四 底层表达与中国政治传播研究路径创新

被纳入中国政治传播整体性框架之中的底层表达研究，将被赋予新的研究方向，并将以此为基础为中国政治传播研究提供理论创新的可能性。结合中国政治传播研究和底层研究的实际情况，未来的中国政治传播研究路径创新大致可以在以下三个方向展开。

第一，关注阶层分析的经典问题，如底层群体中的阶层意识是如何形成的，媒介表达和政治沟通在其阶层意识的形成过程中发挥了怎样的作用，阶层意识一经形成又如何作用于政治沟通，围绕媒介表达、阶层意识和政治沟通的相互关系展开理论创新。这是在当前的底层表达研究中被忽略的议题，也是中国政治传播研究领域中的新鲜议题。如农民工是中国底层群体中很具代表性的社会阶层，早在2005年，有学者就认为农民工阶层已经形成。[①] 但是一直以来，对于这个论断尚缺乏更多具体的证明，尤其是，这个过程是怎样的，答案还不明晰。既往有关工人阶级和中产阶级形成的经典研究表明，大众传媒尤其是报纸、杂志在上述社会阶级形成的过程中扮演了重要角色，起着凝聚表达、形成阶级意识的

---

① 王春光：《农民工：一个正在崛起的新工人阶层》，《学习与探索》2005年第1期。

作用。① 那么，中国的农民工阶层呢？作为社会底层，在自身所拥有的话语空间有限、表达能力处于劣势的情况下，如何凝聚表达、形成共识？尤其是在变化的技术场景之下，即新媒介赋权之下，媒介表达对于其阶层意识的形成有何影响？进而对于作为整体意义上的"农民工"与其他社会阶层的沟通有何影响？这些问题既是理解中国农民工阶层和底层群体不可缺少的面向，也是从利益表达、阶层演进的角度对政治传播效果的揭示。

第二，关注在变化的媒介环境之下，为实现有效的政治沟通，底层话语表达方式的变化，指向底层的媒介话语调适及其与政治沟通的关系问题。由于当下新兴媒介突出的交互特性，中国的政治传播活动本身更表现出由带有单向传输色彩的"传播"向侧重多元互动的"沟通"的转向，媒介表达主体间的关系也在发生变化。这提示我们有必要关注不同表达主体话语表达方式的变化。例如，在自媒体时代，政务微博作为政府的发言人，直面公众，并采用了与传统上政府的传播话语很不相同的话语方式与公众沟通，作为政府和政党代表的官方媒体，其话语方式也发生了很大的变化，这些变化的过程和机制是怎样的，这类话题已有不少研究。作为被新技术赋权且媒介使用能力有限的底层群体，过去缺乏媒介表达经验，在甫一获得这一权利之初，如何运用媒介来进行利益表达，随着集体经验的累积，媒介表达的策略是否有所调整？并且，鉴于新媒体平台的多样性，底层群体又如何根据不同的媒介平台来调整表达策略？这些调整对于中国政治沟通的整体场域具有什么样的影响和意义？这些都是非常值得探讨而又尚属空白的问题。近年来媒介融合导致新媒体场景泛化，底层表达的内容和风格也在发生转向，底层表达的话语调适将指向改变的媒介场景和并非全然对抗性的话语场景，其新的话语模式有望导向新的理论模型。

第三，研究底层群体内部不同构成的媒介表达状况的变化，有助于对"底层表达"更细化的认识，从而更全面地把握当下中国政治传播场域的基础性力量，这导向对政治传播多元主体研究的拓展。由于阶层变迁是一个动态的过程，因此，底层群体中的那些具体社会构成，会随着

---

① ［英］E. P. 汤普森：《英国工人阶级的形成》，钱乘旦等译，译林出版社2011年版。

自身社会地位的改变而改变其媒介表达状况。相应地，分析底层群体内部不同构成的媒介表达状况的变化便很重要，由此可以一方面从特定主体媒介表达变化的角度把握社会变迁，另一方面也有助于对底层表达更细化的认识，弥补过去不区分具体人群，而只是笼统地谈论底层表达的缺陷。如工人阶级，在中华人民共和国成立至20世纪90年代前，拥有强势的话语权，媒介表达居于优势地位。但是随着国企改革利益调整所带来的整体社会地位下降，其媒介表达也转而趋弱。农民工阶层的媒介表达又有其自身的独特发展轨迹。底层群体内部有着多元化的结构，对底层真正的理解建立在对这些不同构成的把握基础之上，包括对其多元化的媒介表达的把握。目前的底层表达研究更多聚焦底层中的农民工，对其他构成如农民、下岗工人、低收入群体等的表达关注甚少。有理由相信，相较于农民工的媒介表达，其他底层构成的媒介表达将会呈现出不同的特点，甚至在农民工阶层内部，可能也存在不同的表达模式，因而也能够形成差异化的理论解释。如此，将在丰富底层表达理论模型的基础上，拓展对于中国政治传播整体面貌的认知。

总而言之，关于中国社会的底层表达，学界已经有了更多偏重于个案的研究，对于从微观层面上把握这一现象提供了可贵的基础。但研究的相对分散和一事一议所带来的局部色彩，使得对于从社会整体结构上来审视底层群体在利益表达上的处境及其社会成因，并进而讨论问题的解决方案，显得力不从心。政治传播研究视域的整体观和结构观有助于弥补这一缺憾。更重要的是，将底层表达纳入中国政治传播的整体框架之下，是对当下国内政治传播研究主体"偏向"的矫正，也是对变化的政治传播格局的及时回应，对于中国政治传播研究具有路径创新的重要意义，也为其理论创新提供了新的可能性。

（该文首发于2019年第六届"政治传播与社会发展论坛"，刊载于《新闻大学》2021年第1期。）

从信息全球化到信息地缘政治：
互联网思维逻辑的演进与趋势[*]

马立明

（暨南大学新闻与传播学院副教授、
暨南大学国家话语体系研究中心研究员）

摘　要：从 2020 年 8 月开始，美国等西方国家对中国互联网品牌抖音、微信等进行强购和打压，折射了当下互联网思维逻辑体系的深刻嬗变。互联网思维从最初作为被建构为共同信仰的"信息全球化"，走向了国家之间互相竞争与对抗的"信息地缘政治"。其特征也从最早的网络自由、资源共享和互惠互利，转向了零和博弈、冷战思维、争夺战略制高点。其变化来自国际格局的深刻变化：近年来，中美关系从对话与合作走向竞争，互联网行业间的自由互助逐渐演变为激烈竞争，甚至在一些领域呈现为对抗模式。在全球化时代建构而成的、带有明显西方痕迹的互联网研究，在新时代需要建构新的研究范式以适应当前国际格局的变化。

关键词：信息全球化；信息地缘政治；互联网思维；理想主义；现实主义

一　问题的提出

2020 年 8 月 3 日，美国政府通过行政手段强购中国社交软件抖音

---

[*] 本文系国家社会科学基金重大研究专项"网络空间统一战线铸牢中华民族共同体意识研究"（项目编号：21VMZ008）的阶段性成果。

(TikTok），是发生在新冠疫情期间反映中美关系紧张化的重要事件。接下来的半年里，美国政府还相继对微信、支付宝等软件进行了打压。时任总统特朗普表示，美国正在进行所谓的"净网行动"，在美国国内肃清了一系列有中国背景的应用软件（App）。在美国的游说和施压下，一些西方国家或亲西方国家相继下架了多款中国应用软件。这预示着一度标榜"网络无国界"的西方世界率先否定了信息全球化理念中的理想主义逻辑，转向以争夺信息权力为核心的现实主义逻辑。

互联网思维逻辑指的是在特定时期内，社会大众在使用网络与数字产品的过程中所形成的思维方式与价值取向。作为一种技术，互联网存在公共性和垄断性：在使用上该技术具有公共性，它带来的是人与人的连接与沟通，具备广阔的延伸可能；而在技术上该技术又具有垄断性，美国占据技术的制高点，在推广与设定议题上有垄断优势，国与国之间存在严重的"数字鸿沟"。因此该技术在诞生之初就存在双重身份：它既带来促进全球交流合作的可能，也是导致国际竞争激烈的诱因。冷战结束至今的互联网思维的变化，清晰地呈现出二重属性的演变路线：从"网络共和国"的乌托邦理想，走向今天强调主权、国家利益的"虚拟世界博弈"。投射到中美关系上，近年来的趋势是信息共享和合作不断减少、"信息边界"凸显、海外市场争夺激烈以及政府之间相互限制与打压。[1]

国际关系学界存在着理想主义与现实主义两个古老范式。前者是全球化时代全球共治理论的来源，而后者则是大国现实博弈的理论支撑。[2]近十年来，多个西方国家倾向于选择经济上的保护主义和政治上的保守主义，导致国际上出现了"逆全球化"倾向。而新冠疫情的暴发又削弱了国家之间的政治互信，在互联网信息等领域引发冲突态势。这一趋势与互联网思维逻辑的嬗变有着深刻的关联。本文试图通过国际关系理想主义与现实主义两种古老范式，阐述互联网思维逻辑的演化与嬗变，对

---

[1] 刘小燕、崔远航：《话语霸权：美国"互联网自由"治理理念的"普适化"推广》，《新闻与传播研究》2019年第5期。

[2] 詹姆斯·多尔蒂、小罗伯特·普法尔茨格拉夫：《争论中的国际关系理论》（第五版），阎学通、陈寒溪等译，世界知识出版社2003年版，第15—18页。此外，建构主义是第二次世界大战后异军突起的第三种范式，但由于过于关注观念层面，忽视了物质的意义和作用，在完整性与现实解释力上不如理想主义与现实主义两大范式。

互联网思维逻辑的走向与嬗变做初步的分析与探索。

二 信息全球化的互联网思维：一种理想主义的投射

信息全球化是在20世纪后半期的技术乐观主义中形成的一种积极趋势，在"后冷战时代"达到顶峰。信息全球化是全球化浪潮的一个部分。一般而言，全球化表现为政治全球化、经济全球化、科技全球化和文化全球化等维度。不同维度的全球化互相支撑又互相融合，形成"你中有我、我中有你"的局面。信息全球化在"硬件"上主要集中于互联网与移动通信领域，呈明显的科技属性，但在"软件"上又与政治、文化、社会等领域存在着密切联系，具有明显的传播属性，是复合的全球化综合体。早期的互联网建设由美国主导，多个国家的科技文化精英参与相关建设。早期的互联网具备全球主义的公共属性：在浩瀚无边的网络空间中，互联网是开放的、自由的、无拘无束的、富有浪漫色彩的。

以互联网、计算机技术为代表的第三次工业革命浪潮深刻地改变了人类的生活方式。20世纪80年代，未来学家阿尔文·托夫勒（Alvin Toffler）在《第三次浪潮》中提到，信息技术和社会需求成为世界发展的强大动力，整个世界融为一体。根据托夫勒的观点，过去30年我们处于数字阶段，如今进入"由信息技术与生物学融合的融合阶段"[1]，"信息高速公路"的建成导致了人类沟通、对话方式的改变，扩大了人类的视野，提升了生产效率。马歇尔·麦克卢汉（Marshall McLuhan）通过对电子媒介的深入观察，大胆地预言"地球村"（global village）将在网络技术的缔造下成为现实。[2] "地球村"概念是信息全球化的精彩比喻与生动阐释，指的是网络技术的进步导致了"时空坍塌"，一个人人参与的、新型的、整合的地球村即将产生。曼纽尔·卡斯特（Manuel Castells）则认为，信

---

[1] 阿尔文·托夫勒：《第三次浪潮》，朱志源等译，新华出版社1996年版，第324页。
[2] 马歇尔·麦克卢汉：《理解媒介：论人的延伸》，何道宽译，译林出版社2019年版，第17页。

息主义与资本主义深度融合，实现了网络社会的"重建"，工业社会进化为信息社会。① 第一代互联网产业领袖约翰·佩里·巴洛在瑞士达沃斯发表了著名的《赛博空间独立宣言》："作为未来的代言人，我代表未来，要求过去的你们别管我们"，"我们正在创造一个任何人都能参与的，没有因种族、财富、暴力和出身差异而产生特权与偏见的社会"。② 这个宣言号召"未来的我们"，即全世界的网络青年都以开放、兼容、共享的精神加入这个阵营。尽管该宣言带有浓厚的（甚至略为激进的）乌托邦色彩，但在信息全球化时代依然成为广大互联网青年从业者的业务准则，并被神化为"互联网极客精神"。

（一）政治维度

1. 后冷战时代美国霸权下的和平

苏联的解体使国际格局由两极化变成了单极化，美国以远超其他国家的综合国力进入"美国霸权时代"（Pax Americana）。在当时的国际形势下，大多数国家只能追随美国，既包括俄罗斯、日本、英国、德国等大国，也包括广大发展中国家。在互联网空间建设方面，美国拥有无可比拟的技术优势，全球管理互联网主目录的13台根域名服务器中有10台放置于美国，包括一台主根服务器。其余3台分别位于英国、瑞典和日本。大部分国家缺乏网络安全意识，任凭美国在信息领域进行全球布局。同时，美国生产的互联网产品（例如 Windows、Microsoft Office、Internet Explorer 等软件）直接打入各国市场，成为全球网络的标准化配置。例如，荷兰、比利时、丹麦等国家加入欧洲的海底光缆计划，以获得网络普及的物质基础。

2. 小国愿意牺牲部分主权换取数字合作

随着网络技术的不断发展，一些有远见的国家领导人也在考虑一种未来生活的方式，即所谓的"数字化生存"。尼古拉·尼葛洛庞帝

---

① 曼纽尔·卡斯特：《网络社会的崛起》，夏铸九等译，社会科学文献出版社2001年版，第24—25页。

② John Perry Barlow, "A Declaration of Independence of Cyber Space", 1996 - 02 - 08, https: //www. eff. org/cyberspace - independence. [2020 - 09 - 02]

(Nicholas Negroponte)指出,"计算不再只和计算机有关,它决定我们的生存"。[①]这种带有浓厚未来色彩的构想带来巨大的想象空间与市场前景,在一定程度上削弱了现实政治比较看重的禀赋(地理、资源、人口等)的重要性。一些国家领导人在后冷战时代甚至愿意牺牲部分主权来换取国际合作的机会,以更快地加入全球数字合作计划。

3. 对互联网空间"公共领域"的美好想象

互联网的发展也促进了全球民间社会的蓬勃发展。由于互联网的赋权,一些草根个体或团体获得了网络发声与展示的机会,他们成了全球公共空间中的"可见部分"。俞正樑等指出,"全球民间社会是一种相对较新的力量,它完全是全球化发展不断深入的结果"[②]。最早接触到网络的人群都是带有强烈精英倾向的青年知识分子(技术开发人员、媒体从业人士、学者、大学生等),他们受到巴洛等网络先驱的影响,赋予网络以"公共领域"的美好想象。全球民间社会的某些逻辑(例如所谓的"普世价值")也被带入各个国家的国内社会。在世纪之交,"互联网改变生活"已经成为政府层面与民间层面的共同认知。值得注意的是,在民权、民生问题得到充分关注的同时,新自由主义的政治理念也在网络上获得不同程度的普及。

(二) 经济维度

1. 互联网成为全球资本追逐的"风口"

全球市场力量成为推动全球化的根本力量,网络空间的建成与投入使用为世界经济高速发展提供了巨大动力。在全球化贸易额大幅增加的同时,信息产业的普及与"全球网络共同体"的建构为世界经济快速发展提供了有利条件。同时,大量热钱被互联网技术的前景吸引,资本跑步进场。以美国为例,1998—2001年期间,埋设在地下的光缆数量增加了5倍;全美70%以上的风险投资涌入互联网,1999年美国投向网络的资金达1000多亿美元;首次公开募股(IPO)筹集的资金超过690亿美

[①] 尼古拉·尼葛洛庞帝:《计算不再只和计算机有关,它决定我们的生存》,《信息经济与技术》1997年第5期。

[②] 俞正樑、陈玉刚:《全球共治理论初探》,《世界经济与政治》2005年第2期。

元；457 家完成公开上市的企业多数与互联网相关，其中 117 家在上市首日股价翻番；美国 371 家上市的互联网公司已经发展到整体市值达 1.3 万亿美元，相当于整个美国股市的 8%。[1] 随着资本与网络科技的结盟，互联网成为美国乃至世界经济的重要风口。

2. 美国信息产业渗透全球市场

掌握资本与技术绝对优势的美国互联网公司在信息全球化的过程中，通过大规模的资源整合成了跨国公司。它们既是信息全球化的推动者，也是信息全球化发展的获利者。在互联网受到游资追捧的时候，它们被全球市场力量推向前台，成为富可敌国的"超级公司"，既包括微软、英特尔（Intel）、甲骨文、推特（Twitter）等软件公司，也包括苹果、IBM、摩托罗拉等泛信息类科技企业。来自美国等西方发达国家的产业巨头为广大发展中国家提供了海量的科技信息文化产品，同时也从中赚取大量财富。跨国公司是国际社会的重要行为体，它们拥有巨大的资本力量，足以影响甚至干涉所在国的主权。

3. 美国信息产业品牌打造"美国神话"

多国政府对美国信息产品普遍持欢迎态度，因为这些产品带来了经济效益与民生水平的提升。这些跨国企业还投巨资进行政府公关与市场开拓，获得了较高的社会美誉度。由于很多产品是美国品牌，因此也在各国民众中形成了"美国带来美好生活"的印象，"美国神话"也在这个时候被逐步建构起来，配合美国价值观成为所谓的"普世价值"。

（三）文化维度

1. 互联网情境下文化产业与信息产业的高度结合

由于文化与科技之间的密切联系，包括电影、游戏、音乐、体育在内的泛文化产业与信息产业高度融合，达到了"沉浸式"的呈现效果。在互联网情境下，一些西方文化企业同时也表现出强烈的媒体属性（比如迪士尼、漫威、梦工厂等），它们既是内容层面的信息提供者，也是技术层面的信息传播者。在技术上拥有绝对优势的西方文化得以用最强势

---

[1] 方兴东、钟祥铭、彭筱军：《全球互联网 50 年（1969—2019）：发展阶段与演进逻辑（下）》，《互联网天地》2019 年第 11 期。

的方式自我呈现，形成了美国学者道格拉斯·凯尔纳（Douglas Kellner）所说的足以辐射全球的"媒体奇观"——资本、技术和信息娱乐工业高度结合。[1] 也就是说，掌握了资金与技术优势的国家，就有了在网络上大力推行其文化的基础。

2. 美国文化借助强势的技术全球传播

互联网的发展打破了国家间的"信息藩篱"，一些落后国家的民众有机会获取来自发达国家的包装精美的文化产品。来自发达国家的内容产品提供者热衷于享受被全球簇拥的时代红利，因此通过互联网大力开发全球市场，而发展中国家的民众则愿意拥抱这些低价的资源。有一种乐观的观点认为，全球化将打造一种关于后现代主义的共识，它能让全球的年轻网民拥有更多关于文化的共同语言，比如体育、音乐、电影和游戏。但另一种批评是，这种共同语言往往是"西方中心主义倾向"的，比如人们往往会讨论一部好莱坞大片，而很少会讨论一部发展中国家拍的优秀电影。[2]

3. 文化教育"西方崇拜"的形成

文化全球化还表现为学术上的西方中心主义。通过文化在互联网场域的传播，西方学府如哈佛大学、耶鲁大学、剑桥大学等被赋予学术权威的印象。文化产业建构出的文化霸权折射为文化教育上的"西方崇拜"，每年都有很多来自各国的优秀青年以考入美国常青藤院校作为奋斗方向。因此，在全球化时代出现了一种以西方国家为目标的人口流动现象，体现为发展中国家青年集体前往发达国家（尤其是美国）留学。留学生毕业回国后，也有意无意地将"西方崇拜"带回本土，促成了"西学东渐"，导致多个领域出现了"唯西方论"。

三 信息地缘政治时代的互联网思维：作为现实主义的投射

经过多年的发展，现实政治已经渗入互联网空间。罗伯特·基欧汉

---

[1] 道格拉斯·凯尔纳：《媒体奇观——当代美国社会文化透视》，史安斌译，清华大学出版社2003年版，第15页。

[2] 雷吉斯·迪布瓦：《好莱坞：电影与意识形态》，李丹丹等译，商务印书馆2014年版，第22页。

和约瑟夫·奈曾经将信息划分为三种类型，即免费信息、商业信息和战略信息。[1] 但是，这些类型之间的界限越来越模糊，一些战略信息会伪装成其他信息。因此，国家之间"信息边界"的必要性凸显，还出现了争夺"制网权"的信息地缘政治。"地缘政治"是一个带有现实主义色彩的国际关系概念。它主要是根据地理要素和政治格局的地域形式，强调主权国家基于特定地理资源的竞争与博弈，分析和预测世界或区域战略形势以及有关国家的政治行为。它把地理因素视为影响甚至决定国家政治行为的一个基本因素，又被称为"地理政治学"（Geopolitics）。信息地缘政治则是围绕"制网权"展开的国家间的博弈，制网权又包括"信息权""科技权""数据权"等，是国家驾驭网络的能力体现。

关于信息地缘政治这一概念，学界有不同的解读。丹·席勒（Dan Schiller）从传媒政治经济学的角度出发，认为信息强国一直在进行信息扩张，使信息弱国处于信息强国的传播主导地位之下，其引发的信息不对称巩固现存的不平等权力关系，即"增强业已强大的，并进一步削弱本已孱弱的"[2]。埃里克·罗森巴赫和凯瑟琳·曼斯特德则从大国关系的角度出发，认为数据或信息就是新的石油，信息地缘政治就是国家之间抢占"新石油"的过程，包括抢占信息影响力、决策准确性、数据经济、指挥联络能力的制高点。[3] 伊恩·波帕指出，"毫不夸张地说，网络空间的地缘政治很可能是一种特殊的演变"，"在不久的将来我们会发现网络力量对历史的重大影响，以及网络空间作为虚拟有机体对国际关系的重要性"。[4] 约翰·阿格纽指出，"国家权力并没有被完全控制在国家领土之

---

[1] Robert Keohane & Joseph Nye, "Power and Interdependence in the Information Age", *Foreign Affairs*, Vol. 77, No. 55, 1998, pp. 81-94.

[2] 丹·席勒：《信息传播业的地缘政治经济学》，翟秀凤等编译，《国际新闻界》2016 年第 12 期。

[3] E. Rosenbach K. Mansted, "The Geopolitics of Information", Harvard Kennedy School, *Belfer Centre for Science and International Affairs*, 2019, pp. 1-3.

[4] I. Popa, *Cyber Geopolitics and Sovereignty: An Introductory Overview*, The 5th International Scientific Conference, National and International Security 2014, published by Armed Forces Academy of General Milan Rastislav, 2014, p. 413.

内，它也可以发生在非领土之上或跨空间的网络之中"。① 任孟山认为，"国家地缘政治逻辑的内在力量在于以领土空间作为主权控制的对象，以空间的封闭性与独占性阻遏或延缓信息传递的时间，实现对信息传播时间的空间管治……国际传播与地缘政治的老逻辑依然被遵循，但在互联网时代出现了新变化"。② 尽管以上解读由于着眼点不同而存在差异，但"信息地缘政治"这一概念充分展示了地理政治学"旧有逻辑"的特定属性：崇尚主权、权力与国家利益，体现为对特定权力（制网权）的不懈追逐。在互联网充分发展的今天，互联网世界中已经出现了"虚拟帝国"，正在划分各自的势力范围。

（一）政治维度

1. 各国对网络资源的暗中争夺

军事学者对美国主控互联网一直比较警觉。在互联网诞生之际，军事学者就指出，互联网是除了以往的陆、海、空、天四维空间之外的"第五维空间"。信息空间不仅自身具有极大的战略意义，而且对其他四维具有巨大的辐射效应。信息空间在理论上是没有边界、可以无限延伸的大陆，但是其用户分属不同的国家，同样存在地缘政治的问题。主权国家要实现非传统意义上的"安全观"，就需要像发展制空权、制海权那样发展"制网权"。只有在网络世界中掌握主动，才能避免网络强国的霸权行径，实现国家的长治久安。随着传播技术从印刷、电报、广播电视到互联网的发展，地理政治学的内容也不断变化，形成了不同形态的信息地缘政治格局。在现实主义的逻辑下，各国试图争夺信息、数据、技术、用户，这导致"信息地缘政治成为硝烟弥漫的战场"③。

2. "智能帝国主义"的霸权印象管理

从大国兴衰的角度分析，已经成为超级大国的美国将如何低成本维系原有国际地位及避免霸权衰落看作当下大国战略的首要问题。在"做

---

① M. Kuus & J. Agnew, "Theorizing the State Geographically: Sovereignty, Subjectivity, Territoriality", in K. Cox, J. Robinson & M. Low, eds., *The Handbook of Political Geography*, London: Sage Publications, 2008, pp. 117 – 132.

② 任孟山：《互联网时代的国际传播与地缘政治》，《现代传播》2014 年第 10 期。

③ 张妍：《信息时代的地缘政治与"科技权"》，《现代国际关系》2001 年第 7 期。

一个节俭的超级大国"的指导思想下,美国开始高效率地管理和利用其在国内外观众心目中的印象。[①] 时任美国总统奥巴马在发布 2011 年网络战略时,强调网络空间使所有人有能力改变他国政府,使其变得更加开放。该战略表明,美国大力支持"民运"人士和记者群体使用数字技术挑战他国政权,互联网能够放大所谓"民主斗士"的影响力。[②] 在"阿拉伯之春"事件中,互联网与社交媒体第一次被大规模用作"互联网战争"的武器,成为干涉主权国家内政的手段。时任美国国务卿希拉里将这种策略称为"智能帝国主义",就是通过美国软实力与网络技术的优势组合推动"民主化"。因此,在先进技术的推动下,奥巴马多次强调"美国的榜样作用","要当世界的灯塔",进行民主化的议程设置,从而辐射全球,促成全球青年"观念底色"的更改,同时促进新自由主义的广泛传播。

3. 美国社交媒体成为和平演变的"特洛伊木马"

自 2006 年以来,美国高科技企业研发的社交媒体软件,例如推特(Twitter)、脸书(Facebook)、照片墙(Instagram)等,与用户的联系更加紧密,形成了"永久在线、永久连接"的依赖关系,同时反塑着用户的价值观念。在美国政府看来,这些社交媒体有能力将"美国价值观"进行跨国传播。它们在为用户提供沟通便利的同时,也在暗中进行隐秘工作,以民主之名干涉他国内政。社交媒体在政治运动中发挥了重要作用,影响了 2011 年的"阿拉伯之春"、2014 年的乌克兰"橙色革命"等事件。可以说,社交媒体成了美国实现和平演变的"特洛伊木马"。当今的网络已把相距万里的信息节点铰链为一体,网络攻击行动可以悄无声息、轻而易举地进入对手的"心脏部位"。

4. 中俄等非西方大国追求网络的"独立自主"

在"斯诺登事件"[③]之后,多个国家觉察到美国利用先进技术对其他

[①] 蒲晓宇:《霸权的印象管理——地位信号、地位困境与美国亚太再平衡战略》,《世界经济与政治》2014 年第 9 期。

[②] E. Rosenbach & K. Mansted, "The Geopolitics of Information", *Harvard Kennedy School, Belfer Centre for Science and International Affairs*, 2019, p. 15.

[③] 斯诺登事件即棱镜门事件。英国《卫报》和美国《华盛顿邮报》2013 年 6 月 6 日报道称,美国国家安全局(NSA)和联邦调查局(FBI)于 2007 年启动了一个代号为"棱镜"的秘密监控项目,直接进入美国国际网络公司的中心服务器挖掘数据、收集情报,包括微软、雅虎、谷歌、苹果等在内的 9 家国际网络巨头皆参与其中。

国家（包括盟友在内）进行窃听，因此加强了网络安全的保护意识。中国于 2015 年正式提出了"网络主权"这一概念，习近平总书记在第二届世界互联网大会上指出，"我们应该尊重各国自主选择网络发展道路、网络管理模式、互联网公共政策和平等参与国际网络空间治理的权利，不搞网络霸权，不干涉他国内政，不从事、纵容或支持危害他国国家安全的网络活动"。① 俄罗斯同样很早就意识到网络安全的重要性：2014 年，进行了首次主权互联网演习；2019 年 12 月 31 日，开展"断网"演习，切断俄境内网络与国际互联网的联系，并测试国家级内网"RuNet"。② 俄罗斯对美国社交媒体巨头进入俄罗斯市场的控制十分严格，支持开展替代性服务，以取代脸书和谷歌邮箱（Gmail）等服务。

（二）经济维度

1. 中国互联网产品的崛起挑战美国的信息霸权

随着中国互联网企业的崛起，信息产业的"单极化结构"被打破。2016—2020 年，中国互联网应用软件在国外逐渐具备一定的市场份额，开始挑战美国网络产业在全球的垄断地位。快速发展的抖音更是在 2020 年上半年接连打败推特、脸书等美国品牌，一度占据全美软件下载榜单的榜首。在一些美国政客看来，抖音等中国互联网产品在美国收获大批青年用户，这挑战了美国科技巨头的垄断地位，也挑战了美国的文化霸权。美国政府担心中国的应用软件也被用作政治宣传与意识形态渗透，所以不惜违背"自由市场"的承诺，主动出面强行收购。美国的行动说明，它宣称的"自由"是建立在其技术垄断下的虚伪自由，一旦这一垄断地位被打破，其"网络自由"就不复存在。

2. 广大发展中国家用户成为信息地缘政治博弈的焦点

争夺现实中的用户成为全球互联网企业之争的关键。目前，全世界的网民数量已经达到 40 亿，基本上集中在发达国家。值得关注的是，发

---

① 《习近平在第二届世界互联网大会开幕式上的讲话》，2015 年 12 月 16 日，新华网（http://www.xinhuanet.com/world/2015-12/16/c_1117481089.htm）。

② 《俄"断网"演习避免国家网络命脉受制于人》，2019 年 12 月，中国新闻网（https:///www.chinanews.com/gj/2019/12-31/9047663.shtml）。

展中国家的网民数量也在快速攀升,新增网民大多数集中在发展中国家。因此,发展中国家的新网民成为互联网巨头争取的重要资源。然而,相比于 2000 年信息全球化时代的网民,如今新增加的发展中国家的网民对美国产品的认可度逐步下降。在广大第三世界国家,中美信息或泛信息企业之间的博弈正在激烈展开。在硬件领域,来自中国的华为、OPPO、小米与来自美国的苹果展开了正面较量。而在社交软件领域,中国的微信、抖音、微博和美国的推特、脸书等展开了激烈的竞争。两国企业不仅互相打入对方市场,而且在争夺广大"中间地带"的用户。对于收入水平相对较低的第三世界用户而言,中国的产品具有明显的价格优势。

(三) 文化维度

1. 美国文化产品的东方主义色彩

文学评论家弗兰茨·梅林(Franz Erdmann Mehring)曾经指出,一切艺术总是以这样或那样的方式表现其倾向性和政治性,实际上并不存在非政治的、无倾向性的艺术。拥有强大技术能力与资本支撑的美国文化霸权,在进行言说的同时也在用自己的叙事方式阐述他者。美国的文化影业通过高科技的呈现手段与传播方式讲述异质文明的故事,比如美国出品的《花木兰》《功夫熊猫》《黑豹》《逃离德黑兰》等非西方文化题材,都是以美国的价值标准进行讲述的。"美国电影对外传播擅长使用'森林密码'策略,即以别国文化为'果肉',以己国文化为'果核',最终实现好莱坞电影的跨文化传播"[1]。美裔巴勒斯坦学者爱德华·萨义德说,在这种语境下,东方"不能表述自己,他们只能被表述"[2]。在貌似人人都有发声机会的文化全球化浪潮中,话语权依然由西方主导。好莱坞电影"在给观众带来享受的同时,也对外输出美国文化和意识形态,塑造美国国家形象"[3]。萨义德指出,"东方被观看,因为其几乎是冒犯性的行为的怪异性具有取之不尽的来源……东方成了怪异性活生生的戏剧

---

[1] 刘志刚:《好莱坞电影传播"美国价值"的启示》,《对外传播》2019 年第 9 期。

[2] 爱德华·萨义德:《东方学》,王宇根译,生活·读书·新知三联书店 1999 年版,第 375 页。

[3] 郑东超:《好莱坞电影与美国意识形态输出》,《国际传播》2018 年第 5 期。

舞台"。① 这种意识形态的渗透隐藏在精美的画面制造与巧妙的叙事背后，对受众有潜移默化的劝服作用。这在一定程度上消解了所在国的政治文化秩序建设，颠覆了所在国国民的自我认同，导致认知混乱的出现。

2. 非西方国家打造强势媒体

发展中国家随着政治、经济、科技的逐步成熟，也具备了自我言说的能力。中国、俄罗斯、墨西哥、委内瑞拉等国已经在反思西方中心主义带来的意识形态问题，并对来自西方文化产业的作品进行了一定的审核和反思，同时打造自己的强势媒体。以中国为例，习近平总书记在2013年提出"讲好中国故事"的号召，要求中国记者打破西方的话语框架，主动争夺中国的话语权。在俄罗斯，年轻的"今日俄罗斯（RT）"电视台也打破了西方世界在媒体中的话语权"呈现一个没有偏见的俄罗斯形象"，面对西方世界对俄罗斯的抹黑与批评，经常与西方媒体展开辩论。② 委内瑞拉前总统查韦斯在21世纪初开设了"南方电视台"，发出一种"全球南方"的声音。③

四　互联网思维逻辑的嬗变：范式的交锋与融合

从信息全球化到信息地缘政治，互联网思维逻辑改变的深层原因是：一度占主流位置的理想主义范式遭到了现实主义范式空前严峻的挑战。托马斯·库恩认为，范式就是一个公认的模型或模式。范式是一个科学领域发展成熟的标志。在库恩看来，科学史由"常规科学"和"科学革命"构成，长时期内常规科学由单一范式一统天下，短暂的科学革命则表现为新范式代替旧范式。④ 社会科学范式的转化往往也伴随着社会的深

---

① 爱德华·萨义德：《东方学》，王宇根译，生活·读书·新知三联书店1999年版，第135页。
② 程曼丽：《如何进入国际传播的主阵地——以"今日俄罗斯（RT）"电视台为例》，《新闻与写作》2013年第6期。
③ 李菡：《浅析拉美的另类传媒——以南方电视台为例》，《拉丁美洲研究》2011年第3期。
④ T. Kuhn, *The Structure of Scientific Revolutions*, Chicago: University of Chicago Press, 1970, p. 23.

刻变迁以及观念革命。范式有着强大的现实阐释力与完整的理论体系，具有理论简约、观点明晰的特点。但是范式存在着视角单一的问题，容易使人一叶障目不见泰山，陷入"范式困境"。

理想主义范式和现实主义范式是国际关系的两大古老范式。这两种范式有着较为本质的区别。理想主义倾向于认为人性本善，认可国际社会的相互依存和制度化现象；而现实主义范式则倾向于认为人性本恶，以权力界定利益，认为国家追求的是现实权力。两个不同的范式建立起完全不同的体系，针对不同的国际现象各自展现出强大的解释力。

（一）交锋：从理想主义到现实主义

理想主义发轫于康德的民主和平理想，以美国前总统伍德罗·威尔逊（Woodrow Wilson）为代表人物，他提出的"十四点原则"涵盖了道德主义、民主和平、集体安全、民族自决等议题，这普遍被看作理想主义的集中表现。[①] 尽管威尔逊的主张在巴黎和会上并没有得到英法等老牌资本主义政客的重视，但仍然在很大程度上鼓舞了第三世界国家争取独立、平等的意愿。这种思想在第一次世界大战后一度占据主导地位，并在1928年的《白里安—凯洛格公约》（又称"非战公约"）中达到顶点。理想主义的破灭缘于第二次世界大战的爆发，但是它的很多思想渊源保留了下来，成为国际政治实践的重要依据之一。尤其是在进入后冷战时代的"美国单极化"国际体系中，理想主义再次被激活：一些"全球性问题"迫切需要国家间的深度合作，比如全球变暖问题、环境保护问题、难民问题。"国际道德、国际舆论、国际法等方面的作用虽然有限，但在这个全球化不断发展的世界里，它们的作用却越来越不能被忽视。"[②] 不能否认理想主义逻辑的建设性与政治向善的努力，但这需要每个参与者有足够的道德自觉。美国需要尽可能维护它来之不易的霸权优势，理想主义的外衣下仍是现实主义的一种政治策略。

现实主义范式可溯源至马基雅维利主义及前现代政治的权谋术，这种理论的核心是国家必定追求权力的实现，包括财富、人口、疆域、资源、影响力等。其奠基人汉斯·摩根索（Hans J. Morgenthau）在总结第

[①②] 姜秀敏：《威尔逊的理想主义述评》，《东北大学学报》（社会科学版）2006年第1期。

二次世界大战的起源时认为，国家利益是政府尽力谋求的正常目标，国际体系的基本特征是无政府状态，即国际体系不存在凌驾于主权之上的合法权威。每个国家都在追求政权稳定与国土安全，应当避免各种来自外部势力的侵略与颠覆。现实主义在国际形势紧张的状态下尤其有信服力，体现为国家综合国力的竞争、利益之间的博弈、势力范围的争夺。[1]在这种语境下，地缘政治也是一个充满现实主义色彩的概念，指的是国家之间为争夺利益而必须巩固的地理优势。因此，现实主义逻辑又会造成国家间矛盾激化，阻碍国际合作与交流，甚至引发战争，导致生灵涂炭。

从近年国际社会的现实变化看来，现实主义范式更具解释力。投射到互联网思维逻辑上，就是信息地缘政治的受关注程度不断提升。拥有绝对技术优势的美国准备以较低的成本实现核心国家利益——霸权的稳定，并把网络意识形态渗透视为高效的方式。在这种路线下，"理想主义"更像一个幌子，配合美国进行"特洛伊木马"式的意识形态渗透。美国通过议程设置、话语转化、重构叙事等方式，暗示"民主化"是社会进化的必然目标，"网络不仅仅只是网络，而且上升为国家与国家之间冲突的主战场"[2]。在很长一段时间里，西方国家在倡导一种"普世价值"，试图替换非西方国家的传统意识形态。所谓"普世价值"，就是在"某一国家或某些国家企图把自己的特殊价值标准普遍化，故意取消价值主体的多元性，单方面为其他国家制定规则，既缺乏对他者的尊重，又违背包容多样的世界发展潮流"[3]。这种措施就是通过宣传手段瓦解对方的自我认同，从而达到不战而胜的目的。"像所有思想观念一样，意识形态是一种武器，它可以提高国民的士气，并随之增加国家的权力，而且正是在这样做的行动中，它会瓦解对手的士气。"[4] 美国曾经通过广播电

---

[1] 汉斯·摩根索：《国家间政治：权力斗争与和平》，徐昕等译，北京大学出版社2005年版，第1—3页。

[2] 方兴东、钟祥铭、彭筱军：《全球互联网50年（1969—2019）：发展阶段与演进逻辑（下）》，《新闻记者》2019年第7期。

[3] 陈科、周丹：《"普世价值"批判与社会主义价值共识的凝聚》，《马克思主义研究》2017年第6期。

[4] 汉斯·摩根索：《国家间政治：权力斗争与和平》，北京大学出版社2005年版，第126页。

台、电视台、出版物进行意识形态传播，如今手段则升级为日趋智能化、功能更多样的互联网与社交媒体，将自己的现实主义逻辑隐藏在理想主义逻辑之中。①

（二）融合：范式的解放与对话

范式的分析尽管简明清晰，但是也存在着短视、片面、非此即彼的弊端。因此，范式也会制约研究者，精美的范式有可能成为精美的牢笼。一般来说，学者一旦进入范式研究，就会受到范式的约束，包括其思维方式、基本思路、使用的核心概念和理论术语以及评价研究水平的标尺等。范式研究只能从某一视角和方面分析问题，因此范式研究为寻求理论的简约和观点的明晰而一直陷入眼光的短视或单一视角困境之中。② 尽管现实主义范式确实比理想主义范式更能解释当下的国际形势，但是国际政治是非常复杂的，并不是非此即彼、非黑即白。即使在今天，理想主义范式也不能被全盘推翻，大部分国家依然呼唤建立在平等基础上的对话与合作。

对于范式研究的困境，拉里·劳丹（Larry Laudan）提出应该对范式进行修正。劳丹认为，范式之间如果存在不可通约性，那意味着学者之间不能对话，但是学术共同体并不是拒绝对话，而是开放的。即使我们不能找到一种中性的观察语言和用来把理论翻译为观察语言的对应规则，我们仍然能够对理论进行客观合理的评价。③ 因此"范式融合"也在争议中启动，不同范式努力拓展自己的边界，将互相包容作为终极目标，从而不断完善努力。如果范式之间的包容与融合成为可能，那就应该看到现实主义范式与理想主义范式中存在的"公约数"。两个范式融合后的"理想现实主义"强调国际政治中的国家亦善亦恶，既要获取也要付出，

---

① 理想主义与现实主义这两个理论脉络并非一成不变，而是随着时代的推进各有演变，前者演变为自由主义、世界主义、全球主义的思想体系，强调民主和平、全球共治、国际制度、民族自决等一系列内容；后者发展为新现实主义，尽管承认全球化时代国际体系、结构与国家间的相互依存，但依然强调主权国家对权力的渴望与追逐。同时，这种嬗变也不是瞬间发生的，而是一个渐进的过程。

② 刘胜湘：《国际关系研究范式融合论析》，《世界经济与政治》2014 年第 12 期。

③ 曾点：《从"科学研究纲领"到"科学研究传统"——劳丹的非本质主义哲学观》，《自然辩证法研究》2017 年第 3 期。

既追求自身利益，也会适度考虑他方利益，国家最终实现的是利益的折中，而不是利益的最大化。当然，这种范式融合的产物依然存在争议，但它确实提供了一种思路，那就是在复杂世界中矛盾普遍存在，事物的统一性往往由不同的对立面构成。

按照"理想现实主义"的框架来解释当今的互联网思维，能看到互联网的不同侧面：一方面，它是一件"礼物"，能在不同国家之间建立沟通与联系，提升生产效率；另一方面，它也是"特洛伊木马"，一些国家可以利用互联网进行意识形态输出，使之成为一种控制别人的工具。即使当下国际社会全面转向现实主义，也不能否认理想主义的一些基本原理，比如国家间合作的必要性与国家对话的可能，以及互联网在国际合作与国际交往中起到的正面作用。然而，范式融合也存在明显的缺陷，比如没有明晰的范畴界定，在观点上比较模糊，缺乏核心变量。而且，范式一旦被融合，单一范式的完整性与精致性就会受到冲击。因此，也有很多学者对范式融合持保留态度。

（三）祛魅：还原互联网的工具属性

在理想主义和现实主义两种范式投影下，互联网呈现出截然不同的两个面貌。这两个面貌是复杂事物的不同两面，但在范式的框定下，又容易被"过度阐释"，强化其刻板印象。这种尖锐对立有助于进一步厘清互联网的真实面貌，实现了互联网的祛魅过程。备受争议的"互联网思维"本质上不应被看作一种价值观，而应该还原其工具属性。事实上，作为工具的互联网有助于提高经济水平和社会发展水平。因此大部分国家从现实利益的角度考量，愿意牺牲一定的主权换取合作，以获得加入全球互联网的机会。而掌握互联网核心技术的美国则将互联网视为另一种工具，作为控制他国、影响他国政治行为的方式，借助自身的文化工业优势进行议程设置。

作为一种通信工具的互联网本身并没有价值取向，关键是谁在使用，如何使用。一些与美国存在竞争关系、综合国力较强的国家（如中国、俄罗斯等）更为看重国家安全，因而尝试网络世界的"去美国化"。一些综合国力较弱的小国则愿意进行主权让渡，从而抓住互联网带来的经济发展机遇。可见，互联网尽管连接了不同的人，是带有人文属性的科技发明，但是其本质依然是一种通信工具。

五 结语

现实世界往往体现出更复杂的一面。在今天的国际关系实践中，一些政治精英已经可以摆脱范式的束缚，采取不拘一格的灵活政策。但是，范式对实践依然有指向意义，因为整个国际格局的变化牵涉方方面面，注定对政治、经济、文化有着直接的冲击。尤其是中国作为国际格局中迅猛发展的新兴力量，当面临外部环境的急剧变化与角色转变时，是最能体会这种强劲冲击的。

从悲观的角度看，伴随着理想主义的式微与现实主义的崛起，国际局势从缓和走向紧张，互联网也从刚开始的"应许之地"变成权力争夺的"火药桶"。在国家之间关于"制网权"的激烈竞争下，信息全球化时代曾经出现的信息自由流动现象也即将受阻，屏障与边界正在构筑起来，政府将更加重视信息传播的可控性。如果国际形势进一步紧张化，政府追求国家安全的动力将成为压倒性力量，成为互联网思维逻辑的首要考量。越来越多的国家开始追求网络空间的独立自主，尝试建设一个"去美国化"的网络，打造一系列更符合本国价值体系的网络产品。在范式的转换下，学科内部也会出现价值观革命，改革开放以来的人文社会科学"西学东渐"过程也会出现很大的变化，尤其是在互联网相关研究中，既有的一些以西方为中心的研究路径与思维惯性也应该有所调整。

从乐观的角度审视，国际关系中的理想主义与现实主义并非势不两立，两种范式在一定情形下也会融合。在"理想现实主义"的融合范式中，国际关系仍然存在合作、对话的一面。信息全球化时代的理想主义也并未完全过时。未来的互联网思维逻辑有可能在理想主义与现实主义中找到平衡。信息传播有其受制于国家意志的一面，但也有相对自由的一面。只是在当前格局下，我们需要更敏锐地认识到信息地缘政治给全球传播格局带来的深远影响。作为一种技术工具的互联网仍然是国家之间沟通与交流的桥梁。只不过，我们的社会科学研究（尤其是与互联网相关的研究）需要从西方主导的学科视角中解放出来，不能对西方话语亦步亦趋，需要意识到在现实主义范式中"东西有别"，并在新的基础上进行学科的修正与重构。

（该文首发于2020年第七届"政治传播与社会发展论坛"，刊载于《国外社会科学》2021年第6期。）

深度智能化时代算法认知的伦理与政治审视

段伟文

（中国社会科学院大学哲学院教授，博士生导师，
中国社会科学院哲学研究所研究员）

摘　要：当前数据驱动的算法认知的观念源于科学革命以来现代性建构进程中对"计算理性"和"量化社会"的追寻，它正在从根本上决定着深度智能化时代的伦理与政治结构。在基于世界的数据化的认知生态系统中，算法认知是一种生成性的力量，发挥着预测机器和现实制造的功能，同时基于算法认知的人机认知组合也导致了智能折叠。算法治理之道不能仅仅关注透明度和问责等一般性的科技伦理和法律治理框架，而应该从算法认知对伦理与政治的重新安排入手，探寻如何恰当运用技术赋予的权力构造一种可以让人们能够共处的生活方式，进而走出机器役使和社会驯化的困境，获得超越技术解决主义的足够智慧。

关键词：深度智能化时代；算法认知；预测机器；智能折叠

我们正在走向深度智能化时代，人和世界日益被信息和计算所嵌入，人们在面对机器能否超越人类智能这一挑战之前，就生活在基于人机数据交互的各种智能系统之中。透过当前数据驱动的人工智能应用，不难看到，深度智能化时代不仅意味着对事物的自动化认知和控制，也令人本身成为机器智能运用算法（algorithm）加以认知与操控的对象。在人们

惊叹智能算法强大力量的同时，大数据杀熟、算法歧视、"智能监测"等隐蔽而普遍存在的问题不断曝光，算法滥用成为理论批判、舆论批评甚至监管的对象，算法的透明度、可解释性、公正与非歧视以及可问责等方面的规范性要求成为数字技术的法律和伦理治理的焦点。但在实践层面，不论是对算法的批判——如将其认定为数字时代的意识形态，还是以透明和反歧视的法规和伦理规范对其加以治理，固然有助于形成舆论与合规的压力并促使相关主体改进其行为，但往往是跟在此起彼伏的问题后面，要么流于形式，要么过于严苛，一直面临防不胜防的窘境。究其原因，是因为这些单纯的伦理和法律考量未能深入探究智能算法这一全新机器控制方式的认知机制，更未看到算法认知对我们生活于其中的技术社会系统的基础性影响；而不能对它们有所洞察，就难以辨析问题的机理、症结与趋势，更无以探寻和实践标本兼治之道。在依照伦理原则和法律规定决定算法应如何运行、哪些算法应该禁止的同时，要看到算法治理的系统性、复杂性和长期性挑战。为此，应从多学科和更广阔的视阈聚焦算法认知过程与认知生态系统，系统地审视作为其背景和前景的伦理与政治结构及其嬗变，为深度智能化时代的治理奠定更加扎实和更具前瞻性的理论基础。

一　机器真理：从算法的客观性到算法认知的伦理与政治结构

自 20 世纪中期以来，信息论和控制论兴起，以其作为基础的计算机技术发展迅速，使当代人成为由各种各样的控制论机器联结而成的技术社会系统中的"科技智人"。随着数字技术的发展，控制论机器演化出新版本，它的"燃料"是由布满世界的传感器和网络源源不断地生成的数据流，其运行机制是由代码和软件构成的算法，不论称其为大数据与人工智能还是数据智能或计算智能，"科技智人 2.0"的生存、生命和生活越来越多地托付给基于数据和算法的自动化感知、认知和决策。展望未来，越来越多关于人的信息和数据将被搜集和分析，不仅你说什么、做什么、去哪里和跟谁在一起被实时捕捉，而且你想什么、感受如何甚至将要做什么，也成为智能算法预见和干预的目标。

什么是算法？从语义上讲，算法在当代的含义多指一组旨在达成某种预期的结果而展开的正式的过程或按步骤进行的程序。在词源上，一般认为算法一词来自中世纪波斯学者花拉子（Al-Kh-warizmi）的名字衍生的拉丁词"algorismus"，意指使用印度—阿拉伯十进制数字进行四则运算的手动程序——而此前的罗马数字只便于做加减法。这便赋予算法以程序化数学运算的基本内涵，即能够在有限数量的步骤中产生问题的答案或解决方案的系统的数学程序或捷径。直到20世纪初，阿拉伯数字还常被称为"算法数字"（the number of algorism），它使工商业发展所需要的复杂的会计活动成为可能。换言之，算法建立在一套能有效地解决问题的编码系统之上。现代意义上的算法是计算机和数字技术的产物，指以计算和信息的方式解决问题的、可通过递归等机器自动重复执行的逻辑程序或编码系统。当前，随着大数据与人工智能的发展，人们对算法的相关讨论更多聚焦于数据驱动的机器学习算法。

实际上，正如法国数学家让-吕克·夏伯特（Jean-Luc Chabert）在《算法史》（1994）一书开篇所指出的那样，算法自人类文明之初就有，在人们创造一个特殊的词来描述它们之前就已经存在了。在更加凸显文化的广义算法观看来，一旦人们找到了一套解决问题的程序化方法，会很自然地将"配方"传递给他人。也就是说，不论十进制四则运算的算法还是二进制计算机的算法，都是古代算法观念的产物。因此，广义的算法原本并不局限于数学和数字技术。在所有文化中，算法都被用于预测未来、决定着医疗和美食的配方与步骤，人们曾用它确定法律要点、校正语法。[1] 也就是说，与其说数学和数字技术带来了算法，毋宁说是算法观念推动了数学和数字技术的应用。

尽管夏伯特的算法观更加强调算法的目的性及其与社会文化的相关性，但夏伯特的研究太早，没受到应有的关注。自20余年前谷歌搜索算法通过分析用户生成内容（UGC）开启这波数据驱动的智能算法应用以来，算法在科技和经济等主流话语中主要被视为抽象数学程序在数字技术前沿的应用，这使得基于算法的认知被默认为可以揭示事物的相关性

---

[1] Nunemacher, Jeffrey, "A History of Algorithms: From the Pebble to the Microchip (Book Review).", *IEEE Annals of the History of Computing*, 23.1 (2001), pp. 62–63.

的客观的"机器真理"。特别是大数据和人工智能的迅猛发展,使得具有经验主义色彩的数据驱动的智能和算法的认知功能被夸大。其追捧者相信或声称,数据可以呈现世界的一切,甚至成为比世界更真实、更直接的认知对象,通过智能算法能让数据或原始数据说话,从而揭示关于世界的所有真相与趋势。

美国科学史家彼得·加里森(Peter Galison)将这些人称为现代算法学家。加里森指出,现代算法学家们对算法认知推崇有加,主张基于"形式的""机械的""算法的"认知是更接近事实的"机器真理",他们对基于人类判断的干预深表怀疑,并认为依靠人类判断意味着违背客观和科学的基本准则。在他们看来,客观的算法认知比"非正式的""头脑中的""凭印象"的主观认知更准确,因而更合乎道德。由此,他们主张在对犯罪风险、医疗结果和学生表现的预测性评价中,应依靠客观的机器算法而放弃主观判断。这一主张以科学客观性的名义,希望依靠算法等机器程序获得更精确的客观性。美国许多地方已立法根据算法作出判决以决定是否假释,其背后的逻辑是,由算法作出决定远远好过法官的随意判决。加里森对此提出了批评,并指出仅仅因为算法这个"外部精算师"在一些情况下比人的判断更准确就盲目地用算法替代人是很危险的。不难看到,一方面,在司法和商业等领域,可能因为技术、保密等原因算法难以公开而成为黑箱,一旦造成伤害和被滥用,就难以问责和纠正;另一方面,算法设计者对数据的选择、搜集、分析和权衡可能影响到算法应用的公正性,应该对由此可能带来的危险和滥用有所警觉。[1]

最近几年,信息茧房、大数据杀熟、算法歧视等引发的争议为社会所关注,算法的透明度、可解释性、公正性和可问责等也成为伦理、法律等层面的数字治理的焦点。由此引起的研究和讨论以应对性研究为主,要么把算法当作一个技术黑箱谈伦理规范和法律规定,要么探讨如何从技术层面克服算法导致的隐私侵犯和可解释性等伦理与法律问题。这就使相关的研究非常容易陷入对算法、透明度、可解释性、歧视等概念的讨论,或者将这些概念化约为联邦学习、可信人工智能等以技术和服务

---

[1] 彼得·加里森:《算法学家的客观梦想》,转引自约翰·布洛克曼编著《AI 的 25 种可能》,浙江人民出版社 2019,280—285 页。

为主的解决方案。在这些研究中，算法及其认知主要被视为数学神器，在所谓打开算法黑箱以揭示和改变其机制的努力中，主要是在技术黑箱的意义上进行的。

对此，美国设计理论家、社会学家莫娜·斯隆（Mona Sloane）进行了反思，甚至对近年来围绕人工智能伦理的炒作提出了批评。她认为目前强调透明和可解释等伦理问题并非症结所在，不仅无法解决算法作恶和算法歧视造成的伤害，而且绕过了社会不平等以及各种叠加的不平等。为了摆脱这种伦理烟幕效应，应该将相关问题重新配置为社会不平等问题，尤其应对算法系统及由人机共同构成的行动者网络的认识论（如数据分类）展开研究，因为揭示算法和数据如何描述和组织社会是理解与缓和相关问题的关键。她呼吁研究者在数据分类、人的能动性以及算法设计中的交叉不平等背景下构建一个探索问题的框架，使我们能够将数字化重置为一种积极而非威胁性的认识和安排社会生活的新方式。①

莫娜·斯隆反思的启示在于，当下基于透明和反歧视的算法伦理的主要问题是将算法和数据狭隘地解读为认知的客观性与对错误的修复，却忽视了智能算法系统对社会的再认知和重新安排等系统性和结构性的问题。沿着这一思路，不难看到，深度智能化时代数据驱动的算法及其认知无疑是在无远弗届的技术社会系统中展开的。为了深化我们对算法认知的认识，为相关的社会、伦理、法律等方面研究奠定更加坚实的基础，有必要追溯当前数据驱动的算法认知的观念来源，廓清算法客观性的实质内涵，进而揭示算法对我们生活的时代的结构性的影响。

在科技与经济等主流话语中，算法一般被视为抽象的用于认知和决策的数学程序或模型，或可以通过对数据的计算与学习提取知识和指导行动的技术。当前数据驱动的算法认知的观念源于科学革命以来现代性建构进程中对"计算理性"和"量化社会"的追寻，主要体现在两个方面：

一是计算理性，即机器可以通过计算而具有理性和认知能力的构想。它可以追溯至近代哲学家霍布斯和莱布尼兹等人的哲学探讨。霍布斯认

---

① Mona Sloane, "Inequality Is the Name of the Game: Thoughts on the Emerging Field of Technology", *Ethics and Social Justice*, *Proceedings of the 2nd Weizenbaum Conference*, 2019, pp. 1-9.

为，人类共同体可以构建分布于世界的机器智慧以聚合成"利维坦"，推理就是计算，理性的思考就是心灵的加减运算。受此影响，莱布尼兹尝试构建符号逻辑系统并提出了制造二进制计算机器的构想。[①] 他们在认识论上将逻辑和数字计算的共同基础设定为计算理性，而其背后的本体论承诺具有一定的计算主义的色彩——世界是可计算的，因而在此意义上是可理性化和智能化的存在。20世纪出现的计算机、信息论、控制论使计算理性的思想开始通过程序和算法在一定程度上变成现实，但这些技术上的成就并不足以证明其本体论承诺。美国哲学家休伯特·德雷福斯（Hubert Dreyfuss）在《计算机不能做什么——人工理性批判》一书中，所批判的就是计算理性。

二是量化社会，它是计算理性在社会层面的应用。从早期被视为"政治算术"的统计学及其后的社会物理学、科学管理到近年来的社会计算、智慧城市，其关键的认知基础是对数据的观测、采集与分析。尽管拉丁文 datum 本意为已有和现成的数据之类平常意涵，但近代科学对观察、测量的研究使得数据特别是可量化的数据成为自然科学的基础。鉴于自然科学由此取得的巨大成就，数学家拉普拉斯呼吁将这种基于观察的方法运用到政治和伦理科学中。在整个19世纪，欧美进行了大量的调查和统计，发布了大量的数据，其中包括人口、公共卫生统计以及对社会不良行为的"道德统计"等。将数学用于研究社会现象的社会物理学或人类科学应运而生，喜欢量化分析的人不仅可以运用精确的数据展开科学研究，以此理解和解释社会现象，还能据此推动国家层面的社会变革以避免革命的发生。[②]

毫无疑问，要厘清量化社会的逻辑和理路可能要论及当时的社会和思想的方方面面，其中不仅夹杂着进步主义和社会进化论的思潮，更伴随着信息技术、科学管理和社会工程为克服各种控制危机而掀起的控制革命。加拿大科学哲学家哈金（Ian Hacking）将此概括为驯服偶然：19

[①] 乔治·戴森：《机器中的达尔文主义：全球智能的进化》，浙江大学出版社2020年版，第1—9页。

[②] 丹尼尔·黑德理克：《追溯信息时代》，河北教育出版社2016年版，第101—103、107页。

世纪形成的概率和非决定论的思想逐渐让人们意识到,若能将概率和统计应用于社会,非决定性的成分越多,所预期的控制程度反而可以越高;而其认知途径就是运用统计方法,获取有关自然和社会过程的信息,便能得到一种可以驯服人和世界的偶然性的新的"客观知识"——"为控制社会的目的所开发的统计信息"。[1]

那么,量化社会究竟获得了怎样的"客观知识"呢?除了具体的统计和信息科学方法与知识,在社会物理学中涉及的"客观知识"可分为两个层面:其一是以数字度量和表达的具体的社会事实。例如,1833年成立的伦敦统计协会在其创立计划书中指出,创立该学会的初衷是为了获得、整理和出版那些"用来说明社会状况和前景、由计算得来的事实";并强调他们将此作为首要也是最重要的行为准则,小心剔除所有出版物中的观点,而完全关注于事实——特别是那些可用数字或表格表达的事实。其二是对基于数字的社会事实加以解释和分析的理想类型或模型。例如,1835年,社会统计学开创者、比利时统计学家凯特勒(A. J. Quetelet)在《社会物理学》中主张任何社会现象背后皆隐藏着固有的物理规律。他将正态分布运用于社会统计,提出了"平均人"(average man)的概念。受到物理学中理想模型影响,他将"平均人"视同物体的重心,认为它不仅可以作为代表人的理想类型,而且是恒定不变的社会实在或现实,而社会运行所依从的是由"平均人"决定的"规律"。这样一来,相对于作为社会实在或现实的"平均人",具体而丰富的人反倒成了变体。据此,每个具体的人的个性被视为偶然性的东西,人们的自由意志降格为可能性极小的反复无常的要素。在他看来:"一个人貌似拥有莫大的行动自由;他的意志似乎不受限制,但……人越多,就有越多的个人意志要萎缩妥协,向普遍现实让步,而现实是社会得以存在下去的因素作用引起的。"[2]

透过这两个层面不难看到,如果要将基于计算理性的量化社会所获得的"客观知识"认定为"量化真理",需要明确或暗示性地作出一套本

---

[1] 伊恩·哈金:《驯服偶然》,商务印书馆2015年版,第2—15页。
[2] 丹尼尔·黑德理克:《追溯信息时代》,河北教育出版社2016年版,第101—103、107页。

体论—认识论承诺或预设：（1）社会是由数字构造的而且是可计算的；（2）一些理想类型或模型（如平均人）能够表征社会实在或现实；（3）一切问题（特别是偶然性的东西）都能完全通过量化分析得到全面解答或圆满解决。但这三个方面的承诺都是先验的，前两条无法在经验上得到证实，第三条则基于对物理研究经验可以在社会研究中完美复制的一般性期待，是一种膨胀的先验信仰。而相关研究之所以最终成长为具有科学性的社会科学，是因为数量化的事实与用于解释和分析数量化事实的模型在相互界定、相互制约和相互调整中不断发展，特别是实际应用，使先验想象和理想化的成分受到了必要的制约。因此，尽管研究者可以相信量化模型描述的事实是对世界的真理与真相的揭示，但其方法、模型和理论在不断发展与应用中并没有走向统一理论，这表明由此所获得的知识的客观性并非理论逼近真实世界的意义上的绝对的客观性。

尽管如此，不论是基于量化社会的"量化真理"还是基于算法认知的"机器真理"不应简单地被相对主义所消解，而应该通过对这些认知活动的剖析，厘清其所主张的客观性的真正意涵。有必要指出，量化社会和算法认知其实包含着不同类型的活动，大致可以分为科学研究、社会管理与治理、技术创新与应用等三类。

在科学研究的意义上，研究的客观性的基本要求其实不是简单地发现真命题和真理，而是尽可能无偏见地发现被研究的材料或数据彼此之间相互联系的方式，并不断寻求更适合研究对象和自身更连贯的理论和事实。19世纪的社会物理学强调只关注量化事实而过滤掉相关的观点，当下的算法认知声称因其超越人类判断而更客观的主张，都呼应了这一基本要求。显然，量化社会与算法认知大多属于社会科学研究，而德国现代社会学家诺贝特·埃利亚斯（Norbert Elias）从投入与超脱的程度对社会科学研究中的偏见问题的讨论颇具启发性。他从常识的角度指出，研究者的处境及其对研究对象的态度会对研究产生影响，作为主体的研究者往往会因研究对象与自身或所在集团的相关性影响到其投入或超越的程度他指出，社会科学家的任务在于研究并让人们理解他们结合在一起的方式以及将其连接在一起的各种构造和本质变化，但研究者本人也是这些形态构成的一部分，可能因其态度和处境投入对象的研究之中，而难以从中超脱出来。根据这一分析，更加超脱的态度意味着更具客观性，即更加优先地考虑"它是什么""这些事物如何跟其他事物发生关联"之类超越性的问题，而非"它对我或我们的意义是什么"之类的投入性问题。①

在社会管理与治理、技术创新与应用层面，继续运用投入与超越的分析框架则可以让人进一步认识到，量化社会和算法认知其实是比它所声称的客观性的科学研究复杂得多的社会工程技术，尤其是在知识与权力的纠缠上更加明显。它们与其说是基于社会事实的真理发现，毋宁说是重新安排社会事实的真理的制造，而其目的是使人和社会成为可以调控的对象和过程。透过社会物理学的平均人假说，不难看到社会统计绝非理性的分析工具那么简单，而是通过确定什么样的人是正常的人、哪些行为是差异行为，并根据这些知识决定如何进行相应的调节或规制。仅仅通过一些细节，如志愿献血和服兵役年龄和体重要求、健康码在疫情防控中对时空伴随的界定，就可以看到量化社会和算法认知实际上是一种社会层面的运作，运行其中的国家计算和资本计算等"认知—权力"形塑着这样那样的本体论政治，构造着负载伦理价值的事实。而这实际上意味着，即便不说真理发现意义上的客观性和埃利亚斯以投入和超脱对研究中的偏见的常识性讨论均已失效，如果我们要获得对算法认知更深入的认识，就应该转向对算法认知所安排和构建的伦理与政治结构的探究。这并不是要否定各种数学精算的准确性，而是要从算法认知所构建的技术社会系统中追问其意义，只有以此为前提，才能超越算法认知的客观性承诺所预设的认知框架的束缚，从算法认知与认知权力相互纠缠的维度揭示其所主张的机器真理的实质。

从量化社会到算法认知，贯穿其中的是现代社会以来社会和经济层面的规制基础不得不从主体意识的控制转向外在的行为控制这一趋势，而信息通信与传播技术的数字化、数据化和智能化发展正在使这一嬗变得以实现。尽管从技术作为人的外在器官的人类学的观点出发可以看到，人类从来就是技术性的存在，人对世界和自我的认知一直基于其所处的

---

① 斯蒂芬·门内尔约翰·古德斯布洛姆编：《论文明、权力与知识——诺贝特·埃利亚斯文选》，南京大学出版社2005年版，第203—229页。

技术生态。值得当下的我们深思的是，这一次——数据驱动的算法认知——有何不同？它们在一些物质和信息层面带来的改变显而易见，如高频交易软件对股票市场的冲击使其使用本身成为政治经济上的制度安排的一部分，发布假消息的聊天机器人和深度伪造的视频在选举和军事冲突中发起了认知战。但这些现象实际上已经昭示着一系列更为根本性的改变。尤其值得关注的是，算法认知不仅仅是一种认知和交流的工具，而且它通过对数据的采集、分类、预测和干预影响着世界的存在和意义。可以说，算法认知正在通过改变我们对世界和自身的理解来改变我们对世界和自身的解释。例如，各种智能穿戴和量化自我的应用甚至使我们对数据的感觉成为我们自身的一部分。但在更多的情况下，算法认知所带来的是不对称的伦理与政治结构。有关亚马逊土耳其机器人等众包平台的幽灵工作以及大量以人类智能弥补机器智能不足之类的研究表明，算法并不是一个独立实体，算法认知实际上是人机共生时代全新的社会分工的统筹者。由于算法认知将人和机器视为无差别的具有能动性（agency）的能动者（a-gents），这使得传统的以人类为认知主体的社会嬗变为基于人机认知组合的认知生态系统和技术社会系统，必然地赋予各种伦理与政治关系以新的内涵，进而决定着深度智能化时代的伦理和政治结构的变迁。其中，既包括人机从属关系的微妙改变，也包括数字精英与数字零工的敏感的分立，还涉及政府、科技公司和社会公众恰当运用巨大的科技力量的制度安排。只有对这些现象背后的全局性、渗透性和快速变迁中的伦理与政治安排作出系统的揭示和分析，才能全面洞察算法认知的实质及其对当下和未来的影响。为此，我们从深度智能化时代的认知生态系统的维度对算法认知的生成性及其现实制造作用展开进一步解读。

二 深度智能化时代的算法认知与认知生态系统

十多年前，当人脸识别技术还只是小规模计算机视觉实验研究时，人们就开始关注其可能导致的隐私保护和普遍监控等伦理、法律和政治问题。如今这项技术已能从数百万张人脸数据中学会解读微妙的情感暗示，甚至通过人脸识别发现人们之间是否具有基因关联或是否属于同一族群。这一典型案例揭示出当前科技发展与人文应对中经常遭遇的悖论：在技术变得更为强大的同时，原有的问题变得更加敏感，伦理规范和法律法规的发展速度跟不上科技创新的加速度。

这一来自现实的挑战表明，随着科技的加速创新，必须引入一种全新的思考框架对其加以审视，更具预见性地探究其对人和社会的深远影响。我们认为，为了刻画当代科技对世界和人类带来的这些全面、深刻而微妙的影响，可以用深度科技化这一动态的概念对其加以概观。由此既能凸显在纳米、信息、生命和认知等会聚科技的基础上发展出的基因、数字、神经等新兴科技的颠覆性社会影响，又有助于从科技未来与人类文明交汇的前沿视野，系统地探讨科技所主导的人类世面临的挑战与可能的出路。近年来，大数据与人工智能迅速地发展为一种泛在赋能科技，令数据和算法所驱动的深度智能化创新成为深度科技化框架下最具动能同时也最有争议的发展面向。因此，应在深度智能化的趋势性框架下展开对算法认知的前瞻性思考。

从方法论上来讲，鉴于科技已与人类文明交缠演进为复杂的系统，对深度科技化和深度智能化的理解应该有整体性的视野、系统性的追问，在"科技无止境，何处不智能"的世界中，将"人们如何共同生活、人机如何相伴而生"作为走向科技未来的关键性考量。正如当代法国复杂性思想家埃德加·莫兰（Edgar Morin）所指出的："生物学的、信息论的、技术的演变特别需要被伦理的、文化的、社会的演变所伴随、调整、控制、引导。可悲的是：超人的演变只是在科学－技术－经济三重力量的推动下开始，而伦理的－文化的－社会的演变虽然越来越不可缺少，反而还处在虚幻之境。"[1] 莫兰何出此言？难道哲学、伦理学、社会学没有关注科技的人文向度？信息科技领域的法律规制和伦理规范不是备受社会关注吗？其中除了指出人文向度与科技力量的对比相对滞后的现实之外，还有一点就是人们还远未从他主张的复杂人类学的维度探讨具体的技术本身的复杂性和特殊性。如果不揭示技术具有的复杂系统和结构，它就会被当作一个黑箱来看待，对其伦理等方面的探究、调控和引导难免简单化或被划归为技术问题。而对技术具有的复杂系统和结构的把握，

---

[1] 埃德加·莫兰：《整体性思维：人类及其世界》，中国人民大学出版社，2020，118页。

关键在于廓清技术驱动的认知系统和权力结构，唯有在此基础上进行伦理与政治审视，才能找到未来人们共同生活的策略与人机共生之道。

（一）世界的数据化与算法认知的生成性

论及深度智能化时代，所涉及的智能既不是我们还没有深入认识的大脑智能，也不是尚未实现的可复制大脑智能的人工智能，而是当下由数据和算法驱动的数字技术系统所具有的机器智能，它往往需要人机互动、交流与协同才能实现。具体而言，从技术上讲，现阶段的大数据、人工智能应用所拥有的机器智能的形式是基于世界的数据化的算法认知。

所谓世界的数据化，即将事物和人转化为可量化、可计算的非实体的信息流或数据流，由此形成的平行数据流，不仅使数据成为世界的第二属性，而且出现数据孪生，甚至完全用数据构建虚拟现实和镜像世界——这也是当下"元宇宙"热所声称的。其中所说的数据指所有通过数字技术转换后获得的可识别和处理的数字化数据（digital data），包括符号、图文、音视频等信息和代码，人们在网络和社交媒体中生成的数据和数据痕迹，以及各种传感器产生的实时记录。如果仅从技术的角度看，其愿景几乎是无限的。

在美国技术大师凯文·凯利（Kevin Kelly）看来，人们正在构建如阿根廷作家博尔赫斯（Jorge Luis Borges）曾经谈论过的1∶1世界地图，这个看似难以企及的世界地图将成为下一个伟大的数字平台。这是技术帝国最新的数字野心：数字地图将是可操作的，信息世界将消化物理世界，从而将其转化为一个可居住的互联网；而为了重新创建一个像地球一样大的3D地图，你需要从每一个可能的角度，一直拍摄所有的地方和事物，这意味着你需要有一个充满摄像机的星球，而且要一直开着。[1]

不论这一愿景能否完全变成现实，在大数据、人工智能、元宇宙等推动的深度智能化的趋势下，数据实际上不再只是对实在的表征和对经验的抽取，而服务于更快和更有效地完成出于特定目的的认知和行动。值得关注的是，数据并不满足于成为世界的影子，它本身正在成为加工

---

[1] Kerin Kelly, "AR Will Spark the Next Big Tech Platform—Call It Mirrorworld", WIRED, Feb 12, 2019, https：//www.wired com/story/mirrorworld-ar-next-big-techrplatform/.

合成的对象，虚拟与实在、经验与虚构的界限或因此趋向消弭。实际上，这些并不是技术上可行就能去做的。试想，尽管目前已可通过人工智能深度合成技术合成一千个你的虚拟形象用各种语言直播带货，或在你失恋的时候用另一方的合成影像或你喜爱的明星的虚拟化身宽慰你，若没有法律规制和伦理规范，这些应用都难以推行。

更重要的是，在世界的数据化或数字化平台上，所有的东西和地方都将是机器可读的，作为机器认知的算法认知由此成为一种生成性的力量。目前主流的人工智能方法是数据驱动的机器学习算法，它并不寻求事物发生的因果性和自然规律，而是通过对数据训练集的挖掘发现相关性模式，对数据进行分类、排序、预测和干预，再将由此提取的模型用于对更多数据的认知。在此过程中，训练数据集的选择、标记和分类的方法、预测的精确度、干预的速度等实际上影响着世界呈现的方式，也塑造着我们的消费、娱乐、社交和情感。例如，如果人工智能癌症研究所使用的训练数据集中某些族群和年龄段的样本较多，对与他们情况接近的人群的早期筛查就更精准。随着算法认知的日益普及，它正在成为新的验证和识别方式，甚至决定着我们活动的空间、可以遇到的人和事。这使算法正在成为深度智能化时代创造世界的方式，甚至呈现为一种关于世界的价值、假设和主张的伦理与政治安排。例如，随着数据驱动的社会信用体系的建构，通过对某些地域的人群样本数据的学习，某些数据点（如具有某种纹身）会被贴上不良特征的标签，但这种行为特征在其他地方即使是普遍常见的特征，相关人员依然可能被赋予较低的信用评分，甚至会因此减少这种情况，而这就涉及算法认知对现实的制造。

（二）认知生态系统与算法认知对现实的制造

世界的数据化和算法认知的兴起是信息通信技术和网络、大数据、人工智能等数字技术长期持续发展的结果，由数字经济、数字化认知基础设施以及数字化社会机构与服务构成的认知生态系统正在出现颠覆性的改变：以算法认知为代表的机器认知已经超越基于人的能动性的人类认知。对此，美国亚利桑那州立大学的科技政策专家艾伦比（Braden R. Allenby）指出，这一认知生态系统（Cognitive Ecosystem）的性能正在达到一个临界点，社交媒体、人工智能、物联网和数据经济正在以一种超越人类理解和控制世界的方式融合在一起，技术与人类的认知组合已经在认知范围、信息量、复杂性和速度等方面全面超出了基于人的能动性的人类认知；虽然人类认知仍然很重要，但它越来越成为基于快速发展的认知生态系统的更大、更复杂的技术—人类系统的一小部分。他强调指出，不能明确地认识到这一点可能是不明智的，甚至是危险的。[1]

在艾伦比看来，我们应该放弃人类认知和非人类认知的二分，不再将人类认知看成更基本的认知方式，是时候考虑从认知的功能性来定义认知了。这将使我们可以用感知、学习、分化、推理和计算、解决问题和决策、记忆、信息处理以及与其他认知系统（例如语言、媒体、视频或机器对机器）的通信等典型的功能对认知作出更清晰的界定。更重要的是，唯有认识到这一点，才能看到人们实际上正在构建功能集成的全球认知生态系统。从信息茧房、过滤气泡到后真相，近年来出现的聊天机器人通过虚假信息操控选举和公投、剑桥分析公司操纵美国大选、成人网站冒充异性的机器人等怪异现象，无不拜此认知生态系统之赐。不论是国家还是企业，谁善于利用认知生态系统赋予的新能力就更容易。

其实，自互联网兴起，基于网络数据流的认知系统就得以构建。对此，美国后现代文学评论家凯瑟琳·海勒（N. Katherine Hayles）从人类转向后人类的维度展开讨论。她指出，自启蒙运动以来，"人"一直与理性、自由意志、自主性和基于意识的身份联系在一起，尽管有人将后人类解读为某种信息模式，但对后人类可以有更好的理解，如在主体性方面将不受约束的自由意志转化为建立在关系与分布式之上的能动性；在认知方面不再过度强调意识，而主张认知体现在整个身体之上并可延伸至社会和技术环境之中。由此，互联网、可编程系统、跨越电磁波谱的有线和无线数据流等共同构成了全球互联的认知系统——认知圈（cognisphere），而人类正日益嵌入其中。顾名思义，人类不是这个系统中唯一的行动者，人的能动性是具有更广泛联系的能动性组合的一部分，而算法认知等机器认知者日益扮演着至关重要的角色。

随着普适计算、大数据和人工智能的使用，沿着法国当代哲学家德

---

[1] Braden R Allenby, "Worldwide Weird: Rise of the Cognitive Ecosystem", *Isues in Science and Technology*, 2021, 37 (3), pp, 34 – 44.

勒兹（Gilles Deleuze）的控制社会寓言所揭示的端倪，形成了所谓的"计算制度"和"算法政治"，它们不仅渗透到生命、社会、经济和政治的每一个领域，还渗透到现实或实在本身的建构与制造之中，而算法认知作为一种福柯意义上的"装置"（dispositif）在其中扮演着关键角色。以金融科技为例，其服务对象大多是传统金融机构无法评估信用的长尾客户，或者说这些客户很少有金融业务方面的数据，金融科技企业主要通过对这些客户的社交、位置之类非金融的"替代数据"的收集与分析作出信贷决策。在此过程中，有三点常常被忽视的地方特别值得关注：其一，金融科技企业对长尾客户开展的业务实际上是由算法认知制造出来的；其二，从替代数据到算法认知主要是通过自动通信实现的，客户除了少量的主动点击控制之外，大多数通信和替代数据的采集都是在没有觉察的情况下进行的；其三，即使算法满足透明、可解释等监管要求，客户与企业之间在信息控制权上仍然高度不对称。

由此可见，虽然算法认知改变和制造着现实，但被采集数据并加以计算和认知的对象却往往没有觉察到其存在，而其中所涉及的算法认知中的主体性、能动性等算法权力与自主性问题，恰恰是对算法认知的深度伦理与政治审视的切入点。简言之，作为哲学反思和人文研究，不应满足于对算法如何决定社会和制造现实的描述，而应该展开更深入的伦理与政治审视。这些问题包括：为何有些现实会得到加强而另一些则被削弱？有的受关注而有的被忽视？谁可以影响算法对特定分类的定义？算法如何得到使用以及谁在什么情况下使用？人类与机器（数据驱动的算法）如何共建人机伴生时代的社会？等等。而这些问题显然涉及算法认知中的权力问题，从量化社会到算法认知的实现，始终是由权力所推动的，其目的一般是为了产生某些形式的行动和知识，由此提升行动者的影响力和整个系统的运作效率，同时也使得知识的产生和运用进入一种新的组合方式。

三 算法权力下的预测机器与智能折叠

20世纪80、90年代，德国哲学家汉斯·约纳斯（Hans Jonas）等曾经指出科技时代的伦理发展的趋势之一是从近距离伦理到远距离伦理，这一现象无疑与交通和航天等科技等发展所带来的空间拓展不无关系。至今，这一趋势依然是科技善用其力量的重要着力点。以火星车的驾驶算法为例，2012年发射的"好奇"号火星车重达350千克，车轮在探索火星表面时磨损严重，2017年6月开始运行一种新的驾驶算法，当遇到尖锐的火星卵石时，该算法使用导航相机的实时数据来调整"好奇"号的速度，使其前轮与中轮的速度减少20%，车轮磨损情况大为改善。

近年来，为了防止在约旦河西岸地区的袭击，以色列特工部门启用了一种安全软件，该软件的算法可以根据社交媒体数据生成潜在袭击者的档案，虽然有些国家的民事法庭正在考虑这类算法可能存在有害的偏见，但被合法地用于识别巴勒斯坦"攻击者"嫌疑人。据此，以色列军事司法机构可以对算法判定的危险人物判处6个月的可延长监禁，而没有任何上诉的可能。另一个相关的案例是，在最近爆发的乌克兰危机中，科技公司Clearview AI的人脸识别技术被用于鉴别士兵和相关人员的身份，该公司曾将其产品描述为拥有"准确率100%的可搜索人脸识别数据库"，而这些数据的主要来源是从社交媒体网站下载的用户上传的私人照片。由于该公司无视第三方产权和个人隐私，英国和澳大利亚监管部门已启动对该公司数据采集活动的调查。通过这两个纠缠着未来色彩的科技和现实强力政治的案例不难看到，算法已经成为具有整体渗透性的权力，或者说已经成为一种智能权力之场，并由此产生了预测机器和智能折叠等深度智能化时代的权力运作现象。

随着网络空间的兴起，恰如法国哲学家鲍德里亚（Jean Baudrillord）、保罗·维利里奥（PaulVirilio）等所预言的，人类文明在赛博炸弹的轰炸下产生了内爆。而在这一内爆的同时，新兴的智能媒介也实现了从霸权向后霸权的嬗变。随着各种智能手机和智能监测技术的发展，我们正在进入一个数据解析社会和智能监测社会。在社交媒体和网络平台上，各种智能认知系统根据用户生成的元数据标签对在线内容进行分类，使数据能够"找到我们"。英国社会学与文化研究学者拉什（Scott Lash）提出新媒体本体论，在他看来，通过软件和算法实现的权力是一种不同于传统的从外部施加力量的霸权，它们从我们生活世界内部甚至深入我们的身体、思想和精神之中产生影响和发挥作用,形成了一种后霸权秩序。① 在这种秩序下,信息、软件和数据、算法等不再只是生活的中介,而已经成为我们生活方式的内在构成部分,影响着人的交往、行为和际遇,调节着我们的存在、做事方式和被对待的方式。其结果是,信息和算法不仅关乎我们如何理解世界,它还主动地构建着世界。例如,最近MIT 媒体实验室和加州大学圣巴巴拉分校的研究人员建立了一个用人工智能创建超现实数字角色的开源平台,试图让"数字爱因斯坦"重新讲授物理,让音乐演奏家跟"数字巴赫"切磋艺术。这些人工智能合成的算法实体,将会给世界带来十分深远的影响。也许不久,人们是否要对其虚拟化身或数字人的行为负责、能否使用或拥有他人的虚拟形象和数字人等问题,不仅亟待伦理上的抉择,而且还需要新的法律或契约的安排。

(一) 基于算法权力的预测机器

一般认为,数据驱动的算法作为一种新的机器认知与调控方式得以兴起的基本理由,它具备三个方面的优势:一是客观性,即在技术上可度量的数据和可依照规则计算的算法比人类的认知更客观和更理性,"让数据说话""让算法办事"成为人们应该选择的合理方式。二是自动化。自动化的机器认知与调控无疑是 20 世纪中期兴起的控制论思想的延伸,后者的基本主张是将调节和控制作为技术问题进行研究,通过机器操作自动实现。基于这一思想,理想的控制论机器原型(如恒温器),能够根据环境变化自动地进行平衡操作——既可防止故障出现又实现其功能。在控制论先驱维纳(Nobert Weiner)的研究中,很多是针对社会动态平衡展开的,而大数据和人工智能的发展意味着这种研究的升级:将世界完全转化为数据,再通过算法对数据的认知实现对世界的自动调节。并且,这种自动调节不再满足于把握事实和寻求社会动态平衡,而发展为对世界的预见和控制,由此产生了第三个优势——预测未来。对此,智能社会研究的领军人物、MIT 媒体实验室主任彭特兰(Alex Pentland)指出,计算智能带来的最深刻的变化是,我们揣测世界时提出的问题从

---

① Scott Lash, "Power after Hegemony: Culture Studies in Mutation", *Theory Culture &. Society*, 2007, 24 (3), pp. 55-78.

"什么是事实"发展为"什么事情将要发生"。在他看来，可以用用代码和软件拷问社会，从而产生数以百万计的模拟场景，以预测未来；而为了支撑这神谕般的魔力，世界布满了传感器和算法，以便为预测未来提供原始数据。①

这使得算法成为深度智能化时代的预测机器。在此过程中，作为数据被收集的东西被建模为事物的存在方式，然后在隐含的假设下向前推演，即事物不会从根本上改变或偏离以前的经验。由此，算法认知不仅支配着我们当下的行动，而且构建一个最符合其参数刻画的可能性的未来。但问题是，基于过去的经验数据运行的预测机器实际上是在将过去的世界和人标准化的情况下预测甚至强行构造未来。不论是预测罪犯会不会再次犯罪的模型，还是根据数据画像预测消费者购买某种商品的可能性，算法设计的前提都是使人的行为模型标准化，从而使其可以预测和引导。为了做到这一点，无疑需要足够的数据，这便使得对人的行为数据的持续监测正在成为一种新的技术文化，甚至正在发展为对人的行为的预调控的过程。

不难看到，机器学习所获得的算法真相，是一种对于可能性的判断，或者说，它是从训练样本中发现的局部基础真相的概率外推到类似的现实世界的结果或是相似度中学习来的。如果训练样本跟现实世界特别相似、特别接近，那么这个时候机器学习的结果就可能是比较准确的。但是，相关知识存在于两个世界中：一个世界是机器学习的世界，也是所谓的神经网络世界；另一个世界则是我们的现实世界。在此过程中，算法认知实际上是把现实的世界变成了类似量子力学的世界，对它们的认知过程与认知结果相互纠缠。而我们也可以看到，现在的算法相当于照相机的光圈，它捕捉数据之后的大量行为都是一种猜测，而且还具有一定的目的性。由此可见，智能机器生成了一种非人格权力，它基于"后验真理"对人的行为进行"预测性干预"。

值得指出的是，由于预测算法只根据相关性对行为可能性作出评判而不用分析其原因，当其预测到某种可能发生的风险（如某人可能采取

---

① 科西莫·亚卡托：《数据时代：可编程未来的哲学指南》，中国大百科全书出版社，2021，8页。

反社会行为）时，可能会作出先发制人的干预措施。但如果凭借强大的计算能力，普遍采用这种不对称的、持续的先发制人的权力实施方法替代传统的预防治理方式，可能会使治理机制中仅仅关注结果而忽视造成问题的原因，从长远看可能酝酿更大的社会风险。美国政治学和人类学家詹姆斯·斯科特（James scott）在《国家的视角》一书中指出，国家进行的任何改变人类社会结构的重要努力，如大规模社会工程的实施，都是为了便于操控和干预社会，其前提是社会对于国家是可读（清晰可辨）的（legible）。毫无疑问，任何权力实体对人的干预的效率都取决于被干预对象的可读性。[①] 而数字技术的发展，正在使得城市环境和人的行为变得越来越容易被读取。正如美国哈佛大学教授祖博夫（Shoshana Zuboff）在《监控资本主义时代》一书中所指出的那样，这种技术赋能使得科技企业发现了用户数据这些原本的数据废气（Exhaust）可以通过算法模型加以认知，其中一部分用于改善产品和服务，其余的被当作蕴含丰富预测信号并可标价出售的行为盈余（behavioral Surplus）——体现人的特征、爱好等方方面面的倾向的商业利润之源。[②] 同时，这也意味着国家可能因为读取社会数据能力的加速提升而实现无止境的权力增强。如何应对数字技术带来的权力扩张问题，无疑是当下不可回避的政治难题。

（二）人机认知组合下的智能折叠

综观从火神祭祀仪式到基于 AI 的自动化劳动等算法仪式（algorithmic rituals）的历史变迁，德国媒介哲学家帕斯奎内利（Matteo Pasquinelli）认为，在人工智能时代，尽管人们倾向于将算法视为抽象的数学在具体数据上的应用，但算法其实源于对空间、时间、劳动和社会关系加以划分的世俗需求，是社会物质实践的产物。据此，勾勒出了一套能与现代计算机科学兼容的算法的基本定义：（1）算法是重复某个过程而突现出的抽象图式（abstract diagram），是对时间、空间、劳动和操作的组织和

[①] 詹姆斯·C. 斯科特：《国家的视角：那些试图改善人类状况的项目是如何失败的》，社会科学文献出版社 2019 年版，第 1—10 页。

[②] 肖莎娜·祖博夫：《监控资本主义时代》，时报文化出版企业股份有限公司 2020 年版，第 118—155 页。

安排——它不是自上而下的规则，而是自下而上生成的；（2）算法将过程分成有限的步骤，以便有效执行和控制；（3）算法是解决问题的方法，是一种超越情境约束的发明，任何算法都有技巧（trick）；（4）最重要的是，算法是一个经济过程，因其要在空间、时间和能量上耗费最少的资源，以适应情况的制约。①

从困在算法里的快递小哥和隐藏在人工智能领域的数字零工等案例可以看到，在人工智能发展过程中，算法本身正在成为一种认知生态系统中的制度安排——所有的人都在人机认知组合中被配置成为特定的数据驱动的智能体，进而构成某种智能折叠。而对这一点的理解需要深入人机认知组合的具体运作过程之中，才可能找到探讨的线索。

以达芬奇手术机器人为例。达芬奇手术机器人系统是一种高级的机器人平台，能够通过微创方法实施复杂的外科手术。它的基本原理是：机器人会先根据外科专家一些手术操作，获得基础真相，然后产生一套标准的算法来指导它进行手术。然而，在这个过程中，很多东西其实已经被过滤掉了，那些凡是不能转化为数据的信息便不再存在。例如，医生在触摸人体器官时的感受，以及传统医学里强调的医生的感觉，都将因为无法转换为数据而被忽略。因为，达芬奇手术机器人并不需要这些"知觉"。因此，一个可以预见的风险是，机器人的算法认知是否存在某些固有缺陷？进一步而言，如果将来由机器人主导手术，人类医生先要向机器人学习如何做手术，那么，人类与机器在知觉等认知基础上的差异会不会放大机器智能的局限性甚至酿成灾难性的后果？我们可以发现，在此智能折叠的形成过程中，知识实际上发生了两次转换：第一次转换是人类（专家）的知识转化成机器的知识，第二次转换则是机器的知识转化成人类（实习医生等）的知识。那么，在这个过程里，究竟有哪些东西被过滤掉了？而基于这样一种过滤，当它再重新还原为人的知识的时候，又会生发出哪些新的问题？这些方面都值得反思。

在人机认知组合下的智能折叠实际上回到了马克思所讨论过的自动

---

① Matteo Pasquinelli, "Three Thousand Years of Algorithmic Rituals: The Emergence of AI from the Computation of Space", 2019, https：//www. e-flux com/journal/101/273221/three-thousand-years-of-algorithmic-rituals-the-emergence-of-ar-from-the-com-putationrof-space/.

机器时代的一般智能的问题。在技术哲学和媒介哲学中，经典的观点是技术或媒介是人的延伸，但算法权力下的预测机器与智能折叠似乎意味着人正在成为机器感知的延伸，人们甚至将不得不面对机器役使和社会驯化的双重命运。而这一前所未有的挑战无疑亟待新的科技人文反思赋予我们足够的智慧。

四　足够智慧：超越机器役使和社会驯化之道

耐人寻味的是，夏伯特在《算法史》一书中曾挑明，在中国文化中，"术"是与算法较为接近的概念。毋庸置疑，中国古代不仅算术尤其发达，还有五花八门的"术"，而若以"术"界定"算法"，不仅令其目的性和实践特征更为彰显，且便于将其纳入"术"与"道"成对范畴加以辩证分析。在中国成为人工智能应用大国的今天，在智能科技实践中探寻足够的智慧恰逢其时。

我们之所以对算法认知展开伦理与政治审视，所真正关心的是算法认知如何介入人们生活和工作层面的认知与行动。数据驱动的算法认知正在影响着我们怎么看待世界和我们自己、我们可以选择什么样的生活、希望自己成为什么样的人、可以做什么样的工作等方方面面。但所有这一切的认知基础，似乎不再是我们作为主体认知的结果。我们更多的是作为被认知对象。近年来，有诸多批判性的算法和人工智能研究对此提出了各种批评，但真正的问题是如何使我们的审视有意义。为此，需要展开一些相对冷峻的思考。

首先，最为核心的问题是，在技术驱动的深度智能化时代，如何运用技术赋予的权力构造一种可以让人们能够共处的生活方式。为此，必须探讨一套基于伦理与政治安排的全新的社会契约。其中，最重要的两个问题是如何重新界定数据和智能监测，特别是如果未来的社会治理会建立在数据驱动的算法认知之上的话。对此，目前最为尖锐的挑战是，监控在很大程度上正在成为人们在物理空间和网络空间的各种行为与交互活动的副产品，同时一切数据都可以成为我们的信用数据或其他评分的依据。而回答这两个问题的关键则在于国家、科技公司在技术不断赋能的情况下如何恰当地行使其权力。其中包括，能否对公众进行基于智能感知的治理、是否推行预测性的政治、能不能运用智能助推（nudge）使人的道德自动增强，等等。对于国家来说，如何把握数字化治理的限度以实施明智的限制是充满挑战又不能不面对的问题。对于一些大科技公司来说，面对前阶段无序发展造成的科技反冲（tech lash）——社会公众对科技公司强烈的不信任感——的挑战，不仅要通过伦理与法律治理改善其社会形象，而且还应致力于增进公众福祉和推进社会公正以重塑其社会信任。

其次，鉴于人工智能发展的开放性，要从恰当的技术社会想象入手，系统探讨针对人的数据分析和算法认知涉及的基本权利问题。其中，最为关键的是三项基本权利，即人的可解读、可预测和可推断的权利。显然，这些权利是目前尚未明确但随着算法认知和更高级的智能认知技术的发展，由监测等导致的认知和被认知的冲突会更加明显。例如，对普通人在社交网站上的人脸数据的采集，将来不仅会用于核查战俘身份，还可以用于推断人的人格特征、情绪等，必须通过相应的基本权利的设置使具有开放性风险的智能认知受到限制。

最后，要打破技术解决主义与无摩擦的技术的隐蔽组合策略，在寻求技术解决方案的同时追问导致问题的原因，通过公众科技传播和数字素养建设，提升全社会对科技巨大力量的理解。当前世界各国之所以强化对大科技公司的数字治理，主要有两个方面的原因：一方面，科技公司普遍认为可以用技术解决所有的问题，主张所谓技术解决主义或"解决方案主义"——把所有问题重新诠释为存在解决办法的问题[①]；另一方面，在算法认知的运用中常常采取"无摩擦技术"（frictionless technology）和"技术无意识"等设计策略。但这一组合策略使得算法这样一种巨大科技力量的运行在很长时间里隐而不显。为了打破这种隐蔽性，国家和企业应该让公众更多地了解影响巨大的科技力量的存在，通过各种途径提升其对科技未来的想象力和深度智能化时代的生存智慧。

（该文首发于2021年第八届"政治传播与社会发展论坛"，刊载于《中国人民大学学报》2022年第3期。）

---

① 叶夫根尼·莫罗佐夫：《技术至死：数字化生存的阴暗面》，电子工业出版社2014年版，第1页。

专题三

政治传播与国家治理研究

政治时间与冲突现场：
外压型议题如何进入政策视野[*]

张 宁

(中山大学传播与设计学院教授、副院长，公共传播学系主任)

摘 要：一个外压型议题进入政策视野并得到政策方回应时哪些要素发挥了较大作用？本研究的结果表明，"政治时间"和"冲突现场"这两个要素的作用比较明显。这个结论提示了当代社会大众传播媒介尤其是新媒体在政治机会结构中的凸显和作用，而与此相对的是我国大多数民间议题依然难以通过正式的渠道得到政策层面的关注。本研究分析了这两个特定变量的内在实质及其在我国政策背景下的具体解读，借鉴一个地方案例来展示具体的政策情景，借此反思并建议政策制定过程应该健全并完善多元化沟通渠道和民意表达机制，让民间议题有更多的表达机会和渠道。

关键词：外压型议题；政治机会结构；冲突；政策

中国的政策过程一般被认为是由精英主导的封闭式过程，这个过程之外的民间议题则是分散的、临时的、非正式的。[①] 那么，分散的非正式的民间议题如何进入公共政策的视野并对政府过程产生影响？王绍光把我国民间议题进入政策视野的路径按提倡者的不同分为六种，包括关门

---

[*] 本文系 2011 年教育部哲学社会科学规划项目"都市抗争型公共事件的媒体呈现"（项目批准号：11YJA860034）的中期成果。

[①] 黄冬娅：《企业家如何影响地方政府政策过程》，《社会学研究》2013 年第 5 期。

模式、内参模式、上书模式、动员模式、借力模式和外压模式。其中由民间设置的议题包括走正式渠道的"上书模式"和走非正式渠道的"外压模式"。所谓外压模式就是通过有冲突现场的突发事件引发社会关注和媒体报道，给权力机构以直接压力导致其重视该议题并作出回应。[①] 20 世纪 90 年代以来发生在中国各个区域的大大小小的集体行动都可以看成民间议题以"外压"的方式强行进入政策视野的一种表现，其间能看到明显的多元主体的议题设置和议题传播行为，也能看到大众传播媒介和网络新媒体发挥的议题扩大和共意形成方面的作用。同时，对于各种集体行动的频发，中国政策过程的应对变化也是明显的，一些社会事件所代表的民间议题得到政策方的回应，改变了原有的政策推进速度或方向，早如孙志刚事件、反对怒江大坝建设、宜黄事件、唐慧案，近有发生在数个大中型城市的反对 PX 项目的事件等。

但是，并非所有来自民间的外压型议题都能顺利进入政策视野，并对政策制定过程产生影响。有的能进入主流传播场域获得较高的议题显示度，有的却石沉大海瞬间即逝；有的能得到政策方的及时回应并伴随相关行动，有的却被政策方继续视而不见。一个民间议题通过外压方式进入公共视野，继而得以影响公共政策的走向，其决定性的变量是什么？这些变量体现了我国当今政治机会结构具有怎样的特点并面临怎样的现实图景？本文试图通过 G 市 P 区垃圾焚烧厂选址事件（2009—2013 年）的观察与分析探讨上述问题，通过案例分析和深度访谈开展研究。[②]

一　两种视角及其关键要素

外压型议题的现实表现一般是个体冲突行为、集体行动或者突发事件，有明显的政策诉求或者利益导向。从政治学角度思考外压型议题与公共政策的互动关系时，有两方面的先行研究分别给后来的研究者提供了不同的分析角度，一个是基于政治机会结构分析的"宏观—过程"视角，一个是着眼具体影响要素分析的"微观—要素"视角。两个角度各

---

① 王绍光：《中国公共政策议程设置的模式》，《开放时代》2008 年第 2 期。
② 本文对反烧事件的参与者 4 人、事件全程采访的 3 位记者进行了深度访谈。

有侧重，提供了一个从宏观到微观的分析视野。

作为考察政治过程的重要理论之一，政治机会结构理论被用于考察外压型议题最终能否得到政治精英的回应，以及由此导致的行动成功的可能性。作为比较著名的研究成果之一，梯利（Frank Thilly）在1978年提出了解读政治机会结构与集体行动的两个模型。政体模型将国家看成一个政体，国家成员因此被分为政体内成员和政体外成员。后者因为在政体之外，自然缺乏关键政治资源，因此，如果他们与一些政体内部成员形成某种联盟，这种联盟对政体外部的外压型议题来说就是一种政治机会。动员模型列出了外压型议题成功与否涉及的六种因素：行动者的利益、行动者的组织能力、行动者的社会动员能力、个体参加运动所受到的阻碍或推进作用、政治机会或威胁、集体行动组织所具有的力量。①

但麦克亚当（Doug McAdam）认为，外压型议题面临的政治机会，会因社会政治环境的变化而变化。他指出，随着社会结构的变迁，政治机会结构亦会变得时而扩展时而开放，社会组织的力量也会增强，这样，外压型议题会因这两种变化而得到机会和承载平台。有趣的是，麦克亚当还提出了"认知解放"这个概念，认为行动者对外压型议题所能获得的政治机会的主观认知是否乐观，才是行动成功的关键要素。通过"认知解放"，麦克亚当提示，政治机会结构不仅仅是客观事实，而且也是外压型议题倡导者的主观认知。② 对此，迈耶（Rechard E. Mayer）还提出了一个"信号"模型，指出外压型议题倡导者对政体和政策方的态度和立场是有主观感知的。③

麦克亚当认为，政治机会结构是"不断变化"的观点对后来的学者很有影响，朔克（Kurt Schock）在分析政府对外压型议题的态度有时遏制、有时促进的原因时指出，政治机会格局的不同，如外部联盟、内部精英是否团结、媒体报道的自由度、是否获得国际声援等，对外压行动

---

① 赵鼎新：《社会与政治运动讲义》，社会科学文献出版社2006年版，第21、191—192页。
② 赵鼎新：《社会与政治运动讲义》，社会科学文献出版社2006年版，第192—193页。
③ Rechard E. Meyer and Debra C. Minskoff, "Conceptualizing Political Opportunity", *Social Forces*, Vol. 82, No. 4, 2004, pp. 1457–1492.

的成败都有所影响。[1]

在研究政策方与外压型议题倡导者的关系互动时，多位学者都认同两者不是简单的刺激与被刺激的关系，而是一种时而相互遏制时而相互促进的不断变动的关系，[2] 外压型议题会对当时的政治机会结构产生影响，[3] 也可以是导致政治机会发生变化的原因。[4]

以上研究成果有几个要点值得重视：第一，一个社会的政治机会结构与外压型议题及其行动密切相关，政治机会、政治资源和行动者对政治机会的"认知"乐观与否，是一次外压行动能否成功的关键要素。如此外压型议题是否能进入政策视野，上述的变量和当时政策过程的结构性特点就值得关注和研究了。第二，政治机会结构是动态变化的，制度的开放性、稳定性和政治精英个人的风格，以及社会变迁和环境变化都能导致政治机会结构发生变化。这提示研究者在分析外压型议题进入政策视野时，要注意政治机会结构在当下特定政策情境中的特征和变化。第三，从政体的内部和外部来看，外部联盟、内部精英的团结程度、媒体报道的自由度以及来自国际的声援等，都是影响外压行动方与政策方互动的相关要素。同时，政治机会可以作为一个"信号"被社会成员感知，上述要素虽然都基于西方社会的政治背景，但是也可以作为中国研究的观察入手点。

也必须看到，政治机会结构是因不同国家和地区的历史背景、不同社会发展阶段而呈现不同的特点的。因此，对中国情况和各地案例的分析需要给出符合本国本地具体社会状况的解释框架。在中国，政治层级繁多，各地政体的政策制定态度和执行能力各不相同，即使是同一地方的政府，不同部门之间的政策导向和制定过程也不尽相同，政治机会、

---

[1] Kurt Schock, "People Power and Political Opportunities: Social Movement Mobilization and Outcomes in the Philippines and Burma", *Social Problems*, Vol. 46, No. 3, 1999, pp. 355–375.

[2] Sidney Tarrow, "States and Opportunities: The Political Structuring of Social Movements", *Comparative Perspectives on Social Movements*, 1996, pp. 41–61.

[3] [瑞士] 汉斯彼得·克里西等：《西欧新社会运动——比较分析》，张峰译，重庆出版社2006年版。

[4] Doug McAdam, John D. McCarthy, Mayer N. Zald, *Comparative Perspectiveson Social Movements: Political Opportunities, Mobilizing Structures, and Cultural Framings*, Cambridge University Press, 1996, pp. 122–137.

结构特点不能一概而论。我国的外压型议题多以维权和利益导向为中心诉求，以同类的利益相关者为提倡者，专业的组织化程度较低，事件过程比较短。[1] 因此，单纯使用政治机会结构理论作过程分析不太适合，应该增加新的分析视角，既从宏观角度发现结构性特征，同时也从微观角度找到关键节点，提炼外压型议题获得政策回应的关键要素。

因此，"微观—要素"的视角就显得十分必要了。拉雷·格斯顿（Larry N. Geston）提出"触发机制"的说法。他认为，在政治过程中，一个重要事件往往作为一种"触发机制"，该事件把某个日常问题转化成一种普遍可见的公众关注点，公众的关注反过来成为政策问题形成的基础。一个冲突事件就是这样把一种消极情况演变成为"要求变化的政治压力"的。格斯顿列举了作为触发机制的事件，包括内部的和外部的。例如内部触发机制有五个重要的来源：自然灾害、经济危机、技术革新、生态变异、集体行动。外部触发机制主要包括战争行动、间接冲突、经济对抗和军备行动等。[2] 那么，为什么有些事件进入了政策议程而另一些没有被政策过程所关注呢？格斯顿指出，一个冲突事件要成为某个公共政策出笼的催化剂，这个事件涉及的范围、强度和发生的时间是三个重要的变量。

金登（Kingdon）则重视冲突事件与"其他因素"相互作用而导致的政策变动。他认为，一个冲突事件通常是因为与其他因素相互作用，才能产生某种有力的政策影响，从而带来政策或者制度的调整或变革。他把"其他因素"归结为三点："已经存在的问题"、"潜在威胁"以及"类似事件"，[3] 这些因素与刚发生的冲突事件结合，或者深化了人们对某个问题的关注程度，或者揭示了某种社会风险或危机的存在，或者诱发了人们对问题本质的新的解读。总之，冲突事件和其他因素的结合，让

---

[1] 如应星：《草根动员与农民群体利益的表达机制——四个个案的比较研究》，《社会学研究》2007年第2期；陈晓运：《去组织化：业主集体行动的策略》，《公共管理学报》2012年第2期。

[2] 拉雷·格斯顿：《公共政策的制定——程序和原理》，朱子文译，重庆出版社2001年版，第25页。

[3] 约翰·金登：《议程、备选方案与公共政策》，北京大学出版社2006年版，第98—99页。参见 Miehael D. Cohen, James G. March, Joban P. Olsen, "A Garbage Can Model of Organizational Choic", *Administrative Science Quarterly*, No. 1, 1972, pp. 3–4。

政策制定者对相关问题有了新的关注或者认识，从而诱发某种变革或调整。

科恩（Michael D. Cohen）、马奇（James March）和奥尔森（Johan. G. Olsen）等提出另外四个影响政策形成的要素：选择机会、待议问题、备选方案和参与者的政策影响力。[①]他们指出，政策的形成要看政治机会、问题的特性、解决方案的适合性和参与者的议题倡导能力。在政治学领域里，政策窗理论认为，组织决策需要把握特定的政策机遇才能实施。所谓政策窗就是政治系统的决策机会。政策窗是否打开接纳政策倡导和社会议题，与政治流、政策流、问题流三种因素密切相关。[②]也就是说，一个社会议题能否进入政策视野，要看这个议题是否遇到开放的政治机遇，是否具备政策调整的适合性以及政治上可接受程度如何。

综上所述，"宏观—过程"和"微观—要素"的分析视角分别提示了在分析外压型议题进入政策视野时的两个重要分析维度：第一，外压型议题所处的社会政治机会结构的特点，其开放程度、政策执行能力和与社会互动的频率是推断政体内部因何采纳社会议题、作出政策调整的不可或缺的过程，这个需要结合当今中国的社会背景来分析。第二，归纳西方学者对微观要素的研究，针对中国个案的具体背景和特点，形成合适的框架，提炼影响外压型议题进入政策视野的关键要素，是对中国现象进行本地化解读以及本土化理论提升的必要路径。那么，从"宏观—过程"和"微观—要素"的角度如何去建立对中国案例的解读框架呢？

二 政治时间与冲突现场

民间议题是难以进入政策方视野的。民间议题以零散分化、非正式和多针对政策执行阶段为主要特点。但是，随着社会的变化，这种政策制定过程开始面临巨大的时代挑战，社会成员出于对自身利益的关注或者对公共管理的不同意见，开始从"表达"和"知情"两个权利方面来

[①] 约翰·金登：《议程、备选方案与公共政策》，北京大学出版社2006年版，第166页。
[②] 托德·吉特林：《新左派运动的媒介镜像》，张锐译、胡正荣校，华夏出版社2007年版，第3页。

审视政策过程，并要求政策方给予回应。大众传播媒介的舆论监督功能、网络新媒体的草根化议题设置，都让民间议题的浮出变得轻而易举，而我国的政策制定过程也因此或被倒逼，或主动应对，渐渐趋于开放并开始面向民意，部分地域的政策过程呈现出开放互动、听取民声、采纳民意、及时公开等特征。

导致这些变化的原因主要有三点：第一，政策方切实感到社会治理的理念还是要以切实解决社会成员最直接、最现实的利益问题为主，如果违背这个理念设置出来的政策，只会引发政策执行面上的危机。第二，政策内容、政策制定过程和执政结果如遇困难或危机，直接会被行政问责，政策方会考虑到政策执行的风险程度。第三，网络传播技术的普及让封闭式政策制定和不透明的公共决策越来越难，民意对政策制定的关注和意见表达越来越容易。这同时也是我国政治机会结构发生变化的大背景。

但是由于政治资源和政体执政能力有限，同时也由于目前政策决策过程从程序上来说还不能完全接纳、兼容外部因素，因此，虽然政治机会趋于开放，但仍旧有绝大部分的民间议题无法直接受到政策方的关注和采纳。在我国，易于进入政策视野的民间议题有以下三个特征。首先，是具备相对丰厚的政治资源导向。由于政体的政治资源、人力物力有限，所以在处理外部议题时，政策程序会优先处理紧迫的、重大的、关键的、涉及面较大的民间议题。其次，具备政治注意力导向。被上级政府易于察觉并评估的议题，被大众媒体尤其是网络大量曝光、无法掩盖的事件，引发轰动得到公共舆论普遍关注的网络事件，最后，由较为大型的实际社会行动导致社会冲突或者政局难堪，引发当地社会甚至境外关注的事件都带有政治注意力导向。也就是说，从"宏观—过程"角度来看：外压型议题是否符合当时的"政治时间"，从"微观—要素"角度来看，外压型议题是否有"冲突现场"，这两个要素是"倒逼"政策方作出回应的关键点。

"政治时间"是指外压型议题与政策方互动时在时间上、内容上的适合性，包括这个时间点的政策机会结构是否开放，政治精英对外部议题的接纳程度，议题内容的成熟度和官僚对该议题的偏好等。当代中国社会政治机会结构面临着对社会变迁过程（如经济发展、公民意识和传媒生态）的被动应对和政府职能改变的主动调整（执政理念、管理能力和机构调整），因此，使用"政治时间"这个动态要素来描述我国政策过程中的互动特点是合适的。

而"冲突现场"则是指一个外压型议题是否附带突发的、带有抗争性和对立性的"现场"或者"事实"，如果有，则更加容易吸引社会关注和媒体注意力。"冲突"是大众传媒新闻报道以及网络新媒体吸引关注度的首选要素。"政治时间—冲突现场"的分析框架，体现了对一个社会的政策过程或者一个地域政治机会结构层面的观察，也不遗漏对具体个案相关的最为重要的现实要素如社会议题构建和传播生态特点的微观分析。

发生在2009年的G市P区的垃圾焚烧厂选址事件（以下简称"反烧事件"）是一个合适的分析案例。该事件始于2009年9月，但是，这个议题在政策层面和媒体报道层面持续延展到2013年。在此期间，既有广为媒体报道和网络传播的集体行动，也有之后的政策讨论及落实过程，比较适合从"宏观—过程"和"微观—要素"的角度进行分析。

三 政治时间的几个层次

从政治时间的角度去考察外压型议题如何进入政策视野时，可以把政治时间分成几个层次来看。

第一，外压型议题提出的时间与现实政体政策执行时间表的适合性。一个外部议题如果正好与现实政体的政策议题和推行导向一致的话，就容易得到政策方的关注、回应或采纳。[1] 但是外部议题提倡者如何察知政体内部的议题导向？这里有一个政治机会结构的客观事实与主观认知之间的关系问题，即麦克亚当提出的"认知解放"和迈耶谈到的政策"信号"。当今中国的外压型议题的提倡者主观感知当下的"政策空气"已经不是难事，这首先是因为大众传播媒介的政策报道比过去更加公开、透明和及时，媒体的政策报道是社会成员察觉政治空气的最明显的信号，

---

[1] 张宁：《"规避"与"迂回"：对三例社会集体行动中抗争传播的观察与分析》，《新闻与传播研究》2013年第4期。

同时也因为政府不断加大公共信息公开的程度,以及社会成员基于公共信息知情权而提出的各种信息公开要求。G 市是全国最早将政府新闻发布制度化的城市之一,当地媒体对公共政策的积极报道和市民的关注都是比较积极的。

第二,政体的政策应对一般会优先最重要的政治事项,如每隔几年的政府重要会议、奥运、亚运等有世界关注度的大型赛事、政府重要工程上马等,如果突如其来的外压型议题正好在上述重要时间段内提出,政策方或许会作出一定的让步。同时,在一定的时间范围内,政策方会参照"刚刚过去的类似问题的处理经验"来应付外压型议题,[①] 例如近年来此起彼伏的 PX 相关事件,在人们还没有遗忘类似事件的处理方法时,政策方一般会参考或照搬以前的、异地的应对方法。

第三,外压型议题的出现是否和当时在任的官员个人的政策喜好和工作作风一致。中国所谓的"朝内有人"[②] 或者西方常说的"内外联盟"就是指这种内外议题在时间上、内容上、导向上的不谋而合。在这里,外压型议题的提倡者和政策方之间的"中间人"[③] 的存在是不容忽视的,这就是智囊团、学者专家、利益团体、政协委员、人大代表、意见领袖等被称为"政策企业家"[④] 的人士,他们与政策方有较多接触,对个别官员的具体喜好比较了解,知道或能预测政策时间的推进和政策议题的偏向,知道在什么时候、通过什么方式去树立政策议题。

"反烧事件"源于 2009 年 G 市政府宣布在 P 区建立生活垃圾焚烧厂,计划于 2010 年建成并投入运营。这时 P 区已经成为大型成熟生活社区,居住着数十万的居民。当年 10 月 23 日,P 区数百名业主到城管门口表明反对意向,当地媒体开始大量集中报道此事,11 月连 CCTV 也公开报道了这一事件。12 月底,P 区区委书记在政府和业主的见面会上,与反对

---

① 王雄军:《焦点事件与政策间断——以〈人民日报〉的公共卫生政策议题变迁为例》,《社会科学》2009 年第 1 期。
② "中间人"由梯利提出,指身处国家和社会之间的沟通协调人,Tilly Charles, *From Mobilization to Revolution*, Upper Saddle River: Addison-Wesley Publishing Company, Inc., 1978, p. 141。
③ 黄冬娅:《企业家如何影响地方政府政策过程》,《社会学研究》2013 年第 5 期。
④ 中共广州市委办公厅文件:《广州市建设花园城市行动纲要(2009—2015 年)》(穗办〔2009〕17 号),http://www.gz.gov.cn/。

垃圾焚烧的业主座谈，表示该项目已经暂停，留交后续政府和居民共同讨论结果而定。2012年6月，政府宣布P区垃圾焚烧厂改选址在D区，并发布相关环评结果。这之后到2013年，本地媒体上有关垃圾焚烧的议题渐渐式微，取而代之的是垃圾分类的相关政策信息。

2009年到2013年的垃圾焚烧政策议题可以划分为三个阶段：第一阶段是2009年到2010年，这个过程可以看到一个由P区居民提倡的反烧议题最终被终止，政策方解释说明并作让步的过程；第二阶段是2011年到2012年，当地政府在相关政策上作出了较大调整，但是最终的政策确定依然是"建立垃圾焚烧厂"，只不过改变了选址；第三阶段从2012年开始到2013年，由P区居民提倡的"垃圾分类"议题在政策层面有所突出，垃圾分类已经成为G市一个重要的政策议题。应该说，反烧议题作为一个民间议题，是对当地政策层有较大影响的。那么，在这个过程中，反烧议题的"政治时间"表现在哪些方面呢？

从G市的政策时间表来看，2009年开始，G市将《珠江三角洲地区改革发展规划纲要（2008—2020）》作为社会建设和公共管理的最重要目标，该《纲要》是一个重要的政策纲领，也是珠三角各市的未来十年社会治理目标。G市作为中国五大"国家中心城市"，其政策重点之一是"加强生态环境保护，建设'花园城市'"[①]，2010年的亚运会的前期建设也突出了城市生态环境的建设和保护这个议题。也就是说，环境保护是G市2009年一个重要的政策议题和工作重点。作为一个公开的政策"信号"，G市政府对城市环保的重视不难在政府网站和当地媒体上被查知。因此，此次的"反烧行动"在政策议题的内容和性质上是与当时政策导向一致的。

一些政策制定"中间人"在"反烧"议题的推进过程中也有作用。"反烧"议题的倡导者不但有社区业主，也有当地的学者、政协委员和网络意见领袖等不少人长期参与本地政策协商和政策制定，对当地政府的政策思维有所了解。P区的"反烧"议题并未以"邻避"为最终目标，而一开始就强调本地的环保理念，议题的性质也被呈现为"反对焚烧"而不是"反对政府"。因"关心本地环保"才"质疑某项政策"，在表达

[①] 如政协委员孟浩、韩志鹏，大学教授郭巍青，网络意见领袖夏门浪等。

上可以看出拉近议题与主流政治的距离的用心，这种议题设置的导向并非针对当时政府，而是探讨本地环保问题如何解决，这大大增加了政策方愿意考虑该议题的可能性。

这件事发生后，政府的回应一开始比较坚持，但随即缓和，最终以"暂停动工"的"搁置"手法收场。要看到 G 市当时的政策时间表上还有另外一个极为重要的议题——主办亚运会。事发当时正好是 G 市作为亚运会主办城市积极筹办大型国际赛事的前一年，当时的政治空气是以成功举办亚运会为最重要的目标，其余议题的重要程度全部在此之下。① 这个结果当然可以看出政策方为亚运项目让道的维稳思维和应对痕迹。

2009 年，G 市对城市环保议题的政策重视伴随着亚运会的筹备工作不断凸显，从政府公开的城市治理具体目标和部分政策官员的个人行为以及媒体报道上都可以察觉到这种重视环保的政策空气。当时的 G 市市长在当年 12 月接受了本市一个公益组织的"骑自行车走绿道，提倡绿色出行"的建议，和网友一起骑车走绿道，被媒体大量报道并被认为是一次比较少见的官员行为。② 当年 11 月，P 区居民给 P 区政府写了一封信，要求面对面沟通"反烧"问题，居然得到了回应并在 5 日后召开了区委书记和网友的见面沟通会，会上明确答复网友"该项目已停止"，"今后垃圾处理问题必须要得到周边敏感地区 75% 以上的人同意才能进行"③，这次区政府较快的、正面的回应被认为"比较少见""令人欣喜"。④ 由此可见，当时部分政府官员对环保议题的重视和对民间反响的积极应对，让"反烧"议题在政策层面上更加凸显。

---

① 2009 年 12 月，公益组织"拜客广州"通过市长信箱给 G 市市长写了封信，希望送一辆自行车给市长，并希望市长能给骑车的人一个停自行车的地方。市长很快就让秘书给予回复，2010 年 1 月 12 日，市长和"拜客"的代表们一起骑车走绿道并表示：城市交通是市民和政府共同关注的问题，今年是 G 市的"亚运年"，自行车出行符合亚运会的绿色、健康主题，政府鼓励市民通过包括自行车出行在内的多种方式实现交通出行。《张广宁收到一辆五羊牌自行车》，《南方都市报》2010 年 1 月 13 日。

② 《番禺书记谭应华明确垃圾焚烧厂项目已停》，《南方都市报》2009 年 12 月 21 日。

③ 来自笔者对该行动的 4 位行动参与者和 3 位全程报道记者的访谈。

④ Birkland, T. A., *After Disastert Agenda Setting*, *Public Policy and Focusing Events*, Washington, D. C.: Georgetown University Press, 1997, pp. 35 – 39.

四 冲突现场的政治可视度

以往,我国的政策过程具有政治机会结构比较封闭、决策过程比较缓慢、政策制定不重视民意的特点。而一个冲突现场及其非常规行为可以发挥这样几个作用:第一,冲突事件可以把一个隐蔽的社会问题直接公示于众人视野,展示其弊端,引起大众传播媒介和公共舆论的关注。在新媒体时代,冲突现场更容易通过视频和画面形成可视化传播,让公众直接通过视觉感知震惊、愤怒和关注。第二,如果走一般的政策程序,一个民间议题只会走进漫长而低效的行政推诿过程,冲突事件能让一个议题在行政层面上快速凸显,得到快速回应。第三,近年来公共管理中的维稳思维也让社会成员感知到社会稳定、不出大事是政体考核的重要指标,因此,制造冲突现场、闹大事态,通过冲突方式展现诉求,可能是个捷径,而这种捷径已经多次在媒体上被证实是一种可能性较大的方法。最后,由于政治机会结构整体上的封闭性,至今为止民间议题得到较大的政治资源的支持还是不容易的事情,但是通过新媒体进行传播赋权,通过寻求传播机会获得政治机会,已经是一种众人皆知、众人皆会的路径,这个时候,冲突现场则是吸引媒体关注和报道的最佳手段了。任何一种外压型议题都是少数人的议题,需要社会其他成员的认可并获得政治上的理解,因此,议题的设置需要通过媒介报道在社会上扩大声势。媒介的报道不但能引起上级政府的关注,甚至可以让国外政府和社会组织表明关注和立场,形成外界的政治压力。

简而言之,"冲突现场"是现代社会外压型议题提高社会成员、传播媒介和政策方对自己的关注度的关键要素。由于政体外组织缺乏政治机会,因此,通过冲突现场制造机会就是一种选择了。

2009年9月24日,G市六家主要报纸媒体都报道了有关P区垃圾焚烧厂选址确定即将上马开工的新闻,其中一条《P区建垃圾焚烧厂30万业主急红眼》的新闻拉开了"反烧"事件的序幕。2009年11月23日,P区业主约三百人就该议题向市城管委表明意愿,之后又来到附近的市信访局继续上访,形成了本地较为令人瞩目的"冲突事件"现场。之后类似的"冲突现场"的行动不断,例如前期的地铁举牌、业主出行悬挂车标、戴口罩、举标语等现场行动，后来的 2010 年 4 月 23 日"反烧"议题提倡者在接访日送给了城管局 6 袋有毒垃圾，催促他们关注垃圾处理问题；同年 5 月 24 日再次给城管部门送去了一个计时器，提醒他们垃圾问题已经浪费了 10 年。[①]

到 2009 年底为止，G 市 6 家主要报纸媒体有关"反烧"事件的报道共有 509 条，[②] 可谓是当年最令人关注的新闻事件。报道的高潮时期，不但有报纸媒体，本地的南方网、金羊网、大洋网、奥一网还有专门的网上互动型联合报道。更加值得关注的是中央级媒体对此的多次报道，如《垃圾焚烧之惑》（中央电视台 11 月 21 日《新闻调查》）和《关注 P 区垃圾焚烧事件》（中央电视台 11 月 26 日《新闻 1+1》）的报道，《人民日报》11 月 6 日发表的评论《决策不能"千里走单骑"》，都明确批评了地方公共政策过程的不透明。

但是，进入 2010 年后，虽然"反烧"议题依然在现实中推进，但是相关报道已经大幅度减少，全年只有 524 条。2011 年以后每年只有 100 多条。而且，议题内容发生了变化，多为讨论垃圾分类的相关做法。由于"反烧"议题提倡者们当时并无成型的组织形态，该议题暂停之后再无大型的行动现场，媒体报道渐渐式微。这种前期的积极报道和中后期的减少以及议题变化，可以从媒体相关报道的主观限制松紧程度来解释，也可以从行动现场的从有到无的客观性上来解释。

五 结果与讨论

近年来，越来越多的"外压型"社会议题出现在公共视野中，希望得到政策制定方的回应。而在 G 市的政策过程和政治机会结构的具体情景中，政治时间和冲突现场这两个要素的作用比较明显。

政治时间关系到一个焦点议题出现的方式、时机和对当时政治格局

[①] 通过慧科数据对"反烧事件"的统计，报道时间段是 2009 年 9 月至 2009 年 12 月，6 家本地报纸是《南方日报》《南方都市报》《广州日报》《信息时报》《羊城晚报》《新快报》。

[②] 冲突事件的发生和媒体对此的报道是否成功，很大程度上得益于若干政府部门之间立场和利益权衡的结果，这个观点赵鼎新亦有陈述。见赵鼎新《民主的限制》，中信出版社 2012 年版，第 257—258 页。

的适应性等，这个要素更与我国政治体制的特点和地方公共政策制定过程的博弈结果挂钩。P区"反烧"议题虽然借助当地传统媒体的报道成为公共视野中明确的议题，但从"议题属性"上看，这个议题的属性是强调环保，以改变现阶段结果为目的，不触及其他问题。关键还在于这个议题发生在G市政府要实施重大政治议题的前夕，因此才能较为及时地进入媒体报道和公共政策关注的视野，得到社会和政策方的回应。政治时间这个要素在冲突事件是否能成功进入政策视野的过程中，其权重关系非常重要。由于政治环境和政策过程的不透明，这个要素很难通过量化分析得出实证，但是在中国若干冲突事件通过"外压"得到政府回应的案例中都可以确认。

冲突现场是通过一种呈现在公共场合的具有意外性、冲击性甚至破坏性和震惊效果的事实来让公共舆论关注，让政策方感到难堪或者压力的方式。这种方式对我国目前官僚体制中强调"政绩"和维稳思维尤其有冲击力。这种"冲突—解决"模式在中国情景下可以如此解读：第一，在政治结构比较封闭的社会里，只有激烈的冲突行动才能导致较高的社会感知度和政策关注度。第二，激烈的冲突行动可以快速达到目标，因为现有的维稳体制会优先处理那些超常、过激的行为，冲突现场更能获得政策层面的重视。

从政治时间和冲突现场两个关键要素的分析结果中可以看到，首先，我国部分区域的政治机会结构已经开始发生变化，政策过程开始变得易于关注公共舆论和媒体报道，易于开放地考虑民间议题了，但是在具体议题偏好选择上依然有其关键要素的限制，例如议题的内容、性质、时间性和议题有无冲突现场，媒体报道量是否能凸显该议题等。

另外，政治过程中依然有经常的习惯性的对民间议题的"视而不见"，以及民间议题与政策议题的"互动断裂"。前者是指民间议题依然要探知当今政策关注重点，积极寻求各种政治机会，巧妙把握政治时间才能艰难浮出水面。政策方虽然已经有关注民意的具体措施和行动，但是仅仅是针对政策方自己重视的议题，依然看不到政策方认为不重要的民间议题。"互动断裂"则表明，即使某个民间议题被政策方"看见"，但是也会因为不符合政策方当时的政策思路或者政治时间表而被搁置或冷处理，最后石沉大海。

最后，新媒体环境中的民间议题通过寻求传播机遇或许能带来政治机遇。我国的政治机会结构已经明显受新媒体传播环境的影响，传统媒体的合力报道和新媒体的传播赋权，可以让一个默默无闻的民间议题增加"外压"系数从而进入政策视野。政治时间中的政治注意力的唤起、冲突现场中的可视化事件图景都必须借助传播这个要素才能发挥作用。可以肯定，未来我国的政治机会结构中，大众传播媒介尤其是新媒体的议题设置作用会不断加大，政策议题传播会是政策制定过程中的一个重要因素。

本研究分析一个外压型议题进入政策视野时哪些要素发挥了较大作用，研究结果表明，政治时间和冲突现场这两个要素的作用比较关键。这个结论在考察我国政治机会结构和政策制定过程时带来新的分析视角，提示了当代社会大众传播媒介尤其是新媒体传播这个要素在政治机会结构中的凸显，而与此相对的是我国政策制定过程依然落后、保守、封闭，大多数民间议题和公共舆论难以通过主流的传播渠道得到政策层面的关注。一个民间议题要几经博弈并多方较量冲破重重阻碍才能进入政策方视野，而最后能得到政策回应的更是寥寥无几。本研究分析了两个特定变量的内在实质及其在我国政策背景下的具体解读，借鉴一个地方案例来展示具体的政策情景，借此反思并建议政策制定过程应该健全并完善多元化沟通渠道和民意表达机制，加强政策议题的互动和政策协商的制度化，让民间议题有更多的表达机会和渠道。

（该文首发于2014年第一届"政治传播与社会发展论坛"，刊载于《新闻与传播研究》2014年第10期。）

决策转型中的媒体参与*

章 平　郝 晔

(复旦大学信息与传播研究中心、复旦大学新闻学院副教授；
复旦大学新闻学院硕士研究生)

摘　要：大众传媒何以参与公共决策？考察该问题首先要立足于两个结构性因素：决策转型以及新闻改革，这两个结构性因素在实质上都指向同一个问题：大众传媒对于公共决策的参与必须在政治正当性框架内行使其主观能动性。因此，大众传媒之所以能进入公共决策过程取决于以下四个条件：政治性质、政策问题、媒体作为以及政府回应，政治性质是媒体参与公共决策的基本前提；政策问题是媒体参与决策过程的基础条件；媒体作为为大众传媒参与公共决策提供可能；政府回应能力是实现大众传媒参与决策过程的关键所在。

关键词：决策转型；大众传媒；公共参与

公共决策是管窥一国政治社会发展状况的重要考察点，甚至被视作一国政治体制的核心构成。改革以来，中国公共决策正在经历着巨大转型。多元力量特别是行政系统之外的社会力量[①]如何参与决策过程不仅是当下中国重要的研究领域，更是中国当下决策转型实践必须直面的紧迫

---

* 本文系 2011 年度教育部人文社会科学研究规划基金项目（项目编号：11YJA860035）；2012 年度国家重大社科第一批项目（项目编号：12&ZD015）的阶段性成果。

① 此处的社会力量，指的是除具有决策权力的行政官僚系统之外的所有力量构成。

现实。①

　　作为一种重要的社会力量，大众传媒在我国决策转型中的角色、地位、影响、作用亟待深入研究。一方面，新世纪以来，大众传媒成功参与、作用于决策过程的案例层出不穷。这些报道"升华个案意义，直观呈现制度之畸形，引发人心凝聚，最终以舆论之势改变制度"②。另一方面，"围观无力"似乎更是一种常态，以至有媒体发表社论，感慨"公共事件仅靠围观难有圆满解决"③。那么，为什么大众传媒对有些事件的报道可以成功影响到公共决策而有些却不能？大众传媒参与决策过程需要哪些条件，又受到哪些因素的制约？它如何进入决策过程？一言以蔽之，大众传媒何以进入决策过程？本文试图从理论上概括大众传媒得以参与决策过程的重要条件，并通过对两起公共政策决策过程的深入考察进一步说明这一模型。

一　决策转型

　　当代中国正处于前所未有的转型之中。④ 决策转型是20世纪80年代由党和国家领导人自上而下启动的。1986年，万里发表《决策民主化和科学化是政治体制改革的一个重要课题》讲话，首次触及这一议题。次年，中共十三大正式提出"党的决策的民主化和科学化"问题，此后历届重要会议文件都把加强决策民主化、科学化改革作为重要议题在显著位置中提出。2007年，中共十七大强调推进决策科学化、民主化的重点建设领域是"增强决策透明度和公众参与度"。中共十八大则从健全社会主义协商民主制度的角度，提出进一步推进决策科学化和民主

---

① Kenneth G. Lieberthal, David M. Lampion, *Bureaucracy, Politics and Decision-Making in Post-Mao China*, Berkeley University of California Press, 1992；徐湘林：《政治发展理论到政策过程理论——中国政治改革研究的中层理论建构探讨》，《中国社会科学》2004年第3期；周光辉：《当代中国决策体制的形成与变革》，《中国社会科学》2011年第3期。
② 林姗姗：《唐慧的漩涡》，《南方人物周刊》2014年6月25日。
③ 《公共事件仅靠围观难有圆满解决》，《南方都市报》2011年1月11日社论。
④ 许纪霖：《二十世纪中国思想史论》（上卷·导论），东方出版中心、中国出版集团2006年版。

化改革。① 那么，落实到实践的层面，随着历史车轮的演进，中国决策模式从制度安排到具体过程都出现了一些比较明显的变化。周光辉通过对当代中国决策体制之形成与变革的考察，发现民主、科学和法治这些现代元素逐渐融入中国的决策体制之中，初步实现了"从传统的决策体制向现代决策体制的转型"，并呈现出向民主决策、科学决策、组织分化、开放式决策、制度化转变等6个方面的转变趋势。② 如果说周文对决策转型的研究是着眼于制度安排，从相对宏观的层面上进行一个整体性概括和讨论的话，那么更多的研究者则立足于不同问题、不同面相对决策转型问题进行了深入的探讨。早在2003年，美国学者Andrew Mertha通过对中国水力发电、国际贸易等四起决策过程的案例研究，发现尽管"碎片化权威主义"③的决策模式仍然是主导性的，但决策过程却出现了多元化现象，特别是决策进入门槛降低了，决策圈外人如外围官员、非政府组织、大众传媒扮演了"政策策动者"（policy entrepreneurs）的角色。他因此认为，中国决策模式开始进入"碎片化权威主义2.0"时代（Fragmented Authoritarianism 2.0）。香港政治学者王绍光则从政策议程设置的角度，认为随着专家、传媒、民众、利益群体的影响力越来越大，传统的"关门模式""动员模式"逐渐式微，"内参模式"成为常态，"借力模式"和"上书模式"时有所闻，带有民主色彩的"外压模式"频繁出现。虽然决策"民主化""科学化"的程度还不尽如人意，但从议程设置的角度观察，中国的政治逻辑已经发生了巨大改变。④ 学者朱旭峰侧重于对决策群体的考察，认为自90年代后期，部分经济精英、科技精英和思想库中的政策专家开始参与到政策过程之中，从这一方面来讲，决策转型过程

---

① 朱旭峰：《政策决策转型与精英优势》，《社会学研究》2008年第2期；周光辉：《当代中国决策体制的形成与变革》，《中国社会科学》2011年第3期；章平：《公共决策过程中的社会意见表达与政策协商》，《政治学研究》2013年第3期。

② 周光辉：《当代中国决策体制的形成与变革》，《中国社会科学》2011年第3期。

③ 在对中国决策特点的研究中，"碎片化权威主义"（Fragmented Authoritarianism）是当今西方极为盛行的一种理论。该理论认为在中国威权政治体制下，最高决策权力集中于国家最高层，但在实际政策制定中，各自独立的行政部门扮演重要角色，决策是在各官僚机构的讨价还价中逐渐达成的。具体内容见 Kenneth G. Leiberthal & David M. Lampton, *Bureaucracy, Politics and Decision-Making in Post-Mao China*, Berkeley: University of California Press, 1992, p. 49。

④ 王绍光：《中国公共政策议程设置的模式》，《中国社会科学》2006年第5期。

是从政治行政精英垄断政策决策过程向社会精英逐步参与政策决策过程的转变。① 虽然公共决策在本质上是一个如何分配社会资源的政治过程，但从具体实施的层面，政府行政部门无疑是决策的行动者和承担者。因此，有学者从公共治理的角度，提出中国行政决策模式正在从以政府为导向的管理主义模式向"以公众为核心"的参与式模式转变，其目标旨在关注公共生活中个体所面对的真实问题，因而是一种"生活政治"，体现为政府与公众的合作。②

上述学者对于决策转型的分析角度各有侧重，但在这些论述中却有一个基本的相似观点：决策转型的一个重要特征是开放性，虽然党政体系仍然是决策的主体，但决策过程开始向行政体系之外的社会开放。正是在这一基础上，社会力量参与决策过程得以可能。

需要指出的是，在当下中国，决策转型仍处于起步阶段，表现为"有限的开放"之特征。所谓"有限的开放"可以从两个层面去理解。首先，"有限的开放"是有弹性的，带有试验色彩。要意识到决策转型是在中国当下既有政治制度安排和政治格局中，以及在改革开放的总体框架内进行的，它同样具有"摸着石头过河"的特点，缺乏一个总体设计规划和发展目标，带有强烈的实验特点。虽然总体上决策转型是一个国家主导、自上而下主动推进的过程，但随着社会转型所带来的社会结构变迁、权利时代公众主体意识的觉醒、现代社会对公共生活的"公共性"吁求，公众参与决策日渐兴起，自下而上推动决策转型是另一个不可忽略的考量因素。③这两方面因素相结合，使得决策转型既有赖于党政治国理念和管理制度的创新，又取决于政治、经济大环境所出现的变革机会，同时还与全社会各方人士（包括行政官员）的能动性息息相关。概言之，探讨决策转型必须基于以下三个基本因素：（1）中国现行政治制度的基本原则和框架不变；（2）缺乏完整的目标设计和整体规划，是"摸着石头过河"的探索；（3）行动主体的主观能动性必须在政治空间所给定的正当性之内展开。因此，"有限的开放"实质上意味着：在现有决策体制内重构其活动空间，使决策过程能够容纳相对多元化、民主化、科学化

---

① 朱旭峰：《政策决策转型与精英优势》，《社会学研究》2008 年第 2 期。
②③ 王锡锌、章永乐：《我国行政决策模式之转型》，《法商研究》2010 年第 5 期。

的"非常规"活动。①

其次，落在实践的层面，"有限的开放"主要表现为：从决策主体看，党政官僚体系仍然是绝对的决策主体。虽然某些精英群体参与决策已经成为常态，公众参与决策过程的事例也屡见不鲜，但总体而言，党政机关仍将自己视为公共利益的代表，对自下而上的需求缺乏回应的动力，主导政策议程设置，为公众设定政策偏好而不是把公众利益偏好纳入政策过程，在根本上仍然占据绝对的主导地位。② 从决策权力看，决策权力仍然过于集中。这体现在决策权力主要集中于中央，中国共产党与各国家机关的职责划分不够规范，特别是人大、政协等体制内的制度安排尚未有效发挥作用。从决策程序看，某些名义上开放的决策程序在事实上流于形式，普通民众缺乏制度化的利益表达机制。虽然近些年从中央到地方政府在决策程序的开放性上正在积极进行有益探索，但却普遍存在名义开放实质却流于形式的不争事实。利益群体特别是普通民众参与公共决策的方式和途径比较单一。从决策监督体制看，监督、评估、合法性审查等制度尚未建立。决策监督主体主要以党政内部监督为主，其他监督形式未能有效发挥作用；因为没有建立评估机制，从而导致决策缺乏相应的跟踪评估与执行反馈机制；而在决策问责上，主要源于决策层内部的责任追究，以行政责任为主，缺乏对其他责任形式的有效运用。③

决策转型所表现出来的重要特征，构成了本文得以展开的逻辑起点。

二 决策转型中的媒体参与：一个基本分析框架

所谓"参与"，指的是"全国或地方、个人或集体支持或反对国家结构、权威和（或）有关公益分配决策的行动"④。这一定义同时强调了行

---

① 潘忠党：《新闻改革与新闻体制的改造——我国新闻改革实践的传播社会学之探讨》，《新闻与传播研究》1997 年第 3 期。
② 王锡锌、章永乐：《我国行政决策模式之转型》，《法商研究》2010 年第 5 期。
③ 胡业勋：《开放式决策法治化的困境与路径构建》，《中国行政管理》2013 年第 11 期；周光辉：《当代中国决策体制的形成与变革》，《中国社会科学》2011 年第 3 期。
④ 帕特里克·J. 孔奇：《政治参与概念如何形成定义》，《国外政治学》1989 年第 4 期；塞缪尔·P. 亨廷顿、琼·纳尔逊：《难以抉择——发展中国家的政治参与》，汪晓寿等译，华夏出版社 1989 年版。

动的"自愿性质","奉政府之命参加的集会"以及"对候选人没有选择余地的选举投票"都不属于参与的范畴。① 因此，大众传媒遵循宣传指令对于公共政策的宣导，不属于本文所定义的参与范畴。本文所理解的大众传媒对于公共决策的参与，指的是大众传媒基于自觉自愿的原则支持或反对公共决策的行动。一个相对完整的决策过程通常包括三个阶段：议程设定、方案选择以及政策执行。② 我们关注的重点在于前两个阶段。这是因为通常大众传媒在前两个阶段中的作用最为突出，同时政策执行后期的评估通常被认为是新一轮政策变迁的议程开端。③

大众传媒对于公共决策的参与，首先受到两个结构性因素的制约。一是决策转型；二是新闻改革。

伴随经济体制改革的推进，新闻改革也于20世纪80年代初启动。30多年的改革历程中，既有发生巨大变化的面向，也有基本不变的一面。市场化虽然驱使媒体在运营方式以及报道理念上发生重大改变，但新闻媒体的基本性质——作为党的新闻事业——仍然维持不变，并在新闻管理方式上体现为"战略性新闻审查制度"（Strategic Censorship），因为适度的"新闻自由"以及适度的"新闻审查"可以更好地维护政治稳定。④ 因此，新闻改革所提供的，是一个在不触犯"禁区"的前提下允许不同符号艰难生长的"鸟笼"式大环境，新闻报道因而在很大程度上取决于新闻管制的程度以及新闻从业者的"临场发挥"。⑤

以决策转型之"有限的开放"以及新闻改革之"战略性新闻审查制度"下的"临场发挥"的两个重要特征为结构性因素，大众传媒之能参与决策过程，取决于以下四个重要条件。

---

① 西德尼·伏巴:《政治参与》，见格林斯坦等《政治学手册精选》，商务印书馆1996年版；陈振明、李东云:《"政治参与"概念辨析》，《东南学术》2008年第4期。

② 约翰·W. 金登:《议程、备选方案与公共政策（第二版、中文修订版）》，中国人民大学出版社2017年版。

③ 朱旭峰:《政策决策转型与精英优势》，《社会学研究》2008年第2期。

④ Peter Lorentzen, "China's Strategic Censorship", *American Journal of Political Science*, Vol. 58, No. 2, April 2014, pp. 402–414.

⑤ Peter Lorentzen, "China's Strategic Censorship", *American Journal of Political Science*, Vol. 58, No. 2, April 2014, pp. 402–414；潘忠党:《新闻改革与新闻体制的改造——我国新闻改革实践的传播社会学之探讨》，《新闻与传播研究》1997年第3期。

1. 政治性质

政治性质是我们要考量的首要因素，大众传媒之所以能参与公共决策，前提是该政策议题能够被"安全地报道"，换言之，大众传媒对于公共决策的参与，首先要打破政策信息的封闭性。它涉及两个层面：一是就政策敏感性而言，是否属于"开放性"的政策范围？二是就新闻敏感性而言，是否符合"适度的自由"之特征以至于该政策信息能够被公开地传播？对这两个层面的考量实质上都指向同一个问题：政治稳定，即，对于该政策的报道是否可能会危及整个社会的稳定问题？学者徐湘林认为，1978年底以来中国所推行的渐进式政治改革实际上是一个不断进行政策选择的过程，这一过程是基于"政治稳定为基础"的，因此是理性的和审慎的，需要在对旧体制进行改革和保持政治稳定的两难困境中不断地选择和调试。① 大众传媒对于公共决策的参与，正是在公开传播政策信息却不危及社会稳定的前提下而展开。

21世纪以来，中共执政理念发生巨大转变，从"效率优先、兼顾公平"转向"更加注重社会公平"，提出"以人为本"的科学发展观，建设和谐社会，积极关注民生，并把改革开放和社会主义现代化建设的根本目标确定为"提高人民物质文化生活水平"。表现在政策选择取向上，则从经济政策开始向社会政策转变，加大对城市社会救济和社会保障的投入以及对"四农"（农业、农村、农民和进城农民工）的支持力度。② 同时在决策方式上进一步推进决策的科学化、民主化和法治化建设，鼓励决策信息的透明以及社会公众参与政策过程，党的十八大则明确提出建立社会主义协商民主制度，鼓励在既有制度安排之外的社会协商。这些转变在客观上为大众传媒参与公共决策提供了意识形态上的合法性。因此，新世纪以来大众传媒对于社会政策议题报道日渐活跃，并出现诸多成功影响政策决策的案例。如劳教制度的废除、精神卫生法案的制定、收容遣送制度的废除、食品法案的重新修订等都是较为有代表性的案例。

但另一方面，执政党和新闻从业者都需要有高度的政治智慧在报道政策问题和维护政治稳定之间进行平衡。于执政党和新闻主管部门而言，

---

① 徐湘林：《以政治稳定为基础的中国渐进政治改革》，《战略与管理》2000年第5期。
② 王绍光：《从经济政策到社会政策的历史性转变》，载《中国公共政策评论》（第一卷），上海人民出版社2007年版。

当公共决策关涉更多的是行政问题而非核心的政治问题，且又处于非特殊时期，政策问题报道不会导致或引发过激的社会紧张感时，对新闻报道的管理则较为宽松。① 于新闻从业者而言，需要判断政策的"脱敏"程度，注意某些不能触碰的底线，② 在政治正当性范围内发挥主体能动性，"帮忙不添乱"，积极做"社会进程的参与者"。③

2. 政策条件

政策条件主要考量两个方面：一是政策问题是否已经得到某些机构或人员的注意？二是政策问题的复杂程度如何？

政策问题确实存在并且客观上已经得到某些行政机构的注意，这一点是媒体参与公共决策的基本条件。换言之，大众传媒是报道政策问题的，而不是建构政策问题的。美国政治学者金登通过大量经验研究已经证实：大众传媒对于政府议程具有实质性的影响，但这种影响仅仅局限在那些被某些机构或某些人员已经注意到的问题，"媒体是对业已开始的活动进行夸张性报道，而不是引发那些活动"。④

大众传媒为何是政策问题的"报道者"而不是"界定者"或"发现者"？这首先由新闻与生俱来的特点所决定的。"新闻者，乃多数阅者所注意之最近事实也"（徐宝璜语）以及"新闻是新近发生的事实的报道"（陆定一语）等经典新闻定义，都简明扼要地说明了所谓"先有事实，后有新闻"之特性，因此真实性既是新闻的生命所在，也是新闻报道必须遵守的最基本原则。由此也决定了大众传媒的基本职能是报道事实，而不是创造事实。其次，从政策问题的界定和识别上看，状况和问题有着根本区别，"当我们开始相信我们应该就一些状况而采取某种行动的时候，这些状况就可以被界定为问题"。⑤ 因为信息不对称的关系，相较于其他社会组织和社会公众，行政机构和政策圈内人往往可以通过各种机

---

① 据笔者对宣传部管理官员的访谈资料。
② 朱德付：《理念与方法》，京华时报采编中心内部资料，2008年。
③ 据笔者对新闻从业者的访谈资料。
④ 约翰·W·金登：《议程、备选方案与公共政策（第二版·中文修订版）》，中国人民大学出版社2017年版，第60页。
⑤ 约翰·W·金登：《议程、备选方案与公共政策（第二版·中文修订版）》，中国人民大学出版社2017年版，第138页。

制（如指标、事件和反馈等）最先发现问题所在。当政策问题已经得到其注意后，这些机构或人员也许可以作为消息来源得到媒体的报道。最后，如果对于政策问题的认知不一致甚至在政策圈内存在激烈的冲突，那么，大众传媒对于冲突的报道则能将行政体系内部的争议公开化，并可能导致该政策问题在政府议程中的位置上升。

政策问题的复杂程度是另一个需要考量的重要层面。复杂性是指一个新思想被理解和运用的困难程度。在知识运用理论看来，凡与政策有关的各种信息、意见和建议均可统称为知识，根据在政策过程流动来源的不同，知识被区分为"政府内部的知识""专家的知识""公众的知识""媒体的知识"。[1] 一般来说，当政策决策涉及的知识复杂性越高，也就意味着决策者在进行问题辨认和方案选择时就越需要决策系统以外的意见和知识；相反，当政策决策的知识复杂性越低时，决策者越拥有足够的能力进行决策，决策系统以外的意见和知识就是越不必要的了。[2] 因此，当政策问题越复杂，需要的专业知识越强，越需要决策体系外的意见和建议，大众传媒所提供的政策信息以及与之相关的政策建议，也就相应地成为公共决策的重要参考。这是从大众传媒所提供的智识性角度而言。另外，与复杂性相关的另一个问题是风险性。当政策问题越复杂，且政策议题涉及的领域越多、利益纠葛越纷繁时，政策决策的风险性也相应越高。从总体上看，政府机构是风险厌恶型的行为者，风险越高的政策，越难获得一致认可和强力推动。[3] 因此，一个有效规避决策风险的方法是提高决策程序的合法性，大众传媒作为专业信息载体，可以为社会公众对于政策意见的讨论提供平台，表达各种社会意见，提供"程序上的正义"[4]，由此大众传媒介入决策过程的可能性也越大。

3. 媒体作为

媒体作为需要重点考察两个方面：是否能够形成"持续的政策议题

---

[1] 罗家钫：《中国公共政策制定中的媒体议程影响研究》，硕士学位论文，上海师范大学，2011年。

[2] 朱旭峰：《中国社会政策变迁中的专家参与模式研究》，《社会学研究》2011年第2期。

[3] 陈玲等：《择优还是择衷——转型期中国公共政策过程的解释框架和共识模型》，《管理世界》2015年第8期。

[4] 哈贝马斯：《在事实与规范之间》，童世骏译，生活·读书·新知三联书店2003年版。

包"报道？是否能够采取民间/社会的报道立场？

大众传媒对于政策议题的报道通常分为"常规性报道"与"集聚性报道"两种形式，前者以相对一致的篇幅占据相对固定的版面，后者往往因为某个重大意外事件或重大突发危机的发生而被大幅度地集中报道，由此形成"众目睽睽"的观看效果。[①] 但这一"众目睽睽的观看"能否真正对决策产生影响，则在很大程度上取决于大众传媒能否持续地关注该政策议题。金登对决策群体的调查结果显示，"尽管很有理由相信媒体应该对政府议程产生实质性的影响，但结果却令人失望"。金文进而分析，出现这种情况的一个重要原因是"新闻报刊倾向于只用很短的一段时间突出报道某件事情，然后便转向下一件事情，进而冲淡了其报道的影响力"。因此，于决策群体而言，只集中在一个很短时期内的新闻报道，恰似舆论风暴，他们大多能"安然度过"。中国新闻从业者对此也有类似的反思，认为媒体追逐社会热点的特性导致了其对政策的影响力大为降低。[②] 因此，危机事件是否能够形成"持续的政策议题包"报道，将决定着大众传媒对于决策过程的参与程度。"持续的政策议题包"报道有以下几个含义：一是对危机事件的报道，是否能够从中触及政策问题，让抽象的政策问题变得"公开化"或"可视化"？二是是否能够针对政策问题，提出相应的政策解决方案？三是对危机事件及相关政策问题的报道是否能够得到较长时间的关注，并形成一个相对完整的"政策议题包"报道，即从报道突发危机事件入手，提出政策问题并提供解决方案？

是否能够持有民间/社会报道立场是考量媒体作为的另一个重要内容。"民间/社会立场"，主要是相对于强大的国家行政公权而言，它提倡以民间/社会而非国家/政府的立场来报道和诠释新闻事件，或发表评论。[③] 民间/

---

① 李艳红：《大众传媒、社会表达与商议性民主》，《开放时代》2006年第6期。
② 笔者曾访问多位资深媒体从业者，论及这一话题时，认为新闻是"易碎品"，受众对新闻的消费时间很短暂，媒体必须不断变换话题才能留住受众。至于对政策的影响力，则只能退而求其次了。
③ 李艳红：《大众传媒、社会表达与商议性民主》，《开放时代》2006年第6期；成庆：《国家与社会的再想象——关于市民社会的论争》，载许纪霖、罗岗等《启蒙的自我瓦解：1990年代以来中国思想文化界重大论争研究》，吉林出版集团有限责任公司2007年版。

社会立场主要包括以下两个内容：一是以公共利益为报道的基本出发点。因为公共政策关涉多数人利益，而在利益多元化社会，利益诉求和价值取向往往是多元的，甚至是相互冲突的。那么，在大众传媒这一公开的话语平台，只有从公共利益和共同利益出发时，才可以获得报道的正当性。特别是在当下既有体制内，普通民众缺乏合理渠道表达其正当利益诉求，大众传媒为追求公共利益去监督批评行政权力尤为重要。① 二是采取民间消息来源，打破行政官方的话语垄断。这包括普通公民或成为主要消息来源或成为新闻故事的主角，具有相对独立性的群体如专家学者为民代言，即便是身处行政体制内的官员，出于对公共利益的追求而敢于披露政策内部信息，等等诸种形态。

4. 政府回应

大众传媒的报道在本质上只是一种软约束，舆论意见是否能成为公共决策的一部分在根本上还要取决于政府的回应能力。所谓政府回应，指的是政府基于互动、服务于公共利益、利于民主与公平的善治价值基础上，对公众政策意愿和公众诉求做出及时反应，并采取积极措施来解决政策问题。② 政府回应能力，则是政府对于社会公众和其他社会组织所提出的各种诉求做出及时和负责的反应与回复的能力。

政府回应能力是决定大众传媒能否参与决策过程的关键所在。当政府回应能力强，能够对于新闻报道予以回应并在其行政决策中吸纳舆论意见时，媒体对于公共决策的参与便得以实现；当政府回应能力不强，对于新闻报道的批评采取沉默对待、拖延战术时，密集的新闻报道固然能够形成强大的"观看"效果，却无法在实质上形成对于政府行为的有效约束。

当前三个条件成功汇合在一起，大量的媒体报道便构成一种"外压态势"，当政府对舆论意见予以积极回应时，政策窗口随之开启③，大众传媒得以参与公共决策。图 1 显示了这一过程。

---

① 章平：《公共决策过程中的社会意见表达与政策协商》，《政治学研究》2013 年第 3 期。
② 李彦昌：《当代中国政府回应过程：动力与特征》，《中国特色社会主义研究》2012 年第 4 期。
③ 王绍光：《中国公共政策议程设置的模式》，《中国社会科学》2006 年第 5 期。

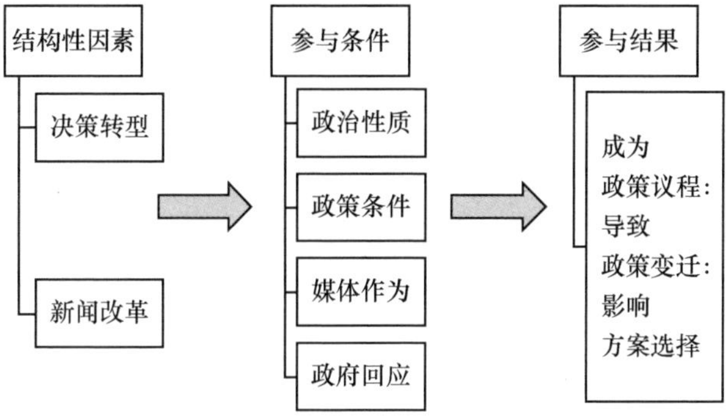

图1

三 两起案例研究

接下来,我们通过对两起不同案例的考察进一步说明上述分析框架。我们分别选取了取消收容遣送制度和新医改决策过程两起社会政策。这两项政策的提出、修订或变迁,与大众传媒报道有着紧密的关联。经验资料的获取主要有三个途径:一是两起案例的重要报道文本;二是深入访谈资料,我们对这两起案例的重要相关人士进行了深入访谈,包括重要报道者及媒体高管(副主编及主编)、重要消息来源和知情人士、宣传部门主管者、重要决策圈内人等不同类型共49人;三是相关的重要公开文献资料。

(一) 取消收容遣送制度

1982年5月12日,国务院下发了《关于发布〈城市流浪乞讨人员收容遣送办法〉通知》,标志着收容遣送制度的正式确立。其后,民政部、公安部下发了细则通知,规定对城市流浪乞讨人员进行集中收容并遣送回原籍,收容遣送站组织被收容人员进行生产劳动的收入,主要用于被收容人员的伙食补贴和遣送路费。1991年收容对象被扩大到"三无"人员,即无身份证、暂住证和务工证的流动人员。收容遣送政策的本意是出于良善愿望,对流浪乞讨人员和生活无着者实施救济。但在政策实施的20多年过程中,这一制度却演变为以"维护城市社会秩序"为目的、侵犯和干涉农民工在城市社会的居留权和人身自由权的治安管理制度，并滋生出种种严重的社会问题。①

早在20世纪90年代收容遣送制度的种种弊端就为某些行政机构和一些专家学者所注意。90年代初，中央某咨询部门向国务院提出收容遣送制度违宪，希望修正这一政策，但这个设想一直遭到公安系统的反对。② 1997年、1998年，民政部两次邀请专家，研究该政策实施过程中存在的问题和解决的出路，到会专家普遍认为"收容已经失控，比较可怕"，亟须调整。而落实到地方实践的层面，也曾曝出地方收容遣送站领导者因无法忍受收容之乱象而向上级机构实名举报和向媒体实名披露收容站违规之事。尽管有关政府部门尝试对这一制度进行修补，如财政部、民政部和公安部曾联合发文，广东省出台规定，要求不得向被收容遣送者伸手要钱，但收容遣送制度所引发的乱象却愈演愈烈。

20世纪90年代末，收容遣送事件开始作为一种问题登上媒体舞台，并成为市场化媒体的一种常规构成。这些报道往往聚焦于某个具体的事件，采用了共同的叙事模式——受难叙事："三无"人员作为新闻故事的主角，往往是"受害者"，施害者则与从事收容遣送工作的政府部门或其行政人员有关。这种叙事方式一方面为生活无着者的利益表达开辟了空间，更重要的是，通过其强大的情感动员力量影响和建构了公众对于该议题的看法——收容遣送制度对农民工和生活无着者构成了如此大的伤害，是不合理的。当此类报道频繁出现并且成为一种相对固定的新闻实践方式时，批评的指向便不再限于一起起具体的伤害事件，而是逐渐在社会舆论中塑造了对于收容遣送制度的质疑。③

媒体对于收容遣送事件的报道在孙志刚事件上形成了"持续的政策议题包"报道，前后持续近三个月，持有"民间/社会"报道立场，传媒、公众、学者、政府形成一系列讨论与互动，最终促成收容遣送制度

---

① 李艳红：《传媒市场化与弱势社群的利益表达——当代中国大陆城市报纸对"农民工"收容遣送议题报道的研究》，载《中国传播学年会论文集》2006年版；朱旭峰：《中国社会政策变迁中的专家参与模式研究》，《社会学研究》2011年第2期。

② 林姗姗：《九号院的年轻人》，《南方人物周刊》2013年8月26日。

③ 李艳红：《传媒市场化与弱势社群的利益表达——当代中国大陆城市报纸对"农民工"收容遣送议题报道的研究》，载《中国传播学年会论文集》2006年版。

的被废除。

孙志刚事件报道从一开始就呈现出鲜明的"民间/社会"报道立场。在报道主题上,长达三个多月的时间里,媒体形成的核心报道议题是"普通公民生命权何以受到侵害以及如何得到保障";在大众传媒的舞台上,受害者孙志刚亲属及同情者成为新闻故事的主角,讲述孙志刚的悲惨遭遇;在新闻报道的倾向上,对施害者的声讨和对收容遣送制度及其相关行政部门的批评构成了报道的基本基调;在消息来源上,普通民众、为民代言的专家学者、具有民间立场的体制内人士,成为主要的信息提供者、意见表达者和政策建议者。"持续的政策议题包"包括如下主要内容。

第一阶段,将政策问题"可视化",集中于危机事件的报道,对事件本身进行深入挖掘,都市报作为主要报道力量设定议题,网络媒体广泛转载并有大量评论。通过对孙志刚死亡事件的深入报道,将收容遣送制度所暴露出来的种种问题公开化、"可视化"。打破政策问题的封闭性,这是媒体参与公共决策的第一步。2003年4月25日,《南方都市报》(简称《南都》)以"被收容者孙志刚之死"为题,首次披露了孙志刚惨死事件,并配发时评《谁为一个公民的非正常死亡负责》,将报道重点聚焦于"普通公民生命权"的被侵害。报道面世后数小时内即登上三大门户网站头条,在互联网上被广泛转载,一小时内跟帖则达数万条。同日,"孙志刚你被黑暗吞没了"(后更名为"天堂不需要暂住证")的纪念网站建立,成为祭奠孙志刚的重要平台。网络上汹涌的民情民意反作用于传统媒体,次日,当《南都》由于广东省宣传管制的原因无法继续报道时,其他地区的都市媒体则纷纷接起了报道的接力棒,特别是地处首都的《北京青年报》表现活跃,《中国青年报》、《人民日报》、新华社等主流官方媒体陆续介入,孙志刚事件由此从一起地方新闻演变成为全国性新闻。在全国各地都市媒体互为呼应、此起彼伏对危机事件的深度挖掘过程中,孙志刚事件的个案性质、地方色彩开始淡化,其公共的、普遍的性质得以凸显。至此,一种"全中国都在观看"的外压效果逐渐形成。

第二阶段,将危机事件"理性化""制度化"。如果说第一阶段的报道主要以叙述孙志刚不幸致死的苦难悲情故事从而引起社会广泛关注,第二阶段的报道则把个案升级,将危机事件理性化、制度化。5月15日,

《中国青年报》独家报道了三位法学博士以公民名义，依法上书全国人大常委会，要求对《收容遣送办法》进行违宪审查。三位上书者曾担心其上书之举能否得到传统媒体的关注和报道，没想到《中国青年报》却在第一时间做出了反应。记者这样解释这篇报道的出笼，"我们将焦点指向对收容遣送制度的反思与追问，是为了避免从制度层面再出现'张志刚''李志刚'的悲剧"①。新闻从业者和上书者在这一点上不谋而合。上书者之一许志永先生这样解释上书动机："这不仅是针对孙志刚的个案，我们关注的是制度本身。应建立并启动一整套完备的违宪审查机制，才能不断地除弊革新"，"需要传媒关注并不是想给有关国家机关施加压力，而是为了引起国民对我们的宪法和法治建设的关注"。②各大媒体不仅广泛转载《中国青年报》的独家报道，还以访谈、专题新闻、评论等多种更具理性色彩的报道形式，从制度化层面进行剖析。

第三阶段，提出"取消收容遣送制度"的政策建议。如果说上书者的重点是在于提请全国人大对收容遣送制度进行违宪审查的话，在上书事件的后续报道中，媒体的报道重点则落在了"收容制度向何处去"的议题上。传统媒体理性报道与网络汹涌民意汇合，共同提出"废除收容遣送制度"的政策建议。

舆论上的强烈呼求得到了部分行政高管以及中央政府部门的积极回应。孙志刚惨死被媒体报道后，广东省主要领导批示要"严加查办"。2003年6月16日下午，北京大学行政法教授姜明安等五位国内著名的法律专家受邀到国务院法制办公室，主要领导全部到会，"大家很快达成的第一个一致意见就是：这项政策不再是修改的问题，而应该立即废止！"③。6月20日，国务院总理温家宝签署国务院令，废止收容遣送制度，代而施行《城市生活无着的流浪乞讨人员救助管理办法》。

（二）新医改政策制定过程

1984年8月，卫生部起草了《关于卫生工作改革若干政策问题的报

---

① 崔丽：《一组报道与一项制度的变革》，《中国青年报·"中青评论"》2004年6月1日。
② 崔丽：《北大三法学博士上书全国人大请求违宪审查》，《中国青年报》2003年5月15日。
③ 张瑾：《遣送制度存废之间》，《京华时报》2008年11月13日。

告》，这一政策的出台，标志着医疗体制改革正式启动。① 对于20年的医改之路，普遍看法是，医改基本顺应经济体制改革的总体趋势，从1985年对医院的"放权让利"到2000年吹响医疗服务市场"产权改革的号角"，医疗服务提供者（供方）变成必须面对市场"自负盈亏"的经营实体。20多年间，中国医疗体制改革的路程充满争议，但这些争论基本限于行政官僚体系里的"内部讨论"。第一次争论的集中爆发发生在1993年前后，卫生部内部高级行政官员围绕"医疗服务市场化"改革产生明显分歧，争议继而送达最高决策者。但其后"市场化"的改革思路依然占主导地位，2000年后各地方纷纷出现"卖医院"的景象而达至高潮。2005年的统计数据宣称中国医疗产业的总市场价值将为6400亿元，一场更大规模的"市场化"盛宴似乎已然来临。②

然而，行政体系内部关于市场化的争议仍在持续。2003年突如其来的非典事件（SARS）引发行政机构、研究者、医务界等对公共卫生体系漏洞的普遍反思，整个医疗卫生事业的改革取向由此受到检讨。非典次年，时任卫生部常务副部长高强向全国人大常委会报告建立健全突发公共卫生事件应急机制工作情况时坦陈，造成非典疫情早期流行和蔓延的主要原因是我国公共卫生体系存在缺陷。在此基础上，医改的方向选择问题，即政府主导还是市场主导问题再次在行政机构内部被提出。

20世纪90年代中期以来，医疗卫生领域一直是媒体日常报道的一个重要构成。有记者把医疗行业比作"敏感的战线"③，是"产生和捕捉社会热点的一个优良层面""输送社会新闻的一个蕴藏丰富的信息源"。④学术界普遍认为2000年是医疗体制推行市场化改革的关键一年，医疗机构的商业化改革再次得以明确，医疗机构商业化探索中乱象频现，因此，

---

① 关于医疗体制改革的起始时间有不同的看法。一种看法是，医改其实于1979年就已开始，因为当时的卫生部部长提出了"卫生部门也要按经济规律办事"的改革思路，并发起了一系列对医院管理的改革。1984年卫生部正式文件的出台，则被大多数人认为中国医改正式启动。《南方周末》曾以"中国医改20年"（2005年8月4日）为题对医疗体制改革的历程进行了综述。

② 曹海东、傅剑锋：《中国医改20年》，《南方周末》2005年8月4日。

③ 刘永杰：《见微知著解读问题——搞好医疗卫生报道需坚持"三贴近"》，《新闻采编》2004年第6期。

④ 刘守华：《从五个一，看卫生报道的潜力》，《传媒观察》1998年第8期。

2000年以来，医患纠纷报道以及医疗机构、医务人员不良行为的报道，在医疗卫生报道中比重日趋加大。这两类报道往往具有相近的主题：批评医疗机构以及医务人员追逐经济利益。这些报道大多是事件性报道，旨在披露一起纠纷或一起不良事件，由此形成以"看病贵""看病难"为主题的常规报道。①

2005年6月20日，《中国青年报》刊登一篇题为"市场化不是改革方向，我国医改悄然转舵？"的记者分析文章，在大众传媒上首开对医疗体制市场化改革取向的质疑。报道的主要消息来源是卫生部两位高级官员，将行政官员不赞成医改走市场化道路的意见传递给了大众。如果说这篇报道只是一个引子，将行政内部的不同声音传递给大众，那么，7月29日《中国青年报》发表的"中国医改不成功"报道则引爆了媒体以及全社会对于医改走向问题的高度关注。引发社会广泛关注的内容主要有两点：一是严厉批评过去20年医改基本是失败的；二是对医改问题根源的分析，指出市场化改革取向是肇事之源。这篇报道一经刊发便得到广泛转载，并引起广泛讨论。一方面，对医改失败现状迅速达成一致，但在问题根源以及解决途径上却形成了截然的分歧："政府主导派"与"市场主导派"各有领军人物，在媒体舞台上展开论战。对此，有学者评论，"2005年中国改革进程中最大的事件，大概就是关于'医疗体制改革基本不成功'的报告引发的大讨论了"②。

此后，医改所关涉的五个领域（医疗资源分布、医疗服务体系、医疗保障体系、医药生产流通体制、医疗监管体系）均成为重要的媒介议题，贯穿于近4年的新医改政策制定过程，形成了"完整的政策议题包"报道：提出政策议题、追踪政策草案、讨论政策方案，在决策过程的不同阶段扮演了不同角色。

第一，政策议程设置阶段，大众传媒助推新医改成为中央政府的正式政策议程。非典危机后，卫生部试图从城市医疗卫生入手推行新的改

---

① 章平：《大众传媒上的公共商议——对医疗体制改革路径转型期的考察》，博士学位论文，复旦大学，2009年。
② 秦晖：《核心在于强化政府责任——从医改失败看我国公共部门服务的危机》，《社会保障》2005年第10期。

革措施，但这一想法却未得到中央高层的反馈。

同样，中国医疗卫生体制改革课题组在得出第一阶段研究结论后立即上报国务院，也未得到任何行政部门的任何消息。"不成功"报道刊发后这一局面得以逆转。报道刊发当天，国务院办公室即致电课题组负责人要求把新闻报道的前因后果形成情况说明递交中央，两三天后国办要求课题组把研究报告全文以及相关全部资料上报中央主要领导，以供决策参考。卫生部各级高层官员对新闻报道也做出了反应，邀请课题组负责人座谈，全面了解围绕医改所发生的争议。[①] 继"不成功"报道之后，大众传媒围绕新医改"路线之争"、模式之争、医院改革实践等方面进行大幅、深入报道，会同大量披露医疗行业负面情况的新闻报道，共同形成对国家公共卫生服务职能的批评奏鸣曲。2006年9月，集合16个部委之力的新医改协调小组宣告成立，新医改政策议题在媒体上提出一年多后，最终成为中央政府的政策议程。

第二，形成政策草案阶段，大众传媒积极追踪官方指定机构草案，以满足公众知情权；提供多元讨论平台，特别是为非官方指定机构提供呈现观点的舞台；履行监督职能，呼吁决策程序的正当性。新医改协调小组成立后，委托6家不同性质的社会力量制订方案，6家机构的方案动态由此成为重要的报道内容。同时，计划外方案的提供者也同样活跃在大众传媒舞台上，他们积极阐述自身观点，评述其他机构方案，并成功影响决策部门。此外，对决策程序正当性问题的批评是另一极其重要的媒介议程，要求增强方案对于公众的"透明度"，建议备选方案要开放给社会公众充分讨论。

第三，医改方案征求意见阶段，对于征求意见稿的解读以及汇集民众意见成为媒体重要的报道内容。在对意见征求稿的解读上，一方面报道专业人士不同层面的解读意见，另一方面则严厉批评征求稿"艰涩难懂"。此外，民众对于意见征求稿的具体意见以及高涨的议政热情成为另一重要的媒介议程。

医改涉及面广泛，利益纠葛错综复杂，大众传媒持续近4年的报道中，"公共利益立场"一以贯之，具体表现为对改善国民健康福祉的共同

---

① 据笔者访谈资料、医改协调小组内部材料。

关切,正是在这一基本的价值立场基础上,不同观点才能够形成对话和讨论,中央政府予舆论以"负责任的积极回应"——"既积极关注舆论意见,同时又不盲目跟随"[①]。

四 结论

通过对废除收容遣送制度以及新医改政策制定两起决策案例的深入分析,我们较清晰地揭示了本文所讨论的核心问题:新闻报道——媒体上的社会意见——何以作用于决策过程。对于该问题的回答首先不能忽略两个结构性因素:决策转型的基本特点以及新闻改革的基本特点,这两个结构性因素在实质上都指向同一个问题,即大众传媒对于公共决策的参与必须在政治正当性框架内发挥其主观能动性。因此,大众传媒之所以能进入公共决策过程首先取决于该政策的政治性质,即政策的开放程度以及媒体在报道该政策是否具有意识形态上的合法性,这是媒体参与公共决策的基本前提;其次,政策问题是否已经得到机构或人员的注意以及政策的复杂程度是媒体参与决策过程的基础条件,政策问题已经被提出,且政策问题越复杂,媒体参与的可能性越大;再次,媒体对政策问题的报道如果能够形成"持续的政策议题包"以及报道能够持有"民间/社会立场",由此形成持久的"众目睽睽"的舆论观看效果,从而为媒体参与公共决策提供可能;最后,政府对新闻报道的回应能力是决定大众传媒能否参与决策过程的关键所在,如果政府能够对形成"外压"的舆论意见予以积极回应,政策窗口随之打开,媒体从而能够参与公共决策过程,社会意见或成为政策议程、或参与决策过程、或导致政策变迁。

(该文首发于 2014 年第一届"政治传播与社会发展论坛",刊载于《新闻大学》2015 年第 3 期。)

[①] 章平:《公共决策过程中的社会意见表达与政策协商》,《政治学研究》2013 年第 3 期。

全媒体时代基层民主协商的传播创新与经验启示
——以浙江省温岭市为例[*]

黄军勇

(副研究员,中共浙江省温岭市委宣传部部务会议成员,
温岭市社科联副主席)

摘 要:新媒体技术的发展给国家治理现代化带来新机遇的同时,也带来了新挑战。全媒体时代,温岭民主恳谈制度在地方政治家的推动下实现了传播创新,找到了全社会意愿和要求的最大公约数,更加广泛了解民意集聚民智,更加深入化解矛盾,最大限度凝聚共识,深化了民主恳谈这一颇具地方特色的协商民主模式。温岭的创新实践表明,互联网治理同国家治理现代化具有直接的同构性,新媒体提供了新资源和新契机,传播创新使民主恳谈的协商功能进一步深化,社会整合效果明显。在全媒体时代,正向传播效应需要协同推进,执政党要架构新机制,协同推进基层民主协商的正向传播,助推社会有效整合。

关键词:全媒体;温岭民主恳谈;基层协商;传播创新

党的十九大报告指出,有事好商量,众人的事情由众人商量,是人

---

[*] 本文系浙江省哲学社会科学规划社科联专项课题"全媒体时代基层民主协商的传播创新与经验启示"的研究成果。

民民主的真谛。协商民主是实现党的领导的重要方式，是我国社会主义民主政治的特有形式和独特优势。要推动协商民主广泛、多层、制度化发展，统筹推进政党协商、人大协商、政府协商、政协协商、人民团体协商、基层协商以及社会组织协商。加强协商民主制度建设，形成完整的制度程序和参与实践，保证人民在日常政治生活中有广泛持续深入参与的权利。①

民主恳谈是浙江温岭的首创，始于1999年，被评为第二届"中国地方政府创新奖"优胜奖。20年来，温岭市民主恳谈已逐渐步入制度化、规范化、程序化运行轨道。近年来，温岭市充分发挥新媒体的独特优势，以全媒体直播创新民主恳谈传播形式，进一步深化温岭民主恳谈这一颇具地方特色的协商民主模式。

一 温岭民主恳谈的历史追溯

1999年是温岭民主恳谈的创生之年，这一年以论坛的形式为老百姓搭建了一个诉求表达的平台；2000年是民主恳谈正式冠名的一年，"恳谈"两字准确地表达了有意见需要沟通，有想法需要交流，有问题需要协商，有分歧需要博弈等丰富的意思；2001年是温岭民主恳谈转型的一年，这一年恳谈的议题从一家一户个人的私事转入公共事务；2003年、2004年是温岭民主恳谈从发生学到巩固学的两年，2003年工资集体协商起步，2004年党内民主恳谈开局；2005年至今，以参与式预算为标志，温岭民主恳谈进入了完善、深化和提高的新阶段，如2008年的部门预算民主恳谈，2011年通过人大代表工作站的预算征询恳谈，2013年的温岭市福利中心项目选址民主听证会和票决部门预算，2014年的选民议政会和预算绩效评价，2015年市级人代会上的预算修正议案。随着议题的不断拓展，范围的不断扩大，方法的不断创新，重大公共事务决策经过民主恳谈，已成为温岭当地的一个"规定动作"和"前置条件"。

从恳谈形式和传播的方式来看，温岭民主恳谈创新和发展出对话型

---

① 习近平：《决胜全面建成小康社会　夺取新时代中国特色社会主义伟大胜利——在中国共产党第十九次全国代表大会上的报告》，人民出版社2017年版。

民主恳谈、决策型民主恳谈、党内民主恳谈、参与式预算和工资集体协商五种基本类型，涉及政党协商、人大协商、政府协商、政协协商、人民团体协商、基层协商以及社会组织协商。

对话型民主恳谈一般发生在决策之前，是民主恳谈会的组织者与参与者之间就某项社会公众广泛关注的议题进行对话、沟通、讨论、协商以求得共识，从而落实人民群众的知情权、参与权、表达权和监督权"对话型民主恳谈可在市级、镇（街道）、村（社区）的党组织、人大、政府、政协、社会团体、事业企业单位、群众自治组织以及其他各社会组织中开展，起收集民意、沟通信息、协商问题、协调矛盾的作用"①。

决策型民主恳谈更多地与公共政策制定和公共事务相联系，譬如：城镇规划、村庄整治、校网调整、公共自行车站点的布局、公交车线路的安排等。在相互联系、相互依存的社会中，人们的活动具有"公共性"，事关"公共性"的决策最容易形成聚焦且又具争议性。

党内民主恳谈是党委正确决策的前提和基础，是重大决策的必经程序。在中国现有的政治生态中，中国共产党作为执政党其组织的触角遍及社会的每一个角落，党员的身份其实就是整个社会阶层的身份缩影。所以通过党内民主恳谈可以把社会舆情反映上来，把党代表的智慧和积极性充分发挥出来。党内民主恳谈的实施，推进了党务公开，畅通了党内诉求渠道，保障了党员的主体地位，提高了党委决策的民主化、科学化和制度化水平。

参与式预算是民主恳谈深化和发展的产物，是指公民以民主恳谈为主要形式广泛参与政府年度预算方案协商讨论，人大代表审查政府财政预算并决定预算的修正和调整，进而实现实质性参与和监督政府预算执行的协商民主实践。2005年首先在泽国和新河两镇拉开序幕，之后不断加以总结、提升、完善和推广，至2013年，全市16个镇（街道）已全面推广参与式预算；从2008年开始，还延伸至市级部门预算。参与式预算就是把"钱袋子"化作具体的分配、建设和民生的问题讲给老百姓听。

温岭的行业工资集体协商同样以民主恳谈这一独特的载体为平台，

---

① 参见中共温岭市委《关于全面深化民主恳谈 推进协商民主制度化发展的意见》，2013年4月28日。

为劳动者和企业双方提供了一种制度化、组织化的共决途径，使劳资冲突中的核心——劳动定额（工价）问题得到了较好的解决。经过多年坚持不懈的推广与完善，通过企业、村（居、社区）、行业、区域性工资集体协商制度建设，形成了四轮联动，横向到边、纵向到点"行业谈标准、区域谈底线、企业谈增幅"的工资集体协商模式。

二 全媒体：温岭民主恳谈的传播创新实践

党的十九大报告指出，建设具有强大凝聚力和引领力的社会主义意识形态，使全体人民在理想信念、价值理念、道德观念上紧紧团结在一起。高度重视传播手段建设和创新，提高新闻舆论传播力、引导力、影响力、公信力。加强互联网内容建设，建立网络综合治理体系，营造清朗的网络空间。[①] 习近平总书记指出，全媒体不断发展，出现了全程媒体、全息媒体、全员媒体、全效媒体，信息无处不在、无所不及、无人不用，导致舆论生态、媒体格局、传播方式发生深刻变化。

（一）温岭民主恳谈传播创新的时代背景

随着数字技术、互联网技术和移动通信技术的融合发展，以 IPTV、手机电视、博客、微博、微信、RSS（简易信息聚合）等为代表的新媒体，不仅改变了人们的传播方式，也改变了人们的生活方式、工作方式，以裂变式的速度向中国社会的各个领域推进渗透，深刻影响并改变着广大网民的交往习惯、思维结构和价值观念。

从温岭民主恳谈的历史追溯来看，温岭民主恳谈早期的传播方式还是属于传统的传播方式，往往都是在一期民主恳谈结束后，通过当地"两报一台"等传统媒体进行报道和宣传，从传播渠道和宣传教育方式来看，是一种线性传播和单向灌输。

在全媒体时代，人人都可以成为信息源，新媒体的交互功能进一步强化，改变了过去相对封闭条件下的教育主体、传播主体格局，演变为

---

① 习近平：《决胜全面建成小康社会 夺取新时代中国特色社会主义伟大胜利——在中国共产党第十九次全国代表大会上的报告》，人民出版社2017年版。

传播主体的多元化格局。人们可以自主地传播内容，发表观点评论，与他人进行实时在线交流，对社会舆论的形成产生重要影响，从而突破了权威主流媒体的话语壁垒。因此，温岭民主恳谈如何适应新媒体时代，创新传播形式，使其焕发出更为鲜活的生命力，成了亟待解决的课题。

温岭市是浙江省台州市所辖县级市，经济先发、人口众多。温岭是全国第一家股份合作制企业的诞生地，民营经济较为发达。截至2017年末，全市户籍总人口为1220090人。[①] 据不完全统计，全市宽带用户有40多万，网民约80万，共有各类微信公众号千余个，其中粉丝数过万的有20余个，《温岭日报》虎山论坛注册用户将近50万，平均每天发布新帖2300多条，点击量超过32万人次。2016年3月初《温岭日报》推出了"两会，看我们的"微信直播，这次直播刷爆了温岭人的朋友圈，得到了代表委员的一致点赞。随后"5·17"三改一拆"集中行动日微信直播，各个拆违现场和拆违过程以图文和视频的形式展现在全市人民面前，滚动播出240条动态信息，吸引访客29672人次，总浏览量67319次，为全市中心工作营造了良好的舆论氛围。[②]

鉴于微信直播良好的舆论引导效果，温岭市整合新媒体资源，增加技术和平台供给，自主研发全省领先的直播小程序，创新传播内容，UGC和PGC结合，文字、图片、短视频、视频直播结合，推出全媒体直播，增加现场视频、图片传送、网友推文、点赞、转发、提问解答、互动交流等。温岭市各级各部门纷纷结合中心工作开展各种类型的主题全媒体直播，如温岭市政府"最多跑一次"改革新闻发布全媒体直播，温岭市委组织部"两学一做"党员固定活动日全媒体直播，温岭市委宣传部"温岭好故事""七一微党课"宣讲大赛、"文化礼堂"等系列活动全媒体直播，温岭市文明办"向陋习宣战与文明同行"全媒体直播，温岭团市委"暑期社会实践"全媒体直播等。

在这轮新媒体传播的盛宴中，温岭市民主恳谈也适时参与其中，温

[①] 温岭市统计局、国家统计局温岭调查队：《温岭市2017年国民经济和社会发展统计公报》，2018年3月21日，温岭市门户网站（http://new.wl.gov.cn/art/2018/3/21/art_1402302_16332141.html）。

[②] 黄军勇：《微信直播：新媒体背景下基层党员教育的模式创新——以温岭市探索主题党日活动微信直播为例》，《领导科学论坛》2017年第10期。

岭市委、市政府推出"电视问政",温岭市人大推出"传统产业转型升级"专题询问会,温岭市政协推出"请你来协商"物业管理专题恳谈会等。据统计,温岭市的全媒体直播 2017 年共进行了 60 多场,2018 年共直播 119 场。

(二) 温岭民主恳谈传播创新的实现形式

1. 电视问政,坚持问计于民

电视问政,以全省第一档县级电视直播问政栏目为载体,以"问政+聚焦+曝光"的监督组合拳,助推中心工作不断攻坚克难,促成干部工作习惯、企业生产习惯、群众生活习惯大变革。近两年来,已举办电视问政"问水""问堵""问安""环境革命""问居""转型升级之路"共 6 期,配套播出"问题聚焦" 58 期,共曝光"老大难"问题 35 个、共性问题 52 个,及时反馈率、整改率均达 100%。

一是精准导向,问责任更问实效。围绕中心工作,从群众呼声最大、社会关注最多、最迫切的问题入手,确定问政主题。坚持"问政于民、执政为民",邀请两代表一委员及市民代表参加,以"主持人+曝光短片+访谈官员+群众质询+专家点评"的形式,直面矛盾,每场安排 5—8 个问题。如第三期电视问政"问安"中,存在问题由被问政部门现场认领,问政嘉宾轮番问责,部门领导现场立军令状、给出整改期限,承诺未在限期内解决问题主动辞职。随后,在全市范围内开展安全隐患大检查、大整改。当月,共检查各类生产经营单位 17133 家次,发现隐患 7397 条,完成整改 5660 条,责令停产、停业、停建 24 家。[①]

二是驱动转变,转思想更转作风。自问政以来,共调整干部 651 人次,其中提拔 160 人次,转任重要岗位 59 人次,共调整不胜任现职领导干部 44 名,让领导干部红了脸、出了汗、等不了、坐不住。同时,通过在电视问政、聚焦栏目、"两微一端"中曝光不文明行为,引导公众增强规则意识、法治意识,养成良好的生活方式和行为习惯,推动群众生活习惯大变革。如第四期电视问政"环境革命"集中曝光不文明行为后,

---

① 黄军勇:《"全媒体问政":协商民主的政治价值构建——基于温岭的实践与思考》,《行政与法》2017 年第 10 期。

市文明办携手全市志愿者联合发起"向陋习宣战与文明同行"活动、"礼让斑马线"行动、"文明有礼温岭人"习惯养成计划等，引起社会公众的积极反响和自觉参与。

三是着眼长效，重承诺更重执行。让全社会参与整改监督，及时了解问政成效。配备问政专职督考员，要求曝光问题第二天汇报，整改项目一周一反馈、一月一检查，每期曝光问题的整改落实进展情况向全市通报。建立"整改督察式报道"和"媒体回头看"报道机制，对整改项目进行跟访，并在整改时限过后即时进行回访。两年来，在《温岭日报》"虎山问政"版块、温岭广播电视台新闻综合频道开展媒体监督回察共50多次，针对整改项目的长篇专访达12篇，共邀请23位镇（街道）和部门"一把手"走进直播间开展访谈8次。如第四期电视问政之后，组织部门研究制定《关于在中心工作一线立体评价干部暂行办法》，将电视问政曝光的问题责任及处置结果纳入干部的评价考核。

2. 网络直播，畅通民意渠道

微博/网络作为新兴媒介，具有时效性和互动性强的特点。2014年12月11日，温岭市人大召开"交通治堵"专题询问会，首次采用网络视频直播方式，在温岭人大网、温岭新闻网等开展全程直播，并通过《温岭日报》、温岭人大网、温岭人大官方微博、虎山论坛、微信公共平台"微温岭"等发布公告及报道会议进展情况。① 近些年，手机移动终端异军突起，微信成为社会公众广泛使用的社交媒介，温岭市积极适应这一变化，整合"温岭发布"等新媒体平台，及时推出以微信直播为互动主渠道的全媒体直播，深化了民主恳谈的传播方式。

一是温岭市人大"专题询问会"视频直播。2018年温岭129名人大代表在人代会上就"振兴实体经济，推动传统产业优化升级"联名提出议案。2018年8月31日，温岭市人大推出"传统产业优化升级"专题询问会，以更好地加强大会议案督办，找准突出问题和薄弱环节，推动产业革命，实现高质量发展。温岭市人大代表、政府部门、普通市民通过"面对面""题对题""一问一答"的监督方式，共寻问题破解之道。询

---

① 黄军勇：《"新媒体微联盟"：互联网治理的路径与方法——以温岭市为例》，《中共济南市委党校学报》2017年第3期。

问会还采用直播互动的方式,让普通市民也能参与询问。网络上,多达10.7万人次共同见证了这场询问会。直播页面下方,网友们提出了141条有效建议,这其中既有为传统产业优化升级工作出谋划策的,也有为这场询问会点赞的。在现场,市人大常委会选取了部分网友提问,向市政府及职能部门发问。如网友"小七"留言提问:"企业招工越来越难,用工成本越来越贵,'机器换人'到底有什么成效?"该问题由市经信局负责人回答。[①]

二是温岭市政协"请你来协商"专题恳谈会全媒体直播。2018年,温岭市政协把民主恳谈会导入政协协商,推出"请你来协商"专题恳谈会,以进一步发挥政协协商民主作用,搭建政协委员、界别群众与政府相关部门面对面的交流沟通平台,推动相关问题的解决。首期恳谈以"物业管理"为话题,于2018年8月30日下午2点40分召开。从8月29日开始,就通过"温岭发布""温岭政协"微信公众号、《温岭日报》微信公众号等各新媒体平台推送预告。当日,共有8位市领导、12个相关单位负责人、部分市政协委员、群众代表参加。恳谈会就业委会和小区自治、物业管理与物业费、小区安全、小区秩序、二次供水及老旧小区电梯安装、物业企业服务变革提质及可持续发展、信用物业及政府监管等6个方面进行了面对面的协商,恳谈会进行全程图文直播。据统计,这场民主恳谈会共收到458条网友跟帖,浏览量达到13.8万,部分内容将分门别类送往相关部门解决落实。恳谈会上,议题讨论一个比一个热烈,一场场"头脑风暴"不断碰撞出火花。"很多问题我们之前没想到,有些点子确实不错,值得试试。"温岭市综合行政执法局一位负责人走出会场后,立刻在电话里安排工作。[②]

三是温岭市政府新闻发布会全媒体直播。近年来,温岭市依托"温岭发布"和市级媒体微信平台,积极探索打造"互联网+新闻发布""电视+新闻发布",构建网络发布矩阵,内容涉及重点项目、民生实事、政

[①] 吴敏力、毛海挺、李攀等:《温岭产业谋升级 人大面对面把脉"疑难杂症"》,《浙江日报》2018年9月6日。

[②] 李攀、徐子渊、吴敏力等:《众人的事情由众人商量 温岭民主恳谈会扩大协商"同心圆"》,《浙江日报》2018年8月31日。

策文件、便民提示等，实现每月政务资讯阅读量60多万人次。新闻发布主题明确后，提前在虎山论坛公开征集广大网友提问，筛选2—3名网友提问作为新闻发布会的特殊提问环节。开通"新闻发布市民热线"，为市民答疑解惑，有关问题将第一时间转至相应单位，并承诺在一个工作日内反馈。创新开启新闻发布会"第二现场"，组织媒体记者在发布会前深入相关现场，对办事市民进行随机采访录制，并在新闻发布会现场播放市民提问，交由单位新闻发言人解答。在浙江新闻App、温岭广播电视台、温岭新闻网开设"新闻发布会"专题专栏，温岭日报社推出访谈类的节目"网络直播间"，邀请各单位新闻发言人做客直播间，就网友感兴趣的话题进行面对面交流。2018年1月至10月底，全市共召开新闻发布会30场，通过权威网络平台开展新闻发布32次，收到良好的社会效果。

3. 部门专题，凝聚社会共识

如上所述，在温岭市开展全媒体直播的潮流中，温岭市级各部门也纷纷结合部门职能和工作特色，开展各类主题直播。全媒体直播的"马太效应"不断显现，各类主题直播在强化主体参与的同时，直接扩大了受众层面，在交流互动中，凝聚了社会共识。直播主要有两种类型，一是政治经济主题全媒体直播。这类直播有温岭市委组织部开展的"两学一做"主题党日活动系列直播，温岭市委宣传部开展的"温岭好故事""七一微党课""乡村课堂基层百课"直播，温岭市鞋业整治办开展的"温岭市鞋业整治提升突击月行动"直播等。以"两学一做"主题党日活动系列直播为例，截至2018年10月，已成功开展"践悟初心使命 争当时代先锋"等27期主题活动直播，总关注浏览341万多人次，点赞评论数量超32万余条，3371个党支部在直播活动中进行了展示。直播活动顺应了新媒体时代基层党员教育的内在规律，党组织主题活动的受众群体从党组织集体、党员个体向社会群体及公众扩散，拓展了受众层面，从而使基层群众在点赞、点评、转发的过程中对共产党员和政党形象产生了心理和文化认同，进而巩固党在基层的执政基础。[1] 二是社会民生主

---

[1] 黄军勇：《微信直播：新媒体背景下基层党员教育的模式创新——以温岭市探索主题党日活动微信直播为例》，《领导科学论坛》2017年第10期。

题全媒体直播。这类直播有温岭市委宣传部开展的"文化礼堂"系列直播活动、温岭市文明办开展的"向陋习宣战与文明同行"系列直播等。以"向陋习宣战与文明同行"系列直播为例,自2017年以来每月进行,已开展14期,围绕交通文明、公共场所文明、文明家园、城乡文明、清凉一座城、公民道德宣传等主题,涉及文明劝导、清洁家园、文明旅游、文明就餐、文明交通、节俭婚丧等,吸引全市群众广泛参与,累计浏览量达到170万人次,起到了凝聚共识、助推文明习惯养成的作用。

4. 社会组织协商,组建"阳光温岭"微信联盟

"阳光温岭"微信联盟由温岭市委宣传部主导创建,以温岭发布为主体,由温岭发布、温岭公安、《温岭日报》、微温岭、温岭新闻综合频道、温岭1036、温岭市青年服务中心、大温岭、温岭包子微生活、温岭小助手等十余家在温岭市有较大影响的微信公众号联合发起成立,采用"政府主导、自我管理、理性发展、合作共享"的联盟运行模式。"阳光温岭"微信联盟以《抵制网络谣言、营造健康文明的网络环境的倡议》为行为规范,加强对谣言等虚假信息的联动处置,做网络健康环境的维护者。加入联盟的微信公众号积极主动帮助辟谣、传递正能量,净化了微信空间,有效突破了微信空间引导难、管理难的屏障。该做法被《浙江日报》头版报道,相关报道得到两位省领导批示肯定。"阳光温岭"微信联盟,创新了互联网协同治理模式,为网络伦理道德建设树立了新标杆。[1]

三 温岭民主恳谈传播创新的动因分析

"任何关于认识发展的研究,凡追溯到其根源的(暂不论它的生物前提),都会有助于对认识最初是如何发展的这个尚未解决的问题提供答案。"[2] 发生学研究不同于起源学研究的地方,就在于发生学研究并不简单满足于对事件起源的描述,而是从生成机制上重视对主客体关系的考

---

[1] 黄军勇:《"新媒体微联盟":互联网治理的路径与方法——以温岭市为例》,《中共济南市委党校学报》2017年第3期。

[2] 皮亚杰:《发生认识论原理》,王宪钿译,商务印书馆1981年版,第96—97页。

察。借鉴皮亚杰发生认识论研究的两个维度，对温岭民主恳谈传播创新进行动因分析，不外乎涉及内因——温岭民主恳谈的制度惯性、外因——新媒体给国家治理现代化带来的挑战与机遇、主观能动性——地方政治家的推动这三个层面。

（一）外因——新媒体给国家治理现代化带来的挑战与机遇

长尾理论是互联网时代兴起的一种新理论，由美国《连线》杂志主编安德森于2004年提出。"长尾效应"可以借用"正态分布"曲线来加以描述，"正态分布"曲线中间的突起部分叫"头"，两边相对平缓的部分叫"尾"。在一般情况下，人们往往只能关注曲线的"头部"，而将处于曲线"尾部"，需要更多精力或成本才能关注到的大多数事或人给忽略了。而在互联网时代，由于关注的成本大大降低，人们就有可能以极低的成本关注到曲线的"尾部"。"长尾效应"会给国家治理带来哪些变化呢？首先，对社会产生重大影响的信息传播不再局限于传统媒体（报纸、杂志、广播、电视）发布的主流信息（相当于"头部"），新媒体流传的非主流长尾信息（相当于"尾部"）累积起来可能会形成比主流信息更大的社会影响力；其次，传统媒体发布的主流信息"一统天下"的格局已经被打破，越来越多的人习惯于通过非主流长尾信息观察和了解社会，而被传统媒体忽略的"尾部"事件往往成为全社会关注的焦点，"长尾效应"加大了传统媒体的生存危机和舆论引导压力，也对现有的传媒格局产生了重大影响。在全媒体时代，人人都是麦克风、个个都是发布者，温岭网民数量众多、思维活跃，极其关注社会公共事务，温岭也正在从传统的管制时代，进入功能分化的公共治理时代。在公共治理时代，构建新的政治话语体系，需要科学的政治传播，有效运用资源创造有利环境，扩大公民有序政治参与。

（二）内因——温岭民主恳谈的制度惯性

"民主恳谈"在温岭当地已成制度且社会承认度高。温岭民主恳谈从创立至今已有20年，之所以能够在实践中不断地完善、创新和发展，是因为温岭市委在不同阶段，相继出台关于"民主恳谈"的文件。如《中共温岭市委关于在我市非公有制企业开展"民主恳谈"活动的意见》

(2000年8月21日)、《中共温岭市委关于进一步深化"民主恳谈"活动加强思想政治工作推进基层民主政治建设的意见》(2001年6月12日)、《中共温岭市委关于进一步深化"民主恳谈"推进基层民主政治建设的意见》(2002年10月9日)、《中共温岭市委关于"民主恳谈"的若干规定》(2004年9月29日)。《中共温岭市委关于"民主恳谈"的若干规定》明确指出:"民主恳谈是扩大基层民主,推进民主决策、民主管理、民主监督的重要载体。"党的十八大后,中共温岭市委相继出台《关于全面深化民主恳谈推进协商民主制度化发展的意见》(2013年4月)和《中共温岭市委办公室温岭市人民政府办公室关于深化民主恳谈健全城乡社区协商机制的通知》(2017年12月)。《关于全面深化民主恳谈推进协商民主制度化发展的意见》提出:"要在巩固已有成果基础上全面深化和发展民主恳谈制度,拓展民主恳谈新的发展领域,在政权机关、政协组织、党派团体、社会组织以及其他组织开展多渠道、多层次、多领域的广泛协商,推进我市协商民主制度化发展。"

(三)主观能动性——地方政治家的推动

政治力量的推动是温岭民主恳谈传播创新的关键。政治力量既包括宏观政治背景又包括地方政治家的推动,前者是必要条件,后者是充分条件。温岭的民主恳谈萌生于新旧世纪之交的1999年,非常切题地契合了"政治文明"新理念问世的政治背景。但纵观温岭民主恳谈的发展历程可以看到,这种生长于体制之外的"草根"民主之所以能够在实践中不断地完善、创新和发展主要来自两个方面的推动,一是来自温岭市委宣传的党务官员和某些乡镇党委书记追求深化"民主恳谈会"的内容而开展的新试点,二是温岭市委的四个文件。[1] 可见,一项政治试验的进行还必须要有地方政治家的推动。地方政治家不甘于步别人的后尘,总想创造属于自己的东西,他们更靠近基层,更熟悉本地的实际情况,对特定的制度环境的认识更全面、更敏锐,更了解政治资源的利用状况和微观主体的现实需求。新媒体语境下温岭民主恳谈的传播创新也是如此,

---

[1] 黄军勇:《民主恳谈:协商民主的中国式选择对化解执政矛盾的启示》,《湖北行政学院学报》2007年第5期。

无论是"电视问政",还是"专题询问会"视频直播、"请你来协商"专题恳谈会,乃至其他专题直播,都来自当地政治力量的推动,如前文所提的"5·17'三改一拆'集中行动日微信直播",就是在当地主要领导的直接关注下进行的。正是契合了这样的时机,也正因温岭民主恳谈保持着一如既往的惯性,才有全媒体直播的良性发展,才使得温岭民主恳谈因为传播创新,更加深入了解民情、充分反映民意、广泛集中民智、切实珍惜民力,推进了决策的科学民主,凝聚了社会共识,促进了社会经济发展。

四 温岭民主恳谈传播创新实践的经验启示

在全媒体时代,让社会产生广泛共识,最大限度取得"公约数",是现代治理的重要任务。美国传媒学者斯托纳在研究群体决策时发现"群体极化效应",他指出:"群体极化正发生在网络上。各种原来无既定想法的人,因为他们所见不同,最后会各自走向极端,造成分裂的结果,或者铸成大错并带来混乱。"[①] 可见,温岭民主恳谈通过传播创新,攻坚克难,聚焦难点,众人的事众人商量,找到全社会意愿和要求的"最大公约数",更加广泛地了解民意、集聚民智,更加深入地化解矛盾,最大限度地凝聚共识。

(一)互联网治理同国家治理现代化具有直接的同构性,新媒体提供了新资源和新契机

国家治理现代化理念中多元、平等、对话、协商等意涵与互联网治理的内在精神是高度契合的,而新媒体的快速发展及其自身的互动性、便捷性、开放性、个性化等特征,为国家治理现代化提供了技术支撑。奈斯比特指出:"两百年前我们创造了代议民主制,在那时,它是组成一个民主国家的实事求是的办法。但是,随后发生了通信革命,同时有了教育有素的选民。目前,由于在瞬息间即共享信息,代表们知道的事情

---

① 凯斯·桑斯坦:《网络共和国:网络社会中的民主问题》,黄维明译,上海人民出版社2003年版,第50—51页。

我们也都知道，在实践上也不比他们晚。"① 新媒体的发展，使人们获取信息变得空前容易和方便，信息垄断从此被打破。新媒体满足了网民多样化的信息需求，打破了以往信息大多来自电视、广播、报纸等传统媒体的提供方式，以更立体化的特质，优化了资源结构，增强了实效性和感染力。新媒体的互动性尤为突出，参与者可以不受时空限制，提供的全新发展方式和虚拟环境，对参与者的信息交流、话语表达和价值思想产生了深刻影响。"新媒体的开放、共享、自由和个性化的特点，通过各种新媒体产品，如微博和博客的应用，使得他们的主体性得到了张扬，自主性得到了充分展现，思想更具开放性和创新性。"② "创新与扩散"理论认为，大众媒介与人际传播的结合是新观念传播和说服人们利用这些创新的最有效的途径，大众传播可以较为有效和有力地提供新信息，而人际传播更易改变人的态度与行为。温岭民主恳谈传播创新的意义在于接通了"地气"，充分利用了新媒体提供的新资源和新契机，"通过吸纳社会组织、公众个体参与，拓宽民主形式，缓解了现有选举民主不能容纳政治参与热情的问题，提升了治理民主实效"③，实现了党委、政府、人大、政协、社会组织与社会的有效对接。

（二）社会制度具有整合功能，传播创新使民主恳谈的协商功能进一步深化，社会整合效果明显

整合是社会制度的基本功能，一种成熟的社会制度往往是人们长期共同生活实践的结果。在长期共同生活实践过程中，大家共同认可的规范被固定了下来，人们也找到了解决相互冲突的办法，社会制度的规范体系内部因此而达到了较高的协调性，从而显示了社会整合的状态。也就是说，社会制度的整合功能来源于一些比较完整、比较系统的规范。这些规范构成了人们活动的模式，保证了人们社会活动和相互关系的完

---

① 约翰·奈斯比特：《大趋势——改变我们生活的十个新方向》，梅艳译，中国社会科学出版社1984年版，第162页。

② 许萍：《新媒体对大学生思想观念的冲击及其对策》，《重庆邮电大学学报》（社会科学版）2013年第5期。

③ 魏艳、宋玉波：《治理民主：改革开放以来民主实践的探索与经验》，《重庆邮电大学学报》（社会科学版）2018年第6期。

整性、正常性，保证了社会结构各部分的完整与和谐，同时，它们通过协调社会行为，调整了人际关系，维持了社会稳定，促进了社会整合。在实践中，民主恳谈扮演的是一种仲裁和协商的角色，它有利于参与者消除疑虑、减少分歧和化解矛盾。同时也能够把社会各阶层群众的参与行为纳入制度化的轨道，使他们不必以极端的方式来表达自己的政治意愿和诉求。既有助于重构执政党、政府与群众的信任关系，改善民主治理质量，提升公共政策的合法性，又有助于宣传教育民众，融洽党群干群关系，增加社会的稳定与和谐因素。① 如上所述，全媒体时代的传播创新实践使温岭民主恳谈的社会关注度更高。"培养分析"理论认为，社会要作为一个统一的整体存在和发展下去，就需要社会成员对该社会有一种共识，提供这种共识是社会传播的一项重要任务。传播内容具有特定的价值和意识形态倾向，这些倾向通常不是以说教而是以"报道事实""提供娱乐"的形式传达给受众的，它们形成人们的现实观、社会观于潜移默化之中。可见，温岭民主恳谈的传播创新，使基层群众的参与面更广了，动态生成的民智民意也就更多了，化解执政矛盾凝聚社会共识也就会更深入、更持久。

（三）全媒体时代，执政党要架构新机制，协同推进媒体正向传播，助推社会有效整合

党的十九大报告明确指出中国特色社会主义已进入新时代。"新时代"当然有新的内涵，在这个新时代，既面临着新的挑战，也伴随着新的机遇。当代中国处于急遽的社会转型期，社会结构变动、社会形态变迁，在这一过渡时期，价值多元、思想芜杂，社会思潮风起云涌。故有效实现社会整合既是新时代下的重要诉求，又是新时代的应有之义。政党通常具有利益表达、利益综合、引导选举等多种功能，其中最基本的功能就是表达民意。这就要求政党必须具有明确的利益表达与社会整合功能，要在各阶层民众之间沟通协调，形成特定范围内的凝聚力。当前，我们仍处于社会主义初级阶段，社会结构变动，社交传媒勃兴，信息由

---

① 黄军勇：《协商民主：利益协调与矛盾化解新机制——基于温岭市"民主恳谈"的典型案例分析》，《台州学院学报》2008年第4期。

封闭走向开放、由单一走向多元。新时代新形势下,党的社会整合能力至关重要。实践证明,党的社会整合功能并不能天然地体现出来,需要党架构新的社会整合机制,并从政党组织特别是执政党的特点出发,以特定的社会整合方式来实现这种功能。①"议程设置理论"认为,大众媒介往往不能决定人们对某一事件或意见的具体看法,但是可以通过提供信息和安排相关的议题来有效地左右人们关注某些事实和意见以及议论的先后顺序,新闻媒介提供给公众的是他们的议程。大众传媒对事物和意见的强调程度与受众的重视程度成正比,受众会因媒介提供议题而改变对事物重要性的认识,对媒介认为重要的事件首先采取行动。温岭民主恳谈实现传播创新实践的过程中,市委、市政府高度重视,每期"电视问政"四套班子领导悉数到场,各级党委、政府、人大、政协、社会组织等机构也积极协同推进,温岭电视台、《温岭日报》等主流传统媒体积极创新媒体传播渠道,开发新技术提供新平台,形成合力推进的有效氛围,产生了传播的正向效应,主流传统媒体与新媒体相向而行"为新媒体平台提供价值导向和文化引领……推动政治传播效果的良好实现"②。同时,得益于20年来温岭民主恳谈形成的政治文化认同,温岭民主恳谈的传播创新实践得到全社会的广泛参与,形成新的价值认同,实现有效社会整合。

(该文首发于2018年第五届"政治传播与社会发展论坛",刊载于《重庆邮电大学学报》(社会科学版)2018年第4期。)

---

① 高新民:《强化党的社会整合功能》,2018年12月25日,http://sientechina.china.com.cn/Chinese/zhuanti/xxsb/548774.htm。
② 程龙一:《从新华社全媒报道平台看新媒体时代的政治传播》,《新媒体研究》2017年第4期。

网络社群的三重效应及其对公共决策的影响研究
——基于传播政治经济学的视角*

张彦华

(中国矿业大学公共管理学院副教授,
厦门大学两岸关系和平发展协同创新中心兼职副教授)

摘 要:日新月异的信息传播技术加速了社会变革进程并为人们带来了一场新的社会交往革命,而新社交关系主导下的新社会群体——网络社群,已经成为影响我国网络治理水平的重要力量。作为网络社会的基本组织形式,网络社群通过信息效应、资源效应和监督效应提升了公共决策的公共价值站位、完善了民众参政议政的渠道,但同时也因其在利益表达和资源分配等方面的局限性而导致公共决策出现失衡、失当风险。以网络社群的"圈子文化"、利益主体和情绪主体、智能治理等措施切入对此问题的研究,有助于优化公共政策产品的供给和推动政府网络善治目标的顺利实现。

关键词:网络社群;信息效应;资源效应;监督效应;公共决策

---

* 本文系国家社科基金青年项目立项课题"民族地区公众网络参与社会政策与社会认同度提升的关系研究"(项目编号:16CXW032)、教育部人文社会科学研究青年基金项目"台湾政党变革对报业发展的影响研究"(项目编号:16YJC860032)的阶段性成果。

在 40 多年的改革开放历程中，中国社会历经了从农业社会、工业社会到网络社会的巨大变革。在每一次社会转型中，人与人、人与组织间的关系都被重构，而新形态下的社会群体形式也应运而生。在此社会语境下，中国社会结构呈现出日益鲜明的多元分化特征，而日新月异的信息传播技术又加速了这种进程并带来一场新的社会交往革命。在新的社交关系主导下，新的社会群体——网络社群，由此崛起并正以显著的速度参与到公共政策的实践中去，已经成为影响我国网络治理水平的重要力量。

所谓网络社群，主要指网络社会中人们全新的结群方式、交往方式和社会组织方式，[①] 并往往以论坛、知乎话题圈、微信朋友圈等社群聚集形式呈现。作为网络社会中人们的基本组织形式，蕴含复杂效应的网络社群在现实社会与虚拟社会日益融合的新社会场景迅猛发展，满足了人们在社会结构变迁语境下对新组织形式的需求，为社会权力在网络空间的形成提供了有效载体。但是，它也同时挑战着传统的公共决策体系并对国家治理和社会治理提出了崭新命题。在此时空语境下，以传播政治经济学视角切入到网络社群效应及其对公共决策的影响研究，不仅可以创新性地增加该领域的知识存量，还有助于合理引导民众的良性政治参与进程，优化新时期公共政策等公共产品的供给机制。

一 网络社群影响公共决策的三重效应

与农业社会的机械团结和工业社会的有机团结相比，网络社会主要以网络社群为基本组织方式，并以此来展开信息、意义的分享或集体行动的统一，从而将分散的个体权利转化为集体的社会权力并以种种效应呈现出来。

（一）网络社群的信息效应

所谓信息效应，一般指人们会根据获得的信息产生相应的认知并进而调整自己的行为，也泛指由信息作用而产生的一切现象与结果。它可

---

① 张华：《网络社群的崛起》，复旦大学出版社 2018 年版，第 10 页。

以分为心理效应与行为效应——前者指信息被确认并被使用后在人的精神世界中所产生的包括思维能力的提高、人文素养的提升等效应，后者则指信息被使用后在人的相关社会实践中所形成的包括行为质量和水平的提升、行为方式和取向的改变等结果。① 由此界定可知，具有某种基础性和内在性特征的信息心理效应是信息行为效应的基础，而信息行为效应则是心理效应起主导作用的形态表现。

网络社群中信息资源的传播过程，表现出浓厚的信息效应。首先，从网络社群信息效应的心理层面来看，在各种信息的传播过程中，网络社群用户的情感力量逐渐被凝聚，而由此增加的社会资本也日益强化了不同个体间的互动频率和黏性程度，从而有助于某种集体认同的产生。不仅如此，当某种集体认同形成后，不同个体间往往会产生共情反应，并将个体情愫上升到集体情感。通过不同信息的网络式传递过程，以及网络社群平台的放大作用，上述情感得以在不同圈层传递并可能丛聚为更大程度上的民意。其次，从网络社群信息效应的行为层面来看，镶嵌于不同类型网络社群中的个体往往展开双向或多向的互动交流，并以此获取自身发展所需要的信息内容、社会关系或其他资源。在此过程中，信息资源的传播和交换过程实现了不同个体彼此间的价值协同互动，而不同社群个体的网络身份也逐渐被重新建构、整合，并开始自发或自觉地对其所处的网络社会边界进行重新归属。此种行为，不仅使不同利益主体间的区分更为明显，而且还可能会促使其在共情反应的驱动下形成某种网络利益集团，并以此来展开对其群体利益的表达或维护行为。

当然，无论是心理层面还是行为层面，个体均会从网络社群信息效应运作中获益。这是因为，在以微信等社交平台为载体的各种行业类型的网络社群中，往往存在着关于市场分析、行业发展态势或政府监管等方面的专业信息。成功嵌入上述社群网络中的相关个体，不仅可以依托此网络社群平台在彼此间形成某种紧密而重要的联系，而且可以有效降低交易个体间的信息不对称程度，故其能够以速度更快、成本更低廉的方式来接触此类信息并以此作为其心理或行为层面的重要决策依据，进而获得更具竞争力的优势。

---

① 张辑哲：《论信息效应与信息文化》，《档案学研究》2011年第6期。

(二) 网络社群的资源效应

资源效应脱胎于资源依赖理论,其核心假设是组织需要通过获取环境中的资源来维持生存——没有组织是自给的,都需要与外界进行交换,且其构成的关系网络可以通过不同节点之间的联系来为不同个体提供获取资源的重要渠道。[①] 由该理论可知,市场经济条件下的网络社群及处于其中的成熟个体也均拥有独立行为能力并扮演着经济人的角色,故二者都具有追求某种个体利益或社会整体利益、追寻物质或情感满足等不同层面的效益考量,也同样会因与外界进行各种资源交换而引发一系列资源效应。

网络社群对资源的占有是其自身存在和发展的基本条件,同时也是其持续获得其他能力的重要基础。具体而言,那些拥有丰富资源的网络社群或位于资源富集圈层的个体,往往能够得到更为有效的资源加持并表现出更强的问题处理能力。这是因为,以某些行业为依托的网络社群,不仅能够为嵌于其中的个体提供决策所需的资源支持,而且可以凭借其在资源交换时所积累的关系网络来延伸其个体所能够获得的资源支持边界,令其获得在时效性、数量和质量明显具有比较优势的信息资源,从而大幅提升了其对风险和机遇的敏感性,也提升了其投资效率和决策表现。

网络社群资源效应的运作不仅表现在网络社会中,而且还通过后者与客观社会的二元互动实现了资源配置的二元统一。这是因为,嵌入网络社群的用户个体,同样被嵌入了现实社会的关系网络中。基于此种特点,他们不仅可以将传统的线下社会关系以复制或延伸的方式转化为网络社群中的社会关系网络,以传统社会资源滋养了网络社群空间,而且还表现出将网络社群中的关系互动延伸到现实社会中的倾向;通过在现实世界寻找支点,社群用户也将网络社群的影响力与现实世界接轨,并通过某种理念或行为的"变现"来驱动网络社群的快速发展。

尤为值得注意的是,网络社群资源效应和信息效应的交互作用及其持续发酵,往往会使其群体规范及其用户的身份认同进一步强化并容易

[①] 王营、曹廷求:《董事网络与融资约束》,《中南财经政法大学学报》2017 年第 1 期。

诱发某种"圈子文化"。该网络社群亚文化的出现，一般意味着网络社群的资源效应达到了较高阶段。在此阶段，网络社群对公共决策事务的影响力往往会通过社会上流行的文化思潮或时尚行为潜移默化地进行，而不再仅仅局限于借助某个特定的事件或人物来推动。当然，此种流行的社会思潮或时尚行为所代表的"势"，无疑将给予公共决策以更大的驱动力；此种驱动力本身也将会反馈给网络社群的发展及其资源效应的发酵进程，直至此种螺旋式进程的关键节点被其他因素打破。

（三）网络社群的监督效应

以互联网为载体并得以孕育和发展的网络社群，本身便蕴含媒体所富有的舆论监督能力。不仅如此，网络社群往往是在人们自发丛聚的基础上形成的，超越了传统社群组织的时间和空间界限。它以储备有海量信息的互联网平台为依托，以多维度交叉的不同个体或网络之间所建构的关系网络为主要信息互动渠道，是在对传统社会关系进行解构，并结合新时期网络社会特点而重新型构而来的新型社会组织，其对相关政策信息进行跟踪、讨论、解读，以及通过各种信息传播行为来表达利益诉求等方式，往往会产生更为强大的监督效应。

首先，网络社群可以对公共决策的运行方向进行监督。具体而言，在政府部门的公共决策过程中，或存在部分领导因一己私利而倾向于将公共资源投入到有助于达成其私人利益最大化的项目领域中，或存在部分公共事务负责人因信息不对称等因素而降低了正常判断力，从而导致公共资源的配置失去效率，从整体和长远上损害人民福祉。针对此种情况，那些专业资源丰富的精英网络社群往往拥有建立在强大人力资本网络基础上的敏锐洞察力、过硬的专业技能和强大的信息处理能力，能够通过网络社群内外资源交换过程中的咨询、建议、评估、公开评论等行为，从专业视角对相关公共决策的着力方向、布局领域等蕴含的正当性、合法性、科学性等进行评估和监督，从而以各种方式来影响公共决策的运行方向。

其次，网络社群可以对公共决策的运作效率进行监督。具体而言，网络社群个体对相关政策的讨论过程及由此进行的知识生产和传播活动，同样会丰富那些处于较高圈层的社群成员的资讯来源或知识构成，并可以为其对此领域问题的判断提供参考。由于此类高圈层成员——意见领袖往往拥有较强的人力资本和较高的社会声望,故其不仅可以通过自身所承载的社会声誉或行业权威地位来间接地发挥其对相关公共事务负责人的威慑性,还可以通过其所承载的社群关系网络来集聚社会话语权力,并以此对某些任性的政治权力及其主导下的非理性决策进行监督或威慑。

由上述论述可知,信息效应、资源效应和监督效应共同构成了网络社群影响公共决策的三重主要效应。其中,信息效应和资源效应的发挥为监督效应的实现提供了基础保障,而监督效应的发挥又进一步提升了信息效应和资源效应的效能,从而为其集聚和爆发更大的能量夯实了基础。伴随着此种基于网络社群平台能量的螺旋式积累和爆发进程,网络社群在成员丛聚的目的已经从最初的社交需求逐渐衍生为其他多种类型需求,且网络社群和现实社群日益融合的新态势下,正以日益可见的速度对公共决策产生重要影响。

二 网络社群效应对公共决策的双重影响

随着技术的发展及其使用场景的需求变化,网络社群的表现形式日益丰富,而其所蕴含的三重效应对公共决策的影响力也不断扩大。然而,由于网络社群蕴含着强烈的技术、市场和政治属性,故其运作也受到一系列复杂因素的影响。受此影响,网络社群的三重效应既有对公共决策发挥正向功能的广阔空间,也可能因其局限性而引发诸多负面风险。

(一) 网络社群效应对公共决策的正面影响

亚里士多德指出,人类发生社会行为的本意在于追求某种善,人类为了达到某种共同的善的目的所组成的关系或者团体就是社群。[1] 随着网络社会的发展及其与现实社会融合进程的加快,人们对于此种善的追求同样反映到网络社会中,往往以网络社群对公共决策正面影响的形式呈现出来。

---

[1] 亚里士多德:《政治学》,吴寿彭译,商务印书馆1996年版,第1页。

1. 民众参政议政制度化途径的有益补充

作为以虚拟网络空间为载体的网络社群，本身便具有冲击性、感染性和煽动性，且对新闻媒体具有重要的议程设置力，因而成为信息传播的重要中介和关键节点。[1] 网络社群所处的枢纽地位，使其往往能够通过配对效应或传染效应发挥重要的资源配置功能。具体而言，镶嵌于社群网络的个体之间往往会借由某个物质或情感符号的载体而形成"我者"的身份共同体，而此种"我者"身份也强化了他们互相模仿的趋同倾向；在此趋向加持下，个体所发布的信息有更大的概率被其他个体所需求并被接纳——配对效应；不仅如此，此种配对效应及其所激发的强大情绪能量，还有力地提升了信息流通所带来的传播效果，强化了同一信息在不同个体间的感染力——传染效应。网络社群信息效应所激发的配对效应和传染效应，有助于减少因"噪音"或信息不对称而引发的诸多风险，提升了相关公共政策涉及的信息资源的传导效率及传播效果，因而有助于促进更多正效应的产生。

网络社群信息效应的上述表现及其对用户个体参与公共决策所需资源的优化配置功能，使其可以被视为新时期网民参政议政制度化途径的有益补充。这是因为，在社会急剧变化的转型期，网民个体理性决策的达成均依赖于各种优质信息资源的获得。但是，在"'关系至上'的理念遍布于国内社会的各个领域"[2] 的社会语境下，实力相对弱小的个体缺乏从传统"关系"网络中获益的机会，便倾向于通过建立在"我者"认同基础上的网络社群来实现目的。"我者"认同基础上的网络社群，不仅能够为其成员提供较强的信任和合作基础，还可以优化社群网络内部的资源配置，拓展某种资源使用的外在边界，为其成员相关背景知识的储备、对相关议题的讨论提供有力的信息支持，从而大幅激发了社群个体的思维活力，推动了更具价值和社会竞争力的网络社群合意的达成。

同时，以往随着传统乡土社会解体而内在联系涣散的大众，得以在网络社群中重新聚集并通过此种再社会化进程，为其自身提供了稳定、

---

[1] 万旋傲、谢耘耕：《网络社群对新闻媒体的议程设置力研究》，《新闻记者》2015年第3期。

[2] 王营、曹廷求：《董事网络与融资约束》，《中南财经政法大学学报》2017年第1期。

可靠、高效和低成本的信息沟通和关系交往渠道。不仅如此，网络社群的话语特征具有匿名性、开放性、互动性、平等性等特征，其话语内容不仅会呈现出更多的真实性，而且会因不同多元主体的参与而呈现出对某事物的多维度观察，更会因其与现实空间的舆论共振而对公共决策施加影响。

由上述过程来看，网络社群与公共决策议程的互动过程，其实质不仅是其自身与政府进行互动并参与公共决策的过程，更是网络社群时代民众参与公共决策模式的创新。此种参与过程不仅意味着相关公共决策的程序正义性和由民意所加持的合法性的扩大，而且意味着传统上处于弱势的民众知情权、表达权、参与权和监督权均可以获得较高保障。由此可知，网络社群本身作为某种正式制度的补充发挥着对公共决策的积极影响力，因而有利于公共决策的良性发展。

2. 提升公共决策的公共价值站位

随着现代民主从代议制民主向协商民主、政治民主向行政民主的不断强化和转型，公民参与公共决策成为现代民主的基石和核心。[①] 知名政治学家迈克尔·罗斯金认为："公共政策的每个问题都包含各种彼此不同而经常是冲突的利益，在民主体制下，大多数应该得到政策制定者的倾听。这些利益中有一部分在立法机构中被代表了，但是，许多并非如此。……许多小的组织，既无财力也无人员可以进入讨论进程。"[②] 由此可知，随着现代民主的持续转型，公民参与公共决策日益普及而重要，但是，由于信息延迟、渠道不畅等原因的限制，部分群体合理而紧迫的利益诉求并未能够被吸纳进制度渠道。随着网络社群监督效应的持续发挥、民众社会和政治话语权的不断扩张，以及网络公共领域中公民理性话语的培养及其观点的激荡，网络社群已成为民众政治参与、实施民主监督并强化其公共决策中公共价值站位的重要渠道。

具体而言，嵌于不同网络社群中的民众以符号在场的方式，延伸、拓展和深化了社会民众对公共决策的监督意识、监督能力和监督效应，不仅对各种公权力的腐败行为进行监督，而且也对各种庸政、懒政和怠

---

① 李阳：《网络社群行为对公共决策的影响及其治理》，《探索》2019 年第 1 期。
② 罗斯金等：《政治学》，林震等译，华夏出版社 2002 年版，第 155 页。

政行为构成了强大公众压力，并在较大程度上建构了某种包含监督意味的网络社会地理生态。在网络社群关系系统的振幅加持下，此种地理生态不仅通过网民有序化、系统化的政治参与对相关公共决策的公共价值进行了再确认并推动了公共决策体系不断完善和发展，而且来自不同阶层、地域、行业个体的建议也为公共决策的制定提供了较全面的切实依据，从而丰富了该决策的公共属性，培养了民众的公共认知精神，强化了相关决策的公共价值站位，也为国家现代化治理体系赋予了更多公共价值和更大的正当性。

（二）网络社群效应对公共决策的负面影响

网络社群不仅具有强化公共决策的公共价值站位等正面效应，也会因其用户偏好、网络技术和商业运作的功利化逻辑而呈现出诸多负面影响。

1. 信息茧房、群体极化与公共决策的失衡风险

桑斯坦指出，团体成员一开始即有某些偏向，但在经过群体商议之后，人们会朝着偏向的方向继续移动并最后会形成某种极端的认知、态度与观点，即呈现出某种群体极化现象。① 由此可知，那些经过网络社群群体讨论后形成的群体态度，往往会比讨论前个人态度的平均值更加趋向极端化。这是因为，富含社会属性的个人，往往希望被群体接纳；而为了达到此目的，他们往往密切关注其他人的社会表达和认同标准，并以此为准则来持续修正自身认知、态度和其他自我表现策略，会因群体规范、社会规范的驱使而使自身无限趋近于群体的观点并形成群体极化现象。

不仅如此，从作为网络社群载体的数字内容平台的技术和商业运作逻辑来看，"信息的生产、传递与消费方式发生了巨大转变，微博、微信与内容平台等利用算法分析用户行为大数据，进行信息与信息受众的精准对接，用户在持续接触同一类主题的信息推荐后受困'信息茧房'"②。

---

① 桑斯坦：《网络共和国》，黄维明译，上海人民出版社2003年版，第47页。
② 何杨、李洪心、杨毅：《新媒体环境下网络群体极化动力机理与引导策略研究》，《情报科学》2019年第3期。

由此可知，在被商业资本裹挟的算法技术驱动下，数字内容平台能够通过大数据挖掘等技术的使用，从用户的信息消费资源中获取用户偏好并会持续不断地向其推送其喜好的相关内容；同时，用户个体又通过各种方式来彼此分享、评论和转发上述信息，从而又进一步造成了上述信息在网络社群圈层中的不断循环和扩散。通过这种持续不断的交互性重复强化过程，被困于"信息茧房"中的诸多个体间的认知、态度、观点或行为也会变得高度趋同且可能会诱发一系列群体极化现象。

网络社群的群体极化现象，将会诱发一系列公共决策风险并存在使其失衡的可能。这是因为，由于网络社群群体极化的客体往往是某些微观、中观层面的特定议题或宏观层面的社会共同议题，由群体极化所导致的某种高度的社会偏见将可能会对部分社会领域中的群体造成严重不公，并可能会影响到相关公共决策的正当性和科学性。同时，群体极化所携带的强大情绪能量也可能加剧相关群体情绪或行为的失控程度，而受集体无意识驱动下的个体所普遍存在的盲从、偏信所谓的"内部信息"的习惯又加剧了上述现象所可能引发的公共风险，从而可能会因群体撕裂而引发一系列政治冲突、族群冲突或军事冲突。

更为严重的是，群体极化甚至可能会被某些政客视为建立和巩固其威权政治的有效政治手段，从而不仅可能会导致某些国家或地区的政治文化向机会主义倾斜，更可能会导致整个政治制度被少数人挟持。[1] 此种观点虽看似夸张，但在网络资源被视为重要政治资源且其对公共政策等公共权力的配置有重要影响的情况下，网络社群群体极化现象被少数作为意见领袖的投机政客所利用的风险仍然存在并应该足够警惕。

2. 利益诉求的片面性、资源的"虹吸效应"与公共决策的失当风险

网络社群的资源效应促进了社群内部资源的优化配置，然而其自身利益诉求的片面性及该场域中存在的"虹吸效应"也引发了公共决策的失当风险。

首先，从网络社群所处的生态环境来看，信息资源是网络社会的重要生产力并直接关系到网络社群个体利益的实现程度。然而，我国网民

---

[1] Hirano S., "Distributive Politics with Primaries", *The Journal of Politics*, Vol. 71, No. 4, 2009, pp. 1467 – 1480.

所具有的低龄、低学历、低收入、性别和职业结构不平衡等特征，意味着网民自身的信息素养有待提升且其意见的表达在职业、地域和性别分布等方面具有一定的片面性。不仅如此，在部分数字平台信息生产速度快、规模海量并存在对相关信息内容过度功利化利用的情况下，社群个体信息的负荷量及由此产生的用于信息甄别的时间成本和机会成本也急剧提升，因而也更容易受到谣言等不当信息的影响。在此情况下，由诸多网民集聚而成的网络社群的相关意见也不可避免地具有某种片面性并会在网络社群的议程中表现出来；由于网络社群议程一般通过影响新闻议程来对公共政策施加影响力，故网络社群议程的片面性同时也会表现在网络舆论议程中，并为相关公共决策的质量带来更大的不确定性。由此可知，网络社群诉求的民意往往只代表其所嵌入圈层的部分利益群体的主张，而位于该社群之外的其他群体利益和社会的公共利益往往被忽视，因此，建立在此基础上的公共政策进程有失当的可能。

其次，从网络社群系统自身来看，由不同圈层所构成的网络社群及由不同网络社群构成的关系网络系统中，海量资源多呈现向少数几个核心圈层或社群聚集的状态。这种"虹吸效应"可能导致网络社群的资源分布呈现出某种金字塔结构。在金字塔结构中，大量位于圈层下方或处于系统边缘的个体，往往在信息获取、技术支持等方面呈现弱势状态。随着时间的累计、系统生态的扩大及圈层差距的拉大，上述情况不仅可能会形成"信息鸿沟"现象，而且还会由此导致部分边缘群体不能够有效参与到公共决策的讨论中来。同时，网络社群相对松散的组织结构，往往产生下列风险：少数活跃的个体以较大的声音掩盖住了其他多数成员的真实需求，从而以"沉默的螺旋"效应制造了虚假的"集体诉求"并形成了事实上的不公平。网络社群效应引发的诸多不平等现象，难免会引发人们对公共决策正当性的疑虑。

三 网络社群效应诱发公共决策风险的原因分析

改革开放以来既是中国传媒 40 余年的演变史，也是政府权力和市场权力不断调整的关系史。不仅如此，在网络社会较发达的今天，技术赋权的常态化与网络社群所代表的网民力量的崛起，又为上述关系的演变增加了社会和技术变数：政府权力试图掌控公共决策信息的发布权和阐释权，市场力量则也不会轻易放弃自身的主观能动性，而网民所代表的社会力量则不断尝试冲破由政治力量和资本市场所设置的樊笼，并在各种力量的拉扯中蹒跚前行。作为承载不同类型网民利益诉求的网络社群对公共决策的影响过程，同样呈现上述特点。

（一）网络社群的"圈子文化"与群体极化

费孝通认为，乡土社会中的人们依靠由熟悉的人和事物所带来的对某种行为规范不假思索的可靠性的认同，完成了人与人之间的交流并推动了乡土社会向礼俗社会的转变。[①] 然而，随着社会的急剧变革所导致的传统礼俗社会赖以维持的血缘或地缘关系的淡化及其影响力的削弱，由行业或学业等所建构的认同关系成为人们网络关系的黏结剂并产生了某种"网络圈子"——网络社群。在"网络圈子"中，作为个体的大众希望重新获得以往乡土社会中的关爱与互助。由此可知，作为新时期的"网络圈子"，网络社群内部同样延续着早期乡土社会的血脉，并会以新时期的"圈子文化"——信息文化表现出来。

所谓信息文化，指"人类群体与社会围绕信息所形成的具有共同性和稳定性的精神传统和行为习惯"[②]。由此定义可知，信息效应中某种具有规律性和普遍意义上的元素往往会沉淀下来并形成信息文化的基础；而信息文化所带来的信息心理效应、信息行为习惯、信息制度倾向等内容对信息效应产生影响，并外显为网络社群及其成员的认知、态度、情感和行为。由此来看，良性的信息文化对网络社群的信息实践具有重要的导向功能，反之亦然。

在信息文化的作用下，网络社群推动了客观现实在网络空间的再造过程，并以用户个体的爱好、行业、内容等不同将其细分成了不同的市场类型，从而满足了大众的"长尾需求"。同时，网络社群内部信息分享的公共性、社群成员之间持续性和自主性的关系互动，既有一致群体规范，又帮助网络社群完成或强化了某种社会化过程，从而使得作为增强

---

① 费孝通：《乡土中国》，人民出版社 2008 年版，第 6—7 页。
② 张辑哲：《论信息效应与信息文化》，《档案学研究》2011 年第 6 期。

社群凝聚力的价值基础更为牢固。在此种"流动性群聚"的影响下，网络社群成员的个体互动及由此所建构的关系纽带将变得愈加稳定。

由此可知，网络社群的"圈子文化"有助于驱动各圈层个体的社交互动并会在此基础上建构起自身的身份认同；而此有效身份认同的建构又推动了用户的社交互动，同时也滋养了"圈子文化"并促使其以某种社群亚文化的形式基本固定下来。然而，在此社群亚文化的影响下，网络社群个体成员的群体意识会被逐渐强化并往往出现"从众"现象，从而直接或间接地诱发了群体极化现象。因此，基于网络社群"圈子文化"与群体极化的紧密联系，如欲对其负面效应进行规避，则需从根本上优化其"圈子文化"的信息文化语境。

（二）利益主体、情绪主体与公共决策正当性的塑造

在网络社群通过影响网络舆情生态而对公共决策发生作用的驱动力中，以利益为主要诉求的利益主体和以情感表达为主要目的的情绪主体扮演着重要角色。但是，在引发网络舆论并试图影响公共决策的过程中，利益主体和情绪主体所扮演的角色却存在差异——由网络社群引发的网络群体性事件，一般是先由利益群体发起而后才有情绪主体的陆续加入，并在群体认同的基础上完成了社群个体的丛聚和向更广、更深范围内的发酵和蔓延过程。

具体而言，在网络社群的发展过程中，其成员不仅会在利益和情感上来寻找某种"我者"的共同身份认同，而且还往往会利用上述身份来表达自身诉求。这种利益诉求表达行为及其所酝酿的网络舆情风暴，虽然暂时给社会稳定带来了一些冲击，但从长远上却为民众个体议程进入网络公共议程和政府决策议程提供了有效渠道。从这种角度来看，网络社群既充当了用户群体的情绪发酵池，也发挥了情绪排解的减压阀功能。然而，在情绪发酵池和减压阀之间，究竟谁会占据上风，则取决于该网络社群的理性辨识程度和主导价值倾向：若公共价值让位于个体价值，则发酵池的负面效应会占据主导地位，而由网络社群利益诉求的片面性和资源的"虹吸效应"所引发的诸多矛盾则会愈演愈烈；若公共价值优先于自我价值，则减压阀的积极效应明显，公共决策的公共属性增加且其所代表的群体利益愈加广泛，而原本会诱发的诸多问题也将有被治愈

的可能。

由上述论述可知，情绪主体和利益主体的价值取向，往往决定其对公共决策进行监督及所施加影响的偏好；而政府机构如何建构顺畅而理性的互动机制，以最大限度地整合或协调不同利益群体、情绪主体的表达诉求，使其在动态的共识中达成渐进一致的集体共识，是有效推动社会整体利益的最大化和公共决策的有序化、正当化所需要深入思考的重要问题。

四 网络社群影响公共决策的优化途径

作为网络社会的基本组织结构，蓬勃发展的网络社群正在通过其对公共决策等诸多公共事务的影响力，创造一个崭新的具有全球连通性和多中心、网络化、分权化的网络社会秩序。在此时代语境下，强化网络社群对公共决策影响的治理研究，优化网络社群与公共决策之间的有机联系，是探索并提升现代治理手段和建构风清气朗网络生态的重要举措。

（一）建构立体的"圈子文化"，强化网络社群正效应

良性的"圈子文化"能促进网络社群各效应正能量的发挥并提升其资源价值，从而为其带来收益；同时，嵌入其中的社群个体不仅能够通过该文化滋养来汲取公共事务的治理经验等各种信息资源，而且可以用多种方式来向核心圈层或关键节点传递某种信号并提升公共决策的参与水平。因此，优质且立体的"圈子文化"对于提升网络社群各效应对公共决策的正向影响，规避、削弱或消泯其负面能量均具有重要作用。

作为网络社群"圈子文化"的主要表现形式，信息文化主要包括信息心理取向、信息行为习惯和信息制度取向三个维度。因此，良性信息文化的立体建构也应从上述层面来进行。其中，就信息心理取向而言，它作为网络社群信息文化的价值观点和道德风尚的代表，应彰显其社群特色与人文关怀，真诚回应和关切群体成员在面临社会矛盾、群体压力和新技术冲击等所产生的信息心理需求，安抚、疏解或消泯其负面心理状态，凸显其激励和导向功能，从而为强化网络社群效应对公共决策影响的正向诱发机制夯实"三观"基础。

就信息行为习惯而言，部分网络社群用户在订阅内容或设置软件的用户权限时，往往会被其不良信息使用习惯误导，从而陷入内容定制、精准内容推送等所造成的信息内容同质化、获取信息的途径狭隘化等陷阱；同时，部分个体也常会因疏于对社群内容的辨别而陷入偏听、偏信和盲从的陷阱，从而导致一系列问题的产生。针对此种情况，用户不仅要提高自身的信息素养，强化自身对多元内容和观点的甄别、包容和吸纳能力，以免陷入思想僵化和偏执误区。同时，相关数字公司在从事数字信息内容生产和传播等市场经营活动时，也应克服过度功利化倾向，从网络技术层面和议题设置层面对其算法逻辑进行再优化，以规避或修正受众群体在使用其相关内容产品或服务时因选择性接触、选择性理解和选择性记忆所产生的不良效应，从而达到培养用户良性行为习惯和自身绩效可持续发展之间的有机统一。

就信息制度取向而言，相关政府机构应契合网络社群时代的发展态势，依托大数据和人工智能等技术支持和服务保障，通过对相关公共事务信息的特征提取、关联分析、聚类分析等手段，重新对其一系列治理过程进行研判并制定出更具可行性、科学性的制度规范，以便能够超脱出某些具体化的治理情境和碎片化的治理模式，实现公共利益与治理目标的高度契合，以便更好地发挥公共制度所蕴含的对相关风险的体系化防护功能，从而以技术的制度保障来提升相关公共决策进程的可行性、正当性和合法性。

（二）提升智能治理水平，破解网络社群认同难题

网民素质参差不齐、利益主体与情绪主体的推波助澜，加剧了"旁观者效应"、资源"虹吸效应"的负面影响，加大了网络社群的认同风险，并由此导致了一系列公共决策难题。为了应对此种挑战，政府应契合智能时代发展趋势，强化网络社群治理体系在治理技术和治理制度层面的智能化创新水平，提升应对措施的科学性、针对性和前瞻性，优化公共决策制定或施行中的利益表达机制，破解网络社群行为与线下治理之间的技术难题，并以此来消除部分网络社群的错误认同，最大限度地达成个体利益与公共利益的有机统一。在具体措施方面，由于网络社群行为演变过程一般可分为事件酝酿阶段、事件初显及发展阶段、事件形

成与外显阶段、事后恢复与重建阶段等四个阶段，故政府机构也理应根据其不同阶段的特征予以针对性的回应。

在事件酝酿阶段，政府应以具有强大舆情爆发潜力的词汇为依托来建立起某种动态性、实时性、有效性的事件敏感词库，并将此平台与大数据等相关技术有机结合，提前发现、预判风险，并以第一时间的积极回应等方式从根源上切断耦合，以保持或强化自身的话语权。同时，还应该规避不同政府机构因"条块分割"体制所带来的"信息孤岛"风险，避免信息业务流程与应用相脱节的问题，加大不同政府机构网络信息系统的关联和互助程度，强化信息共享的广度和深度，着力提升政府对相关事件的应急预警能力。

在事件初显及其发展阶段，政府需对该事件所涉及的利益主体和情绪主体的相关诉求及其参与热度进行动态把握：首先，应深入和细致挖掘、分析那些"沉默的大多数"的利益诉求，引导其摆脱被不良活跃分子"代表"或"裹挟"的风险，逐步引导其正确认识私人利益与公共利益的关系并促使其建构正确的网络社群认同；其次，还应对作为网络社群载体的相关内容平台的议程设置等商业动机进行考量，以智能化的应急反应机制来推动相关信息的实时传递，以智能化的信息处理技术来提升自身处理相关信息内容的效率，从而为政府快速把握事件脉搏并采取针对性措施提供有力帮助。

在事件形成与外显阶段，网络社群事件已经在内外因素的交错影响下产生了一定的社会影响力，而政府所采取的任何举措均可能会招致网络社群用户的各种挖掘、审视或过度解读。针对此种情况，政府应通过复杂决策支持工具库所提供的智能治理手段，来对各种情况及其所诱发的后续效应进行模拟推演并为最优决策的作出提供科学依据。同时，政府还需借助智能化的信息沟通技术，来优化自身与不同类型网络社群的良性沟通能力，并设法平衡或协调各方利益诉求，从而为良性社会共识的达成夯实基础。

在事后恢复与重建阶段，政府应通过优化网络社群服务体系等方式尽可能降低相关网络社群事件所可能带来的社会、物质、心理和环境的损失，有效弥补其创伤，并使网络社会秩序的运行恢复到正常状态；同时，政府也应抓住机遇，根据不同网络社群主体的需要适时进行调整，以有效减少未来网络社群所可能面对或引发的诸多公共决策风险——危机毕竟也意味着转机,恢复与重建也意味着补救和持续发展。

综上所述,网络技术的发展意义已经超越了单纯的科技层面并直接演变为一场涉及人类关系交往、组织形态、价值理念和社会结构的全面变革;而已经成为网络社会基本组织的网络社群,不仅为我国社会组织的发展孕育了更多的可能性,也通过其各种效应发挥对我国公共决策进程产生了日益广泛而深刻的影响。要维持秩序与自由的平衡并推动社会发展,需要对网络社群的双面特质予以正确认识并设法发挥其建设性力量。然而,如果要彻底实现政府网络善治的目标,政府不仅应以整体性的治理思维来挖掘网络社群现象背后所隐藏的社会权力关系,而且应通过对现实社会中相关利益关系的梳理和"线上""线下"的协同共振,从根源上化解网络社群所诱发的公共决策风险,并不断创新和全面完善新时期国家的现代化治理体系。

(该文首发于2019年第六届"政治传播与社会发展论坛",刊载于《宁夏社会科学》2020年第2期。)

竞争还是共生？
政策传播渠道关系演变研究
——基于 19 个城市的问卷调查数据分析

杨 君　陈莹晶

（暨南大学公共管理学院副教授；
暨南大学公共管理学院硕士研究生）

摘　要：融媒体时代的到来，为政策传播带来了可用渠道多元化的便利，也提出了如何优化传播资源配置以适应公众行为变化等问题，并最终关系到传播效率和"信息鸿沟"的变化趋势。本文运用 2016 年和 2018 年中国 19 个城市的实地问卷调查数据展开分析，结果显示：公众使用的政策传播渠道总体上确实呈现出了增长态势，与此同时也存在明显的内部差异。在使用渠道数量偏少的受众中，不同渠道之间存在明显的"此消彼长"的竞争关系，传统渠道依然发挥着不可或缺的政策传播作用，而新媒体渠道是主要竞争者；在使用渠道数量较多的受众中，渠道之间存在着显著的"水涨船高"共生现象，但这种现象仅在占比较少的受众身上得到了体现。进一步分析表明，这一转变既与受众的政治参与意愿和沟通能力密切相关，也体现了受众在政策沟通中从被动性到主动性的角色转换。本文的研究有助于厘清政策传播渠道间竞争与共生现象的边界和联系，也对理解融媒体时代政策传播效能变化的内在机制具有一定的启示意义。

关键词：政策传播；渠道关系；媒介置换理论

一 引言

互联网的出现在改变人们社会交往方式的同时，也给政策过程带来了变革。例如，互联网让普通公众有了更多获取政治信息的途径，这有助于打破政治传播系统的封闭性，减少传播层级，促进传播主体的多元化。[①] 第43次《中国互联网络发展状况统计报告》的数据显示，截至2018年12月，我国网民规模为8.29亿，全年新增网民5653万，互联网普及率达59.6%。不过，人们也逐渐发现，在互联网时代虽然政治信息的"接入沟壑"缩小了，但"使用沟壑""信任沟壑"却依然存在。[②] 上述变化，对政策传播提出了许多值得探讨的话题。例如：公众获取政策信息的渠道是否同步呈现出了不断增长的趋势？新旧渠道之间会逐步替代，还是相互补充、融合共生？

理查德·V.法瑞斯（Richard V. Farace）等人曾提出"交流负荷"的概念，这有助于人们理解渠道间关系。在法瑞斯等人看来，单一渠道的自然容量是有限的，信息往往由于得不到及时有效的处理和传送，便会出现渠道信息堵塞、过量负荷的情形。[③] 如果这样，原有的传统渠道很难完全满足公众的政策信息获取需求，需要更多的传播渠道参与其中。事实上，为了提高政策沟通效率，与利益相关者进行更为直接的沟通逐渐成为一种明显的趋势。[④] 政府官网的更新、更加具备互动性的"两微一端"建设也呈现出这一趋势。在可及性渠道日益丰富的今天，公众渠道选择偏好也会日益多元吗？这依然是一个尚待验证的命题。

[①] 潘祥辉：《去科层化：互联网在中国政治传播中的功能再考察》，《浙江社会科学》2011年第1期；隋岩：《群体传播时代：信息生产方式的变革与影》，《中国社会科学》2018年第11期。

[②] 陈福平：《跨越参与鸿沟：数字不平等下的在线政治参与》，《公共行政评论》2013年第4期；刘鸣筝、陈雪薇：《基于使用、评价和分析能力的我国公众媒介素养现状》，《现代传播》2017年第7期。

[③] 胡正荣：《传播学总论》，中国传媒大学出版社1997年版，第300页。

[④] Mack Janet and Christine Ryarj, "Is There an Audience for Public Sector Annual Reports: Australian Evidence?", *International Journal of Public Sector Management*, Vol. 20, No. 2, 2007.

还有研究显示，公众所使用的传统媒介的确出现了被取而代之的趋势，[1] 随之而来的是在线与社交媒介使用的快速增长。[2] 这也再次引发人们的思考，新兴渠道的出现是否意味着传统渠道的消亡？在媒介置换理论（media displacement theory）看来，该问题的答案可能不止一种。同一受众使用的不同传播渠道之间有可能呈现竞争或者共生的关系。[3] 但对于何时竞争、何时共生以及两种关系之间如何转化等问题，媒介置换理论并未给出清晰的答案，尤其是在政策传播场景中。

基于以上的讨论，本文以政策传播渠道之间的关系演变为切入点，尝试探讨以下核心问题：当下各种政策传播渠道之间，是"此消彼长"的竞争还是多元化的共生？更进一步，这种渠道关系的演变机制与内在逻辑为何？基于2016年与2018年中国的政策传播情况的问卷调查数据，本文的研究表明：政策传播渠道多元化的趋势已经形成，随着受众使用的传播渠道由少到多地变化，不同的渠道之间也出现了由竞争到共生的反转和演变。并且这种渠道演变现象与受众的政治参与意愿和政策沟通能力密切相关，并折射出受众从被动接受到主动获取的转化趋势。

二　文献综述与研究假设

（一）政策传播渠道的演变

回顾已有研究的成果，学者们对渠道之间的演变机制主要在媒介置

---

[1] Lee Sangwon and Michael Xenos, "Social Distraction? Social Media Use and Political Knowledge in Two U. S. Presidential Electionsn", *Computers in Human Behavior*, Vol. 90, No. 8, 2019.

[2] Pew Research Center, "News Use Across Social Media Platforms 2018", https://www.journalism.org/2018/09/10/news-use-across-social-media-platforms-2018/, accessed 15 Feb. 2020.

[3] Kayany, Joseph M. and Paul Yelsma, "Displacement Effects of Online Media in the Socio-Technical Contexts of Households", *Journal of Broadcasting & Electronic Media*, Vol. 44, No. 2, 2000; Robinson, J. P., et al., "Social Impact Research: Personal Computers, Mass Media, and Use of Time", *Social Science Computer Review*, Vol. 15, No. 1, 1997; Ramirez Artemio, et al., "Revisiting Interpersonal Media Competition", *Communication Research*, Vol. 35, No. 4, 2008; Hall, Jeffrey A., et al., "Where Does the Time Go? An Experimental Test of What Social Media Displaces and Displaced Activities' Associations with Affective Well-Being and Quality of Day", *New Media & Society*, Vol. 21, No. 3, 2019.

换理论视角下进行探讨。随着研究的不断深入，逐渐形成了三种主要的假说：竞争论、社会转移论、共生论。

1. 竞争（置换）论

媒介置换理论兴起于19世纪，最早用于探讨人们从纸质媒介转向使用广播媒介的路径演化解释。随着可供公众使用的传播渠道不断增加，媒介置换理论广泛地运用于传播学里不同媒介的置换关系研究中。在过去的半个世纪里，传统新闻媒体（尤其是电视），作为向公众提供信息的核心媒介，已经出现了逐渐被新媒体置换的趋势[1]，这显示了传统渠道与新兴渠道之间的竞争性关系。功能相似性假说和时间零和假说进一步解释了其中的缘由。

在海尔德·希默尔魏特（Hilde T. Himmelweit）等人看来，与传统渠道具有相同功能，或者提供相同满足感的新兴渠道最容易与传统渠道产生功能替代型的置换。[2] 而时间替代（时间零和）假说（time displacement hypothesis）则从渠道使用的时间饱和度来诠释竞争过程。该假设认为，对于大多数人来说，可用于各类媒体的时间总和是有限的，[3] 因此可以推论，受众在各种媒介中投入的时间量是零和关系。具体而言，当受众开始使用一种新的传播渠道时，就会挤占用在其他传播渠道上的时间。关于媒介之间的竞争关系也得到了经验事实的支持。例如，斯图尔特·卡普兰（Stuart J. Kaplan）通过实证研究表明，有线电视的媒介使用显著降低了地方电视频道观看和剧院出席率；[4] 罗斯玛丽·波莱加托（Rosemary Polegato）的研究则侧重调查了在线渠道对其他媒介和家庭沟通效率的影响，发现在线渠道的使用因性别和年龄而显著不同，其中电视作为主要信息来源逐渐被在线渠道取代，他将这种变化的原因归结为不同媒

---

[1] Lee Sangwon and Michael Xenos, "Social Distraction? Social Media Use and Political Knowledge in Two U. S. Presidential Elections", *Computers in Human Behavior*, Vol. 90, No. 8, 2019.

[2] Himmelweit, H. T., Oppenheim, A. N., and Vince P., *Television and the child*, London: Oxford University Press, 1958.

[3] Kayany, Joseph M. and Paul Yelsma, "Displacement Effects of Online Media in the Socio-Technical Contexts of Households", *Journal of Broadcasting & Electronic Media*, Vol. 44, No. 2, 2000.

[4] Kaplan, S. J., "The Impact of Cable Television Services on the Use of Competing Media", *Journal of Broadcasting & Electronic Media*, Vol. 22, No. 2, 1978.

介之间的功能性转移;① 皮尤研究中心（Pew Research Center）也指出，人们观看电视新闻的时间大幅减少，相比之下，通过网络或社交媒介来获取新闻的速度一直在快速增长。②

在政策认知场景中，有研究认为官方和非官方传播渠道可能扮演着不同的角色，进而会在争夺受众的过程中相互竞争。这种竞争关系主要体现在政治类议题上，围绕受众的议题注意力、偏好以及对媒介的信任资源等方面展开：受众一旦习惯于使用某类渠道，则可能会对另一类渠道产生排斥。③ 这种竞争性将导致受众的分化，因此形成所谓的"渠道鸿沟"。

2. 社会转移论

随着媒介使用研究视野的拓展，除了媒介之间的置换过程，学者们也开始重视考察置换所产生的大众心理的社会影响，由此衍生了社会转移理论（the social displacement hypothesis）。这一假说认为，当受众在互联网上花费更多时间，会导致与具有亲密关系的朋友和家人的交流时间减少，缘此可能产生新媒介取代积极的亲社会活动（社交、家庭活动）的"社会性转移"④。而且，对于此类的社会性转移，人们普遍认为是有害的，对于大众的社会交往有不利影响。⑤ 也有学者倾向于将这种假说称为"边缘置换"，即因为使用新的媒介从而占据了受众原有的闲暇（边缘）时间，当发生置换时，新的媒介更可能会从各种非结构化活动而不是单一活动中抽出时间。⑥ 基于实证分析，诺曼·尼（Norman H. Nie）和D. 森夏恩·西里格斯（D. Sunshine Hillygus）发现，在家使用互联网会对

---

① Polegato Rosemary, "Time for Life: The Surprising Ways Americans Use Their Time (2nd Edition)", *Journal of Consumer Marketing*, Vol. 17, No. 7, 2000.

② Pew Research Center, "News Use Across Social Media Platforms 2018", https://www.journalism.org/2018/09/10/news-use-across-social-media-platforms-2018/, accessed 15 Feb. 2020.

③ 王丽娜、马得勇：《新媒体时代媒体的可信度分析——以中国网民为对象的实证研究》，《武汉大学学报》（人文科学版）2016年第1期；马得勇、张志原：《公共舆论的同质化及其心理根源——基于网民调查的实证分析》，《清华大学学报》（哲学社会科学版）2017年第4期。

④ Kraut Robert, et al., "A Social Technology That Reduces Social In Volvement and Psychological Well-being?", *American Psychologist*, Vol. 53, No. 9, 1998.

⑤ Nie, N. H., "Sociability, Interpersonal Relations, and the Internet: Reconciling Conflicting Findings", *American Behavioral Scientist*, Vol. 45, No. 3, 2001.

⑥ Robinson, John P., "IT Use and Leisure Time Displacement: Convergent Evidence over the Last 15 Years", *Information Communication & Society*, Vol. 14, No. 4, 2011.

受众与其家人和朋友的社会活动时间产生负面影响，但这种影响却不存在于工作当中，互联网仅会对社交时间产生一定的竞争性。[1] 杰弗利·霍尔（Jeffrey A. Hall）等人的研究结果显示，如果禁止受众使用社交媒介，大部分的受众的确会增加儿童保育和家务等方面的时间投入。进一步的实证研究表明，社交媒介主要是取代了不愉快或中立的社交活动。[2] 总体上，社会转移论也可以被视为竞争论中的一类分支，只是这种竞争并不表现为整体性的替换，而是特定场景下的部分挤占。

3. 共生（互补）论

不同于"竞争论""社会转移论"，另一些实证研究也展示出了传播渠道存在非竞争性的一面，即共生乃至互补的关系。盖拉德·格罗塔（Gerald L. Grotta）和道格·纽曼（Doug Newsom）发现了有线电视和传统电视之间的互补关系，有线电视的使用实际上增加了传统电视的使用。[3] 而且，这种共生的现象并非偶然地存在于特定的媒介之间。约翰·宾森（John P. Robinson）等人发现了 CMC（computer mediates communication）与印刷媒介之间也存在"共生关系"：实际上，两种媒介在一定程度上都提高了对方的使用频率。[4]

对于这种共生性，有学者用利基理论（theory of the niche）来进行解释。尽管利基理论最初是在生物生态学的背景下提出的，但其运行机制逐渐被社会学家、经济学家、心理学家等借鉴。传播学方面，利基理论最早被约翰·迪米克（John Dimmick）和埃里克·罗森布勒（Eric Rothenbuhler）应用于对媒介的竞争和共存研究中。[5] 他们认为，与自然

---

[1] Nie, N. H. and D. S. Hillygus, "The Impact of Internet Use on Sociability: Time Diary Findings", *Society*, Vol. 1, No. 1, 2002.

[2] Hall, J. A., Johnson, R. M., and Ross, E. M., "Where Does the Time Go? An Experimental Test of What Social Media Displaces and Displaced Activities' Associations with Affective Well-being and Quality of Day", *New Media & Society*, Vol. 21, No. 3, 2019.

[3] Grotta, Gerald L. and Doug Newsom, "How Does Cable Television in the Home Relate to Other Media Use Patterns?", *Journalism Quarterly*, Vol. 59, No. 4, 1982.

[4] Robinson, J. P., Barth K., and Kohut A., "Social Impact Research: Personal Computers, Mass Media, and Use of Time", *Social Science Computer Review*, Vol. 15, No. 1, 1997.

[5] Dimmick John and Eric Rothenbuhler, "The Theory of the Niche: Quantifying Competition among Media Industries", *Journal of Communication*, Vol. 34, No. 1, 2006.

界中的植物和动物一样，传播媒介和媒介从业者一样需要依靠特定资源来生存，必须在相关领域（如新闻业）中占据一席之地，因而其利基必须与同行间存在明显的差异。① 具体而言，如果不同人群媒介使用模式与特定地点、特定时间相关联，那么这些特殊性会允许几种媒介在同一个空间共存。例如，现在的杂志媒介逐渐倾向于从传统的"大众媒体"转化为另一种更加精准化的媒介，越来越致力于吸引更特定化的"利基受众"。与此同时，杂志也重新调整他们服务利基受众的方式，更加专注于获取和分析更多关于受众的数据。②

在政策传播领域，政策制定者为了适应不断变化的信息环境、回应公众需求以及优化政策传播效果，也有意推动传播渠道的变革，从单一的政策传播模式演变为以科层制内部传递模式、大众传媒宣传引导模式、新闻发言人信息发布模式以及新媒体双向沟通模式并行共生的传播矩阵。③ 事实上，互联网技术的传播本身就带有传播渠道多元化的基因，对人际传播、群体传播、组织传播、大众传播等渠道进行了资源的重新配置。④

总之，过去已经有大量的研究讨论了不同渠道之间的现实关系和未来走向，本文更关心的是，随着演变的进程，这种多元化格局是否催生了渠道之间奇妙的"化学反应"，以及这种演变的边界是否清晰和可知。综上所述，本研究提出如下竞争性假设。

假设1：随着渠道的多元化，不同的政策传播渠道间呈现竞争关系。

假设2：随着渠道的多元化，不同的政策传播渠道间呈现共生关系。

（二）政策传播中的受众

有研究显示，在多元渠道的交互作用下，渠道本身对于受众的框架效

---

① Hall, Jeffrey A., et al., "Where Does the Time Go? An Experimental Test of What Social Media Displaces and Displaced Activities' Associations with Affective Well-being and Quality of Day", *New Media & Society*, Vol. 21, No. 3, 2019.
② 童清艳：《受众研究》，上海交通大学出版社2013年版，第14页。
③ 常纡菡：《政策传播：理论模式与中国实践》，《编辑之友》2018年第6期。
④ 隋岩：《群体传播时代：信息生产方式的变革与影响》，《中国社会科学》2018年第11期。

应会逐渐减少,而受众的主动性则逐渐凸显出来,① 此时受众自身的意愿、资源和能力对激发受众主动性尤为重要。因此,在关注渠道本身的演变关系的同时,也需要关注受众本身的特质差异以及受众之间的"信息鸿沟"现象。

1. 受众的政治参与意愿差异

在林林总总的受众研究中,"传播学之父"丹尼斯·麦奎尔(Denis McQuail)的研究将其划分为三种传统进程:结构性受众、行为性受众、社会文化性受众。② 其中,社会文化性受众会更注重对于媒介的支配权力。学者邵培仁最先扬弃了"靶子论",强调了受众的主动性和选择性。③ 更有学者认为:现代民众已不再是传统意义上的受众(audience),而逐渐成为媒介信息积极的解读者。④ 而受众教育水平的提升、可选渠道的增加等因素均会加速这一进程。⑤

如何观察受众在政治传播中的主动性?政治社会化理论或许能够提供一些启示。对于一般的社会成员来说,政治社会化是其个体的政治知识、政治态度、政治价值观念等的形成过程,也是一个人从"自然人"成长为政治人的过程,这个过程蕴含着个体的能动性与受动性的互动。⑥ 在相同的社会框架下,受众会因为政治社会化程度的不同呈现出行为差异,这种差异显然就包括信息获取渠道的选择。

不少实证研究也揭示了受众的政治特质与信息沟通行为之间的关联。布赖恩·克鲁格(Brian S. Krueger)的研究显示,相较于其他群体,对政治兴趣更高、政治效能感更强的群体更能利用新兴渠道来获取政治信息。⑦ 这

---

① 聂静虹:《论政治传播中的议题设置、启动效果和框架效果》,《政治学研究》2012 年第 5 期。

② 丹尼斯·麦奎尔:《受众分析》,中国人民大学出版社 2005 年版,第 14 页。

③ 邵培仁:《政治传播学》,江苏人民出版社 1991 年版,第 25 页。

④ 童清艳:《超越传媒:解开神秘的受众面纱》,中国广播电视出版社 2002 年版,第 42 页;隋岩:《群体传播时代:信息生产方式的变革与影响》,《中国社会科学》2018 年第 11 期。

⑤ 周葆华、陆晔:《从媒介使用到媒介参与:中国公众媒介素养的基本现状》,《新闻大学》2008 年第 4 期;聂静虹:《论政治传播中的议题设置、启动效果和框架效果》,《政治学研究》2012 年第 5 期;刘鸣筝、陈雪薇:《基于使用、评价和分析能力的我国公众媒介素养现状》,《现代传播》2017 年第 7 期。

⑥ 葛荃:《教化之道:传统中国的政治社会化路径析论》,《政治学研究》2008 年第 5 期。

⑦ Krueger, B. S., "Assessing the Potential of Internet Political Participation in the United States: A Resource Approach", *American Politics Research*, Vol. 30, No. 5, 2002.

一发现在国内进行的一些实证研究中也得到了验证。① 有国外学者曾使用选举数据证明,具有较高政治效能感的公民一致地呈现出积极的参与状态,拉比阿·波拉特(Rabia K. Polat)的观点进一步支持了上述判断:相比政治参与水平低的受众,政治参与水平高的群体会更主动地寻找政治信息。②

在上述分析的基础上,本文提出以下假设。

假设3:相较政治参与水平较低的受众,政治参与水平更高的受众选择的政策传播渠道更多。

2. 政策沟通能力差异

在政策信息的传播中,大众如何获得和接收信息的差异不仅体现在受众的主观能动性上,也体现在其所处的社会结构中。随着受众分散性、异质性和多样性的趋势不断加强,受众逐渐分化为不同阶层、不同生活状态下的异质群体。③ 教育水平是讨论受众沟通能力差异中比较常见的话题,大量的实证研究也不断强化了这一观点。有研究显示,教育水平更高的受众对政治信息有更强的获取倾向。④ 还有研究发现,接受过大学教育的公民会更多地使用互联网来进行与政府的沟通,而且往往更加主动,有更高的信息真伪辨别能力。⑤ 这些研究均揭示了教育水平与政治沟通的

---

① 周葆华、陆晔:《从媒介使用到媒介参与:中国公众媒介素养的基本现状》,《新闻大学》2008年第4期;张明新、刘伟:《互联网的政治性使用与我国公众的政治信任——一项经验性研究》,《公共管理学报》2014年第1期;陈福平:《跨越参与鸿沟:数字不平等下的在线政治参与》,《公共行政评论》2013年第4期。

② Polat, R. K. , "The Internet and Political Participation: Exploring the Explanatory Links", *European Journal of Communication*, Vol. 20, No. 4, 2005.

③ 童清艳:《受众研究》,上海交通大学出版社2013年版,第14页。

④ 陈福平:《跨越参与鸿沟:数字不平等下的在线政治参与》,《公共行政评论》2013年第4期。

⑤ Reddick, Christopher G. , "Citizen Interaction with E-Government: From the Streets to Servers?", *Government Information Quarterly*, Vol. 22, No. 1, 2005; Wei Lu and Douglas Blanks Hindman, "Does the Digital Divide Matter More? Comparing the Effects of New Media and Old Media Use on the Education-based Knowledge Gap", *Mass Communication & Society*, Vol. 14, No. 2, 2011;张志安、沈菲:《新传播形态下的中国受众:总体特征及群体差异(上)》,《现代传播》2014年第4期;周葆华、陆晔:《从媒介使用到媒介参与:中国公众媒介素养的基本现状》,《新闻大学》2008年第4期;刘鸣筝、陈雪薇:《基于使用、评价和分析能力的我国公众媒介素养现状》,《现代传播》2017年第7期。

积极关系。

在现代社会，受众所从事的行业是观察其沟通能力异质性的另一个常用标准。有研究发现，由于政府工作人员更加熟悉官方传播渠道的结构和语言，比非政府人员明显更善于使用各种渠道与政府进行联系。[①] 这种体制内外的渠道使用差异似乎也可以用心理学上的"曝光效应"来阐释，即某项事物在某个人眼前出现的次数越多，则这项事物受到的关注程度越高。[②]

综上，本文提出如下假设。

假设 4：受教育水平越高的受众，更偏好选择多渠道来参与政策传播过程。

假设 5：体制内的受众相较于体制外的受众，更偏好选择多渠道来参与政策传播过程。

三 研究设计

（一）数据来源

本文数据来源于 2016 年、2018 年进行的现场问卷调查。两轮调查均采用空间偶遇抽样的方法，于 5—6 月在 19 个城市[③]的行政服务中心和中央商务区（CBD）的服务等待区开展问卷调查。为保证调研数据质量，课题组采取了合同管理、线上培训、工作日志、质量督导、结果激励等事前、事中、事后的一系列举措。两轮问卷调查分别获得 6470 份（2016 年）和 6027 份（2018 年）有效样本。两轮问卷均通过了内部一致性检验，且主要研究呈现出显著的可重复性特征，具有较高的可信度。

[①] Reddick, Christopher G., "Citizen Interaction with E-Government: From the Streets to Servers?", *Government Information Quarterly*, Vol. 22, No. 1, 2005；臧雷振、张一凡：《信息传播渠道差异与重大公共政策知晓——以单独二孩政策知晓情况为例》，《学习与探索》2019 年第 7 期。

[②] Bomstein, Robert F. and P. R. D'Agostino, "Stimulus recognition and the mere exposure effect", *Journal of Personality & Social Psychology*, Vol. 63, No. 4, 1992.

[③] 19 个城市分别为 4 个直辖市：北京、上海、天津、重庆，以及 15 个副省级城市：广州、沈阳、南京、武汉、成都、西安、大连、长春、哈尔滨、济南、青岛、杭州、宁波、厦门、深圳。

(二) 人口统计学特征

总体来看，2018年的样本在分布结构上具有较为广泛的代表性，有效问卷的调查样本覆盖不同性别、受教育水平、年龄段、行业、收入水平的公众。2018年的人口统计学数据与2016年基本保持一致。

(三) 变量说明

1. 被解释变量

政策传播渠道数量是本文的被解释变量。本研究参考珍妮特·马克（Janet Mack）等人对政策信息获取渠道的分类[1]，并考虑我国政策传播现状，将政策传播渠道分为新闻媒体、新媒体（微博、微信）、政府官网、政府工作报告、政府预算报告、政府统计公报、咨询报告、电话、邮件、其他途径等十种分类。因此，本文仅以受众的政策信息获取渠道进行调查，使用"当您需要了解国家大政方针时，您的信息来源包括下列哪些渠道？（可多选）"的问题陈述来获取政策传播渠道使用情况。

2. 解释变量及控制变量

第一，政治参与意愿。根据前文的介绍，本文政治参与意愿主要通过受众的政治参与水平来衡量。已有研究采用了网络参与、人大代表投票、上门信访、诉诸媒体、签署请愿书等来度量公民政治参与，[2]本文在此基础上沿用人大代表投票、网络政治参与并且新增了"观看《新闻联播》频率"变量来对受访者的政治参与水平进行测量。毋庸置疑，人大代表选举是中国公民直接参与政治生活的重要途径之一。因此，本文具体是以2016年调查问卷中"近五年内您是否亲自参加过人大代表选举投票（答案选项为是或者否）"一题进行检验，并将变量命名为"人大选举"。

置身在信息化时代，互联网和信息技术的重构重新激发了公民的网

---

[1] Mack Janet and Christine Ryan, "Is There an Audience for Public Sector Annual Reports: Australian Evidence?", *International Journal of Public Sector Management*, Vol. 20, No. 2, 2007.

[2] 胡荣:《社会资本与城市居民的政治参与》,《社会学研究》2008年第5期; Rojas Hernando and Eulalia Puig-i-Aril, "Mobilizers Mobilized: Information, Expression, Mobilization and Participation in the Digital Age", *Journal of Computer-Mediated Communication*, Vol. 14, No. 4, 2009.

络政治参与浪潮。① 在对中央及地方政府网站进行检索后，"政府工作报告我来写""我向总理说句话""群众办事百项堵点疏解行动""测一测，2018 政府工作报告知多少""政府工作报告民生实事征集"这五个活动是近几年来政府主动吸引公众参与政策沟通的线上活动。因此，本文将"民众是否参与以上五个活动"作为另一类考察政治参与水平的解释变量。

为了更加全面地考察受访者的政治参与意愿，本文将观看《新闻联播》作为政治参与意愿的代理变量之一。作为中国知名度最广、世界观众数量最多的电视栏目，《新闻联播》在满足受众的信息需求方面成绩斐然。②《新闻联播》兼具了意识形态传达和国家身份强化的仪式功能，长期以来以一种重复性的语言和影像符号建构电视观众的观看方式及对自身和国家的理解。③ 因而，它也被视为中国政治的"镜子"和"晴雨表"。④ 如有的学者所认为的，家人坐在一起收看电视是一种非常奇特的公众参与方式，它提供了能参与到国家共同体当中的方式。⑤ 因此本文选取调查问卷中的"您平时收看中央电视台《新闻联播》的频率"一题对观看频率进行测量，并将变量命名为"新闻联播"。

第二，政策沟通能力。根据文献综述及研究假设所述，本文以受众的"受教育水平""行业类型（体制内外）"作为受众的政策沟通能力的代理变量。

第三，控制变量。本文对样本的受访地变量（行政服务中心和中央商务区）、城市变量（19 个城市分类）以及性别、出生年代等人口统计

---

① 李占乐、魏楠：《网络政治参与动力因素：研究进展及中国议题》，《情报杂志》2019 年第 6 期。
② 许加彪：《国家声音与政治景观〈新闻联播〉结构和功能分析》，《现代传播》2009 年第 4 期。
③ 周勇、黄雅兰：《〈新闻联播〉：从信息媒介到政治仪式的回归》，《国际新闻界》2015 年第 11 期。
④ Cody Edward, "In a Changing China, News Show Thrives with Timeworn Ways", http://www.washingtonpost.com/wpdyn/content/article/2007/03/22/AR2007032202301. Accessed 15 Feb. 2020.
⑤ 张兵娟：《国家的仪式——〈新闻联播〉的传播文化学解读》，《现代传播》2010 年第 8 期。

学变量进行了控制。

本文主要变量操作定义及描述统计详见表1。

表1　　　　　　　　主要变量定义及相关数值

名称	定义	个案数量	均值	标准差
政策传播渠道数量	公众获取政策信息的可及性渠道：仅使用一个渠道的记为"1"；使用两个渠道的记为"2"，以此类推到"9"	12497	2.380	1.465
新闻联播	新闻联播的观看视频。从不收看记为"1"；极少收看记为"2"；偶尔收看记为"3"；经常收看记为"4"；每天收看记为"5"	12458	2.923	0.942
文化程度	初中及初中以下记为"1"；高中或中专记为"2"；大专记为"3"；本科记为"4"；研究生记为"5"	12428	3.460	0.977
行业类型	体制内（行政机关、审判机关、检察机关以及中国共产党机关）记为"1"，体制外记为"0"	12262	0.071	0.256
出生年代	1949年及以前出生记为"7"；1950—1959年出生记为"6"；以此类推：2000年以后出生记为"1"	12429	3.011	1.044
性别	女性记为"1"，男性记为"0"	11855	0.538	0.499
人大选举（2016）	近五年内是否亲自参加过人大选举投票。参加过记为"1"，没有参加过记为"0"	6406	0.077	0.267
报告建议（2018）	近一年中是否参加过"政府工作报告我来写"活动。参加过记为"1"，没有参加过记为"0"	6014	0.079	0.270
总理建言（2018）	近一年是否参加过"政府工作报告我来写"活动。参加过记为"1"，没有参加过记为"0"	6008	0.118	0.322

续表

名称	定义	个案数量	均值	标准差
办事堵点（2018）	近一年是否参加过"群众办事百项堵点疏解行动"活动。参加过记为"1"，没有参加过记为"0"	6008	0.118	0.322
政策知晓（2018）	近一年是否参加过"测一测，2018政府工作报告知多少"活动。参加过记为"1"，没有参加过记为"0"	6002	0.166	0.372
民生实事（2018）	近一年是否参加过"政府工作报告民生实事征集"活动。参加过记为"1"，没有参加过记为"0"	6009	0.143	0.350
受访地	行政服务中心记为"1"，CBD等商业区记为"0"	12497		
城市	代表19个城市（在回归分析中设置为19个虚拟变量）	12497		
年份	2018年记为"1"，2016年记为"0"	12497		

四 研究发现

（一）政策传播渠道变化的分析

2016年和2018年两轮政策传播渠道的问卷调查结果证实了受众的政策传播渠道选择多元化趋势，这一点体现最为直接的是人均使用渠道数量变化：2016年为2.16（个），2018年上升到2.61（个），人均上升了0.45个，并通过了均值显著性检验（t = -17.1861***）从不同渠道使用数量的受众来看，使用单渠道的人群占比出现了明显下滑（见表2）。这说明2018年人均使用的渠道平均数量相比于2016年明显增多，因浸润在政策传播渠道可选项越来越丰富的环境之中，公众所使用渠道总数也出现了明显的增长趋势。具体到各类渠道来看，这种变化趋势更为清晰，尽管其中的"新闻媒体""政府官网"使用率都出现了显著下滑，与微博、微信等新媒体渠道的增长形成了鲜明的反差（见表3）。不过，值得注意的是，新媒体渠道的信任率与使用率变化并不同步。①

表2　　2016年、2018年使用渠道数量不同的人群占比情况　　单位：%

	单渠道	双渠道	三渠道	四渠道	五渠道	六渠道	七渠道	八渠道	九渠道	其他
2016年	27.8	28.9	21.1	8.9	3.3	1.4	0.6	0.1	0.2	7.8
2018年	22.8	32.6	21.9	12.0	6.0	1.9	0.9	0.3	1.0	0.6
差值（2018—2016年）	-5.0	3.7	0.9	3.1	2.8	0.5	0.3	0.1	0.8	

注："其他"包括缺失值和异常高值。

进一步分析可以发现，这种渠道多元化的格局是得益于受众在已有传统渠道的选择基础上，对新媒体渠道、官方渠道的偏好逐渐增强。最终，政策传播渠道多元化格局逐渐形成。

表3　　2016年、2018年不同渠道使用情况对比　　单位：%

	新闻媒体	微博微信	政府官网	工作报告	预算报告	统计公报	咨询报告	电话询问	邮件索取	其他
2016年	77.3	39.5	35.0	21.8	9.6	7.9	9.1	9.4	3.7	5.1
2018年	67.8	53.3	28.9	28.7	15.9	16.3	15.3	17.2	9.6	8.2
差值（2018—2016年）	-9.6	13.8	-6.1	6.9	6.3	8.5	6.3	7.8	5.9	3.1

（二）政策传播渠道的"水涨船高"的现象

表4和表5对2016年度和2018年度调查中不同渠道使用数量的亚群体在渠道使用方面的特征进行了详细描绘，结果表明：在使用渠道数量较少的亚群体中，渠道间呈现出"此消彼长"的竞争关系；而在使用渠道数量较多的亚群体中，反而是"水涨船高"的共生关系。

---

① 刘鸣筝、陈雪薇：《基于使用、评价和分析能力的我国公众媒介素养现状》，《现代传播》2017年第7期；王丽娜、马得勇：《新媒体时代媒体的可信度分析——以中国网民为对象的实证研究》，《武汉大学学报》（人文科学版）2016年第1期。

首先，当受众使用较少渠道时，不同的渠道间出现了竞争关系。其中最为明显的是新闻媒体与微博、微信渠道的跨年度的"此消彼长"。由表4可得，2016年的单渠道使用人群中，80.1%的人使用新闻媒体渠道，而包括微博、微信渠道在内，其他渠道使用率均在10%以下，新闻媒体在使用单渠道的亚群体中占据了绝对性的优势。而到了2018年，在使用单渠道的亚群体中，随着使用微博、微信渠道的人数占比上升达到了21.1%，使用新闻媒体的占比降低到52.1%（见表5）。通过两轮调查数据比对，这一特征在双渠道的亚群体中同样适用，在新闻媒体与政府工作报告、政府预算报告、政府统计公报等渠道之间也同样适用。只有政府官网渠道呈现出了唯一的例外情况。这就表明，政府官网渠道不仅未能从新闻媒体流失的流量中分到一杯羹，反而自身的流量也处于流失状态。因而，在使用渠道较少的亚群体中，渠道间"此消彼长"的竞争性特征再一次得到了验证。

表4　　　　　　　2016年单渠道—七渠道内使用情况

	新闻媒体（%）	微博微信（%）	政府官网（%）	工作报告（%）	预算报告（%）	统计公报（%）	咨询报告（%）	电话询问（%）	邮件索取（%）	观测数
单渠道	80.1	6.4	5.3	2.3	0.4	0.3	0.7	1.1	0.3	1799
双渠道	80.8	46.8	31.1	15.7	3.7	3.8	5.3	6.4	1.6	1870
三渠道	85.9	63.0	61.0	31.7	11.4	10.8	13.3	11.7	4.6	1363
四渠道	88.6	67.0	75.2	58.6	26.9	21.3	19.8	25.6	8.0	577
五渠道	87.6	75.4	78.2	77.3	49.3	32.7	40.8	34.1	16.1	211
六渠道	88.9	90.0	85.6	82.2	80.0	53.3	48.9	43.3	17.8	90
七渠道	100.0	89.7	89.7	89.7	82.1	59.0	66.7	66.7	43.6	39

其次，调查数据还揭示，单渠道的使用者并不属于多数，反而越来越多的受访者选择两种以上渠道。在使用渠道数量更多的各类亚群体中，渠道间的"此消彼长"特征逐渐消失，反而呈现出"同涨"与"共生"现象，而且2018年的"共生"趋势显然更加明显。

此外，本文的研究还有助于人们理解不同渠道使用数量的亚群体中，渠道使用的演化特征。即仅仅使用一个渠道的民众将优先考虑"新闻媒体",而使用两个渠道的亚群体则会在"新闻媒体"的基础上优先选择搭配"微博、微信"渠道,进而依次是"政府官网""政府工作报告""政府预算报告""政府统计公报""咨询报告"逐一叠加特征(见表4、表5)。在2016年度和2018年度的两轮调查中,这一特征也保持了一致。这与类似调查的研究发现也比较一致。①

表5　　　　　　　　2018年单渠道—七渠道内使用情况

	新闻媒体(%)	微博微信(%)	政府官网(%)	工作报告(%)	预算报告(%)	统计公报(%)	咨询报告(%)	电话询问(%)	邮件索取(%)	观测数
单渠道	52.1	21.1	5.0	4.1	1.2	2.6	2.3	2.9	1.9	1374
双渠道	65.9	54.2	15.9	17.1	6.5	8.3	7.6	10.7	0.1	1967
三渠道	71.1	62.0	38.2	34.7	16.4	17.7	16.6	22.4	11.2	1322
四渠道	82.5	72.9	55.4	56.4	31.1	29.4	26.1	26.7	11.0	724
五渠道	82.1	78.8	63.2	69.4	50.5	43.1	45.6	37.8	21.1	364
六渠道	92.9	83.2	86.7	82.3	62.8	58.4	48.7	47.8	28.3	113
七渠道	96.4	87.3	85.5	90.9	81.8	76.4	65.5	56.4	43.6	55

以上发现对于"信息鸿沟"问题的讨论有重要的启示意义。一直以来,关于大众传媒以及新媒体的出现究竟是扩大抑或缩小"信息鸿沟",学者们往往有不同的看法与实证结论。一些研究认为,大众传媒会在不同教育水平的受众之间产生新的信息获取差距,进而可能扩大"信息鸿沟";② 而新媒体也难以避免类似的局面。③ 不过,从更长的周期来看,一些行业中具有业内人际传播渠道优势的高学历受众也可能会在一些领域更早达到信

---

① 臧雷振、张一凡:《信息传播渠道差异与重大公共政策知晓——以单独二孩政策知晓情况为例》,《学习与探索》2019年第7期。

② Tichenor, P. J., et al., "Mass Media Flow and Differential Growth in Knowledge", *Public Opinion Quarterly*, Vol. 34, No. 2, 1970;陈福平:《跨越参与鸿沟:数字不平等下的在线政治参与》,《公共行政评论》2013年第4期。

③ 刘鸣筝、陈雪薇:《基于使用、评价和分析能力的我国公众媒介素养现状》,《现代传播》2017年第7期。

息饱和点，进而给了相对低学历的受众追赶机会，而增加的新闻媒体渠道更多是起到加速这一进程的作用，"信息鸿沟"因此将得以缩小。[1] 以此类推，新媒体渠道、政府工作报告、政府统计公报等渠道，从长期效用来看都可能有助于缩小而不是扩大"信息鸿沟"。

因此，研究假设1与经验事实不符，研究假设2得到证实：随着渠道的多元化，渠道间呈现的是共生关系。并且，这种共生的演化规律，是顺着传统渠道、新兴渠道、专业渠道的搭配组合策略不断演进的。不过，是哪些因素催生了受众政策传播渠道使用数量不断增长的趋势，进而促进了渠道间的共生关系？本文将接下来从受众的视角对此展开分析。

（三）渠道关系演变中的受众因素

本文将"政策传播渠道数量"作为因变量，将政治沟通能力代理变量"受教育水平""行业类型"与政治参与意愿代理变量的"新闻联播""人大选举""报告建议""总理建言""办事堵点""政策知晓""民生实事"分别纳入回归分析模型。在回归分析前，本文先对解释变量进行了多重共线性的 VIF 值分析，结果显示所有的自变量均符合回归分析要求。在控制受访地和城市后，各模型中的 P 值、R^2 均显示有效，表明模型设定合理。

表6　　　　　　　　受众因素与政策传播渠道使用数量

变量	被解释变量：政策传播渠道数量							
	模型1	模型2	模型3	模型4	模型5	模型6	模型7
	2016	2018	2018	2018	2018	2018	2018
人大选举	0.319*** (0.07)						
新闻联播		0.259*** (0.021)					

---

[1] 杨玉龙、孙淑伟、孔祥：《媒体报道能否弥合资本市场上的信息鸿沟——基于社会关系网络视角的实证考察》，《管理世界》2017年第7期。

续表

变量	被解释变量：政策传播渠道数量						
	模型1	模型2	模型3	模型4	模型5	模型6	模型7
	2016	2018	2018	2018	2018	2018	2018
报告建议			0.508*** (0.073)				
总理建言				0.359*** (0.06)			
办事堵点					0.361*** (0.06)		
政策知晓						0.423*** (0.051)	
民生实事							0.592*** (0.054)
文化程度	0.215*** (0.02)	0.234*** (0.019)	0.238*** (0.019)	0.236*** (0.019)	0.242*** (0.019)	0.229*** (0.019)	0.234*** (0.019)
行业类型	0.626*** (0.073)	0.817*** (0.075)	0.837*** (0.076)	0.878*** (0.075)	0.89*** (0.075)	0.852*** (0.075)	0.84*** (0.075)
出生年代	-.062*** (0.02)	-.111*** (0.019)	-.058*** (0.018)	-.064*** (0.018)	-.064*** (0.018)	-.064*** (0.018)	-.071*** (0.018)
性别	-.069*** (0.037)	-.047*** (0.038)	-.041*** (0.038)	-.037*** (0.038)	-.039*** (0.038)	-.043*** (0.038)	-.053*** (0.038)
受访地城市	控制	控制	控制	控制	控制	控制	控制
常数	1.803*** (0.136)	1.292*** (0.139)	1.864*** (0.133)	1.893*** (0.134)	1.873*** (0.134)	1.895*** (0.134)	1.897*** (0.132)
样本数量	5695	5823	5830	5825	5816	5821	5827
R-squared	0.064	0.146	0.129	0.128	0.128	0.133	0.14

注：*、**、***分别表示在10%、5%和1%的统计水平上显著。表中数据为标准化回归系数，括号中数据为标准误。

从分析结果来看，一方面，模型 1-7 的分析结果都表明，"观看新闻联播频率""参加人大选举"，以及五项网络政治参与活动都与"政策传播渠道数量"显著正相关（P≤0.05），这说明当受众具有越强的政治参与意愿，越倾向使用多元化的渠道来获取政策信息，研究假设 2 得到验证。在政策沟通能力方面，"受教育水平""行业类型"变量的显著性水平都在 1% 以下，这证实了受众的受教育水平、体制内外差异和其所选择的政策传播渠道数量有显著的正相关关系。受教育水平高的受众基于其自身的阅读能力和沟通习惯，更容易接触和选择更多的渠道来获取政策信息，尤其是政府工作报告、政府预算报告、政府统计公报等直接、权威、专业但有一定接收门槛的政策传播渠道。因此，假设 3 得到证实。另一方面，从各个变量标准化系数的比较来看，受众的行业特征对渠道数量的影响更明显。经验证据表明，体制内的受众的确比体制外的受众对官方渠道和话语的熟悉程度更高，对处于沟通渠道进阶靠后的（详见表 4、表 5）、更为直接的政策传播渠道的使用频率更高，研究假设 5 得到了证实。

以上回归结果基本证实了本文的研究假设，但考虑到仍可能存在一些潜在因素对本文的分析产生影响。为此，本文按照行政服务中心与中央商务区区域、直辖市与副省级市、不同教育水平层次对样本分组并进行进一步验证。结果显示，本文的解释变量对渠道数量的影响在统计上多数仍然是显著的，且系数的方向保持不变。因此，本文的研究发现具有稳健性。

五 结论与不足

（一）结论与讨论

本文利用 19 个城市 2016 年和 2018 年两轮问卷调查数据，围绕政策传播渠道的演变关系及内在机制展开分析，并将讨论的焦点从渠道间关系是竞争还是共生，进一步深化到了何时竞争、如何共生以及这些现象背后的受众因素。本文的研究显然有助于增加人们对于融媒体时代政策传播渠道关系的认识及其运行机制的理解，并为渠道资源的优化配置提供了理论参考。具体来说，本文的研究发现如下。

第一，不同的政策传播渠道间的关系会随着受众使用渠道的多寡而发生变化，即在使用渠道较少的受众群体中，渠道之间呈现的是"此消彼长"竞争关系；在使用渠道较多的受众群体中，渠道之间呈现出"水涨船高"的共生关系。上述发现与竞争性的功能替代理论、与利基理论的预设都部分吻合，并进一步揭示出两种理论在不同政策传播情境下的边界和局限。

第二，本文的研究还有助于帮人们理解政策传播渠道的演变规律，即政策传播渠道的丰富过程是沿着从间接到直接、从大众向专业、从碎片化向全景式的特征递进的，具体表现为从传统渠道到新媒体渠道，再到专业传播渠道的演变。而这种演进不仅需要信息传播技术发展提供可能性空间，也与受众的政治参与意愿、沟通能力以及沟通习惯密切相关。即相比意愿性更低的受众，受众的政治参与意愿越高，越倾向主动地去使用更多渠道来获取政策信息，更青睐直接和专业渠道的使用；而且，受教育程度越高的公众越倾向于使用多元化的政策传播渠道来获取政策信息。同样有意思的现象是，体制内的受众比体制外的受众更偏好使用多元的渠道进行政策信息的获取。

第三，需要注意的是，这种从竞争到共生转换的受众群体呈现出数量占比明显递减趋势。即使人均使用渠道数量有所增加的2018年，使用三个及其以下渠道的受众总数占比超过七成，而三个以上渠道的受众不到三成，这种渠道使用的明显差异也意味着共生关系只在一部分的受众中得到了较好体现。这与其他类似调查发现相吻合。[①] 也就是说，不少受众目前仍然还遗留着"靶子"的特性。

第四，本文的研究有助于深化人们对于"信息鸿沟"现象的理解。有学者认为，互联网的高渗透率有助于填平"信息鸿沟"，[②] 但本文的研究却提醒人们需要对此保持谨慎乐观的态度：面对同样丰富的渠道和信息，有些受众收获颇丰，而有些受众收获却寥寥无几。而且，还需要基

[①] 臧雷振、劳昕、孟天广：《互联网使用与政治行为——研究观点、分析路径及中国实证》，《政治学研究》2013年第2期。

[②] Hong Hyehyun, "Government Websites and Social Media's Influence on Government-Public Relationships", *Public Relations Review*, Vol. 39, No. 4, Nov. 2013.

于渠道融合的特征和效用机制更好地帮助那些处于沟通弱势地位的受众（例如文化程度低、体制外的受众）更好地接入和有效使用更多的渠道，进而更平等地享有作为公共品的政策信息红利。[①] 此外，政策制定者还需在深入了解不同公众群体的渠道使用动态基础上，优化政策传播资源的投放，并特别注意使用渠道较少却占比不低的受众政策信息获取的平等权利。

第五，本研究对中国政策传播渠道建设也有政策寓意。对渠道间关系的深入研究显示，"信息鸿沟"并非短时间内以渠道数量的物理叠加就可以直接填平，而受众的多元化渠道使用产生的长期"化学反应"可能更有希望使其缩小。因此，受众的渠道扩张内在逻辑及其沟通价值需要得到更多的关注。目前"政府工作报告""政府预算报告""政府统计公报"还是相对比较小众的政策信息获取渠道，这与政府对这些渠道所投入的巨大资源相比还存在较大落差。虽然此类政策传播渠道代表着政策信息全景式的权威概括，但目前可能只有少数受众能够较好地解读和消化。这也意味着要让一些最重要的政策信息"原汁原味"直达到千家万户，不仅需要深入研究政策传播渠道的现实状态和演变关系，也需要重视政策信息的相同内容不同版本设计问题。

（二）不足

本文对政策传播渠道之间的演变关系和其受众的研究尚处于探索层面，仍存在一些局限性，具体体现为以下几个方面。首先，在抽样方法方面，本文采用的是空间偶遇而非随机抽样的调查方法。但是囿于研究资源和现场准入的制约，随机拦截的空间偶遇抽样也是次优的选择，并且从最终收集到的样本数据来看，两个年份以及不同地域之间的发现具有一致性，结论具有稳健性。其次，在变量的测量方面。渠道数量是受众的意愿调查而非实际行为观察，这中间可能存在一定的落差，而且这种落差本身就具有重要的研究价值，期待以后的研究能对此进一步完善。

[①] Socott, M. Cutlip, Allen, H. Center, and Glen, M. Broom, *Effictive Public Relations*, London: Pearson Education, 2009.

最后，政策传播渠道分类方法也有待完善，未能消除交叉覆盖的可能性，例如政府工作报告的线上载体可能就包括政府官网。

（该文首发于 2019 年第六届"政治传播与社会发展论坛"，刊载于《政治学研究》2020 年第 3 期。）

政府微博的长效管理分析*

谢进川

（中国传媒大学文法学部副教授）

摘　要：政府包括政府机构及其职员，因此政府微博包括两类：政府机构微博和政府官员微博，从其长效管理来说，涉及三个基本问题：如何在当下中国发展的背景下对其进行战略定位，基于不同的目标诉求如何促成其有效的分化实践，以及基于微博传播属性采用哪些必要的政治传播策略。

关键词：政府微博；基本定位；管理思路；传播策略

一　政府微博管理的基本定位

西方学者通过对反政府现象的观察发现，民众反政府的情绪主要源于政府滥用权力、政府政策与公共服务的效能低下以及政府的冷漠。[1] 因此主张："集价值传播、信息管理、危机应对、关系建设和社会责任于一体的框架。"[2] 与微传播时代相适应，政治、行政与微博的融合在当今已成为全球性的事实，这一过程也可以被理解为政治传播的新媒介化表征。

---

* 本文系教育部人文社科青年基金项目"微博参与社会管理的长效机制建设研究"（项目编号13YJC860036）的研究成果。

[1]　李学:《正视民主性知识：代议制民主政府官治理危机的反思与重构》,《公共行政评论》2013年第3期。

[2]　黄河、王芳菲：《新媒体如何影响社会管理》,《国际新闻界》2013年第1期。

来自相关统计显示：全球 125 个国家的总统、首相和相关机构在 Twitter 上注册了账号，南美有 75%，北美有 83% 的政府拥有 Twitter 账号，非洲的比例为 60%，亚洲的比例为 56%，75% 的欧洲领导人活跃在 Twitter。[①] 正是借助新媒体平台建设，国家与社会的互动发展具有了更广泛的可能。

中国在世纪提出社会管理问题，近期更是强调创新社会管理，提出"要牢牢把握最大限度激发社会活力、最大限度增加和谐因素、最大限度减少不和谐因素的总要求，积极推进社会管理理念、制度、方法创新，完善党委领导、政府负责、社会协同、公众参与的社会管理格局。要以解决影响社会和谐稳定突出问题为突破口，通过协调社会关系、规范社会行为、化解社会矛盾和深入细致的群众工作，维护人民群众权益，促进社会公平正义，保持社会良好秩序，有效应对社会风险"。这无疑是好的施政和管理理念，但在面对党、国家与社会利益的时候，更考验其贯彻的能力。如今的公众日益热捧微博政治，官方也在正式场合不断褒扬微博，并已尝试开设政府微博进行互动。但对中国来说，不能仅仅为了达成一个高效的管理政府而不是有效参与政治的形成。就发生学意义而言，当代中国公民社会研究议题兴起恰恰不过是在中国现代化进程中政治民主化、文化多元化发展背景下，人们"希望借助于这样一个纯粹西方的概念来提供一个解决中国现代化发展路径及国家与社会关系问题一种理想框架"[②]。从实体社会资源来看，与西方强调社会独立性略有不同的是，中国的社会崛起和被强调在于更强调社会对国家的干预能力。西方由于其社区政治有其实体社会的生命力和参与能力，促成了国家对社区政治的重视，从而关注民众与基层的紧密联系，强化多渠道的深层互动与参与。如果认识不到这一点，中国微博参与政治的应激性还可能加剧基层政治的冲突，强化社会对基层政府的不信任感，并不可避免地导致这样的政治文化本身具有其幼稚性。

同时，人们很容易看到这一建设过程中威权主义国家与微博公民性的张力。表现为公众与政府的互动经常存在一种悖论：一方面，平等思

[①] 博雅公共关系有限公司：《各国领导人 Twitter 使用情况调查》，《国际公关》2012 年第 5 期。

[②] 李熠煜：《当代中国公民社会问题研究述评》，《行政学院学报》2004 年第 2 期。

想冲击特权思想，自由观念冲击专制观念，分权观念冲击集权观念；另一方面，"主人意识缺失，依附观念较浓，不把自己作为权利的主体，而寄希望于上级领导为己作主"①。微博事件传播上的"申冤""诉苦"的叙事路径所体现的政治心态莫不如此。国外有学者运用先进的网络技术，通过对其联网居民与未联网居民长达3年的比较研究认为，经常运用互联网的人在现实社区中更好地保持了社区交往，推进社区的整体行动与政治参与。②但在中国，微博公众的双重政治人格清晰可见：线上积极，线下消极；线上要求自由、民主和平等，线下想方设法特权化和权力化。唯其如此，一些研究者才不断地强调将私域与公域的分离程度、法律的可依赖程度、公民地位和公民资格的被尊重程度作为公民社会发育程度的衡量指标。③因此，从国家方面的社会管理建设来说，必须依托于基本政治与传播制度的完善和构想，将威权转化为治理权威，力图在形塑公众性政治人格、培养具有政治感的政治态度和共享平等性的政治文化前提下，推动政府微博政治传播的发展。对此，我国需要从战略政治的层面对政府微博传播行动进行思考。

二 政府微博长效管理的基本思路

从政府微博社会管理创新来说，无论是政府官员微博还是政府机构微博，除单纯的信息传播外，应着力提升微博在社会生活、社会问题管理和民主政治方面的重要价值，最终使政府微博成为了解民情、汇集民智、引导舆情、广泛实现国家与社会对话和提升政务服务质量的新窗口。

之所以这样说，是因为就根本诉求而言，微博在广义政务中的应用势必朝两个方面分化：一是服务及效率问题，二是质询及正义问题。两种分化分别对应于不同的内容：与服务的提供对应的是相关的消费，与质询的互动对应的是相关的监视、讨论与问责等。④但显而易见的是，前

---

① 朱伟方：《现阶段中国社会政治意识现状及特征分析》，《社科纵横》2009年第10期。
② 高华：《因特网能加强人际关系与社区参与》，《国外社会科学》2000年第6期。
③ 廖申白：《公民伦理与儒家伦理》，《哲学研究》2001年第11期。
④ 谢进川：《关于微博政治传播的几个问题分析》，《中国青年研究》2012年第9期。

者是一个当下的政治，后者是一个长远的政治。只是伴随全球化进程的加剧，信息时代的无国界化传播，使得国人的政治与社会体验和需求在不断地缩短二者的距离。同时，质询的互动在今日中国越发凸显，有其特殊的政治变迁和财富分配语境。

对于服务及效率问题，尽管现代社会强调"需要用胜任替代无知，用内行替代外行，用专家替代万金油，用更多的分工与专业化替代表面的灵巧，用经过系统训练的管理人员替代未受训练的新手"①，但专业化在中国没有根本性完成的情况下，微博等新媒体时代的快速而便捷的联通体验加剧了前专业化面临的窘境。中国多数的城市还处在新媒体时代最为低级的阶段，甚至是低级阶段中的初级传播应用阶段。可以说，现代传播的革新并没有促成管理理念与实践的及时变革。对很多政府职能部门而言，管理几乎等同于权力。以至于人们经常忘记了：在没有任何越规的情况下，政府管理原本应等同于提供更好服务的基本宗旨。对于政务的未来发展，职能服务如何走向智能服务，是解决效率问题的最佳路径。当然，这种强调的潜在前提是政治与行政的合理二分，防止因行政政治化而导致的粗暴管理，或管理大而化之，不能做到细致入微。在专门的行政研究者看来，行政管理的领域是一种事务性的领域，政治领域则往往显示了混乱和冲突；政治是关涉重大而且带普遍性的事项，行政是国家在个别和细微事项方面的活动；政治对应的是政治家的特殊活动范围，行政管理对应的是技术性职员的事情。② 由此，才会产生不同的评价体系和标准，以及认识到某些特殊行动（如妥协与灵活）的价值。

对于质询和正义问题，寻租今天几乎成为腐败最为主要的内容。按照当下基本的认识，寻租指的是利用权力通过政治过程而获得资源和特权，构成对他人利益的损害，该损害大于租金获得者收益的行为。③ 现代

---

① 张康之、向玉琼：《变动于政治与行政部门之间的政策问题建构权》，《新视野》2013年第5期。

② [美] 威尔逊（Woodrow Wilson）：《行政学研究》，载彭和平《国外公共行政理论精选》，中共中央党校出版社1997年版，第14—16页。

③ [美] 戈登·塔洛克（Gorden Tullock）：《寻租对寻租活动的经济学分析》，李政军译，西南财经大学出版社1999年版，第36页。

政治制度本身在面对国家、政府及成员的利益与公众的利益的时候，难免存在一定的冲突。从基础性权力在社会的配置来说，"与普通民众相异，社区精英和社会组织是特定利益的代言人或行为者。它可以为民请命，也可以作为国家权力在社区中的嵌入者，甚至异化为国家或民众利益的掠夺者"①。而要求全民皆政治家和行政管理者也并不现实，也不符合马克斯·韦伯对官僚制度的现代性阐释，但这并否定民众的参与条件和拥有的参与能力。因为它在防止以公共利益的名义进行寻租是有效的。因此，需要强调的是人们更为珍视的民众参与条件、有效参与能力，以及具有参与效能感，至于参不参与则是被允许的。这对于保证政治的开放性十分必要，并势必形成这样的情势：任何人只需付出正常的努力即可具有其应有的行动力，从而个人（特别是底层人）不再觉得自己太无力，公务员也不过是一个普通的职业而非特权身份的代表。② 对此，西方国家在新媒体时代有很好的探索。1999 年 1 月，韩国开通城市的"民政处理在线公开系统"（Online Procedures Enhancement for Civil Applications），公民可全天监督信访受理情况。美国总统奥巴马针对医疗改革，专门开通"真相核实"网站，以应公众疑问，澄清反对者散布的谣言。从这个意义上来说，微博可以成为监视和评论（讨论）的基本平台。如果说现代世界文明发展的历史"主要沿着两种形式发展：独立、自治的民族国家之间的平等以及个别公民之间的平等"的话,③ 微博等新媒体参与无疑夯实了国别内部公民平等理想实现的传播基础。

同时，今天中国还不时面临的一种怪现象是：不少公众不知法，部分特权人是知法犯法但不处罚（或减免处罚），或者是选择性执法等。可见质询除了一般地基于价值基础外，更应导向理性的法律及政策基础。具体包括国家对主流（核心）价值的有效传播、合理的奖惩制度设计，适时对法律与政策信息进行公布，建立法律政策信息公开库平台，从而为质询和正义建立起切实的价值和理性依据与实施保障。

---

① 陈方南：《中国乡村治理问题研究的方法论考察》，《江汉学刊》2011 年第 1 期。
② 谢进川：《关于微博政治传播的几个问题分析》，《中国青年研究》2012 年第 9 期。
③ ［加拿大］詹姆斯·塔利（James Tully）：《陌生的多样性：歧异时代的宪政主义》，黄俊龙译，上海译文出版社 2005 年版，第 15 页。

当然，政府微博的两个方面的分化实践是一个积累的过程，其中还包含了国民拥有的批判性政治文化意识。今天举国热议的国家软实力，内在地就包含该意识。特别是，"中国增强软实力的努力需要清晰地表达出一种批判性的政治与文化自我觉醒，从而引领出一种超越资本主义和消费主义的可持续发展路径。"① 只是它超越的，还有我们关于中国梦的当下想象力。同时，基于权利尊重、宽容（含妥协）心态和理性选择，这种批判应当导向一种共识的政治。特别是针对微博存在情绪化和私人化的风险传播政治可能，批判性政治文化更应意识到"协商民主的核心应是偏好的转变，而不是简单的偏好聚合"②。

三　政府微博的政治传播策略

在坚持目标分化治理的顶层设计之下，政府微博还需要注重和应用必要的政治传播策略。

（一）利用公权力机构及其成员的影响力，倡导一些力所能及的公众行动，以发挥政府微博的公共动员效力

2013年1月29日12时59分，北京市政府新闻发言人王惠通过微博利用其影响力适时发起"不放烟花爆竹，从我做起"的倡议："惠粉们，为守护我们一刻都不能离开的空气，我承诺：从我做起，不放烟花爆竹。我也承诺：如遇空气重污染橙色、红色预警，说服我身边的亲朋好友不放烟花爆竹。同意的亲们，请加入'我承诺'活动，和我一起行动吧。"短短一天，已被转发300余次。但从当下来看，政府官员微博在这方面比政府机构微博表现得更为自觉和出色。

（二）突出政府微博的人格化传播特征，拉近其同公众的距离，为进一步的微博互动奠定基础

贵州省人民政府副省长陈鸣明的微博就是如此。2013年7月28日，

---

① 赵月枝：《国家形象塑造与中国的软实力追求》，《文化纵横》2013年第12期。
② 曾润喜、徐晓林：《社会变迁中的互联网治理研究》，《政治学研究》2010年第4期。

陈鸣明转发一条美国枪击案的微博，在互动评论中称："不爱国的人是人渣、败类！"在网上引起争议，网友关注度迅猛提升。第二天，陈鸣明发布长微博向网友道歉。他没有刻意删除原微博和评论，而是积极回应网友质疑。并诚恳地指出："监督和批评本身就是爱国的表现。"在长微博中，博主表达了自己对微博的看法，认为网友的批评"既是观点之争，也是自己个别言词欠妥"，对此虚心接受，表示"在微博上，有话要好好说，才会被更多的人接受"。自己既是爱微博的网民，又是副省长，以后要"有话好好说，从我做起"。针对微博内容，博主敢爱敢恨、批评与自我批评态度赢得了公众的认同。此微博的被转发量一度达到33701次，被赞数8541次，被评论达71501条。在2013年的《新浪政务微博报告》中，其微博位列"中国十大公职人员微博"第6位。同时，议题的关注倾向也会强化其个人传播风格。对贵州省副省长陈鸣明的近期微博关键词图分析（图1）显示，其微博的关注议题在热点议题与一般议题，全国性与地方性，当下性与未来性，理论问题与实践问题都有关注，但关注议题的选择性倾向分明：首先是中国、贵州、改革、经济；其次是工作、教育、农村、生态等。而通过对活跃的官员蔡奇[①]微博连续两周的微博文本内容分析也有类似发现：蔡奇微博的个人生活感悟类（86条）占到了总体的一半（55.5%），其他依次是日常工作类（47条）、政务信息发布与处理（22条）。就个人生活感悟来说，蔡奇关注的话题非常广泛，包括电视节目、体育赛事、教育、哲学、书法、茶道等许多方面。这也印证了蔡奇自己的话："微博里年轻人多，生活、文化、体育类爱好者占比大。我的听众也一样，需面对他们的需求来发博互动。"当然，这种人格化风格传播如果能够表现在重要公共事件处理过程中的话，会使得其人格特征得到加倍强化，而这不管是对政府官员微博还是政府机构微博来说都是适用的。

---

① 蔡奇，曾任中共浙江省委组织部部长、浙江省政府副省长。蔡奇于2010年开始使用微博，是我国最早使用微博的官员之一。在腾讯网发布的《2012年腾讯政务微博年度报告》中，蔡奇在十大党政官员微博排行榜中名列第一位。调查样本为2013年7月15日至7月31日（共17天），共计155条微博。

图 1　陈鸣明微博的关键词图

（三）强化政府的身份意识和行为规范意识，要有鲜明的传播立场和观念，履行应有的信息传播义务，以形成与此身份相匹配的传播

微博是一个公共的空间，鉴于官员的特殊身份，公众会十分关注其行为和状态，官员的行为也势必影响到自身和政府的形象。但如果过于在意所谓的形象，往往又容易导致传播的保守主义倾向。实际上，官员要敢于亮出自己的观点，那些怕被网友指责或怕承担责任而不敢表明自己立场态度的官员行为，并不能受到网友的欢迎。

（四）及时互动，最大限度发挥微博的便捷传播优势，实现以有效传播，促进社会管理目标实现

@平安北京为北京市公安局官方微博，截至 2014 年 7 月 25 日，有粉丝 7077984 人，是相当具有影响力的中国政府机构微博之一。该微博传播被总结为平日主要以发布日常注意事项（亲民），发布交通道路改变等生活通知（便民），发布警务通报（警醒民众）和对热点新闻的回应。针对一些热点传播事件@平安北京通常当天就给出了非常及时的正面回应。但我们进一步的调查发现，不少政府微博并非如此。表现为政府微博博主在发布一条微博之后便再无传播行为，对于该微博引发的质疑讨论等更未能作出及时有效的回应。有时，甚至对粉丝提出的建议和问题也视而不见。但倘若不能实现双向深层互动，政府微博开设再多，发布再多的信息，也难以真正发挥其功能，也无法提高政府微博的社会认同度。部分政府组织受到传统行政观念的影响，仍旧把微博视为宣传和控制舆论的单向传播平台，从而表现出过时的传播理念和传播思维。通常，这些政府机构微博过分集中在"宣传信息，民生信息，生活常识"。北京"京西门头沟"政府机构微博宣称"愿成为您（公众）与政府沟通的桥梁"，但须知桥梁应是有来有往的。

总的来说，政府微博应当利用微博传播的点对面、点对网的更为平等、更为广泛的优势，突破原有的政民沟通不畅的格局。但显而易见的是，它远未达到将微博深度吸纳于政府的社会管理之中，自然也不利于国家现代治理体系的构建。

（该文首发于2014年第一届"政治传播与社会发展论坛"，刊载于《新闻界》2015年第1期。）

"双微联动"：建构党政与民众对话新渠道

黄楚新　张　安

(中国社会科学院新闻与传播研究所新闻学研究室主任；
中国青年政治学院新闻与传播学院硕士研究生)

摘　要：本文探讨了政务微博、微信的发展现状以及在各级各部门政务服务中的作用功能。对政务"双微"的发展数据、互动原则等进行了探讨。

关键词：政务；微博；政务微信；政治传播

数字化时代，传播技术不断发展、新媒体平台层出不穷，媒介生存环境连同政治、经济、文化环境都在发生日新月异的变化。政治自古与传播密不可分，而信息时代的到来不仅改变了世界经济格局，也改变了政府的管理模式。随着网络加入大众传播媒介阵营，传播方式迎来了新的变革，党政机构亦积极适应变化，纷纷着手利用新的平台进行政务传播，开展群众工作，探索新的传播策略，以期更好地实现上通下达、为民众服务。

新浪微博与腾讯微信是目前我国备受青睐的两大社会化媒体平台。新浪微博于2009年由新浪网推出，可供用户实时发布、传播及获取信息，其历经"爆发式发展"，截至2015年9月30日，月活跃用户数有2.22亿；① 腾讯微信于2011年上线，提供即时通信服务，截至2015年第三季

---

① 新浪科技：《微博发布2015年第三季度财报》，2015年11月19日，新浪网（http://tech.sina.com.cn/i/2015 - 11 - 19/doc - ifxkwuwx0183629.shtml）。

度，微信（包括微信和Wechat）月活跃用户达6.5亿，[1]覆盖200多个国家、超过20种语言，是我国以及整个亚洲地区拥有最大用户群体的移动即时通信应用。当下，微博和微信成为继BBS、博客之后民意表达、信息传播的重要载体，是发布跟进突发事件和推动探讨公共议题的重要力量，其传播速度、传播范围及社会影响力均远远超过以往的社交媒体。由此，微博和微信舆论场日益受到党政部门关注，其不仅是政府监测社会舆情的重要平台，亦是为政府所用，成为开展政治传播、服务群众的新媒体工具。早在2013年末，国务院办公厅即下发了《关于进一步加强政府信息公开回应社会关切提升政府公信力的意见》，提出要着力建设基于新媒体的政务信息发布和与公众互动交流新渠道。并明确指出各地区各部门应积极探索利用政务微博、微信等新媒体。2014年8月，国家互联网信息办公室制定《即时通信工具公众信息服务发展管理暂行规定》，又一次鼓励各级党政机关、企事业单位和各人民团体开设公众账号，服务经济社会发展，满足公众需求。在国家政策的支持下，越来越多的党政机构和官员入驻微博、微信，政务"双微"（指微博与微信）已日趋成为政府施政、政民沟通的新平台。

一 政务微博与政务微信发展现状

（一）规模成形：政务微博地位巩固，政务微信强势走高

政务微博分为政务机构微博和公务人员微博，政务机构微博是指党政部门建立的官方微博，公务人员微博是指党政官员以实名开通的，代表政务机构或个人发声的微博。自2009年下半年湖南桃源县的新浪官方微博"桃源网"建立以来，全国各级党政机关、各类职能部门的官方微博陆续开通；2011年，政务微博呈现井喷式发展，至当年12月10日，新浪政务微博总数达5.0561万个，较年初增长了776.58%。[2] 2015年6

---

[1] 腾讯科技：《腾讯第三季度净利润56.57亿元 同比增长46%》，2014年11月12日，腾讯网（http://tech.qq.com/a/20141112/055393.htm）。

[2] 华春雨：《评估报告：中国政务微博数量较去年初增长7倍多》，2012年2月8日，新华网（http://news.xinhuanet.com/newmedia/2012-02/08/c_111499108.html）。

月，新浪平台认证的政务微博已经达到14.5016万个，且全国有7个省的政务微博数量超过6000个。政务微博在电子政务领域发展势头平稳，随着微博发展逐渐步入成熟期，政务微博也逐渐走向了深化服务期。

"微信公众平台"相比"微信"更晚推出，2012年8月20日正式上线，是腾讯公司在微信的基础上新增的功能模块，通过此平台，个人或组织均可创建微信公众号，向订阅用户推送文字、图片、语音、视频信息，实现深入沟通互动。政务微信即政府部门在微信公众平台设立的公众号，可分为"服务号"与"订阅号"两种类型，政务微信在2014年开始了"井喷式"的强劲增长，较2013年增长836.70%。截至2015年底，我国政务微信公号已经超过了8.3万多个，各级政府的微信公众号应用体系已经基本形成。

（二）苏、粤二省领跑全国，党政宣传迅速崛起，公安警务依旧坚挺

政务"双微"在地域方面的分布情况较为一致。目前，政务微博、微信均已覆盖全国34个省、直辖市、自治区，包括23个省，4个直辖市，5个自治区，以及香港、澳门两个特别行政区。从各省党政机构认证微博、微信的数量以及影响力来看，东西部还存在较大差异。总体来说，东部沿海等经济发展水平较高的地区，政务"双微"的发展步伐更快，相应的管理水平和活跃程度也更高，体现出政务新媒体的发展在一定程度上与经济社会发展水平成正相关。

在多年的发展中，地位保持较为稳定的是江苏、广东两省，一方面其在政务微博微信开设的总量上体现出优势：江苏省在政务微博总量上常年位居第一，截至2014年底，其政务微博总量达1.0025万个，是全国唯一一个总量过万的省级行政区。广东省政务微博总量也常年名列前三，至2014年底以9181个的总量位居第四。[1] 在新兴的政务微信平台中，江苏和广东亦是率先实现区域发展总量过千的省份。另一方面，其微博运营能力与影响力在全国省份中也处于优势地位，"人民日报风云榜"的"政务指数排行榜"综合考察了微博微信的传播力、互动力和服务力三个

---

[1] 《2014年度人民日报政务指数报告》，人民网舆情频道（http://yuqing.people.com.cn/GB/392071/392730/index.html）。

维度，在其榜单中，江苏和广东两省常年盘踞前三，成为国内政务双微发展的标杆。除了苏、粤，国内政务双微发展水平靠前的区域还有山东、北京、浙江、四川与上海，影响力较高的政务微博、微信大多数集中于这些省份。

以职能部门划分，近年来党政宣传类一级职能部门的政务微博强势崛起，发展迅速，而长期以来独占鳌头的二级职能部门公安类的微博在影响力及数量上仍占有巨大优势。据人民网舆情监测室对2014年全国新浪政务机构官方微博的部门分布统计，党政宣传系统微博数量已高居第一，团委系统微博紧随其后，公安系统微博位列第三，三者的政务微博总量均已过万。相比之下，交通、市政、招商、涉外部门的微博总量均不超过2500个，占比小于2.57%，可见政府各机构微博的比例有所失衡，部分职能部门系统的微政务亟须加强。在运营上，公安系统政务微博的管理较为成熟深入，已经成为公安机关工作的重要工具，它不仅作为第一时间发布公安警务信息的重要媒介，甚至能汇聚民力协助公安机构职员的工作，提高取证、办案效率，是目前我国政务微博中运营最为成功的典型之一。

从微信来看，根据中国传媒大学媒介与公共事务研究院新媒体实验室不完全监测统计，截至2014年10月底，公安警务微信以分类总量2446个占领首位，成为具有绝对优势的"政务微信大户"。共青团、政府办、医疗卫生计生、党政新闻宣传、检察院、文物旅游、科教文体及法院系统则与公安警务一起分领"前十甲"，这10类政务微信占据了总量的69.15%。同时，各级党委的组织部、统战部等相关职能微信发展势头强劲。

二 微博与微信公众号信息传播的同与异

政务微博与政务微信可谓是我国发展微政务的左膀右臂，两个不一样的新媒体平台在信息传播上既有相似点又各具特色，这也决定了微政务在两个平台的建设走向相异的风格和不同的侧重。

（一）双微共有的关键特征：强烈的互动性

互联网的精髓之一就在于互联互通，微博和微信能成为党和政府的施政新平台，与其所具有的互动功能紧密相关。美国学者希特（Heeter）提供了测量网络传播互动性的一个维度：用户所需付出的努力（effort users must exert）。之后，保罗（Paul）又将制作者所需付出的努力（effort producers must exert）确立为第二个基本维度。① 两方所付出的努力越多，互动性便越强。其针对网站互动性的操作具体包含的7个指标与相关定义（见表1）。

表1　　　　　　　　　　网站互动性的操作指标

维度	变量	变量的概念
用户所需付出的努力	网站内容的多样性	网站为用户所提供的信息的丰富程度。内容愈多样则其互动性愈高。
	添加信息的便利性	用户通过与媒介的互动而对值息内容产生影响的程度。用户添加信息愈便利则网站的互动性愈高。
	人际交流的便捷性	用户在线上相互交流的便利程度。如在线讨论、实时交互。
	信息使用监测	关注媒介系统对其用户使用的监测程度。譬如采纳网站计数器、网络调查等手段。
制作者所需付出的努力	对用户的回应	网站对用户回应的积极性。
	网站导航设计	为了降低用户在网站上搜索、阅读、发布信息多付出的努力。如搜索引擎、菜单栏、网站地图等。
	信息更新意识	更新网页信息的速度。网站所有者的信息更新意识与努力愈强，则网站的互动性愈高。

这个体系同样可大致适用于描述政务双微的互动性。平台与政务账号管理者共同构成行动的主体，一方面，新浪微博与腾讯微信平台本身的设计和具有的功能让政务传播在这7个指标上拥有良好的基础。另一

---

① 强月新、张明新：《"互动性"理论观照下的我国政府网站建设》，《武汉大学学报》（人文科学版）2007年第3期。

方面，政务账号管理者是否能利用好平台的功能特性最终决定着互动性的表现。贯彻互动性有助于政府获取广泛民意，与民众达成有效沟通，切实解决群众问题。

（二）微博：凸显即时性的大众化传播

随着社会发展和网络基础设施的建设，我国互联网普及率截至2015年12月已达50.3%，网民规模扩张到6.88亿。① 在网民大规模同时在线的即时网络中，微博是最为典型的即时应用，"即时"也是微博最核心的规律。微博能发展为社会舆论策源地的重要因素之一就在于信息发布的时效性。

信息发布的低门槛使得传统媒体时代被动接收消息的受者也能成为信息的传者，每一位公民都有可能将身边发生的事件实时分享到微博中，微博上汇聚了每时每刻不断更新的海量信息，因此，通常也容易先于需要耗时加工制作的传统媒体，成为第一时间发布社会热点事件的媒体平台。

其次，微博关注方式所形成的弱关系社会网络使微博的传播机制更接近于大众传播，也为裂变式传播提供了基础，利于推动热点事件的形成和舆论的发酵。在微博上，添加"关注"的行为是一种非对等的多向度错落关系，用户之间不需要互加好友，可以实现单方向的"关注"，这个过程易于将人际关系从熟人圈子扩展到陌生人，大大拓宽个人的社交范围，而在这种弱关系传播的社会关系网络中，粉丝高达数十万乃至上千万的博主便具备了一对多的大规模群体交流的能力，形成了多级节点广播式的信息流动模式，使微博大众化传播成为一种现实。此时，微博的媒体属性大于其社会化属性，在传播模式上亦更加接近有互动功能的单向传播模式。

（三）微博表达的碎片化、娱乐化

当今社会生活工作节奏的普遍加快，使得人们对于内容的接收呈现

---

① 《第37次中国互联网络发展状况统计报告》，2016年1月22日，中国互联网络信息中心（http://cnnic.cn/gywm/xwzx/rdxw/2015/201601/t2016012253283.htm）。

出快餐式消费的特征，利用碎片化的休闲娱乐时间进行碎片化阅读逐渐成为人们的习惯。微博则名副其实，以其"微"迎合了信息碎片化时代的需求。

新浪微博最初只设定了140字的表达空间，碎片化的精简叙述有效提高了表达效率，有助于网民迅速获取信息要点，但在政治信息的传播中，过于精简的表述有可能引起歧义，引出误传，继而引发不良的公共影响；在公共议题的探讨中，140字也往往满足不了理性辨析、思想阐述的需要，难以真正达到助益社会发展的良好效果。最近，新浪微博正逐步取消字数上限，这给予了政务微博更大的选择空间，有益于政务微博更好地处理碎片化和准确性的关系。

另外，网民使用微博在大部分情况下是为了打发时间、疏解压力，因此具有趣味性、冲突性的微博更能满足其需求。在这种情况下，博主为了在实时海量的微博中脱颖而出，得到更多网民的关注和转发，通常会竭尽所能的运用或幽默或讽刺等具有冲击力的表述方式来编写微博，使微博平台的信息传播形成了娱乐化、段子化倾向。政务微博在运作的过程中便需要把握好娱乐化与严肃性的关系。

（四）微信公众号：强关系助力的精准传播

微信公众平台的技术设置有助于公众号实现更为精准的信息传播。首先，微信主要采用的是一对一的直线信息传播方式，公众号推送的消息能直接到达每一位订阅用户的微信端，相比微博一对多的传播方式，微信能更加精准地对消息进行传递。而且，由于微信用户之间建立好友关系需要双方互相确认，因此微信传播生态基本上是以强关系传播为主，掺杂多种传播形态的信息扩散系统，订阅用户在接收到公众号消息后，若分享至好友、朋友圈，往往能达成二次精准传播，并带来信息增殖。

其次，微信公众平台的后台提供了订阅用户的基本信息，且兼具用户分组功能，管理者可以根据自己的需求设置不同指标，对订阅用户进行分组。在群发消息时，公众号既可以选择某种性别、地区属性，也可以选择对自己设置的用户分组进行定向投放。公众号根据消息内容选择特定用户群体进行推送能够有效避免用户的信息过载，使各类信息资源发挥相应的最大价值。另外，公众号管理者还能在后台获取用户分析、图文分析、消息分析的统计数据，观察订阅用户的增减变化、图文的阅读转发、阅读内容的选择等情况，更有助于管理者分析用户的兴趣、需求，改进推送消息的主题及形式，取得更好的传播效果。

（五）微信公众号具有广阔的编辑空间

微信具有文字、图片、音频、视频、超链接等多种表现形式，不同公众号根据微信平台开设的不同权限，每天可向用户推送一次到三次消息，内容既可以是录制的一段语音或直接输入的文字、表情，也可以是一张图片、一段视频，还可以选择"图文消息"。图文消息是大多数公众号最为常用的形式，一次推送中可包含1—8条消息，它有较大的操作空间，可供管理者运用丰富的编辑手段，将内容进行美观而富有创意的呈现。用户的手机阅读体验由此也大大提升了。

其次，将微信公众平台开发的"自定义菜单"和"自动回复"功能与编辑消息结合，还能碰撞出别样的火花，如实现以专题形式组织内容、设置到达指定页面的便捷通道等，可以让管理者创造出具有个性化的公众号。微信公司还主动预留出部分代码和开发功能，以配合不同企业、组织和传统媒体在传播内容上的不同需求，供有实力的媒体公司进驻后进行自主设计，可以说，微信公众平台具有很大的编辑创造空间，提供了一种低成本而高效率的营销途径。

表2　　　　　　　　　政务微博、微信互动性

维度	变量	政务微博、微信测量参考
公号内容的多样性		政务公示、事件新闻、商业信息、生活资讯、娱乐信息、公共服务信息、民情舆论信息（视不同公号的定位而定，不一定遵循内容愈多样愈好的原则）
用户所需付出的努力	添加信息的便利性	微博：投票、在线调查（通过用户评论）、在线活动 微信：投票、调查（通过用户后台回复）、在线活动
	人际交流的便捷性	微博：评论、转发、私信、@其他用户 微信：评论分享 这部分主要和微博微信平台本身的设计有关，账号运营者可发挥空间小

续表

维度	变量	政务微博、微信测量参考
制作者所需付出的努力	信息使用监测	微博：数据中心、数据分析（平台自带） 微信：用户分析、图文分析、菜单分析、消息分析、接口分析（平台自带）
	对用户的回应	微博：私信回应、微博回应、群发回应 微信：后台一对一回应、推送消息回应、自动回复、关键词回复
努力	公号"导航类"设计	微博：固定栏目、固定话题、搜索框（平台自带）、自定义菜单 微信：自定义菜单、固定栏目、关键词回复
	信息更新意识	微博：更新频率 微信：更新频率、每次更新消息数

三 "双微"联动，协同发展的策略

国家互联网信息办公室曾下发通知，要求全国各地网信部门推动党政机关、企事业单位和人民团体积极运用即时通信工具开展政务信息服务工作，并区分政务公众号与政务微博的功能定位，实施"双微"联动，协同发展。

总体来说，"双微"都需要把握好"互动性"的大原则，上文中曾提到测量网络传播互动性的 7 项指标，若将其运用到政务微博与政务微信中，亦可以做出具体的考量。双微的运营者则可参照以下体系观照自身的公号建设，从整体上加强互动性。

除了对互动性进行总体把握，运营者还需要根据微博与微信公众平台各自在信息传播中所具有的特征，在传播策略上各有侧重，让政务微博与政务微信配合发力，实现 1 加 1 大于 2 的效果。

1. 配置微政务团队，建设双微运作机制

在我国浩浩荡荡的政务"双微"大军中，不乏形式化的"空壳"账号，其中有的是为回应热点舆情事件或配合重要活动时期而被动紧急开通，事情过后就此搁置，没有持续维护运营；有的则是政府部门跟风开设，缺乏新媒体素养，没有重视其管理，致使信息间断性更新甚至长期没有更新，内容亦死板生硬流于形式。

因此，在政务"双微"的建设中，首先需要解决的是队伍建制的问题，政府部门要有意识地配备微政务团队或专员，开展包括微信、微博及其他新媒体政务平台的专业化运营，一方面开发运用好微博、微信平台的功能，探索将政务办事流程与微政务平台对接，贯穿线上线下；另一方面，要实现日常运营的组织性和有序性，有信息更新意识，根据两个平台的特点把握好信息发布节奏与频次，避免失语或刷屏。要制定完善管理机制，规范政务双微的信息发布程序，公众提问处理答复程序以及事务办理程序，注重与网民的互动，提升群众参与的积极性。

2. 群集化发展，"一站式"服务

目前，我国的政务微信号在数量增长上正处于上升期，政务微博账号则已步入平稳发展期，多地域、多层级、多部门的立体化格局已经初具雏形，但各个政务账号建设的质量参差不齐，于影响力、服务能力上存在较大差别。在微政务的发展过程中，不仅仅是每个微政务账号个体应该探索自身的运营之道，更要高屋建瓴，以地区等更大的单位来统筹全局，着眼于打造关联式政务群，协调整合发展，通过建立梯形扁平化格局形成集群效应。

2010年广东省公安厅联合21个地级以上市公安局的微博，建立起全国首个公安微博群；[1] 2011年4月，肇庆整合了市公安局"平安肇庆"微博、市委政法委、市法院、市检察院、市司法局微博，成为全国首个开通政法微博群的城市；随后11月至12月间，"北京微博发布厅""上海发布"和"中国广州发布"陆续上线运行，将所辖区域各级部门微博的信息发布和反馈统一到一个出入口，减少了信息传播的中间环节。由此，这种跨地域、跨行业的政务微博联动迅速推广开来。

在政务微博先例的借鉴下，政务微信的集群化发展也随之起步，深圳市宝安区即在2014年5月对辖区内的政务微信进行横向整合，搭建了

---

[1] 黄庆畅：《公安部提出构建公安微博群，实现运行常态化管理》，《人民日报》2011年9月27日。

"宝安政务微信群"，辐射安监、教育、共青团、图书馆和妇联等单位开通的政务微信。

在群集化发展中，将关联性账号连接到一起设立共同入口可被视为初级的群集化，未来的发展应走向深层的群集化，尤其是以地域为划分的各职能部门联合的群集，可协调内容策略，着重挖掘处于"长尾"中的账号的潜力，实现一级职能部门的大账号与二级职能部门的账号差异互补，不同部门的账号各司其职，着力探索为特定区域和特定人群提供具有针对性的信息和服务，抛弃大而空，不求面面俱到，转向满足特需，从而优化微博群资源配置，实现效益最大化。

3. 形式生动活泼，话语贴近生活

不论是政务微博还是政务微信，都是基于网络媒体的政务平台，在内容生产上都要适应网络传播特点。首先要注意的就是不打官腔，摒弃官调，采用平和亲近的话语基调。与其他形式的政治传播相比，政务微博、微信具有更强的互动性，属于开放性的交流文本，其消解了传统政治传播的"训示性"，不再是灌输式、居高临下教化式的单向传播。许多政务账号积累了多年的运营经验，都能较好地把握话语基调，采用多种话语策略，既适应网络的活泼，又避免过度娱乐化。如北京市公安局的微信公众号"平安北京"以【高温热警】"舌尖上的警察"为题撰文，其行文风趣幽默，模仿"舌尖体"，还穿插了"蜀黍""带盐"等网络用语，活泼亲切，再加上配发的现场照片，呈现出北京市警察在高温下坚守岗位的形象。

同时，政务微博和政务微信应更多地综合运用图片、图表、图解、视频等可视化方式，为群众提供客观、可感、可信的信息，增强政务信息的解读效果。在传播涉及面广、社会关注度高或专业性较强的重要政策法规时，要注意表达的准确性，尤其是在碎片化特征明显的微博编辑中，要克服这种缺陷，一方面可以采取设置"话题"的策略：编发一系列微博，将完整版信息配合分点解读及其他相关信息，纳入共同的"话题"中；另一方面还可以运用长微博、信息图等表现形式扩充一条微博所容纳的信息量，达到既能完整准确的呈现信息，又能吸引网民关注议题的效果。

4. 政务微信——把握精准性：点对点沟通，以服务立身

囿于微信平台在推送频率、覆盖面等方面存在的局限性，政务微信在信息传播的速度和广度上比微博略逊一筹。但微信平台一对一的推送方式和功能设置的巨大空间却给予了政务微信服务民众、落实政务办理的天然优势。

第一，政务微信可综合利用"关键词自动回复"与人工服务为民众答疑解惑。"关键词自动回复"可通过添加规则实现，订阅用户发送的消息内如果有管理者设置的关键字（关键字不超过30字数，可选择是否全匹配，如设置了全匹配则必须关键字全部匹配才生效），系统就会将管理者设置在此规则名中回复的内容自动发送给订阅用户。通过关键词自动回复，政务微信可以高效为民众解决一些普遍的、基本的问题。当然，为了更好地满足民众需求，实现深度服务，还需要政务微信进一步提供人工回复。湖北黄石法律援助中心的微信公众号"黄石法律援助"就利用微信平台受理困难群众和农民工等弱势群体提出的法律援助申请，24小时在线提供人工一对一免费法律咨询服务。

第二，政务微信应结合政务流程配备相关资源，创新政务办理，实现政务O2O。如开通水费、电费、燃气费等公共事业缴费入口方便用户通过微信直接支付，旅游部门可依托后台数据提供旅游信息的实时查询服务，交通部门可以提供违章查询、罚款缴纳服务等，真正将线上和线下的政务办理融合统一起来，既便捷了民众，又提高了政府的工作效率。"广州公安"便在聚合政务办事信息、打造便民业务查询方面有所建树，它将政务在线办理融入微信平台，提供了46项在线业务查询、路况信息、办事指南和4项预约服务、1项网办服务，是全国首个实现综合查询和网办业务相结合的政务微信。

第三，在内容推送方面，由于微信在精准传播和小范围区域性传播方面具有巨大的优势，因此政务微信尤其是广大基层的政务微信，在推送本地化、个性化资讯方面大有可为，熟人参与、圈子联动的方式，也大大增加了信息直线传递的深度。首先，要调查研究本地的地方特色、本地人群的需求与关注点，尝试打造个性化的固定栏目、一目了然的信息分类，方便用户有针对性地选择阅读，提高用户黏性。其次，不同政府职能部门的本地化、个性化内容亦应各有专攻。购物折扣、美食、同

城活动等与当地居民密切相关的衣、食、住、行实用信息无疑能吸引用户的关注，但并不意味着所有政务微信都要在这些方面扎堆推送。各职能部门尽可能在自己的领域内做出探索，如上海市社区气象安全一点通就旨在向固定社区用户提供气象及与天气相关的信息，目前开通了杨浦区五角场街道和新江湾城街道两个社区，后续还将逐步增加其他社区，用户通过绑定社区可实时获取社区灾害性天气提醒、气象实况和社区气象灾害风险分布，同时还可以加入防灾减灾志愿者队伍，通过灾情互动、调查问卷与其公众号开展线上互动。

5. 政务微博——把握时效性：上通下达，引导舆论

第一，微博平台以其信息发布的实时性和受众的广泛性成为政务信息发布的不二选择，各地区各部门应积极探索利用政务微博，开展政府信息公开工作并及时发布各类权威政务信息，使党和政府的政策规定迅速和广大群众见面。具体来说，政府所掌握的信息可以分为两个部分：一是政务性公共信息，也就是政府行政过程中所产生的信息，主要包括政府在人事、权力方面的信息，也就是关于"政府在做什么"的信息。二是社会性的公共信息，即政府所占有的社会经济、文化、卫生等方面的信息。[①] 国务院办公厅印发的《2015年政府信息公开工作要点》中，明确指出了今年要重点推进行政权力清单、财政资金、公共服务、国有企业、环境保护等九大领域的信息公开工作。政务微博应协同微信、电视、报刊等，承担起扩大政府信息传播范围，提高信息到达率和影响力的重任。

第二，各级政府机构和政府官员应主动利用政务微信问政于民，问计于民，问需于民。微博为官民沟通提供了良好的平台，是二者平等对话、良性互动的重要渠道。一方面，网民可以通过网络平台了解国家事务、知悉与公众利益相关的信息，在微博上针砭时弊、表达诉求、建言献策、监督公权，进行制度外的参政议政；另一方面，政府可以通过微博与网民交流、了解民情、汇聚民智、做出科学决策、更好地执政与施政。政务微博在运营中应充分利用起微博的互动功能，如以#话题#形式发起公共事务的讨论，采用投票等方式调查民意，利用转发评论，对网

---

① 高波：《政府传播论》，中国传媒大学出版社2008年版，第50—51页。

民普遍存在的疑惑做出答复解释，对网民反映的问题及时回应，切实帮助其有效解决。2014年10月，广东佛山南海区人大的官方微博"南海人大"就通过新浪微博平台的微访谈栏目开通了专门的微博问政页面，收集民众对南海交通建设、城市管理和环境治理方面的意见，同时，官博邀请了三位人大代表上线"南海人大"微博，回应网友问题，与网友互动，取得良好收效。

第三，在舆论引导方面，政务微博是一只蓄势待发的潜力股。人民网舆情监测室即认为：作为本来就具备影响力和权威性的政务微博，更易成长为微博平台中的意见领袖。在舆情热点公共事件和重大突发事件中，政务微博应及时介入，迅速回应，发布权威信息，在各个节点中有效地引导网络舆论，澄清事实真相，堵住虚假流言，疏导网民情绪，有效应对和干预舆情危机。从长远来看，政务微博良好的意见领袖形象，还可拉近政府与百姓的距离。

（该文首发于2015年第二届"政治传播与社会发展论坛"，刊载于《新闻记者》2016年第7期。）

从反应性政治到回应性政治：
县级融媒体建设中的政治传播逻辑转向

张 波

(贵州大学文学与传媒学院副教授)

摘 要：政治传播对于国家治理具有重要的支撑作用，然而在市场化转型以及新媒体技术冲击下，县级各类传统媒体的政治传播能力受到极大削弱，其在县域治理中的角色地位也不再稳固。县级融媒体中心建设则可视为国家重构基层政治传播体系进而推动县域治理的一种努力，根据县级融媒体中心的顶层设计理念以及各地建设实践，我国基层媒体的政治传播逻辑正在从被动、单一和刚性的反应性政治走向主动、多元和柔性的回应性政治模式。由于技术环境的多变性、基层媒体的路径惯性以及基层治理的复杂性，这种从"刺激—反应"到"诉求—回应"的政治传播逻辑转型之路注定任重道远。

关键词：县级融媒体；媒体融合；政治传播；反应性政治；回应性政治

近年来，随着社会治理的重心不断向基层下移，媒体融合的浪潮也已从中央和省级媒体席卷到了地方媒体，对基层治理具有重大支撑作用的县级融媒体中心建设，已日益由媒体战略上升为国家战略。2018年全国宣传思想工作会议提出要"抓好县级融媒体中心建设"以后，国家相关部门先后出台了《关于加强县级融媒体中心建设的意见》《县级融媒体中心建设规范》《县级融媒体中心省级平台规范要求》等政策文件，对县级媒体融合的原则、路径、方向做出了顶层设计。2020年9月中办、国办联合印发《关于加快推进媒体深度融合发展的意见》文件，明确指出"要强化党的领导，把推进媒体深度融合发展作为本地区本部门本单位落实意识形态工作责任制的重要内容"。[1] 这些指导性文件的出台，显示出基层媒体融合并非只是单纯的业务问题，有必要从政治价值的同建构，[2] 这就为基层媒体的政治传播实践指明了方向，即基层媒体在媒介融合实践中应"主要着力于重塑传统媒体话语权，强调媒体在国家治理过程中的沟通政府与多社会治理主体的新价值，并拓展公众政治参与机会"。[3] 由此可见，县级融媒体中心建设遍地开花，不仅意味着机构和人员的调整、技术和平台的升级、内容生产的转型，更要看到其背后政治传播逻辑的深层转向。那么在基层治理深化的大背景下，县级媒体融合背后的政治传播逻辑有着怎样的转变趋势？这正是本文试图回答的问题。

一 重建基层政治传播体系：建设县级融媒体中心的政策指向

所谓政治传播，从字面意思上看，是关于政治信息的传播活动，涉及政府、民众、媒介三个主体，是"政治"过程和"传播"过程的互相嵌入。作为一个横跨政治学和传播学的术语概念，经过国内外研究者的接力阐释，政治传播的定义通常被放置在两种框架里加以理解，一种是政治学框架，一种是传播学框架。从政治学框架出发，通常的观点认为政治传播作为调节性的中介或渠道，在政治家、政府组织、公民三方中起到居间作用。[4] 在政治学框架看来，政治传播应主要关注作为一种手段

---

[1] 中共中央办公厅、国务院办公厅印发《关于加快推进媒体深度融合发展的意见》，2020年9月6日，中国政府网（http://www.gov.cn/zhengce/2020-09/26/content_5547310.htm）。
[2] 林如鹏、汤景泰：《政治逻辑、技术逻辑与市场逻辑：论习近平的媒体融合发展思想》，《新闻与传播研究》2016年第11期。
[3] 朱春阳：《政治沟通视野下的媒体融合——核心议题、价值取向与传播特征》，《新闻记者》2014年第11期。
[4] 郭剑：《"政治传播"定义发展探究》，《中国科技术语》2014年第6期。

的传播，主要服务于国家的政治秩序运行和政治认同建构，因此政治传播的存在形式非常广泛，无论是指向明确的显性政治宣传广告，还是以国之名创造的隐性政治符号体系，都是为了传播一定的政治信息。[1] 而从传播学框架来看，英国学者布赖恩·麦克奈尔指出，政治传播是一种有目的的传播，其主题与政治有关，政治行动者为达到目的而进行的特定传播活动，以及这种传播活动在非政治行动者那里引起的回应，都属于政治传播的范畴。[2] 相对来说，传播学框架更加聚焦于传播媒介在政治过程中所扮演的角色，尤其是广播电视等现代传播媒介，其无远弗届的影响力深度形塑了政府和民众的政治沟通形态。无论如何，西方学者在对政治传播进行定义时，通常基于西方特定社会语境，这一概念引入国内并被使用多年后，荆学民指出应建立与我国国家治理体系相匹配的"新政治传播观"，即从"视界融合"的观点出发，将政治传播界定为"政治共同体的政治信息的扩散、接受、认同、内化等有机系统的运行过程，是政治共同体内与政治共同体间的政治信息的流动过程"。[3] 这一定义得到了较为广泛的传播。

政治传播在国家治理体系中扮演着极其重要的角色。政治传播是政党组织和政府机构的一种基本能力，一个政党或政府的执行、控制能力强不强，往往可从其政治传播能力中窥探一二，尤其进入信息时代后，优秀的政治传播能力对于国家治理越发重要。[4] 俞可平指出，政治传播是国家治理现代化的前提，为实现公众利益最大化的"善治"目标，以及国家与社会、政府与公民两者关系的最佳状态，必须有政治传播居中协调。[5] 只有通过政治传播以及由此建构起的协商对话，国家治理才能实现，因此各国的治理体系尽管有性质或类型上的不同，但都少不了政治传播体制这一重要构成要素，从新中国成立以来的国家治理史来看，政

---

[1] 张晓峰、荆学民：《现代西方政治传播研究述评》，《教学与研究》2009 年第 7 期。
[2] 布赖恩·麦克奈尔著：《政治传播学引论》，殷祺译，新华出版社 2005 年版，第 4 页。
[3] 荆学民、苏颖：《中国政治传播研究的学术路径与现实维度》，《中国社会科学》2014 年第 2 期。
[4] 李先伦、杨弘：《政治传播能力：党在信息时代推进国家治理现代化的必然要求》，《青海社会科学》2015 年第 3 期。
[5] 俞可平：《政治传播、政治沟通与民主治理》，《现代传播》2015 年第 9 期。

治传播常常内嵌于国家治理实践之中,"它与国家政治价值观和国家政治运行逻辑是同频共振的"。① 作为一个互动性过程,政治传播往往需要借助于具体的载体,大众传媒和互联网新媒体凭借着其中介性的特性,成为当下社会最重要的政治传播渠道,正如美国学者本奈特和恩特曼所观察到的,当今社会的政治传播已高度媒介化,尽管一些传统的政治传播形式仍然存在,但现代传播媒介在形成舆论、政治统治、社会整合等一系列领域中的重要性,已为越来越多的政治组织所意识到,因此 21 世纪以来政治生活领域中的一系列变化,都离不开媒体的深度参与,"媒体不仅是导致这些变化的原因,还为其提供了进一步变化的架构支持"。② 由此可见,建构与特定政治体制相匹配的政治传播体系,对于国家治理具有支撑作用。中国共产党自成立以来就高度重视政治传播,在不同历史时期的传播目标支配下,发展出了一套行之有效的政治传播策略;改革开放以来在广播、电视等现代传播媒介技术的加持下,党和国家建立起了以大众传媒为核心的政治传播体系,并完成了从中央到地方的四级覆盖,在国家治理现代化过程中发出了"传媒声音",贡献了"传媒力量"。

然而,在市场化转型以及新媒体技术冲击下,县域基层群众纷纷成为微信、微博、快手、抖音、今日头条等互联网应用的增量用户,受众的大量流失,带来了县级传统媒体"传不开、播不远"的困局,没有传播力,后续的影响力、公信力、引导力更是无本之木,县级各类传统媒体的政治传播能力大大弱化,其在县域治理中的角色地位也不再稳固。在"现有的县级传播体系和能力已很难适应巨变中国的政治治理实践"局势下,为了让在新媒体传播环境下逐渐"脱嵌"的基层传播底座得以重新加固,需对中国基层传播体系进行系统重构,县级融媒体中心建设就是旨在重新理顺新时代语境下的政治与媒介关系。③ 毫无疑问,县级融媒体中心建设依然要延续乃至进一步巩固县级各类传统媒体的意识形态

---

① 荆学民、宁志:《论中国政治传播在国家治理体系现代化中的战略地位和作用》,《现代传播》2020 年第 4 期。

② 本奈特、恩特曼:《媒介化政治:政治传播新论》,董关鹏译,清华大学出版社 2011 年版,第 1 页。

③ 王智丽、张涛甫:《超越媒体视域:县级融媒体中心建设的政治传播学考察》,《现代传播》2020 年第 7 期。

角色和舆论引导使命，其在运行过程中应积极传播党和国家的各项方针政策，为经济发展和社会稳定创造良好的舆论环境。但在保持对基层政治传播体系的历史继承基础上，县级融媒体中心建设还存在着许多创新性调适，这主要体现在政治传播技术手段更新以及由此带来的思维转型。在政治传播方式层面，县级融媒体中心依托技术优势，打造全平台传播矩阵，内容生产及其呈现更加灵活多样，较之以往也更注重与用户的双向互动；在政治传播思维层面，"媒介融合不仅仅意味着业态的转型，更是社会形态的变革"，① 它带来了从"媒体"到"媒体+"的转变，县级融媒体中心力图实现对基层群众生活方方面面的覆盖，进而提升基层政治传播体系的实力。

结合以上讨论，由于技术环境的变化以及县域传播生态的变迁，我国基层媒体面临着传播力不足、影响力式微等一系列困境，县级各类传统媒体的政治传播实践在基层社会的有效性受到了极大削弱。县级融媒体中心建设则可视为国家重构基层政治传播体系，进而推动社会治理的一种努力，其政策指向了基层政治与基层媒体间关系的重构。

二 反应性政治：传统媒体环境下基层媒体的政治传播特征

新中国成立以来的很长一段时间内，基层社会的政治传播实践是经由有线广播进行的，村落空间里的高音大喇叭成为国家权力的隐喻，虽然此一时期的政治传播媒介较为简陋，但有线广播仍较好地发挥了政治动员和政治宣传的功能。改革开放后，随着集体经济的解体，人们"不再需要听着广播上工下工、吃饭休息、聚集开会"，对集体广播的收听需求大大降低，加之农村经济社会的转型，有线广播也失去了集体组织的人力支撑以及物力维护，这导致了其在20世纪80年代以来的衰落。② 随之兴起的是无线广播和电视，中央充分认识到了广播电视在政治思想宣传上的重要性，按照"激活地方活力，中央地方相结合"的原则大力推

---

① 黄旦、李暄：《从业态转向社会形态：媒介融合再理解》，《现代传播》2016年第1期。
② 潘祥辉：《"广播下乡"：新中国农村广播70年》，《浙江学刊》2019年第6期。

行了"四级办台",地方提供主要的财政支持,可将广播电视台纳入基层科层体系中,由此地方自主性彻底被激活,进而带来基层广播电视网络的跨越式发展。[1]但此时的基层广播电视网络发展仍存在区域、城乡、阶层间不平衡的问题,随着20世纪90年代末期以来广播电视村村通工程在广大农村地区的推行,经历了十多年的发展,县级广电网络基本上完成了对辖区居民的全覆盖,由于县级报刊的生存空间较小,且广播电视尤其后者是农村最受欢迎的大众传播媒介形式,因此基层广电网络的普及意味着从中央到地方全覆盖的政治传播网络建立起来了。

由于广播电视媒体对基层群众的文化要求较低,加之互联网技术尚未充分下沉,县域空间的舆论传播环境相对单纯,这一时期县级各类传统媒体的政治传播实践主要体现出四个特征:从政治传播主体来看,构成以县域广电媒体为主导,这保证了政治传播主体的纯粹性,在舆论环境较为单纯的情境下有助于党和政府的大政方针顺利抵达基层群众;从政治传播内容来看,消息来源以主流媒体发布为准,信息的独家发布权赋予了县级广电媒体声音的"权威性",也构成了其政治传播公信力的来源;从政治传播过程来看,注重自上而下的舆论宣传,广播、电视是最为常见的两种大众传媒类型,由于其在基层社会覆盖面广、到达率高,通过日积月累的舆论宣传,能对受众产生潜移默化的影响;从政治传播形式来看,突出简单和实用,县级广电媒体在有限的技术条件下,只能围绕内容主题做文章,表达形式则比较稳定,这使得受众将注意力更多聚焦在内容主题上面。正是在信息发布渠道独占、受众消费习惯较为稳定的情形下,县级各类传统媒体的政治传播能力得到了较好发挥,有效完成了对基层社会的政治整合。但在长期运行过程中,也出现了一系列弊端:首先,县域政治传播的重任主要依靠县级广电媒体来承担,其他机构或部门较少借助县级媒体与基层群众进行政治沟通;其次,县域媒体的政治传播往往从宏大叙事角度展开论述,对基层日常生活观照不够,内容上的娱乐性、精彩度不及中央和省级广播电视台,使得基层媒体很难锁定基层观众;再次,广播电视线性播出的运作模式决定了其对受众

---

[1] 周逵、黄典林:《从大喇叭、四级办台到县级融媒体中心——中国基层媒体制度建构的历史分析》,《新闻记者》2020年第6期。

反馈的接收通常不够及时，一旦辖区内出现舆情事件，往往无法及时发布相关信息，并进行有效议程建构，只能在舆情发酵后被动地对舆情加以应对；最后，县级广电媒体在政治传播形式的策划与组织，如节目编导、栏目包装、主持人形象设计、影像拍摄与制作等方面，难以与高级别媒体相比，导致县级广电媒体在政治传播形式上的视听呈现较为单一。

在对传统媒体环境下我国基层媒体的政治传播实践特征进行分析后，可将县级各类传统媒体的政治传播实践逻辑概括为反应性政治。所谓反应性政治，指"政治主体在外部事务作用下被动地从事公共事务治理活动的一种政治行为模式"，基于"刺激—反应"运作逻辑的反应性政治具有反应的滞后性、行为的短期性、手段的策略性等特点。[①] 它是国内一些学者借鉴西方行为主义心理学理论并结合中国社会治理实践所提出的本土化概念，主要是对我国地方政府治理行为背后"不出事"逻辑的一种抽象总结。反应性政治的核心是一种基于"刺激—反应"的逻辑，姿态被动、内容单一、手段刚性的政治形态。从反应性政治这一概念框架出发，发现基层媒体在政治传播实践中，存在着明显的"刺激—反应"特点。一方面是"受众不刺激，媒体无反应"。从基层媒体体制机制的运行情况来看，受众作为一个外部环境要素很难对媒体形成实质性刺激，因为在基层政治传播主客体边界分明的传播模式下，基层媒体往往以政治信息发布、政治形象塑造、政治舆论引导为己任，而基层群众则被视为政治传播活动的客体对象，只能被动接受基层媒体所发出的各种政治传播信息。在这种传受不平衡的整体结构下，基层媒体对于市场变化不敏感，对受众信息消费需求的反应也往往比较滞后。此外，在大众传媒近用权有限的情形下，基层群众很难公开表达对媒体内容的态度和需求，因此基层媒体往往按照自己的内部逻辑去运行，外界受众对其政治传播的内容与形式满意与否，很难真正刺激到基层媒体。另一方面是"受众强刺激，媒体弱反应"。由于技术能力、人力资源、制作观念等诸多层面的掣肘，许多基层媒体的政治传播内容深加工不够、形式比较单一，不能很好地回应现实情况，党和国家的大政方针在基层容易出现舆论引导

---

① 周义程：《反应性政治的概念与逻辑》，《苏州大学学报》（哲学社会科学版）2014年第5期。

"最后一公里"问题。若基层群众的政治沟通需求长期得不到满足，有可能失去对媒体的信任，并在某些特定情形下形成区域舆情事件。借助舆论的聚集效应，基层群众给予县级媒体一种强烈的刺激，在此情况下，基层媒体会有所反应。但这种反应往往很被动，因为基层媒体平时战备松弛，一旦遇到应急状态，往往不知如何回应群众关切，化解矛盾，大多错过了将舆情消化在萌芽阶段的时机，等舆情发酵后才开始采取措施。此时舆论场中谣言已然占据主导地位，基层媒体往往"反应力"不足，导致其屡屡错失促进政府和民众之间良性沟通的良机，进而使得小问题演变为大问题。说到底，传统媒体环境下，基层媒体在区域舆情处理过程中更多地扮演临时"救火"者的角色，尚未形成制度性地回应受众诉求的政治传播体系。

综上所述，在传统媒体环境下，基层媒体的政治传播实践不可避免地存在着主体单一、内容单调、过程单向、形式简单等特征。基层媒体的这些政治传播特征体现出的是一种反应性政治框架下的"刺激—反应"逻辑，基层媒体往往以政治传播主体角色自居，把基层群众视为自己政治传播信息的刺激对象，未能意识到其主体性和能动性。在"受众不刺激，媒体无反应""受众强刺激，媒体弱反应"的被动应对模式下，县级各类传统媒体的政治传播实践尽管也发挥出了一定效应，但在互联网渗透基层社会后，其同社会现实间的脱节越发明显，其政治传播机制亟待完善。

三 回应性政治：县级媒体融合背景下的政治传播新动向

21世纪以来，随着互联网技术的发展，微博、微信等社交媒体开始成为国民级应用，与此同时，大数据、云计算、人工智能等技术应用不断成熟，又催生了今日头条、抖音、B站等超级平台媒体，其市场下沉之路极大地冲击了基层政治传播体系的稳定性。县级广电媒体的生存状况越发堪忧，用户基础不仅面临着被中央和省级媒体分流的局面，同时还要承受着各类新型网络媒体的蚕食。党和国家感受到了基层政治传播体系正在面临失灵的压力，遂从2018年起将媒体融合战略铺开到基层，于是县级融媒体中心建设成为新时期媒体融合的着力点。从中央部署到地方落实，经过两年多的建设，县级融媒体逐步形成了独立发展式、借力省级及以上媒体资源的借力发展式、跨区域同级合作式、全链条产业经营式四大模式，以打通"最后一公里"的传播困境为任务中心进行全方位、全覆盖的融媒体布局。[①] 这标志着县级融媒体中心建设这一国家主导的媒体改革计划初战告捷，并开始从数量增长期向提质增优期过渡，媒体融合也开始越来越注重提升媒体的信息传播力与舆论引导力，进而重塑基层政治传播的主导权。

作为重建基层政治传播体系的一种努力，县级融媒体中心无论是在顶层设计的理念还是基层的政治传播实践中，或多或少出现了一些新动向。从政治传播主体来看，在社会管理创新的大背景下，基层治理结构的多样化和协同性得到了越来越多的强调，作为基层社会治理的信息平台，越来越多的各级政府部门开始入驻县级融媒体平台进行发声，无论是日常传播还是突发状态，政治传播主体构成的多样性得到了保障，这使得县级融媒体能够更为有效地应对各种传播情境；从政治传播内容来看，依托技术优势实现"同一素材，多次加工"，县级融媒体的内容生产能力大大提高，政治传播议题在内容选择、视角选取、标题制作、写作风格等方面逐步软化，其发布的内容不仅包括常规化的新闻报道，同时也包含基层群众关心的教育、医疗、娱乐等方方面面的生活性信息；从政治传播过程来说，互联网的扁平化特征，将政治传播传受双方纳入同一对话场域，使得县级融媒体和基层群众有了更多更直接的沟通，各种社交媒体小编通过生活化的语言，拉近了媒体和用户间的距离，政治传播的互动性也得到了加强；从政治传播形式来看，由于融合技术的广泛使用，县级融媒体通过文字、长图、图表、动画、音频、短视频等多样化形式来传递政治信息，一改官方媒体活泼不足严肃有余的形象，让有意义的政治传播内容同时变得有意思，达到了更好的政治传播效果。

从县级融媒体中心建设过程中所体现出的新动向，可发现其政治传播实践逻辑越来越具有回应性政治的色彩。所谓回应性政治，指"以政

---

① 黄楚新、刘美忆：《2020 年县级融媒体中心建设现状、问题及趋势》，《新闻与写作》2021 年第 1 期。

治稳定为目的,以社会需求、国家供给为过程,国家对社会需求保持了较高的敏感性,并通过不断的调适、学习、回应来满足社会需求,在国家与社会的互动过程中,进而推动政治发展的一种制度变迁和政治转型模式"。[1] 这一概念源于西方的政府回应理论,美国学者格罗弗·斯塔林在《公共部门管理》一书中对此做过界定:"回应是指一个组织对公众提出的政策变化这一要求作出的迅速反应,也可以说是政府对公众所提要求作出超出一般反应的行为。某些时候,回应可以是政府首先主动提出解决问题的方案,甚至是首先确定问题的性质。"[2] 在西方社会20世纪七八十年代的新公共管理运动中,政府对社会的回应成为热门研究议题。回应性政治的核心,是一种基于"诉求—回应"逻辑的,充满了主动姿态、多元内容和柔性手段的政治形态。从回应性政治这一概念框架出发,可发现基层媒体融合在政治传播实践中存在着至少两个层面的"诉求—回应"。最为直观的是技术回应,现代媒介技术的发展,推动用户形成了"场景化""视觉化""个性化"的政治传播信息消费需求,这些需求变化倒逼基层媒体变革。首先,通过建立一体化采编系统,县级融媒体获得多渠道、多终端的信息发布能力,通过海量信息实时更新,满足用户不同场景的消费需求;其次,通过加强用户界面的视觉设计和交互设计,并广泛运用可视化新闻、数据新闻、交互式新闻等新技术,县级融媒体的信息呈现方式极大丰富,较好地满足了用户的视觉体验;最后,利用数据追踪和分析技术,在为用户提供个性化内容的同时,还建立起了舆情研判机制,通过主动出击回应公众关切,将舆情在发酵前予以消解,有望改变基层社会媒介失语的局面。另一项不容忽视的便是制度回应。基层群众对基层媒体的需求,不仅仅是单纯的信息发布机构,还希望基层媒体是一个服务集成平台,这种"一站式"消费的需求,迫使县级融媒体在功能定位上增设政务服务、公共服务职能,并将自身角色从简单的信息聚合和信息发布机构转变为县域治理平台。由此,县级融媒体的服务范围"始于媒体,又不止于媒体",除了

---

[1] 闫帅:《从抗争性政治到回应性政治:中国政治秩序再生产的逻辑分析》,《华中科技大学学报》(社会科学版) 2016年第4期。

[2] 格罗弗·斯塔林:《公共部门管理》,陈宪等译,上海译文出版社2003年版,第132页。

常规化的信息服务，还集成了政务服务、公共服务等功能，通过网络政务大厅、线上公共服务平台的打造，为基层群众提供多元化服务。基层群众在媒体提供的生活便利中，能够感受到政府为民办事的关怀和温暖，在政治传播主客体间的良性互动过程中，县级融媒体平台有望成为政府和民众间制度化的沟通渠道。

综上所述，在县级媒体融合环境下，县级融媒体的建设是对我国基层政治传播体制的整合重塑，其建设过程中已逐步呈现出政治传播主体多元化、政治传播内容平民化、政治传播过程互动化、政治传播形式多样化的新动向。县级融媒体的这些政治传播特征，体现出的是一种回应性政治框架下的"诉求—回应"逻辑，县级融媒体既要针对基层群众的阅读需求和视听体验需求进行技术层面的回应，同时还要从制度层面对基层群体的多元化服务需求进行更为深层的回应。通过"用户有诉求，媒体有回应"的良性互动，县级融媒体中心对基层政治传播体系的根基进行了夯实，以完整的传播闭环重塑了政民沟通机制。

结　语

县级融媒体中心建设是一个全新的课题，既不同于西方社会以资本运作为核心的媒介融合，也和我国前期的中央/省级层面媒体融合有所差异，县级融媒体"怎么融合、如何用好"目前尚无现成答案，只能摸着石头过河。[1] 可以确认的是，作为县域社会治理关系网络中的节点和行动者，县级融媒体以其技术优势、资源优势、信息传播优势，会显著提升县域社会空间的治理成效，并能激发县域经济的活力。[2] 因此，加强县级融媒体中心建设，将是我国基层社会治理过程中的中长期任务之一。从顶层设计理念以及现有的县级融媒体建设实践来看，我国县级融媒体的政治传播逻辑悄然发生着从反应性政治到回应性政治的转向，但未来的发展仍面临着一系列挑战。首先是技术环境的多变性，基层媒体从业人员专业素质参差不齐，尤其是一些年龄较长的从业者思维固化，不断更

---

[1] 张波：《县级融媒体中心建设：核心议题与研究展望》，《学术探索》2021年第6期。
[2] 葛明驷：《县级融媒体建设与舆论治理"下沉"》，《中州学刊》2020年第11期。

新的媒介传播技术对县级融媒体从业人员的政治传播能力提出了挑战；其次是基层媒体的路径惯性，在传统媒体环境的长期浸淫下，基层媒体的制度设计与内部管理形成了某种程度的路径依赖，县级融媒体在政治传播思维转换与路径创新方面，还有提升空间；最后是基层治理的复杂性，各地基层治理环境不同、重视程度不同、各级资源支持力度不同，导致县级融媒体中心政治传播效应的发挥存在着较大不确定性。正因如此，尽管县级融媒体的政治传播逻辑已出现了一些可喜的转向，但这种政治传播逻辑转型之路，注定任重道远。

（该文首发于 2021 年第八届"政治传播与社会发展论坛"，刊载于《编辑之友》2022 年第 7 期。）

专题四

政治传播与政治参与研究

传统媒体与网络媒体：
媒介新闻使用对青年政治表达的影响及政治效能的中介作用[*]

卢家银

（中山大学传播与设计学院副教授）

摘　要：本文欲探究媒介使用对青年政治行为影响。基于现有研究成果，本文对中国境内的大学生进行了网络问卷调查（N = 2188），系统分析了传统媒体和网络媒体中的新闻使用对中国青年政治表达的影响。研究结果显示，传统媒体新闻使用既对青年线上和线下政治表达有直接促进作用，又通过外部政治效能，对线上和线下政治表达产生间接推动作用；而网络媒体新闻使用，则对青年线上和线下政治表达有直接促进作用，同时又通过内部政治效能对青年线上政治表达产生间接推动作用，还通过外部政治效能对线上和线下政治表达产生间接促进作用。其中，政治效能感发挥了重要的中介作用。同时，研究发现，不仅青年的线上和线下政治表达之间具有互相促进的影响，而且内部和外部政治效能感之间也具有正向的相互作用。

关键词：媒介使用；政治表达；政治效能；新闻使用

---

[*] 本文系国家社会科学基金青年项目"社交媒体对当代青年政治参与的影响与引导机制研究"（项目编号：14CXW032）的研究成果。

一 研究缘起

媒介是影响公民政治表达的重要因素。在中国，报刊、广播、电视等传统媒体作为制度化的表达渠道，能够在政治体系中实现利益诉求的内部输入，但是由于普通民众较难参与专业的信息生产和公权力对信息的层层把关，导致普通民众的政治表达明显受限；互联网作为非制度化的表达平台，技术上打破了传统媒体和公权力对信息的垄断，能够实现利益诉求的外部输入，在一定程度上扩大了表达主体，并提升了政治表达的效果。由此，在理论上，传统媒体和网络媒体不仅为广大民众提供了意见表达的平台，而且为民众提供了信息、观点等公共资源和公共话题，二者既可能推动公共空间或舆论场的形成，又可能激发政治表达和参与行为。并且，在当下，中国正处于社会转型时期，受经济结构调整和利益格局变动的冲击，广大民众表达利益诉求和政治主张的内在动力充足，权利意识增强，许多民众越来越多地借助各类媒介进行常规性表达和抗争性表达。公民的政治表达在现实环境中也普遍从单一的线上言论表达或线下行动表达演变为二者的水乳交融。然而，截至目前，国内鲜有研究分析传统媒体和网络媒体对政治表达的影响，对于政治参与主体——青年群体（亦是互联网使用的主体）的相关研究更是付之阙如。基于此，本研究将全面探讨传统媒体和网络媒体使用对青年政治表达的影响。

二 文献综述与研究假设

（一）概念界定

政治表达（political expression）是公民通过一定的途径和渠道表达自己的政治观点和政治态度，从而试图影响政府政策的一种政治参与行为。[1] 它既可以个体的形式进行，也可以团体的形式进行，既可能以合法的形式，也可能以非法的方式，目的是形成舆论压力和群体效应，使政

---

[1] 戴长征：《政治学》，对外经济贸易大学出版社2010年版，第207页。

府明确感受到民众和社会组织的利益要求和支持意向。广义的政治表达方式包括言论表达和游行、集会、请愿、抵制货品等行动表达；狭义的政治表达主要指言论表达。本文所关注和研究的政治表达既包括线上言论类型的政治表达，也包括线下行动类型的政治表达。在方式上，线上政治表达与线下政治表达比较类似，但概念上不同于政治参与和政治抗议行动。① 一般来说，线上政治表达主要指即时媒介平台和博客、社交网站等互动类媒体中出现的政治类表达行为。线上和线下政治表达行为在青年群体中均比较普遍，它已经成为影响青年政治参与的重要因素。②

政治效能（political efficacy）是指个人认为其政治行为确实或能够对政治过程产生影响力的心理感知。③ 它既是衡量民众政治参与的一个预测指标，又是民众评价政府及其自身能力的重要依据。国内学者普遍把它作为一种特殊的政治态度，认为政治效能感是民众在与其政治系统相互作用的基础上形成的关于自身政治影响力和政治系统回应力的内在的、比较稳定的评价系统，是主体以自身为参照对象形成的对自我政治能力的判断、评价和反思的结果。④ 在政治态度的相关研究中，政治效能感仅次于政治认同，是研究最为广泛的一个话题。⑤ 政治效能感通常可分为内部效能感（internal efficacy）和外部效能感（external efficacy）两种。内部效能感是指个人认为自己拥有认知政治活动、参与政治事务和影响制度的知识和能力；外部效能感则指个人认为政府对其诉求做出反应的可能性和程度。⑥ 公民政治效能感的形成早期是由个体学习和其自身需要直接催生，后期则多受教育程度、媒介使用、政治兴趣、社会经济地位等各类内、外部因素的影响。

---

①② Gil de Ziifiiga, H., Molyneux, L., & Zheng, P., "Social Media, Political Expression, and Political Participation: Panel Analysis of Lagged and Concurrent Relationships", *Journal of Communication*, Vol. 64, No. 4, 2014, pp. 612–634.

③ Campell, A., Gurin, G., & Miller, W. E., *The Voter Decides Evanston*, Illinois: Row, Peterson and Company, 1954, p. 187.

④ 李蓉蓉、王东鑫、翟阳明：《论政治效能感》，《国外理论动态》2015年第5期。

⑤ Abramson, Paul R., *Political Attitudes in America: Formation and Change*, San Francisco, CA: W. H. Freeman and Company, 1983, p. 135.

⑥ 胡荣：《中国人的政治效能感、政治参与和警察信任》，《社会学研究》2015年第1期；吴重礼、汤京平、黄纪：《我国"政治功效意识"测量之初探》，《选举研究》2000年第2期。

（二）媒介新闻使用与公民的政治表达

长期以来，学术界一直高度关注媒介新闻使用对民众政治行为的影响。对于传统媒体的影响，美国传播学者达万·沙赫（Dhavan Shah）和杰克·麦克劳德（Jack McLeod）等人指出，大众传媒为人们提供消息、观点和言论，这些共享的信息资源能够产生公共话题，激发公共讨论和参与行为。[1] 与从其他更传统的媒介形式（例如羊皮书、布告板等）获取信息者相比，从报纸、杂志和电视上获取政治信息的美国人更可能参与政治讨论。[2] 帕特丽夏·莫伊（Patricia Moy）和约翰·盖斯提尔（John Gastil）认为，阅读报纸新闻、收看电视新闻、收听政治讨论广播和观看深夜脱口秀节目的人更有可能参与政治讨论。[3] 与之相似，国内研究者同样发现了传统媒体新闻使用对政治参与的正向效果。钟智锦等人指出，尽管大学生对传统媒介逐渐疏离，但是在报纸、杂志、电视和广播四大传统媒介中，报纸和杂志对大学生在网络世界中和现实社会中的公民参与行为都有着显著的积极影响。他们认为，即使在互联网日渐普及的今天，报纸和杂志在传播信息和观念的同时，也更加容易引发人们的思索和内心的共鸣，营造公共情绪，从而能够更有效地激发人们对社会公共事务的关注，鼓励他们亲身参与。[4]

对于互联网的影响，尽管有研究主张互联网上的信息使用对民主参与只产生了很小的影响[5]，很难促进政治讨论和参与。但是，国内外很多学者仍然高度评价互联网使用对政治表达的影响。美国网络研究专家

---

[1] Shah, D. V., McLeod, J. M., & Yoon, S. H., "Communication, Context, and Community: An Exploration of Print, Broadcast, and Internet Influences", *Communication Research*, Vol. 28, No. 4, 2001, pp. 464 – 506.

[2] Bennett, S. E., Flickinger, R. S., & Rhine, S. L., "Political Talk Over Here, Over There, Overtime", *British Journal of Political Science*, Vol. 30, No. 1, 2000, pp. 99 – 119.

[3] Moy, P. & Gastil, J., "Predicting Deliberative Conversation: The Impact of Discussion Networks, Media Use, and Political Cognitions", *Political Communication*, Vol. 23, No. 2, 2006, pp. 443 – 460.

[4] 钟智锦、李艳红、曾繁旭：《媒介对公民参与的作用：比较互联网和传统媒体》，《传播与社会学刊》2014 年第 28 期。

[5] Hardy, B. W. and Scheufele, D. A., "Examining Differential Gains from Internet Use: Comparing the Moderating Role of Talk and Online Interactions", *Journal of Communication*, Vol. 55, No. 1, 2005, pp. 71 – 84.

乔·霍利（Joe Holly）与加里·赫尔曼（Gary Herman）指出："信息和传播技术能放大我们的声音，比以前更容易让人听到。"[1] 邵国松和卢家银等人在对中国厦门的 PX 事件进行考察后发现，互联网和手机等新媒体打破了信息不对称并创建了一个新的平台，在这个平台上特权被削弱，民众享有更多的自由和权利。同时，有研究者发现除了作为新闻来源，互联网还是个人通过人际渠道交流政治信息的重要媒介。[2] "相对于传统媒体，网络具有匿名化和交互传播的优势，只要在法律和政策许可的范围内，任何人都可以通过互联网对自己所关注的问题进行言说。所有参与者可以免于恐惧，挣脱于现实当中的各种身份束缚，可以更简单、更直接、更自由地表达自己的利益诉求，直言不讳地对政府及官员的行为进行批评监督。"[3] 互联网尤其是社交媒体打破了传统媒体对信息的垄断，普通公众可以参与到新闻生产过程中，并形成协作参与式的社群，这使互联网成为公众利益表达的有力工具，从而成为一个非制度化的利益表达渠道，有助于改善政府的执政，实现真正的利益"外输入式"表达。[4] "在公共政策的制定过程中，社交媒体正在形成强大的舆论场。这个舆论场使利益表达主体更加多元，渠道更加多样，不同利益群体之间的协商有可能实现。"[5] 随着内容生产和消费之间传统壁垒的打破，青年人群通过线上阅读、观看、收听政治信息材料，他们的政治表达和参与度会更高。[6] 基于此，本研究做出以下研究假设：

假设 1：传统媒体新闻使用对青年的线上政治表达（H1a）和线下政治表达（H1b）具有正向促进作用；

假设 2：网络媒体新闻使用对青年的线上政治表达（H2a）和线下政

---

[1] 乔·霍利、加里·赫尔曼：《工会和因特网接近权》，载史蒂文·拉克斯（Stephen Lax）《尴尬的接近权：网络社会的敏感话题》，禹建强、王海译，新华出版社 2004 年版，第 40 页。

[2] Hanson, G., Haridakis, P. M., Cunningham A. W., et al., "The 2008 Presidential Campaign: Political Cynicism in the Age of Facebook, Myspace, and YouTube", *Mass Communication & Society*, Vol. 13, No. 5, 2010, pp. 584–607.

[3] 陈玉霞：《新媒体与中国政治民主》，《新闻研究导刊》2012 年第 2 期。

[4][5] 李欣：《政治社会学视野下的大众媒介与利益表达》，《新闻大学》2013 年第 1 期。

[6] Yamamoto, M., Kushin, M., & Dalisay, F., "Social Media and Mobiles as Political Mobilizationforces for Young Adults: Examining the Moderating Role of Online Political Expression in Political Participation", *New Media & Society*, Vol. 17, No. 6, 2015, pp. 880–898.

治表达（H2b）具有正向促进作用。

（三）媒介新闻使用与公民的政治效能

媒介新闻使用除了影响公民的政治行为，它对公民的政治效能感亦有重要影响。就大众传播媒介的使用而言，电视的影响力最为重要，民众对电视内容的使用程度，与其政治效能感具有显著的关联性；至于民众人际沟通的社会网络部分，与选民和他人政治的讨论程度，对其内在政治效能感有显著的影响，但对于外在政治效能感，社会网络的影响力则未显现。[①] 国内学者周葆华通过实证调查与质化访谈的方法，分析了媒体接触、政治参与和政治效能之间的关联，研究发现传统媒体新闻使用（电视新闻）和政治参与对内部效能产生了显著影响，而传媒新闻接触、网上或是网下参与均对外部政治效能无显著影响。[②] 与之类似，另一位研究者发现，新媒体与传统媒体对城市居民的政治效能感影响不同，新媒体相对而言显著性更高。就大众媒介对于城市居民政治效能感的培养而言，以网络、手机为代表的新媒体的影响力更具有显著性。[③] 对此，韩国学者李俊雄（June Woong Rhee）和金恩美（Eun-mee Kim）通过田野调查发现，匿名的网上政治讨论与互动有助于公民外部效能感的提升，且网络政治协商的数量与质量对于政治效能感具有非常重要且相互独立的影响。[④] 对于政治效能感的复杂影响，还有研究指出，网络政治新闻使用与内部效能感对竞选活动和投票意愿这两种政治参与行为具有交互影响，即内部政治效能感越高，互联网政治新闻的关注对参与竞选活动的负向影响会越大，而互联网政治新闻的关注度对投票意愿的负向影响反而会

[①] 陈陆辉、连伟廷：《知性、党性与信息——台湾民众政治效能感的分析》，《台湾民主季刊》2008 年第 3 期。

[②] 周葆华：《突发公共事件中的媒体接触、公众参与与政治效能——以"厦门 PX 事件"为例的经验研究》，《开放时代》2011 年第 5 期。

[③] 张蓓：《媒介使用与城市居民的政治参与——基于中国综合社会调查的研究》，《学海》2014 年第 5 期。

[④] Rhee, J. W. & Kim, E., "Deliberation on the Net: Lessons from a Field Experiment", in Davies, T. & Gangadharan, S. P. Stanford, eds. *Online Deliberation: Design, Research, and Practice*, CA: CSLI Publications, 2009, pp. 223-232.

越小。① 基于以上讨论，本研究做出以下研究假设并提出研究问题：

假设3：传统媒体的新闻使用对青年的内部政治效能（H3a）和外部政治效能（H3b）具有正向促进作用；

假设4：网络媒体的新闻使用对青年的内部政治效能（H4a）和外部政治效能（H4b）具有正向促进作用。

研究问题（RQ1）：青年的线上政治表达与其线下政治表达之间有何关系？

（四）政治效能与公民的政治表达

多年来，对政治效能与政治行为之间关系的讨论一直是学术界高度关注的重要命题。学术界普遍认为，政治效能感在政治活动中最为直接的作用就是对政治表达和参与的影响。臧雷振等学者研究发现，政治效能感是影响政治参与的重要因素之一：政治效能感越高，政治参与就越积极。②"当政治效能感较高的时候，公民相信政府的所作所为都是为民众考虑的，而且他们的行动会对政府产生积极的影响。"③ 史蒂芬·克雷格（Stephen C. Craig）等人指出内部效能感与外部效能感对于个人政治行为的影响力有显著不同，内部效能感对个体的传统政治活动与社区活动的参与影响更大。④ 进一步的研究表明，外部政治效能感能够明显提升政治信任，而内部政治效能感对于政治信任的影响则很弱或不明确。⑤ 在控制性别、年龄、受教育水平等背景变量的情况下，内部效能感较高的中国公民比内部效能感较低的公民更有可能参与政治活动，而外部政治效

---

① 游淳惠、徐煜：《互联网使用与政治参与关系的再审视：基于2012年台湾地区TCS数据的实证分析》，《国际新闻界》2015年第8期。

② 臧雷振、劳昕、孟天广：《互联网使用与政治行为——研究观点、分析路径及中国实证》，《政治学研究》2013年第2期；黄慕也、张世贤：《政治媒介藉由政治效能、政治信任对投票行为影响分析——以2005年选举为例》，《台湾民主季刊》2008年第1期。

③ 胡荣：《中国人的政治效能感、政治参与和警察信任》，《社会学研究》2015年第1期。

④ Craig, S. C. & Maggiotto, M., "Measuring Political Efficacy", *Political Methodology*, Vol. 8, No. 3, 1982, pp. 85 – 109.

⑤ Catterberg, G. & Moreno, A., "The Individual Bases of Political Trust: Trends in New and Established Democracies", *International Journal of Public Opinion Research*, Vol. 18, No. 1, 2006, pp. 31 – 48.

能感与政治参与行为的相关度则不显著。① 与此相近,黄信豪通过对台湾地区政党选举的全面研究发现,代表自我政治能力评估的内部政治效能感是公民参与政治活动相当重要的心理基础;在投票选举中,感受政府回应程度较高者,将显著地选择执政党,而外部政治效能感程度高低则成为无特定政治立场或偏好的选民是否选择继续支持执政党的重要依据。② 另外,有研究还表明政治效能感作为个人政治社会化过程中重要的中介变量,在促进个体政治交流与参与中发挥着不可替代的作用。③ 内部效能感和外部效能感均能显著地影响民众的制度型参与和公共型参与,只是外部效能感对抗争型参与有不显著的负向影响,而内部效能感对抗争型参与有较为显著的负向影响。④ 据此,本研究提出如下研究假设与研究问题2(总体的理论假设见图1):

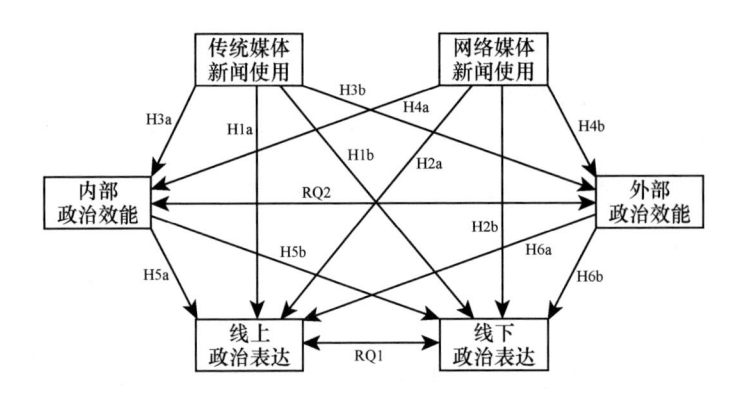

图1 媒介新闻使用、政治效能和政治表达三者关系的假设模型

假设5:内部政治效能对青年的线上政治表达(H5a)和线下政治表达(H5b)具有正面促进作用;

假设6:外部政治效能对青年的线上政治表达(H6a)和线下政治表

---

① 王丽萍、方然:《参与还是不参与:中国公民政治参与的社会心理分析》,《政治学研究》2010年第2期。
② 黄信豪:《政治功效意识的行动效果(1998—2003)》,《台湾民主季刊》2006年第2期。
③ 冯强:《互联网使用、政治效能、日常政治交流与参与意向——一项以大学生为例的定量研究》,《新闻与传播评论》2011年第1期。
④ 裴志军:《制度刚性下的村民自治参与:社会资本与政治效能感的作用》,《农业经济问题》2013年第5期。

达（H6b）具有正面促进作用。

研究问题（RQ2）：青年的内部政治效能与其外部政治效能之间有何关系？

三 研究方法

（一）数据收集与样本状况

本文运用问卷调查的方法探索了媒介使用对青年政治表达的影响。调查对象为中国境内的18—35岁的在校大学生。本次调查范围覆盖了东中西部的7座城市、15所大学，采用的是分层抽样和非概率抽样相结合的方法，按照地域、城市、学校、学院、专业、年级和班级的层级，在东部地区抽取了北京、上海和广州，在中部抽取的是武汉和郑州，在西部抽取的是兰州和西安。[①] 在北京的59所本科院校中，本研究抽取了中国人民大学、中国青年政治学院和北京工商大学；在上海的35所本科院校中，则抽取了上海交通大学；在广州的27所本科院校中抽取了暨南大学和中山大学（含南方学院）；在武汉的32所本科院校中，抽取的是武汉大学、华中师范大学和华中科技大学（含文华学院）；在郑州的20所本科院校中则抽取了郑州大学；在兰州的12所本科院校中，抽取的则是兰州大学、西北师范大学和兰州城市学院；在西安的32所院校中抽取了陕西师范大学和西安交通大学。[②] 在问卷发放过程中，我们委托被抽样班级的学生志愿者和访员通过电子邮件、QQ、微信和手机短信四种方式邀请所在班级的学生在网上填写问卷。从2015年7月20日开始发放问卷，共向9114人发出邀请。截至9月20日，共成功收回有效问卷2188份。其中，在北京收回507份，在上海收回153份，在广州收回351份，在武

[①] 为了便于发放和回收问卷，学校和学院的抽取以方便为原则（并未遵循随机抽样和概率比例规模抽样的方法），项目组优先抽取项目组熟悉的教师、校友和朋友所在的学校和学院。本研究在院校选择时，既选取了教育直属综合类院校，又兼顾了地方因素和其他因素，选取了省（市）属院校和独立院校。在抽取的15所高校中，教育部直属综合类院校有11所，省属院校3所，中央直属院校1所，其中还包含2个独立学院。

[②] 教育部：《教育部批准的高等学校名单、新批准的学校名单》，http://www.moe.edu.cn/publicfiles/business/htmlfiles/moe/moe_229/201408/173611.html. 20140807。

汉收回411份，在郑州收回154份（其中7份问卷城市值缺失），在兰州收回354份，在西安收回258份，调查问卷的成功回收率为24%。

在调查样本的2188人中（参阅表1），男性青年占37.4%，女性青年占62.6%；年龄分布范围在17—38岁，平均年龄为21.4岁；在读专科生（部分院校招收少量专科生）占3.0%，大学本科生占80.5%，在读研究生及以上学历者占16.5%；中共党员占32.3%，非党员占67.7%；家庭收入在当地平均水平的占62.3%，月收入平均在2000—5000、5000—1万之间的青年最多，分别占样本总体的28.6%和30.0%。

表1　　　　　　　　样本基本变量描述性分析

指标		频数	频率（%）	指标		频数	频率（%）
性别	男	819	37.4	地域	东部	1011	46.2
	女	1369	62.6		中部	565	25.8
汉族	是	1905	87.1		西部	612	28.0
	否	283	12.9	教育程度	专科	65	3.0
党员	是	707	32.3		本科	1761	80.5
	否	1481	67.7		本科以上	362	16.5

（二）变量测量

1. 因变量

（1）线上政治表达

本研究依据荷马·祖尼加（Homero Gil de Ziiniga）等人的政治表达量表，主要通过5个项目测量线上政治表达。① 受访者需要在李克特五级量表（1＝从不，5＝频繁）中填写他们参加下列活动的频率：①在微信（或微博）上经常为某种政治主张或政府领导人点赞；②在微信（或微博）上经常发布或转发时事新闻；③在微信上（或微博）经常发布或转发关于政治的图片或视频文件；④在微信上（或微博）经常发布或分享

---

① Gil de Ziifiiga, H., Molyneux, L., & Zheng, P., "Social Media, Political Expression, and Political Participation: Panel Analysis of Lagged and Concurrent Relationships", *Journal of Communication*, Vol. 64, No. 4, 2014, pp. 612 – 634.

对时事的看法；⑤在微信上（或微博）经常转发他人的政治评论。这5项相加的得分即为青年线上政治表达的赋值（M = 10.67，SD = 4.29，α = 0.91）。青年群体线上政治表达的情况可参照图2。

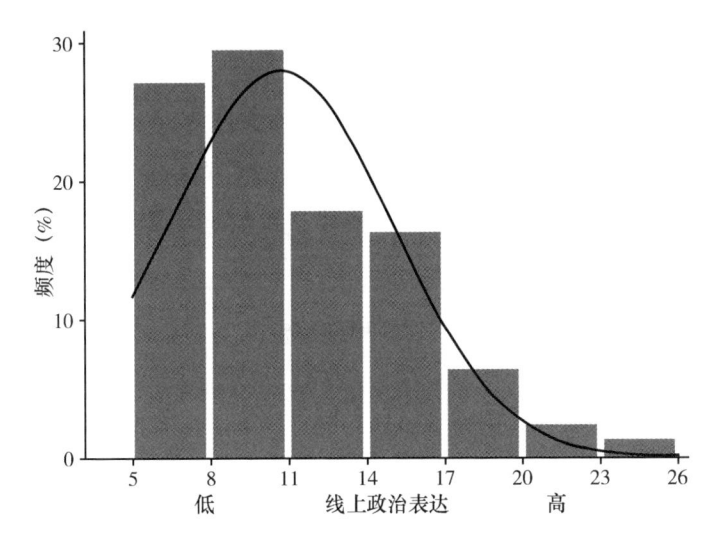

图2 青年群体的线上政治表达状况

（2）线下政治表达

本研究依据祖尼加等人对政治参与的测量，提取形成线下政治表达的量表。[①] 本文对因变量政治抗议的测量，主要通过两个项目进行。受访者需要在李克特七级量表（1 = 从不，7 = 频繁）中填写他们过去一年中参加下列活动的频率：①参加过合法的集会、游行活动；②参加过公益、环保等维权活动。对于该七级量表，本研究未将其修改为五级量表，主要是基于这样的考虑：多级量表能够获得可变性更高的数据，其效度也会较高。上述两项相加的得分即为青年线下政治表达的赋值（M = 4.10，SD = 2.07，α = 0.48）。[②] 青年群体线下政治表达的情况可参照图3。

[①] Gil de Ziifiiga, H., Molyneux, L., & Zheng, P., "Social Media, Political Expression, and Political Participation: Panel Analysis of Lagged and Concurrent Relationships", *Journal of Communication*, Vol. 64, No. 4, 2014, pp. 612 – 634.

[②] Gil de Zúñiga, H., Molyneux, L., & Zheng P., "Social Media, Political Expression, and Political Participation: Panel Analysis of Lagged and Concurrent Relationships", *Journal of Communication*, Vol. 64, No. 4, 2014, pp. 612 – 634.

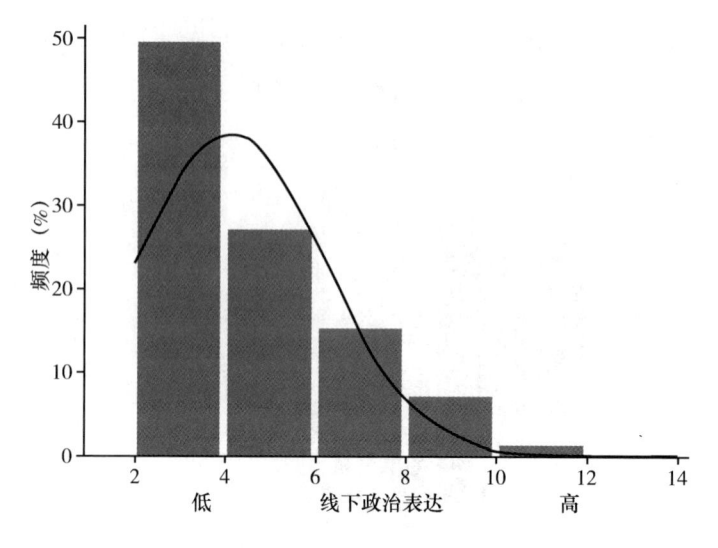

图3 青年群体的线下政治表达状况

2. 自变量

(1) 传统媒体的新闻使用

本研究使用日本学者山本正弘（Masahiro Yamamoto）等人设计的媒介使用量表，[①] 测量青年群体的传统媒介使用，受访者需要在李克特五级量表（1 = 从不，5 = 总是）中分别填写他们每月在线下从事下述活动的频率：①阅读报纸新闻；②阅读期刊新闻；③收看电视新闻节目；④收听广播新闻节目。四项相加的得分即为青年大学生对传统媒体的新闻使用情况（M = 9.68，SD = 2.90，α = 0.85）。青年群体对传统媒体新闻使用的情况可参看图4，青年的传媒新闻使用频度低于网络新闻使用频度，且在33—34岁期间会明显增长。

(2) 网络媒体的新闻使用

对网络新闻使用的测量，本研究亦采用山本正弘等人设计的媒介使用量表。[②] 受访者需要在李克特五级量表（1 = 从不，5 = 总是）中分别填写他们每月在网上从事下述活动的频率：①阅读报刊新闻；②收看网络

[①②] Yamamoto, M., Kushin, M., & Dalisay, F., "Social Media and Mobiles as Political Mobilization Forces for Young Adults: Examining the Moderating Role of Online Political Expression in Political Participation", *New Media & Society*, Vol. 17, No. 6, 2015, pp. 880–898.

电视新闻节目；③访问大型新闻网站；④阅读知名人士的博客、论坛文章；⑤使用搜索引擎搜索时事新闻。这五项相加的得分即为青年大学生对网络媒体的新闻使用情况（M=14.48，SD=3.78，α=0.83）。青年群体对网络新闻使用的情况可参看图4，青年的网络新闻使用频度明显高于其传媒新闻使用，且在33—34岁期间会明显升高。

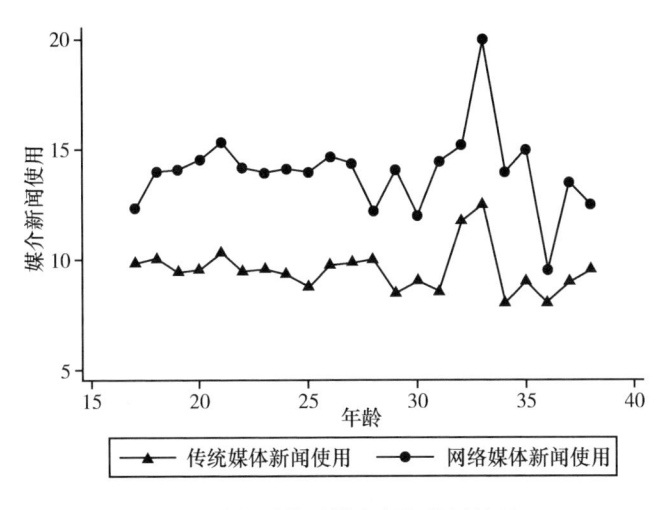

图4 青年群体的媒介新闻使用情况

（3）内部政治效能

对于内部政治效能，本研究使用理查德·尼米（Richard Niemi）和史蒂芬·克雷格（Stephen Craig）等人设计的量表进行测量。[1] 受访者需要在李克特五级量表（1=完全同意，5=坚决反对）中报告其对于下述观点的赞成程度：①政府的工作太复杂，像我这样的人很难明白；②我觉得自己没有能力参与政治事务。这两项相加的得分即为青年大学生的内部政治效能感（M=6.48，SD=1.80，α=0.76）。青年群体的内部政治效能感变化情况可参看图5，青年的内部政治效能感水平高于外部效能感，且于30岁后出现大幅波动。

---

[1] Niemi, R. G., Craig, S. C., & Mattei, F., "Measuring Internal Political Efficacy in the 1988 National Election Study", *American Political Science Review*, Vol. 85, No. 4, 1991, pp. 1407 – 1413.

(4) 外部政治效能

对于外部政治效能，本研究使用约翰·盖斯提尔（John Gastil）和迈克尔·谢诺斯（Michael Xenos）设计的量表进行测量。[①] 受访者需要在李克特五级量表（1 = 完全同意，5 = 坚决反对）中报告其对于下述观点的赞成程度：①像我这样的人，根本不会影响政府的做法；②政府官员不太在乎像我这样的人在想些什么。这两项相加的得分即为青年学生的外部政治效能感（$M = 5.74$，$SD = 2.03$，$\alpha = 0.80$）。青年群体的外部政治效能感变化情况可参见图5，青年的外部效能感水平低于内部效能感，且于30岁后开始迅速下降（虽会回升，但在35岁后仍会下降）。

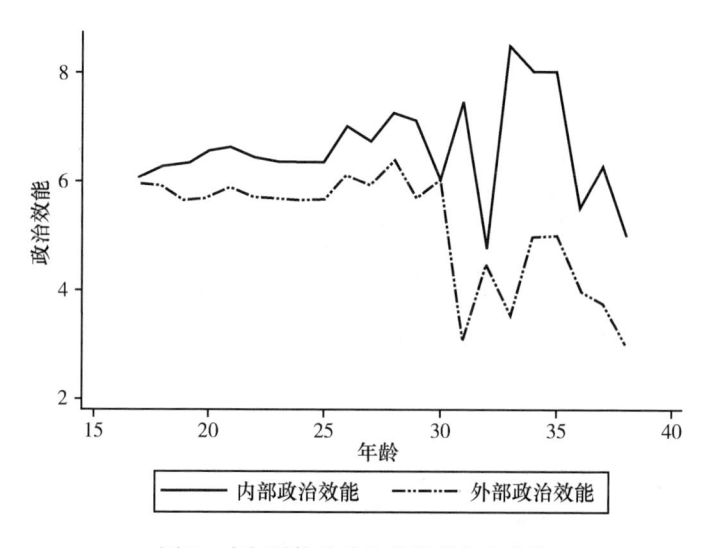

图5　青年群体的政治效能感变化曲线

3. 控制变量

根据现有政治社会化研究成果的变量设计，本研究的控制变量主要包括性别、年龄、民族、教育程度、家庭经济收入、政治面貌（$M = 0.31$，$SD = 0.46$）、政治兴趣和网络讨论规模八项。其中，教育程度通过受访者报告已就读年限测量（$M = 3.01$，$SD = 1.60$）。家庭经济收入通过

[①] Gastil, J. & Xenos, M., "Of Attitudes and Engagement: Clarifying the Reciprocal Relationship Between Civic Attitudes and Political Participation", *Journal of Communication*, Vol. 60, No. 2, 2010, pp. 318 – 343.

询问受访者家庭月平均收入（1=1千元以下，2=1千—2千，3=2千—5千，4=5千—1万，5=1万—1.5万，6=1.5万—2万，7=2万元以上）和家庭总体经济状况（1=远低于平均水平，5=远高于平均水平）进行测量（M=6.60，SD=1.78）。政治兴趣通过询问受访者对时事政治感兴趣的程度和对选举活动感兴趣的程度进行测量（M=6.17，SD=1.50，α=0.79）。对于网络讨论规模，本研究主要是通过受访者自我报告在过去一个月在线下面对面讨论时事政治和在线上讨论时事政治的人数而测定（M=4.20，SD=1.84，α=0.81）。

（三）数据分析

本文首先对所有研究变量进行零阶相关分析，然后建立媒介使用、政治效能与政治表达的结构方程模型，以进一步阐释媒介新闻使用对政治表达影响的因果关系。本研究中，所有数据均是运用软件 Statal 4.0 进行分析和处理。

四 研究发现

相关分析显示（见表2），传统媒体的新闻使用与青年的线上政治表达（r=0.23，p<0.001）和线下政治表达（r=0.14，p<0.001）之间具有显著的正相关关系；网络媒体的新闻使用与青年的线上政治表达（r=0.34，p<0.001）和线下政治表达（r=0.18，p<0.001）之间具有显著的正相关关系。与之类似，传统媒体的新闻使用与青年的内部政治效能（r=0.12，p<0.001）和外部政治效能（r=0.21，p<0.001）之间具有显著的正相关关系；网络媒体的新闻使用与青年的内部政治效能（r=0.20，p<0.001）和外部政治效能（r=0.14，p<0.001）之间具有显著的正相关关系。同时，青年的内部政治效能与线上政治表达（r=0.20，p<0.001）和线下政治表达（r=0.09，p<0.001）之间均具有显著的正相关关系；青年的外部政治效能与线上政治表达（r=0.23，p<0.001）和线下政治表达（r=0.14，p<0.001）之间也都具有显著的正相关关系。并且，青年的线上政治表达和线下政治表达之间（r=0.33，p<0.001），内部政治效能与外部政治效能之间（r=0.52，p<0.001）也都具有显著的正相关关系。

表2 背景变量、自变量与因变量的零阶相关分析表

变量	1	2	3	4	5	6	7	8	9	10	11	12	13	14
1 年龄	—													
2 性别	0.10***	—												
3 民族	0.01	0.04	—											
4 教育程度	0.71***	0.13***	0.05*	—										
5 经济收入	0.14***	0.07***	0.04*	0.24***	—									
6 政治面貌	0.32***	0.22***	0.02	0.45***	0.19***	—								
7 政治兴趣	-0.01	-0.08***	0.01	-0.04	0.04	0.06**	—							
8 网络规模	0.06**	0.24***	0.02	0.14***	0.18***	0.18***	0.24***	—						
9 内部政治效能	0.02	0.08***	-0.05*	0.01	0.09***	0.08***	0.41***	0.15***	—					
10 外部政治效能	-0.05*	0.07***	0.01	-0.01	0.08***	0.12***	0.33***	0.15***	0.52***	—				
11 传统媒体使用	-0.04*	0.06**	0.01	-0.11***	0.02	0.25***	0.17***	0.12***	0.21***	—				
12 网络媒体使用	-0.02	-0.08***	-0.02	-0.09***	0.01	-0.08***	0.31***	0.14***	0.20***	0.14***	0.49***	—		
13 线上政治表达	0.01	0.09***	0.02	0.01	0.08***	0.11***	0.32***	0.49***	0.20***	0.23***	0.39***	0.34***	—	
14 线下政治表达	-0.11***	0.01	0.03	-0.16***	-0.03	-0.03	0.17***	0.27***	0.09***	0.14***	0.25***	0.18***	—	—

注：$* p < .05$，$** p < .01$，$*** p < .001$。

在相关分析的基础上，本文运用 Stata 软件建立了媒介新闻使用、政治效能与政治表达的结构方程模型（图6）。该模型是基于研究假设和研究问题搭建并修正，运用了最大似然法（maximum likelihood）对参数进行估计，模型拟合较好（$x^2/df = 1.453$，$P = 0.228$，$RMSEA = 0.014$，$CFI = 1.000$，$TLI = 0.996$，$SRMR = 0.005$，$CD = 0.229$），可以接受。[①] 结构方程显示（参看图6），传统媒体的新闻使用对青年线上政治表达（$\beta = 0.270$，$p < 0.001$）和线下政治表达（$\beta = 0.197$，$p < 0.001$）均具有显著的正向作用，H1a 和 H1b 得到支持。这表明，青年人群对传统媒体的新闻使用越多，他们的线上和线下政治表达频度就越高。与之相似，网络媒体的新闻使用对青年线上政治表达（$\beta = 0.178$，$p < 0.001$）和线下政治表达（$\beta = 0.071$，$p < 0.001$）均具有显著的正向作用，H2a 和 H2b 得到支持。这说明，青年人群对网络媒体平台中的新闻使用越多，他们的线上和线下政治表达频度也越高。

同时，结构方程显示，传统媒体的新闻使用对青年的内部政治效能的作用方向虽然是正向（$\beta = 0.029$），但并不显著（$p > 0.05$），H3a 遭到拒绝；而传统媒体新闻使用对青年的外部政治效能则具有显著的正向作用（$\beta = 0.171$，$p < 0.001$），H3b 得到支持。这意味着，对传统媒体的新闻使用越多，青年人群的外部政治效能感就会越高。与之相比，网络媒体新闻使用对青年的内部政治效能（$\beta = 0.203$，$p < 0.001$）和外部政治效能（$\beta = 0.055$，$p < 0.001$）均具有显著的正向作用，H4a、H4b 得到支持。这表明，青年人群对网络媒体的新闻使用愈多，他们的内部和外部政治效能感愈高。

结构方程亦显示（参见图6），内部政治效能对青年的线上政治表达具有显著的正向作用（$\beta = 0.073$，$p < 0.001$），H5a 得到支持；但是，内部政治效能对青年的线下政治表达的正向作用则不显著（$\beta = 0.011$，$p > 0.05$），H5b 遭到拒绝。这意味着，青年人群的内部政治效能感越高，他们在线的政治表达频度就越高。对于外部政治效能，结构方程显示，外部政治效能对青年的线上政治表达（$\beta = 0.111$，$p < 0.001$）和线下政

[①] Hooper, D., Coughlan, J., & Mullen M., "Structural Equation Modelling: Guidelines for Determining Model Fit", *Electronic Journal of Business Research Methods*, Vol. 6, No. 1, 2008, pp. 53–60.

治表达（β=0.079，p<0.001）均具有显著的正向作用，H6a和H6b均得到支持。这表明，青年人群的外部政治效能感越高，他们线上和线下的政治表达频度就越高。

比较重要的是，结构方程显示，内部政治效能中介了网络媒体新闻使用对线上政治表达的正向影响：网络新闻使用既有对线上政治表达的直接促进作用，又有通过内部政治效能的间接促进作用（间接效应与直接效应的比值为0.09）。并且，外部政治效能中介了媒介新闻使用对线上和线下政治表达的正向影响：传统媒体的新闻使用既有对线上政治表达的直接促进作用，又有通过外部政治效能对线上和线下政治表达的间接促进作用（间接效应与直接效应的比值依次为0.09、0.08）；网络媒体的新闻使用既有对线上和线下政治表达的直接促进作用，又有通过外部政治效能对线上和线下政治表达的间接促进作用（间接效应与直接效应的比值分别为0.08、0.10）。

此外，对于RQ1，结构方程还显示，线上政治表达与线下政治表达之间的路径双向显著，这说明，青年群体的线上政治表达频度越高，其线下政治表达频度亦越高，反之亦然；对于RQ2，内部政治效能和外部政治效能之间的路径双向显著，这意味着，青年群体的内部政治效能对其外部政治效能具有正向促进作用，反之亦然。

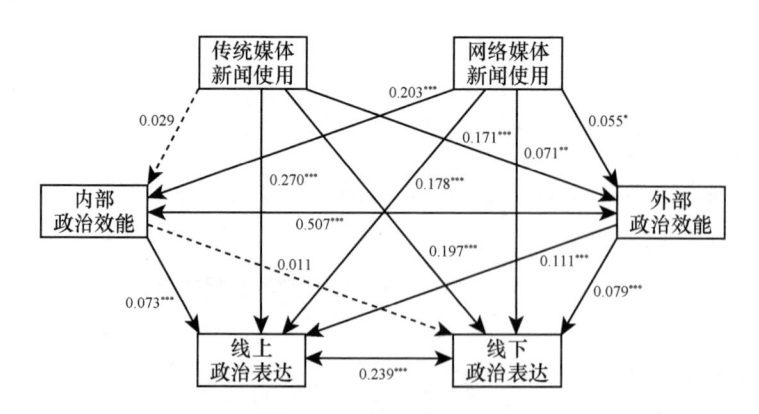

图6 媒介新闻使用、政治效能和政治表达的结构方程模型

注：图中实线为显著路径，虚线为非显著路径，系数为标准化系数；*p<0.05，**p<0.01，***p<0.001。

五　结论与讨论

本研究将政治效能感放置在媒介新闻使用的背景中，全面分析了传统媒体和网络媒体新闻使用对青年政治表达的影响。研究结果显示，传统媒体和网络媒体新闻使用对青年线上和线下政治表达既有直接影响，又有通过内部和外部政治效能的不完全的间接作用。

第一，传统媒体和网络媒体新闻使用对青年线上和线下政治表达均具有正向影响。美国学者祖尼加等人曾指出，对传统信息源的使用和非传统消息渠道（例如博客）的使用会对政治参与和民主政治产生相似的效果。[①] 本研究对这种效果做了进一步探索，发现传统媒体和网络媒体新闻使用对线上和线下的政治表达也具有正效果。这主要表现为：一方面，传统媒体新闻使用对青年的线上和线下政治表达既有直接的促进作用，又有通过外部政治效能，对线上和线下政治表达产生间接推动作用；另一方面，网络媒体新闻使用既有对青年线上和线下政治表达的直接促进作用，又有通过内部政治效能对青年线上政治表达起到间接推动作用，还有通过外部政治效能对线上和线下政治表达的间接促进作用。二者相比，传统媒体的新闻使用对青年线上和线下政治表达的影响均高于网络媒体。同时，媒介新闻使用还是影响青年政治效能感的重要因素。传统媒介的新闻使用对青年的外部政治效能感具有正面促进作用，网络新闻使用对青年的内部和外部政治效能感均具有正向推动作用。

第二，政治效能感是影响青年政治表达的重要中介因素。尽管已有研究发现，内部政治效能感中介了媒介新闻使用对政治行动的影响。[②] 但是，本研究发现，内部效能感只是中介了网络新闻使用对青年线上政治表达的正面影响，并未中介网络新闻使用对线下政治表达的影响。与之

[①] Gil de Ziiniga, H., Puig-i-Abril, E., & Rojas, H., "Weblogs, Traditional Sources Online and Political Participation: An Assessment of How the Internet is Changing the Political Environment", *New Media & Society*, Vol. 11, No. 4, 2009, pp. 553–574.

[②] Gastil, J. & Xenos, M., "Of Attitudes and Engagement: Clarifying the Reciprocal Relationship Between Civic Attitudes and Political Participation", *Journal of Communication*, Vol. 60, No. 2, 2010, pp. 318–343.

相比，外部政治效能感的中介作用更大：外部效能感既中介了传统媒体使用对青年线上和线下政治表达的影响，又中介了网络新闻使用对青年线上和线下政治表达的正效果。有研究指出，政治效能感是一种政治态度，带有准备与行为意向的特征，具有对行为的预测和影响的功能。[1] 由于互联网的相对匿名和使用的便捷，随着政治效能感的提升，青年意见表达的心理准备和动机基础就会越充足，这就越有可能引发和刺激线上和线下的政治表达和参与等政治行为。并且，内部政治效能与外部政治效能之间具有相互促进的作用：青年人群的内部效能感越高，其外部政治效能感就越高；青年人群的外部效能感越高，他们的内部政治效能感也会越高。

第三，青年的线上与线下政治表达互为因果，二者之间具有相互促进的作用。这表明，青年人群的线上政治表达频度越高，其线下政治表达频度就越高；青年人群的线下政治表达频度越高，其线上政治表达频度也越高。已有研究发现，公民的线上和线下政治参与可以显著地相互预测。[2] 祖尼加等人认为，网民的在线表达频度越高，越有可能在表达观点时从一个围观者转变为一个参与者，最终形成现实的政治行动。[3] 与之类似，学者陈志敏（Michael Chan）、陈萱庭（Hsuan-Ting Chen）和李立峰也发现，政治效能影响了线上政治参与，线上政治参与又促进了线下政治参与。[4] 同时，在青年人群中间已经呈现出一种普遍特征，那就是离线活动的参与也会复制到在线活动里面，线下政治参与有时甚至和线上

---

[1] 黄慕也、张世贤：《政治媒介藉由政治效能、政治信任对投票行为影响分析——以2005年选举为例》，《台湾民主季刊》2008年第1期。

[2] Gil de Ziífiiga, H., Jung, N., & Valenzuela, S., "Social Media Use for News and Individuals' Social Capital, Civic Engagement and Political Participation", *Journal of Computer-Mediated Communication*, Vol. 17, No. 3, 2012, pp. 319 – 336.

[3] Gil de Ziífiiga, H., Molyneux, L., & Zheng, P., "Social Media, Political Expression, and Political Participation: Panel Analysis of Lagged and Concurrent Relationships", *Journal of Communication*, Vol. 64, No. 4, 2014, pp. 612 – 634.

[4] Chan, M., Chen, H. T., & Lee, L. F., "Examining the Roles of Mobile and Social Media in Political Participation: A Cross-national Analysis of three Asian Societies Using a Communicationmediation Approach", *New media & society*, No. 6, 2016, pp. 1 – 19.

政治参与相交融。[1]

第四，虽然上述研究结论有利于我们全面认识和理解媒介新闻使用对青年政治表达的复杂影响，但是本研究可能仍然存在三方面的不足。其一，本文对全国在校大学生进行抽样时，仅从东中西部抽取了北京、上海、广州、武汉、郑州、兰州和西安7个城市，相对于全国655个城市的总量，覆盖率并不高。[2] 并且，抽样并未遵循随机抽样和概率比例规模抽样的方法，抽取的调查对象主要是在校大学生，对其他社会青年群体、特别是农村青年群体未能予以全面覆盖，致使结论不能推广到全国。其二，对于在线政治表达的测度，本研究仅仅测量了微信、微博平台上的政治表达，并未测量青年群体在网络论坛、视频网站、知乎、豆瓣等其他网络平台中的政治表达行为。其三，本研究是一次横剖研究，只在单一时点对受访者进行了问卷调查，无法完全解决变量之间的内生性问题。[3] 当然，这些不足也为后续研究提供了思路和启发，未来的政治表达研究可以对这些不足进行修正与完善，并做进一步探索。

（该文首发于2015年第二届"政治传播与社会发展论坛"，刊载于《新闻大学》2017年第3期。）

---

[1] 吴世友、余慧阳、徐选国：《国外青年网络政治参与研究述评》，《中国青年研究》2013年第7期。

[2] 《中国的行政区划——城市》，中华人民共和国中央人民政府网站（http://www.gov.cn/test/2009-04/17/content_1288060.htm，20090417）。

[3] 胡荣：《中国人的政治效能感、政治参与和警察信任》，《社会学研究》2015年第1期。

新媒介技术环境下上海大学生的意见表达研究

廖圣清

（复旦大学新闻学院教授）

摘　要：本研究采用问卷调查（N=1146），考察分析了新媒介技术环境下上海市大学生的意见表达状况。本研究首次实际考察了意见表达中的意见气候的感知及其满足程度。研究显示，上海市大学生不大对国家政治问题、民生问题发表意见，对民生问题发表意见的频率高于国家政治问题；对国家政治问题、民生问题意见气候的感知及其满足程度，显著影响对国家政治问题、民生问题的意见表达；对国家政治问题意见气候的感知和满足程度，对民生问题的意见表达产生负向显著影响；使用电脑越频繁更倾向于发表意见，使用电脑时间越长则更少发表意见。

关键词：意见表达；意见气候感知；大学生

一　研究背景和目的

中国社会的转型、新媒介技术的发展，导致中国民众的意见表达日益频繁、重要性凸显。一方面，社会转型导致社会的分层及其利益的分化，使得民众需要通过各种平台表达意愿、谋求利益；另一方面，新媒介技术的发展与扩散，在一定程度上颠覆了传统媒体原有的信息发布的垄断权，使得民众有可能多渠道获得充足信息、充分发表意见。

意见表达既关乎民众的利益诉求，也关乎国家的和谐发展、社会的民主化进程，意见表达和舆论紧密相连。只有让民众充分表达意见，对特定的公共事务达成一致的看法，我们才可能采取共同的行为，促进社会问题的解决，推动社会的进步。①

目前，新媒介技术环境下的意见表达面临两个重要问题，一是互联网技术带来的意见表达的便利性，是否使得民众能够充分发表意见，民意在互联网环境下得以充分地展示、传播？二是意见表达的过程中必然涉及到意见纷争，现在经常认为互联网中的意见表达充斥着"戾气"。我们需要思考如何推进合理、有序的社会意见表达机制建设？通过合理、有序的意见表达，协调各方关系，形成社会共识社会合力。而且，意见表达机制建设的研究，需要在政府、媒体、受众三位一体的社会传播系统中展开，受众研究则是重要基础。②

因此，本研究以上海大学生为研究对象，采用沉默的螺旋理论作为研究视角，探讨新媒介技术环境下受众的意见表达。大学生是新媒介用户的主体，对其展开研究，是新媒介技术环境下的意见表达研究的题中应有之意。本研究从意见气候的感知的实际测量角度，考察、分析了意见表达的形态及其作用机制，丰富了沉默的螺旋理论研究。

二 文献综述与研究问题

毫无疑问，沉默的螺旋理论是我们研究意见表达的重要理论资源之一。

沉默的螺旋理论，是伊丽莎白·诺艾尔-诺依曼于1974年发表在《传播学刊》上的一篇论文中所提出的传播效果理论。1980年，诺艾尔-诺依曼以德文出版了《沉默的螺旋：舆论——我们的社会皮肤》一书。

作为传播效果研究领域的第三代发展阶段上的重要理论成果，沉默

---

① 廖圣清：《上海市民的意见表达及其影响因素研究》，《新闻大学》2010年第2期，第41—49页。

② 廖圣清：《构建社会责任传播制度，让互联网"管得紧"》，《人民论坛》2015（7月下）第40—41页。

的螺旋理论,主要是从社会心理学的角度研究了舆论的形成过程,探讨了对于孤独的恐惧,对于意见气候的感知、个人的意见表达等核心概念及其相互作用的机制。

诺艾尔-诺依曼认为,人们因为害怕被孤立,发表意见的时候,会努力地去了解大多数人所持的意见;如果自己的意见和大多数人的意见不一致,为了避免由于意见冲突所带来的被孤立,选择不发表自己的意见;如果自己的意见跟大多数人的意见相一致,会积极地发表意见,以显示自己和大家是一致的。人们越是如此估计意见的趋势并调整自己的看法,某一派的观点则越显得占尽风头,而其他派别的观点则越像走下坡路;因此,一派大声喧嚣而其它派沉默寡言的趋势演变成一个螺旋过程,并且不断地将前者推成主流观点。[1]

诺依曼提出了四个理论假设:第一,具有异常想法的个人有被社会孤立的威胁;第二,个人总是有被孤立的恐惧感;第三,因为害怕被孤立,个人总是力图估计舆论的气候;第四,这种估计的结果会影响个人的公众场合行为,特别是,在公开表达还是隐藏自己的观点的时候。诺依曼并且认为,上述四个假设影响了舆论的形成、防御和改变。[2]

沉默的螺旋理论,是一个连接大众传媒影响和个体意见表达的经典模型,探寻个体公开表达观点意愿的原因,以及大众传播如何塑造意见气候。该理论认为,人们有一种能力,可以去感知这个社会当中大多数人的意见,即"准感官统计"的能力;同时,人们是通过大众传媒去感知到大多数人的意见;通常认为大众传媒所呈现的意见就代表了多数人的想法。[3]

沉默的螺旋理论的一个重要假定,是认为人们是害怕孤独的,因此不想和别人造成意见冲突。在新媒介技术环境下,网络的匿名性,是否导致人们可以更不顾忌与别人的意见是否一致,更有可能表达自己的意

---

[1] Noelle-Neumann, E. "The spiral of silence a theory of public opinion," *Journal of Communication*, 24 (2) (1974): pp. 43 – 51.

[2] Noelle-Neumann, E. "The theory of public opinion: the concept of the spiral of silence," *Annals of the International Communication Association*, 14 (1) (1991): pp. 256 – 287.

[3] Noelle-Neumann, E. "The theory of public opinion: the concept of the spiral of silence," *Annals of the International Communication Association*, 14 (1) (1991): pp. 256 – 287.

见？很多研究者在此背景下展开相关研究，但得出的结论不一致。而且，在新媒介技术环境下，过去相对明朗的信息场、舆论场都变得错综复杂，新媒体用户个体的意见表达及其对意见气候的感知，需要进一步测量和验证。因此，本研究基于对意见表达、意见气候的感知的实际测量，考察、分析上海大学生实际的意见表达及其影响因素，探究意见表达的形态与作用机制。

（一）大学生意见表达的频率与渠道

众所周知，沉默的螺旋理论所研究的意见表达，不是指对一般的问题的泛泛而谈，而是针对有争议的社会问题所发表的看法。[1][2][3] 伴随中国社会的转型，与社会公共事务相关的问题凸显，意见表达变得更加平常化。

在新媒介技术环境中，意见和态度不是简单的、二元对立的分布，而是呈现出多数人与少数人之间的双向互动，使个体意见的表达具有了多种可能性；同时，个体意见表达的渠道增加。但是，新媒介技术环境中的个体是否会公开表达观点呢？如是，大学生意见表达的频率如何？大学生意见表达的渠道如何？

意见表达的测量是沉默的螺旋理论研究中的一个核心问题。此前许多的相关研究，对意见表达的测量多采用假想的方式，研究在假定的场景中人们是否会发表意见。但是，假想的情况和实际的情况之间可能会有不一致性。

本研究基于作者已有的研究[4]结合中国社会发展实际，从国家政治、民生两大类型的问题，对大学生的意见表达进行实际测量。

---

[1] Lasorsa, D. L. "Political outspokenness: factors working against the spiral of silence," *Journalism & Mass Communication Quarterly* 68 (1–2) (1991): pp. 131–140.

[2] William J. Gonzenbach, & Robert L. Stevenson. "Children with aids attending public school: an analysis of the spiral of silence," *Political Communication*, 11 (1) (1994): pp. 3–18.

[3] Scheufele, D. A., & Moy, P. "TWENTY-FIVE YEARS OF THE SPIRAL OF SILENCE: A CONCEPTUAL REVIEW AND EMPIRICAL OUTLOOK," *International Journal of Public Opinion Research*, 12 (1) (2000): pp. 3–28.

[4] 廖圣清：《上海市民的意见表达及其影响因素研究》，《新闻大学》2010年第2期，第41—49页。

研究问题一：大学生的意见表达的频率、渠道如何？

(二) 意见气候感知

意见气候的感知的测量是沉默的螺旋理论研究中的又一个核心问题。意见气候既包括现有意见，也包括未来可能出现的意见。沉默的螺旋理论把意见气候的形成，归因于从众心理和趋同行为，预设个体具有"准感官统计"的能力，能够感知到什么意见被大多数人所认同或者不认同。该理论认为人是害怕孤独的，在发表意见之前，都会去感知大多数人的意见，并比较自己的意见和大多数人的意见的异同，然后决定是否发表意见。[1]

但是，新媒介技术环境中，受众会去感受大多数人的意见吗？多数研究与传统媒介环境下的研究一样，并没有对此预设加以测量，而是直接让受众去比较自己的观点与多数人的意见的异同。[2] 本研究测量了大学生对意见气候的感知过程及其结果。

研究问题二：大学生对意见气候感知的情况如何？

(三) 大学生意见表达的影响因素

多年来，很多研究者检验或修正沉默的螺旋理论，探讨意见表达的影响因素，包括意见气候、[3] 社会孤立恐惧、[4] 自我审查、[5] 议题的重要性、[6]

---

[1] Noelle-Neumann, E. "The theory of public opinion: the concept of the spiral of silence," Annals of the International *Communication Association*, 14 (1), (1991): pp. 256 – 287.

[2] Huge, M. E., & Glynn, C. J. "Hesitation Blues: Does Minority Opinion Status Lead to Delayed Responses?," *Communication Research*, 40 (3), (2013): pp. 287 – 307.

[3] Jeffres, L. W., Neuendorf, K. A., & Atkin, D. "Spirals of Silence: Expressing Opinions When the Climate of Opinion Is Unambiguous," *Political Communication*, 16 (2), (1999): pp. 115 – 131.

[4] Glynn, C. J., & Park, E. "Reference groups, opinion intensity, and public opinion expression," *International Journal of Public Opinion Research*, 9 (3), (1997): pp. 213 – 232.

[5] Hayes, A. F., Glynn, C. J., & Shanahan, J. "Willingness to self-censor: a construct and measurement tool for public opinion research," *International Journal of Public Opinion Research*, 17 (3), (2005): pp. 298 – 323.

[6] Hayes, A. F., Shanahan, J., & Glynn, C. J. "Willingness to Express one's Opinion in a Realistic Situation as a Function of Perceived Support for That Opinion," *International Journal of Public Opinion Research*, 13 (1), (2001): pp. 45 – 58.

个人特征、[1] 媒介报道、[2] 跨文化因素等。[3]

本研究检验了关于问题严重性的评估、意见气候的感知、意见气候感知的满足程度、新媒体使用以及人口学变量对大学生的意见表达的频率影响。

研究问题三：大学生意见表达的影响因素如何？

三 研究方法

（一）数据来源

本研究采取分层抽样方法，随机抽取上海"985""211"、一般本科三类18所高校1200人进行问卷调查，成功访问1146人。在95%置信水平下，数据误差在正负1.48%之间。

样本主要构成如下：男性41%、女性59%；一年级25.1%、二年级55.7%、三年级14.9%、四年级4.3%；文科56.6%、理科20.3%、工科16.9%、医科6.3%。

（二）测量

1. 意见表达的频率

本研究把意见表达的议题分为国家政治问题、民生问题两大类别；然后，用五级量表测量大学生运用"与家人或亲友讨论"等不同渠道表达相关意见的频率。测量的具体问题是"在过去的一年中，针对下列问题，您采取以下方式表达您的意见或看法的情况如何"，选项分别为1表示从未有过，2表示偶尔有过，3表示有过少数几次，4表示有过好几次，5表示有过很多次。

---

[1] Baldassare, M., & Katz, C. "Measures of Attitude Strength as Predictors of Willingness to Speak to the Media," *Journalism & Mass Communication Quarterly*, 73 (1), (1996): pp. 147–158.

[2] Allen, B., O'Loughlin, P., Jasperson, A., & Sullivan, J. "The Media and the Gulf War: Framing, Priming, and the Spiral of Silence," *Polity*, 27 (2), (1994): pp. 255–284.

[3] Matthes, J., Hayes, A. F., Rojas, H., Shen, F., Min, S., & Dylko, I. B. "Exemplifying a Dispositional Approach to Cross-Cultural Spiral of Silence Research: Fear of Social Isolation and the Inclination to Self-Censor," *International Journal of Public Opinion Research*, 24 (3), (2012): pp. 287–305.

我们把表1中大学生通过"与家人或亲友讨论"等所有8项渠道分别对国家政治问题、民生问题进行意见表达的频率累加取均值，形成分别测量人们针对国家政治问题和民生问题的意见表达行为的综合指标，其分值范围分别为1—5，1—6。

2. 问题的严重性

本研究选取了社会稳定、政治民主、言论自由、官员腐败、国家安全和外交，作为主要的国家政治问题；医疗服务、食品安全、失业和就业保障、物价、住房、教育，作为主要的民生问题；用七级量表测量大学生对这两类问题在我国的严重程度的评估，具体问题是"您觉得以下方面的问题在我国严重吗？请用7分制，1表示不严重，7表示非常严重，在相应的位置上打钩"。

我们把大学生对"社会稳定"等5项国家政治问题、"医疗服务"等6项民生问题的严重程度的评估累加取均值，形成国家政治问题严重性与民生问题严重性两个综合指标（Cronbach's alpha 分别为0.88和0.94），来反映大学生对社会问题严重性的评估。

3. 意见气候感知的频率

本研究综合测量了受众对意见气候的感知，并主要从以下三个方面展开：一是意见气候感知的基本行为，即在发表意见之前是否会去了解大多数人对这个问题的看法；二是意见气候感知的渠道，即通过哪些渠道了解大多数人的看法；三是意见气候感知的满足程度，即多大程度上能感知到大多数人的看法。

关于测量意见气候感知的基本行为的具体问题是："针对下列（国家政治、民生）问题，您发表意见之前会去了解大多数人的看法吗"，选项分别为1表示从未有过，2表示偶尔有过，3表示有过少数几次，4表示有过好几次，5表示有过很多次。

我们把大学生去了解大多数人对"社会稳定"等5项国家政治问题、"医疗服务"等6项民生问题看法的频次累加取均值，形成国家政治问题意见气候感知的基本行为与民生问题意见气候感知的频率两个综合指标（Cronbach's alpha 分别为0.95和0.95），来反映大学生对社会问题意见气候感知的基本行为。

4. 意见气候感知的渠道

关于测量意见气候感知的渠道的具体问题是："针对下列（国家政治、民生）问题，您通过以下哪些渠道了解大多数人的看法"，选项分别为1表示有过，0表示没有过。

我们把表3中大学生通过"与家人或亲友讨论"等所有12项渠道分别对国家政治问题、民生问题进行意见气候感知的频率累加取均值，形成分别测量人们针对国家政治问题和民生问题的意见气候感知渠道的综合指标，其分值范围分别为1—5，1—6。

5. 意见气候感知的满足程度

本研究用了五级量表测量受众的意见气候感知的满足程度，具体问题是"针对下列问题，您能感知到大多数人的看法吗"，选项分别为1表示从未有过，2表示偶尔有过，3表示有过少数几次，4表示有过好几次，5表示有过很多次。

我们把大学生对"社会稳定"等5项国家政治问题、"医疗服务"等6项民生问题感知到的大多数人的看法的程度的评估累加取均值，形成国家政治问题意见气候感知的满足程度与民生问题意见气候感知的满足程度两个综合指标（Cronbach's alpha 分别为0.91和0.92），来反映大学生对意见气候感知的满足程度的评估。

6. 新媒体的使用

本研究用了五级量表测量受众的新媒体使用的频次，具体问题是针对平板电脑、笔记本电脑、台式电脑、手机，"您平时接触下列各项媒介的频率是"，选项分别为1表示从未有过，2表示偶尔有过，3表示有过少数几次，4表示有过好几次，5表示有过很多次。

同时，测量了受众的新媒体使用的时长，具体问题是针对平板电脑、笔记本电脑、台式电脑、手机，"您使用以下媒介的时候大约每次花费多长时间"。

	国家政治问题			民生问题		
	均值	标准差	样本量	均值	标准差	样本量
a. 与家人或亲友讨论	1.79	.901	1146	2.05	.974	1146

续表

	国家政治问题			民生问题		
	均值	标准差	样本量	均值	标准差	样本量
b. 与同学讨论	1.87	.922	1146	2.06	.971	1146
c. 在自己的微博上发表评论	1.41	.679	1146	1.50	.756	1146
d. 在自己的微信公众上发表评论	1.31	.610	1146	1.36	.652	1146
e. 在网络论坛上发表评论（发贴或跟帖）	1.32	.605	1146	1.37	.652	1146
f. 在知乎、豆瓣小组等问答社区发表评论	1.31	.644	1146	1.34	.650	1146
g. 向报刊、电台、电视台反映	1.16	.456	1146	1.19	.492	1146
h. 向政府有关部门反映	1.15	.460	1146	1.18	.494	1146
总体意见表达的总频率	1.415	.660	1146	1.506	.705	1146

7. 人口学变量

本研究的分析包括了被访者的性别、年级、专业、月平均消费水平。

四 研究发现

（一）意见表达的频率及其在不同议题之间的差异

表1显示，单就意见表达的频率而言，均值多在1—2之间，最高没有达到3。这反映出，无论是针对国家政治问题，还是针对民生问题，大学生都不大表达自己的意见，至多"偶尔"表达意见或想法。

表1　大学生意见表达的渠道与频率

	国家政治问题			民生问题		
	均值	标准差	样本量	均值	标准差	样本量
a. 与家人或亲友讨论	1.79	.901	1146	2.05	.974	1146
b. 与同学讨论	1.87	.922	1146	2.06	.971	1146
c. 在自己的微博上发表评论	1.41	.679	1146	1.50	.756	1146
d. 在自己的微信公众上发表评论	1.31	.610	1146	1.36	.652	1146

续表

	国家政治问题			民生问题		
	均值	标准差	样本量	均值	标准差	样本量
e. 在网络论坛上发表评论（发贴或跟帖）	1.32	.605	1146	1.37	.652	1146
f. 在知乎、豆瓣小组等问答社区发表评论	1.31	.644	1146	1.34	.650	1146
g. 向报刊、电台、电视台反映	1.16	.456	1146	1.19	.492	1146
h. 向政府有关部门反映	1.15	.460	1146	1.18	.494	1146
总体意见表达的总频率	1.415	.660	1146	1.506	.705	1146

从意见表达的渠道使用看，大学生最多通过人际传播渠道发表意见；其次充分利用新的传播科技成果进行沟通；第三是选择大众传媒；向政府有关部门反映被排在了最后。

从意见表达针对的议题来看，大学生通过人际传播渠道对民生问题表达意见的频率，稍显高于国家政治问题；大学生通过其它渠道对民生问题表达意见的频率，都略高于国家政治问题。

配对样本t检验显示，大学生对国家政治问题的意见表达频率比民生问题略低，这个差异具有统计上的显著（t = -17.451，p < .001）。

（二）意见表达的影响因素

1. 问题的严重性

表2显示的是被访者对两大类问题严重性的评价。结果显示，人们对"住房"的严重性评估最高，分值为4.94；其次是"食品安全""物价""教育""官员腐败""医疗服务""失业和就业保障"，分值分别是4.63、4.51、4.47、4.25、4.19和4.13；其余各项的得分都在4.00以下。

表2　大学生对国家政治问题、民生问题严重程度的评估

国家政治问题	均值	标准差	样本量	民生问题	均值	标准差	样本量
a. 社会稳定	2.54	1.432	1146	a. 医疗服务	4.19	1.818	1146
b. 政治民生	3.06	1.674	1146	b. 食品安全	4.63	1.848	1146

续表

国家政治问题	均值	标准差	样本量	民生问题	均值	标准差	样本量
c. 言论自由	3.39	1.796	1146	c. 失业和就业保障	4.13	1.682	1146
d. 官员腐败	4.25	1.842	1146	d. 物价	4.51	1.764	1146
e. 国家安全和外交	3.17	1.637	1146	e. 住房	4.94	1.844	1146
				f. 教育	4.47	1.831	1146
国家政治问题综合评估	3.28	1.386	1146	民生问题综合评估	4.48	1.567	1146

用7级量表的中值（4）作为标准，对大学生对国家政治问题、民生问题严重性的评估做单样本t检验，结果显示，在五个国家政治问题当中，被访者对"官员腐败"的严重程度的估计显著高于量表中值，属于"相对比较严重"，而对其它四个议题，他们的评估都显著低于量表的中值，也就是说，属于"不太严重"。但被访者对所有民生问题严重性的评估都属于"相对比较严重"，样本均值都显著高于量表中值。

比较被访者对"国家政治问题"和"民生问题"严重程度的综合评估，配对样本t检验的结果显示，两类问题的综合均值之间有统计上的显著差异，国家政治问题的严重程度（均值为3.28）显著低于民生问题的严重程度（均值为4.48，t = -34.00，p <.001）。

2. 意见气候感知的频率及其在不同议题之间的差异

表3　　　　　　　　大学生意见气候感知的渠道与频率

	国家政治问题			民生问题		
	均值	标准差	样本量	均值	标准差	样本量
a. 与家人或亲友交流	.262	.384	1146	.321	.401	1146
b. 与同学交流	.273	.388	1146	.307	.392	1146
c. 微博上	.476	.441	1146	.453	.450	1146
d. 微信上	.330	.400	1146	.346	.415	1146
e. 网络论坛上	.182	.307	1146	.176	.312	1146
f. 网络问答社区上	.129	.261	1146	.139	.273	1146
g. 网站上	.275	.366	1146	.292	.382	1146
h. 报纸上	.172	.304	1146	.178	.309	1146

续表

	国家政治问题			民生问题		
	均值	标准差	样本量	均值	标准差	样本量
i. 杂志上	.082	.213	1146	.106	.238	1146
j. 广播上	.079	.206	1146	.099	.232	1146
k. 电视上	.237	.362	1146	.263	.373	1146
l. 学校教育	.176	.316	1146	.321	.401	1146
总体意见气候感知的总频率	2.406	1.050	1146	2.708	1.084	1146
总体意见气候感知的满意度	2.677	.859	1146	3.048	.942	1146

表3显示，单就意见气候感知的总频率而言，均值在2—3之间，最高没有达到3。这反映出，无论是针对国家政治问题，还是针对民生问题，大学生都不大在发表意见之前去了解大多数人的看法，至多"偶尔"去了解大多数的意见或想法。从感知意见气候的渠道使用看，大学生最多通过微博、微信等新的传播科技成果获取大多数人的意见；其次利用人际传播渠道；第三是选择网站和传统大众传媒中的电视；第四是学校教育；广播、杂志排在了最后。

从感知意见气候针对的议题来看，大学生通过人际传播渠道对民生问题感知意见气候的频率，稍显高于国家政治问题；除去微博、网络论坛两种渠道，大学生通过其它渠道对民生问题感知意见气候的频率，都略高于国家政治问题。

配对样本t检验显示，大学生对国家政治问题的意见气候感知频率比民生问题略低，这个差异具有统计上的显著（t = -15.487，p < .001）。

就意见气候感知的满意度而言，均值在2—3之间，最高没有达到4。这反映出，无论是针对国家政治问题，还是针对民生问题，大学生都不大能感知到大多数人的看法，至多"有时"了解到大多数的意见或想法。

配对样本t检验显示，大学生对国家政治问题的意见气候感知满意度比民生问题略低，这个差异具有统计上的显著（t = -18.335，p < .001）。

3. 新媒体的使用

研究显示，大学生使用电脑的频率的均值为3.118（标准差为.797），其中使用笔记本电脑频率的均值为3.90（标准差为.998）、使用平板电脑频率的均值为 2.89（标准差为 1.289）、使用台式电脑频率的均值为 2.56（标准差为 1.170）；使用手机的频率均值为 4.610（标准差为 .725）。也就是说，电脑、手机都是他们经常使用的新媒体。研究同时显示，大学生使用电脑的时长均值为 57.633（标准差为 61.540）分钟，其中使用笔记本电脑时长的均值为 86.20（标准差为 84.268）、使用平板电脑频率的均值为 45.86（标准差为 79.878）、使用台式电脑频率的均值为 40.81（标准差为 65.706）；使用手机的时长均值为 125.76（标准差为 202.674）。

（三）相关要素对意见表达的影响

我们以人口学变量为控制变量，以上述大学生对进行意见表达的问题的严重性的评估、意见气候感知等相关因素为自变量，以总体意见表达的总频率（通过所有渠道进行意见表达）的平方根为因变量（频率得分之累加所形成的变量分布问题严重向右拖延，偏离正态分布比较严重），进行 OLS 回归分析；考察这些因素对大学生意见表达频率的影响。

表 4　　　　　　　预测意见表达频率（OLS 回归分析）

自变量	意见表达频率 政治问题	意见表达频率 民生问题
人口学变量	-.047	-.027
性别（女性=1）	.005	.025
年级	.005	.025
个人平均月消费水平	.007	.006
专业（文科为参照群体）		
理科	-.004	-.030
工科	.049	.015
医科	.003	.001
ΔR^2（%）	.5	.5
新媒体使用		
电脑使用频率	.106***	.117***
电脑使用时长	-.109***	.082**

续表

自变量	意见表达频率	
	政治问题	民生问题
电脑使用频率	-.053	-.026
电脑使用时长	.042	.014
ΔR^2 (%)	2.6***	3.0***
问题严重性评估		
政治问题	.168***	.039
民生问题	-.061	.072
总体意见气候的感知总频率		
政治问题	.195***	-.106*
民生问题	.074	.396***
总体意见气候的感知满足度		
政治问题	.087*	-.137***
民生问题	.122**	.305***
ΔR^2 (%)	17.6***	23.3***
N	1146	1146
调整后 R^2 (%)	19.5**	25.8***

注：因为因变量分布右偏（较少被访者经常采取意见表达的行为），因此我们做了开平方根的处理。处理后的变量分布接近正态（针对政治议题的表达频率：均值=1.407，标准差=.301，中位数=1.414；针对民生问题的表达频率：均值=1.523，标准差=.320，中位数=1.528）。回归模型中采用的是开平方根处理后的因变量。
*p≤.05，**p≤.01，***p≤.001。

结果显示（见表4），人口学变量对大学生的国家政治问题和民生问题的意见表达频率都未产生显著影响。相比而言，随着年级的增加、平均月消费水平的增加，大学生越倾向于对国家政治问题和民生问题发表意见；男生比女生更倾向于对国家政治问题和民生问题表达意见。相比文科、理科的同学，工科、医科的大学生对国家政治问题和民生问题更有可能发表意见。

电脑使用对大学生对国家政治问题和民生问题的意见表达都产生显著影响；使用电脑越频繁的大学生，更倾向于对国家政治问题、民生问题表达意见；然而，使用电脑时间越长的大学生，对国家政治问题和民生问题则更少发表意见。手机的使用对大学生对国家政治问题、民生问题发表意见没有产生显著影响。对国家政治问题严重性的评估对大学生对国家政治问题的意见表达产生显著影响；对问题的严重性评估越高，越倾向于进行意见表达。但是，对民生问题的严重性的评估对大学生对国家政治问题的意见表达没有产生显著影响。同时，对国家政治问题、民生问题的严重性的评估对大学生对民生问题的意见表达没有产生显著影响。

对意见气候的感知对大学生对国家政治问题、民生问题的意见表达都产生显著影响。越经常感知大多数人对国家政治问题的意见或看法，大学生越多的对国家政治问题发表意见，越少的对民生问题发表意见。越经常感知大多数人对民生问题的意见或看法，大学生越经常对民生问题发表意见。但是，对民生问题的感知，对大学生对民生问题的意见表达没有显著影响。

与意见气候的感知影响相类似，意见气候感知的满足度对大学生对国家政治问题、民生问题的意见表达都产生显著影响；对国家政治问题、民生问题的意见气候感知的满足程度越高，大学生越经常进行国家政治问题的意见表达。对民生问题的意见气候感知的满足程度越高，大学生越经常进行民生问题的意见表达。但是，对民生问题的意见气候感知的满足程度越高，大学生越不经常进行国家政治问题的意见表达。

五 结论和讨论

本研究实际地测量了上海大学生通过不同渠道对国家政治问题、民生问题进行意见表达的状况，首次揭示了上海大学生的意见表达的基本情况。同时，本研究实际的测量了大学生的意见气候感知并考察其在意见表达中的作用，也为后续同类研究提供了重要的测量方法。

结果显示，上海大学生对于这些重要的社会问题，实际上是不大发表意见的，至多"偶尔"表达意见或看法。作为互联网用户的主体之一，大学生尚且如此低频率地发表意见，可是，互联网当中却汹涌澎湃地流动着诸多意见，这不由让人深思我们如何才能准确把握民意？意见表达研究的重要性、复杂性也由此彰显。

上海大学生主要通过什么渠道来发表意见？结果显示，他们首选人际传播渠道发表意见；其次充分利用新的传播科技成果进行沟通；大众传媒则是他们发表意见采用较少的渠道。在政府、媒体和受众"三位一体"的社会传播体系中，大众传媒是其中的重要组成部分。然而，大众传媒在目前上海大学生意见表达中的作用是有限的。如何发挥大众传媒在意见表达中的作用？这是目前极为重要的一个问题。

对于不同的议题，上海大学生采用不同的渠道发表意见。他们通过人际传播渠道对民生问题表达意见的频率，稍显高于国家政治问题；他们通过其它渠道对民生问题表达意见的频率，都略高于国家政治问题。也就是说，上海大学生对民生问题发表意见的频率高于国家政治问题。

本研究测量了上海大学生关于问题严重性的评估、意见气候的感知、意见气候感知的满足程度等因素的基本情况，并检验了这些因素与新媒体使用以及人口学变量对大学生的意见表达的频率影响。结果显示，除去人口学变量，这些因素程度不等地对上海大学生的意见表达的频率产生影响。

人口学变量对上海大学生的意见表达的频率没有产生显著的影响，这或许因为大学生是一个在这些诸多方面上具有较高接近性的群体。但同时，我们还是可以看到，随着年级（文化程度、年龄的综合反映）的增加、平均月消费水平的增加，大学生越倾向于对国家政治问题和民生问题发表意见；男生比女生更倾向于对国家政治问题和民生问题发表意见。这些结果与已有研究相一致，即性别和文化程度、年龄影响人们的意见表达，且影响的方向一致。

上海大学生使用电脑越频繁越倾向于发表意见，使用电脑时间越长则更少发表意见。但是，手机的使用对大学生对国家政治问题、民生问题发表意见没有产生显著影响。

上海大学生对于这些社会问题的严重性的评估相对温和。他们对民生问题的严重性的评估显著高于国家政治问题；也就是说，大学生对于教育、房价等与切身利益相关的问题的严重性的评估，明显高于其它问题。同时，大学生对国家政治问题严重性的评估显著影响其对国家政治问题进行意见表达；大学生对国家政治议题严重性评估的程度越高，越倾向于对国家政治问题发表意见。但是，大学生对国家政治问题严重性的评估对民生问题的意见表达没有产生显著影响。在社会转型的过程中，伴随社会阶层的分化以及社会利益的分化，每一个社会阶层所关心的主要问题可能是不一样的，他们发表意见所针对的议题可能也是不一样的。因此，如何让社会各个阶层充分发表意见，进而形成社会共识，更是当下重要的现实问题和理论问题。同时，对社会问题严重性的评估是影响意见表达的一个重要因素，这启示我们如何做好当下的舆情处置工作和相关研究。我们应该思考如何通过意见表达获取社会舆情、社会舆论，促进社会实际问题的解决。传播工作之所以重要，因为它是紧密连接各个社会实际部门的重要中介。

本研究从两个紧密相连的方面着力探讨了意见气候感知的测量，即大学生在发表意见前是否会去了解大多数人的意见，以及随后他们实际上对大多数人意见的了解程度。数据显示，上海大学生在发表意见之前不大去了解大多数人的意见，相比而言，他们对民生问题的意见气候的感知高于国家政治问题。同时，他们对民生问题上大多数人意见的了解程度也高于国家政治问题。

研究发现，上海大学生都不大在发表意见之前去了解大多数人的看法；而且，都不大能感知到大多数人的看法。这也显示出，首先对意见气候的感知及其满足程度进行实际测量，在沉默的螺旋理论研究中的必要性、重要性。研究结果同时吸引我们进一步的思考，大学生发表意见不大去了解大多数人的意见，是一定程度上对沉默螺旋理论研究的否定？我们也可能由此担心网络群体激化的普遍性，以及对新媒介技术环境下充满戾气的意见表达予以解释。我们也可能认为，大学生试图去了解大多数人的意见，但是却难以获取足够的相关信息。因此，意见表达中的知情与理性的关系，仍需深入研究。

同时，上海大学生意见气候的感知及其满足程度，都显著影响了他们的意见表达的频率。首先，意见气候的感知方面，大学生越经常去感知大多数人对于国家政治问题、民生问题的看法，则越倾向于针对相应的问题发表意见；但是，他们越经常去感知大多数人对于国家政治问题的看法,对民生问题发表意见的频率却越低。其次,意见气候的感知的满足程度方面,大学生越感知到大多数人对于国家政治问题的看法,则越经常对国家政治问题发表意见,却越少对民生问题发表意见;他们越感知到大多数人对于民生问题的看法,则对民生问题、国家政治问题都越经常的发表意见。这在一定程度上反映出,在意见表达中,上海大学生对问题的知情和理性的表达是紧密结合在一起。因此,政府和媒体如何合力进一步推动重要政府信息、社会信息的合理、有效公开,让民众知晓重大问题信息,促进知情和理性的良性互动,这是推动意见表达的规范化、有序化建设的重要维度。

本研究着重从意见气候的感知角度,考察、分析意见表达的形态及其作用机制,是对意见表达实际测量研究[1]的拓展、深化,未来的研究需要结合"沉默的螺旋"理论的核心,进一步测量个体意见和大多数人意见之间的差异性及其影响,并深入探讨"知情""理性"两者的因果关系,也需将研究对象从大学生群体推广到一般的社会民众。

(该文发表于2016年第三届"政治传播与社会发展论坛",刊载于《新闻大学》2017年第12期。)

---

[1] 廖圣清:《上海市民的意见表达及其影响因素研究》,《新闻大学》2010年第2期,第41—49页。

二元性互构：选择性接触影响下的青年网络政治意见表达[*]

晏齐宏

（北京交通大学语言与传播学院讲师）

摘　要：新媒体语境下，媒介平台的选择性接触更加普遍，它与用户媒介实践相互型构，进而塑造了网络政治意见表达的整体图景。基于全国调查数据发现，对媒介平台的接触在绝对数字上正向调节了信息关注对青年网络政治意见表达的影响关系，但是不同媒介平台接触之间的调节作用有很大差异。定制化媒介平台接触的调节作用较大，而官方媒体接触的调节作用较小。虽然社交媒体中的政治意见表达程度远高于定制化平台和官方媒体，但由于定制化平台接触对信息关注影响内在效能感、信息关注影响整体意见表达的调节作用较大，最终它与社交媒体意见表达程度的差距缩小；相反，由于官方媒体接触对信息关注影响外在效能感、信息关注影响意见表达的调节作用较小，最终它与定制化平台意见表达的差距拉大。

关键词：意见表达；选择性接触；政治效能感；媒介平台

一　问题提出

发展传播学关注的一个问题是，技术发展环境下，网络接入和使

---

[*] 本文系中国社会科学院马克思主义理论学科建设与理论研究工程项目"新时代网络舆论的形成机制与治理模式研究"（项目编号：2018mgczd002）的研究成果。

用是否缩小了原有社会发展差距，政治意见表达是其中一个重要维度。有研究发现，相比于人口结构、家庭背景、社会融合等因素，以媒体和人际互动为主要内容的传播能力更可能影响政治参与。[1] 这种传播能力很大程度上依赖于传播结构以及新媒体语境下的用户媒介实践。

从传播结构看，传播基础结构理论（communication infrastructure theory，CIT）认为，传播基础设置影响市民参与。[2] 在网络环境下，学者对互联网促进意见表达给予高度期待。例如，廖圣清[3]对上海市民意见表达的研究、周葆华等[4]对大学生群体及新生代农民工[5]意见表达的研究、晏齐宏[6][7]对新生代农民工意见表达的研究、陈旭辉和柯惠新[8]从议题属性和网民社会心理的视角对网民意见表达的分析，不同程度表明了互联网在意见表达方面弥合了弱势群体与优势阶层的差距。随着新媒体技术发展，媒介平台版图发生了重大变革，以移动互联网为主要资讯消费终端的平台发挥了很大的作用。这些智能手机、移动终端中嵌入大量的新闻资讯软件、算法应用软件、官方媒体客户端等，为人们的媒介使用提供了更多选择。但是也有研究发现，可选的媒介增多会扩大不同群体在政治知识、投票方面的差距和鸿沟，主要原因在于其媒介使用目的不同，

---

[1] Shah, D. V., McLeod, J. M., and Lee, N. J., "Communication Competence as a Foundation for Civic Competence: Processes of Socialization into Citizenship", *Political Communication*, Vol. 26, No. 1, 2009.

[2] Kim, Y. C. and Ball-Rokeach, S. J., "Civic Engagement from a Communication Infrastructure Perspective", *Communication Theory*, Vol. 16, No. 2, 2006.

[3] 廖圣清：《上海市民的意见表达及其影响因素研究》，《新闻大学》2010年第2期。

[4] 周葆华、吕舒宁：《大学生网络意见表达及其影响因素的实证研究——以"沉默的螺旋"和"意见气候感知"为核心》，《当代传播》2014年第5期。

[5] 周葆华：《新媒体与中国新生代农民工的意见表达——以上海为例的实证研究》，《当代传播》2013年第2期。

[6] 晏齐宏：《新生代农民工意见表达意愿研究——以北京市的实证分析为例》，《新闻与写作》2016年第3期。

[7] 晏齐宏：《互联网对新生代农民工意见表达意愿的影响机制——基于赋权理论的分析》，《新闻与传播评论》2018年第5期。

[8] 陈旭辉、柯惠新：《网民意见表达影响因素研究——基于议题属性和网民社会心理的双重视角》，《现代传播》（中国传媒大学学报）2013年第3期。

如信息性使用更可能促进政治参与，而娱乐性使用则会削弱政治参与。①但实际上，尽管同样为了获取政治信息而使用媒介，也会由于所选媒介平台的不同，造成公众意见表达的整体差异。

从用户媒介实践看，理论上新媒体语境下，人们可以通过多种平台"自由"接触信息，媒介为其意见表达提供了基本的知识资源；同时，当前媒介平台的互动功能越来越强，用户也可以通过平台内甚至跨平台的互动交流等方式讨论相关议题②，这些也会增加信息资本。但实际上，由于内容平台、社交平台、服务平台等高度集中和一体化，不同媒介平台具有各自的内容定位和功能指向，再加上媒介平台大量嵌入"算法推荐"应用，使得人们也可能"忠于"某一媒介平台，而不太可能在不同媒介平台之间来回"穿梭"。这也约束了在多种平台之间选择性接触潜能的发挥。例如，人们可能接触与既存政治立场一致的媒介渠道，这更可能导致政治极化③。另一个有意思的现象是，有研究发现，用户同时访问两个媒介平台的可能性较大，不同个体之间存在大量的重复平台使用情况，在网络上和电视媒体上都是如此④。也就是说，从公众媒介使用实践看，多数人日常接触的媒介平台非常有限。

根据吉登斯的二元性理论，结构与行动者相互作用形塑社会世界。媒介使用是否能够弥合起初不同政治意见表达的差距，取决于媒介平台和媒介使用行为的二元互构。一方面，从传播结构看，媒介平台通过提供政治信息，为网络意见表达输送资源和养料。不同媒介渠道和平台有自身的定位、内容指向、主导议题，人们通过接触这些平台以增加知识储备，从而影响网络政治意见表达。另一方面，媒介平台特征对网络意见表达的影响，很大程度上取决于用户的基本媒介使用行为，如信息关

---

① Prior, M. News "Entertainment: How Increasing Media Choice Widens Gaps in Political Knowledge and Turnout", *American Journal of Political Science*, Vol. 49, No. 3, 2005.

② Gil de Zúñiga, H., Garcia-Perdomo, V., and McGregor, S. C., "What is Second Screening? Exploring Motivations of Second Screen Use and its Effect on Online Political Participation", *Journal of Communication*, Vol. 65, No. 5, 2015.

③ Stroud, N. J., "Polarization and Partisan Selective Exposure", *Journal of Communication*, Vol. 60, No. 3, 2010.

④ Webster, J. G. and Ksiazek, T. B., "The Dynamics of Audience Fragmentation: Public Attention in an Age of Digital Media", *Journal of Communication*, Vol. 62, No. 1, 2012.

注。特别是在当前注意力稀缺的语境下，用户新闻使用决定了其后续影响。据调查，截至 2018 年 6 月，我国网络新闻用户规模为 6.63 亿，网民使用比例为 82.7%[1]。网络新闻使用很大程度上提升了公众政治知晓程度。艾瑞咨询报告[2]显示，在各种新闻类别中，时政内容更受青睐，关注度超过 80%。

媒介平台接触与政治信息关注相互作用，进而产生政治影响。有调查发现，搜索引擎、推荐机制和社交媒体等是影响受访者上网选择意愿的重要因素。[3] 手机网络新闻用户中，那些信息关注程度较高的人，或许更可能从专门提供政治信息的平台获取所需信息，如定制化平台的政治版块以及官方媒体；而那些不太关注政治信息的群体，更可能通过社交媒体"偶遇"政治新闻。进一步讲，媒介使用行为与媒介平台接触的二元互构状态通过心理效能感的间接作用而影响政治意见表达。一般情况下，新闻网站的政治版块和网络聚合平台等定制化平台承载了大量的政治信息，它通过增强信息深度而提高用户内在政治效能感；社交媒体通过适当的联通异质性个体、扩大了用户信息的宽度，从而提高内在政治效能感；相比之下，官方媒体出于宣传目的，可能提高外在效能感，从而影响网络政治意见表达。

基于当前传播结构的变化、可选择媒介平台的增多，以及实际选择行为的特定化和常规化这一现象，本研究尝试分析媒介平台选择性接触对网络政治意见表达的影响机制，具体包括政治信息关注、政治效能感等的影响。这一研究有助于更加深入地思考用户的选择性接触这一微观实践活动对于整体网络政治意见表达状况的结构性影响，以及用户个人选择性接触实践的差异如何以递归的方式导致最终整体政治意见表达的不同。

---

[1] 中国互联网络信息中心：《第 42 次中国互联网络发展状况统计报告》，2018 年。
[2] 艾瑞咨询研究院：《2017 年中国原创新闻平台用户洞察白皮书》，199IT 网（http://www.199it.com/archives/616458.html，20170725）。
[3] 张雪静、刘燕南：《媒介使用：跨屏、移动和参与——互联网受众行为扫描和特点简析》，《新闻与写作》2018 年第 7 期。

二 分析框架：传播结构与用户媒介实践的二元性

吉登斯的结构化理论认为，结构与行动者的相互作用是二元性过程①。其中，行动者指的是具有媒介使用能动性的、主动的媒体使用者。结构包括宏观建构，如常规、技术和制度，提供了系统运作所需要的规则和资源。最直接相关的结构就是媒介资源。二元性的重要意义在于，其关注个人如何使用和适应可获得的技术；而技术的重要性在于，技术并不决定人们如何使用技术，而是提供了人们选择以特定方式使用技术的功能可供性（affordance）。二元性思想也适用于对当下媒体使用与意见表达整体图景关系的阐释。在新媒体语境下，思考用户个人的微观媒介使用行为与宏观意见表达图景的相互作用关系，需要从传播结构出发，立足于个人的媒介实践，指向宏观社会结构，着眼于技术的联通、传播等社会功能；当然个人与结构的相互作用是跳跃式、动态式的，技术在这一实践过程中的角色是非线性的。

新媒体语境下，媒介传播结构有了实质性变化，也构成了对意见表达整体图景的结构性影响。有研究者提出传播基础结构理论（communication infrastructure theory，CIT），其核心思想是，传播基础结构能够提供传播资源，以增强社区建设，从而促进市民参与。② 如果将意见表达视为一种社会参与行为，传播基础结构理论对此的启发在于：传播基础设施和配置对于意见表达的影响具有结构性。就宏观层面看，是否接入互联网已经成为影响意见表达的最重要的基础结构性要素，经典的 CITs 研究中始终贯穿的是网络接入对于促进发展中国家社会发展的意义。③ 中观层面

---

① Giddens, A., *The Constitution of Society: Outline of the Theory of Structuration*, Berkeley, CA: University of California Press, 1984.

② Kim, Y. C. and Ball-Rokeach, S. J., "Civic Engagement from a Communication Infrastructure Perspective", *Communication Theory*, Vol. 16, No. 2, 2006.

③ Salemink, K., Strijker, D., and Bosworth, G., "Rural Development in the Digital Age: A Systematic Literature Review on Unequal ICT Availability, Adoption, And Use in Rural Areas", *Journal of Rural Studies*, Vol. 54, 2015.

指的是使用或接触不同媒介平台形成的差异。正如传统媒体时代,报纸更可能促进市民参与,而电视新闻的影响力较小。类似的,新媒体特别是博客使用降低了传统新闻使用的效力。[①] 微观层面指的是特定媒介平台的功能指向导致意见表达的差异,如信息指向和互动指向的媒介平台,可能通过不同的方式作用于个体,而个体通过日常媒介使用"实践"这些功能,回应对于"结构"的作用,从而影响意见表达。

从吉登斯的二元性理论来看,随着技术发展,宏观层次的结构对用户的约束功能减弱,而微观层次的媒介功能逐步凸显。同时,用户能够施加于结构的作用力逐渐增大。用户从不同维度和层次影响结构,主要体现在三个方面:一是用户的注意力较为稳定,对于政治信息更是如此,从根本上决定了是否会发表意见;二是媒介平台的选择性接触决定了用户主要受何种平台属性的结构性影响;三是用户心理因素影响其在多大程度上将表达意愿转化为表达行为,当然心理因素发挥作用,依赖于行动者系统与技术结构的塑造,对结构的反作用较弱。

传播结构的政治影响具有系统性。随着技术的发展,普通公众以相对"平等"的方式接入互联网;而同时媒介平台的选择性接触以及依托于此的平台功能更可能影响意见表达整体图景。有研究者认为,互联网对意见表达的作用除了分析其直接性影响,更应该注重其差异性影响。[②] 这种直接性影响更多的是结构对行动者的作用,而差异性影响更应该考察行动者如何"反作用"于结构。在新媒体环境下,随着公众网络接入水平的提高,研究更应该将关注点从宏观层次的结构方面降维到中观甚至微观层次的结构方面,从而考察技术发展与政治参与的重要作用关系。同时,任何宏观和中观层次媒介结构起作用,都必须依赖于或者建立在微观层次基础之上。微观层次的功能指向,是宏观因素产生影响的作用域,即用户的媒介实践。由此,形成了传播技术结构与行动者相互作用的模型(见图1)。本研究尝试以此为分析框架考察新媒体语境下平台选

---

① McLeod D., Shah J., Hess D., and Lee N-J., "Communication and Education: Creating Competence for Socialization into Public Life", in Sherrod, L., Torney-Purta J., and Flanagan, C. A., eds., *Handbook of Research on Civic Engagement in Youth*, John Wiley & Sons, Inc., 2010.

② Xenos, M. and Moy, P., "Direct and Differential Effects of the Internet on Political and Civic Engagement", *Journal of Communication*, Vol. 57, No. 4, 2007.

择性接触如何导致整体网络意见表达的差异。

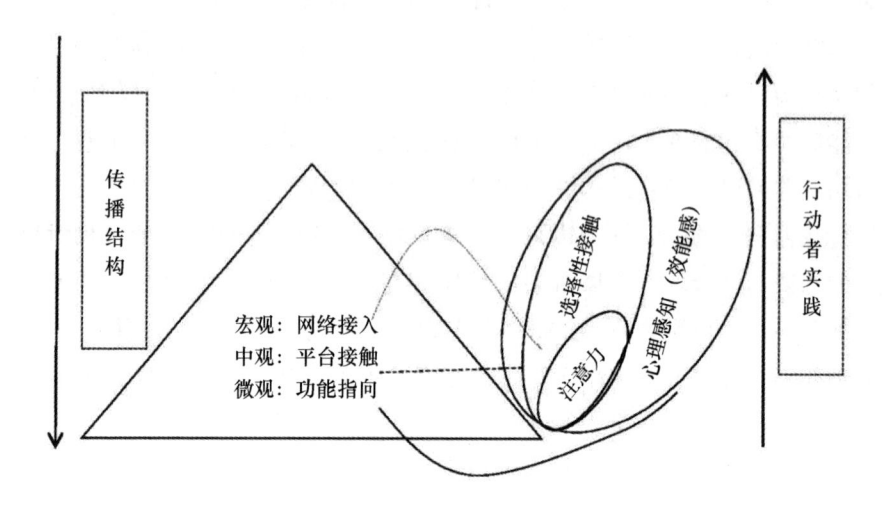

图 1 传播结构与行动者的相互作用模式

三 文献综述

（一）政治信息关注：网络政治意见表达的基本影响因素

新媒体语境下，注意力成为最为稀缺的资源之一。用户的线上注意力分配直接影响其看到的世界，进而影响其意见表达。正如有研究认为的，网络赋予获得信息的权力，赋予讨论和对话的权力，赋予与表达相关的行动权力。[1] 有研究发现，媒介的信息使用与社会资本生成有正向关系，但是媒介的娱乐化使用与社会资本的生成并没有直接关系，甚至会削弱社会资本；[2] 新闻接收正向预测当地市民的政治活动；[3] 那些在网上

---

[1] 师曾志、金锦萍：《新媒介赋权：国家与社会的协同演进》，社会科学文献出版社 2013 年版。

[2] Shah, D. V., Kwak N., and Holbert, R. L., "'Connecting' and 'Disconnecting' with Civic Life: Patterns of Internet Use and the Production of Social Capital", *Political Communication*, Vol. 18, No. 2, 2001.

[3] Stamm, K. R., Emig, A. G., and Hesse, M. B., "The Contribution of Local Media to Community Involvement", *Journalism & Mass Communication Quarterly*, Vol. 74, No. 1, 1997.

关注政治信息的青年，更可能积极表达政治意见；[1] 接入互联网和接触选举信息，二者与政治参与（如投票）存在正相关关系。[2]

这些研究认为，网络的低成本带来信息增量，从而影响了意见表达。但是新媒体语境下，信息存量已经很高、可供选择的媒介平台较多的时候，接触何种平台更可能影响意见表达的整体差异。同时，不同媒介平台具有特定功能指向，也会影响信息获取，从而作用于意见表达。由此，用户媒介使用行为与媒介资源（如媒介平台）相互作用，构成影响意见表达整体图景的基本框架。

（二）媒介平台选择性接触：网络政治意见表达的重要调节因素

媒介接触与意见表达关系的研究已有很长历史。尽管人口特征很大程度上影响了人们的选择性接触行为[3]，但选择接触特定媒体这一行为本身也会对意见表达产生影响。传统媒体（如报纸、杂志、电视、广播等）能够提供信息和观点，从而激发公众讨论与意见表达。[4] Gentzkow 和 Shapiro[5] 研究发现，尽管受众对报纸与网络媒体的接触在绝对数字上相当，但报纸的选择性接触程度要高于网络媒体。同时，相比于线上或者线下媒体接触，面对面互动更可能引发选择性接触。这种选择性接触影响了政治意见表达状态。该研究发现，网络媒体中更可能存在这种基于选择性接触的意识形态分化，而报纸不太可能。同时，线下媒体环境和网络媒体环境并不会导致非常严重的政治极化。也有研究分析传统媒体（报纸、电视、广播）与网络媒体使用（网络报刊、网络电视新闻、大型新

---

[1] Yamamoto, M., Kushin, M. J., and Dalisay, F., "Social Media and Mobiles as Political Mobilization Forces for Young Adults: Examining the Moderating Role of Online Political Expression in Political Participation", *New Media & Society*, Vol. 17, No. 6, 2015.

[2] Tolbert, C. J. and McNeal, R. S., "Unraveling the Effects of the Internet on Political Participation?", *Political Research Quarterly*, Vol. 56, No. 2, 2003.

[3] 郑雯、黄荣贵：《微博异质性空间与公共事件传播中的"在线社群"——基于新浪微博用户群体的潜类分析（LCA）》，《新闻大学》2015 年第 3 期。

[4] Shah, D. V., McLeod, J. M., and Yoon, S. H., "Communication, Context, and Community: An Exploration of Print, Broadcast, and Internet Influences", *Communication Research*, Vol. 28, No. 4, 2001.

[5] Gentzkow, M. and Shapiro, J. M., "Ideological Segregation Online and Offline", *Social Science Electronic Publishing*, Vol. 126, No. 15916, 2010.

闻网站、知名人士博客及论坛、搜索引擎等）对青年意见表达的影响机制后发现，网络媒体的新闻使用对青年线上和线下政治表达有直接促进作用[1]。同时，移动 App 新闻使用很大程度上影响了青年的政治抗议，相比之下，微信、微博和传统线上线下媒体使用的影响力并没有那么大。[2]

　　整体来看，这些研究突出了特定媒介的新闻关注对于网络政治意见表达的影响，主要有两个方面的特点：一方面，将媒介平台与信息获取置于同一个层次进行分析，默认平台提供了信息。这一定程度上符合传统媒体语境下信息获取渠道相对单一的状况，接触媒介就意味着接触信息。同时，不同媒体的政治新闻之间存在高度的同质化。但是新媒体语境下，可供选择的媒介平台增多，可以提供具有特色的新闻信息；同时，新闻聚合平台也有较多版块供受众选择。由此，更应该关注所接触平台的差异。另一方面，以往研究大多仅描述了不同媒体接触影响网络意见表达这一现象，并未深入阐释其形成过程和作用机制。而这一问题直接指向了不同媒介平台本身的技术功能特征。

　　更为重要的是，当下多种媒介平台共存于同一时空，使得对媒介平台技术特性及其影响的分析成为可能。正如有研究者认为的，在选择性接触研究中，要考虑不同媒体的演化本质。例如，对过去电视的选择性接触分析也许无法适用于数字电视语境。[3] 传统媒体（如报纸、广播、电视等）具有一定的时空指向性，后一种媒介出现一定程度上代替对前一种媒介的使用。由此，特定社会语境等时空特性对信息获取和政治意见表达具有结构性影响，使得媒体本身特征对政治意见表达的影响很小，也未得到研究者的关注。但是新媒体语境下，不同类型的媒介平台（如新闻客户端、定制新闻、聚合新闻、新闻网站等）并存于同一时空，一定程度上可以去除社会语境的结构性影响，将媒介平台特性对意见表达的影响抽离出来。同时，目前政治信息获取更加便利，用户也会基于自

---

[1] 卢家银：《传统媒体与网络媒体：媒介新闻使用对青年政治表达的影响及政治效能的中介作用》，《新闻大学》2017 年第 3 期。

[2] 卢家银：《社交媒体与移动 APP 新闻使用对青年政治抗议的影响》，《现代传播》（中国传媒大学学报）2016 年第 5 期。

[3] Clay, R., Barber, J. M., and Shook, N. J., "Techniques for Measuring Selective Exposure: A Critical Review", *Communication Methods and Measures*, Vol. 7, No. 3 – 4, 2013.

身需求对媒介使用和媒介平台进行最佳配置。由此，可以更好地突出媒介平台选择性接触对网络政治意见表达的影响。

（三）基于媒介平台的政治效能感生成：网络政治意见表达的重要中介因素

政治效能感是个人拥有或可能拥有的政治行为对于政治过程产生影响的可能性的感知，[1] 会促进政治参与。[2] 有研究发现，相比于传统媒体，以网络、手机为代表的新媒体更能够培养公众的政治效能感。[3]

在网络使用中，信息获取一定程度上通过心理层面效能感的提升，影响网络政治意见表达。有研究发现，内在效能感较高者参与政治活动的可能性较大，而内在效能感较低者不太可能参与政治活动。[4] 网络媒体新闻使用，除了直接促进青年线上和线下政治表达外，也通过内部政治效能这一中介因素而间接推动政治表达。[5] 这主要是因为网络多元信息提升了公民对政治问题的理解能力，由此对自己的行为后果更加有自信。[6]

但是，网络媒体接触与外在效能感的关系存在较多争议。研究发现，传统媒体和新媒体使用会促进内在效能感，而不会促进外在效能感。[7] 甚至有研究认为，网络使用强度与对政府未能给予回应的感知之

---

[1] Campbell, A., Gurin, G., and Miller, W. E., "The Voter Decides", *American Sociological Review*, Vol. 19, No. 6, 1954.

[2] Chan, M., Chen, H. T., and Lee, F. L. F., "Examining the Roles of Mobile and Social Media in Political Participation: A Cross-National Analysis of Three Asian Societies Using a Communication Mediation Approach", *New Media & Society*, Vol. 6, 2016.

[3] 张落：《媒介使用与城市居民的政治参与——基于中国综合社会调查的研究》，《学海》2014年第5期。

[4] 王丽萍、方然：《参与还是不参与：中国公民政治参与的社会心理分析——基于一项调查的考察与分析》，《政治学研究》2010年第2期。

[5] 卢家银：《传统媒体与网络媒体：媒介新闻使用对青年政治表达的影响及政治效能的中介作用》，《新闻大学》2017年第3期。

[6] Neuwirth, K., Frederick, E., and Mayo, C., "The Spiral of Silence and Fear of Isolation", *Journal of Communication*, Vol. 57, No. 3, 2007.

[7] 胡荣、庄思薇：《市场化、媒体使用和中国居民的政治效能感》，《华中师范大学学报》（人文社会科学版）2016年第6期。

间具有正向关系。[1] 也就是说，网络使用程度越高，外在政治效能感越低。或许是由于网络使用程度越高，越了解议题的复杂性，从而对政府的回应较为质疑。但是与网络政治信息密切相关的渠道之一——官方媒体，在新媒介环境下其宣传话语依然未变，甚至有所加固，形式更为丰富多样，也具有煽情性。[2] 这也可能提升外在效能感，从而正向影响意见表达。

总体来看，从用户媒介实践出发，平台选择性接触一定程度上具有调节信息关注对网络政治意见表达产生影响的可能性，这是新媒体语境下网络政治意见表达的重要方面。同时，网络信息关注与平台选择性接触二者互构性具体如何作用于网络政治意见表达，政治效能感是否起到了中介性影响。对于这些问题的思考，可以回答本研究的核心关注点，即用户微观媒介使用行为如何导致最终意见表达状态的差异。

四 研究假设

（一）媒介平台接触的调节效应

网络影响意见表达的直接原因在于它提供了大量的信息资源。相比于普通公众，议题关注者更会关注相关信息，这反过来影响他们对特定领域知识的把握、对特定议题的态度和表达行为。[3] 同时，媒介平台的功能特性也影响信息关注。

有研究发现，人们基于特定的信息需求接触相应的媒介平台。信息获取需求越强烈，越可能使用新闻网站、互动百科和视频网站。相比之

---

[1] Chan, M., Wu, X., Hao, Y., Xi, R., and Jin, T. Microblogging, "Online Expression, and Political Efficacy Among Young Chinese Citizens: The Moderating Role of Information And Entertainment Needs in the Use of Weibo", *Cyberpsychology, Behavior, and Social Networking*, Vol. 15, No. 7, 2012.

[2] Wang, H., Sparks, C., Lü, Nan, and Huang, Y., "Differences within the Mainland Chinese Press: A Quantitative Analysis", *Asian Journal of Communication*, Vol. 27, No. 2, 2016.

[3] Kim, Y. M., "Issue Publics in the New Information Environment", *Communication Research*, Vol. 36, No. 2, 2009.

下，对论坛和博客的使用程度较低；基本不太使用社交网站。[①] 同时，信息搜寻显著影响对定制化平台的使用（如微信公众号等）。[②] 这反映了特定媒介的内容指向和功能定位。新闻网站或互动百科的指向是提供新闻信息；定制化平台也是出于提供专业性新闻资讯的目的；而微博、微信等社交媒体更多是基于社会网络的信息互动和传播来提供信息。由此，那些信息关注程度越高的人，越可能选择定制化平台和官方媒体，通过获取大量政治信息，提升网络政治意见表达。

对于微博、微信等社交媒体，尽管它们并不专门提供政治信息，但考虑到用户使用程度很高（本调查发现，微信使用占比81%，微博占比39.5%），它们在信息获取中扮演的角色不容忽视；同时，社交媒体能够通过联结不同的信息圈子、扩大信息量从而影响政治意见表达。更值得注意的是，社交媒体虽然提供了大量的娱乐信息，信息搜寻者在传统媒体环境下只阅读娱乐信息；但是在新媒体环境下，超过75%的用户也会阅读政治信息，尽管他们最初只是为了寻找娱乐信息。[③] 更进一步，社交网络使得市民的政治意识得到进一步提升（Zhou & Bruce，2012）。由此，提出假设H1a、H1b、H1c：

H1a：政治信息关注程度越高，越可能接触定制化平台，网络政治意见表达程度越高。

H1b：政治信息关注程度越高，越可能接触官方媒体，网络政治意见表达程度越高。

H1c：政治信息关注程度越高，越可能接触社交媒体，网络政治意见表达程度越高。

（二）网络政治效能感的中介效应

效能感会影响后续相关行为。自我效能感较高者更相信他们有能力

[①] 王玮：《社会化媒体用户使用动机与行为探析》，《湖南师范大学社会科学学报》2016年第5期。

[②] 甘春梅：《社交媒体使用动机与功能使用的关系研究：以微信为例》，《图书情报工作》2017年第11期。

[③] Mitchell, A., Kiley, J., Gottfried, J., and Guskin, E., The Role of News on Facebook. Retrieved from http://www.journalism.org/files/2013/10/facebook_news_10-24-2013.pdf.

表达不同的观点。有研究发现，多数情况下，相比于对主流意见的感知，自我效能感对意见表达的影响更大。[1] 在政治意见表达中，将人口变量、党派认同、政治兴趣以及其他媒介接触变量考虑在内，网络接入、接入效能感、政治知识以及政治参与之间具有相关性。[2]

政治效能感包括内在效能感和外在效能感。内在效能感指个人自我能力或对个人政治影响的感知和期待。[3] 有研究发现，对特定媒体（如电视新闻、报纸）的依赖强化了媒体接触与政治效能感、媒体接触与政治活动之间的关系。[4] 互联网也在一定程度上提升了政治效能感。有研究发现，网络使用强度与政治参与能力的感知具有正向关系；[5] 网络政治信息获取有助于提高政治参与感。[6] 外在效能感指对于政府能动性的感知，具有较高外在效能感的用户，其政治信任程度也较高。[7] Neuwirth 和 Frederick[8] 研究发现，行为控制感知与意见表达相关，这里的控制感知就是外在效能感。也有研究通过对不同代际群体的比较发现，政治发展水平（如政治认知、政治效能感）和网络使用差异，导致不同群体中互联网使用与政治参与的关系有所不同。[9]

---

[1] Fei, S., Ning, W., Zhongshi, G., and Liang, G., "Online Network Size, Efficacy, and Opinion Expression: Assessing the Impacts of Internet Use in China", *International Journal of Public Opinion Research*, Vol. 21, No. 4, 2009.

[2][6] Kenski, K. and Stroud, N. J., "Connections between Internet Use and Political Efficacy, Knowledge, and Participation", *Journal of Broadcasting & Electronic Media*, Vol. 50, No. 2, 2006.

[3] Cohen, A., Vigoda-Gadot E., and Samorly, A., "Analysis of the Mediating Effect of Personal-Psychological Variables on the Relationship between Socioeconomic Status and Political Participation: A Structural Equations Framework", *Political Psychology*, Vol. 22, No. 4, 2001.

[4] Miller, M. M. and Reese, S. D., "Media Dependency as Interaction: Effects of Exposure and Reliance on Political Activity and Efficacy", *Communication Research*, Vol. 9, No. 2, 1982.

[5] Chan, M., Wu, X., Hao, Y., Xi, R., and Jin, T., "Microblogging, Online Expression, and Political Efficacy Among Young Chinese Citizens: The Moderating Role of Information and Entertainment Needs in the Use of Weibo", *Cyberpsychology, Behavior, and Social Networking*, Vol. 15, No. 7, 2012.

[7] Catterberg, G., "The Individual Bases of Political Trust: Trends in New and Established Democracies", *International Journal of Public Opinion Research*, Vol. 18, No. 1, 2006.

[8] Neuwirth, K. and Frederick, E., "Peer and Social Influence on Opinion Expression", *Communication Research*, Vol. 31, No. 6, 2004.

[9] Jennings, M. K. and Zeitner, V., "Internet Use and Civic Engagement: A Longitudinal Analysis", *Public Opinion Quarterly*, Vol. 67, No. 3, 2003.

信息获取对效能感的影响中，需要考虑不同媒体的功能特性。当信息关注程度较高时，个人更愿意选择定制化平台和官方媒体等能够高效获取政治信息的平台。但是由于这些媒介提供的内容内嵌着"平台特征"，它们对意见表达的影响机制也有所不同。例如，在定制化平台中，不断接触更多的信息甚至同类信息，使个人知识储量增加、信息知晓能力提高，由此可以提升内在效能感，从而影响网络意见表达。相比之下，定制化平台的信息获取对外在效能感的影响并不明显。甚至有研究发现，网络使用程度越高，外在政治效能感越低。[1]

但一个值得注意的现象是，那些政治信息关注程度较高者，关注官方媒体的程度也较高，或许更有可能提高外在效能感。当前党媒利用其权威身份，为时政内容增加吸引力，[2] 对其接触很可能提升公众的知识储备，增强内在效能感。但相比之下，这类媒体由于政治属性，其内容更加强调政府的功绩、政府的实际行动等，更可能提高外在效能感。有研究发现，虽然官方媒体话语传播方式有所转变，但是它最终为了获取民众支持和承担宣传使命的角色并未发生实质性转变。[3] 这可能提升了外在效能感，从而影响网络政治意见表达。也有研究发现，党员的外在政治效能感高于非党员，[4] 这也说明了政治属性与外在效能感的紧密关系。由此，提出假设H2a、H2b、H3a、H3b：

H2a：接触定制化平台的情况下，政治信息关注程度正向影响网络内在效能感。

H2b：接触官方媒体的情况下，政治信息关注程度正向影响网络外在效能感。

H3a：接触定制化平台的情况下，政治信息关注通过网络内在效能感正向影响网络政治意见表达。

---

[1] Ellison, N. B., Charles, S., and Cliff, L., "The Benefits of Facebook 'Friends': Social Capital and College Students' Use of Online Social Network Sites", *Journal of Computer: Mediated Communication*, Vol. 12, No. 4, 2007.

[2] 方可成：《社交媒体时代党媒"重夺麦克风"现象探析》，《新闻大学》2016年第3期。

[3] 龙强、李艳红：《从宣传到霸权：社交媒体时代"新党媒"的传播模式》，《国际新闻界》2017年第2期。

[4] 胡荣、庄思薇：《市场化、媒体使用和中国居民的政治效能感》，《华中师范大学学报》（人文社会科学版）2016年第6期。

H3b：接触官方媒体的情况下，政治信息关注通过网络外在效能感正向影响网络政治意见表达。

五　变量测量、数据收集与数据描述

（一）变量测量

1. 因变量：网络政治意见表达

"网络政治意见表达"从两个方面测量：①您和网友讨论政治话题吗？②您通过论坛、贴吧、微博等发布信息，表达自己对政治议题的看法或诉求吗？1 表示从不，5 表示总是（Cronbach's alpha = 0.755，M = 2.948，SD = 0.920）。

2. 自变量

"定制化平台"：通过询问"您订阅新闻网站或聚合类新闻服务（如今日头条、百度新闻等）的'时政'版块信息吗？"获得相关数据。1 表示从不，5 表示总是（M = 2.775，SD = 1.057）。

"社交媒体"：通过询问"您阅读博客、微博等中关于政治和公共事务的信息吗？"获得相关数据。1 表示从不，5 表示总是（M = 2.719，SD = 1.043）。

"官方媒体渠道"：通过询问"您通过中央级重点新闻媒体（如人民网、央视新闻、新华网等）了解政治事件或时事热点吗？"获得相关数据。1 表示从不，5 表示总是（M = 2.825，SD = 1.110）。

"政治信息关注"从以下四个方面测量：①对国家主权利益（领土、外交关系等）话题的关注程度；②对关于党和政府话题（会议、政策、人事调动等）的关注程度；③对国际局势与国际关系话题的关注程度；④对民生问题（教育、医疗、住房等）话题的关注程度。1 表示从不，5 表示总是（Cronbach's alpha = 0.867，M = 3.197，SD = 0.890）。

"网络内在效能感"从以下四个方面测量：①您认为您能方便地在网络平台上（如微博、微信、贴吧等）参与公共话题的讨论吗？②您认为您善于从浩瀚的网络信息中找到自己需要的信息吗？③您认为您能针对网络政治事件做出合理的分析和判断吗？④您在网络讨论中的观点总是能得到别人的支持吗？1 表示从不，5 表示总是（Cronbach's alpha =

0.771，$M=3.035$，$SD=0.741$）。

"网络外在效能感"从以下四个方面测量：①如果您在政府的新媒体平台上留言，您觉得能否得到反馈？②您认为通过新媒体平台的监督，是否可以让政府部门更有效率？③您认为如果网民强烈反对政府的某项政策或行为，政府会妥协吗？④您认为政府是否在意网络的话语和舆论表达？1表示从不，5表示总是（Cronbach's alpha=0.758，$M=2.945$，$SD=0.783$）。

3. 控制变量

性别、年龄、受教育程度、收入、居住地、党派。

（二）数据收集及描述性统计

本研究数据来自2017年组织的"全国新媒体与青年政治参与行为"调查，采用网络填答方式。调查抽样的总体范围是中国内地青年，采用配额抽样、分层抽样和简单随机抽样相结合的方法。首先，按照地区根据人口数进行比例配额；其次，根据CNNIC于2017年2月公布的数据，按照男女比例55：45进行抽样。同时，原则上问卷方法在城乡、单位、教育程度等维度各层次均应涉及。本调查具体于2017年6月30日执行，历时40天，发放问卷5000份，回收后剔除乱填、空白和严重缺答的废卷，得到有效问卷2013份。综合最终样本信息，样本分布相对均衡。

六　数据分析与研究发现

（一）偏相关分析

表1　　　　　　　　　　偏相关系数表

	政治信息关注	定制化平台	社交媒体	官方媒体
政治信息关注	1			
定制化平台	0.535***	1		
社交媒体	0.490***	0.516***	1	
官方媒体	0.512***	0.382***	0.408***	1

注：控制了性别、年龄、受教育程度、收入、居住地、党派等的影响。

偏相关分析显示,在控制了性别、年龄、受教育程度、收入、居住地、党派等人口统计变量后,定制化平台与政治信息关注的相关性(0.535)、官方媒体接触与政治信息关注的相关性(0.512)要高于社交媒体平台与政治信息关注的相关性(0.490)(见表1)。也就是说,信息关注程度越高,越可能接触定制化平台、官方媒体,或者是社交媒体。这与本研究的假设基本一致。

(二) 全模型检验

根据本研究设计的框架模型,采用有中介的调节效应探讨媒介平台选择性接触对网络政治意见表达的影响机制。其中,网络使用行为(如政治信息关注)根本决定了网络意见表达。媒介平台也提供了资源,促进和约束了政治信息关注产生影响的可能性,它主要起调节作用。同时,政治信息关注与媒介平台接触的二元互构关系,通过政治效能感这一心理因素的中介作用,进而影响网络意见表达。由于本研究重点考察的是媒介平台选择性接触对于网络政治意见表达的影响机制,所以在分析中采用有中介的调节效应模型而非有调节的中介效应模型(见图2)。① 有中介的调节效应是指调节变量对预测变量与结果变量的调节作用大小通过中介变量起作用。②

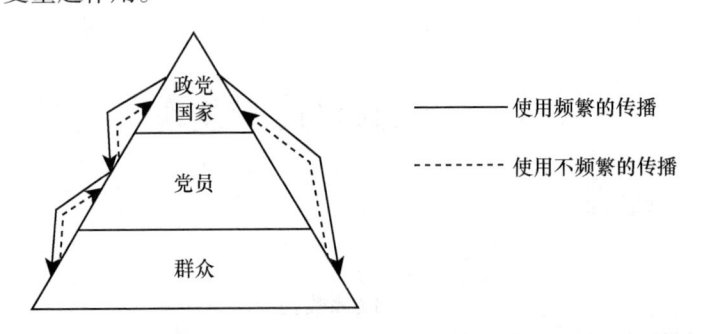

图2 媒介平台接触影响网络政治意见表达的有中介的调节效应模型

---

① 陈晓萍、徐淑英、樊景立:《被调节的中介和被中介的调节:理论建构与模型检验.组织与管理研究的实证方法》(第2版),北京大学出版社2008年版。

② Preacher, Kristopher J., D. D. Rucker, and A. F. Hayes, "Addressing Moderated Mediation Hypotheses: Theory, Methods, and Prescriptions", *Multivariate Behavioral Research*, Vol. 42, No. 1, 2007.

1. 媒介平台选择性接触对政治信息关注影响意见表达的直接调节效应

研究发现，相比于基准模型，信息关注对政治意见表达的影响，受到媒介平台的调节。调节效应模型的 $\Delta R^2 = 0.0070$，$F = 6.755$，$p < 0.01$。这说明信息关注对政治意见表达的影响因接触媒介平台的不同而有差异。

媒介平台接触对信息关注影响政治意见表达的调节效应中，回归方程为：

$$Y' = 0.764 + 0.402x + 0.332D_1 + 0.544D_2 - 0.039D_1x - 0.213D_2x$$

具体来看，将信息关注取三个值（M - SD，M，M + SD），即2.3067、3.1967、4.0867（见图3）。可以发现，随着信息关注程度的提高，意见表达程度也有所提高。媒介平台接触均正向调节了二者的关系，但是三个平台之间有所差异。定制化平台的调节效应最大，其次是社交媒体，二者促进了信息关注对政治意见表达的影响；而官方媒体的调节作用较小，甚至一定程度上约束了信息关注影响政治意见表达的整体水平；或者说接触官方媒体，其意见表达低于平均水平。

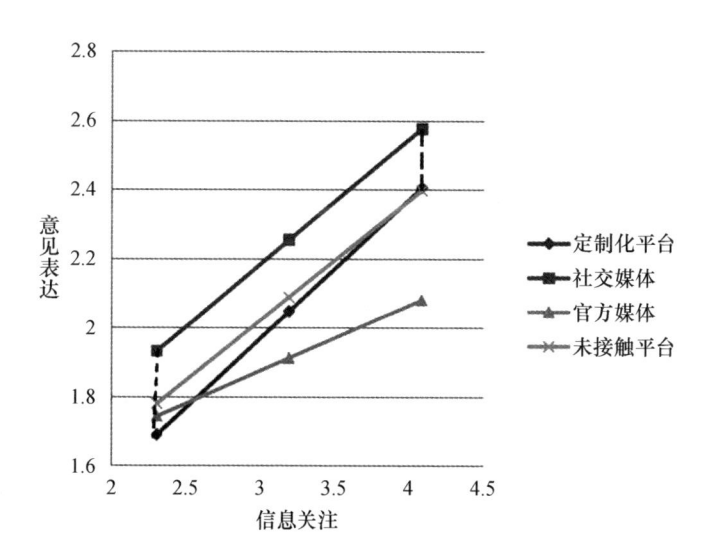

图3　媒介平台接触对信息关注影响意见表达的调节作用

无论信息关注程度如何，通过社交媒体接触政治信息，意见表达程度较高。但是，信息关注程度较低者，若接触官方媒体，政治意见表达程度较高；而接触定制化平台，政治意见表达程度较低。与此相对应的是，当信息关注程度越来越高时，接触官方媒体，反而政治意见表达程度降低；接触定制化平台，政治意见表达程度提高。而且，信息关注程度较低者，接触官方媒体、定制化平台的意见表达程度差异较小，但是随着信息关注程度提高，通过两个媒介平台的意见表达程度差异拉大。也就是说，如果信息关注程度低，无论接触哪个媒介平台都不太可能促进意见表达。这一定程度上支持了本研究的假设，信息关注对政治意见表达的影响占绝对主导地位，平台接触只是调节变量。但是随着信息关注程度提升，媒介平台接触的调节效应便凸显出来。定制化平台接触更能够促进政治意见表达，其推进速率更大；其次是社交媒体；而官方媒体接触促进政治意见表达的速率较小。最终的结果是，那些越关注政治信息的用户，接触定制化平台越多，意见表达程度也越高。本研究假设H1a 得到支持。H1b、H1c 得到部分支持。

但是，并不清楚这种效果是否能够推广到群体。由此进行 Omnibus inference 分析，以及 pairwise 分析。前者主要是考察以上呈现的趋势是否能够推广到总体；后者主要分析的是不同媒介平台的调节效应是否存在显著性差异。①

数据分析显示，定制化平台接触（LLCI = 0.339，ULCI = 0.464）、社交媒体接触（LLCI = 0.250，ULCI = 0.475）、官方媒体接触（LLCI = 0.090，ULCI = 0.288）均显著调节信息关注对意见表达的影响，三者调节作用的斜率分别为 0.402（$D_1 = D_2 = D_0$）、0.363（$D_1 = 1$，$D_2 = 0$）、0.189（$D_1 = 0$，$D_2 = 1$）。也就是说，三个媒介平台接触均对信息关注与意见表达的影响起到显著的正向调节作用。定制化平台的调节作用较大，而官方媒体的调节作用较小。通过比较分析发现，定制化平台接触与社交媒体接触的调节效应并没有显著性差异（$p > 0.05$），而定制化平台接触与官方媒体接触具有显著性差异（$p < 0.01$）。

---

① Hayes, A. F. and Montoya, A. K., "A Tutorial on Testing, Visualizing, and Probing an Interaction Involving a Multicategorical Variable in Linear Regression Analysis", *Communication Methods and Measures*, Vol. 11, No. 1, 2016.

2. 媒介平台选择性接触对信息关注与效能感的调节效应

（1）媒介平台接触对信息关注影响内在效能感的调节作用

数据显示，定制化平台接触（LLCI = 0.3230，ULCI = 0.4203）、社交媒体接触（LLCI = 0.1823，ULCI = 0.3578）、官方媒体接触（LLCI = 0.1919，ULCI = 0.3513）均显著调节信息关注对内在效能感的影响，三者调节作用的斜率分别为 0.372（$D_1 = D_2 = D_0$）、0.270（$D_1 = 0$，$D_2 = 1$）、0.275（$D_1 = 0$，$D_2 = 1$）（见图4）。三类媒介平台接触均对信息关注影响内在效能感的关系起到显著的正向调节作用。定制化平台的调节作用较大，而社交媒体的调节作用较小。通过比较分析发现，定制化平台接触与社交媒体接触、定制化平台接触与官方媒体接触的调节效应均具有显著性差异（$p < 0.05$）。假设 H2a 得到证实。媒介平台接触对信息关注通过内在效能感影响政治意见表达的调节效应中，回归方程为：

$$Y' = 2.401 + 0.372x + 0.112D_1 + 0.023D_2 - 0.102D_1x - 0.100D_2x$$

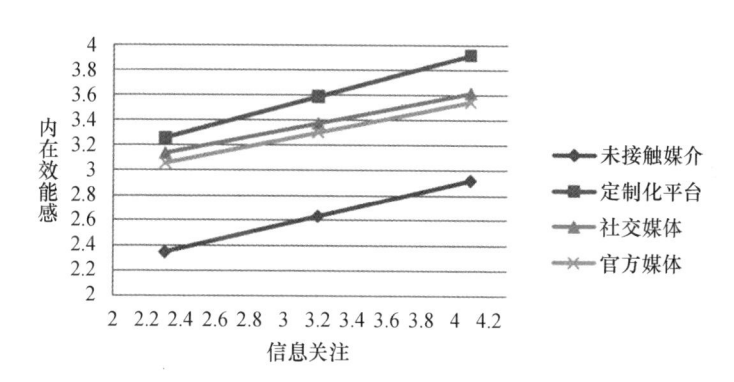

图4 媒介平台接触对信息关注影响内在效能感的调节作用

（2）媒介平台接触对信息关注影响外在效能感的调节作用

数据显示，定制化平台接触（LLCI = 0.289，ULCI = 0.400）、社交媒体接触（LLCI = 0.157，ULCI = 0.353）、官方媒体接触（LLCI = 0.148，ULCI = 0.320）均显著调节信息关注对外在效能感的影响，三者调节作用的斜率分别为 0.343（$D_1 = D_2 = 0$）、0.255（$D_1 = 1$，$D_2 = 0$）、0.234（$D_1 = 0$，$D_2 = 1$）（见图5）。三类媒介平台接触均对信息关注影响外在效

能感的关系起到显著的正向调节作用。定制化平台的调节作用较大,而官方媒体的调节作用较小。通过比较分析发现,定制化平台接触与社交媒体接触的调节效应并没有显著性差异($p>0.05$),而定制化平台接触与官方媒体接触的调节效应具有显著性差异($p<0.05$)。假设 H2b 得到部分证实。媒介平台接触对信息关注通过外在效能感影响政治意见表达的调节效应中,回归方程为:

$$Y' = 2.843 + 0.343x + 0.165D_1 + 0.076D_2 - 0.088D_1x - 0.109D_2x$$

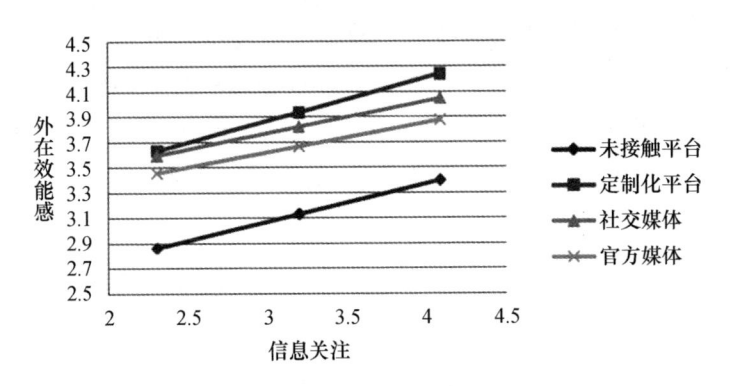

图 5　媒介平台接触对信息关注影响外在效能感的调节作用

3. 媒介平台选择性接触对信息关注通过效能感产生影响的调节效应

在有中介的调节效应模型中,媒介平台接触对意见表达的直接调节作用有以下特征:定制化平台接触(LLCI = 0.235,ULCI = 0.368)、社交媒体接触(LLCI = 0.177,ULCI = 0.402)、官方媒体接触(LLCI = 0.018,ULCI = 0.216)均直接显著调节信息关注影响意见表达的关系,三者调节作用的斜率分别为 0.302($D_1 = D_2 = 0$)、0.290($D_1 = 1$,$D_2 = 0$)、0.117($D_1 = 0$,$D_2 = 1$)。定制化平台接触的直接调节效应较大,而官方媒体接触的直接调节效应较小。

(1) 媒介平台接触对内在效能感中介效应的间接调节作用

有中介的调节效应回归方程为:

$$Y' = 1.345 + 0.302x + 0.171D_1 - 0.149D_2 - 0.012D_1x - 0.185D_2x + 0.179m_1$$

数据显示,定制化平台接触(LLCI = 0.039,ULCI = 0.097)、社交

媒体接触（LLCI = 0.024，ULCI = 0.079）、官方媒体接触（LLCI = 0.028，ULCI = 0.075）均显著调节信息关注影响意见表达的关系中，具体通过内在效能感的中介作用实现，三者中调节作用的斜率分别为 0.067（$D_1 = D_2 = 0$）、0.048（$D_1 = 1$，$D_2 = 0$）、0.049（$D_1 = 0$，$D_2 = 1$）。通过对比分析发现，定制化平台接触与社交媒体接触对内在效能感这一中介的调节作用并没有显著差异（LLCI = -0.041，ULCI = 0.002），定制化平台接触与官方媒体接触对内在效能感这一中介的调节效应有显著差异（LLCI = -0.038，ULCI = -0.002）。定制化平台接触对内在效能感这一中介的调节效应较大，而官方媒体接触的调节效应较小（index = -0.017）。同时，这种调节效应是正向的，接触定制化平台的情况下，内在效能感这一中介的影响更大。也就是说，相比于接触官方媒体，在接触定制化平台的情况下，如果信息关注程度越高，二者共同作用，越可能影响内在效能感，进而促进政治意见表达。定制化平台接触的调节效应通过内在效能感这一中介而得以发挥。由此，假设H3a得到证实。

可以发现，无论信息关注程度如何，社交媒体接触的意见表达程度均较高，其次是定制化平台，最后是官方媒体（见图6）。同时，无论信息关注程度如何，定制化平台接触与社交媒体接触对内在效能感这一中介的调节效应方面，意见表达差距非常小。但是，定制化平台接触与官方媒体接触对内在效能感这一中介的调节效应在不同程度的信息关注方面，意见表达差距有所不同。当信息关注较低时，定制化平台接触与官方媒体接触对内在效能感这一中介的调节作用中，意见表达处于中等水平；但是当信息关注程度为中度时，二者意见表达的差距拉大；当信息关注程度较高时，二者意见表达差距缩小。这说明了尽管在这一过程中，定制化平台接触的调节作用最大，其次是社交媒体，二者调节作用差异在不同信息关注程度下并没有很大差别。但是，官方媒体的调节作用很不稳定，当信息关注程度由低度变中度时，它通过对内在效能感的调节作用并没有很大变化；但是当信息关注程度由中度变高度时，它通过对内在效能感的调节作用有了很大程度的提升，由此最终与定制化平台的意见表达差距缩小。值得注意的是，尽管随着信息关注程度的提高，定制化平台接触与官方媒体接触对内在效能感的调节作用不同，最终导致接触两个平台的情况下，意见表达的差距由中等变为较大，最后变为较小。但是最终仍然是在定制化平台接触情况下，其意见表达程度相比于官方媒体接触更高，而其中内在效能感也起到了作用。由此也可以证实H3a。即接触定制化平台的情况下，政治信息关注通过内在效能感正向影响网络政治意见表达。

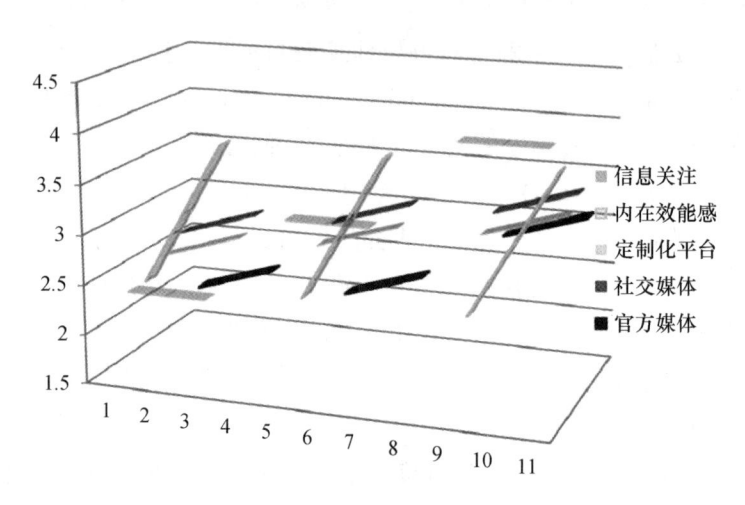

图6 不同媒介平台的通过内在效能感的有中介的调节效应模型

形成这一现象的主要原因在于，在官方媒体接触中，特别是中度和高度信息关注者中，信息关注起决定性作用（见图7），而内在效能感的中介作用较弱。由此，官方媒体接触对意见表达的调节作用有待进一步挖掘。特别是，官方媒体要努力吸引那些中度信息关注者，提高这部分人的内在效能感。相比之下，定制化平台和社交媒体接触，在信息关注与内在效能感方面实现了很好的配合（见图8），意见表达程度相对也较高。但是由于社交媒体用户起初的意见表达程度就很高，虽然定制化平台接触对意见表达的调节作用和对内在效能感这一中介的调节作用都要高于社交媒体，最终的结果仍然是社交媒体的整体意见表达程度更高。由此，未来要继续挖掘社交媒体的潜力，最大程度上促进政治意见表达。

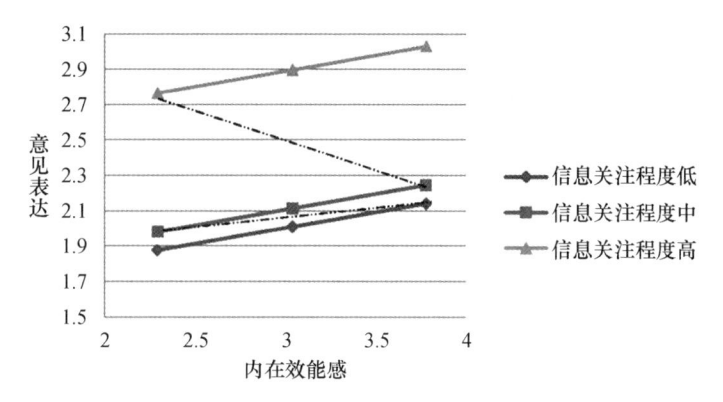

二元性互构：选择性接触影响下的青年网络政治意见表达 / 413

图7 不同信息关注程度下，官方媒体通过内在效能感的调节作用

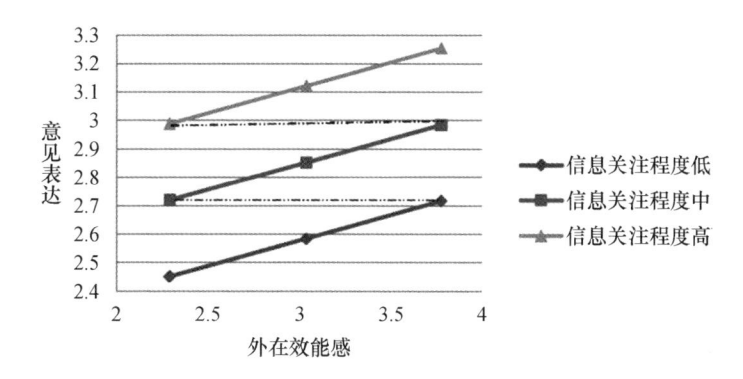

图8 不同信息关注程度下，定制化平台通过内在效能感的调节作用

（2）媒介平台接触对外在效能感中介效应的间接调节作用

有中介的调节效应回归方程为：

$$Y' = 1.345 + 0.302x + 0.171D_1 - 0.149D_2 - 0.012D_1x - 0.185D_2x + 0.097m_2$$

数据显示，定制化平台接触（LLCI = 0.009，ULCI = 0.056）、社交媒体接触（LLCI = 0.006，ULCI = 0.050）、官方媒体接触（LLCI = 0.006，ULCI = 0.040）显著调节信息关注与意见表达的关系中，具体通过外在效能感的中介作用实现，三者中调节作用的斜率分别为 0.033（$D_1 = D_2 = 0$）、0.025（$D_1 = 1$，$D_2 = 0$）、0.023（$D_1 = 0$，$D_2 = 1$）。通过对比分析发现，定制化平台接触与社交媒体接触对外在效能感这一中介的调节效应并没有显著差异（LLCI = -0.023，ULCI = 0.003），定制化平台接触与官方媒体接触对外在效能感这一中介的调节效应有显著差异（LLCI =

−0.025，ULCI = −0.001)。定制化平台接触对外在效能感这一中介的调节效应较大，而官方媒体接触的调节效应较小（index = −0.0105）。同时，这种调节效应是正向的，接触定制化平台的情况下，外在效能感这一中介的影响更大。也就是说，相比于接触定制化平台，在接触官方媒体情况下，如果信息关注程度较高，二者共同作用对外在效能感的影响并不是最大的，由此其政治意见表达也并非达到最大程度。官方媒体接触的调节效应通过外在效能感这一中介并未得到最大程度的发挥，由此，假设 H3d 并未得到证实。

可以发现，无论信息关注程度如何，接触社交媒体的政治意见表达程度较高，其次是定制化平台，最后是官方媒体（见图9）。同时，无论信息关注程度如何，在定制化平台接触与社交媒体平台接触对外在效能感这一中介的调节效应方面，二者的意见表达差距非常小。但是，在定制化平台接触与官方媒体接触对外在效能感这一中介的调节效应方面，二者的意见表达差距有很大不同。具体来看，当信息关注程度较低时，定制化平台接触与官方媒体接触对外在效能感这一中介的调节作用，意见表达差距较小；但是当信息关注程度为中度时，二者意见表达的差距开始拉大；当信息关注程度较高时，二者意见表达的差距达到最大。值得注意的是，尽管随着信息关注程度的提高，定制化平台接触与官方媒体接触对外在效能感的调节作用不同，最终导致接触两个平台的情况下，意见表达的差距由小变大。最终仍然是在定制化平台接触情况下，其意

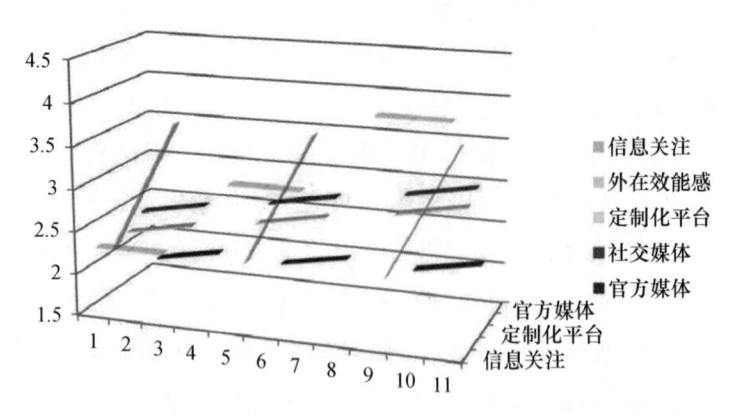

图9 不同媒介平台通过外在效能感的有中介的调节效应模型

见表达程度相比于官方媒体接触更高，而其中外在效能感也起到了作用。由此假设 H3b 并未得到证实。

其主要原因在于，外在效能感中介效应产生的速率不同。当接触定制化平台和社交媒体时，信息关注起绝对作用，无论外在效能感如何，只要信息关注程度较高，通过对外在效能感这一中介的调节，意见表达程度就高（见图10）。或者说当接触定制化平台和社交媒体时，在不同信息关注程度下，外在效能感在其中的中介作用并不明显。但是，当接触官方媒体时，信息关注并不起绝对作用，其与外在效能感共同影响着政治意见表达（见图11）。而上文发现相比于定制化平台和社交媒体平台接触，官方媒体接触对意见表达的影响最小。这说明了官方媒体接触提高外在效能感这一功能并没有得到充分发挥，与定制化平台接触、社交媒体接触的差距拉大。

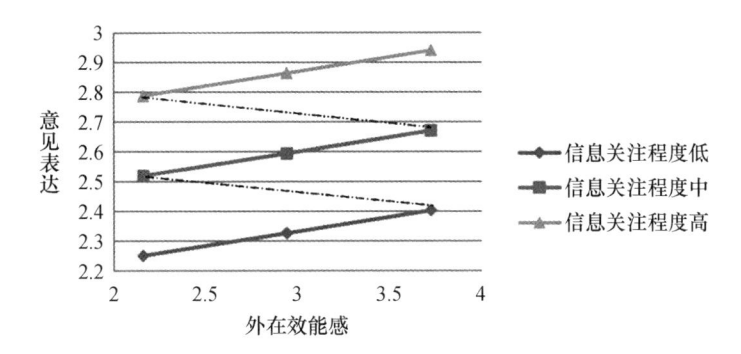

图10 不同信息关注程度下，定制化平台通过外在效能感的调节作用

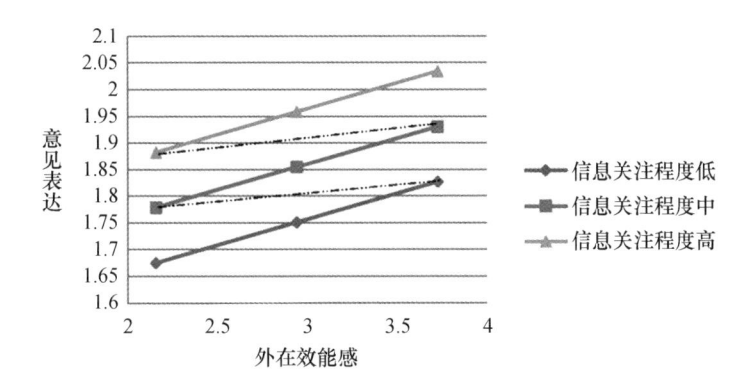

图11 不同信息关注程度下，官方媒体通过外在效能感的调节作用

整体来看，信息关注对意见表达的影响中，媒介平台选择性接触对其有显著的调节作用。从直接调节效应看，定制化平台接触的调节效应较大，其次是社交媒体接触，最后是官方媒体接触。这也体现在间接效应中。

当内在效能感作为中介变量时，不同媒介平台相比，有中介的调节效应有所不同。尽管定制化平台接触与社交媒体接触、定制化平台接触与官方媒体接触在调节信息关注影响内在效能感的关系方面都有显著差异；但是最终在有中介的调节模型中，定制化平台接触与社交媒体接触在调节信息关注影响意见表达的关系方面没有显著差异，而定制化平台接触与官方媒体接触这方面有显著差异。定制化平台接触情况下，意见表达程度较高，其中媒介平台接触也起到了很大的调节作用（见表2）。再加上调节效应均是正向的，由此可以认为信息关注程度越高，在接触定制化平台的情况下，其调节效应可以通过内在效能感得到发挥，从而网络意见表达程度也就越高。

表2　媒介平台接触对信息关注影响意见表达的调节作用的效果对比

	信息关注——意见表达	信息关注——内在效能感	信息关注——外在效能感	信息关注——内在效能感——意见表达	信息关注——外在效能感——意见表达
定制化平台&社交媒体	无	有	无	无	无
定制化平台&官方媒体	有	有	有	有	有

但是，当外在效能感作为中介变量时，定制化平台接触与社交媒体接触在调节信息关注与外在效能感的关系方面没有显著差异，定制化平台接触与官方媒体接触在这方面有显著差异。最终在有中介的调节效应中，定制化平台接触与社交媒体接触在调节信息关注与意见表达的关系方面没有显著差异，而定制化平台接触与社交媒体接触在这方面有显著差异。定制化平台接触的情况下，意见表达程度较高，其中媒介平台接

触的调节作用非常微弱。相比之下，官方媒体接触的情况下，尽管它也调节外在效能感，但是由于在这一过程中，信息关注并不占绝对主导地位，一定程度上可以通过提高外在效能感，来弥补因信息关注这一基础性媒介实践行为导致的与定制化平台接触产生影响的差距。

这主要是由于，尽管接触社交媒体的用户起初的意见表达程度要远远高于接触定制化平台的用户，但定制化平台接触对信息关注影响内在效能感、影响意见表达的调节作用要高于社交媒体，最终二者的差距逐渐缩小。可以发现，接触定制化平台能够通过提高内在效能感而促进意见表达，一定程度上能够弥合起初与社交媒体意见表达存在的差异。但是，这一作用机制并未出现在以外在效能感为中介的影响过程中，或许是由于定制化平台和社交媒体更多的是受信息方面的影响（如提高个人知识能力）。而本研究起初假设的官方媒体接触能够增强外在效能感并未得到证实。由此，定制化平台与官方媒体的差距始终存在。未来可以考虑重点推进官方媒体对外在效能感的培养工作，进而提高意见表达水平。

七 总结与讨论

新媒体技术的发展很大程度上变革了媒介使用版图，也以多种方式产生政治影响。政治议题的关注和表达便是其中之一。传播设施理论（CIT）的启示是，传播设施结构能够提供意见表达得以进行的资源，从而影响青年整体政治参与图景。

Prior[1] 通过对电视媒体的分析认为，随着媒体选择和可获得性增加，网络产生效果的差异可能更大，包括政治影响。例如，用户的政治信息偏好和娱乐偏好会产生不同的效果。他同时指出，不仅应该基于用户偏好的不同探讨网络效果的差异，也要超越媒体本身，本研究一定程度上证实了这一说法。的确，新媒体语境下，可供选择的媒介平台大大增加，但是人们对媒介平台使用具有一定的惯性或者依赖性，媒介平台及其功能指向的作用也就越发凸显了。

---

[1] Prior, M. News, "Entertainment: How Increasing Media Choice Widens Gaps in Political Knowledge and Turnout", *American Journal of Political Science*, Vol. 49, No. 3, 2005.

网络和媒介平台以结构化的方式影响用户的媒介使用行为；而用户具有行动能力，他们向结构施加反作用力，二者相互作用影响意见表达。一方面，传播结构本身具有层次性，随着传播技术的发展，宏观层面的网络接入结构对个人的约束越来越小，而中观层面的媒介平台、微观层面的平台功能指向对个人的约束越来越大。本研究发现，随着媒介接触的调节作用、中介作用、有中介的调节作用逐步推进，原有的人口变量（如教育程度、居住地、收入）导致的意见表达差距有了很大程度的弱化。媒介使用进一步缩小了由于社会经济等引起的意见表达差异的鸿沟。另一方面，随着新媒体技术的发展、可选择渠道的增多，整体上个人反作用于结构的能力越来越强。但是个人仍然具有自身的"域限性"，政治注意力和偏好根本上决定了是否会进行政治信息接触，以及决定了选择何种媒介平台，媒介平台的功能属性也以结构化的方式作用于个人心理，从而影响了意见表达的整体状态。

理论上，可选择渠道增多意味着媒介使用渠道和媒介平台二者可以实现更好的组合和配置，为公众提供知识资本和互动机会，从而促进意见表达。实际上，不同媒介平台有自身的技术和功能特性，人们基于自身的媒介使用需求选择性接触不同的平台。这种二元互构对网络政治意见表达的影响，也通过政治效能感的间接作用获得。在信息关注、媒介选择性接触、效能感方面，用户媒介实践在这些环节的层层作用中逐渐串联，最终塑造了整体意见表达图景。当然，三方面联合互动中，媒介信息关注和媒介平台接触起到了非常重要的基础性作用。二者的互动调试、相互型构使得网络使用对意见表达的影响不是线性的，更是递归式、迭代式的。

从传播结构看，媒介平台选择性接触及特定媒介功能指向影响意见表达整体图景。第一，社交媒体上的用户意见表达程度最高，其次是定制化平台，再次是官方媒体。社交媒体平台这一日常化渠道依然具有培养意见表达文化、提升意见表达水平的潜力。第二，定制化平台接触有助于获得更为深度的信息，从而提升内在效能感，促进政治意见表达。研究发现，定制化平台接触更能够促进政治意见表达，其推进速率更大；其次是社交媒体；而官方媒体接触促进政治意见表达的速率较小。最终的结果是，那些越关注政治信息的人，接触定制化平台越多，意见表达

表3 媒介平台选择性接触对网络政治意见表达的有中介的调节效应模型

	零模型 (人口变量的影响)		调节效应模型 (意见表达)		调节效应模型 (内在效能感)		调节效应模型 (外在效能感)		有中介的 调节效应模型	
	B	标准误	B	标准误	B	标准误	B	标准误	B	标准误
(常量)	2.083	0.147	0.764	0.178	2.401	0.116	2.843	0.130	1.345	0.175
信息关注			0.402***	0.032	0.372***	0.025	0.343***	0.028	0.302***	0.034
社交媒体 (定制化平台为=0)			0.332	0.215	0.112*	0.044	0.165**	0.049	0.171*	0.055
官方媒体 (定制化平台为=0)			0.544**	0.195	0.023	0.040	0.076	0.045	−0.149*	0.051
信息关注・社交媒体	−0.039	0.064	−0.102*	0.050	−0.088	0.056	−0.012	0.063		
信息关注・官方媒体	−0.213**	0.058	−0.100*	0.045	−0.109*	0.050	−0.185*	0.057		
内在效能感									0.179***	0.036
外在效能感									0.097*	0.033
性别	−0.231***	0.043	−0.111*	0.044	0.066	0.034	0.064	0.038	−0.129*	0.043
年龄	−0.151***	0.026	−.158***	0.026	−0.084**	0.021	−0.036	0.023	−0.139***	0.026
受教育程度	0.108***	0.025	0.060*	0.026	0.160***	0.020	0.072*	0.022	0.020	0.026
收入	0.073***	0.014	0.060***	0.015	0.030**	0.011	0.012	0.013	0.055***	0.014
居住地	0.094***	0.021	0.075**	0.021	0.039*	0.017	0.025	0.019	0.065**	0.021
党派	−0.081*	0.031	0.000	0.032	0.015	0.025	−0.135***	0.027	0.010	0.031
总 R² (%)	8.6%		20.99%		26.39%		19.62%		23.91%	

注: *$p<0.05$, **$p<0.01$, ***$p<0.001$。

程度也越强。第三，官方媒体接触通过外在效能感的中介作用有待进一步发挥。理论上官方媒体接触能够增强外在效能感，但本调查并未证实这一点。当然，官方媒体促进外在效能感的路径，仅仅依赖信息提供，效果可能并不理想；而更需要通过培养公众心理感受来实现。

从用户媒介实践看，在信息关注影响意见表达的过程中，有三个层次的鸿沟，导致了最终整体意见表达的差异。首先是政治关注程度的鸿沟，其次是媒介选择性接触的鸿沟，再次是政治效能感的鸿沟。定制化平台接触越多，越可能弥合与社交媒体接触存在的固有差距。本研究发现，那些政治关注程度越高的用户，越可能使用定制化平台，其内在效能感越高，政治意见表达程度越强。而那些政治关注程度越低的用户，越不太使用定制化平台，其政治意见表达程度越弱。

通过分析媒介平台接触对网络意见表达的影响，本研究的出发点在于，技术发展所带来的媒介传播结构版图的改变如何产生政治影响；落脚点在于，媒介平台选择性接触这一微观实践如何塑造整体政治意见表达图景。新媒体技术的发展，以及中国受众对新媒体高度依赖的语境，为中国开展选择性接触研究提供了重要契机。

（该文首发于 2018 年第五届"政治传播与社会发展论坛"，刊载于《新闻大学》2020 年第 9 期。）

中央与地方：网民的政府信任度比较

张洪忠　马思源　韩　秀

（北京师范大学新闻传播学院副院长，教授，博士生导师；
澳门大学助理教授；中华女子学院讲师）

摘　要：研究考察中国内地网民对中央、省部、县乡三级政府的信任度，探索网民媒介接触与对政府的信任度、政府信任度与对中国宏观形势信心之间的关系。研究显示，网民的政府信任呈从中央到县乡递减的差序格局，县乡政府信任度与宏观形势信心存在显著正相关，而不同媒介接触对不同层级政府的影响均存在区别，并对当前中国政府治理存在的悖论及解决途径进行分析。

关键词：政府信任；媒介接触；差序格局

信任是对对方品格、能力的认可和依赖。德国学者卢曼认为，信任是一种简化机制，使人的生存环境不至过于复杂。基于社会系统理论，他将信任划分为人际信任（personal trust）和系统信任（system trust）两类，而政府信任则是系统信任的重要组成部分。[①]

美国学者罗伯特·帕特南认为，一个依赖普遍性互惠的社会比一个没有任何信任的社会更有效率。[②] 作为政府治理的重要资源，政府信任是

[①] 尼克拉斯·卢曼：《信任：一个社会复杂性的简化机制》，瞿铁鹏译，上海人民出版社2006年。

[②] 罗伯特·D. 帕特南：《繁荣的社群——社会资本与公共生活》，社会科学文献出版社2000年。

维持社会正常运转的"润滑油",对国家和社会长治久安具有关键意义。

在网络的空间里,网民对于政府的信任度是一个非常重要的考察维度。网民是否信任政府?网民媒介接触与对政府的信任度有何种关系?网民对于政府的信任程度是否影响到他们对中国宏观形势的信心?本篇报告通过中国内地31个省市自治区3052份样本网民的调查研究和数据分析,对以上问题做出解释。

本篇报告的数据来源按省、市、区进行配比,通过网络调查从样本库里抽样。需要说明,由于互联网所有的调查都不是概率样本,在进行数据处理和分析时,本研究将样本按省做加权处理,当成近似概率样本来推测总体的7.1亿网民的情况。

一 差序格局的中国网民政府信任度

费孝通在《乡土中国》中提出"差序格局"理论,描述中国乡村民众的关系远近是由自己的血缘关系及地理位置决定的:就像水中扔进一块石头,产生一层一层的波纹一样,离中央,即自己血缘越近、地理距离越近的人关系越亲;反之,关系越疏远。[①]

费孝通所谈的是传统中国的社会结构。1949年以来,中国经历了另外一种体系。尤其在经历"破四旧"等运动后,政治权力一直延伸到生产队小组,这样的社会形态打破了原有的社会结构。因此存在两个问题:(1)从传统的乡土中国到如今的社会主义中国,差序格局的信任关系是否会转换为与政治层级的高低相关联的信任关系?(2)在当前的社会体系里,信任关系的塑造是否会沿权力高低从中央向县乡逐层下降?

研究发现,网民对不同权力层级的政府信任度呈现差序格局现象——从中央到县乡逐渐下降。按照五分量表的方式,网民对中央政府的信任度最高(4.02),其次是省部级政府,最低是县乡政府(3.33)。三者相互之间T检验存在显著性差异。

研究将党中央国务院、中央部委、省、市、区政府、区、县、市县乡政府、中央领导、省市领导、个人见或接触过的县乡领导分为政府机

---

① 费孝通:《乡土中国》,人民出版社2008年版。

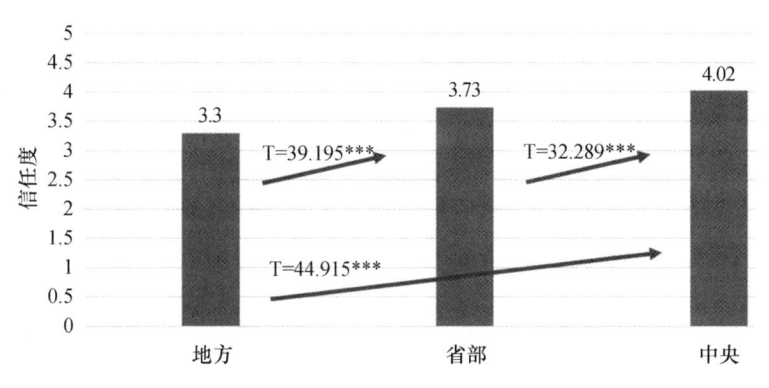

图 1　中国内地网民对各级政府的信任度（五分制）

构和行政人员个人两个维度，来调查中国民众对政府机构及政府行政人员的信任程度。分析结果表明，无论是从党中央国务院、省部政府到县乡政府，或者中央领导、省部级领导和县乡领导，都呈现从中央到县乡的信任度逐渐下降的趋势。

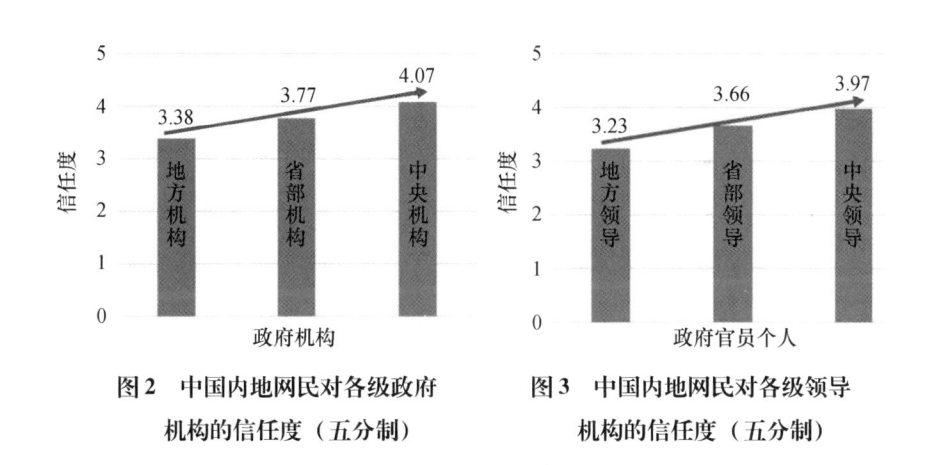

图 2　中国内地网民对各级政府　　图 3　中国内地网民对各级领导　　机构的信任度（五分制）　　　　机构的信任度（五分制）

二　从中央到地方的差序格局信任在不同人口特征群体中依然存在

进一步政治信任的差序格局进行人口特征的分析发现，这种趋势在不同政治面貌，如中共党员、民主党派和群众中，都呈现中央、省部、县乡信任度逐渐下降的趋势。

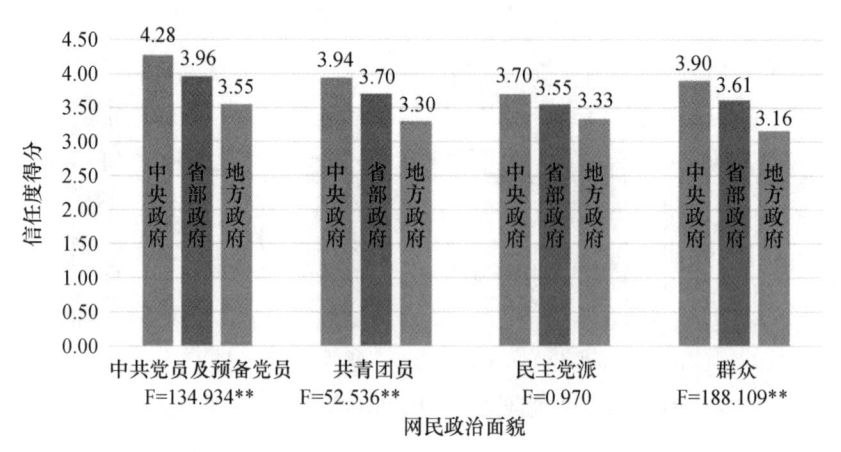

图4 不同政治面貌对政府的信任度（五分制）

从人口特征来看，不同区域、性别、学历等也呈现这样的特征。

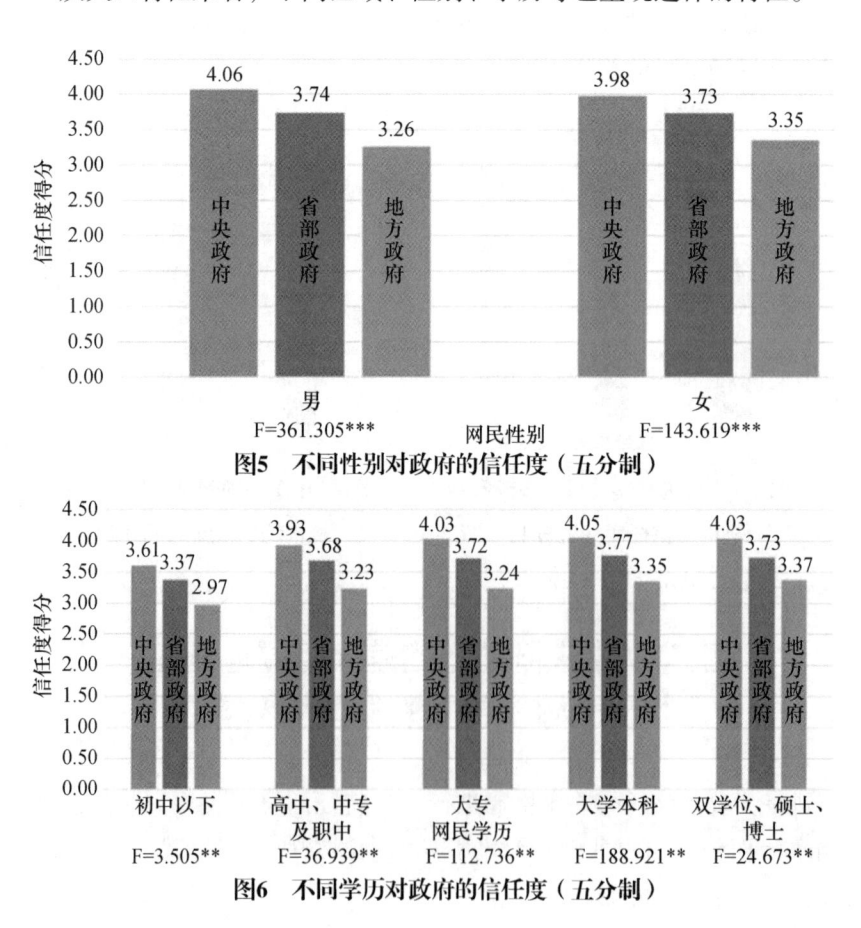

图5 不同性别对政府的信任度（五分制）

图6 不同学历对政府的信任度（五分制）

三 网民媒介接触对政府信任度的影响

在差序格局的政府信任结构中，网民新媒介的接触对三级政府的信任是否产生影响？对于这一问题，研究具体考察的新媒介包括社交媒体的微博、微信，还有博客、新闻网站等。在传播学领域中有一个已经得到验证的变量——媒介接触会影响政府公信力。

采用回归分析方法将新媒介接触作为自变量，具体包括：翻墙看国外网站、博客、微博、QQ空间、微信、论坛、新闻网站。将三级政府的信任度分别作为因变量。将人口变量作为控制变量，考察自变量对中央政府信任度的影响。

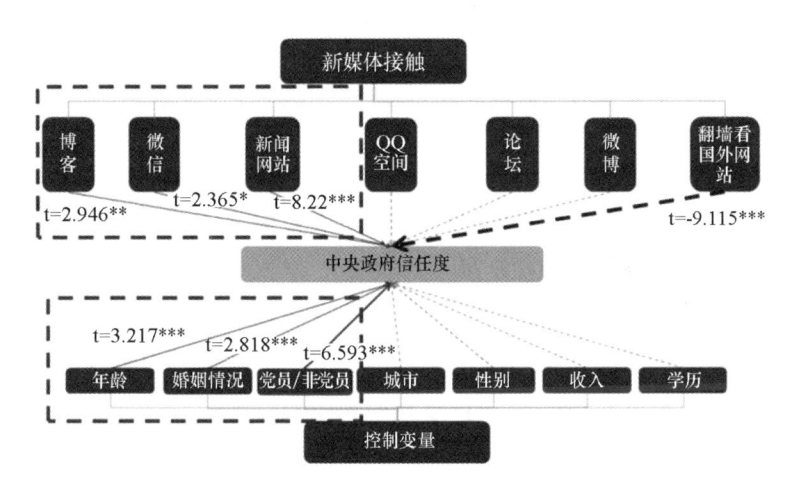

图7 对中央政府信任度影响

图7中实线代表正影响，虚线箭头代表负影响。R2 = 10.4%，Sig = 0.000。经统计检验表明，博客、微信和新闻网站对中央政府信任度存在显著正影响，即看微信越多，对中央政府的信任度越高，看新闻网站越多，对中央政府的信任度越高，而微博对政府信任度的影响不显著。翻墙看国外网站带来显著负影响。

对省部级政府的信任度，博客、QQ空间和新闻网站存在显著正影响。R2 = 7.7%，Sig = 0.000。微博、微信对省部级信任度没有影响，翻墙看国外网站仍存在显著负影响。人口指标中，中共党员对省部级政府信任带来显著正影响。

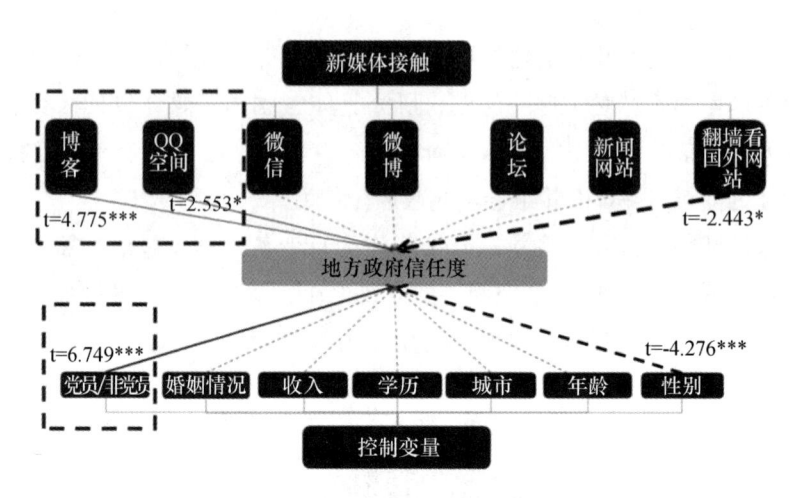

图 8　对地方政府信任度影响

在网络新媒介接触对县乡政府信任度的影响上，R2 = 5.6%，Sig = 0.000。统计检验表明，博客、QQ 空间产生显著正影响，微博微信影响不显著，翻墙看国外网站带来显著负影响。

最后比较一点，从三个模型的分析可以发现，从微博、微信这两个主要社交媒体的媒介接触带来的影响上看，除了微信对中央政府的信任度有正影响外，其对省部级和县乡政府均没有显著影响。而微博使用对于中国内地三级政府的信任度都没有显著影响。

四　网民的政府信任度对国家形势信心的影响

进一步探讨问题：网民对于政府的信任程度，是否影响到他们对中国宏观经济形势的信心？

本研究中定义的宏观形势包括：宏观经济形势、民主进程、政府清廉、社会法治信心、社会道德信心、政府政策执行力六个方面。回归分析发现，网民对中央政府的信任度只与经济前景的信心有显著相关性，对其他方面影响不显著。

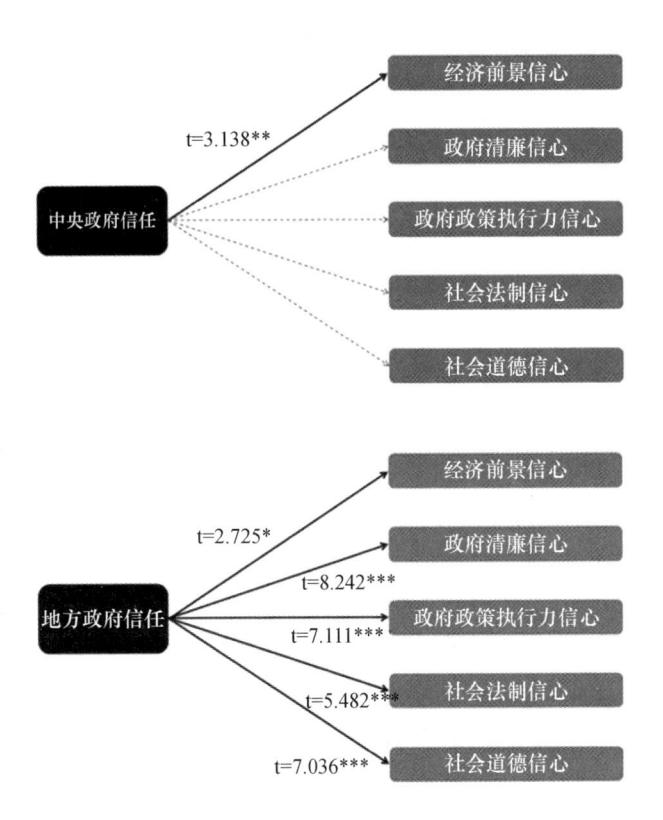

然而，网民对县乡政府的信任度全方位影响网民对于中国宏观形势的信心：包括网民对中国经济前景的信心、政府清廉度的信心、政策执行力的信心、社会法治的信心和社会道德的信心。

由此，产生了一个悖论，即一方面网民对县乡政府的信任程度会全面影响他们对国家经济前景、政府清廉、法制建设、政策执行力、社会道德的看法；另一方面，相对于中央和省部政府，网民对县乡政府的信任度最低。换言之，中央政府的工作和表态，很难影响民众对政府清廉、法制建设、政策执行力等方面的信心。民众关注县乡政府的表现，而对其表现又显然不够满意。这就使我们政府的治理进入到悖论状态。

五 结论与讨论

由这份调研结果可以引出如下两个值得思考的问题：

首先，县乡政府的网民信任度低于中央政府和省部级政府，这不是社交媒体带来的，而是现实问题积聚的——根据数据显示：网民使用微信、微博对县乡政府信任度没有影响。

社交媒体的内容只是社会问题的一个外在呈现指标。各种情绪根源其实存在于社会现实中，社交媒体只是一个外在的呈现载体而已。如：直接面对社会矛盾的县乡政府，有时不能有效解决民众诉求就会导致信任度降低；一些县乡政府官员的贪腐导致整体的县乡政府信任度受到影响；中央有政策，但县乡政府不执行、懒政、积压矛盾等等同样导致县乡政府信任度降低。在社会的转型期，基层民主、政治凝聚力、生态与发展冲突、农民市民化等现实问题解决起来都很有难度，但只有解决现实社会的问题，县乡政府才能获得网民信任。[1]

第二，政府想要获得网民的信任将面临越来越多的挑战。

一方面，媒介公信力的下降是普遍现象。从国际角度来看，Roper 机构和芝加哥大学民意中心均显示媒介公信力在下降；在中国，通过比较我们 2009 年和 2012 年两次媒体公信力的调查结果，同样发现媒体公信力呈现下降趋势。[2] 而我国政府的信任以及政府的形象很大程度上通过媒体建构，媒体公信力的下降意味着政府公信力也不可避免的会下降。在这样的环境下，政府想要赢得民众更高的信任就需要构建信任度更高的媒体。

另外一方面，民众的媒介素养正在快速提升。在 20 年前，媒体所说的内容得到民众的普遍信任。而今天亲友圈、微信朋友圈、家人圈里的信息发布都有一个不断鉴别的过程，民众的媒介素养通过互联网及其他媒介的训练得到了提升。整体网民媒介素养的提升，意味着判断力的提高。进一步说，就是怀疑精神的提高，使得媒体和政府信任度受到挑战。

最后，随着网络渠道的增加和信息来源越来越多元化，政府通过权力维度的控制以获得信任的权重越来越低。我们政府之前获得的信任是权力带来的，在老百姓眼中，乡政府的乡长的权威性比村长高，县长比

---

[1] 齐卫平、刘益飞、郝宇青、罗兴佐、张劲松、上官酒瑞：《乡村治理：问题与对策》，《华东师范大学学报（哲学社会科学版）》2016 年第 1 期。

[2] 张洪忠：《转型期的中国传媒公信力》，南京师范大学出版社 2013 年版。

乡长高，官阶越大越高。想要投诉，来北京找中央首长才最能解决问题。这就是从前信任建立的一个实际维度：级别越高、官阶越大、实权越多的人或机构，越能为自己提供解决问题的能力。但在互联网时代，应该由控制变为博弈——要获得网民的信任，就要通过信息的博弈来获得，且应当将这种博弈看成是整个社会为取得共识而进行"利益协商"，并把它看成是社会民主进步的一种标志。[①] 现在的信息越来越多元，网民的质疑精神越来越高，在互联网的空间里时刻处于一种信息相对自由博弈的状态，因此获得信任的维度开始成为媒介经营主要的方式。要获得博弈信任，就要从专业的维度来建构信任，具体来讲，即政府的信息要公正、准确、及时、负责任，才能够建立一种新的信任关系，由单一的权力维度演变为专业维度。

（该文章发表于2016年第三届"政治传播与社会发展论坛"，刊载于《新闻与传播研究》2016年增刊）

[①] 伍新明、许浩：《新媒体条件下群体性事件中危机传播的信息博弈》，《贵州社会科学》2010年第10期。

一个线上公祭空间的生成
——南京大屠杀纪念与数字记忆的个案考察[*]

李红涛 黄顺铭

(浙江大学传媒与国际文化学院副教授,
四川大学文学与新闻学院副研究员)

摘 要:内容提要在首个南京大屠杀死难者国家公祭日期间,南京市3家媒体机构推出"捐砖""和平树""紫金草"3项互动式的线上纪念活动,它们共同构筑了一个独具特色的线上公祭空间。以数字记忆的"镶嵌性"二维分析框架——"文化镶嵌性"和"制度镶嵌性"考察这一纪念活动,可揭示空间生成所依循的记忆生产逻辑。一方面,主导纪念文化在提供表述"工具"或资源的同时,也设定限制,从而导致线上纪念叙事与主导叙事之间高度契合。另一方面,媒体的政治经济处境和生产方式则影响着祭奠活动的展开、触及的人群及其社会文化意义。在这两种镶嵌性的共同作用下,线上纪念空间成为一个带有自发参与表象的空间,生产出数字化的民族记忆。

关键词:南京大屠杀;线上公祭空间;纪念叙事;纪念公众;数字记忆的镶嵌性

一 引言

2014年12月13日是首个南京大屠杀死难者国家公祭日。公祭日期

---

[*] 本文受"中央高校基本科研业务费专项资金"资助。

间出现了各种各样的媒体纪念仪式与活动，它们为国家公祭日合力构筑出了丰富的媒介纪念形态和实践。这包括公祭日当天在侵华日军南京大屠杀遇难同胞纪念馆举行的国家公祭仪式这样的"媒介事件"，江苏卫视当天从早8点到晚8点历时12小时现场直播的《国之祭》，报纸组织的"日本寻证""国家公祭·10城联动"和"知识界的抗争"等报道活动，以及公祭日当天的大幅黑白纪念报道，等等。作为媒介再现，它们是相对封闭的文本系统，因此普通公众只能"阅读""收听"或"观看"，很难直接而积极地"参与"其间。

相较之下，互动式的线上记忆形式则具有较强的开放性和参与性。2014年7月6日，由新华网和南京大屠杀遇难同胞纪念馆共同筹办的国家公祭网上线。网站在提供大量信息与历史知识的同时，还允许网民展开"在线公祭"：通过"点烛""植树""献花""敲钟""献祭文""献诗词""献楹联"等方式，祭奠南京大屠杀死难者以及其他抗战死难者。① 如果说国家公祭网大体上还是线下祭奠方式的线上版，那么公祭日期间由新华报业传媒集团、江苏省广播电视总台和南京广电集团等三家媒体机构所推出的"国家公祭·众志成城——为了永不忘却的国家记忆"虚拟城墙捐砖行动"我们的和平树——亿万民众点亮世界最高和平之树"全媒体公益行动，以及"紫金草行动"则体现出了自觉而强烈的创意性。

这些线上公祭活动是以新媒体为手段而开展的大屠杀集体记忆生产，其载体是网页或移动端的HTML5页面，以二维码或链接为识别标志。这些线上纪念活动可以被视为以社交媒体为核心的"联结性文化"（culture of connectivity）②的具体表现：它在社交媒体上呼吁网友参与；它让人们只需要动动手指，轻触按键便能完成纪念过程；它号召参与者将某些相关符号换作社交媒体的头像或者将活动链接转发至微博或微信。在线上平台"捐"一块砖，"植"一棵树，或者"种"一株草，这不仅不同于

---

① 这里指的是旧版国家公祭网（2014年7月—2016年12月）的祭奠功能，2016年12月2日，国家公祭网新版（http://www.cngongji.cn）上线，采用由"点烛（祭奠）"—"献花（追思）"—"敲和平大钟（警世）"—"留言（祈愿）"等四个步骤构成的流程式祭奠方式。旧版网页参见 www.cngongji.cn/2014.htm。

② van Dijck, J., "Flickr and the Culture of Connectivity: Sharing Views, Experiences, Memories", *Memory Studies*, Vol. 4, No. 4, 2011, pp. 401–415.

观看一部纪录片或阅读一篇纪念报道，更不同于线下的纪念活动。它们是"虚拟"的，人们或许会因此怀疑其分量；然而，它们又是"真实"的，因为数以万计的人们进入这些线上空间表达了哀思。

不过，这种自发联结和网络化生存的预设和想象，或许遮蔽了数字记忆生产的真实面貌。这类线上活动构造出什么样的祭奠空间？生产出哪些历史和纪念叙事？这些叙事与主导纪念文化和符号系统有何关联？它们如何体现了新媒体时代集体记忆的生产过程？如何与传统媒体的运作以及线下公祭活动的展开相呼应？这些正是本文所要探讨的问题。

具体而言，本文以"捐砖""和平树""紫金草"这三项互动式在线纪念活动为研究个案，探究线上公祭空间如何生成。纪念空间不是空洞的社会场所，其"生成"是一个动态的过程，它首先牵涉到空间的"构筑"，即如何搭建空间的基本架构，并调用视觉和文字符号来填充这一空间，营造出与祭奠相契合的纪念场景和氛围。其次，纪念空间不是静止的纪念碑，其目的不是供人们瞻仰，只有将公众带入这一空间并开展富有意义的祭奠或记忆活动，线上纪念空间才算真正生成。因此，本文的经验分析牵涉到两个相互关联的层面：一是纪念空间的构造及纪念叙事；二是线上祭奠活动的展开方式，特别是推动公众参与的修辞与行动策略。

本文从数字记忆的"镶嵌性"这一理论视角出发，旨在理解传统媒体与纪念文化如何与线上世界相勾连，形塑数字纪念空间，并在此空间中展开记忆实践。对三个个案的分析表明，在线纪念空间的构造和生产既具有开放性也具有封闭性，其"生成"逻辑，不只是——甚至主要不是——网络或社交媒体的自发联结，而是传统媒体的组织化运作及其背后的主导纪念文化。我们发现，数字和网络技术的运用，一方面使得集体记忆的实践更富有创意，拓展了参与的主体范围和空间疆域；另一方面，也使得传统媒体得以增强其组织和动员能力，拓展其意识形态基础设施的作为。这两个方面的结合，使得线上祭奠空间成为带有民众自发参与表象的国家权力空间，或者说是支配性的线下公祭空间的延展。在此展开、经此建构的集体记忆，由此成为带有强烈民族国家色彩的数字化记忆。

二 数字记忆的"镶嵌性"

无论是个体记忆还是集体记忆，都在一定程度上受制于"记忆的技术以及相关的社会—技术实践"[1]。学者们研究发现"9·11"恐怖袭击事件发生之后，人们除了在世贸大厦废墟展开纪念活动外，也在网上表达对遇难者的悼念。[2] 而网页、博客，以及 YouTube 和 Facebook 等社交媒体，则为各国人们纪念战争中殉职的军人提供了新的渠道和平台。[3] 其结果是，催生出"网络纪念"这一独特的记忆形态，即"正在浮现出一整套由计算机网络所中介的社会实践，在其中，数字化纪念客体、结构与空间得以生成"[4]。在数字化空间当中，个体聚集起来并展开纪念活动。

对于数字记忆的研究显示，与传统的纪念形式不同，线上纪念与被纪念的事件之间的时间差更短暂，[5] 甚至事件还没有结束，人们就已经开始忙不迭地展开纪念了。[6] 由于"数字数据的时间性、流动性和易得性"[7]，

---

[1] van House, N. & Churchill, E. F., "Technologies of Memory: Key Issues and Critical Perspectives", *Memory Studies*, Vol. 1, No. 3, 2008, pp. 295 – 310, 296.

[2] Hess A., "In Digital Remembrance: Vernacular Memory and the Rhetorical Construction of Web Memorials", *Media Culture & Society*, Vol. 29, No. 5, 2007, pp. 812 – 830. Walker J., "Narratives in the Database: Memorializing September 11th Online", *Computers and Composition*, No. 24, 2007, pp. 121 – 153.

[3] Knudsen B. & Stage C., "Online War Memorials: YouTube as a Democratic Space of Commemoration Exemplified through Video Tributes to Fallen Danish Soldiers", *Memory Studies*, Vol. 6, No. 4, 2012, pp. 418 – 436. Danilova, N., "The Politics of Mourning: The Virtual Memorialisation of British Fatalities in Iraq and Afghanistan", *Memory Studies*, Vol. 8, No. 3, 2015, pp. 267 – 281.

[4] Foot, K., Warnick, B., & Schneider, S. M., "Web-based Memorializing after September 11: Toward a Conceptual Framework", *Journal of Computer Mediated Communication*, Vol. 11, No. 1, 2006, pp. 72 – 96, 73.

[5] Foot, K., Warnick, B., & Schneider, S. M., "Web-based Memorializing after September 11: Toward a Conceptual Framework", *Journal of Computer Mediated Communication*, Vol. 11, No. 1, 2006, pp. 72 – 96. Hess A., "In Digital Remembrance: Vernacular Memory and the Rhetorical Construction of Web Memorials", *Media Culture & Society*, Vol. 29, No. 5, 2007, pp. 812 – 830.

[6] Hoskins, A., "7/7 and Connective Memory: Interactional Trajectories of Remembering in Post-scarcity Culture", *Memory Studies*, Vol. 4, No. 3, 2011, pp. 269 – 280.

[7] Hoskins A., "Digital Network Memory", in Erll A. and Rigney A., eds., *Mediation, Remediation, and the Dynamics of Cultural Memory*, Berlin: Walter de Gruyter, 2009, pp. 91 – 108, 102 – 103.

线上纪念往往具有很高的灵活性，其形式和内容可以轻易改变，但也可能随着时间的流逝而不再更新、无人维护，乃至不复存在。[1] 有些学者认为，网络记忆空间的形成和运用推动了记忆生产的民主化。首先，互联网变成一座数字档案馆，巨量的历史资料在点击之间便唾手可得。[2] 其次，它赋予一般大众工具和主动权，让他们得以参与到记录和叙述记忆与历史的过程中去，而无须仰仗国家及其档案机构。[3] 对网络纪念话语的运用具有赋权作用，它让普通人有机会在纪念中分享个体经验，表达私人情感，由此"强化了纪念社群中的民间声音"（vernacular voices）[4]。

再者，以战争纪念为例，与强调民族一心、上下团结的传统纪念形态不同，网络记忆空间能容纳更多的争议和分歧。丹麦学者布瑞特·努森（Britt Knudsen）和卡斯滕·斯特奇（Carsten Stage）分析视频分享网站 YouTube 上纪念丹麦士兵殉职的视频及其评论后发现，视频中建构的民族英雄形象招致了评论者的异议和反对。换言之，YouTube 这个所谓的虚拟"民主空间"催生出一种新的纪念实践，即允许对战争现状和合法性提出质疑。[5] 而在对美国新闻博客和中国互联网的研究中，研究者也发现，互联网和社交媒体生产出有别于官方或机构化记忆的民间记忆、另类记忆乃至反记忆。[6]

---

[1] Hess A., "In Digital Remembrance: Vernacular Memory and the Rhetorical Construction of Web Memorials", *Media Culture & Society*, Vol. 29, No. 5, 2007, pp. 812-830. Danilova, N., "The Politics of Mourning: The Virtual Memorialisation of British Fatalities in Iraq and Afghanistan", *Memory Studies*, Vol. 8, No. 3, 2015, pp. 267-281.

[2][5] Knudsen B. & Stage C., "Online War Memorials: YouTube as a Democratic Space of Commemoration Exemplified through Video Tributes to Fallen Danish Soldiers", *Memory Studies*, Vol. 6, No. 4, 2012, pp. 418-436.

[3] Liew, K. K., Pang, N., & Chan, B., "Industrial Railroad to Digital Memory Routes: Remembering the Last Railway in Singapore", *Media, Culture & Society*, Vol. 36, No. 6, 2014, pp. 761-775.

[4] Hess A., "In Digital Remembrance: Vernacular Memory and the Rhetorical Construction of Web Memorials", *Media Culture & Society*, Vol. 29, No. 5, 2007, p. 828.

[6] Robinson, S., "'If You had been with Us': Mainstream Press and Citizen Journalists Jockey for Authority over the Collective Memory of Hurricane Katrina", *New Media & Society*, Vol. 11, No. 5, 2009, pp. 795-814. Yang, G., "Alternative Genres, New Media and Counter Memories of the Chinese Cultural Revolution", in Mikyoung Kim and Barry Schwartz, eds., *Northeast Asians Difficult Past: Essays in Collective Memory*, New York, NY: Palgrave Macmillan, pp. 129-146. Zhao, H. & Liu, J., "Social Media and Collective Remembrance: The Debate over China's Great Famine on Weibo", *China Perspectives*, No. 1, 2015, pp. 41-48.

新媒体与数字技术的运用使得社会记忆"既不是对过往的检索与恢复,也不是对过往的再现",而是"镶嵌于社会技术实践当中,并经由后者而传布开去"。① 在更广泛的意义上,有学者认为,记忆研究也面临着范式转换,只有发展出新的概念体系和认识论,才能更好理解中介化或媒介化的记忆。② 在多种新的理论探索中,一个特别突出的路径是安德鲁·霍斯金斯(Andrew Hoskins)提出的"联结性转向",即强调数字技术与媒介的极大丰富和渗透,使得人们联结或栖息于紧密而发散的社会网络之中,进而重塑时间、空间(场所)和记忆。③ 在"联结性的"网络环境之下,人们不再像大众媒介时代的受众那样共享所谓的集体记忆。正如何塞·樊迪克(Jose van Dijck)所指出的,网络媒体(包括社交媒体在内)所具备的记忆功能与其说具有"集体的"性质,不如说更具有"联结的"特征。④

但是,新媒体技术对记忆生成的影响并非发生于真空之中。英国学者艾米丽·凯特利(Emily Keightley)和菲利普·施莱辛格(Philip Schlesinger)指出,首先,在数字记忆及其型构过程中,"主流媒体远没有消亡,它们与线上世界的勾连仍在不断演变",⑤ 正是新旧媒体的相互交织拓展了记忆实践的形态。其次,数字化媒介能否催生出另类社会记忆,还取决于它们所镶嵌其间的权力机构、社会系统与支配性的意识形态。因此,凯特利和施莱辛格主张,在探究中介化记忆的本质所牵涉到的记忆实践,以及数字化媒介塑造、转化或扩展这些实践的具体方式时,不仅要注意到旧有媒体

---

① Hoskins A., "Digital Network Memory", in Erll A. and Rigney A., eds., *Mediation, Remediation, and the Dynamics of Cultural Memory*, Berlin: Walter de Gruyter, 2009, p. 92.

② Hoskins A., "Digital Network Memory", in Erll A. and Rigney A., eds., *Mediation, Remediation, and the Dynamics of Cultural Memory*, Berlin: Walter de Gruyter, 2009, pp. 91 – 108, 102 – 103. Reading A., "Globalisation and Digital Memory: Globlital Memory's Six Dynamics", in Neiger M., Meyers O., and Zandberg E., eds., *On Media Memory: Collective Memory in a Digital Age*, Basingstoke: Palgrave.

③ Hoskins, A., "7/7 and Connective Memory: Interactional Trajectories of Remembering in Postscarcity Culture", *Memory Studies*, Vol. 4, No. 3, 2011, pp. 269 – 280.

④ van Dijck, J., "Flickr and the Culture of Connectivity: Sharing Views, Experiences, Memories", *Memory Studies*, Vol. 4, No. 4, 2011, pp. 401 – 415.

⑤ Keightley, E. & Schlesinger, P., "Digital Media-social Memory: Remembering in Digitally Networked Times", *Media, Culture & Society*, Vol. 36, No. 6, 2014, p. 746.

技术的持续影响,也要考虑到新旧媒体所镶嵌其间的社会政治结构。①

我们可以采用社会学理论中的"镶嵌性"概念,来理解数字和网络媒体中介的记忆(mediated memories)及其生成(practices of remembering)。"镶嵌性"(embeddedness)这一概念最早出现在卡尔·波兰尼(Karl Polanyi)对经济社会变迁的宏观分析中,② 后来经由美国社会学家马克·格兰诺维特(Mark Granovetter)的重新表述而成为新经济社会学的核心概念。③ 格兰诺维特运用镶嵌性概念来探讨经济行为和社会结构之间的关系。他一方面反对新古典经济学的理性选择模式,认为它不够重视行动主体的社会性;另一方面,也反对社会决定论的模式,认为它过于强调社会对人的制约。他提出一个介于两者之间的解释模式,认为人的选择以及执行该选择的主体性都镶嵌于特定的社会关系和社会结构之中。从社会网络的视角出发,镶嵌性意味着:市场中的社会成员既不是"游离于社会情境的原子",也不会"像奴隶一样死守由各种社会范畴所写就的脚本";相反"他们做出的有目的的行为镶嵌于具体的、持续运转的社会关系之中"。④

除了格兰诺维特所强调的结构镶嵌性之外,美国社会学家莎伦·祖金(Sharon Zukin)与保罗·迪马吉奥(Paul DiMaggio)还辨析了另外三种镶嵌性。一是"认知镶嵌性",即聚焦心智过程中的结构性规律;二是"政治镶嵌性",即经济行动者与非市场机构(国家和法律框架)之间的权力斗争如何影响经济机构与决策;三是"文化镶嵌性",即共享的集体理解对于行动者策略和目标的影响。⑤

---

① Keightley, E. & Schlesinger, P., "Digital Media-social Memory: Remembering in Digitally Networked Times", *Media, Culture & Society*, Vol. 36, No. 6, 2014, p. 747.

② Polanyi K., *The Great Transformation: The Political and Economic Origins of OurTime*, Boston: Beacon, 1944 (2001).

③ Granovetter M., "Economic Action and Social Structure: The Problem of Embeddedness", *American Journal of Sociology*, Vol. 91, No. 3, 1985, pp. 481 – 510.

④ Granovetter M., "Economic Action and Social Structure: The Problem of Embeddedness", *American Journal of Sociology*, Vol. 91, No. 3, 1985, p. 487.

⑤ Zukin, S. & Di Maggio, P., "Introduction", in S. Zukin, P. DiMaggio, eds., *Structures of Capital*, Cambridge, UK: Cambridge University Press, 1990, pp. 1 – 36. 镶嵌性概念也被广泛应用到其他社会研究领域,涉及性别、移民、犯罪与越轨、社会分层、社会抗争与社会运动、发展等各种研究议题。参见 Krippner, G. R. & Alvarez, A. S., "Em-beddedness and the Intellectual Projects of Economic Sociology", *Annual Review of Sociology*, No. 33, 2007, pp. 219 – 240。

这些讨论的聚焦点都是行动者及其经济行为，而本文的分析对象是网络空间中的记忆实践，它牵涉到一系列行动者及其所在机构在特定文化氛围与制度环境中展开的互动。因此，这里的镶嵌性，首先指向"文化镶嵌性"，探究共同体的共享符号和意义系统对于数字记忆的形塑作用。具体到南京大屠杀，无论是官方还是民间，都存在着一整套文化创伤叙事。在下文的分析中，我们将首先勾勒围绕国家公祭日的线下的、传统的祭奠空间，以及其间浮现的支配性的纪念叙事。在此基础上，我们将考察主导纪念文化与符号系统如何影响线上纪念活动对南京大屠杀的表征，线上的祭奠活动从纪念文化的"工具箱"（toolkits）[1]中汲取哪些符号、意象和资源，又受到哪些限制，形成什么样的祭奠空间（memorial space）。

　　此外，除了文化镶嵌性，我们还有必要关注正式的制度架构与组织关系之影响。[2] 在论述镶嵌性的研究文献中，市场被看作制度安排或规则，规制个体的行为和行动策略，影响生产常规和市场互动的形式。而在有关制度创新的研究中，"制度镶嵌性"概念也被用来解读创新的路径依赖，[3] 或者技术、产业结构和相关制度的协同演化。[4] 尽管本文所要处理的既不是经济体制的长时段演化，也不是创新与制度变迁，然而线上纪念活动既带有相当的创新色彩，也的确是在特定历史场景下的媒介体制与制度架构当中展开的。数字记忆生产所镶嵌其间的制度环境，既包括新媒体背后的社会经济与技术基础设施，[5] 也包括与之相关联的传统媒体的政治经济环境、媒体组织之间的关系以及新旧媒体互动所生成的媒

---

[1] Swidler, A., "Culture in Action: Symbols and Strategies", *American Sociological Review*, Vol. 51, No. 2, 1986, pp. 273–286.

[2] Baum J. & Oliver C., "Institutional Embeddedness and the Dynamics of Organizational Populations", *American Sociological Review*, Vol. 57, No. 4, 1992, pp. 540–59. Brinton, M. C. & Kariya, T., "Institutional Embeddedness in Japanese Labor markets", in M. C. Brinton and V. Nee, eds., *The New Institutionalism in Sociology*, New York: Russell Sage Foundation, 1998, pp. 181–207.

[3] Ghezzi, S. & Mingione, E., "Embeddedness, Path Dependency and Social Institutions: An Economic Sociology Approach", *Current Sociology*, Vol. 55, No. 1, 2007, pp. 11–23.

[4] Nelson, R., "The Co-evolution of Technology, Industrial Structure, and Supporting Institutions", *Industrial and Corporate Change*, Vol. 3, No. 1, 1994, pp. 47–63.

[5] Reading, A., "Seeing Red: A Political Economy of Digital Memory", *Media, Culture & Society*, Vol. 36, No. 6, 2014, pp. 748–760.

介场景。

"文化镶嵌性"和"制度镶嵌性"合在一起,构成了本文理解互动式在线公祭空间何以生成的分析框架。下文中,"构筑祭奠空间"一节对应于文化镶嵌性,而"'生产'纪念公众"一节则对应于制度镶嵌性。

三 案例背景与研究方法

本文以公祭日期间的互动式线上纪念活动为个案,案例包括"国家公祭·众志成城——为了永不忘却的国家记忆"虚拟捐砖行动、"紫金草行动"和"我们的和平树"行动。[①] "捐砖行动"由新华报业传媒集团[②]主办,2014年9月27日启动,截至2014年12月14日,活动参与人数超过180万。活动页面由集团下属的中国江苏网设计制作,并被纳入后者的国家公祭专题"祭·忆——南京大屠杀死难者国家公祭日",该专题先后获得2014年度江苏省网络好新闻一等奖、第25届中国新闻奖网络专题类一等奖。

"我们的和平树"行动由江苏广电总台[③]主办、江苏网络电视台承办,2014年11月25日上线,截至2014年12月13日17时30分,参与人数逾190万。该活动被纳入网络台"国之祭和平颂——首个国家公祭日特别策划",该网络专题获得2014年江苏省网络好新闻二等奖。"紫金草行

---

① 当时的线上纪念活动不止这三个,除了常设的"国家公祭网"之外,南京报业传媒集团旗下的龙虎网推出了"铭记历史·全球网祭"活动(献花、点烛、撞钟等),腾讯新闻推出了"记得悼以国之名义"的网祭活动(按压指纹),澎湃新闻等网络媒体也推出了各式线上公祭页面(转发、点烛等)。在这些纪念活动和页面中,我们选择的3项活动的纪念意象较为丰富、纪念方式较具创意。更重要的是,它们都由南京媒体主办,在公祭日之前也都展开了较大规模的推广活动,为我们描述并分析数字记忆的镶嵌性提供了较好的案例。

② 新华日报报业集团,于2001年成立,2011年更名为新华报业传媒集团。集团拥有《新华日报》《扬子晚报》《南京晨报》等14份报纸、7份刊物和一个网络群及10多家经营性公司。中国江苏网由集团控股,是省级综合性门户网站,国务院新闻办确定的地方重点新闻网站。捐砖行动网页版地址:http://gongji.jschina.com.cn。

③ 江苏省广播电视总台(集团)成立于2001年,设有9个职能部门,2个研究中心,10个事业部,16个直属单位。开播15个电视频道(包括江苏卫视频道、优漫卡通卫视频道等5个上星频道)、10套广播节目。江苏网络电视台隶属集团新媒体事业部,运营荔枝网、荔枝新闻客户端等新媒体平台。活动网页版地址:http://tree.jstv.com。

动"由南京广电集团①主办，南京网络电视台承办，于 2014 年 11 月 6 日上线，活动参与人数逾 70 万，转发次数 17 万。该活动是南京网络电视台"国家公祭紫金草行动"全媒体特别报道的一部分，该报道获得 2014 年度江苏省网络好新闻三等奖。

为分析线上纪念活动生产出的纪念叙事，我们收集了与 3 项活动有关的各类文本资料，包括：（1）纪念活动自身的文本，涵盖网页版和移动端活动页面中的文字与视觉符号；（2）活动的宣传与推广文本，例如活动倡议书和宣传片，组织者、名人与普通网友在微博、微信等社交媒体上发布的推广信息或活动体会，新闻奖申报资料，以及业务刊物上的活动经验总结；（3）主办方和其他媒体对相关活动和国家公祭日的报道、直播和评论。

为了了解数字记忆的生产过程，我们访谈了活动主办方，以获得与多媒体纪念活动的设计、组织和执行有关的经验材料。鉴于这些活动都由媒体集团的新媒体部门承办，我们访谈了江苏网络电视台、中国江苏网（中江网）和南京网络电视台的负责人与相关工作人员。访谈共四次，牵涉到 11 位访谈对象。第一次是 2015 年 6 月，后面三次均在 2016 年 7 月进行。其中两次为一对一的访谈，访谈对象为江苏网络电视台内容总监（1 号访谈）和中江网副总编（2 号访谈）。另外两次为集体访谈，一次访谈对象为中江网视频中心主任、编辑中心副主任及两位编辑（3 号访谈）；另一次访谈对象为南京网络电视台编辑主管及 4 位编辑（4 号访谈）。访谈围绕各媒体的相关活动展开，聚焦活动创意，与其他媒体的竞争与区隔，纪念意象意义的阐发，纪念活动的内部组织，记忆动员的方式与纪念活动的效果及反思等方面。访谈历时 1—1.5 小时不等，我们除了交叉验证访谈对象提供的信息之外，还将访谈资料与公开发布的文本资料（文件通知和新闻报道等）相对照和印证。

为从参与者角度获得一些对线上活动及其组织的反映，我们也展开了一次焦点小组访谈。2016 年 6 月初，我们请参与者（南京大学 10 位人

---

① 南京广播电视集团于 2002 年成立，由南京电视台、南京人民广播电台、南京广播电视报社和南京音像出版社等单位组建而成，系国家广播电视总局批准的第一家全国副省级城市广电集团。活动网页版地址：http://www.nbs.cn/subject/national_memorial_day/cp。

文社科领域学生）在现场完成三项活动，并请他们围绕参与经验展开讨论。在事实性的问卷调查之外，小组访谈与讨论涵盖下列内容：记忆最深刻的符号或图像，行动传递的信息，表达的意义（寓意），寄语的选择与评价，以及代表大屠杀的符号等。

四　构筑祭奠空间

（一）国家公祭日与纪念文化

2014年2月27日，第十二届全国人大常委会第七次会议表决通过，将12月13日设立为南京大屠杀死难者国家公祭日。决议规定"每年12月13日国家举行公祭活动，悼念南京大屠杀死难者和所有在日本帝国主义侵华战争期间惨遭日本侵略者杀戮的死难者"。值得注意的是，公祭日以南京大屠杀之名，悼念以大屠杀死难者为核心的所有抗战死难者。

2014年7月6日上线的国家公祭网具体列出了七类死难者作为悼念对象，包括南京大屠杀死难者、化学战死难者、细菌战死难者、劳工死难者、慰安妇死难者、三光作战死难者、无差别轰炸死难者等。在国家公祭网的首页上，1937年12月13日的日历页、大屠杀纪念馆中的"遇难者300000"数字墙分别列于页面左前方和正前方，右前方是卢沟桥（代指"七七"事变），页面背景则是抗战浮雕剪影和1931年9月18日的日历页。① 这说明，一方面，南京大屠杀变成抗日战争期间侵华日军所有罪行的代名词；另一方面，南京大屠杀与抗战叙事紧密关联，成为近代中国"受难—复兴"叙事的有机组成部分。

围绕国家公祭日所建立的符号系统与纪念叙事以"勿忘国耻·圆梦中华"为核心。它是国家公祭日前后纪念馆建筑和周边街道的标语，也是江苏卫视"国之祭"公祭日直播的主题语。而在此之前，全国各地都举办了以"勿忘国耻·圆梦中华"为主题的教育活动，包括全国和地方性的征文比赛、知识竞赛、演讲比赛、主题队（团）会和诗词楹联征稿

---

① 这里描述的都是旧版国家公祭网（2014年7月—2016年12月）的情况，新版网页相关表述较为模糊（"祭抗战死难之生命，悼血与火浸染之地"），并未详细列明这些信息。

活动等。例如，北京市在2014年7月初陆续开展了近40项纪念活动，而江苏省和南京市在12月初规划推出32项宣传教育活动。这些活动不仅是为了纪念南京大屠杀遇难同胞，也是为了纪念抗战胜利69周年"七七"事变77周年和"九一八"事变83周年。

粗略检索"中华数字书苑—数字报纸库"发现，全文中包含"勿忘国耻·圆梦中华"的新闻报道超过2400篇，[①] 其中2014年度的报道涵盖了多个纪念日，包括全民族抗战爆发（"七七"事变）、抗战胜利、"九一八"事变和国家公祭日，以及甲午战争爆发（7·25）120周年和烈士纪念日（9·30）。换言之"勿忘国耻·圆梦中华"并非专门针对南京大屠杀公祭日所发展出的表述，而是贯穿这一系列纪念活动的主导叙事。在2015年纪念抗战胜利70周年的各类活动中，这一表述同样是最重要的主题。例如，2015年8月25日，中宣部和教育部下发《关于组织开展"开学第一课"活动的通知》，要求"以'勿忘国耻·圆梦中华'为主题，通过组织开展'开学第一课'活动，对广大青少年深入进行爱国主义教育和革命传统教育"。

"勿忘国耻·圆梦中华"也为新闻媒体对相关纪念日的报道与评论奠定了基调。例如，公祭日当天《人民日报》头版的社论《构筑捍卫正义的国家记忆》这样写道：

> 让我们深切哀悼南京大屠杀死难者和所有在日本帝国主义侵华战争期间惨遭杀戮的死难同胞，让这段不屈抗争的历史，成为我们民族的集体记忆，成为捍卫和平的强大意志，成为实现中华民族伟大复兴的力量之源。1937年12月13日，在中国犯下了无数滔天罪行的侵华日军，开始在南京制造一场震惊世界的大屠杀，30多万同胞在长达六周的时间里惨遭杀戮……我们设立国家公祭日，就是为了强化国家记忆，凝聚中华儿女"勿忘国耻、振兴中华"的共同精神信仰，朝着"两个一百年"奋斗目标大踏步前进。

---

① 这些报道绝大多数出现在2014年，并延伸到2015年。检索结果中包括不同媒体对同一条新闻的报道，但庞大的报道量还是能够大致折射一系列主题教育活动在媒体上的宣传力度。

这段文字以极其浓缩的方式重述了历史（核心是"12·13"和"30多万"），并将哀悼对象界定为南京大屠杀死难者和其他死难同胞，悼念者是"中华民族"或"中华儿女"，悼念的意义则是"凝聚……共同精神信仰"。大屠杀被界定为"国耻"，抗日战争被看作是"不屈抗争的历史"，二者之间尽管存在一定的论述张力，但它们被共同放置到"勿忘国耻"的框架之下，与民族复兴关联起来。

体现同一叙事，新华社在公祭日前一天刊发的评论员文章《以正义的名义》倡议"以实现民族伟大复兴的中国梦向遇难同胞献上最深切的哀思和最庄重的祭奠"；南京媒体《现代快报》公祭日的头版更以巨幅文字"祭 以国之名以家之名以中华民族之名"将这一叙事整合进"家国同构"的框架内。国家公祭日设立于2014年，但这一"创伤—复兴"的线性宏大叙事并非新近出现，而是延续了此前媒体纪念报道中的核心主题，① 而"勿忘国耻"也是爱国主义教育运动中的核心诉求。② 国家公祭日带来的变化之一是强调"国家记忆"，其次则是将"中国梦"和"民族复兴"乃至更具体的"两个一百年"带入叙事，具体化"振兴中华"等已有的表述。

从人大常委会的决议到国家公祭网的设计，从铺天盖地的主题教育活动到媒体大量的报道，这些前期的线下和线上记忆书写，建构出关于国家公祭日的多层叙事。它们与南京本地多年积累下来的纪念传统、南京大屠杀遇难同胞纪念馆和丛葬地等记忆场所相结合，构成了地方媒体构造线上祭奠空间时的文化氛围和可资运用的"工具箱"，它为线上纪念活动如何表述历史、建构纪念叙事、设置祭奠脚本提供了基本的素材，也为线上纪念活动的展开搭建了舞台背景。

（二）"虚拟纪念馆"中的大屠杀叙事

本文所考察的3项线上纪念活动并非封闭的文本系统，它们共同为

---

① 李红涛、黄顺铭：《"耻化"叙事与文化创伤的建构〈人民日报〉南京大屠杀纪念文章（1949—2012）的内容分析》，《新闻与传播研究》2014年第1期。

② Wang, Z., *Never Forget National Humiliation: Historical in Chinese Politics and Foreign Relations*, New York: Columbia University Press, 2014.

参与者创造了一个虚拟的祭奠空间。通过视觉符号的呈现、行动意象的选择和祭奠寄语的设定,它们建立起一套与线下纪念场所/活动和记忆书写相呼应的大屠杀叙事。与上述媒体评论类似,这些纪念活动页面的历史叙事也以"30万"为核心,像"沉痛悼念南京大屠杀300000死难者""南京大屠杀30万死难者第一个国家公祭日""30万无辜者死于惨绝人寰的大屠杀"之类的表述俯拾即是。

与文字叙事相对,3项行动的网页版、移动端和宣传片中出现的表征大屠杀或公祭日的视觉符号,无一例外地来自南京大屠杀遇难同胞纪念馆。按出现频次的高低,依次是:标志碑(5次)、遇难人数纪念墙(4次)、"家破人亡"雕像(3次)和"和平"雕像(2次)。其中,只有以中英日三国语言书写"遇难者"的纪念墙出现在每一个纪念活动的页面之中,再次凸显出30万的重要性以及纪念墙的符号意义。

这与主导纪念文化高度契合,在《人民日报》历年的纪念报道中,纪念馆即被看作是最重要的记忆场所,[①] 而这些视觉符号也出现在公祭日当天的媒体报道中。以新华报业旗下报纸的版面为例,《新华日报》的专刊封面为《家破人亡》雕塑、内页使用了遇难人数纪念墙、《家破人亡》雕塑、标志碑及和平鸽等画面,《扬子晚报》的头版题图为遇难人数纪念墙,内页版头为标志碑和《家破人亡》雕像,《南京晨报》头版和内页则均为标志碑和《家破人亡》雕像。媒体之间以及传统媒体和线上纪念活动视觉元素的趋同说明,它们都是从同一套既有的符号系统中调用经典视觉元素来表征大屠杀。

此外,纪念馆符号的挪用和凸显以及空间的视觉构造,都让参与者产生步入"虚拟纪念馆"的感受。例如,捐砖行动的网页版"献花"页面就与纪念馆中的献花墙非常相似,而焦点小组中也有参与者提到,捐砖页面"灰暗的感觉"让人联想到"大屠杀纪念馆"(7号访谈),"捐砖"让人联想到南京大屠杀遇难同胞纪念馆的那个墙(10号访谈)。

在行动意象方面,3项活动分别选择了城墙、雪松和紫金草作为祭奠活动的标志。经由页面的视觉呈现和主办方的阐发,这些迥异的意象表

[①] 李红涛、黄顺铭:《"耻化"叙事与文化创伤的建构〈人民日报〉南京大屠杀纪念文章(1949—2012)的内容分析》,《新闻与传播研究》2014年第1期。

达出高度一致的文化意涵。三个意象中，雪松与大屠杀纪念的联系最为直接明晰，"我们的和平树"这一活动名称将祭奠与"和平"主题相关联"百万民众共同点亮世界最高和平之树"的口号则传递出祭奠者的身份认同。捐砖行动的核心意象是"城墙",《新华日报》称，它"既象征国力国防，又带有南京地域特点"。不过，城墙不单单是一个地方性意象：

> 创意来自新华报业传媒集团一次"国家公祭日"内部策划会议……集团领导……想到南京城墙，提议制作一个虚拟的城墙，让网友在线添加"爱国砖"，堆砌城墙，寓意"筑起我们新的长城"，展示"众志成城"的意志。①

这段表述不仅通过"爱国砖"和"众志成城"等词汇传递出爱国主义的信息，还将活动寓意阐发为"筑起我们新的长城"，由此将"城墙"这一地方意象与"长城"这一国家意象连接起来。这种意象联想不仅表现在媒体的阐发当中，也直接体现在活动页面的符号呈现上。无论是网页版还是移动端，首页都是南京城墙，而在捐砖页则变成了万里长城。地方符号和国家符号由此联系在一起，地方创伤也得以转变为民族国家的认同，这一点生动地表现在网页版首页的倡议中"为了痛悼亡灵，为了筑起全民意志的'城墙'/请您动手加块'砖'吧，一块'砖'就是一份祭奠/中华民族有14亿人口，每人加块'砖'/我们就将众志成城——"在这里，城墙从"实指"转化为民族意志的隐喻。"捐砖"行动因而具有双重意义：它既是祭奠，更是"全民意志"的彰显，捐砖"的结果是"众志成城"。

紫金草行动的核心意象及其寓意建立在一段故事之上：

> 1939年，一名侵华日军士兵在南京紫金山上采集到一种紫色小花的种子，此后几十年，他和家人致力于推广种植此花，以反对战争，呼吁和平，并将其命名为"紫金草"，从此，又被称为"和平之花"。其实，紫金草就是中国的二月兰，它耐寒、耐旱，在贫瘠的土

---

① 《大家来添"砖"，筑起我们新的长城》，《新华日报》2014年9月28日。

地上也能顽强生长，蕴含着无穷的草根力量。（活动网页"行动宣言"）

首先，这段故事表达的是当年的加害一方"对战争的反思和忏悔"（行动宣传片），这是大屠杀主导纪念叙事中的核心要素。① 其次，活动的意义被表达为"用草根的顽强，让世世代代永不遗忘"（行动宣言；移动端首页），并由此"凝聚民族的力量"（行动宣传片）。与"捐砖行动"类似，"植草行动"不仅是一种祭奠行为，也是中华民族意志和认同的集体表达。

线上纪念活动的"构造"并不是纪念符号与行动意象的静态展示，它还牵涉到纪念脚本的设定。三个行动设定的纪念方式都是高度程式化的，参与者只能按照提示按部就班地完成整个过程。以捐砖活动为例，参与者在首页选择"加砖"，进入加砖页面，填写加砖人姓名，选择加砖属性，并在备选的寄语中选择"加砖寄语"，点击"完成"，可以看到砖块的"编号"，点击"确认"，整个过程在一分钟内即可完成"和平树行动"和"紫金草行动"的参与过程大同小异，它们并不繁复，也不过于耗时，不会过度渗入人们的线下生活。更重要的是，线上纪念活动构造出一个半封闭的纪念空间，其封闭性表现在两个方面：一是预先确定、无法更易的纪念符号与行动意象，参与者不能更改或自行书写新的叙事；二是程式化、仪式化的纪念脚本，使得参与者只能依照事先写就的脚本完成祭奠流程。

在虚拟纪念空间内，参与者自由发挥的余地表现在对寄语的选择和填写。其中，"捐砖行动"和"紫金草行动"提供了若干选项供参与者选择，这些标语或口号从另一个侧面勾勒出活动背后的主导价值或叙事；"捐砖行动"在移动端设置了 20 条寄语供参与者选择。寄语中出现两次以上的高频词汇包括"中华"（6 次）、"国耻"（4 次）、"先烈"或"烈士"（3 次）、"历史"（3 次）等。寄语以"中华"认同为核心，涵盖祭奠缅怀、国耻雪耻（"勿忘国耻""实干雪耻，空谈误国"）、振兴中华

---

① 李红涛、黄顺铭：《"耻化"叙事与文化创伤的建构：〈人民日报〉南京大屠杀纪念文章（1949—2012）的内容分析》，《新闻与传播研究》2014 年第 1 期。

("强我中华，扬我国威"和"见证中华之复兴")等主题，"紫金草行动"只设置了 5 条寄语，但与捐砖行动类似，它们也是在爱国主义的宏大叙事框架下，沿着缅怀遇难者、勿忘国耻、振兴中华等叙事线索而展开。

参与者在上述寄语中做出选择，并完成"捐砖"或"种草"的过程，在某种意义上可以被看作主导纪念叙事落实于个体行动的过程。以捐砖行动为例，焦点小组中一半参与者选择了第一条寄语"勿忘国耻，祭奠英魂"。其中一位这样讲述自己的选择理由："高中的时候……（历史）老师在课上就跟我们说一些日本人的暴行，当时我特别气愤，我就把那张（课本书页）撕掉了，然后写上了'勿忘国耻'……所以我这次就选了勿忘国耻"（5 号访谈）。由此可见，个人经历和爱国主义教育的叠加，对参与者造成了非常深刻的创伤情感或记忆"烙印"。

概括而言，3 项线上纪念活动尽管各有创意，行动意象亦不尽相同，然而借由纪念符号、行动意象的选择呈现，以及寄语的设定，它们所构建出的纪念叙事却趋于一致。首先，它们对于大屠杀的历史叙述以"30万"为核心，选择的纪念符号均为大屠杀纪念馆中的纪念物。其次，它们都倾向于将行动意象阐发为既能够表达对死难者的祭奠，又能凝聚民族的情感和力量。最后，供参与者选择的寄语更多地传递出"勿忘国耻"等爱国主义信息。这些符号、意象和叙事元素，大多来自表征大屠杀的既有符号系统的"工具箱"，也与公祭日的宏大叙事相契合。即便是"紫金草"这样一个相对较新的符号，围绕它的叙事和对其意义的阐发也沿着主导叙事的方向展开。总之，线上纪念活动深深地镶嵌于南京大屠杀的纪念文化和悼念政治之中。

五　"生产"纪念公众

（一）数字记忆的生产逻辑

线上祭奠活动的构造，不仅受到主导叙事和纪念文化的影响，也在很大程度上受制于数字记忆的生产逻辑。举例来说，公祭日的纪念活动即便放在线上，也不能够出任何政治差错。其结果是，"捐砖行动"和"紫金草行动"之所以会设定备选项，既是为了让参与者可以更快地完成线上纪念流程，也是为了减少人工审核寄语的工作量（2号、4号访谈）。因为参与者可以自行填写姓名，因此，为了确保搜索结果不出现政治错误，主办方设置了关键词过滤。例如，中江网就将国家领导人、著名政治人物、二战战犯等四五百个关键词设置为过滤词（3号访谈），即便有人输入这些姓名，也无法被搜索出来。

为了深入理解线上纪念活动所牵涉到的记忆生产活动，我们就必须考察数字记忆的生产逻辑。我们发现，它与潘忠党所分析的中国媒体生产香港回归的历史叙事遵循同一逻辑，即国家法团主义（statecorporatism）体制①下的文化生产逻辑。该逻辑的核心是，国家与受市场利益驱动的媒体在建构民族主义叙事中联姻，在报道香港回归当中高歌民族主义既符合国家的政治利益，也受到市场的青睐。因此，围绕香港回归的民族主义叙事的生产既在国家主导的框架之内展开，也借助于法团主义的互动规则，从而形成了国家与市场、中央与地方之间的利益调适。②

从主办者对于线上活动的定位和命名中，我们可以管窥主办活动的媒体机构的利益诉求。捐砖行动被定位为"全媒体互动产品"，而"我们的和平树"则被描绘成"大型全媒体公益活动"。其中的关键词首先是"公益"。线上纪念活动并非孤立地存在，它们是所在媒体公祭日纪念活动的一部分。以新华报业集团为例，该集团于2014年9月27日启动"国家公祭·南京1213"全媒体行动，行动由集团社长、总编辑和副总编牵头策划指挥，持续近3个月，被视为"新华报业有史以来报道数量最多、传播效果最佳、社会影响最大的一次重大主题性战役报道"③。其间，集团所属各媒体推出各类专栏50余个，共刊发文字报道2000多篇（200多

---

① 张静：《法团主义》，中国社会科学出版社1998年版。Dickson, B. J., "Coppta-tion and Corporatism in China: The Logic of Party Adaptation", *Political Science Quarterly*, Vol. 115, No. 4, 2000, pp. 517–40. Gu, E., "State Corporatism and the Politics of the State-Profession Relationship in China: A Case Study of Three Professional Communities", *American Asian Review*, Vol. 19, No. 4, 2001, pp. 163–199。

② 潘忠党：《历史叙事及其建构中的秩序——以我国传媒报道香港回归为例》，载陶东风、金元浦、高丙中主编《文化研究》第一辑，天津社会科学院出版社2000年版。

③ 顾新东：《重大主题报道的新视野新突破——"国家公祭·南京1213"新华报业全媒体行动解析》，《传媒观察》2015年第2期。顾新东为新华报业传媒集团编委、新闻办主任、新华日报总编办主任。

万字），图片报道 300 多幅，音视频报道 200 多分钟。

线上纪念活动镶嵌于公祭日的主题报道，这意味着它们被放在同样的框架之内策划，并与其他报道和宣传活动共享同样的基调和叙事，而线上活动网页上所提供的报道链接或者公祭背景材料，则将其与线下的祭奠活动和更广阔的祭奠氛围对接了起来。此外，集团的其他媒体及其报道也成为线上纪念活动推广过程的重要载体。例如，《江南时报》的"警钟长鸣，众志成城"系列报道在每篇末尾或专栏题图处都附上捐砖指引或活动页面，而江苏卫视公祭日的"国之祭"直播活动则全天滚动播出"和平树"活动倡议。

线上活动定位的另一个关键词是"全媒体"或"产品"。与香港回归的欢庆不同，国家公祭日的哀悼氛围令商品化或市场诉求显得不合时宜。因此，无论是《新华日报》等党报，还是《扬子晚报》《南京晨报》《现代快报》等市场化媒体，公祭日当天无一例外地运用黑白版面，且无任何广告。在线上纪念活动中，同样也见不到广告的踪影。然而，这并不意味着公祭报道——包括线上公祭活动在内——完全是自上而下的灌输之产物。实际上，线上纪念活动的开展既符合公益，也符合商业利益。就前者而言，三项线上纪念活动与早前设立的国家公祭网可谓一脉相承，都试图通过将线下的主题教育向网络空间拓展，努力扩大爱国主义在网民（尤其是年轻世代）中的影响。与之类似，前面提及的"开学第一课"的活动通知专门强调，要"有效发挥新媒体的育人功能"，而 2015 年 4 月中宣部等部门还联合下发通知，要求以"勿忘国耻·圆梦中华"为主题在网上开展祭奠英烈活动。就后者（商业利益）而言，线上纪念活动被传统媒体集团视为"台网互动"或者媒体融合的创新之举。这里的商业利益不是指狭隘的广告收入，而是指向媒体的曝光度、公共形象、在新媒体环境中的用户拓展，以及一般意义上的转型探索，所有这些都具备了为媒体机构在未来带来商业利益的某些潜能。

本地媒体与异地媒体、不同媒体集团，以及集团内部新旧媒体之间的多重关系极大地影响了这些线上纪念活动的推行。以"捐砖行动"为例，它对于新华报业集团而言不过是众多活动中的一项，但它对中江网而言却是其"祭·忆——南京大屠杀死难者公祭日"网络专题的核心一环：在中国新闻奖的参评推荐表中，被列为专题四项特色之一，在三项代表作中排第一位。[①] 中江网负责人指出，公祭日对于江苏媒体既是一项义不容辞的责任，也是一个非常难得的题材，就像2013年上海自贸区是上海本埠媒体的"独特资源"一样。[②] 因此，他们从一开始就打算把活动做成精品，"很多细节上都很严格地把关"，譬如，"捐砖"活动的网页架构就是聘请专业公司搭建的（2号访谈）。该专题最终也为中江网夺得第25届中国新闻奖网络专题类一等奖，收获了非常重要的官方象征资本。

此外，3家同城媒体之间的竞争也对线上纪念活动产生了具体而微的影响，这是皮埃尔·布尔迪厄（Pierre Bourdieu）所言的"新闻场域"[③]逻辑的一种具体表现。江苏网络电视台的受访者指出，他们之所以选择"雪松"意象，一方面是"因为雪松是南京的市树""雪松和战争与和平本身就有象征意义"，而另一方面则是为了"能和城墙和二月兰区分开来"（1号访谈）。这里的"城墙"和"二月兰"分别指向9月27日启动的"捐砖行动"和11月6日上线的"紫金草行动"。"雪松"活动作为最迟启动（2014年11月25日）的活动，在意象选择上刻意地与前两项行动区隔开来。

总之，公益与"私"益相重叠的文化生产逻辑不仅塑造了线上祭奠空间的构造和大屠杀叙事，也影响着线上活动对于纪念公众的"生产"。所谓"生产"，既牵涉到触及公众，将之带入纪念空间并转变为活动参与者（记忆动员），也牵涉到对公众及其参与过程的想象和塑造（记忆共同体的建构），进而将线上纪念转化为富有意义的记忆实践。

（二）记忆动员与线上—线下连接

线上纪念空间是"虚拟的"，然而动员工作却是很"现实的"，镶嵌于记忆生产的制度环境之中。鉴于主办媒体在媒介特性、政经地位和动员能力方面的差异，线上纪念活动以不同的方式进入公众视野，触及参

[①] 《中国新闻奖网络新闻作品参评推荐表》，新华网（http://news.xinhuanet.com/zgjx/2015-06/11/c_134318101.htm）。

[②] 2013年9月29日，中国（上海）自由贸易试验区正式挂牌成立，东方网于9月28日推出《制度创新——中国（上海）自由贸易试验区特别专题》，获得第24届（2014年度）中国新闻奖网络专题类一等奖。

[③] Bourdieu, P., *On television*, Cambridge, Polity, 2011.

与人群，连接线上线下，由此营造出不同的集体祭奠氛围。

我们注意到，3 项线上纪念活动表现出了不同的纪念时间或周期。新华报业主办的"捐砖行动"于 2014 年 9 月 27 日启动，而由广电媒体主办的另外两项活动则分别于 11 月 6 日和 11 月 28 日上线。"捐砖行动"之所以在那个时间点推出，是因为它要与当天启动的集团全媒体行动保持同步，并借势推广。那一天，距离国家公祭日还有 77 天，旨在建构出"南京大屠杀 77 周年"的象征意义。由于新华报业集团——特别是报纸——每天能够传递的信息有限，因此纪念周期被拉长。以公祭日当天为例，尽管多家报纸都推出了公祭特刊，但其版面终归相对有限。而江苏卫视则在公祭日当天推出"国之祭"直播，从早 8 点至晚 8 点延续 12 小时。或许由于纪念时间和纪念周期不同，因此"和平树行动"上线虽最晚却提出了"线上雪松达到百万棵"的目标，而最早上线的"捐砖行动"则将目标设定为象征 30 万遇难同胞的"30 万块"。

从理论上讲，线上纪念活动能够触及互联网世界中的任何网民，然而事实上，其能见度受制于主办媒体在空间上的覆盖（地域覆盖和影响力）。3 家媒体机构中的新华报业和南京广电基本都只能覆盖当地，江苏卫视作为卫星频道虽然可以覆盖全国，但在网络空间内，江苏网络电视台的影响力却无法与新华报业旗下的门户网站中江网相提并论。为了增强覆盖能力，江苏网络电视台将微博、腾讯 QQ、百度、搜狐视频等 13 家网络媒体列为"我们的和平树"行动的联合发起机构。而中江网则联合北京、上海、重庆等 10 个城市的重点新闻网站，在公祭日前夕发起了"10 城联动"网络纪念活动，① 这恐怕是受 10 月中旬《新华日报》"10 城联动"系列报道的启发。这一做法既增强了地方媒体公祭日报道和线上纪念活动在全国范围内的能见度，也将发生在其他城市的创伤事件（例如旅顺大屠杀、731 部队、重庆大轰炸、细菌战以及"万人坑"）带入国家公祭框架，这与公祭日的主导叙事相契合。

与此同时，线上纪念行动的发起者——两家省级媒体、一家副省级媒体——积极地运用组织资源和社会资源来展开线上与线下的推广和动

---

① 中江网"十城联动"主页，参见 http://news.jschina.com.cn/zt2014/shichengliandong-sh/index.shtml。

员。除了借助于自身的媒体渠道展开报道之外，微博和微信等社交媒体也成为重要的动员平台。例如，南京广播电视台在活动期间共发布80条与行动相关的微博，日均2.2条。不过，3家媒体机构的动员和生产方式有所不同。

首先，线上与线下的联系强弱使得线上活动呈现出不同的线下景观。新华报业囿于媒介形态的差异，其线下纪念更多地以新闻报道形式出现。因此，"捐砖行动"更多停留在线上世界，并不存在线下的对应物。江苏广电和南京广电则不同，它们在公祭日前后策划的各种活动为线上纪念向线下的延伸提供了可能。"和平树行动"和"紫金草行动"都推出了纪念徽章，徽章充当线上与线下的中介物，而佩戴徽章则成为了一种现实性的纪念—记忆展演。"紫金草行动"的主办方在线上倡议网民将紫金草换作社交媒体的头像，在线下则倡议市民在公祭日当天寻访丛葬地时佩戴徽章，或者在现场活动时"用紫色的纸来折这个花"（4号访谈）。"和平树行动"则直接将线上的虚拟种树延伸到线下公祭日直播的一个环节，即"当线上雪松达到百万棵'世界最高和平之树'将在12月13日公祭日当天在南京被点亮"。公祭日当天下午5点30分，点亮仪式在江苏广播电视塔举行：一株和平树在环绕电视塔的LED屏上慢慢成长，成为直播当中极富象征意味的线下景观。

其次，不同媒体机构所拥有的资源状况制约着动员方式的选择。政经地位相对更高的新华报业集团尽管也通过中江网进行了网络推广，但它主要是通过线下的组织渠道开展动员，其动员带有鲜明的官方色彩。2014年11月初，新华报业与江苏省教育厅和江苏团省委联合举办"国家公祭新闻行动进校园活动"，一直持续到公祭日前夕。线下的动员过程由省教育厅和团省委主导，与学校合作，采取自上而下的方式，带有非常强的官方色彩。省教育厅官方微博"江苏教育发布"将捐砖活动消息置顶，而团省委则建立相关的工作QQ群，也在青年手机报和手机短信平台上开展动员工作。[①] 受访者介绍了进校园的过程（3号访谈）：

> 教育厅、团省委还有宣传部（引者注：应为新华日报社），这三

[①]《是什么把这么多颗心聚到一起》，《新华日报》2014年11月29日。

家，下一个文件到学校，还有一些是我们私下联系的，有的是学校里面团委联系的。然后让学校里团委出面，找一个班级或几十个人，让他们到食堂门口或操场，因为一二十、二三十也够了，然后（把）一些宣传册和一张桌子往那一放，找那一二十个人拿着宣传册找同学去扫那个二维码。

受访者所提及的这份文件名为《关于在大中小学开展国家公祭日相关活动的通知》。该通知甚至为省辖市教育局和各高校设定了应完成的捐砖数量，这足以表明新华报业拥有较高官方地位的事实。至于新华报业内部，不同媒体之间也有分工，例如中江网主要负责8所大学，而《扬子晚报》等媒体则负责在社区的推广。除了官方渠道之外，媒体及新闻记者也利用各自的社会资本来推动公众参与。"开协调会布置宣传推广的时候，就要求跑教育的记者全部来参加，（他们）要利用自己的资源在学校里面推，跑团省委的也来推"（3号访谈）。进校园和进社区等活动在发挥现场动员作用的同时，也制造出了新闻事件，供集团内的媒体报道，进一步产生出"媒体放大"的传播效应。

根据主办方公布的数据，2014年11月14日活动第一站时，捐砖数为53万，而到2014年12月11日校园行结束之时，捐砖数达160万块，这在一定程度上印证了线下动员的效力。

与新华报业形成鲜明对照，另外两家媒体机构——尤其是江苏广电——则主要依靠自身的媒体资源和社会资本，开展线上推广。以"和平树行动"为例，为了在两周之内完成种植"一百万棵"雪松进而实现点亮和平树的公祭直播目标，具体负责该活动的江苏网络电视台：

> 调集精兵强将，成立了专门的网络推广小组……有人专门提供"炮弹"……甚至细化到帮助名（明）星名人拟好转发时的推广语。有人专门负责"发送"——根据预先准备好的内容，运用一切可以运用的网络推广手段进行推广。12月13日直播当天，百度、优酷、360新闻、新浪微博、腾讯QQ、腾讯新闻客户端等多家强势媒体都在显著位置对总台的12小时直播和"我们的和平树"活动做了推荐。（出自一份内部总结材料）

其动员工作并未局限于网络台，而是"动用全台的资源"（1号访谈），把卫视节目贴吧、明星及其粉丝群、定点合作的媒体等渠道悉数调动起来，推广力度堪称"总台历史上最大规模的一次"（1号访谈）。被动员的资源除了合作媒体之外，还包括电视主播、影视明星在内的名人。相比之下，南京广电在紫金草行动中尽管也运用了类似的策略，但动员效果却远不如江苏广电，两者的差距很大程度上折射了它们在媒体资源和动员能力上的差距。

（三）公众群像和参与图景

在展开线上线下动员的同时，媒体也在新闻报道中积极地描摹公众群像和参与图景，以彰显活动的成功，并进行持续的媒介动员。我们发现，在活动页面和相关报道中，主要强调公众参与的三个侧面：规模、名望和多元性。这种描摹方式，与纪念叙事中传递出的国家逻辑下对家国和民族的想象遥相呼应，也与活动文本对集体性的强调和对纪念活动意义的阐发相契合。

首先，对活动主办方而言，参与人数攀升到某个特定的数字，构成了新闻由头，媒体得以顺理成章地报道纪念活动。从2014年9月27日到12月16日，《新华日报》官方微博共发布10条与活动相关的微博，其中7条提及捐砖者人数。数字意味着什么？该报2014年11月14日的报道《国家公祭日倒计时一个月：各界虚拟捐砖达533842块！》这样阐释：

> 533842！这是533842块虚拟的城墙砖，镌刻着533842个名字；这是533842双关注77年前惨痛历史的眼睛；这是533842颗为过去百年中被侵略者戕害的同胞真诚祈福、为民族的复兴和尊严慷慨自勉的心。

标题中的"倒计时一个月"表述了报纸所看重的一个纪念时间，而庞大的数字意味着"众志成城"，参与者的规模及其意义则与主导纪念叙事相暗合。当捐砖数超过100万块，《新华日报》11月29日刊登头版报道《是什么把这么多颗心聚到一起》，称"100多万块虚拟砖的背后，跳动着100多万颗关切南京大屠杀遇难同胞的心"。

另外两项活动也同样非常强调参与者的规模。以和平树行动为例，"上线5天参与人数超32万""种树人数达56万，留言人数超过16万"等表述构成了描摹公众参与的核心叙事线。在公祭日前夕（12月10日），多家媒体刊发报道《我们的和平树参与人数破百万和平树即将点亮》。在"国之祭"直播中，随着电视塔LED屏幕上和平树的慢慢长大并点亮，其上方的"参与人数"也不断地跃升，127万，179万，最后定格在190万。后来，这一参与人数也被用作活动成功的标志：中江网填写新闻奖参评表时，以"全媒体互动产品得到了全球185万网民的参与，凝聚起复兴中华的民族精神"作为社会效果的证据，而"国之祭"直播节目的新闻奖推荐表也强调了190万这一数字。[①]

其次，参与者中的某些特殊人物——党政领导人或文化社会名流——受到了特别关注。与前述动员渠道相关联，新华报业相对更强调党政人物，而江苏广电则强调名流。"捐砖行动"的第一块砖由江苏省委常委、宣传部长在启动仪式上捐出，这是一个高度仪式化的举动，次日的媒体报道也都强调了这一揭幕式的行动安排，以此展示并确认该活动的权威性与政治合法性。在和平树行动启动数日之后，江苏网络电视台的微信号推出《名导名作家纷纷种下"我们的和平树"》的文章（2014年12月5日），开篇放上3位名人的植树截图，并在文中列举多位文化名人的姓名和心愿。此外，在和平树行动的网页上，在"我要种树"按键之下，先是列出参与者总数，继而展示出一排名人头像及简介，最下方滚动播出普通的"种树人"与"和平心愿"。这种页面编排方式，刻意强化了纪念空间中的身份政治。名人栏共列举43位参与者——21位主持人、18位文体名人、4位学者或社会活动家，并在对应页面列出人物简介、种树截图和微博截图。

最后，活动报道也常常强调参与者在地域和身份上的多元性。《名导名作家纷纷种下"我们的和平树"》一文写道："参与网友不仅来自全国各地，还有众多身在英国、美国、加拿大等海外地区。"捐砖行动的报道也指出，"全国4个直辖市，23个省，5个自治区，2个特别行政区，还

---

① 参见 http://news.xinhuanet.com/zgjx/2015-06/15/c_134328071.htm。

有海外同胞、友人共添加了533842块砖"①。虽然参与者地域分布很不均衡，江苏占有更大比重，但这些报道通过强调"海外捐砖人士来自美、加、俄等15个国家"之类的信息，凸显出对南京大屠杀的祭奠超越成为全球炎黄子孙及其"友人"的共同记忆。

概括而言，在线上线下的记忆动员中，3家媒体采取不同策略，取得了不同的动员效果。首先，受制于主办机构的媒介特性，"捐砖行动"局限于网络空间。缺少相对应的线下景观；而"和平树行动"与"紫金草行动"则通过纪念徽章和电视直播等方式，将纪念活动从线上延伸到线下。其次，受制于主办媒体机构的政治地位和资源状况，新华报业主要通过官方渠道进行线下动员，而江苏广电和南京广电则主要依赖由企业社会资本所衍生出来的媒介资源和明星资源来展开线上线下的推广。最后，三个线上祭奠活动能够触及的公众规模和广度有所不同，这在很大程度上并不取决于活动本身的创意性，而在于主办机构的动员能力。不过，它们遵循着共同的记忆生产逻辑，而各自对参与公众的想象与描摹则进一步延续了该逻辑，并与大屠杀和公祭日的主导叙事相契合。由此"生产"纪念公众，即是在某种意义上建构承载大屠杀记忆的"民族共同体"（national community）。

六 结论与讨论

本文以国家公祭日期间南京3家媒体机构所推出的互动式线上纪念活动为研究对象，通过多个案例的比较，考察了数字纪念空间生成背后的记忆生产逻辑。线上纪念活动并非孤立地存在，而是公祭日媒体纪念活动的一部分，后者被当作重大主题报道而备受重视。因此，媒体投入了大量精力去构造互动界面和展开记忆动员。我们发现，首先，线上纪念活动建构出的纪念叙事与大屠杀和公祭日的主导叙事之间高度契合；其次，纪念活动的展开——特别是纪念公众的"生产"——深受国家法团主义框架下的文化生产逻辑和地方媒体的制度环境之影响。

---

① 《国家公祭日倒计时一个月：各界虚拟捐砖达533842块！》，《新华日报》2014年11月14日。

本文提出一个二维分析框架，即"文化镶嵌性"和"制度镶嵌性"，来描述与分析数字记忆的"镶嵌性"。需要强调的是，文化镶嵌性和制度镶嵌性更多的是概念和分析层面的区分，并不代表纪念叙事和记忆动员，分别只受到主导叙事和制度环境的影响。举例来说，中江网的"10城联动"既有生产层面的考量（扩大地域覆盖），也呼应公祭日的主导叙事；而媒体想象与描摹纪念公众的方式既受到动员渠道的影响，也与国家公祭的宏大叙事紧密契合。就一般意义上的记忆生产而言，记忆主体（文化生产者及其组织）在主导叙事和纪念文化的环境与氛围中展开记忆生产实践，而主导叙事则经由特定的制度与组织架构得到具体表达、强化和再生产。

本文对数字记忆生产的讨论延续了潘忠党对于香港回归的研究，并试图推进对国家法团主义之下的文化生产逻辑的探究。潘忠党的文章在末尾指出，"在目前以及最近的将来，我国传媒的历史叙事都将会在这种联姻的逻辑框架内被建构，历史也将会继续在由此构成的局促的传媒舞台上登场"。[1] 世易时移，新媒体如今已为更显著的一种存在，记忆生产的场景从线下转移到线上和线下的联结，这让我们得以考察该逻辑的常与变。

本文所关注的并非普天同庆的历史时刻，而是创伤事件的纪念日。尽管如此，媒体参与建构的同样是关乎民族共同体的历史叙事，也是极具仪式性的纪念活动。在数字媒体时代，记忆实践的产物不仅包括叙事，还延伸到参与性的纪念空间。媒体机构作为线上祭奠活动的主办方，更多了直接组织和动员公众参与的努力。在线上纪念活动中，公众的确不再停留于纪念叙事的被动消费者，然而他们的"自发""参与"在很大程度上却仍然只是一种表象：一方面，纪念空间的开放性非常有限，公众的参与更像是对支配性纪念叙事和程式化记忆脚本的"操演"；另一方面，"众志成城"的百万纪念公众在某种意义上也是这一记忆生产过程的产物。纪念叙事和纪念公众的"生产"由国家主导，文化生产机构积极配合，这与潘忠党一文中所分析的文化生产逻辑相暗合。在政经线索之

---

[1] 潘忠党：《历史叙事及其建构中的秩序——以我国传媒报道香港回归为例》，载陶东风、金元浦、高丙中编《文化研究》第一辑，天津社会科学院出版社2000年版，第234页。

外，本文亦强调纪念文化和主导叙事的影响，由此造就的线上祭奠空间是线下支配性公祭空间的一种延伸，而最终所生成的数字记忆必然被深深地打上"民族"集体记忆之烙印。

引入"镶嵌性"概念，旨在从更为情境化的视角拓深对于数字记忆的理解。前文我们对镶嵌性文献的探讨意味着，纪念文化和制度环境并没有穷尽所有的结构性或情境性因素，但它们可以作为切入其他个案的分析维度。需要指出的是，本文对文化镶嵌性的分析，更多地聚焦于线上纪念活动所生产出的纪念叙事与公祭日宏大叙事之间的呼应，至于纪念文化影响记忆生产的机制以及文化和制度之间的互嵌问题，尚有待进一步的理论发展和经验层面的比较研究。

本文聚焦3个具体案例，已带有"多个案比较"的色彩，在案例之间也的确呈现出"同中之异"和"异中之同"。当然，这种比较还可以向其他时空情境进一步拓展。就文化镶嵌性而言，纪念文化和悼念政治的差异不仅存在于民族国家的疆界之间，也存在于一国内部不同事件之间。关于南京大屠杀的集体记忆更偏向于共识性的主导叙事，官方与民间并无太大区别。针对其他历史事件的纪念文化有可能更为多元、分化，有望为数字记忆提供另类的叙事工具和资源。而在制度架构方面，官方媒体在虚拟空间中的记忆生产/动员方式都存在差异，如果将市场化媒体和民间机构也纳入考察视野，差异或许更为显豁。本文的分析显示了"镶嵌性"概念开启、解读和整合经验考察所具有的潜力，而比较的分析思路是更加深入和全面理解纪念文化和记忆生产的有效途径。对于不同民族、国家或体制，不同类型的历史事件以及遵循不同制度和技术逻辑运作的媒体进行比较，将有助于我们深入理解"镶嵌性"的机制和条件。

（该文首发于2016年第三届"政治传播与社会发展论坛"，刊载于《新闻与传播研究》2017年第1期。）

专题五

舆论研究

李普曼与我们的世纪
——《舆论》出版百年之际回望"李杜之辩"

胡 泳

（北京大学新闻与传播学院教授）

摘　要：公众本身可能是幻影，而舆论可能是制造出来的——李普曼所描述的不完美的公众不可能构建民主的真正基础，此即《舆论》一书的核心内容。对于公民组成社区而致力于某些更高公共利益的想法，李普曼实施了最具破坏性的攻击之一。然而他的论敌杜威坚持，在一个民主国家，政治知识只能通过公民之间的对话来实现，关键是"改善辩论、讨论和说服的方法和条件"。在《舆论》问世100周年之际，回望"李杜之辩"，我们看到，李普曼强调的根本问题并未消失，而杜威的担忧和建议也一如既往地切题。步入网络社会，更多的信息并不一定会导致更多受启蒙的公民参与，也可能带来更多的噪音与无知；然而只要一个民主国家能够保持开放的话语和合理的辩论渠道，事实的真相总会浮现出来。

关键词：舆论；公众；李杜之争

一　从大众手里保护共和国

2022年是李普曼名著《舆论》（*Public Opinion*）问世100周年。常常听到一种说法，李普曼是世界上最伟大的新闻记者。这个说法其实经不起推敲。如果说新闻是匆忙的历史，那么李普曼的新闻通常是自上而下的历史。《大西洋月刊》(*The Atlantic*)曾打过一个比方："他游历在拥有财富和影响力的群岛上，与居住在这些岛上的统治阶级成员共进晚餐，但并不关心群岛间的海域中的人的生生死死。"①

然而，公平地说，李普曼从未将自己视为记者，而是评论员或政治哲学家。他以自己的写作参与并尝试影响公共事务。他一生中确实发挥了自己的作用，不过是在政治系统中那一个个非常精巧的小角落里。然而，如此行事符合他自己对这个世界的看法。在《幻影公众》(*The Phantom Public*)中他写道："必须把公众放在其位上……只有这样才能使我们每个人都免于迷惑的羊群的践踏和嘶吼。"②

在李普曼的眼里，"迷惑的羊群"(*a bewildered herd*)是民主的旁观者而不是参与者。李普曼的书强烈批评了民主理论中有关"公众"概念的误解，例如相信它由拥有主权的和全知全能的公民(sovereign and omnicompetent citizen)组成；③"人民"是一种具有统一意志和思想的超人，或者是"具有统一性的有机体，其中个人是细胞"；④ 公众指导事件的发展过程；⑤ 它是一个具有固定成员资格的可确认的机构；⑥ 它体现了世界性的、普遍的、无私的直觉；⑦ 它是法律或道德的散发者。⑧

李普曼说，公众不是所有这些东西，仅仅是"幻影"，即嵌入"虚假

---

① Petrou, Michael (Sep. 9, 2018), "Should Journalists Be Insiders?", The Atlantic, https://www.theatlantic.com/ideas/archive/2018/09/should-journalists-be-insiders/570637/.

② Lippmann, Walter (1925/1993), The Phantom Public. With a New Introduction by Wilfred M. McClay, New Brunswick, NJ: Transaction Publishers, p. 145.

③ Lippmann, Walter (1925/1993), The Phantom Public. With a New Introduction by Wilfred M. McClay, New Brunswick, NJ: Transaction Publishers, p. 11.

④ Lippmann, Walter (1925/1993), The Phantom Public. With a New Introduction by Wilfred M. McClay, New Brunswick, NJ: Transaction Publishers, p. 137.

⑤ Lippmann, Walter (1925/1993), The Phantom Public. With a New Introduction by Wilfred M. McClay, New Brunswick, NJ: Transaction Publishers, p. 67.

⑥ Lippmann, Walter (1925/1993), The Phantom Public. With a New Introduction by Wilfred M. McClay, New Brunswick, NJ: Transaction Publishers, pp. 67, 100.

⑦ Lippmann, Walter (1925/1993), The Phantom Public. With a New Introduction by Wilfred M. McClay, New Brunswick, NJ: Transaction Publishers, pp. 158–159.

⑧ Lippmann, Walter (1925/1993), The Phantom Public. With a New Introduction by Wilfred M. McClay, New Brunswick, NJ: Transaction Publishers, p. 96.

哲学"中的一个抽象物,① 而虚假哲学则依赖于有关"社会的神秘概念"。② 他批评道,民主理论模糊地认为,公众可以胜任对公共事务的指挥,政府的职能代表着人民的意愿,然而这种说法不过是虚构。

李普曼认为社会是由两种人组成的:行动者和旁观者,③ 也称为局内人和局外人。④ 行动者是可以"执行"自己的意见以解决问题实质的人,而旁观者是公众,只能旁观行动。只有足够熟悉问题实质的人才能分析问题并提出解决方案,以采取"执行措施"。没有人时刻都具有执行能力,这是无所不能的主权公民的神话。现实是,个人随时在这些能力中移进和移出:"一件事情中的行动者是另一件事情的旁观者,而人们则在他们作为执行者的领域与作为公众成员的领域之间不断地来回移动。行动者和旁观者之间的区别……不是绝对的区别。"⑤ 但是,私人公民只是"坐在剧院后排的聋哑观众"(a deaf spectator in the back row),⑥ 因为在大多数情况下,他们对私人事务和个人关系的兴趣要大于对社会事务的兴趣。

兴趣之外,能力也是大问题。公民并非"天生有能力"指导公共事务。⑦ 普通公民生活在一个他们看不到、不了解也无法指导的世界中。沿用剧院的比喻,李普曼把普通人的政治智慧比作一个在第三幕戏中间走进剧院的观众所思:"公众将在第三幕的中间到达,并在最后一幕前离

---

① Lippmann, Walter (1925/1993), The Phantom Public. With a New Introduction by Wilfred M. McClay, New Brunswick, NJ: Transaction Publishers, pp. 67, 190.

② Lippmann, Walter (1925/1993), The Phantom Public. With a New Introduction by Wilfred M. McClay, New Brunswick, NJ: Transaction Publishers, p. 137.

③ Lippmann, Walter (1925/1993), The Phantom Public. With a New Introduction by Wilfred M. McClay, New Brunswick, NJ: Transaction Publishers. Part I, Chapter III。

④ Lippmann, Walter (1925/1993), The Phantom Public. With a New Introduction by Wilfred M. McClay, New Brunswick, NJ: Transaction Publishers, p. 140.

⑤ Lippmann, Walter (1925/1993), The Phantom Public. With a New Introduction by Wilfred M. McClay, New Brunswick, NJ: Transaction Publishers, p. 100.

⑥ Lippmann, Walter (1925/1993), The Phantom Public. With a New Introduction by Wilfred M. McClay, New Brunswick, NJ: Transaction Publishers, p. 3.

⑦ Lippmann, Walter (1925/1993), The Phantom Public. With a New Introduction by Wilfred M. McClay, New Brunswick, NJ: Transaction Publishers, p. 28.

开，停留的时间也许只够决定剧中谁是英雄、谁是恶棍。"①

然而，根据李普曼的观点，公众在社会动荡或"失调危机"期间可以进行干预，② 此时，公众具有一种特定的作用和一种特殊的能力。舆论由此登场，其职能是通过使用自己的力量阻止武力的使用。舆论通过投票决定是让一个政党还是另一个政党来回应政府管理的失败。然而，公众采取这种行动不是凭自己的意愿，而是由局内人领导，他们可以识别并评估其处境。公众无法理性地决定是否存在危机："舆论不是理性力量……它并不推理，调查，发明，说服，讨价还价或解决。"② 它只能通过判断哪个团体更能够解决眼前的问题，对那些可以采取直接行动的人施加力量："当人们就他人的目的而采取立场时，他们就是公众。"③ 对专断性武力的制止是公众最大的期望。这是舆论的高度受限的"特殊目的"。④

李普曼可以说是一位公开的精英主义者，尽管他写了数本以公众为主题的著名著作，他的社会理论却是"把信任安置在直接相关的个体"（也即局内人而不是"公众"）身上的理论。⑤他们是发起者、管理者和问题解决者，应该尽可能使他们免受来自无知的、不相干的和爱管闲事的局外人也即公众的干扰。⑥ 这种社会安排"使人作为公众的注意力得到了节约，并要求他们在自己无能为力的事情上尽量少加掺和"。⑦由于它"限制了人们作为公众的努力……这样的干预措施，可以帮助减轻（社会）骚动，从而使人们回到自己的事务中，由于那是对特殊事务的追求，因而也是他们最感兴趣的东西"。⑧

在这里，李普曼将私人公民对公共事务和私人事务的知识区分开来。

---

① Lippmann, Walter (1925/1993), The Phantom Public. With a New Introduction by Wilfred M. McClay, New Brunswick, NJ: Transaction Publishers, p. 55.

②⑦⑧ Lippmann, Walter (1925/1993), The Phantom Public. With a New Introduction by Wilfred M. McClay, New Brunswick, NJ: Transaction Publishers, p. 189.

② Lippmann, Walter (1925/1993), The Phantom Public. With a New Introduction by Wilfred M. McClay, New Brunswick, NJ: Transaction Publishers, p. 59.

③④⑤ Lippmann, Walter (1925/1993), The Phantom Public. With a New Introduction by Wilfred M. McClay, New Brunswick, NJ: Transaction Publishers, p. 188.

⑥ Lippmann, Walter (1925/1993), The Phantom Public. With a New Introduction by Wilfred M. McClay, New Brunswick, NJ: Transaction Publishers, p. 140.

个人有时间、有能力、有愿望，可以很好地了解私人现实，并在其中管理自己，但对公共生活却不能如是看待。个人可能以相对敏锐的眼光对待他的私人事务，而公民则是带着起雾的眼镜看待公共事务。也就是说，我们对私人事务的细微和复杂之处可以悉数掌握，但我们对公共事务的理解却遥远而模糊。

李普曼指出了民主传统的一个困境，即它"总是试图看到一个世界，在这个世界里，人们只关心那些原因和结果都在他们居住的区域内运作的事务。民主理论从来没有能够在一个广泛和不可预测的环境中设想自己"。[①] 而在像我们这样的复杂文明的广泛和不可预测的环境中，公共事务不仅仅是私人事务的延伸。存在一些大型的、遥远的、复杂的问题，牵涉到公民缺乏日常直接接触的事务，其因果关系很少一目了然。如此事务所波及的大部分现实是"看不见的"（unseen），按照李普曼的说法，"自治的核心困难"也即"处理看不见的现实的困难"。[②]

换言之，只有公民充分了解自己的环境，才能真正实现自治。亚里士多德关于公民是"政治动物"的概念[③]是一个令人失望的神话。李普曼感到无法恢复公众的名誉，就决定打碎它——彻底摧毁关于公众作为政治共同体的进步主义幻想。在《幻影公众》中，他不仅为民主的基础假设贴上了"错误的理想"的标签，而且认定持有这样的理想是有害的。在该书的最后一段，李普曼写道："我没有任何立法计划可以提供，没有任何新的机构可以建议。我认为，当前的民主理论中存在着巨大的混乱，阻碍并扭曲了民主的行动。我对混乱的某些层面进行了抨击，但并无多少信心，只除了一点：我相信一种错误的哲学往往会使思想定型，对经

[①] Lippmann, Walter (1922/1998), Public Opinion. With a New Introduction by Michael Curtis, New Brunswick, NJ: Transaction Publishers, pp. 269–270.

[②] Lippmann, Walter (1922/1998), Public Opinion. With a New Introduction by Michael Curtis, New Brunswick, NJ: Transaction Publishers, p. 396.

[③] 《政治学》第一卷1253a。中译："人天生是一种政治动物，在本性上而非偶然地脱离城邦的人，他要么是一位超人，要么是一个鄙夫。"见亚里士多德《政治学》，颜一、秦典华译，中国人民大学出版社，2013年，第八卷。英译本参：Aristotle's Politics. Second Edition. Translated and with an Introduction, Notes, and Glossary by Carnes Lord. Chicago: The University of Chicago Press, 2013。

验的教训施加反对。"①

正如李普曼的传记作者罗纳德·斯蒂尔（Ronald Steel）所解释的那样，李普曼的这些想法象征着他坚信亚历山大·汉密尔顿（Alexander Hamilton）是对的：大众，远非托马斯·杰斐逊（Thomas Jefferson）所设想的，构成了共和国的良性骨干，实际上，他们是无知的暴民，必须保护共和国免受其侵害。②

李普曼在他的前几本书中都发展了这个主题，为这位年轻作家赢得了极大赞誉。他问道，一国的命运赖以安放其上的广大人民，如何拥有在一个如此复杂的国家和世界中做出清醒而明智的政治判断所必需的大量知识？在他的职业生涯中，他以多种不同的方式回答了这个问题，但他最著名的是他的核心论点，即只有一个知识渊博且训练有素的精英阶层才能抵御大众的善变热情，并最终可加以信任来引导国家事务。

二 现代自由意味着什么

1919年11月，李普曼在《大西洋月刊》上发表题为《民主的基本问题》的论文，该文随后收入《自由与新闻》，③ 成为这本小册子中三篇论文中的一篇，改题《现代自由意味着什么》。他写道："从来没有人想出一个绝对的或普遍的政治理想，原因很简单，没有人知道足够多，或有能力知道足够多，来做到这一点。"④ 而在政治现实层面，"每个人对世界都应该有自己的观点，可这个世界已经变得如此复杂，以至于超出了他的理解能力。"⑤ 所有的公共事务，无论是政府的目的，还是人民的愿望，

---

① Lippmann, Walter (1922/1998), Public Opinion. With a New Introduction by Michael Curtis, New Brunswick, NJ: Transaction Publishers, p. 190.

② Steel, Ronald (1980), Walter Lippmann and the American Century, Boston, MA: Little, Brown and Company, pp. 276 - 77.

③ Lippmann, Walter (1920/2020), Liberty and the News. A mediastudies. press public domain edition, with a new introduction by Sue Curry Jansen, Bethlehem, PA: mediastudies. press.

④ Lippmann, Walter (1920/2020), Liberty and the News. A mediastudies. press public domain edition, with a new introduction by Sue Curry Jansen, Bethlehem, PA: mediastudies. press. p. 8.

⑤ Lippmann, Walter (1920/2020), Liberty and the News. A mediastudies. press public domain edition, with a new introduction by Sue Curry Jansen, Bethlehem, PA: mediastudies. press. p. 12.

个人所能掌握的都不过是二手、三手乃至四手资料。他无法亲自去查看，哪怕事情近在咫尺，对他的判断力也是个考验。就连那些以研究政治为职业的人，也做不到同时跟踪市政府、州政府、国会、国家各部门、产业形势和世界其他地区的情况，更不要说并不具备足够知识的普通人了。李普曼以自己为例说明了这一点：

我同情（公民），因为我相信他背负着一项不可能完成的任务，并被要求实践一个无法实现的理想。我自己也发现是这样，因为虽然公共事务是我的主要兴趣，而且我把大部分时间都花在观察它上，但我找不到时间去完成民主理论对我的期望——也就是说，了解正在发生的事情，并就自治社区面临的每个问题发表值得表达的意见。[1]

这时人们只能依赖新闻。"可是新闻从远处传来；它在难以想象的混乱中纷至沓来，它涉及不容易理解的问题。它来了，被忙碌而疲惫的人们吸收，他们必须接受给予他们的东西。"[2] 公众永远无法完全理解政治的原因，部分在于个人只能将很少的时间用于公共事务，部分则是事件必须被压缩成简短的信息。人们不得不抓住关键词和头条新闻，否则就会一无所获。

在《自由与新闻》中，李普曼论述道，在无人帮助的情况下，新闻永远不可能为了民主自治的目的而提供对现实的准确描述。谁知道什么是谎言，什么不是谎言？"当所有的新闻都是二手的，所有的证词都是不确定的，人们不再对真相作出反应，而只是对观点加以回应。他们行动的环境不是现实本身，而是报道、谣言和猜测的伪环境（pseudo-environment）"[3]。[4] 在《自由与新闻》中，这是一个很有说服力的观点；两年后，在《舆论》中，此观点转化为一部力作。

李普曼借用一个著名的短语"我们头脑中的画面"（pictures in our

---

[1] Lippmann, Walter (1925/1993), The Phantom Public. With a New Introduction by Wilfred M. McClay, New Brunswick, NJ: Transaction Publishers, p. 10.

[2] Lippmann, Walter (1920/2020), Liberty and the News. A mediastudies. press public domain edition, with a new introduction by Sue Curry Jansen, Bethlehem, PA: mediastudies. press. p. 13.

[3] 伪环境，通译"拟态环境"，本文认为伪环境的译法更为准确。

[4] Lippmann, Walter (1920/2020), Liberty and the News. A mediastudies. press public domain edition, with a new introduction by Sue Curry Jansen. Bethlehem, PA: mediastudies. press. p. 17.

heads),认为舆论更多的是建立在不完美的、与外部世界不相符的形象之上,[1] 而不是真实的、清晰的、生活的现实。此种现实的假象即"伪环境",[2] 这一概念涉及这样的想法,即一个人对事件或情况的看法可能与其环境中实际发生的事情不匹配。歪曲不仅产生于情感因素和自我需求,而且还产生于刻板印象(stereotype)。[3]《舆论》一书使"刻板印象"成为日常用语,它表明人们在多大程度上只是看到了他们想看到的东西,听到了他们想听到的声音,并根据"我们头脑中的画面"在这个世界上行动。

李普曼运用格雷厄姆·沃拉斯(Graham Wallas)和西格蒙德·弗洛伊德(Sigmund Freud)的著作来说明多种伪环境的特征,这些伪环境与外部世界截然不同。在《政治中的人性》[4] 中,沃拉斯论述了公众对周围环境的理解。他指出,宇宙给公众带来了无穷无尽的感觉和回忆,每一种感觉和回忆都互不相同,在这些感觉和回忆面前,除非人们能够选择、认识和简化,否则将无力思考或行动。[5] 沃拉斯(1959)的"大社会"(Great Society)概念也永久进入了李普曼的思想,[6] 所谓"大社会",沃拉斯用以指代复杂的、机械化的工业社会,通过应用技术知识而获得迅猛发展,产生了由官僚结构和非个人力量捆绑在一起的个体集合。[7] 现代社会的规模让李普曼对"人可以认识环境并对环境做出明智的政治判断"这一假设产生了怀疑。同时,李普曼也利用《梦的解析》(*The Interpreta-*

---

[1] Lippmann, Walter (1922/1998), Public Opinion. With a New Introduction by Michael Curtis, New Brunswick, NJ: Transaction Publishers, pp. 3 – 5.

[2] Lippmann, Walter (1922/1998), Public Opinion. With a New Introduction by Michael Curtis, New Brunswick, NJ: Transaction Publishers, p. 15.

[3] Lippmann, Walter (1922/1998), Public Opinion. With a New Introduction by Michael Curtis, New Brunswick, NJ: Transaction Publishers, Part Ⅲ.

[4] Wallas, Graham (1908/1981), Human Nature in Politics, New Brunswick, NJ: Transaction Books. 中译本见格雷厄姆·沃拉斯《政治中的人性》,朱曾汶译,商务印书馆1995年版。

[5] Wallas, Graham (1908/1981), Human Nature in Politics. New Brunswick, NJ: Transaction Books, p. 134.

[6] Walker, Don D. (Dec. 1959), "Woodrow Wilson and Walter Lippmann: A Narrative of Historical Imagery", *The Western Political Quarterly*, Vol. 12, No. 4, pp. 939 – 947.

[7] Wallas, Graham (1914/1967), The Great Society: A Psychological Analysis. Lincoln, NE: Bison Books.

tion of Dreams）① 发展了他有关存在于个人头脑中的"伪环境"的想法。②③

在伪环境中，人们将外部世界简化为刻板印象以便吸收，但实际上，他们很难理解当代世界的复杂性。"在大多数情况下，我们不是先看到，然后再定义，而是先定义，然后才看到。在外部世界的绽放的、嗡嗡作响的巨大混乱（the great blooming, buzzing confusion）④ 中，我们挑选出我们的文化已经为我们定义的东西，我们倾向于以我们的文化为我们定型的形式来感知我们挑选出来的东西。"⑤

在此种认识上，李普曼对"舆论"做了简短定义：

外部世界的其他人的行为，只要这种行为与我们的行为相交，依赖于我们，或者使我们发生了兴趣，由此产生的相关特征，我们笼统地称之为公共事务。这些人头脑中的画面——关于他们自己和他人的画面，关于他们的需求、目的和关系的画面，就是他们的公共意见。而那些由一群人或由个人以群体的名义据其采取行动的画面，则构成了大写的公共意见⑥。⑦

这样的画面，决定了非常多的政治行为，由此产生了民主的基本问题：公民充满了无知、主观思维、刻板印象和偏见，即使在令人信服的证据面前也不会屈服，并没有做好自我管理的准备。

李普曼相信，真正的舆论不应该统治民主，必须对这种非理性的力量加以约束，为此他专门创造了一个词"制造同意"（manufacture of con-

---

① Freud, Sigmund (1899/2010), The Interpretation of Dreams. Trans & ed. James Strachey, New York: Basic Books. 中译本见西格蒙德·弗洛伊德《梦的解析》，孙名之译，商务印书馆2020年版。

② Rogers, E. M. (1994), A History of Communication Study: A Biographical Approach, New York: The Free Press.

③ 有关弗洛伊德对李普曼的影响，亦可参见 Steel, Walter Lippmann, 45 – 50。

④ "绽放的、嗡嗡作响的巨大混乱"语出威廉·詹姆斯（William James）《心理学原理》(1890)，原用来形容婴儿出生时初次见到外部世界的场景。

⑤ Lippmann, Walter (1922/1998), Public Opinion. With a New Introduction by Michael Curtis, New Brunswick, NJ: Transaction Publishers, p. 81.

⑥ Public Opinion with capital letters, 即舆论。

⑦ Lippmann, Walter (1922/1998), Public Opinion. With a New Introduction by Michael Curtis, New Brunswick, NJ: Transaction Publishers, p. 29.

sent)①。② 如果为了公共利益而适当部署、制造同意,对一个有凝聚力的社会来说是有益和必要的,因为在许多情况下,公众的"共同利益"是不明显的,除非仔细分析所收集的数据。而分析数据是一个关键的智力活动,大多数人对这一活动并不感兴趣或没有能力从事。由于在一个政策环境日益复杂的世界中,几乎不可能发展出一个充分知情的公众,民主国家要制定有效的公共政策,技术官僚精英更适合为公众利益工作,而不一定会破坏"被统治者的同意"(consent of the governed)的概念③——"制造同意"的"同意",本来就是指"被统治者的同意"。

可是,倘使如此,我们不禁会问:公民可能形成真正的"公众"舆论吗?公众本身可能是幻影,而舆论可能是制造出来的——无论从哪一方面看,舆论都不是知识渊博的公民深思熟虑的产物。正是在这种背景下,我们遭遇李普曼对自由的独特定义,它多年来一直令许多读者和解释者感到困惑。

迈克尔·舒德森(Michael Schudson)指出:"《自由与新闻》的'自由'是书中最奇怪和最特立独行的术语。李普曼说的不是约翰·弥尔顿(John Milton)在《论言论自由》(Areopagitica)中捍卫的意见自由或自由表达……李普曼认为,自由是保护公众使用事实记录的努力。它是被绑在现实的桅杆上的自由,用以摆脱对这种或那种正统观念、先入之见或谎言的效忠。"④

这是说,不能根据意见来定义自由,而应根据事实来定义自由。"只有通过在人类生活的主要事务中寻求自由的原则,也就是说,在人们教育他们的反应和学习控制他们的环境的过程中,才能获得自由的有用定义。在这种观点下,自由是我们用来保护和提高信息真实性的措施的名

---

① 爱德华·赫曼(Edward Herman)和诺姆·乔姆斯基(Noam Chomsky)用李普曼的这一短语作为他们关于媒体的开创性著作的标题。见 Herman, Edward & Chomsky, Noam (1988) . Manufacturing Consent: The Political Economy of the Mass Media. New York: Pantheon Books。

② Lippmann, Walter (1922/1998), Public Opinion. With a New Introduction by Michael Curtis, New Brunswick, NJ: Transaction Publishers, p. 248.

③ Lippmann, Walter (1955/2009), The Public Philosophy. With a New Introduction by Paul Roazen, New Brunswick, NJ: Transaction Publishers, p. 14.

④ Schudson, Michael (Dec. 13, 2007), "Lippmann and the News", The Nation, https://www.thenation.com/article/archive/lippmann-and-news/.

称，我们依靠这些信息来行动。"①

在这个意义上，自由"与其说是允许，不如说是构建一个越来越独立于意见的信息体系"，而"只有通过把我们的兴趣从'意见'转移到客观现实，才能使意见既自由又有启发性"。② 明乎此，我们才能够理解李普曼的论断："没有针对宣传的保护，没有证据的标准，没有强调的标准，所有民众决定的活生生的实质都会暴露在各种偏见和无限的利用之下。这就是为什么我认为旧的自由学说具有误导性，它没有假定舆论统治的存在。"③《自由与新闻》的批判性目的是识别和检查具体的政治、社会和技术障碍（比如审查制度），这些障碍破坏了新闻所提供信息的真实性。而该书的建设性体现于识别和检查潜在的提高新闻可靠性的改革方案——无论是道德、政策还是实践上的。李普曼相信："真正重要的是努力使意见对事实越来越负责。一个缺乏信息来识别谎言的社会不可能有自由。"④

三 战争宣传对民主的挑战

如此掷地有声的结论来自李普曼的战争体验。李普曼的写作生涯主要开始于第一次世界大战和俄国革命之后，那时他的政治观发生了转变。"1914年的冬天对我来说是一个重要的变化。也许我已经变得保守了"，李普曼在那年7月穿越大西洋时在日记中写道，"无论如何，我发现对革命者的同情越来越少……而对行政问题和建设性的解决方案越来越感

---

① Lippmann, Walter (1920/2020), Liberty and the News. A mediastudies. press public domain edition, with a new introduction by Sue Curry Jansen. Bethlehem, PA: mediastudies. press. p. 21.

② Lippmann, Walter & Merz, Charles (Aug. 4, 1920), "A Test of the News: An examination of the news reports in the New York Times on aspects of the Russian Revolution of special importance to Americans, March 1917 – March 1920", With the Assistance of Faye Lippmann. A Supplement to the New Republic, p. 17.

③④ Lippmann, Walter & Merz, Charles (Aug 4, 1920), "A Test of the News: An examination of the news reports in the New York Times on aspects of the Russian Revolution of special importance to Americans, March 1917 – March 1920", With the Assistance of Faye Lippmann. A Supplement to the New Republic, p. 20.

兴趣。"①

青年时期,李普曼被社会主义和费边主义所吸引,但他很快转变为进步主义者。李普曼是西奥多·罗斯福(Theodore Roosevelt)的伟大仰慕者,后来是伍德罗·威尔逊(Woodrow Wilson)的钦佩者,是第一批呼吁美国干预第一次世界大战的美国知识分子和新闻记者之一。像第一次世界大战期间参与宣传的其他知识分子一样,李普曼对民意与民主之间的关系非常感兴趣。考虑到这一点,很显然他的工作重点并非传播理论,而是民主的局限。

当时他利用自己对威尔逊的影响,建议政府设立官方新闻局,向公众提供准确的信息,并识别和驳斥谣言和谎言。他还敦促政府避免任意审查,虽然他承认战时有必要进行某些审查以保护军队,但他认为"保护健康的舆论"是"最重要的"。② 威尔逊没有被说服。相反,总统授权成立了公共信息委员会(CPI, Committee on Public Information)——一个亲战的宣传委员会。该机构的任务是开发可以塑造舆论以支持战争的方法和资源,后被研究者总结为"美国有史以来最大的一次集中操纵舆论的努力"。③ 李普曼曾参与过与 CPI 结盟的海外宣传,这让他了解到公众是多么容易被操纵,人们又多么容易屈服于引人注目的叙述。

对代议民主制的共同假设产生怀疑,并非只有李普曼一人。在公共信息委员会工作的爱德华·伯纳斯(Edward Bernays)也被同一话题吸引。伯纳斯自称"公共关系之父"并从事商业广告领域的工作,出版了数本舆论主题的书,包括最著名的《凝结舆论》(*Crystallizing Public Opinion*)和《宣传》(*Propaganda*)。与此同时,芝加哥学派的几名成员也对类似问题表现出了兴趣。哈罗德·拉斯韦尔(Harold D. Lasswell)写作了《第一次世界大战中的宣传技术》(*Propaganda Technique in World War*

---

① Petrou, Michael (Sep. 9, 2018), "Should Journalists Be Insiders?", The Atlantic, https://www.theatlantic.com/ideas/archive/2018/09/should-journalists-be-insiders/570637/.

② Steel, Ronald (1980), Walter Lippmann and the American Century. Boston, MA: Little, Brown and Company, p. 125.

③ St. John Ⅲ, Burton (2010), Press Professionalization and Propaganda: The Rise of Journalistic Double-Mindedness, 1917–1941, Amherst, NY: Cambria Press, p. 40.

I);① 约翰·杜威（John Dewey）是李普曼20年代和30年代主要著作的敏锐评论者，《公众及其问题》（*The Public and its Problems*，1927）②像是对李普曼的民主和民意理论的一篇长而乐观的回答。

民主（不是舆论、宣传或传播）确实是李普曼思想的中心，也是参与辩论的许多其他知识分子思想的中心。战争宣传在世界历史上首次证明了塑造共识和形成意见的可操作性。"人们在看到世界之前就被告知，在经历事情之前就想象它们，而社会成员就这样成为先入为主的成见的人质。"③一旦发现可以轻易做到这一切，民主显然就面临严重的问题了。

李普曼在战争期间没有公开批评CPI的工作，但他1919年在《新共和》（*New Republic*）杂志上抨击道，美国"已经被宣传淹没"，它发现自己"在面对日益严重的问题时，没有任何可以真正信任的信息来源，也没有领导人出来解释事件"。④李普曼尝到了他所鼓吹的"制造同意"的苦果。约翰·马克斯维尔·汉密尔顿（John Maxwell Hamilton）概括得很到位："记者沃尔特·李普曼以热切的宣传者身份进入战争，因'制造同意'而失望。他在1922年出版的经典著作《舆论》中总结了CPI的遗产。他写道，'说服已经成为一种自觉的艺术和国民政府的常规机关'。"⑤⑥李普曼担忧的是，在战争期间以前所未有的规模使"制造同意"成为可能的各种做法，在和平时期逐渐变得正常。

战争结束后不久，美国的新闻工作者就意识到，由于与宣传人员合

---

① Lasswell, Harold D. (1927/1971), Propaganda Technique in World War I. Cambridge, MA: The MIT Press.

② Dewey, John (1927/2012), The Public and its Problems: An Essay in Political Inquiry. Edited and with Introduction by Melvin L. Rogers. University Park, PA: Pennsylvania State University Press. 中译本见约翰·杜威：《公众及其问题》，本书翻译组译，复旦大学出版社2015年版。

③ Gershberg, Zac & Illing, Sean (2022), The Paradox of Democracy: Free Speech, Open Media, and Perilous Persuasion. Chicago, IL: University of Chicago Press, p. 9.

④ Lippmann, Walter (Nov. 12, 1919), "Unrest." The New Republic, Vol. 20, No. 258, p. 319.

⑤ 此段概括中的李普曼引文见 Lippmann, Walter (1922/1998). Public Opinion, 248。

⑥ Hamilton, John Maxwell (2020), Manipulating the Masses: Woodrow Wilson and the Birth of American Propaganda, Baton Rouge, LA: Louisiana State University Press, p. 4.

作，他们已经用"大规模的谎言"玷污了新闻。① 事实上，记者们对他们共谋宣传的行为越来越不满，这也是当时更广泛的社会意识的一部分。杜威在 1918 年发现，伪装成新闻的宣传被美国政府用来塑造公众情绪，对非理性的有害情感不可低估，尤其是当它被居心不良的人有意刺激时。他写道："舆论的形成所依赖的新闻引导的可能性已经得到了显著的证明。同样令人信服的是，当沿着某些渠道系统地引导舆论时，它对集体行动的影响也得到了证明。人们几乎要怀疑，'新闻'一词是否一定不会被'宣传'一词所取代。"②

在那几年里，李普曼一直在试图证明信息系统中的缺陷。除了描述记者群体如何在爱国主义的浪潮中被冲昏头脑，成为自我审查者、执行者和纯粹的宣传者，他还在《新共和》的增刊上发表了一篇关于媒体偏见的研究报告，与他的老朋友和同事查尔斯·默茨（Charles Merz）共同撰写，题为《新闻的考验》（A Test of the News）。作为内容分析方法的先驱，李普曼和默茨研究了《纽约时报》（The New York Times）从 1917 年 3 月到 1920 年 3 月报道俄国的 3000 多篇文章。

总的结论是什么？作为美国最值得信赖的新闻来源之一，《纽约时报》没有通过考验：它无法向自己的读者充分报道布尔什维克革命。根据李普曼和默茨的说法，《纽约时报》对俄国的新闻报道"被组成该新闻机构的人的希望所支配"。记者们看到的是他们希望看到的东西，而不是实际发生了什么。"在记者和编辑的头脑中，主要的审查员和主要的宣传员是希望和恐惧。"③ 他们对赢得战争和看到革命被扑灭的渴望，使他们

---

① St. John III, Burton (2014), "An Enduring Legacy of World War I: Propaganda, Journalism and the Domestic Struggle over the Commodification of Truth", in Haridakis, Paul M., Hugenberg, Barbara S. & Wearden, Stanley T., eds., *War and the Media*: *Essays on News Reporting*, *Propaganda and Popular Culture*, Jefferson, NC: McFarland & Company, p. 151.

② Cywar, Alan (Autumn 1969), "John Dewey in World War I: Patriotism and International Progressivism", American Quarterly, Vol. 21, No. 3, p. 582.

③ Lippmann, Walter & Merz, Charles (Aug. 4, 1920), "A Test of the News: An examination of the news reports in the New York Times on aspects of the Russian Revolution of special importance to Americans, March 1917 – March 1920", With the Assistance of Faye Lippmann. A Supplement to the New Republic. https://archive.org/details/LippmannMerzATestoftheNews/page/n2/mode/1up?view = theater, p. 3.

系统地歪曲了俄国的事实。从 1917 年 11 月到 1919 年 11 月，该报发表了 91 次布尔什维克政权濒临崩溃的消息，却没有提供任何坚实的证据来支持这一说法。①

从专业新闻的角度来看，对俄国革命的报道不啻一场灾难。报纸发表虚假信息，并且将报道与观点混在一起，记者"大可被指责为无边无际的轻信和不知疲倦的上当受骗，并且在许多情况下完全缺乏常识"②。如果这样报道新闻，记者的工作已经"与传教士、信仰复兴运动分子、先知和煽动者的工作相混淆"③。

李普曼和默茨断言："没有新闻就无法存在健全的公众舆论"，而他们的质问显示了"确实无法获取新闻"。④《自由与新闻》也是在这一时期出版的，认定眼下的民主危机是新闻业危机的后果，因为新闻业无法正确履行其职责，并建议对新闻业的专业主义进行提升。李普曼和其他人开始寻找方法⑤，让记者"在观察、理解和呈现新闻时，保持清醒，摆

---

① Lippmann, Walter & Merz, Charles（Aug. 4, 1920），"A Test of the News：An examination of the news reports in the New York Times on aspects of the Russian Revolution of special importance to Americans, March 1917 – March 1920", With the Assistance of Faye Lippmann. A Supplement to the New Republic. https：//archive.org/details/LippmannMerzATestoftheNews/page/n2/mode/1up？view = theater, p. 10.

② Lippmann, Walter & Merz, Charles（Aug. 4, 1920），"A Test of the News：An examination of the news reports in the New York Times on aspects of the Russian Revolution of special importance to Americans, March 1917 – March 1920", With the Assistance of Faye Lippmann. A Supplement to the New Republic. https：//archive.org/details/LippmannMerzATestoftheNews/page/n2/mode/1up？view = theater, p. 2.

③ Lippmann, Walter（1920/2020），Liberty and the News. A mediastudies. press public domain edition, with a new introduction by Sue Curry Jansen, Bethlehem, PA：mediastudies. press. p. 2.

④ Lippmann, Walter & Merz, Charles（Aug. 4, 1920），"A Test of the News：An examination of the news reports in the New York Times on aspects of the Russian Revolution of special importance to Americans, March 1917 – March 1920", With the Assistance of Faye Lippmann. A Supplement to the New Republic. https：//archive.org/details/LippmannMerzATestoftheNews/page/n2/mode/1up？view = theater, p. 1.

⑤ 李普曼并不是唯一一个呼吁加强新闻专业化意识的人，尽管他的论证最为复杂。伟大的大众新闻创新者约瑟夫·普利策（Joseph Pulitzer）在哥伦比亚大学创建了新闻研究生院，原因与李普曼的想法类似，虽然没有明确说明。1933 年美国报业公会（Newspaper Guild）的成立在很大程度上是为了帮助新闻业专业化。

脱他的非理性的、未经审视的、未被承认的先入之见"。①②

李普曼是新的"科学"的新闻运动的主要倡导者之一。他主张，记者应学习科学家超然物外的观察姿态："新闻实践的真正模式不在于挖出独家新闻的圆滑之士，而在于那些耐心和无畏的科学家，他们努力去看清世界的真实情况。新闻不能容许用数学来表述，这并不重要。事实上，正因为新闻复杂多变，所以好的报道需要运用最高的科学美德。"③ 他敦促同时代的人在当时被称为"新闻界"（the press）的地方遵守严格的职业行为准则，包括"值得信赖的新闻，不掺假的数据，公平的报道，无利害关系的事实"。④

从哲学上讲，李普曼真正想要的是将新闻业的实践与科学相提并论。解决办法是让新闻工作者获得更多的"科学精神"："在我们这样一个多样化的世界中，只有一种统一是可能的。它是方法的统一，而不是目的的统一；是有纪律的实验的统一"。⑤ 这种方法通常被称为新闻的客观性。李普曼这里说的不是记者在每一个想法和行动中都保持个人的客观性，而是强调他或她报道和介绍新闻的方法要保持客观。客观性被定义为一种可观察的、有纪律的调查方法，这种方法可以被学习和复制，可以被标准化，从而使新闻变得更加准确和真实。

在李普曼号召新闻业应追求"一种共同的知识方法和一个共同的有效事实领域"⑥之后，客观报道的惯例出现了，这是一套记者用来维护其工作质量的常规程序。按照斯坦福大学教授西奥多·格拉瑟（Theodore Glasser）的总结，客观报道意味着对消息来源的采访，通常是指以无懈

---

① Lippmann, Walter (June 1931), "The Press and Public Opinion." Political Science Quarterly, Vol. 46, No. 2, pp. 170.

② 李普曼在1931年写下这个要求，时为他研究俄国革命报道的12年之后，这一事实表明这个问题如何持续困扰着他。Quoted in Kovach, Bill & Rosenstiel, Tom (2001/2021). The Elements of Journalism. Revised and Updated 4th Edition. New York：Crown, 187.

③ Lippmann, Walter (1920/2020), Liberty and the News. A mediastudies. press public domain edition, with a new introduction by Sue Curry Jansen, Bethlehem, PA：mediastudies. press. p. 27.

④ Lippmann, Walter (Nov. 12, 1919), "Unrest", The New Republic, Vol. 20, No. 258, p. 319.

⑤⑥ Lippmann, Walter (1920/2020), Liberty and the News. A mediastudies. press public domain edition, with a new introduction by Sue Curry Jansen, Bethlehem, PA：mediastudies. press. p. 21.

可击的方式引用官方消息来源；将相互冲突的真相主张并列，共同作为事实宣称，而不考虑其有效性。极而言之，客观性只要求报道者对他们的报道方式负责，而不是对他们的报道内容负责。[1] 可以说，李普曼因战争宣传而提炼出的命题成为日后新闻工作的基石，影响至为深远。

四　民主及其不满：李普曼与杜威之争

就新闻界而言，客观性作为一种伦理，可能是一种仅次于真相本身的理想。从历史上看，客观性的出现是因为人们对科学的信心在增长，所以认为新闻业也应该是一个科学的过程，可以辨别植根于事实和证据的客观真相。然而，客观性在实践中却并不十分注重确定客观真相，而是更注重对不同的观点给予同等的重视。所以，出现了一种奇怪的现状：记者们因为有责任保持客观，所以不能尽到讲真话的义务。

新闻与真相的关系的复杂性由此可见一斑。李普曼[2]将新闻与真相区分得很清楚："新闻的功能是指明事件，真相的作用是揭示隐藏的事实，把它们相互联系起来，形成人们赖以采取行动的现实画面。"问题是，李普曼虽然认识到这个简单的区别，却不认为追求真相构成新闻业的指南。一个人的真相版本只是他的版本；他如何能证明他看到的真相呢？[3] 对李普曼来说，寻求真相的范式是科学，既不是新闻知识，也不是普通或常见的知识。他眼里的"专家"——真正了解公共事务的人——无非是一个社会科学家。[4]

写作《舆论》时，李普曼受到柏拉图知识理论的强烈影响。该书提出了民主的认识论问题：统治者如何能够拥有良好统治所需的知识？亚里士多德的回答是，只有一个小到足以让公民充分了解其环境的城邦才

---

[1] Glasser, Theodore (Feb. 1984), "Objectivity Precludes Responsibility", Quill, http://www.columbia.edu/itc/journalism/j6075/edit/readings/glasser.html.

[2] Lippmann, Walter (1922/1998), Public Opinion. With a New Introduction by Michael Curtis, New Brunswick, NJ: Transaction Publishers, p. 358.

[3] Lippmann, Walter (1922/1998), Public Opinion. With a New Introduction by Michael Curtis, New Brunswick, NJ: Transaction Publishers, p. 360.

[4] 李普曼在《舆论》第二十五章中发展了这一论点。

能真正实现自治。① 如果民主制度的环境过于庞大和复杂，使得对它的了解成为不可能，那么柏拉图的洞穴②才是更合理的描述——公众由形象制造者产生的意见所支配。

很明显，柏拉图相信真理，但不相信民主。《舆论》一开始就引用了他著名的洞穴寓言，暗示当下的状况几乎没有什么不同：我们被锁在媒体和舆论误导的洞穴里，把自身对世界的漫画式的描述当作是对实际情况的准确反映。书的结尾完全放弃了新闻界或公众可以辨别然后重视真相的想法。相反，李普曼想建立"政治观测站"③ 或"情报机构"④（我们现在称之为智库），将专家的建议提供给深受感激、不知所措的政治家，使新闻界和公众都在政府决策中扮演次要角色。也就是说，李普曼认可柏拉图哲学王统治的想法，只不过，在他眼里，现代的哲学王是一种超级统计学家。

我们甚至可以说，柏拉图在大约2500年前就理解了后真相状况，而他在现代社会中最勤奋的学生就是李普曼。舆论乃是始于柏拉图的洞穴。阴影似乎是真实的，对于那些留在山洞中的人来说，知识是不可能的；而那些逃出来看到真实东西的解放者所展现的图景，对于许多人来说要么可笑、要么令人恐惧。李普曼否决了公众可以被启蒙的民主教诲，即在一个国家范围内实行民主制度，可以教育公民成为政策或治理的理性参与者。对于公民组成社区而致力于某些更高公共利益的想法，他实施了最具破坏性的攻击之一。

这就要说到李普曼与杜威之间进行的那场著名的辩论。李普曼就是现代的柏拉图：他的理想国将由一班富有思想的领导人领导。公众所知甚少，无法进行有关政治或政策的良好决策。杜威的观点和他相反，认为通过适当的教育，可以形成知识社区以实现自治。

---

① Aristotle (350 B. C. E. /1916), Politics. Trans. Benjamin Jowett. With Introduction, Analysis and Index by H. W. C. Davis, Oxford: Clarendon Press, pp. 267 – 8.

② Plato (375 B. C. E. /1941), The Republic. Translated with Introduction and Notes by Francis Cornford, Oxford: Clarendon Press, pp. 222 – 230.

③ Lippmann, Walter (1920/2020), Liberty and the News. A mediastudies. press public domain edition, with a new introduction by Sue Curry Jansen, Bethlehem, PA: mediastudies. press. p. 30.

④ Lippmann, Walter (1922/1998), Public Opinion. With a New Introduction by Michael Curtis, New Brunswick, NJ: Transaction Publishers, pp. 386 – 389, 391 – 397.

如前所述,民主的问题实质是个知识的问题。占主导地位的民主思想流派从来没有承认过这个问题,因为它的拥护者认为公民有能力掌握必要的知识以做出合理的判断。李普曼将这种"无所不能的公民"的想法上溯到托马斯·杰斐逊。[1] 杰斐逊谈到了一个村庄规模的民主,所有公民都对自己的环境有足够的了解,可以根据自己的利益做出合理的选择(不得不说,杰斐逊这时想到的是白人、男性、拥有财产的农民,他们了解当地的环境,认识他们的邻居,并且没有生活在一个高度工业化的社会)。但李普曼认为,卢梭(甚至更重要的是美国开国元勋)所构想的古典民主理论建立在这样一个基础上,即只有"全能公民"才能发展出指导政府运作的真实民意或"众意",可这种理论仅能满足非常小的、自足的社区的需求,对于20世纪的大型民主国家甚至更大的州来说,都是完全不够的。[2] 李普曼所描述的不完美的公众不可能构建民主的真正基础,这就是《舆论》一书的核心内容。正如他所说,"杰斐逊塑造的民主理想由一个理想的环境和一个选定的阶级组成"[3]。

在此后的《幻影公众》中,李普曼发展了一种新的民主理论,与约瑟夫·熊彼特(Joseph Schumpeter)在《资本主义、社会主义和民主》(*Capitalism, Socialism and Democracy*, 1942)一书中提出的理论有些相似。李普曼说,民主已被简化为在定期协商(选举和全民投票)中表达人民意见的方式,在这种协商中,公民只能在少数几个名字或政党中选择,或者在"是"或"否"之间进行选择。这种新的民主理论显然具有精英主义的味道。其中的假设可以在这段时期内被李普曼的阅读所支持——罗伯特·米歇尔斯(Robert Michels)、莫伊塞·奥斯特罗果尔斯基(Moisei Ostrogorski)和詹姆斯·布莱斯(James Bryce)的著作都倾向于某种形式的精英主义。

《幻影公众》不仅仅是对著名的《舆论》的简单整合或续作,从

---

[1] Lippmann, Walter (1922/1998), Public Opinion. With a New Introduction by Michael Curtis, New Brunswick, NJ: Transaction Publishers, p. 284.

[2] Lippmann, Walter (1922/1998), Public Opinion. With a New Introduction by Michael Curtis, New Brunswick, NJ: Transaction Publishers, pp. 266 – 274.

[3] Lippmann, Walter (1922/1998), Public Opinion. With a New Introduction by Michael Curtis, New Brunswick, NJ: Transaction Publishers, p. 269.

《舆论》的结论出发,《幻影公众》反映出对人类状况和民主的更大悲观主义。如果存在一个真正有效的"公众",它也不是共同目的而只是特殊目的的代理人,只能被临时定义,从条件和操作上来说,不过是"那些对某一事件感兴趣的人"①。"他们必须与有其他特殊目的的人生活在一个世界里……当人们对他人的目的采取一种立场时,他们是作为一个公众来行事",社会必须因之而调整。② 就连李普曼在《舆论》中坚信不疑的专业知识,也开始受到严格限制;重要的区别不是专家和业余爱好者之间的区别,而是"局内人"和"局外人"之间的区别,即对某一特定事件或情况有第一手知识和缺乏这种知识的人。

该书的第二部分尝试解决第一部分中发现的所有问题。李普曼悲惨地失败了,因为他对民主问题的解决办法是放弃一切使民主有价值的东西。他无法弄清楚如何明智地指导舆论,因此他试图通过创建一个"专家部门"来完全超越它,以代表公众决定公共政策。但这根本不是民主,充其量是技术官僚制(technocracy),或者是行政国家——由专家的知识管理的国家。

李普曼的著作不是任何政治传统的一部分,但它们是对政治理论中最相关的关键概念的明确辩驳:《自由与新闻》中的"自由",《舆论》和《幻影公众》中的"民主",以及在某种程度上鲜为人知的《美国的审问者》(*American Inquisitors*)中的"多数统治"。③ 李普曼并不是要消灭这些政治思想范畴,而是要重新考虑它们,以使其适合于当代世界。在这个过程中,他没有创造新的概念,但是他的再定义对于随后几年相关观点的发展至关重要。

有关李普曼对民主政治的幻灭,最著名的回应来自约翰·杜威,他在《公众及其问题》中对李普曼提出的问题进行了详尽的分析。《公众及其问题》是杜威的第一部政治哲学重要著作,尽管他在其职业生涯的大

---

① Lippmann, Walter (1925/1993), The Phantom Public. With a New Introduction by Wilfred M. McClay, New Brunswick, NJ: Transaction Publishers, p. 67.

② Lippmann, Walter (1925/1993), The Phantom Public. With a New Introduction by Wilfred M. McClay, New Brunswick, NJ: Transaction Publishers, p. 188.

③ Lippmann, Walter (1925/1993), The Phantom Public. With a New Introduction by Wilfred M. McClay, New Brunswick, NJ: Transaction Publishers.

部分时间里都经常评论政治。在书中，杜威探讨了面对20世纪的重大技术和社会变革，一个真正的民主社会的可行性和如何对其加以创建的问题。杜威拒绝以当时流行的技术官僚制作为治理日益复杂的社会的替代制度，而是将民主视为实现公共利益的最可行和可持续的手段，尽管它是一个有缺陷且经常被颠覆的手段。他认为，民主是一种精神和一个持续的方案，需要公众的不断警惕和参与才会奏效，而不仅仅是一套制度安排。因此，公众并不是一个幻影，而只是常常"被遮蔽"，[1] 强大的民主政治是可能的。

杜威坚信，公众有能力接受所需的教育，只不过他也承认，发展理性公民有很多障碍。他尤其担心电影、收音机、廉价读物和汽车会分散人们的注意力，以至于他们无法投入社区和国家所关心的问题。出于娱乐目的，公民正在放弃公共广场，因此也更容易受到宣传的影响。[2] 新技术对民主社区的繁荣并不是全然有利的。

杜威明确认定李普曼的技术官僚主义视野与柏拉图欣赏的贵族政体是一致的。柏拉图的理想贵族国家要求哲学家成为统治者，[3] 因为只有哲学家才对永恒的理念（Forms）有所了解，这些理念是真正真实的，因为它们不受制于短暂的经验世界。[4] 另一方面，广大群众根本不可能拥有这种不变的知识："哲学家是那些能够理解永恒和不变的人，而那些不能理解的人，迷失在多样性和变化的迷宫中。"[5] 因此，为了他们自己和国家的利益，大多数人所能做的最好的事情是坚持合适的实际功能，避免越

---

[1] Dewey, John (1927/2012), The Public and its Problems: An Essay in Political Inquiry. Edited and with Introduction by Melvin L. Rogers. University Park, PA: Pennsylvania State University Press. Chapter 4.

[2] Dewey, John (1927/2012), The Public and its Problems: An Essay in Political Inquiry. Edited and with Introduction by Melvin L. Rogers, University Park, PA: Pennsylvania State University Press, pp. 167–168.

[3] Plato (375 B. C. E./1941), The Republic. Translated with Introduction and Notes by Francis Cornford, Oxford: Clarendon Press, pp. 174–175, 203–204.

[4] Plato (375 B. C. E./1941), The Republic. Translated with Introduction and Notes by Francis Cornford, Oxford: Clarendon Press, pp. 178–185.

[5] Plato (375 B. C. E./1941), The Republic. Translated with Introduction and Notes by Francis Cornford, Oxford: Clarendon Press, p. 185.

过他们的界限进入政治事务。①

有意思的是,杜威曾表达过对柏拉图的由衷钦佩,他宣称:"没有什么能比'回到柏拉图'运动更有助于当前的哲学研究了。"②③ 这种崇敬可能令人费解,因为有很多因素将杜威和柏拉图置于哲学的对立面。在形而上学上,杜威研究活生生的生物与其有机环境之间的交易,而柏拉图则寻找超越感知和意见的形式。在认识论上,杜威将真理定义为"有效的东西"(what works),④ 而柏拉图则将真理视为允许人类区分知识与意见的形式。最后,也许是最重要的,鉴于柏拉图作为一个明显的反民主者的地位,两人在政治上冰炭不同炉,杜威对民主有着无条件的承诺,而柏拉图则认为民主为"独裁的必要性"做了准备。⑤

然而,尽管有这些差异,杜威认为柏拉图有一些极具价值的东西,可以提供给实用主义传统。杜威在柏拉图身上看到的伟大的洞察力在于后者的目标,即他在《理想国》中寻求的最著名的目标:"柏拉图的《理想国》是对贵族理想的杰出和不朽的表述……但《理想国》的内容更多:它抓住了伦理问题的核心,即个人与普遍的关系,并提出了一个解决方案。《理想国》的问题是关于人的行为的理想;答案是人的本性的这种发

---

① Plato (375 B. C. E. /1941), The Republic. Translated with Introduction and Notes by Francis Cornford, Oxford: Clarendon Press, pp. 123 – 125.

② Dewey, John (1930/1984), "From Absolutism to Experimentalism", in Adams, George P. & Montague, William Pepperell, eds., Contemporary American Philosophy: Personal Statements, New York: Macmillan, Vol. II: 13 – 27. Reprinted in LW5: 147 – 60.

③ 有关杜威的著作,参见 Boydston, Jo Ann (ed.) (1967 – 1990). The Collected Works of John Dewey, 1882 – 1953. 37 vols. Carbondale and Edwardsville: Southern Illinois University Press。中译本《杜威全集》由华东师范大学出版社 2010—2014 年陆续推出,分为三部分:《杜威全集·早期著作(1882—1894)》(5 卷),《杜威全集·中期著作(1899—1924)》(15 卷),《杜威全集·晚期著作(1925—1953)》(17 卷)。英文相应的则为 The Early Works (EW), 1882 – 1898, 5 Vols. (1967 – 1972); The Middle Works (MW), 1899 – 1924, 15 Vols. (1976 – 1983); The Later Works (LW), 1925 – 1953, 17 Vols. (1981 – 1990). 本文的大部分杜威引语均采自《杜威全集》英文版,故依英语世界惯例标记为 EW/MW/LW。

④ Dewey, John (1958), Experience and Nature, New York: Dover, p. 304.

⑤ 《理想国》第八卷 562c。中译:"不顾一切过分追求自由的结果,破坏了民主社会的基础,导致了极权政治的需要。"见柏拉图《理想国》,郭斌和、张竹明译,商务印书馆,1986 年,第八卷。英译本参见:Plato: The Collected Dialogues. Hamilton, Edith & Cairns, Huntington (eds.) Cooper, Lane (Trans.) Princeton, NJ: Princeton University Press, 1961.

展，使他与精神关系的宇宙完全和谐，或者，用柏拉图式语言来说，就是国家。"① 在《理想国》第八卷中，柏拉图描绘了五种不同的国家（政体）和相应的五种类型的个人（灵魂），目的是证明他理想中的贵族政治和贵族的优越性。而对杜威来说，我们不能再合理地坚持柏拉图"精神关系的宇宙"②③的基本假设了——不再有一个只有少数人能够掌握的静态的、永恒的真理的概念，也无法固守人类关系的有序性，以至于个人可以被置于严格界定的阶级和狭窄的功能角色。在杜威看来，人类（尤其是科学）的进步已经逐步击溃了对任何类型的不变知识的主张，使得对知识的追求成为一项持续的、永无止境的任务，只有通过充分参与才能解决，而这种参与具有普通人类经验的那种完全短暂的品质。

作为一个实用主义者，杜威强调思想与行动之间的关系。然而，他更愿意将他的实用主义称为"工具主义"（或"实验主义"）。杜威的工具主义认为，心智或智慧是从问题解决中发展出来的，是解决问题的工具。为此，他反对"知识的旁观者"理论（spectator theory of knowledge），该理论始自柏拉图，认为我们的知识或信念是为了"反映"世界的本质和不变的特征，认识（knowing）是一个完全与它所知道的东西无关的事件。对知识的这种理解来自对确定性的追求，以及随之而来的思想和行动之间的分裂。④

换句话说，在旁观者理论家眼里，认识者被设想为一种特殊的窥视

---

① Dewey, John (1888/1967), "The Ethics of Democracy", EW 1: 240 – 41.

② Dewey, John (1927/2012), The Public and its Problems: An Essay in Political Inquiry. Edited and with Introduction by Melvin L. Rogers, University Park, PA: Pennsylvania State University Press, p. 5.

③ "精神关系的宇宙"这个短语的确切含义杜威未加详细说明，尽管他确实把它与柏拉图式的"政制"联系起来。考虑到杜威思想的黑格尔特质，"精神关系"可以理解为那些为了合理确定的个人和社区利益的目的而自觉开展的人类关系，而不是仅仅为自然生存服务的关系。杜威相信，个人有能力将自身与他们的利益分开，以评估这些利益在他们的生活以及与他们共享政治社会、必然对之加以依赖的那些人的生活的繁荣中所起的作用。参见 Rogers, Melvin L. (2012). "Introduction: Revisiting The Public and Its Problems." The Public and its Problems, 5。关于杜威与黑格尔的关系，参见 Jackson, Jeff (2018). Equality Beyond Debate: John Dewey's Pragmatic Idea of Democracy. Cambridge, UK: Cambridge University Press, Chapter 2, The Hegelian Development of Deweyan Democracy。

④ Dewey, John (1929/1984), "The Quest for Certainty: A Study of the Relation between Knowledge and Action", LW 4, pp. 19 – 20.

者：他的目的是反映或复制世界，而不改变它；他从一个实际的超然和无利害关系的立场来调查或思考事物。杜威认为实情并非如此。对杜威和志同道合的实用主义者来说，知识（或有根据的断言）是探究的产物，是一个解决问题的过程，通过这个过程人们从怀疑到相信。然而，除非我们进行实验，即以某种方式操纵或改变现实，否则探究就无法有效进行。由于知识是通过我们推动世界的尝试而增长的（看看结果会怎样），因此，认识者本身必须是行动者；也因此，理论和实践之间古老的二元论必须被抛弃。这一见解是"知识的实验理论"（experimental theory of knowledge）的核心，[1] 是杜威对已失去信誉的"旁观者理论"的替代。

杜威相信，我们的实验过程是零散的过程——它们逐渐进行，其结果是暂时的。为了回应柏拉图式的取向，杜威建立了他的"目的"概念，认为它只存在于不断实现的过程中，而并非与经验的危险相分离的某种永恒成就。[2] 从传统取向（在超验中求知）到杜威主张的取向（在事物的相互作用中求知），杜威和柏拉图在追求知识上形成了鲜明的对比：柏拉图强调不变形式的超验领域，对它的理解是真正知识的必要条件；杜威则坚持普通人类经验的本体论和认识论价值。

在认识论上的取向不同直接影响了民主的概念。对杜威来说，"《理想国》丰富地记录了这种反对完整意义上的经验的转向对整个社会思想，特别是对民主的后果"。[3] 与柏拉图不同，杜威认为没有任何东西是在经验的变化领域之外的。理论与实践的互动，思想与行动的连接，不仅是成功的日常生活和技术科学的基础，也是社会和政治生活的基础。更具体地说，杜威把民主定义为"相信人类经验有能力产生目标和方法，通过这些目标和方法，进一步的经验将在有序的丰富性中增长"[4]。因此，民主不是对一种历史体制的维护；不是一种特定的政府形式，不是朝着

---

[1] Dewey, John (July 1906), "The Experimental Theory of Knowledge", Mind, New Series, Vol. 15, No. 59, pp. 293 – 307. https：//www. jstor. org/stable/2248329.

[2] Thayer, Horace Standish (1981), Meaning and Action: A Critical History of Pragmatism. 2nd ed., Indianapolis, IN: Hackett, p. 399.

[3] Hickman, Larry (2007), Pragmatism as Post-Postmodernism: Lessons from John Dewey, New York: Fordham University Press, p. 113.

[4] Dewey, John (1939/1988), "Creative Democracy: The Task Before Us", LW 14: 229.

一个固定的目标或本质的工作；相反，它是一种实验方法、生产方法、教育方法，或一种个人和社区的成长方法。杜威想让我们相信，民主的方法，就像最广泛意义上的技术科学的方法一样，涉及"这样一种信念，即经验的过程比所取得的任何特殊结果更重要，因此，所取得的特殊结果只有在它们被用来丰富和安排正在进行的过程时才具有最终价值。由于经验的过程能够具有教育性，对民主的信仰与对经验和教育的信仰都是一体的"。①

尤其是，在现代条件下，"一个人类关系的新时代"已经出现，缘于科学和经济的变化已经使世界各国人民彻底地交织在一起，以至于所有的人都受到远程力量造成的"间接后果"②的影响。"最近的发明使交通手段以及通过书籍、杂志和报纸传播思想和新闻的手段成倍增加，而且价格低廉，一个民族、种族、阶级或教派与其他民族、种族、阶级或教派分开，不受他们的愿望和信仰的影响，这在物理上已经不可能了。"③因此，柏拉图要求个人留在自己的领域，避免不同的互动（如果他们想要实现与贵族式的精神关系宇宙的和谐），这种寻求在今天纯属徒劳，人们根本无法在快速变化的环境中保持静止。由现代进步带来的精神关系宇宙缺乏严格的秩序；摒弃了任何排他性的、永恒的真理的概念；其构成个体不可避免地以不可预见的方式影响他人，并被他人所影响。换句话说，现代的精神关系宇宙已经显示出它的民主性。

杜威和柏拉图一样，寻求个人的处置与个人所面对的精神关系宇宙的和谐。"个人只有在他们的思想和理想与他们所处时代的现实相协调时，才会重新找到自己。"④ 然而由于柏拉图的精神关系宇宙所依据的假设已被现代条件破坏，因此，可能实现这种和谐的，是民主的而非贵族的个人。

---

① Dewey, John (1939/1988), "Creative Democracy: The Task Before Us", LW 14: 229.
② Dewey, John (1927/2012), The Public and its Problems: An Essay in Political Inquiry. Edited and with Introduction by Melvin L. Rogers, University Park, PA: Pennsylvania State University Press, pp. 134, 141.
③ Dewey, John (1902/1976), "The School as Social Center", MW2: 84.
④ Dewey, John (1930/1962), Individualism Old and New, New York: Capricorn Books, p. 70.

有关精神关系宇宙的论述表明,杜威在贵族制中看到了一种与民主制非常相似的渴望——渴望"目的的统一,为社会有机体的利益奉献而履行职能"。① 两者之间的关键区别在于,贵族制对个人认识其与社区关系的重要性的能力表示深切的怀疑。此外,贵族制把治理的责任交给了精英阶层。但杜威认为,这样的想法注定失败,"因为赋予少数智慧和善良的人权力的实际后果是,他们不再保持智慧和善良"。② 在这一点上,他同意美国开国元勋们关于权力的腐败影响的观点,特别是当它与监督脱节的时候。

杜威由此展开对李普曼的批评。他认为,李普曼在把希望寄托在精英身上的时候,忘记了一件事情:如果公众真的像他所声称的那样不可避免地落后,为什么会相信他们允许实行技术官僚政治?杜威③指出:"据称极度的无知、偏见、轻浮、嫉妒、不稳定,使公众无法参与公共事务,但那就必然使他们更不适合被动屈服于知识分子的统治。"在这种情况下,李普曼如何能够指望在不引发全面革命的情况下执行他提出的"民主问题"的解决方案?如果李普曼试图在实施想法时不造成平民的反抗,那么他的专家要么在幕后活动,要么与财阀合作,要么必须以某种方式与群众结盟,而这将给后者在桌子旁留出席位。

除此之外,杜威认为,还存在一个更大的问题:如果与群众隔绝开来,知识分子又怎能发现最好的政策?正如杜威④所说:"……在没有代表群众的明确声音的情况下,最好的人就不是最好的,也不能保持为最好的,智者也不再是智者。"杜威通过对鞋匠和穿鞋者的类比说明了这一点。后者最清楚鞋子带来的不适,尽管他需要鞋匠的帮助才能解决这个问题。⑤ 杜威警告说,李普曼指望对社会进行正确管理的客观性本身就会受到威胁。与其说保持客观性、与真实的公民和真实环境展开接触,不如说专家更可

---

① Dewey, John (1888/1967), "The Ethics of Democracy", EW 1: 243.

② Dewey, John (1888/1967), "The Ethics of Democracy", EW 1: 242.

③④ Dewey, John (1927/2012), The Public and its Problems: An Essay in Political Inquiry. Edited and with Introduction by Melvin L. Rogers, University Park, PA: Pennsylvania State University Press, p. 223.

⑤ Dewey, John (1927/2012), The Public and its Problems: An Essay in Political Inquiry. Edited and with Introduction by Melvin L. Rogers, University Park, PA: Pennsylvania State University Press, p. 224.

能导向"寡头统治"（oligarchy），只是为了少数人的利益而管理。① 开放专家与群众之间的交流渠道至关重要，杜威认为这里的关键是"改善辩论、讨论和说服的方法和条件"②。这才是公众问题的关键之所在。

杜威坚持，在一个民主国家，政治知识只能通过公民之间的对话来实现。唯一重要的现实是公民集体构建的现实。如果像李普曼那样，接受公众被原子化并永远与公共事务相隔绝，那么就削弱了民主的可能性。杜威说得好：当社会智慧在当地社区的交流中口口相传时，它的智力禀赋可以从智慧的流动中获得，并且是没有限制的。正是这一点，也是唯一的一点，能够使舆论成为现实。恰如爱默生（Emerson）所说，我们躺在巨大的智慧的怀抱里。③ 但这种智慧是休眠的，它的交流是破碎的、无声的和微弱的，直到它拥有当地社区作为媒介。④

五　众人是愚蠢的，但物种是明智的

可是到今天，李普曼的悲观情绪反而成为时尚。英国脱欧和特朗普当选后，一整套理论应运而生，试图解释民主制如何消亡，或西方自由主义为何退缩。权威人士和分析人士认为，民主正在全球范围内"腐朽"，而美国逐渐演变成一个专制国家。⑤

---

①② Dewey, John (1927/2012), The Public and its Problems: An Essay in Political Inquiry. Edited and with Introduction by Melvin L. Rogers, University Park, PA: Pennsylvania State University Press, p. 225.

③ 杜威想到了拉尔夫·瓦尔多·爱默生（Ralph Waldo Emerson）的随笔《自力更生》中的以下段落："我们躺在巨大的智慧的怀抱里，它使我们成为它的真理的接受者和它的活动的器官。当我们辨别正义时，当我们辨别真理时，我们自己什么也不做，只是允许自己通过它的光束。"See Emerson, Ralph Waldo (1841/1983). "Self-Reliance." In Emerson: Essay and Lectures. New York: Library of America, 269.

④ Dewey, John (1927/2012), The Public and its Problems: An Essay in Political Inquiry. Edited and with Introduction by Melvin L. Rogers, University Park, PA: Pennsylvania State University Press, p. 233.

⑤ 仅举数例：Snyder, Timothy (2017). On Tyranny: Twenty Lessons from the Twentieth Century. New York: Tim Duggan Books; Luce, Edward (2017). The Retreat of Western Liberalism. New York: Atlantic Monthly Press; Levitsky, Steven & Ziblatt, Daniel (2018). How Democracies Die. New York: Crown; Runciman, David (2018). How Democracy Ends. London: Profile; Yascha, Mounk (2018). The People vs. Democracy: Why Our Freedom Is in Danger and How to Save It; Traub, James (2019). What Was Liberalism? The Past, Present, and Promise of a Noble Idea. New York: Basic Books; Yascha, Mounk (2022). The Great Experiment: Why Diverse Democracies Fall Apart and How They Can Endure. New York: Penguin Press; Fukuyama, Francis (2022). Liberalism and Its Discontents. London: Profile.

在《舆论》问世100周年之际，回望"李杜之辩"，我们可以说李普曼和杜威都没有过时。他们100年前写下的担忧与以往一样重要。关于解决方案，有人指出，尽管我们对杜威的参与性民主表达了所有支持，但现实实际上与李普曼的构想更加接近。[①] 李普曼强调的根本问题并没有消失，杜威的担忧和建议也一如既往地切题。实际上，我们可以辩称，在选民的政治知识像以往一样糟糕、民主政府因不同派别之间的权力斗争而陷入非理性状态的时代，这种担忧变得更加严重和紧迫了。

由此可以理解，为什么作为论敌，杜威认为李普曼是个"失望的理想主义者"。[②] 李普曼的《舆论》，今天我们大多作为新闻学和传播学著作来读，事实上，它是我读过的最具说服力的对民主的评论。作为民主的伟大捍卫者和那个时代最重要的美国哲学家，杜威在此书出版不久后就意识到李普曼问题的有效性，将李普曼的书称为"目前所构想的最有效的民主起诉书"。[③] 他认为，李普曼显然不是在真正地攻击民主，而只

[①] 例如，罗伯特·韦斯特布鲁克（Robert Westbrook）认为，李普曼赢得了这场辩论："杜威无法反驳李普曼关于公众已成为幻影的论点，尽管他在《公众及其问题》中为重建民主的公共领域提供了强有力的伦理论证，但他无法提供任何证据证明这样做的手段就在眼前，这只会增强李普曼的论点的有效性，即现在是放弃参与性民主的时候了。杜威说，如果理想不是幻想，它们就必须构成'工作目标'，但他从未能将参与式民主构建成一个令人信服的工作目标。" See Westbrook, Robert (Fall 1993). "Doing Dewey: An Autobiographical Fragment." Transactions of the Charles S. Peirce Society 29 (4): 493 – 511, 505 – 506. See also Westbrook, Robert (1991). John Dewey and American Democracy. Ithaca, NY: Cornell University Press, 306 – 318. 艾伦·赖安（Alan Ryan）似乎也在这个阵营中。See Ryan, Alan (1995). John Dewey and the High Tide of American Liberalism. New York: W. W. Norton. 另一方面，迈克尔·埃尔德里奇（Michael Eldridge）认为杜威是这场辩论的胜利者。See Eldridge, Michael (Winter 1996). "Dewey's Faith in Democracy as Shared Experience." Transactions of the Charles S. Peirce Society 32 (1): 11 – 30, 16 – 17. 雷蒙德·布瓦韦尔（Raymond Boisvert）和他站在一起。See Boisvert, Raymond (1998). Rethinking Our Time. New York: State University of New York, 75 – 77.

Churchill, Winston (Nov. 11, 1947). Speech, House of Commons. In James, Robert Rhodes (ed.) (1974) Winston S. Churchill: His Complete Speeches, 1897 – 1963, Vol. 7, 7566. 这是一个更简短、更容易被引用的版本。较完整的版本是："许多形式的政府已经被尝试过，并将在这个充满罪恶和不幸的世界上得到尝试。没有人假装民主是完美的或全智的。事实上，有人说民主是最糟糕的政府形式，除了不时尝试过的所有其他形式。"

[②] Ryan, Alan (1995), John Dewey and the High Tide of American Liberalism, New York: W. W. Norton, pp. 216 – 217.

[③] Dewey, John (1922/1983), "Review of Public Opinion by Walter Lippmann", MW 13: 337.

是在争论是否有必要超越传统的民主理论来思考。

李普曼提出了一个直截了当的问题：公民能否获得对公共事务的基础知识，然后就该采取什么行动做出合理的选择？他的回答是"否"。所以，《舆论》这本书的重点就是要披露我们所说的民主与我们对人类实际行为的了解之间的差距。

20世纪大多数民主理论家认为，更多的信息将产生更多的知情公民，而知情更多的公民将兑现民主的核心承诺。他们很可能错了。更多信息并不一定会导致受启蒙的公民参与，也可能会带来更多噪音、更多派别和更多的无知。

回望百年，李普曼眼前的世界和他头脑中的画面——松散地借用他在《舆论》第一章中的鲜明对照——在某种程度上与我们的世界截然不同。当时还不是一个真正的全球化世界，而是一个由西方主导的世界。大众传播的唯一手段是报刊。无线电广播在1922年左右才开始在商业上和政治上投入使用，也就是在李普曼《舆论》首次出版的时候。然而，李普曼的诊断非常符合我们今天的情况：我们的生活经验被媒介（包括互联网）作为一个整体所创造的伪环境包围、影响，甚至生成。信息越来越多地作为一个品味问题而非有关事实的沟通，再加上社交媒体新闻（我们的主要新闻来源）的算法选择性，公众不仅是收到不充分或有偏见的信息，更是收到一大堆没有根据的信息，其真实性永远无法确定。

"假新闻"和"后真相"这两个概念被用来描述当下民主社会的状况，这在某种意义上意味着自由主义政治传播体系的断裂，这个体系在20世纪的大部分时间内由新闻和科学监管。[①] 假新闻即为了推动政治或经济利益而创建的虚假的或误导的新闻报道，而后真相则指的是社会认知本质的更根本转变，对构建准确世界表征的努力形成扰乱和打击。由于新闻把关人的崩溃、科学的政治化、对专业知识的信任度下降以及围绕事实、统计和新闻的党派分化的上升，自由民主的基础已经被破坏。数字媒介兴起之后，丰富的在线内容以及数字化交流的强度和速度为"认知危机"[②]铺平了道路，这种危机削弱了公民参与，从而削弱了民主。

[①][②] Waisbord, Silvio, "Truth is what happens to news: On journalism, fake news and post-truth", Journalism Studies, Vol. 19, No. 13, 2018, pp. 1866–1878.

法卡斯和朔欧认为,渐成主导的假新闻和后真相话语偏重大众的非理性,与真相脱节,被病毒式的社交媒体内容驱使做出反自由的政治决定。① 重要的是,社交媒体平台的驱动力并不是由对民主或公共利益的任何承诺,而是一种将民主和政治热情引导到用户驱动的内容生产和上瘾式参与的持续愿望。② 社交媒体的真正功能就是摒弃任何共识的想法,并充当冲动和情绪的实时传播者,削弱了调节自由公共领域的既定手段。

数字平台使传播瞬息万变,任何人都可以建立一个覆盖全球的媒介出口。在各种社交媒体上,合法的想法和来自机构媒体的新闻不仅与有价值的公民新闻竞争,也与错误信息、谣言和阴谋论竞争。历史学家索菲亚·罗森菲尔德(Rosenfeld, Sophia)在《民主与真理:一部简史》(*Democracy and Truth: A Short History*)中写道:"结果不仅仅是人们无法获得履行公民角色所需的基本事实信息,共同点也变得不可能找到,而它意味着在公共领域与随机对话者开始有意义的对话所需的低水平的共同意识领域。"③

21 世纪的民主会是什么样?知情公民的理念还成立吗?公共领域又将何去何从?这样的问题至今还在提出,宣示着李普曼的写作在我们这个世纪的意义。李普曼和杜威都认识到,对一个问题的经验性答案,只有在人们提出了一个更普遍的问题时才有价值。这就是他们的辩论的持久价值所在,这场辩论可以称为 "20 世纪最具启发性和最激烈的智识辩论之一",④ 但它不仅仅是关于舆论的辩论,甚至也不仅仅是关于民主的辩论,而且堪称一场哲学辩论。正如杜威曾经写道的,哲学作为一种愿景、想象和反思的表达,不能单独解决我们的任何紧迫问题,但它确实可以发挥作用。因为 "在一个复杂而反常的世界中,没有远见、想象力和反思的

---

① Farkas, Johan & Schou, Jannick, Post-truth, Fake News and Democracy: Mapping the Politics of Falsehood, Abingdon, UK: Routledge, 2019.
② Dean, Jodi (2018), Crowds and Party, London: Verso. Seymour, Richard (2019), TheTwittering Machine, London: The Indigo Press.
③ Rosenfeld, Sophia, Democracy and Truth: A Short History, Philadelphia, PA: University of Pennsylvania Press, 2018, p. 154.
④ Alterman, Eric (Mar. 31, 2008), "Out of print: The death and life of the American newspaper", The New Yorker, pp. 48–60.

行动，更有可能增加混乱和冲突，而不是把事情理顺"。① 李普曼和杜威都没有为我们提供足够的行动蓝图；但通过激发更广阔的视野、更有创造性的想象力和更具批判性的反思，两人让我们的思考和好奇超越了传统的视野。假使民主的公众不是幻影，这就是我们必须共同走过的旅程。

在世界各地，我们看到技术官僚和民粹主义者之间的政治斗争，专家因知识而声称权威，而民粹领导人则代表"真正的人民"与精英展开斗争。第三种选择是民主，即能够在一定程度上控制自己生活的个人，可以而且应该在管理共同事务方面行使有意义的权力。

目前的悲观主义浪潮提醒我们，当民主偏离方向时，知识分子有一种反复出现的倾向，就是放弃民主。乔治城大学的政治理论家杰森·布伦南（Jason Brennan）质问，为什么要让大多数愚蠢的人"将其无能的治理强加于聪明的少数人"？在《反对民主》（*Against Democracy*）一书中，他主张用李普曼式的智者统治（epistocracy）来取代传统民主。②《商业内幕》（*Business Insider*）的高级编辑乔希·巴罗（Josh Barro）提出"理性无知"的说法，认为对大多数人来说，不值得花很多时间来发展关于政府所做事情的深刻的、有知识的意见，因为他们不管理政府，也无法改变政府的做法，所以公众应该远离政策制定。③ 詹姆斯·特拉布（James Traub）在《外交政策》（*Foreign Policy*）的一篇题为《现在是精英们起来反对无知的大众的时候了》的文章中说，左右两派充满"无意识的愤怒"的选民正在损害那些相信"现实"的人。④《纽约杂志》（*New York Magazine*）专栏作家安德鲁·沙利文（Andrew Sullivan）的文章标题同样一目了然：《民主国家在过于民主时就会结束》。⑤

---

① Dewey, John (1917/1980), "The Need for a Recovery in Philosophy", MW 10: 46.

② Brennan, Jason (2016), Against Democracy, Princeton, NJ: Princeton University Press.

③ Chotiner, Isaac (Mar. 12, 2018), "Dumb on Policy, Smart on Politics", Slate, https://slate.com/news-and-politics/2018/03/josh-barro-on-policy-without-politics-immigration-and-trumps-self-awareness.html.

④ Traub, James (Jun. 28, 2016), "It's Time for the Elites to Rise Up Against the Ignorant Masses", Foreign Policy, https://foreignpolicy.com/2016/06/28/its-time-for-the-elites-to-rise-up-against-ignorant-masses-trump-2016-brexit/.

⑤ Sullivan, Andrew (May 1, 2016), "Democracies end when they are too democratic", New York Magazine, https://nymag.com/intelligencer/2016/04/america-tyranny-donald-trump.html.

这是为什么需要指出，李普曼对民主缺陷的诊断虽然在今天看起来和以前一样有力，但它似乎错过了有关民主制度弹性的一些基本知识。毕竟，差不多一个世纪之后，世界来到今天，变得更有力量，更加宽容，更加富有，甚至更加民主。

上述那些论断和李普曼的想法一样，恰恰把事情弄颠倒了。与其说放弃民主，也许我们需要的是更多、更好的民主。也许，正如杜威所教导的，我们更需要做的是，教育和赋权更多的公民，建设更好的社区。因为只有那些从今天的精英统治体系中受益的少数人，才可能把这种统治看作一件好事，或者考虑进一步巩固它。民主当然比智者统治和寡头政治要好，后两者授权社会中最傲慢和最缺乏自我意识的人对他们不了解或不关心的人的生活作出决定，不可避免地滑向一个利益与其他阶层相背离的阶层。公众虽然会被时常指责为非理性的，然而无数的精英人士也曾滥用权力，表现出非理性的行动。民主虽不能保证防止滥用权力，但它也不是滥用权力的原因。

尽管杜威也对他所谓的民主的"政治机制"表示不安，但他从不认为这些机制是不重要的或可以抛弃的。因为这些"代表民主已经实现的最基本的政治形式，如民众投票、多数统治等"，"涉及发现社会需求和问题的协商和讨论"。[①] 此种对民主的辩护在重新确定政治参与的意义方面非常重要，正如杜威所描述的那样，民主对社会成员的定义不仅仅是他们在决定社会可能性方面的实际参与，还包括在需要时对他们开放的潜在参与。

所以，民主就意味着保留争论的权力。只要国家由于被一套固定的利益所定义而抵制变革，公众就会在一个更加反对的角色中发挥作用，在国家之外建立起他们的权力。由此，民主总是指向一种开放性，在这种开放当中，民主的实质意义——民主解决什么问题，追求什么目的——总是在被确定的过程中。

1967年，当李普曼决定离开华盛顿前往纽约，并停止撰写他的定期

[①] Dewey, John (1927/2012), The Public and its Problems: An Essay in Political Inquiry. Edited and with Introduction by Melvin L. Rogers, University Park, PA: Pennsylvania State University Press, p. 223.

专栏"今天与明天"（Today and Tomorrow）时，他在一次告别晚宴上告诉同事们，他的离开不是因为"我不再非常接近王子的宝座，也不再在他的宫廷里表现出色"，而是因为"时间在流逝"。

抵达退休之际，李普曼意识到了时间的力量。今天，与其依靠李普曼的解决方案——与技术官僚、精英主义、反民主的政治调情——来摆脱民主的困境，不如首先提醒自己，时间的进展与民主的开放性本身就倾向于解决这个困境，至少是部分解决。也就是说，随着时间的推移，保持开放的话语和合理的辩论渠道，事情的真相总会浮现出来。用埃德蒙·伯克（Edmund Burke）的话说："个人是愚蠢的。众人暂时是愚蠢的，当他们未经深思熟虑就采取行动时；然而物种是明智的，当把时间交给它，作为一个物种，它的行为几乎总是正确的。"[1] 李普曼自己也承认，从长远来看，他所提出的民主困境的严重性会减弱。"相信在意见的竞争中，最真实的人会获胜，因为真理具有一种特殊的力量……如果你允许竞争延伸到足够长的时间，那么这种信念可能是合理的。"[2]

（该文首发于2022年第九届"政治传播与社会发展论坛"，刊载于《新闻记者》2023年第3期。）

---

[1] Burke, Edmund (1782/1999), "Speech on the Reform of the Representation of the Commons in Parliament", in Selected Works of Edmund Burke, Vol. 4, Miscellaneous Writings. Compiled and with a Foreword and Select Bibliography by Francis Canavan, Indianapolis, IN: Liberty Fund, p. 21.

[2] Lippmann, Walter (1922/1998), Public Opinion. With a New Introduction by Michael Curtis, New Brunswick, NJ: Transaction Publishers, p. 318.

为"科学的"民意调查辩护
——学科史视域中乔治·盖洛普的民意调查理论*

张 健

（苏州大学凤凰传媒学院教授）

摘 要：立足于学科史视域，对乔治·盖洛普在20世纪40年代为"科学的"民意调查所做的辩护语境、逻辑与影响进行了分析。1936年《文学文摘》民调选举预测的失败引发了人们对民意调查方法、功能与意义的疑虑，民意调查存在着合法性危机。盖洛普的辩护主要围绕公众舆论对参与性民主的功能、抽样调查在解决参与性民主中"布赖斯难题"的工具意义、民意调查的"科学性""客观性"等方面，在"科学的"民意调查之"工具性价值"与民主政治之存续与完善的"合目的性价值"之间建立起重要的理论勾连。盖洛普的辩护逻辑以经典的参与式民主为立论根基，回应了19世纪末20世纪初进步主义者对美国建国之父们的批评传统，同时又顺应了公众舆论研究的"科学化"范式转型。

关键词：民意调查；盖洛普；学科史；布赖斯难题

本文立足于学科史视域，将现代意义上的"科学的"民意调查（public opinion polling）作为一种学科建制，来讨论乔治·H. 盖洛普的民

---

* 本文系国家社会科学基金项目"新媒体语境下政治认同的建构路径研究"（项目编号：15BXW062）的研究成果。

意调查理论，并追踪其思想演进的社会历史语境。本文假定，从演进史意义而言，学科（discipline）并不仅是人们所熟知的静态的知识分类，而是一种历时性的产物，是以某些话语表达为主要手段，在社会政治与文化语境下由诸多结构性力量型构成"学科制度的分析视角，实质上凸显了社会行动者的中心地位。科学理智史和科学活动及其过程，不过是作为社会行动者的过程、结果、媒介或者社会资源的具体体现"①。

一 "定型时刻"的合法性危机

有学者提出，1936 年是所谓"民调早期历史上的定型时刻"②，但这样的定型并非进化论式的自然演进，而是包含着"新"与"旧"、"科学"与"趣味"两种不同文化传统的剧烈碰撞与冲突。事实上，盖洛普对民意调查的论证或辩护恰恰正是 20 世纪 30、40 年代"趣味化"转向"科学化"阶段③所面临的学科危机。

20 世纪初，市场调查、公关和广告业的方法论基础、对公众舆论（public opinion）的学术研究、政治家和记者们对民意调查的重视都达到一个新的高度：20 年代，广告机构开始了消费者态度研究；30 年代学术研究机构改进了抽样技术，正式采用配额抽样方法；部分心理学家、市场研究专家共同建立了第一个心理学机构 The Psycological Barometer；乔治·盖洛普、阿奇巴尔德·克劳斯利、埃尔默·罗普等人开始尝试"配额抽样法"进行总统选举预测，预测结果为《华盛顿邮报》《财富》等多家报刊所采用；哈伍德·查尔兹（Harwood Childs）担任执行编辑的《民意季刊》（*Public Opinion Quarterly*）在普林斯顿大学创刊，提出"以学术刊物专门探讨公众舆论，实有必要"。与此同时，政府成为解决或至少减缓公共问题的一支力量，而且解决问题的办法就应该建立在需要数

---

① 方文：《社会心理学的演化：一种学科制度视角》，《中国社会科学》2001 年第 6 期。
② ［美］Sheldpn R. Gawiser witt：《解读民调》，胡幼伟译，五南图书出版股份有限公司 2001 年版，第 28 页。
③ 韩运荣、喻国明：《舆论学：原理、方法与运用》，中国传媒大学出版社 2005 年版，第 180—196 页。

据的理性方法基础上，政府内部的调查研究得到开办和扩充①新机构、新活动如农业部（Department of Agriculture）、战争部（The War Department）、美国信息总署（The United States Information Agency）及其他政府部门应运而生。因而，就学科意义而言，将民意调查的先驱者、渴望推进民意调查业的企业家以及对民意调查持有共同看法的社会关系网络已经形成，②民意调查已经日益成为一个将社会政治以及商业中的公众舆论作为独立研究对象的"研究领域"（the field）。然而1936年《文学文摘》的惨败却将蒸蒸日上的民意调查引入危机。

《文学文摘》杂志从1916年开始模拟民调（straw poll），先后精确地预测了1916年、1920年、1924年、1928年、1932年的总统选举结果。1936年总统竞选期间《文学文摘》杂志在人力、物力、财力上做好了充分准备，前后总共寄出1000万张选票卡，最后收回选票卡237.5万张。计票结果显示：共和党候选人阿尔弗雷德·兰登（Alfred Landon）得票率是57.0%，民主党候选人富兰克林·罗斯福得票率是43.0%，共和党人获得选举胜利。然而盖洛普自己创办的美国民意研究所的预测结果却是：罗斯福将以54.0%的得票率获得竞选连任，而兰登进驻白宫的希望将会破灭（得票率是46.0%）（参见表1）。克劳斯利、罗普等人预测了类似的投票结果。③

表1　　　　　1936年美国总统选举预测得票率　　　　　（单位：%）

候选人	实际得票率	《文摘》杂志预测	盖洛普预测
罗斯福	61.0	43.0	54.0
兰登	39.0	57.0	46.0
合计	100	100	100

资料来源：笔者根据相关文献资料自行汇编。

《文学文摘》的民意调查早就积累起巨大声誉，甚至其名称几乎等同

---

①② Amy Fried, Douglas B. Harris, "Governing With the Polls", *The Historian*, Vol. 72, Issue2, 2010, pp. 321 – 353.

③ 张健：《被取样方法所忽略的民意波动：1936年〈文学文摘〉民调"滑铁卢惨败"之再解释》，《中国传媒报告》2014年第4期。

于"模拟民调"①，然而1936年的惨败造成了一个"似是而非却又难以避免现象——民意调查本身成为公众舆论的议题"②影响到了政治游戏中三类重要参与者——国会议员、政治记者以及普通公众对民意调查的看法。根据苏珊·赫伯斯特的说法，尽管关于二战前后全国政策制定者和记者对民意调查的态度的文献很少，但总体上说《文学文摘》1936年的民调严重破坏了民意调查在政治精英或投票公众眼中已经建立起来的合法性，政策制定者不愿去相信盖洛普这种新的测量民意的方法，因为他们相信自己已经掌握了评估民意的全部方式，而此时在政治摇摆不定期间工作的记者、编辑也同样如此。③ 20世纪30、40年代期间很少有国会议员在自己选区或州进行或委托其他机构进行民意调查，直至50年代，大部分候选人对民意调查还是半信半疑。

总体而言《文学文摘》此次破纪录的误差不仅"提升了准确预测总统选举结果的盖洛普民调、罗普民调之类民意调查公司的地位，也让民意调查专业蒙羞"④；"科学民调的成功绝没有使得批评沉寂下来"，"有些人说我们调查的不是民意，民意无法测量，至少不是以我们所使用的方式加以测量；有人说我们的方法不是科学的；也有人说我们是一支邪恶的力量，必须加以管制"⑤。

（一）担心民调是否存在"乐队花车（bandwagon）效果"的争论

这是一个早就诉讼纷纭的问题。比如同样在1936年竞选期间，赫斯特报系的民调将自己的调查结果隐藏在内页上，却在重要位置刊登了

---

① David W. Moore, *The Superpollsters: How They Measure and Manipulate Public Opinion in America*, New York: Four Walls Eight Windows, 1995, p. 37.

② George Gallup and Saul Forbes Rae, *The Pulse of Democracy*, New York: Simon and Schuster, Inc., 1940. p. 213.

③ Susan Herbst, *Numbered Voices: How Opinion Polling Has Shaped American Politics*, Chicago: The University of Chicago Press, 1993, p. 91.

④ Robert M. Eisinger, Jeremy Brown, "Polling as A Means Toward Presidential Autonomy: Emil Huria, Hadley Cantril and the Roosevelt Administration", *International Journal of Public Opinion Research*, Vol. 10, No. 3, 1998.

⑤ George Gallup, "The Changing Climate for Public Opinion Research", *Public Opinion Quarterly*, Vol. 21, No. 1, 1957.

预测兰登将会获胜的《农场杂志》(*Farm Journal*) 民调和《文学文摘》民调。有作者就此指出：为了影响选民登上"乐队花车"，各种组织和期刊都越来越迫切地刊登对他们支持的候选人有利的民调结果。[①] 部分国会议员更是担心，民意调查在最好的情况下会干预民主选举的自然机制，而在最糟糕的情况下会成为影响选民投票、强迫州和全国立法机构成员的宣传武器。俄勒冈州众议员华尔特·皮尔斯（Walter M. Pierce）就多次在众议院提出立法倡议，禁止使用邮件发送模拟选票、禁止调查机构将获得的信息扩散到报刊，还计划建立一个包括五名参议员、五名众议员的联合委员会调查民调及民调机构，其理由是"全国性的民调已经成为整个国家关注的大事，在立法和候选人问题上拥有强大影响"[②]。

（二）关于民意调查方法上的争论

人们已经发现《文学文摘》模拟调查中的共和党人被过度地代表了，"富有经验的民调观察家一直提醒《文摘》民调，但是《文摘》编辑毫不理睬技术上的批评，就如同他们可以轻易地发动政治动机攻击一样，没有做出任何改变以减少或调整偏见"[③]。同时，尽管由拉扎斯菲尔德、盖洛普、李克特、罗普等人形成了一个关于社会调查的"小圈子"，但就学术界整体而言，并没有对"民调是科学"（science）这一说法产生普遍的共识。1936 年之前，经过学术训练的社会科学家对草根民调兴趣不大，且大多数兴趣都是新闻学、政治学；1936 年之后，学者们更多的兴趣被吸引到学术圈和政府，持续调查对公共议题的相关意见。

（三）关于普通公民能否以富有思想的方式去评估复杂的政策事务的争论

这实际上是李普曼对民众政治参与能力怀疑的翻版。柯蒂斯

[①] Daniel Katz, Hadley Cantril, "Public Opinion Polls", *Sociometry*, Vol. 1, No. 1/2, 1937.

[②] Walter M. Pierce, "Climbing on the Bandwagon", *Public Opinion Quarterly*, Vol. 4, No. 2, 1940, pp. 241 - 242.

[③] Jean M. Converse, *Survey Research in the United States: Roots and Emergence 1890 - 1960*, California: University of California Press, 1987, p. 119.

（C. Curtis）议员在美国众议院关于民调的辩论中指出"我们政府的问题不是一个人在大街上走走就能收集到支持者和赞同者并有了正确答案那样简单。有许多事情需要研究和长时间工作。我认为民意调查不应该不受限制地进行，甚至也同意当前进行民调的是忠实、诚恳、能力强、不撒谎的人，除非我们采取一定措施，否则民意调查将在毫无道德之人的魔爪下变成一大威胁。"①

总之，1936年《文学文摘》选举预测的失败引发了人们对民意调查的方法、功能与意义的疑虑。借用学科合法性的相关理论而言，此时的民意调查存在着正当性或合法性危机：如何"合政治性"，即如何为国家服务，巩固民族国家的世俗政权，尤其当社会的政治、经济或文化结构发生大的变动时？如何"合认知性"，即按照"学术"的原则发展学科，力求了解人类生存的世界，以真理为最高追求，并排除价值的影响？如何"合社会性"或"合市场性"，即如何"学"以致"用"，能带来实用价值和实际效用？②

二 为"科学"民调的合法性辩护

针对三个方面的合法性危机，盖洛普的论证或辩护策略有彼此关联的三条路径。

（一）重点阐释了公众舆论对参与性民主政治的价值意义

"普通人在想些什么？"盖洛普在《民主的脉搏》一书中开宗明义地提出"寻求对此至关重要问题的解答能够追踪到民主生活史的全部，就是要以事实而非臆测为基础，对此问题提供一个现代解答：本书所要告知的正是民意调查这一现代工具的故事，并描述民意调查如何运作以提

---

① Susan Herbst, *Numbered Voices: How Opinion Polling Has Shaped American Politics*, Chicago: The University of Chicago Press, 1993, pp. 92 – 93.
② 周国平：《学科准入与分等视野下学科的合法性危机探讨》，《教育发展研究》2012年第2期。

供街头民众意见的持续图解"①。洛普认为,整个人类历史上一直存在一个问题:普通人可以自由表达其需求与目的,还是他们仅仅被一小撮统治精英所操控?②对这个问题的回答形成了两种截然相反的公众舆论观:专制政体或专制者的公众舆论观;民主制度的公众舆论观。正如希特勒在《我的奋斗》中所说,专制者认为,公众舆论在很小程度上仅仅取决于个人经验或知识,或者另一方面主要取决于别人告诉我们什么;要发现这种公众舆论,只能深入到集中营,或去访问遥远的西伯利亚;这种意见在政党集会无法听到,而是隐藏在门背后,在窃窃私语和玩笑中表达出来。反之,民主的公众舆论观则认为,隐含在民主理想中的这种公众舆论是有形的、动力性的,其发源地就深藏在个人日复一日的体验之中,而这些个人组成政治公众,并阐述这些意见作为他们政治代表的实践指导。这种公众舆论倾听大多数相互矛盾的宣传,试图从论点和辩论的冲突、矛盾中区分出真实与虚假;为了它的存在,这种民意需要批评,并通过批评,得到调整和模塑。它通过行动而学习,它的真相是相对的,随着行动获取的结果而变化。它的主要信念是相信实验;它相信个人对政治生活的价值,相信普通人在决定自己命运时有发表自己意见的权利。在此意义上"公众舆论是民主的脉搏""大多数人的观点必须被视为社会政治问题的终极法庭"③。

为了进一步说明公众舆论对民主政治的意义,盖洛普引述了英国著名外交家、历史学家詹姆斯·布赖斯(James Bryce)的说法。布赖斯对民主的分析建立于公众舆论概念基础之上,认为公众舆论并不是一种超常存在,而是人们对影响或有利于共同体之事务的观点的集合"公众舆论是各种歧义性的观念、信念、想象、偏见、抱负等的堆积体,是混乱、前后不一、无定形的,每天每周都在变化的。但在如此多样混乱的过程中,每个问题,当其步入重要性中之时,都经历一个固化、明晰化的过

---

① George Gallup and Saul Forbes Rae, *The Pulse of Democracy*, New York: Simon and Schuster, Inc., 1940, p. v.

② George Gallup and Saul Forbes Rae, *The Pulse of Democracy*, New York: Simon and Schuster, Inc., 1940, p. 6.

③ George Gallup and Saul Forbes Rae, *The Pulse of Democracy*, New York: Simon and Schuster, Inc., 1940, pp. 9, 15.

程，直至出现、形塑某个观念，或一系列彼此联系的观念，并被各个群体的公民共同拥有和支持。当我们谈论公众舆论，把它作为同意或不同意某个原则或提议时，我们所指的正是由大多数民众明显持有的、由任何类似观念或系列观念所应有的力量"[1]。在他看来，这种公众舆论是政府制度背后的推动性力量，是美国真正的统治者。

然而，布赖斯也意识到大众统治的一个基本问题："声称为人民发声的多样性也许会妨碍人民自己的声音被听到"，比如公众舆论表达最重要的途径是地方、州和全国性的选举，然而甚至连各个层次的选举也不能提供完全准确的公众舆论指针，因为存在着把社会议题和候选人相混淆的倾向，"选举中，支持一个候选人是选民既定的，他的人格或地方影响可以比他的原则说明更多问题，因而，选一个人而不选另一个人是表达选民意见的一种非完美方式"；"意见行动是持续的，投票行动是暂时的，在法律机关选举的间隔期，实质性地影响到选民观点的变化可能发生"[2]。盖洛普也发现，在1928年，支持禁酒的南方民主党人不敢将选票投给阿尔·史密斯，因为他们担心别人会觉得自己反对禁酒；而反对禁酒的共和党人则不敢投票给胡佛，主要担心别人会认为自己支持禁酒。

盖洛普提出，因为所有这些原因"选举从来就不是公众舆论表达的唯一通道，尽管有时选举仍然是获取公众舆论可用方法中的最佳通道"。但是，即使在最佳的代议制度中，仍然有让立法者与民意保持联系的需要，不管代表们是否遵从公众舆论，即使他的良知和经验告诉他，大多数人的意见有时是明智的，有时是愚蠢的，他仍必须获知他的社区中人们在想些什么。立法者的责任是教育和指导人民，恰似人民有特权向他们选出的代表力陈他们的观点一样。如果立法者认为人民是正确的，他必须设法获知公众舆论；如果他觉得公众舆论是错误的，他也必须知道错误是什么，错误在哪里，以便去改正人民"有一个信念正越发被公认，即当代表把领导者的角色与追随者联系起来之时，也是代议制政府运转

---

[1] James Bryce, *The American Commonwealth*, New York: Macmillan, Vol. 2, 1891, p. 241.
[2] George Gallup and Saul Forbes Rae, *The Pulse of Democracy*, New York: Simon and Schuster, Inc., 1940, p. 18.

最佳之日"①。

(二) 说明了新型的抽样调查在解决参与性民主政治中"布赖斯难题"的工具性价值

盖洛普论辩说,在代议制过程中,立法者必然面临着一个古老难题,即"在各种让人困惑的声音中做出判断,这些声音都声称代表了人民的意愿。按照报纸? 按照急切的选民们的电报? 还是按照产业工人联盟的说法?……"②如何从各种伪装的"人民的声音"(the Voices of the People)比如各种政党、利益团体以及其他类似的社会组织中去辨认真正的"人民的声音"就成为立法者面临的现实难题,即所谓"布赖斯难题"。

盖洛普重点引证了布赖斯关于报纸与公众舆论之间关系的分析。布赖斯把报纸视为舆论不可或缺的指南。在他之前,报纸曾经被拥戴为"人民法庭",比如托马斯·杰弗逊的名言"如果要我来选择,是要一个没有报纸的政府,还是没有政府的报纸,那么,我将毫不犹豫地选择后者",但布赖斯还发现,美国的报纸并非承担单一角色,而是三种重合的角色"叙述者""辩护者""风向标","报纸以三种方式发挥影响——作为讲述者(narrators)、拥护者(advocates)和风向标(weathercocks)。它们报告情况,推动争论,并向读者暗示主导性意见。作为讲述者,它是世界上最活跃的,任何能吸引任一阶层读者的消息都逃不出它们的报道;作为政治信条的拥护者,它们当然是有力的,因为报纸被广泛阅读并经常有有能力的人投稿;报纸的第三种也是最主要的一种能力,就是作为公众舆论的指针(index)和镜子。这也是报纸力求的功能,而公众人物则发现,尊重报纸就是安抚公众舆论,就是邀约公众舆论,如同在敬神的同时学会安慰牧师。"③

在第三个功能中,报纸通过自身的态度暗示了什么将成为目前读者中的主流意见,因而,布赖斯感觉到,尽管报纸是不可或缺的指南,但其自身也不是可确信的风向标。报纸反映公众舆论,又塑造公众舆论,

---

①② George Gallup and Saul Forbes Rae, *The Pulse of Democracy*, New York: Simon and Schuster, Inc., 1940, p. 21.

③ James Bryce, *The American Commonwealth*, New York: Macmillan, Vol. 2, 1891, p. 275.

而且因为报纸的影响存在于各种不同的意见或观点之中，忙碌的立法者常常为丰富的解释和多样的观点所困扰。"他相信哪一个？谁代表公众舆论或者什么是占优势的意见？存在于每份报纸背后的相互冲突的观点和意见，这就是自由报业的实质。"①

布赖斯曾经设想，"有一个最佳方法可以发现社区中正在起作用的意见趋向：在各种人员和各种条件下自由移动，留意一天天的人们如何被获悉的各种新闻或各种观点所影响"。布赖斯心目中通过谈话获取同胞们意见的方式恰恰正是盖洛普心目中的调查访员（interviewer）的工作方式：访员由雇主出钱，请他们向随机挑选的公民提出问题，而且严格按照事先设计好的问题进行"谈话"。那些在美国到处穿行的意见访员不是去判断他们的同辈市民们的态度和癖好，而是让美国人自我发言，"作为公众舆论指南，民意调查取代直觉，直接对意见进行事实性报道"；"抽样公投（sampling referenda）是布赖斯难题的现代回答"②。

盖洛普认为，民调不仅遵循了布赖斯所建议的那样，直接接近人民，而且细致的抽样技巧实际上克服了时间和花费上布赖斯认为不可能实现的、持续的、全国范围内的全面公投。通过收集从投票者总体框架中选择出来的代表性样本的意见，一周接一周地旁听公众舆论随之成为可能。

盖洛普强调，民意调查可以真正地代表公众舆论发出自己的声音，同时也让打着"人民"旗号的游说者和压力集团的真正面目昭告天下，实际上"民意调查几乎是唯一能够检查那些力量不断增强的压力集团的工具"。在竞选过程中，某项政策到底对选举有什么影响，相关的解释往往是错误的，而民意调查却可以清晰地呈现在相关议题上的意见分布和发展趋向。民意调查还能削弱政治党派的影响，限制了党魁在"烟雾缭绕的房间里挑选总统候选人"的权力，帮助预选实现其建立的真正目

---

① George Gallup and Saul Forbes Rae, *The Pulse of Democracy*, New York: Simon and Schuster, Inc., 1940, p. 28.

② George Gallup and Saul Forbes Rae, *The Pulse of Democracy*, New York: Simon and Schuster, Inc., 1940, p. 32.

的——让人民掌握挑选候选人的权力，避免了"少数人的暴政"（tyranny of minority）①。民意调查由此成为幅员辽阔、人口众多的民主国家真正实现经典的民主参与理论的助产士。

（三）声明新型民意调查是"科学的"或"客观的"

为何民调可以超越"少数人的暴政"？盖洛普一再强调现代民意调查的科学性，因为"科学"一词用于民调是作为一个严肃的标签，将他们仔细建构的"配额抽样"方法区别于随处可见的模拟民调这一通行方式。② 盖洛普提出，现代民意调查不同于《文学文摘》民调之类以"样本越多越好"作为基本原则的模拟民调，而是采用一种抽样方法去发现普通人的情绪、需要与态度，与调查者自身的主观判断无涉。在盖洛普看来，民意调查人员（pollster）就跟新闻媒体的记者一样承担类似收集信息的工作，报刊记者被派出去通过谈话获取信息，政治家也是走出办公室来到大街上与人交谈，"实质上，民调组织所做的与记者、政治家所做的一样，派出访员与人交谈"③。在这个意义上，民意调查机构享有与新闻机构一样的新闻自由，受到美国宪法第一修正案的保护，因为民调机构仅仅是发现事实（fact-finding）的机构，它们的责任始于也止于确认跟民意相关的事实，没有正当理由去关注这些事实被用来做什么；民调机构在公众舆论领域所承担的功能恰似美联社、合众社、国际新闻社在客观报道每日事件时所承担的功能。

正因为民调机构如同新闻机构一样，以"客观性"（objectivity）为己任，所以盖洛普才宣布，民意调查是负责任的公众在任何议题上表达自己意见的方法或工具。就本质而言，现代民意调查能够而且确实把选民中的声望与问题的受关注度区分开来，民意调查能够报道公众支持候选人的哪个观点，拒绝哪个观点；民意调查可以限制压力团体对事实的要求，阻止

---

① George Gallup, *A Guide to Public Opinion Poll*, Princeton: Princeton University Press, 1944, p. x.

② Jean M. Converse, *Survey Research in the United States: Roots and Emergence 1890–1960*, California: University of California Press, 1987, p. 117.

③ George Gallup, *A Guide to Public Opinion Poll*, Princeton: Princeton University Press, 1944, pp. 1–12.

其对具体特权无法获得支持的要求;而且更重要的是,民调可以显示不善表达、没有组织的大多数公民的意愿。与此同时,盖洛普还提醒人们,民意调查仅仅是一种方法或工具,而不是政策的最后决定者;领导人可以使用民意调查完成其作为人民代表的工作,而不是如奴隶般对调查结果亦步亦趋,实际上,民意调查有时可以警告领导人防止社会上那些有问题的意见分布,并允许领导人引导公众接受更加合意的意见。①

依照这种以"科学"为基础、以"客观"为目标的抽样调查方法,他甚至在《文学文摘》民调尚在进行之中时就表示"《文学文摘》的模拟调查是自取灭亡。理由是他的样本严重地偏向高收入选民,这些选民大多数对罗斯福总统的社会经济政策不满,所以《文学文摘》的预测必然会失败"②。因而"1936年《文学文摘》的灾难性挫败不在于其组织者的道德水准,而在于样本和抽样方法"③。根据其所谓的"科学"方法与标准,盖洛普还在其无数次的演讲、报刊文章、专著或合著等,不遗余力地宣称现代民意调查从他本人1932年首次采取配额抽样方法帮助阿列克斯·米勒夫人(Mrs. Alex Miller)作为民主党候选人竞选爱荷华(Iowa)州务卿开始。他不断重复一种英雄主义式的民意调查编年史:1936年的新型民调将"科学"带给草根民调。"草根民调"时代,可以追溯到1824年;"现代民调"时代始于1932年,此时盖洛普对议题和候选人试验进行民意调查;真正"转折点"是1936年,三家民调机构采用同样的"科学方法",预测罗斯福的胜利。④

三 辩护:从"规范"到"科学"的范式转型

在盖洛普为新型的民意调查发声的同时,与盖洛普一样,同处于

---

① George Gallup and Saul Forbes Rae, *The Pulse of Democracy*, New York: Simon and Schuster, Inc., 1940, p. 270.

② 陈义彦等:《民意调查》,五南图书出版股份有限公司2001年版,第10页;Larry J. Sabato, *The Rise of Political Consultants*, New York: BasicBooks, Inc., 1981, p. 69。

③ George Gallup and Saul Forbes Rae, *The Pulse of Democracy*, New York: Simon and Schuster, Inc., 1940, p. 44.

④ Jean M. Converse, *Survey Research in the United States: Roots and Emergence 1890 – 1960*, California: University of California Press, 1987, p. 116.

"民调新三角"的克劳斯利和罗普也在各种场合极力强调民意调查背后的哲学意义。克劳斯利认为,"在以后的四年中,国家将面临着许多重要议题。国会将被压力集团通过公众舆论的虚假说明动摇?抑或国会寻求通过科学抽样方法给美国选民一个自我表达其观点和要求的机会?""科学民调使之成为可能,即在两三天之内,就能够通过有限的投入使整个国家在影响我们日常生活的法律上,与立法代表们携手并进。这是长期寻求、通向民治政府的钥匙。"① 盖洛普也在《美国统计联合会会刊》上声称"我们就是要建立一个缩影版的美国"②。难怪有论者强调说,需要在民意调查与民主之间的行为主义语境中去认真解读盖洛普及其同侪们的民调思想,"我们无法完全理解民调对美国政治的影响,除非我们一开始就准确认知首批民意调查人员最初的目的"③。

盖洛普的论证或辩护逻辑以参与民主为理论根基,将以《文学文摘》民调为主要代表的所谓"旧"调查与以美国民意研究所为主要代表的"新"调查从民主价值、统计方法、自身特性这三个方面加以切割,从而在民主政治殿堂中为新型民意调查寻找到一个恰当的位置。这一逻辑背后存在着三个关键假设:"人民的声音"是美国民主政治的关键脉搏;对普通公众进行调查是对组织化的游说和压力集团无休无止影响的一个必要制衡;"抽样公投"来自科学本身的意识形态性,来自统计科学的"价值无涉"。

对盖洛普而言,民主政治是其论证的主要大前提。民主政治面临的主要问题不再是为民主政治辩护,而是相反,是如何使得民主政治按照其经典的理论得以实现的问题。从民意调查"如何"以及"何处"去融入既定的美国政治制度体系的研究中,伴随着盖洛普对民主政治的理解,显露出他所要解决的问题。盖洛普民调思想的主要关注点是"这一问题,即构建直接接近人民大众的机制、倾听公众对那些必须解决的问题说些

---

① Archibald M. Crossley, "Straw Polls In 1936", *The Public Opinion Quarterly*, Vol. 1, No. 1, 1937.

② Dominic Lusinchi, "President Landon and the 1936 Literary Digest Poll", *Social Science History*, Vol. 36, No. 1, 2012.

③ Sidney A. Pearson, Jr., "Public Opinion and the Pulse of Democracy", *Society*, Vol. 42, No. 1, 2004.

什么"。如果换成民主理论家们熟知的语言，也即是"在公众舆论纷扰的情况下民主如何在实践上是可能的"。民意调查由此成为许许多多的理念和意识、改革或回应计划、社会行为和道德信念等大众认可的基准；民意研究从修辞上被建构成"人民的声音"，最终在进步传统将要具体表现为强烈的民主和科学潮流的国度中树立起政治和科学的权威。[①]

从舆论研究这一学科建制而言，盖洛普这一辩护逻辑实际上回应了19世纪末、20世纪初进步主义者对建国之父们（Founders）的批评传统，同时又顺应了公众舆论研究的"科学化"的新路径。

在伍德罗·威尔逊、查尔斯·比尔德以及赫伯特·克罗利等进步主义者看来，建国之父们所确立的代议制民主意味着联邦主义、分权以及地方共同体对国家共同体的优越性，公民的参与不仅仅是进步主义者们批评的因素之一，而且是主要因素之一；实际上，公民参与和科学的公共管理，常常被进步主义者视为民主改革的基础。当然，在进步主义者那里，公民参与并不仅仅是反联邦党人论点的再修正，并非要服务于地方共同体，而是被设计要造福于国家共同体。比如作为进步主义思想阵营中最为知名的发言人之一，赫伯特·D.克罗利警告：在一个必然出现大工业的时代，不相信政府、在经济事务中主张自由放任的杰斐逊主义只能将国家带到一种同样不可避免的毁灭之途——特殊利益集团的权力扩张和广大民众的处境恶化。他的结论是：改革者们必须放弃浪漫的杰斐逊观念，而代之以州和联邦在所有经济战线实行积极广泛的经济干预。他宣称，当前最重要的任务是要确定什么是国家利益，然后通过计划和立法加以实现。由此需要推行一种积极的"新国家主义"，吸引"最杰出的才智之士"，在调和有计划而积极的政府管理与民主传统中进行领导，以适应民主所无法避免的新形势。[②]

虽然没有证据表明盖洛普是进步主义者的后学，但是他对参与式民主以及公众舆论在这一政治制度中根本性价值的强调，恰恰处于进步主

---

① Daniel J. Robinson, *The Measure of Democracy: Polling, Market Research, and Public Life, 1930–1945*, Toronto: University of Toronto Press, 1999, p. 62.

② 参见［美］赫伯特·D.克罗利《美国生活的希望》，江苏人民出版社2006年版，第十三章"结语：个体的目的和国家的目的"。

义运动大潮的流风余绪之中。① 主要区别在于，大多数进步主义者认为建国之父们是反民主的、是本质上的精英主义者，而盖洛普则更为尊敬这些建国之父们。实际上，大多数进步主义者们所争论的是，美国的政体要迈向民主，就必须远离建国原则，因而要远离建国之初所理解的《宪法》；而盖洛普为民意调查辩护，是根据这一理由，即迈向民主不是要远离建国之初的原则，而是促使美国人去完成建国之父们已经开始，却尚未完成的民主计划。某种意义上，是盖洛普在新的社会形势下接过建国之父们手中的接力棒，继续他们尚未完成的民主事业。

从这一点而言，盖洛普在20世纪30年代著名的"杜威—李普曼"争论中看起来是站在作为进步主义者的杜威一边。李普曼认为，"当今的普通公民就像坐在剧院后排的一位聋哑观众，他本该关注舞台上展开的故事情节，但实在无法使自己保持清醒"，因而"如此种种优生的、教育的、道德的、平民主义的、社会主义的民主弊端疗法都假设，选民们与生俱来拥有直接处理公共事务的能力，而且正朝着这一理想不断前进。我认为，这是个虚假的理想"②。杜威则从他自己一贯的有机统一体学说出发针锋相对地提出，"什么是公众？……许多答案仅仅只是重述了这一问题，根据这些答案，我们被告知，公众就是作为一个整体的共同体，而且这样一个共同体被设想为自我证明和自我解释的现象。但是，作为一个整体的共同体不仅仅要求以多种方式把不同的人整合在一起的社团关系，而且还是通过一个整体性的原则把所有元素统合起来的组织"③。李普曼看到公众及公众舆论在日常民主政治中的空洞与无力，并求助于科技主义的专家，请掌握专门技术的专家从事经常性的调查研究，然后通过媒体告知公众；而杜威认为李普曼这种对公众的认知是轻率的、无知的，人们服从于专家更是不合适的，他坚持存在一个真实的公众，即

---

① Sidney A. Pearson, Jr., "Public Opinion and the Pulse of Democracy", *Society*, Vol. 42, No. 1, 2004.

② ［美］沃尔特·李普曼：《幻影公众》，林牧茵译，复旦大学出版社2013年版，第3、22—23页。

③ John Dewey, *The Later Works* (1925－1953): Volume 2, Carbondale and Edwardsville: Southern Illinoise Unisersity Press, 1984, p.259. 转引自董山民《杜威与李普曼"公众"之争的启示》，《武汉理工大学学报》（社会科学版）2014年第2期。

使这种公众的形成过程是困难的;个体在有组织的情况下可以形成积极的公众并对现代民主的健康运行发挥作用。

盖洛普如杜威一样热烈欢呼公众本身的巨大能力,他说"在各种各样的社会问题上,公众舆论的严肃观察家们不能不对人们的诚实与常识心生强烈敬意,各行各业、各个经济阶层,无数的普通人一直履行其作为公民的责任"①。在他看来,民意调查正是普通公众履行其公民责任、表达自己声音的工具。民主政治自身是不完善的,而抽样调查正是对这种不完善之处的再完善。

盖洛普的辩护还参与或加速了舆论研究范式的转换,正如西德尼·皮尔森(Sidney A. Pearson)所指出的,盖洛普为"科学的"民意调查辩护之际,正处于美国政治学"行为主义革命"之时,民意调查对此"革命"厥功至伟。② 如前文所述,民意调查已经日益成为一个将社会政治以及商业中的公众舆论作为独立研究对象的"研究领域",越来越多的社会学家、心理学家、市场研究人士投入到关于商品使用的心理、意见、态度以及社会政治的研究中,而"科学化"几乎成为普遍趋向。就在盖洛普为民意调查辩护的前几年,著名心理学家弗洛伊德·奥尔波特(Floyd Allport)在《舆论季刊》(Pubolic Opinion Quarterly)第一期上发文《走向科学的公众舆论》③,开宗明义地指出关于公众舆论的8个流行用法,如"公众舆论的人格化""公众的人格化""公众的群体谬误"等,这些用法误导和影响了人们的清晰思考;公众舆论研究要成为"科学",首先需要在切实可行的基础上对这些概念加以重新审视。

盖洛普的《民主的脉搏》可谓对奥尔波特将公众舆论"科学化"的积极回应。所谓"科学化",概括而言是将一系列自然科学和社会科学的理论与方法引入学术研究,如参与观察、模拟实验、面对面访谈、电话访谈、邮寄问卷、抽样问答等,以这些"科学"方法来重新认识和解释

---

① George Gallup and Saul Forbes Rae, *The Pulse of Democracy*, New York: Simon and Schuster, Inc., 1940, p. 287.

② Sidney A. Pearson, Jr., "Public Opinion and the Pulse of Democracy", *Society*, Vol. 42, No. 1, 2004.

③ Floyd H. Allport, "Toward A Science of Public Opinion", *Public Opinion Quarterly*, Vol. 1, No. 1, 1937.

社会或心理现象，尤其是政治行为。行为主义范式假定，在批判传统政治学基础上形成的新的理论应是分析的，而不是本体的；是解释的，而不是伦理的。为了确保政治分析和结论的客观与精确——这既是科学的要求，也是科学的标识，政治学即便不能完全祛除价值，"也应该对价值持保留态度，或者至少不能把价值视作科学上需要下功夫研究的部分"。

这种经验性的研究范式与此前的所谓"规范"性范式大相径庭。从18世纪末到20世纪初叶重要的公众舆论文献，比如《联邦党人文集》《论美国的民主》《论国会政府》《公众舆论与大众政府》《美利坚共同体》（*The American Commonwealth*）等，都以所谓"规范"性范式为主要特点。"规范"性范式与行为主义范式之间的差异可以布赖斯的《美利坚共同体》与盖洛普的《民主的脉搏》为代表。虽然二人均对公众舆论在民主政府正常运转中的角色或功能深信不疑，盖洛普也在《民主的脉搏》中对布赖斯不吝赞美之词，但是盖洛普从公众舆论的定义、研究的对象、研究的方法都跟布赖斯划出一个清晰的界限。《美利坚共同体》以国家、政府、总统、法院、政党、选举、民意等为研究对象，条分缕析地进行制度化分析，获得规范性的"应该怎样"的判断。《民主的脉搏》却是针对一直被视为"歧义性的观念、信念、想象、偏见、抱负等的堆积体"变化莫测、模糊微妙的公众舆论以统计学和市场调查方法试图去获知准确的、客观的数据，最后获得的结果是民众对事件或重大议题的情绪、态度、意愿的实在性分布，是对"是什么"的把握。作为该书立论基础的所谓"事实性发现"主要基于盖洛普所主持的美国民意研究所在1935—1939年间大量的案例与调查数据，正如有学者指出的，"在最普泛的意义上，科学的基础是测量和描述。这恰恰正是民意调查所做的：测量和描述生活于某个社会群体的人们的情感、意见，并预测人们的行为；民意调查给我们提供了一种概述或类型化人类社会的方式，其基础正是生活于这些社会的人们的所思、所感"[①]。

盖洛普与奥尔波特所身体力行与竭力辩护的研究取向在20世纪40年代之后成为舆论研究的主流。威廉姆·阿尔比希1957年曾经对1936年到

---

① Frank Newport, *Polling Matters: Why Leaders Must Listen to the Wisdom of the People*, New York: Warner Books, 2004.

1956 年发表在《舆论季刊》上的文章进行分析，发现可以称为理论或概括化的文章在所有文章中占比很小，每两年之间的占比从 2.5% 到 13.5% 不等，每 10 年的平均占比是 4%；以经验量化研究为基础的文章比率大幅上升，从 21.5% 到 64.5%，每 10 年的平均占比是 52%[1]。40 年代之后，在国际上出版的期刊或专著，基于简约化的"行为主义"，认为已经解决了"此前几个世纪尚未取得的共识和争议"，几乎都采取精致的民调数据分析，没有严肃的理论研究，缺乏更为宽广的历史视角，更缺乏政治和意识形态影响的严肃反思。[2] 毕竟 20 世纪当代的舆论现象已经与舆论的传统哲学渐行渐远，经验行为取向的舆论研究成为当代探索民意的主要趋势。[3]

四 结语

盖洛普对民意调查的辩护似乎师承于进步主义者，没有太多创意或新鲜之处，但他却以经典的参与式民主为立论根基，在"科学的"民意调查的"工具性价值"与民主政治的存续与完善的"实质合目的性价值"之间建立起重要的理论勾连。从这个角度来说，盖洛普的辩护又是高明而富有创见的。

如奥尔波特所言，"民意调查的崛起是政治和社会问题研究中通向现实主义最重要的现代进步之一"[4]。如果站在 20 世纪"一战""大萧条""二战""冷战"等关键词所指称的时代背景下，尤其站在舆论研究这一学科的发展史背景下瞻前顾后，盖洛普关于民意调查所内隐的民主意义的阐释与说明可谓重大而有趣，至少从学科层面回应了 20 世纪初以来

---

[1] William Albig, "Two Decades of Opinion Study: 1936 – 1956", *Public Opinion Quarterly*, Vol. 21, No. 1, Anniversary Issue Devoted to Twenty Years of Public Opinion Research, 1957, pp. 14 – 22.

[2] Slavko Splichal, *Public Opinion Development and Controversies in the Twentieth Century*, Lanham: Rowan & littlefield Publishers, Inc., 1999.

[3] 杨意菁：《寻找 20 世纪失落的民意概念》，《新闻学研究》2002 年第 1 期。引用时根据大陆通行的译法，将"民意"改为"舆论"。

[4] Floyd H. Allport, "Polls and the Science of Public Opinion", *Public Opinion Quarterly*, Vol. 4, No. 2, 1940.

"大众民主如何才是可能的"这一日益迫切的社会现实问题,既充当了舆论研究范式转型的先锋,又在某种意义上引领了舆论研究的"科学化"转型。

(该文首发于 2014 年第一届"政治传播与社会发展论坛",刊载于《现代传播》2017 年第 10 期。)

政府回应民意的理性选择[*]

刘小燕　秦　汉

（中国人民大学新闻与社会发展研究中心研究员、新闻学院教授，中国人民大学新闻学院博士研究生）

摘　要：政府回应民意的逻辑起点在于民意的产生，而民意表达的根本动因源自政府与民众之间的三重距离：天然距离、现实距离与"理想"距离。本质上，政府对民意的回应就是政府对三重距离的回应。在"后新闻传播时代"或社交媒体时代，政府回应民意的理性选择是要在尊重民意的基础上，明晰民意的公共性与公民性，善用"双螺旋"模式——通过话语回应与行为回应这两个维度来回应民意。旨在促使"弱公共领域"的进一步活跃以保证"强公共领域"的有效运转，并最终服务于全体民众。

关键词：政府回应；民意表达；"距离"；"双螺旋"模式

政府积极回应民意是建立服务型政府的基本要求与必然趋势，这有利于政府行政决策过程的改革与完善，进而提供令民众满意的更优质的服务。美国公共管理学者格罗弗·斯塔林认为，"回应意味着政府对公众接纳政策和公众提出诉求要做出及时的反应，并采取积极措施来解决问题。某些时候，回应应该是政府首先主动提出解决问题的方案，甚至是

---

[*] 本文系国家社科基金项目"政府话语权与国际规则之关系研究"（项目号：14BXW022）的阶段性成果。

首先确定问题的性质。"① 而"后新闻传播时代"的到来 ② 意表达方式的多元化与民意内涵的延伸提供了技术保障与平台支持，哪些"新时代"的民意值得政府回应，为什么会产生这些民意，政府又如何回应，这需要政府在更新执政理念的同时，辨析出民意的属性以及民意表达的根本动因，以此再做出理性选择。笔者认为，理性选择包含两层含义，一是政府要成为理性主体，即政府要提高对客观世界的认知能力，不断消除不确定性；二是指政府在面对具体问题时要采取最合理策略，以最小代价取得最大收益，即赢得民众的信任与政权的稳固。相反，政府若不能有效认知纷繁复杂的客观世界，不能采取合理策略，别说获得最大收益，还很有可能使民众难以满意，甚至威胁执政的合法性。

一 民意：公共性与公民性的彰显

政府回应民意的逻辑起点在于民意的产生，不论是显性民意③抑或是隐性民意。④ 总体而言，民意处在被动、需要应对的位置。新公共服务理论提出："政府的职能是服务，而不是'掌舵'；公共利益是目标而非副产品；在思想上要有战略性，在行动上要具有民主性；为公民服务，而不是为顾客服务；责任并不简单；重视人，而不只是重视生产率；公民权和公共服务比企业家精神更重要等。"⑤ 在"后新闻传播时代"，政府要降低行政力量的干预程度，不能一味地对民意表达进行法律规制与行为规范；政府要着力借助新媒体这一民意表达与民意汇聚的公共平台，促进公民参与，提升公民主体地位，让不断提升的民众力量推动公共领域与公民社会的形成，从而维护公共利益。因此，政府回应民意要在理

---

① ［美］格罗弗·斯塔林：《公共部门管理》，陈宪、王红、金相文、程大中译，上海译文出版社 2003 年版，第 95 页。
② 参见杨保军《简论"后新闻传播时代"的开启》，《现代传播》2008 年第 6 期。其中，作者指出，新闻"产消者"的出现是后新闻传播业时代的主体标志。
③ 显性民意是指公众已明确表达出来的需求、意见、建议等。
④ 隐性民意是指还未完全形成的公众对于某一事物、现象或是问题的带有一定倾向性的评价，需要政府拥有远见卓识，仔细地洞察和发掘。
⑤ ［美］珍妮特·V. 登哈特、罗伯特·B. 登哈特：《新公共服务——服务，而不是掌舵》，丁煌译，中国人民大学出版社 2010 年版，第 5—7 页。

念上有根本性的转变，即以民意作为逻辑起点，抛弃"应对"这一惯用的敌视思维。

以民意作为逻辑起点，在此需要界定民意的性质，也就是说要判定民意的合法性。卢梭在《社会契约论》中对民意与众意做了很好的区分，他认为"所有人的意志（所有个人的倾向）和公众意志之间往往存在着很大的区别；公众意志涉及的是普遍的利益，所有人的意志则涉及的是个人利益，其实指的不过是个人愿望的总和。不过，如果把相互抵触的两种极端的观点从这种意志中剔除掉，剩下的所谓个人愿望也就是公众意志了。"① 可以看出，众意只是所有人意志的机械组合，自然包含着偏颇之处，而民意则是将所有人的意志中相一致的部分提炼出来构成的公共意志，它代表着公共利益，反映着全体人民的公共意愿，是公正无私的。基于此，笔者认为，民意不是对个体、家庭或是团体的利益的观照，它是对人们共同的根本利益的彰显，具有鲜明的"公共性"特征。

可以说，民意是一种语言（也包括"思想"语言、"行为"语言）表达，是民众在对自然和社会公共领域的理性探究中所形成的关于共同的根本利益的意见表达，且这种表达往往指向政府。事实上，民意表达是民众参与社会公共生活的本质属性，是民主意识强烈的民众的一种德的行为，区别于个体的私欲与需求。美国学者帕特南在《使民主运转起来》一书中就曾指出，公民在共同体中所表现出来的政治的平等和对公共事务的积极参与就构成为共同体的"公共精神"，也就是"公民性"。② 本质上，"公民性"反映的就是民众对于公共事务的积极参与，是对社会公平正义的维护，是对社会共同体价值的认同，是民众作为公民主体在不同情境下对于民意的诠释。因此，民意还具有典型的"公民性"特征。

通过对公共性与公民性内涵的解析，可以看到，公共性反映的是民众诉求的内容维度，而公民性则表明了民众诉求的主体维度。本文论及的民意是公共性与公民性的彰显，也就是民众诉求内容与主体的融合，

---

① ［法］让-雅克·卢梭：《社会契约论》，陈红玉译，译林出版社2011年版，第22页。
② ［美］罗伯特·D. 帕特南：《使民主运转起来》，王列、赖海榕译，江西人民出版社2001年版，第100—104页，载师曾志《近年来我国网络媒介事件中公民性的体现与意义》，北京论坛（2007）论文集《文明的和谐与共同繁荣——人类文明的多元发展模式》，2007年11月，第371页。

即民意是全体民众对于共同的根本利益的外在的语言表达。需要补充的是，民意表达主体的最高境界是全体民众的一致，但现实意义上，达到这种情况的概率微乎其微，因此，一般意义上，参照运筹学的黄金分割比例，超过总数2/3即符合民意的主体要求。

民意是一种社会过程，它既有认知的、理性的表达，也有模糊的、非理性的宣泄。政府把握好民意的本质，才能为准确、合理地回应民意奠定基础。

二 "三重距离"：民意表达的根本动因

不同历史时期特别是不同社会范围内的民意表达有着各自独有的特征，是具体的历史的统一。不同于过往的请愿、申诉、游行等实体形式，在"后新闻传播时代"或者说社交媒体时代，伴随着社会的进步与公民意识的觉醒，民意表达以博客、微博、微信、Facebook、Twitter为载体，以公共政治、社情民生、公平正义、民主法治、突发事件为主要表达内容，如中国的网络反腐、反PX项目、要求治理雾霾、控诉强拆血拆、回应政府个税起征点公开征求意见等，呈现出典型的网络化、媒介化特征。而民意表达媒介化的直接原因就在于互联网无远弗届的传播特性。新媒体建构了多对多的传播模式，实现了前所未有的互动性，它极大地缩减了民众与传统媒体、民众与政府的距离，民众有机会，有能力，也有勇气在这一平台上直接表达自己的诉求和意见。此外，超文本与多媒体的技术手段也助推了民意表达的有效传播。

新媒体提供了沟通的替代性平台，人们在这一平台上可以对世界是什么和世界应该是什么充分发表自己的看法，拓宽自己的认知视野，而且，对任何个人来说，他们可以借助这一平台来把握自己的生活，并号召其他人做出相应的行为选择，以此来构建属于全社会的全新的社会图景。的确，新媒体这一互动性平台会让普通民众从事实层面与价值层面来重新审视所处的社会环境，而社会环境的再审视会令被赋权的民众认识到社会现实中政府与公众的距离。若"距离"在可控范围之内，民众对政府还抱有期望，则民众愿意借助新媒体以协商民主的方式表达民意；倘若"距离"太大，民众对政府执政的合法性就会产生质疑，那么借助新媒体进行社会动员并以杯葛、颠覆等手段表达民意也就在情理之中。因此，新媒体的出现使民众更加清晰地体会到自身与政府之间的"距离"，同时，它也成为影响"距离"长短变化的重要变量。但本质上，"距离"才是民意表达的根本动因，它会促使民众重新勾勒自身的行为选择，并且，不同程度的"距离"也决定了民众不同的行为方式选择。总的来讲，新媒体所创造的"消逝的地域"的时空情境，只是削弱了民众对于社会现实的感知，但生发民意表达的土壤——天然距离、现实距离与"理想"距离——却并没有因新媒体时代的到来而缩减或是消弭，反而因技术的便利呈现出越来越大的趋势，并进一步导致民意表达与距离感增大的共振效果的出现。

所谓天然距离，是指民众与政府之间因为社会地位的差异以及相关政治制度的局限性而造成的无法或较难弥合的距离。具体而言，天然距离包括两个层次，即社会地位的天然距离与民意代表的天然距离。首先，社会地位的天然距离指的是政府与民众的阶层差异、地位差异以及由此产生的利益差异。分属不同层级的政府与民众，自然在理念上、行为上有着不同，而这一距离存在的合法性则在于政府是否足够代表了人民的意志，政府自身的利益诉求是否侵害了民众合理的、基本的利益诉求。需要说明的是，新媒体时代虽然使"人人都有麦克风"成为现实，但在网络上，社会地位的天然距离依然存在，只不过形式转化为草根与意见领袖之间的差异，真正的平权并未在网络上实现，即存在着先"去中心化"而后"再中心化"的天然限制。而与民意代表的天然距离则主要与现代选举制度相关。无论是单一多数制，还是比例代表制，选举出来的政府只是代表了一部分民众的民意，不是广泛意义上的民意，是不全面的民意，而且往往会造成严重的民意代表不平衡。[1] 一个政府不可能代表全部民众的意志，也不可能令全部民众满意，但这类距离存在的合理范围源自协商民主理念的融入，要尽可能使不同性别、民族、语言、宗教信仰的政治力量或社团群体可以通过相互协商的机制实现有

---

[1] 譬如，A、B、C三个政党参加选举，A、B两党均获得30%的选票，C党获得40%的选票，根据单一多数原则，C党赢得选举。而事实上，该选举的实质是40%民众的民意得以被代表，而60%民众的民意则沦为边缘。

序的政治参与，而政府要尽可能地以全民的福祉为念，以公共利益为先。

现实距离是指民众与政府之间因交流沟通渠道不畅达或是政府对于民意的回应不合理而造成的可以彻底弥合的距离。同样，现实距离也包括两个层次。第一个层次表现为民意无法表达。由于社会地位的差异，民众要把自身的诉求、意见、建议、评价直接传达给政府是有很大难度的，往往需要通过传统媒体这一中介来表达诉求。但是，传统媒体与民众之间的关系并不平等，由于信息不对称等因素，他们之间是一对多、单向的、生产者与接收者的二元关系，民众处在被动的位置。此外，考虑到一国的政治经济体制与民主文化根基，新闻业与政治经济体制之间的关系，新闻媒体的所有制及其所秉持的新闻观念，新闻从业人员的业务素养、伦理操守与道德追求等因素，普通民众借助于传统媒体表达诉求的难度依然是相当大的。然而，新媒体的诞生为民意表达提供了"无门槛"的平台，无论是私下表达或公开传播均成为现实。民众在法律与道德伦理的框架内可以自由"发声"，而不用受天然距离与传统媒体时代诸多因素的制约。并且，一般情况下，民众的"发声"，只要不是装聋作哑的政府是完全可以"听"的。

民众可以自由表达诉求，政府也会了解其诉求，但了解并不代表诉求的解决，了解也并不代表诉求的解决就会令民众满意，这也就涉及了现实距离中的第二个层次，也就是民意表达无效果或者是弱效果。事实上，许多政策制定的民主进程表面上就是一种设计的仪式，它既可以平息公众的焦虑，也能够同时维系现有的权力关系。[①] 政府往往会出于对自身利益的维护，经常对民意采取纳而不为或是敷衍搪塞的方式，即使是新媒体时代的网络民意，特别是某些"带刺"的民意，政府也经常视其为"洪水猛兽"，避之不及。但防民之口甚于防川，一味地对民意躲闪，换来的不是社会的稳定反而是民意的对抗。从现实社会中的"散步"、静坐、游行、群体性事件到网络上的群体抗争、线上线下的互动及动员的遥相呼应等，这些行为表明，当民众的情绪积累到一定阶段时，蕴含的

---

① Entman Robert M., Rojecki Andrew, "Freezing Out the Public: Elite and Media Framing of the U.S. Anti-Nuclear Movement", *Political Communication*, No. 10, 1993, pp. 155-173.

庞大力量会在瞬间引爆，民众会以极端的方式来主动消除这段距离。他们的意见和情绪可以轻易地越过地域管制界限和官僚体系的层层阻隔，以社会运动的形态直接向最高层施压。其实，政府的合法性就来源于民众的支持，政府本不应惧怕民意，更不应使用拖延、等待、删除、围堵等强制措施，政府应该主动"拥抱"民意，对接收的民意认真对待，妥善处理，才会有助于弥合这一层次的现实距离。

"理想"距离是指政府当前的行为表现与民众期待的完美的政府行为表现之间的距离，实质上就是政府实然表现与应然表现间的差距而带给民众的"距离感"。诚然，"理想"距离在理论上是可以弥合的，但在实践上要想完全弥合则是十分漫长且艰辛的，因为民众对政府的期待是随着时代的发展、自身的发展而不断发展的，尤其是在"地球村"的当下，国家间的相互比较自然会令民众对政府提出更高的要求，而且，一个进取的政府同样是不可或缺的因素。总体上说，政府与民众之间的"理想"距离的弥合过程是一个不断发展的无限接近的趋势且政府要重视、明确、尊重民众的期待，表明愿意改进的积极态度，倘若民众对政府不再有期待，那政府的合法性就会被动摇，政府的处境就难免危如累卵。其实，"理想"距离折射出的是民众对现实生活状态的不满，对政府不作为或行政失范的不满，也同时反映出民众对政府职能转变和优化升级的期待。一方面，民众希望政府能主动跟上时代潮流，不断加强自身建设，努力为全民谋福祉，另一方面，民众也会发挥主观能动性，通过各种渠道为政府建言献策，希望政府能够察纳雅言，满足民众的期待。如果政府对"理想"距离视若无睹，那么，在现实距离第二个层次中频发的抗争依旧会出现，只不过出现的时间或许会晚一些，但也同样会威胁政府的合法性。

通过对上述三重距离的分析，笔者认为，天然距离无法弥合，政府必须将其维持在合理范围之内；现实距离可以彻底弥合，政府应竭尽全力消除；"理想"距离虽可以弥合，但却是一个漫长的发展过程，这需要政府在不断把握民众期待的同时能够主动改进自身行为。总之，政府要高度重视三重距离，因为对三重距离的熟视无睹往往会助推民意非理性的表达，进而带给政府前所未有的合法化危机，比如，网络抗争以及由此引发的大规模群体性事件将会大量涌现，"瓮安事件""乌坎事件"

"启东事件"以及"8·6"英国骚乱等就是其中的典型。在这些事件中,三重距离交织呈现,整个网络舆论场"沸腾",群体极化愈演愈烈,民意表达彻底转化为线上线下呼应的抗争。其实,这些网络抗争是认同运动的体现,这种认同运动,既是对失控的生活的抵抗,也是争取承认的斗争,它属于认同政治(identity politics)的运动。[①] 认同的本质在于对"距离"的拉近或弥合,而对"距离"的拉近或弥合,不能只依靠民众单方面的争取,政府主动、有效的回应同样是实现彼此认同的必需。

三 "双螺旋"模式:政府回应民意的理性选择

面对民意,政府采取相应策略进行回应是必要的,因为回应是政府责任的体现,是维系政府执政合法性的前提。本质上,政府对民意的回应就是政府对三重距离的回应(拉近或弥合、疏远或断裂)。笔者认为,在"后新闻传播时代"到来之前,针对三重距离的具体属性,政府往往采取如图1的回应策略。

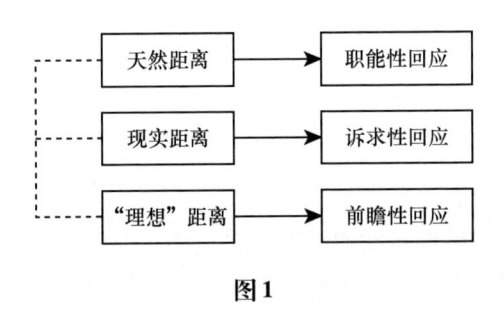

```
天然距离  →  职能性回应
现实距离  →  诉求性回应
"理想"距离 → 前瞻性回应
```

图1

如图1所示,政府并没有将三重距离作为一个整体来看待,而是逐一进行回应。具体而言,职能性回应对应的是政府日常职责范围内的行为表现,主要是对民众的基本诉求的答复,一般情况下,政府都会妥善处理,以维持天然距离存在的合法性,进而维护自身的特权利益。至于

[①] 杨国斌:《连线力:中国网民在行动》,邓燕华译,广西师范大学出版社2013年版,第39页。

诉求性回应，它对应的是政府对于社会矛盾、热点问题、突发事件的应急处理，是现实距离拉大的逼迫性行为，它考验的是一个政府的综合能力，其难度要明显大于对天然距离的处理。而且，诉求性回应往往是政府的被动回应，而诉求性回应也表明政府执政出现了问题，若不认真研判，合理处置，会危及政府的执政地位，像2014年"乌克兰危机"就是典型的明证。相较于前两类回应，针对"理想"距离的前瞻性回应的激烈程度最低，回应需要的时间最长，但也是衡量一个政府是否深得民心，是否具备可持续的执政能力的重要指标。它强调政府不能安于现状，而是要始终怀有自省的理念，在充分调研社情民意的基础上，制定改进目标与方案，以适应不断发展的民众期待。哈贝马斯将公共领域划分为"弱公共领域"与"强公共领域"，与之相应的是公民公共领域与政治公共领域，且二者职能不同，前者主要是意见、舆论的形成，后者则主要是意志的形成与政策的制定。"弱公共领域"的活跃需要沟通渠道的顺畅和信息的自由流动。这就离不开大众传媒在其中发挥作用，而只有"弱公共领域"的活跃才能促使"强公共领域"汲取有价值的信息，为意志形成与政策制定提供决策依据。总体上讲，上述三种回应模式反映了政府与民众之间是垂直等级关系，彼此缺乏横向水平沟通，呈现出"强公共领域"一面倒的主宰局面，这也就决定了上述策略难以令政府有效回应民意。

"后新闻传播时代"的鲜明特征以及上述回应方式的局限要求政府采取全新的方法——"双螺旋"模式——来回应与民众之间的距离。"双螺旋"模式是指政府根据社交媒体时代的特点，从话语回应与行为回应这两个维度来回应民意，而"双螺旋"模式意在强调话语回应与行为回应如同DNA的双螺旋结构，即彼此间并非单轨运行，而是紧密交织在一起，你中有我，我中有你，往往话语回应指示着行为方向，行为回应则诠释着话语内涵。总体上，"双螺旋"模式致力于将三重距离作为一个整体加以回应，其目的在于促使"弱公共领域"的进一步活跃以保证"强公共领域"的有效运转，并最终服务于全体民众。

具体回应模式见图2与图3。

图 2

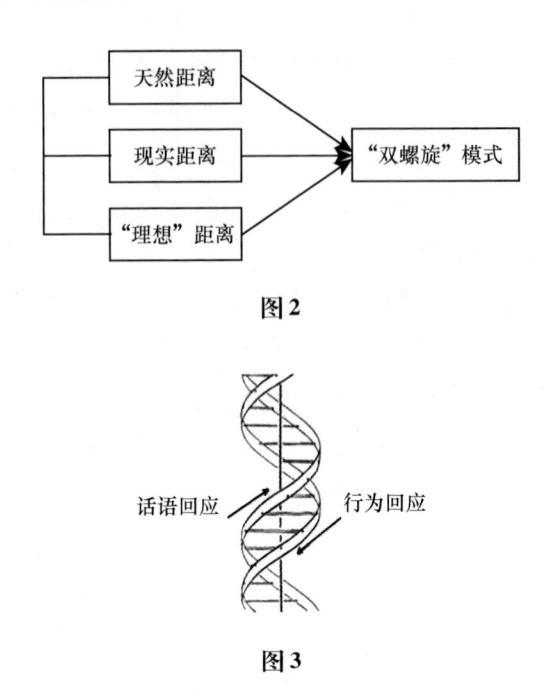

图 3

首先,话语回应构成"双螺旋"模式的第一个螺旋。强大便捷的网络技术以及开放民主的网络环境使得普通民众作为新闻传播主体表达民意成为了可能,同时,传统媒体时代民意表达的不顺畅或是不满意也促使民众拥抱网络,重获平等发言权,找回在现实社会中失去的主体角色。由此可见,民众塑造了一个民意集聚的网络舆论场,所以,政府对于民意表达的回应也应指向于此。此外,政府不能再将三重距离割裂看待,而是要将其视作一个整体,统筹回应。需要强调的是,以往所有的民意表达并不意味着都只是对单一距离的不满与宣泄,而是以单一距离为主,兼涉其他两种距离,且政府一般情况下也只从回应单一距离而非整体的角度来考虑。"后新闻传播时代"则完全不同,信息的爆炸,氛围的开放,民众民主意识的觉醒使得民众对于"距离"的表达往往是牵一发而动全身,从围观到行动,最终形成一个围绕"距离"表达的综合体,诸多群体性事件的发生就是如此。因此,化繁就简,政府应对三重距离统筹把握,不可偏废一方,实现对民意表达的合理正确的回应。也正是基于上述特征,政府要积极借助新媒体这一平台,无论是显性民意还是隐性民意,都要有针对性地及时发布信息,主动与民众交流,通过真切的话语来赢得民众的信赖。实际上，政府话语真正承载的是事实。事实包括过程事实与全部事实。话语回应的实时性、互动性为呈现过程事实提供了保障，虽然过程事实未必真实，但却彰显了政府积极回应的主动态度。至于全部事实，本质上就是真相，其最终呈现虽也部分依赖于过程事实的积累与辨析，但最重要的是，话语回应只是政府适应时代特征与民意表达特点所做出的方式选择，呈现出全部事实才是关键，无论是在何种背景下。所以，政府要想真正赢得认同、赞誉与民心，巩固其执政合法性，积极主动的态度和呈现出全部事实是必不可少的。

其次，行为回应构成"双螺旋"模式的第二个螺旋。政府回应民意不能只停留在话语回应这一层面，而是要致力于实现主动将话语诉诸现实行动，并通过媒体解释其行动的行为回应。毕竟，政府只有通过实实在在的行动的落实才能消除民众心中的疑虑或不满，也只有这样，民众才会重拾信心，恢复社会信任感，政府合法执政、依法行政和社会管理的基础才能牢固。以现实距离为例，失业率持续升高、环境污染严重、基础设施陈旧等社会问题都是现实距离的具体表现，政府要弥合现实距离，归根结底就是要解决这些社会问题。如若政府只是做表面文章，在新媒体平台上"回应"了这些诉求，表明了态度，但在行动上却敷衍塞责甚至毫无作为，那么，它将导致更大的不信任，将招致更大范围、更强规模与更加激烈的线上与线下的民意抗争。相反，政府在已有话语回应的基础上，迅速查清社会问题爆发的症结所在并按照"透明、尽责、诚信"的方针制订解决方案，如出台相关政策、着手完善立法、惩处相关责任人等，那么政府收获的不仅是民众对其行为的满意，更是民众对其合理存在的信心、信赖。

最后，话语回应与行为回应的共同作用，构成"双螺旋"模式的交织上升与良性运转，即政府借助大众媒体解释其具体行为。政府要借此说明其行为的诚意与效果，从而增强其行为对于民众的影响力与感染力。事实上，"一个人依赖于所获得新闻的质量、比例和范围，这不仅是为了他个人能接触到事件、思想和情感的世界，而且也为了获得履行他作为公民所承担的义务和就公共事务作出判断所需要的材料。其判断的明智性与否影响到国家的运转，甚至是世界的和平，涉及作为自由共同体的国家的生存"①。大众媒体对政府行为的"再现",本质上是政府对公众知情权的鼓励,是对公众积极参与公共生活的鼓励。它有力推动了"民意产生—政府话语回应/行为回应—媒体解读—回馈民意—民意产生"的"双螺旋"模式的良性循环,积聚着政府回应民意的"共鸣效果"。需要强调的是,政府绝不可以把大众媒体当作舆论控制和宣传的工具,并且要注意规避愈封锁愈传播的"禁果"效应②,努力使大众媒体成为与广大民众进行协商民主的桥梁。当前,媒介已然成为身份认同的工具和社会团体内部的组织工具,政府以民意为施政抓手采取相关行动并通过大众媒体来解释其具体行为,有助于增强民众对其公民主体身份的认同,增强对政府合法性的认同,也有助于增强政府公信力,从而凝聚社会共识,避免陷入所谓的"塔西佗陷阱"。总的来看,政府运用大众媒体来解释自身行为,既是一种行为回应,也是一种话语回应。

总之,在"后新闻传播时代"的背景下,政府在面对与民众之间的三重距离时,要明晰民意的公共性与公民性,善用"双螺旋"模式。需要说明的是,上述回应策略是在政府尊重民意的理念基础上的方法论指导。政府必须转变理念,切不可以自身主观判断而"恣意妄为",否则,上述回应策略将无从谈起,政府回应民意的"理性"之处也会荡然无存。

(该文首发于 2014 年第一届"政治传播与社会发展论坛",刊载于《新闻大学》2015 年第 1 期。)

---

① 新闻自由委员会:《一个自由而负责的新闻界》,展江、王征、王涛译,中国人民大学出版社 2004 年版,第 9 页。
② 陈力丹、毛湛文:《"报刊是针对当权者的孜孜不倦的揭露者"——从 1988 年的"武威收报"到如今的"跨省撤报"》,《新闻记者》2012 年第 11 期。

大数据、网络舆论与国家治理[*]

张志安　曹艳辉

(中山大学传播与设计学院院长、教授；
中山大学行政管理专业博士研究生)

摘　要：众声喧哗、群体极化的网络舆论给治理者带来严峻挑战，而大数据资源和技术将驱动舆论研究方法的革新，进而影响舆论引导机制的转变，并促进政府将"民意"作为一种强大的治理工具。大数据思维及善治理念下的舆论引导应从"单向设置媒体议程"转向"主动回应公众议程"，从"表层信息控制"转向"潜在情绪引导"，从"运动式意见治理"转向"对话式凝聚共识"。大数据舆论研究应服务于社会心态调适、社会风险管理、公共决策协同等国家治理目标。

关键词：大数据；舆论引导；国家治理

随着互联网、物联网、传感器、云计算等数字化存储传输技术的发展，人类已经进入数据化生存时代，社交媒体上的公共表达、网络搜索、消费记录等信息都被数字化记录和存储，构成海量、多样、变动、真实的大数据。哈佛大学教授加里·金认为，大数据是一场"革命"，它将改变社会各个领域的发展方式和进程，"无论学术界、商界还是政府，所有

---

[*] 本文系国家社科基金重大项目"互联网群体传播的特点、机制与理论研究"（项目编号：15ZDB142）与广州市社科联项目"广州网民社会心态与舆论格局研究"（项目编号：17000 - 71210071）的阶段性成果。

领域都将开始这种进程"①。如今，发展和应用大数据已经上升到国家战略层面，被赋予提升国家治理能力的重要使命。2012年3月，美国政府公布"大数据研发计划"，旨在提高和改进人们从海量、复杂的数据中获取知识的能力，发展收集、储存、保留、管理、分析和共享海量数据所需要的核心技术。2015年8月，我国国务院印发《促进大数据发展行动纲要》，提出未来5—10年大数据发展和应用应实现的目标，旨在建立"用数据说话、用数据决策、用数据管理、用数据创新"的管理机制，推动政府管理理念和社会治理模式进步。

从新闻传播学的角度看，以论坛、微博、微信等社交媒体平台为代表的传播大数据，既催生了活跃的网络舆论场和网络舆论研究的新范式，也给国家治理带来了新的压力和挑战。舆论关系着社情民意和社会稳定，既是国家治理的重要对象，又是提升政府治理能力的有效手段，还是评价国家治理成效的关键指标。自2003年起，大量网络群体事件井喷式地涌现出来，互联网在民意表达和舆论形成中发挥了重要作用，② 网络舆论"众声喧哗""群体极化"等特征，赋予了民众前所未有的公共表达空间，也成为倒逼政府信息公开和依法执政的重要动力。如何利用大数据资源和技术优化网络舆论的引导机制，提升和促进国家治理能力的现代化，是本文试图探讨的问题。

一 大数据驱动网络舆论研究方法的革新

自李普曼所著的舆论学奠基之作《公众舆论》问世后，"舆论"就成为政治学、传播学中的研究热点，而近十多年来在新的媒介环境、政治环境和社会环境等多重因素刺激下，网络舆论更是成为传播学、情报学、政治学、社会心理学、管理学等多学科的研究显学。网络舆论的复杂性、割裂性、变动性给研究者和治理者带来严峻挑战，而大数据资源及分析技术则将为网络舆论研究提供新的路径。

---

① 庆年:《跑在大数据时代的前列》,《复旦教育论坛》2013年第4期。
② 彭兰:《中国网络媒体的第一个十年》,清华大学出版社2005年版,第122页。

(一) 数据采集与抽样方法的转变

1936年盖洛普采用定额抽样方法，仅抽选3000个调查样本就成功预测了民主党候选人罗斯福当选，此后，基于抽样方式的民意测验作为一种科学有效的调研方式被社会普遍接受和认可。民意测验内容也逐步从对候选人的评价扩展到公众对社会、政治、经济、环境等各类公共议题的态度和意见，成为科研机构和政府部门了解社会舆论的重要方式和手段。但这种通过问卷、电话访问获取数据的方法，也存在一些局限与弊端：一是成本高、耗时长、抽样难度大，在突发公共危机事件的舆情调研中具有不可避免的滞后性；二是数据来源于被调查对象的自我报告，数据真实性受到被调查者作答意愿、记忆程度、认知偏差等因素的影响；三是数据结构单一，从抽样调查的数据量以及解释的单一化层面上来说，都存在着缺陷。[1]

大数据给舆论监测和研究带来的重要变革之一是数据生产方式的改变，即人们"无意间"的网络行为成为了新的数据来源[2]——人们不是在被调查时表达观点和态度，而是在网络表达、交易等自然状态中呈现其观点和行为。这种自然状态下生成的数据为舆论研究提供了前所未有的便利，研究对象也从"抽样"转向"总体"，而不必受数据获取的时间和成本限制。无论是社交媒体上的表达行为，还是网络搜索行为，或者是新闻阅读行为等，都被以数字化的形式实时记录，为网络舆论研究提供了海量、多样、变动、真实的大数据。

需要注意的是，大数据中的"全样本"不能等同于人口普查中的"全样本"，因此对其代表性和可信度需要有客观认知。[3] 网络传播大数据虽然不是传统意义上的全样本，但利用其进行研究仍具有多重意义。首先，不是所有研究都需要覆盖全体公众，网络舆论场的热点议题、传播

---

[1] 喻国明：《大数据方法与新闻传播创新：从理论定义到操作路线》，《江淮论坛》2014年第4期。

[2] 胥琳佳：《大数据对于传播学研究内容和方法的影响——基于社交媒体和移动互联网的思考》，《中国出版》2013年第18期。

[3] 苏林森、易伟芳：《大数据技术对传播研究方法的影响与挑战》，《现代传播》2014年第11期。

规律、网民心态、网络舆论主体等研究问题主要针对网民，针对某一网络热点事件、某一网络媒体的全数据进行挖掘，也能在一定程度上呈现网络舆论的特征及生态。其次，伴随我国网络使用的普及率日益提高，依托网络人群进行分析可大体覆盖中青年主流群体。截至2015年6月，我国网民总数已达6.68亿人，互联网普及率为48.8%，如果需要了解青少年公众的网络社会心态，则通过大数据方法来做监测和研究比较富有代表性。再者，大数据的样本总体规模非常大，一定比例的个体信息噪音不会影响总体结果，只要对其数据抓取的渠道、来源及结构性特征有整体把握，加之通过数据抓取关键词的精准设置、算法优化、数据清洗及多维信息匹配等方式进行处理，可以大大提高数据的信度和效度。

（二）网络舆论测量维度的多元化

从实证研究的角度看，大数据不仅方便了网络舆论的数据获取，更重要的是蕴含了与传播内容、传播心理、传播行为、传播关系等相关的多维度信息，为我们更大范围、更加全面地洞察"舆论景观"提供了新的机会。

学者陈力丹认为，舆论的表现是多样的。以言语形式的表达，构成显舆论；以情绪形式的表达，构成潜舆论；以规模行为的表达，构成行为舆论。在他看来，"潜舆论"不是一般的纯粹个人的情绪性意见，它预示着多数人的预存立场，并有可能进一步形成显舆论。[1] 网络传播大数据，对监测和研究这三种舆论均有积极作用。

1. 显舆论

英国《大不列颠百科全书》将舆论定义为"社会上值得注重的相当数量的人对一个特定问题表示的个人意见、态度和信念的汇集"，学者罗坤瑾综述前人有关"舆论"的各种定义后认为，"网络舆论是在互联网上传播的对某一焦点事态所表现出的多数人的有一定影响力的共同意见或言论"[2]。可见，学术界对舆论的界定主要包括"公开谈论的焦点议题"

---

[1] 陈力丹：《舆论学——舆论导向研究》，中国广播电视出版社1999年版，第15—16页。
[2] 罗坤瑾：《从虚拟幻象到现实图景——网络舆论与公共领域的构建》，中国社会科学出版社2012年版，第16、38页。

和"有影响力的意见表达"两个方面，可称之为"显舆论"。

互联网的兴起打破了传统媒体的话语垄断，对整个舆论生态的改变具有颠覆性意义，公众可以在网络舆论场中活跃表达，而不必被主流媒体所建构的舆论所代表，也不用过度考虑"意见气候"，进而退缩为"沉默的大多数"。更重要的是，网民所有的意见表达都可以被数字化记录、保存和提取，成为可供分析的舆论数据，如 BBS、微博、微信、新闻跟帖等 UGC 平台上留下了数以亿计的"意见"数据，搜集、提取、分析、呈现这些数据便可研究舆论。具体来说，我们可以通过机器学习、语义分析、社会网络分析等手段，描述网络舆论场中的议题分布（热门词、关键词）与意见分布（支持/反对/中立），以及从历史角度追溯其议题与意见分布的变化。①

2. 潜舆论

除"显舆论"外，"潜舆论"在网络舆论的生成和演变中也十分重要，一个热点新闻事件加上一种强烈的情绪表达，就可能成为点燃网络舆论的导火线，甚至会引发网络群体性事件或线下抗争行为。曼纽尔·卡斯特在《愤怒与希望：网络时代的社会运动》一书中提到，社会化媒体促使社会运动，不仅和个人经历相联系，在传播过程中也和情绪相关。② 比如近年来躲猫猫（2009 年）、宜黄拆迁（2010 年）、我爸是李刚（2010 年）、郭美美"红会炫富"（2011 年）、"表哥"杨达才（2012 年）、李天一案（2013 年）等网络热点事件，戏谑、愤怒、怨恨等负面情绪激发了网友的普遍关注和批判行动。

在上述网络热点事件中，网络社交媒体不仅是观点的"集散地"，也是情绪的"发泄场"，网民通过文字、表情符号、恶搞图片等方式进行情绪性意见表达。运用网络情绪的分析工具，可以将这些非结构化的情绪型舆论转化为可以量化的结构化数据，以便准确测量某一热点事件或话题中的情绪倾向。国外的在线文本情感分析工具相对比较丰富，比如 General Inquirers Opinion Finder、GPOMS、Lingusitic Inquiry and Word

---

① 周葆华：《社会化媒体时代的舆论研究：概念、议题与创新》，《南京社会科学》2014 年第 1 期。

② 焦德武：《微博舆论中的情绪及其影响》，《江淮论坛》2013 年第 3 期。

Count（LIWC）等，但国内针对中文在线文本的情感分析则缺乏比较成熟的分析工具。① 比较而言，由佩内贝克（Pennebaker）教授开发的多语言文本分析工具 LIWC，有中文版本，是目前用来作为中文网络文本心理分析较为理想的工具。通过 LIWC 文本分析，可以比较快速地输出愤怒、焦虑、悲伤、积极情绪等分析指标，且可根据网络舆论分析的需要增加新的词汇。

情绪词语料库是所有在线文本情感分析工具的核心，研究时需要结合具体网络环境及语态更新词库，同时结合专业编码员人工分析进行可靠性检验，使机器分析更加智能、准确。如赖凯声等学者在扩充微博情绪词库时，充分考虑了带有情绪色彩的中国网络流行词语，如"杯具""有木有""吐槽""你妹""屌丝"等，剔除了如"汗"这类容易出现歧义的词汇。② 此外，表情符号也可以转化成文本，一些研究者为此开发了国内第一个以表情符号为依据的微博情绪监测系统，其主要思想是利用表情符号将微博文本的情感倾向标注为 4 类：愤怒、厌恶、高兴、悲伤。③ 桂斌等学者则利用表情符号将微博文本的情感倾向标注成两类：正向和负向。④ 所有这些努力，都为通过大数据来研究网络情绪及其基础上的"潜舆论"打下了坚实基础。

3. 行为舆论

胥琳佳认为，大数据研究的最大贡献就在于，把一切都归入了一个可量化的时代，而其中最根本的就是人的行为、人的喜好会通过浏览、链接和记录展现出来，人的选择和决策过程也能通过不同的浏览路径和沟通路径得以展示。⑤ 网络大数据记录了网民的搜索、阅读、转发、点

---

① 乐国安、董颖红、陈浩、赖凯声：《在线文本情感分析技术及应用》，《心理科学进展》2013 年第 10 期。

② 赖凯声、陈浩、钱卫宁、周傲英：《微博情绪与中国股市：基于协整分析》，《系统科学与数学》2014 年第 5 期。

③ J. C. Zhao, L. Dong, J. J. Wu, and K. Xu, "Moodlens: Asn Emotitm-based Sentiment Analysis System for Chinese Tweets", *Paper Presented at the Meeting of KDD*, 12, 2012, Beijing, China.

④ 桂斌、杨小平、张中夏、肖文韬：《基于微博表情符号的情感词典构建研究》，《北京理工大学学报》2014 年第 5 期。

⑤ 胥琳佳：《大数据对于传播学研究内容和方法的影响——基于社交媒体和移动互联网的思考》，《中国出版》2013 年第 18 期。

赞、评论、分享、回复、跟帖、顶、踩、灌水、拍砖、撒花、举报等网络行为，有规模的网络行为同样应纳入网络舆论研究范畴，可用于评估网络舆论的关注热点、扩散程度及态度倾向等。

例如高频次的搜索量、阅读量，意味着某一话题、事件、人物或观点能够引发网民的好奇心，吸引网民的注意力；评论、跟帖、回复通常意味着某个议题与网民的自身利益具有高度相关性，能引发深入思考和意见表达；点赞、顶、踩、拍砖、撒花、灌水直观呈现出网民的态度倾向；而转发、分享的数量及时间节点可以评估舆论的扩散态势，常作为公共危机事件网络舆情监测的重要指标。

监测和研究上述网络行为，不仅可以预测和评估某一热点事件/议题的舆论态势，也可以更大范围地呈现网络舆情的基本面向。例如，百度作为国内第一大搜索引擎运营商，从后台数据库中可以提取出每一个搜索词的对应搜索量，每天高达 40 亿次。中国人民大学舆论研究所认为，百度 Top 1000 搜索热词反映社会关注的基本面，而上升最快的 Top 1000 搜索热词则反映新出现的新闻事件的社会关注度，运用这两类 Top 1000 搜索热词可以大体刻画出中国社会的"舆情地图"。[1]

4. 舆论主体的关系网络

网络舆论场是融合了新媒介场、心理场、社会场的复杂场域[2]，除了新媒介场域的信息表达、心理场域的动力机制外，社会场域的关系研究也同样应该纳入网络舆论研究范畴。原因主要有两点：一是网络舆论场是一个"众声喧哗"、意见分歧的舆论场，不同的利益相关者在这个场域中进行话语争夺，所以必须区分不同舆论主体的利益诉求和不同利益群体的关系网络；二是网络意见领袖不仅是信息扩散的中介者，还是态度行为的影响者，"是否有网络意见领袖的关注，会导致公共议题发展的差异"[3]，直接影响舆论的走势。

---

[1] 喻国明：《构建社会舆情总体判断的大数据方法——以百度海量搜索数据的处理为例》，《新闻与写作》2013 年第 7 期。

[2] 余秀才：《网络舆论场的构成及其研究方法探析——试述西方学者的"场"论对中国网络舆论场研究带来的启示》，《现代传播》2010 年第 5 期。

[3] 曾繁旭、黄广生：《网络意见领袖社区的构成、联动及其政策影响：以微博为例》，《开放时代》2012 年第 4 期。

如何才能有效识别网络传播中的利益群体和意见领袖呢？2009年，Lazer等人在《科学》杂志上发表文章，正式提出"计算社会科学"的概念，强调了大规模的数据收集、数据分析以及网络科学视角在社会科学研究中的重要性。[①] 以网络关系为重点研究对象的计算社会科学，为网络舆论主体关系研究提供了知识论和方法论的支持。在舆论研究中运用复杂社会网络分析方法，可将传播主体视为节点，根据转发关系、评论关系、粉丝关系、地理关系、情感关系等建立连线，通过度（Degree）、度中心性（Degree Centrality）、中介中心性（Between Centrality）、紧密中心性（Closeness Centrality）等指标确定"意见领袖"，还可根据网络结构直观区分不同的子群体。常用的复杂社会关系网络分析工具有Ucinet、Gephi、Pejak等，其中Gephi、Pajek的数据处理能力达到百万级。目前，已有一些利用大数据进行社会网络分析的研究。比如通过机器学习技术，利用推送行为、网络结构、语义内容，来预测用户的政治倾向和种族特点；根据Twitter用户的粉丝关系和政治立场进行社会网络分析，研究发现民主党人的关系网络具有更高的政治同质性，即具有相同的政治立场。[②]

（三）大数据分析提升舆论预测能力

近些年来，大数据在预测性研究中颇有建树，这也是社会各界推崇拥抱大数据的主要动因。经典的案例有Google公司通过用户搜索记录能够比美国疾控中心更早预测流感；一系列研究证明Facebook、Twitter、微博上的情绪变化能够提前预测股市变化；零售连锁超市Target通过女性购买行为准确预测怀孕情况，等等。有研究者甚至认为，"93%的人类行为是可以预测的，当我们将生活数字化、公式化以及模型化的时候，我们

[①] D. Lazar, A. S. Pentland, L. Adamic, S. Aral, A. L. Barabasi, D. D. Brewer, N. A. Christakis, N. Contractor, J. H. Fowler, M. P. Gutman, T. Jebara, G. King, M. Macy and M. Van Alstyne, "Computational Social Science", *Science*, Vol. 323, 5915, 2009. (Vol. 323 No. 5915 P721-723)

[②] C. Elanor, R. Alessandro, and A. Adam, "Echo Chamber or Public Sphere? Predicting Political Orientation and Measuring Political Homophily in Twitter Using Big Data", *Journal of Communication*, Vol. 64, 2014. (Vol. 64 No. 2 P317-332)

会发现其实大家都非常相似"①。

大数据在预测性研究中的优势,主要来源于三个方面:一是丰富多样、实时更新的数据类型,避免了传统数据采集的滞后性,能为预测性建模提供更多变量;二是建立在相关关系分析基础上的预测方式,颠覆了人类传统的思维方式,降低了基于因果关系判断的时间精力成本,提升了基于直觉判断的准确性;三是大数据分析技术的创新,提高了人们对海量非结构化数据处理的能力和速度,"大数据运动和复杂网络分析、自动化数据分类和挖掘、数据集可视化、语义分析/观点挖掘、自然语言处理、计算机辅助内容分析等研究方法紧密关联"②。

随着大数据分析技术和舆情预测模型的成熟,大数据在网络舆情预警方面具有可观的前景。例如,美国麻省理工学院副教授戴瓦赖特·沙河(Devavrat Shah)和学生斯坦尼斯拉夫·尼科洛夫(Stanislav Nikolov)发明的新算法,在预测 Twitter 热门话题时准确率达 95% 以上,且平均比 Twitter 官方热门话题出来的时间要早 90 分钟,甚至有些热门话题能够提前 5 个小时预测出来。学者李彪也指出,未来舆情研究的视角将转向对社会话语表达、社会关系呈现、社会心理描绘、社会诉求预测等多方面、多向度的研究。③

二 大数据推动网络舆论调适机制的改变

壮大主流思想、塑造政治认同,是党和政府引导舆论的动力机制,也是服务于国家和社会发展的必要条件。过去,对舆论引导承担主要责任的主流媒体,往往通过正面报道、典型报道实现总体的信息控制,并以"产生积极强烈的社会反响"为主要评价机制。而在网络舆论场中,舆论引导的效果是由网络受众的关注、点击、表达和评价等行为直接决定的,而且其情绪、态度和舆论特征可以通过数据直观化、可视化地体

---

① [美]艾伯特·拉斯洛·巴拉巴西:《爆发:大数据时代预见未来的新思维》,马慧译,中国人民大学出版社 2012 年版,第 2 页。
② Malcolm R. Parks, "Big Data in Communication Research: Its Contents and Discontents", *Journal of Communication*, Vol. 64, 2014. (Vol. 64 No. 2 P335–360)
③ 李彪:《大数据视域下社会舆情研究的新境界》,《编辑之友》2013 年第 6 期。

现出来。由此，建立在传播大数据基础上的网络舆论研究，必然会推动现行的舆论引导机制发生改变，总体上，需要从传统的控制型机制转向新的调适型机制。

（一）从"单向设置媒体议程"转向"主动回应公众议程"

长期以来，党和政府是公共议题设置的主体，并借由主流媒体完成议题动员与框架定调，成为整合社会的重要力量。[①] 大众传媒具有为公众设置"议事日程"的功能，媒体对议题显著性的安排会影响公众对社会公共议题重要性的判断。但互联网时代，传统主流媒体设置议程的作用正在面临制约和挑战。互联网犹如权力的平衡杆，一方面消减了官方媒体的话语特权，赋予民众活跃表达的机会；另一方面也催生了微博大V、微信自媒体、平台媒体（如今日头条）等新型意见领袖，赋予民众更大的信息选择权和话语权。针对网络催生的舆论场变化，新华社前总编辑南振中提出"官方舆论场"和"民间舆论场"的概念，更是让人们意识到议程设置主体的多元性和议题流动路径的复杂性。国内外一些基于大数据的研究也对此有所验证。如罗素·纽曼（Russell Neuman）等学者通过对2012年美国社交媒体和传统媒体中29个政治议题文本的时间序列进行分析，用大数据证明了数字化媒体时代议程设置是一个多元、复杂的互动过程，而非传统媒体与社交媒体之间的单向流动。[②]

议程设置主体的多元化催生了舆论引导的新格局，促进官方舆论场与民间舆论场的融合、官方议题与民间议题的一致是实现有效舆论引导的起点。如果不能比较精准、贴切地把握不同社会群体关注的议题差异，就无法建立共同对话的基础，无法围绕其关注的议题进行舆论引导，国内一些舆论研究机构正在运用大数据分析来把握公众普遍关注的议题。

[①] 周葆华：《社会化媒体时代的舆论研究：概念、议题与创新》，《南京社会科学》2014年第1期。

[②] W. Russell Neuman, Lauren Guggenheim, S. Mo Jang and Soo Young Bae, "The Dynamics of Public Attention: Agenda-Setting Theory Meets Big Data", *Journal of Communication*, Vol. 64, 2014. 该研究采集了1亿活跃Twitter用户、1.6亿活跃博客用户、30万论坛用户的社交媒体数据和在线报刊、广播电视上的传统媒体数据，平均每个议题获得13362条社交媒体评论和4573篇传统媒体报道。

如复旦大学传播与国家治理研究中心对1800名网络用户近两年来的网络表达与网络行动进行了跟踪分析，研究表明，微博用户对教育、反腐、环保议题的关注度最高，最不满意的五大议题分别是教育、房价、反腐、医疗、环保。① 中国人民大学舆论研究所根据百度搜索热词进行数据价值挖掘，发现社会民生、公共安全、卫生安全和环境生态安全是四年来中国社会舆论持续关注的基本问题。②

由上可见，大数据研究可以有效帮助政府把握和判断公众议程，实现从过去"单向设置媒体议程"向"主动回应公众议程"的转变。在多元主体设置议程的网络舆论场中，只有首先解决"官方议程"和"民间议程"的一致性问题，才有可能打通"官方舆论场"和"民间舆论场"，为消除两个舆论场之间的割裂提供基本的先决条件。

（二）从"表层信息控制"转向"潜在情绪引导"

目前的舆论研究，主要集中在对信息本身的传播机制研究，探讨信息的传播规律、传播节点和传播路径等，③ 以期通过信息公开、信息审查、观念引导等信息控制的方式来消除公共危机事件引发的负面舆论，防范网络群体事件的发生。然而，学者陈力丹认为，对于舆论引导来说，容易被忽视的潜舆论十分重要，如果在舆论处于潜舆论的时候进行引导，容易得到较好的效果；而引导显舆论的困难程度，则远大于潜舆论。④

为什么要更加重视针对受众的潜在情绪和心态进行引导？一方面，不同热点事件的舆论信息是瞬息万变的，而社会情绪和心态却是相对稳定的。"网络事件的产生和扩散，所依赖的是能够激发网民的嬉笑怒骂、喜怒哀乐等情感的表现形式和内容。网络事件的发生，是一个情感动员的过程。"⑤ 负面情绪是网络舆论的导火线，在舆论传播过程中往往伴随

---

① 复旦发展研究院传播与国家治理研究中心：《中国网络社会心态报告（2014）》。
② 喻国明：《大数据方法与新闻传播创新：从理论定义到操作路线》，《江淮论坛》2014年第4期。
③ 李彪、郑满宁：《社交媒体时代的网络舆情——生态变化及舆情研究现状、趋势》，《新闻记者》2014年第1期。
④ 陈力丹：《舆论学——舆论导向研究》，中国广播电视出版社1999年版，第15—16页。
⑤ 杨国斌：《悲情与戏谑：网络事件中的情感动员》，《传播与社会研究》2009年第9期。

着固定类别的社会情绪。研究表明，当前中国危机事件中，受众最常出现的七种负面情绪是愤怒、悲伤、焦虑、恐惧、不满、怨恨和不信任。[①]群体性负面情绪唤起的背后有着深层次的社会心态影响，如学者张玉亮从社会心理学角度指出，"严重的贫富分化，不仅给部分公众包括突发事件网络舆情主体带来了直接的经济社会影响，同时也给他们造成了相对剥夺感，使其形成巨大的心理落差，认为自身的利益被占据、被剥夺，进而加剧了其心理失衡的心态，这种心理失衡凸显为对社会的不满情绪，一旦这种情绪积累到一定的程度，必然要通过某种途径表达出来"[②]。

另一方面，观念在短时间内是较难改变的，情绪的引导则有规律可循。"刻板印象"在网络舆论形成过程中具有重要作用，网民通常会根据涉事者身份来判断是非，而非关注于事实本身。热点事件只要贴上"官二代""富二代""城管执法""公权滥用""官员贪腐""违法拆迁"之类的标签，网民的意见表达就容易呈现群体极化的倾向。有研究发现，西方经典的风险传播理论在一定程度上容易忽视情绪在危机传播中的作用，因而并不完全适合中国的舆论引导，因此有必要构建一个基于公众情绪的舆论引导模型。[③]网络传播大数据可以为情绪监测和研究提供便利。如前文所述，国内外研究者已经开发了一系列针对Twitter、Facebook、微博等社交媒体在线文本的情感分析技术（Sentiment Analysis），通过自然语言处理（Natural Language Processing）、统计或机器学习（Machine Learning）等技术对文本的主观态度、情绪或观点进行语义定向（Semantic Orientation）或极性分析（Polarity Analysis）[④]，可以快速判断海量在线文本中的各类情绪态度指标。

总之，"表层信息控制"只能在短时间内解决舆论场的安全、可控问题，却无法从长效、深层机制上解决舆论场的生态改善问题。而如果注重"潜在情绪引导"，既可以促使网民避免过于情绪化的思考和表达，还

[①][③] 张结海、吴瑛：《重大事件舆论引导的中国路径——一种基于公众情绪色谱的模型构建》，《现代传播》2014年第8期。

[②] 张玉亮：《突发事件网络舆情的生成原因与导控策略——基于网络舆情主体心理的分析视阈》，《情报杂志》2012年第4期。

[④] 乐国安、董颖红、陈浩、赖凯声：《在线文本情感分析技术及应用》，《心理科学进展》2013年第10期。

可以在把握和调适情绪的基础上实现更有效的舆论引导。为此，政府部门的舆论引导着力点，有必要在"表层信息控制"之外强化"潜在情绪引导"。

（三）从"运动式意见治理"转向"对话式凝聚共识"

我们必须意识到，传播技术革命在带来信息畅通的同时也服务于信息控制。在大数据时代，个人的网络行为无时无刻不处于被"监视"的状态，人们好比处在英国哲学家边沁提出的"圆形监狱"之中，只是许多被监视者尚未深刻认识到"窥视"的威慑力。通过多维度的网络大数据，舆论监管者不仅可以快速获知人们的意见表达，还可以知晓其在舆论场中的影响力，甚至可以精准识别私密的个人身份信息。从技术层面上看，信息封锁不切实际，人们总是可以找到各种媒介渠道传播信息，但当个人身份信息可以被准确识别时，言论控制就无所不能。

当前，政府对舆情监测技术的使用日趋娴熟，舆论控制手法更加精准多元且有效，尤其是采取了"运动式执法"后，尽管网络舆论场的总体态势趋于正面，但也伴随着公共表达的衰落，尤其是网络批评和监督的受限。不少媒体人、知识分子都感受到舆论监督空间有趋于逼仄的趋势，比如人民网舆情监测室秘书长祝华新用"舆论下沉，国进民退"八个字总结了2013年的网络舆情，"在打击'大V'之后，舆论、情绪下沉到更为私密的网络空间，这对社会稳定更为不利，转型社会急需互联网化解、释放民意怨气"。

从短期效果看，"运动式意见治理"有利于减少网络舆论场的戾气，提高整体的表达理性，但从长期效果看，也容易导致一部分网络意见领袖的"自我审查"或普通网民中的"寒蝉效应"。公民有言论表达的自由，国家治理需要理性多元的对话空间，政府机构要有宽容民众质疑、批评的气度。知名评论人曹林在其微信公众号文章《官方融入微博须有挨骂准备和耐心》中指出，"谩骂并非都是恶意，很多时候只是一种寻求被关注、被倾听、被尊重的情绪"。

大数据舆论研究的目的并非为了精准限制"异见者"，而应服务于了解民意、回应民众关切，引导公众更加理性地参与公共事件讨论。因此，有必要以"对话式凝聚共识"来逐步取代"运动式意见治理"，鼓励、倡导和推动不同类型的网络群体,围绕公共议题展开持久讨论乃至激烈交锋,在理性对话中促进社会共识的形成。

三 大数据舆论研究给国家治理带来新的机遇

学者周志忍教授指出,"在西方国家的语境中,治理实际上就是多元主体之间的合作关系,但是在中国,由于我们国家公权和社会边界不清晰等结构性问题,中国的国家治理尤其需要强调政府与社会的平等,不能出现国家对社会居高临下的治理"。[①] 作为国家治理的重要主体,政府不能将互联网舆论简单地看作是压力来源、风险因素或"麻烦制造者",而是要利用大数据舆论分析工具和舆论调适思维,将"网络民意作为一种力量强大的治理工具,用来建立高效的沟通平台,解决老问题,促成新关系"[②]。具体来说,应通过大数据舆论研究来推动社会心态调适、提升社会风险管理、实现公共决策协同。

(一) 调适网民社会心态,强化公众政治认同

近年来,社会心态的激荡变化引起了政府部门的高度重视。党的十八大报告提出,"要注重人文关怀和心理疏导,培育自尊自信、理性平和、积极向上的社会心态"。网络舆论既是社会心态的"晴雨表",也是负面社会心态的"放大器",反映了社会转型过程中不同网民群体的利益诉求和心理感受。网民关注的社会热点问题及网络舆论场中看似非理性的观念情绪表达、态度行为倾向背后,其实隐含了深层长久的社会心态问题。虚拟空间的自由表达和人们在现实社会中无处释放的焦虑压力心态成为网络社会政治认同问题凸显的现实原因。[③] 因此,调适网民心态是培育积极社会心态、强化公众政治认同的重要途径。

首先,调适网民心态要深刻理解社会心态的特征与成因。已有研究

[①] 雷雨若:《"国家治理协同创新中心成立大会暨国家治理与全面深化改革"研讨会综述》,《中国行政管理》2014 年第 2 期。

[②] 李聂、方师师:《互联网与国家治理:对中国互联网 20 年发展的再思考》,《新闻记者》2014 年第 4 期。

[③] 陶蕴芳:《网络社会中群体政治认同机制的发生与引导》,《中州学刊》2012 年第 1 期。

表明，热点事件中的网络舆论折射出整个社会心态的发展变迁。如唐子茜等学者总结了网络舆论中呈现的四种社会心态特征：公平正义成为普遍诉求、社会信任度不断降低、消极社会心态蔓延、社会心态呈现阶层对立。[1] 而赵建生等学者从涉警的公共舆论事件中，观察到网络参与群体存在"相对被剥夺感""质疑权威""泛道德化"等失衡心态，[2] 网民社会心态的形成与社会发展变化息息相关。我国在社会改革转型过程中积累了许多严重的社会问题，由公权滥用、官员贪腐、贫富对立、暴力执法、食品安全、环境污染、医患矛盾等引发的网络热点事件频发，许多百姓对公权力及精英阶层有一种普遍的不信任甚至结构性的怨恨。由此可见，"诉求公平正义""相对被剥夺感""信任度不断降低""阶层对立"等网民普遍心态集中反映了当下社会的主要矛盾与现实心态。

其次，要区分网民社会心态和现实社会心态的差异性。互联网中的群体极化效应以及背后隐藏的权力利益会在一定程度上夸大部分网民相对偏激或极端的社会感受。如网络中弥漫着宣泄、恶搞、暴戾、窥私、仇视、盲从等不良社会心态，甚至呈现出"无官不贪，无商不奸，所有的专家学者都是利益集团的代言人，所有的明星背后都有潜规则"等极端不信任的网络舆论。[3] 这些极端失衡的网民心态，会反向影响公众对社会现实的感知，尤其是仇官、仇富、暴戾等网络心态蔓延会威胁到政治认同与社会和谐。我们一方面要意识到极端心态的危害性，另一方面也不能把个别人群或个别事件中的极端言论看作是网民心态的全景或社会心态的副本，而要区分不同阶层、不同情境下网民社会心态的差异，才能在网民心态调适中有的放矢。

理性健康的网民心态有利于凝聚社会共识和增进政治认同，极端负面的社会心态则可能引发思想混乱和社会动乱，所以政府一般都不会对网络舆论中的负面心态不闻不问。大数据资源及技术为把握网民社会心

---

[1] 唐子茜、曹勇：《网络社会心态的特征及调适对策》，《北京交通大学学报》2015 年第 1 期。

[2] 赵建生、邹智勇、周树华：《网络负面社会心态和传播效应对涉警公共危机事件处置工作的影响及其解决对策》，《公安研究》2010 年第 1 期。

[3] 徐家林：《网络政治舆论的极端情绪化与民众的政治认同》，《马克思主义与现实》2011 年第 3 期。

态提供便利，而如何调适网民社会心态，既需要转变政府职能，规范政府行为，切实解决引起民众负面情绪和不信任思潮的社会问题，又需要创新舆论引导方式，通过回应不同群体的利益诉求、理性对话寻求共识、潜在情绪疏导等方式来消解极端心态的扩散。

（二）加强网络舆论预警，提升社会风险管理

中国正处于社会学家贝克所述的"风险社会"之中。互联网作为舆论的扩散器及情绪的宣泄地，加剧了社会的舆论风险，"网络群体性事件此起彼伏，群体极化现象严重，集体泄愤、网络暴力、民粹主义、泛政治化等行为对社会稳定构成一定的威胁"，给政府治理带来前所未有的挑战。[①] 但网络舆论是一把"双刃剑"，给普通草根提供了前所未有的话语权，为社会运动提供了重要的动员资源。当互联网成为民众申诉维权的主要渠道，层出不穷的突发公共事件以网络社交媒体作为引爆点和扩散平台后，网络舆论预警就成为社会风险管理的重要手段和先决条件。

令人遗憾的是，目前的网络舆情监测产品主要侧重危机事件发生后的舆情追踪和分析，而在风险预警功能上总体偏弱。主要原因有三点：一是网络信息纷繁复杂，舆情爆发疾雷迅电，目前尚未有哪款舆情监测产品能对全网数据进行实时监测和快速处理；二是舆情监测主要以敏感词（关键词）和信息流（传播数量）作为主要的研判指标，舆情爆发期迅速增长的信息流固然能判别危机事件的舆论影响力，却也容易错过危机潜伏期预警时机；三是忽视舆情爆发的相关性研究，缺少对舆论传播规律和动力机制的深度了解，对高危人群的识别能力有待加强。

未来，大数据资源及技术的应用可从以下几个方面提升舆情监测产品的预警能力，促使社会风险管理从"危机应对"转向"风险防范"。一是建立大数据舆情库，使监测数据更全面、更实时，除了网络 UGC 数据，还可涵盖传感器采集数据、社会调研数据等。目前，国家已出台《促进大数据发展行动纲要》，上海、广州等地正在推进大数据统筹建设与开放，将为舆情库的建立提供更好的政策空间。二是不断升级完善"敏感

---

① 唐皇凤、陶建武：《大数据时代的中国国家治理能力建设》，《探索与争鸣》2014 年第 10 期。

词"库，增加舆情爆发的相关性指标监测，如网民的情绪态度、危机事件的类型、意见领袖的倾向、失业率、经济发展水平等，运用大数据相关性分析预测舆情事件爆发的概率和时间。三是识别意见领袖和高危人群，提高对网民风险感知状况的研判，增强对突发性公共危机事件发生概率的预测。这一点在未来的社会风险管理中会显得越来越重要，目前也已有一些相关研究成果，例如，通过海量社交媒体数据的分析，可以预测恐怖主义和骚乱活动等突发事件；① 哈尔滨工业大学社会网络与数据挖掘联合实验室和数据挖掘公司"宏博知微"基于微博社交媒体数据，开发了抑郁倾向识别模型；中山大学大数据传播实验室利用微博大数据分析了上海踩踏事件发生前网民的风险感知，发现"场地调整信息未有效传达给受众"，这一事后研究提醒政府在公共政策调整时，可用大数据来研判公众认知和预测风险。

（三）吸纳多元主体民意，协同参与公共决策

大数据舆论研究还将推进公共决策过程的公开透明，提高国家治理效能。传统的国家治理以政府为主体，政府自上而下地收集各种社会信息，政治体系对信息进行分析处理后，向社会输出公共决策，接近权力的强势利益群体在公共决策制定中必然占据优势地位，弱势群体只是公共决策的被动接受者。②

这种公共决策模式显然无法适应网络时代的民意诉求。随着网络舆论力量的崛起和公民权利意识的觉醒，因利益受损或不满公共决策的弱势群体不甘于做被动的接受者，转而通过制造焦点事件、发起社会运动来进行维权抗争。互联网成为社会抗争者彼此声援、申诉维权、话语争夺的主战场，大众传播媒介的报道介入更是增加了抗争者的谈判筹码，由此倒逼地方政府改变公共决策的机制和过程，必须减少暗箱操作、转向透明公开。哪怕是一些看似符合公共利益的项目，政府也会因当地居民抗议和社会舆论压力而被迫叫停，比如，番禺垃圾焚烧发电厂因业主

---

① 唐皇凤、陶建武：《大数据时代的中国国家治理能力建设》，《探索与争鸣》2014 年第10 期。

② 王向民：《大数据时代的国家治理转型》，《探索与争鸣》2014 年第10 期。

反对而改址，PX 项目先后在厦门、大连、宁波遭反对，江门民众聚众示威取消核燃料加工项目，等等。

政府在公共决策推进中的被动与难堪，是否应简单归咎于公众"不愿建在我家后院"的"邻避情结"？事实上，民意在公共决策制定过程中的缺失、民众对政策执行者的不信任也是加深公众反对或抵抗的重要原因。以广州番禺垃圾焚烧发电厂建设项目为例，为了解决"垃圾围城"的窘境，广州番禺区于1999—2002年进行系统规划工作，2009年发布选址通告，"对于要在自己家门前建立垃圾焚烧厂，直到即将动工时番禺公众才知晓，有关部门并没有将整个垃圾焚烧发电厂项目的论证、申请、招标告知该事件的直接利益相关方"[1]。公共决策中直接利益相关方知情权的缺失，一方面激起了民众的愤怒抵抗心理；另一方面也增强了抗争的合法性，增加了政府部门风险沟通的难度。

现代国家治理是全社会各种力量的协调共治，强调信息公开、决策透明，鼓励多元参与、协商对话。在公共决策中吸纳多元主体的民意，更有利于社会各方形成共识，化解社会矛盾，最终达至社会善治。而大数据舆论研究，一方面可以帮助政府更好地把握社情民意和社会心态；另一方面也会促进企业、社会组织、公民、媒体等多元主体更好地利用数据进行科学决策、理性参与。此外，"正在形成的整个社会的数据化与公共决策的智能化日益融为一体，基于互联网的大数据可以为公共政策议程提供新的问题来源，也为政策制定、政策执行和政策评价提供新的方法"[2]。

（该文首发于2015年第二届"政治传播与社会发展论坛"，刊载于《社会科学》2016年第8期。）

---

[1] 崔晶晶：《论社会力量对地方法治的推动作用——以广州番禺垃圾焚烧厂选址事件为例》，《新闻爱好者》2012年第24期。

[2] 黄璜：《互联网+、国家治理与公共政策》，《电子政务》2015年第7期。

谈论雾霾：日常性意见表达对舆论的影响及其情感机制[*]

闫文捷

（北京师范大学新闻传播学院教授）

摘　要：开放健康的公共生活离不开公众的日常性意见表达。表达构成舆论的基础，影响舆论走向。意见表达如何作用于舆论？其影响何以实现？情感在其中扮演何种角色？本文以雾霾议题为情境，通过分析来自北京、上海、沈阳和广州四地居民的问卷调查数据，尝试解答以上问题。研究结果显示，公众最经常通过人际间讨论表达与雾霾议题有关的看法。其次，人际讨论和制度化表达对公众就雾霾问题的责任归因均影响显著，但在归因的目标指向和效果方向上存在差异。再次，人际讨论和在线表达行动中均蕴含着丰富的情感元素，情感在表达效果实现的过程中发挥了重要的中介机制作用。本文对藉由意见表达推动公共生活以及情感之于公共生活的意义等问题进行了反思和讨论。

关键词：意见表达；情感；责任归因；舆论

受到政治学和政治传播学理论界"商议转向"的激发[①]，以意见表达

---

[*] 本文系北京市教育科学"十三五"规划课题重点项目"青年人社交媒体使用对其政治伦理影响的实证研究"（项目编号：BEAA2020034）的研究成果。

① Dryzek, J. S., *Deliberative democracy and beyond: Liberals, critics, contestations*, New York: Oxford University Press, 2002.

为行为载体的公众参与已成为一个重要的研究领域。表达参与（expressive engagement），或有研究者称其为话语参与（discursive participation）①，涵盖了公民间从信息分享、意见交换到偏好表达等多种形态的日常政治会话。这样的表达可能针对各种话题，往往有关人们的日常生活，同时具有公共政策的指向；它们还关涉一些基本价值，诸如公平公正、权责分明等等。与此同时，表达行动可能发生在各种不同的渠道，具有不同程度的随意性，以及承担各种体制和社会的功能。本文尝试围绕中国公众有关雾霾议题的意见表达展开经验的考察。

曾经，空气污染直接关乎中国民众的生活满意度②，成为人们日常交往中一个长期热议的话题。与雾霾有关的公共事件常常造就集体吐槽的网络景观。③ 愤怒、烦恼、无望等负面情绪充斥在围绕雾霾议题展开的公共话语之中。④ 如果说雾霾令人沮丧是一个不争的事实，本文希望探讨的问题是，意见表达在多大程度上对公众就该议题的认知和判断产生影响，以及情感在其中发挥何种作用。

为此，本文实证地分析从北京、上海、广州和沈阳四地居民中收集的问卷调查数据。首先，文章引出商议体系理论框架，并在此框架内讨论日常意见表达可能表现出的话语形态及其政治影响力。其次，本文聚焦公众就公共议题的责任归因，讨论归因与表达行动之间的理论关联。再次，本文剖析意见表达中的情感元素与其在商议体系中存在的意义。最后，文章对藉由意见表达推动公共生活以及情感在公共领域中的作用等问题进行反思。

---

① Delli Carpini, M. X., Cook, F. L., & Jacobs, L. R., "Public deliberation, discursive participation, and citizen engagement: A review of the empirical literature", *Annual Review of Political Science*, Vol. 7, 2004, pp. 315 – 344.

② Ebenstein, A., Fan, M., Greenstone, M., He, G., Yin, P., & Zhou, M., "Growth, pollution, and life expectancy: China from 1991 – 2012", *American Economic Review*, Vol. 105, No. 5, 2015, pp. 226 – 31; Zheng, S., & Kahn, M. E., "Understanding China's urban pollution dynamics", *Journal of Economic Literature*, Vol. 51, No. 3, 2013, pp. 731 – 772.

③ Pan, J., Emotional criticism as public engagement: How weibo users discuss "Peking University statues wear face-masks", *Telematics and Informatics*, Vol. 33, No. 2, 2015, pp. 514 – 524.

④ Wang, S., Paul, M. J., & Dredze, M., "Social media as a sensor of air quality and public response in China", *Journal of medical Internet research*, Vol. 17, No. 3, 2015, pp. 1 – 10.

一　商议体系视角下的日常意见表达及其意义

意见表达是日常性公民参与的实践形式。本文的这一判断基于我们对政治现实的一个基本认知，即无论在中西方何种政治体制内，普通民众都极少有机会直接参与制度框架内的政策商议和制定。有学者就此提出整个社会可被视作一个宏大的"商议体系"，这个体系由复杂的社会单元组成，其中既包括拥有决策权的政府组织机构（如法院、行政部门）和在其内部展开的结构化的商议，也包括政治党派、利益组织、社会团体和媒体等各自内部及相互之间的对话，同时还包括公众在日常交往中围绕公共议题在彼此间以及和上述组织机构之间所展开的交流互动。[1] 在这样的商议体系中，公众的日常政治对话和结构化的商议都是保障体系得以完整存在、正常运转的必要元素。

通常来讲，日常政治对话不具有特别的目的性，不被正式程序或事先设定的议程所限制，自身的商议性和理性程度因此可能并不理想。但正是这样一种非正式的日常表达构成了哈贝马斯提出的交往行动的原初话语形态之一[2]，是公众参与政治过程的重要实践载体[3]，也是推动社会成员相互理解、完善个人意见、从私人的生活世界步入公共领域的的实践形式。[4]

大量已有研究显示，日常政治对话有助于丰富公众的政治知识和技能，帮助他们就同一议题提出更充分也更有质量的论据[5]，对公共事务形

---

[1] Conover, P. J., & Searing, D. D., "Studying 'everyday political talk' in the deliberative system", *Acta politica*, Vol. 40, No. 3, 2005, pp. 269 – 283; Mansbridge, J., Everyday talk in the deliberative system. In S. Macedo (Ed.), *Deliberative politics: Essays on democracy and disagreement*, Oxford: Oxford University Press, 1999, pp. 211 – 242.

[2] Habermas, J., *The theory of communicative action: Vol. 1. Reason and the rationalization of society* (T. McCarthy, Trans.), Boston: Beacon Press, 1984.

[3] Tarde, G. (1901/1989), *L'opinion et la foule [Opinion and the public]*, Paris: Presses Universitaires de France.

[4] Kim, J., & Kim, E. J., "Theorizing dialogic deliberation: Everyday political talk as communicative action and dialogue", *Communication Theory*, Vol. 18, No. 1, 2008, pp. 51 – 70.

[5] Wyatt, R. O., Katz, E., & Kim, J., "Bridging the spheres: Political and personal conversation in public and private spaces", *Journal of Communication*, Vol. 50, 2000, pp. 71 – 92.

成更加明智的观点和判断。[1] 同时，日常对话可以帮助人们开拓视野，增强对异见的宽容[2]，认识到个人事务与公共事务之间的内在关联及相互转换的可能[3]，引导公众在基本价值观上向共识靠拢，提升政府机构与决策的正当性。[4] 最后，谈论公共议题还可以促使人们更积极地投入社会政治生活。[5] 可以说，日常政治对话的过程即是公民习得的养成过程，是为公众参与公共生活进行的平常性积累和演练。其间，公众不断经历这样一个过程：从预期与他人交流，经过协调语言，整合信息，到最终实现意见阐发。这些环节之间相互依赖又相对独立，既可能单独发生，也可以共同构成整合的表达行动。[6] 通过表达，人们完成个人想法向言语词汇的转换。这一行动不仅可能说服他者，同时可以帮助表达者厘清思路、调整行动方案。

网络传播场景下，意见表达出现新的可能，既可以表现为虚拟空间内人与人之间的互动交流（如网络论坛上的讨论、对他人发帖的点赞、评论与回复等），也可能体现为网络使用者独自完成的信息生产和扩散（如社交媒体上发帖、转发等）。随着社交媒体的深入普及，研究者观察到，社交媒体上的政治表达不仅可能形构表达者的自我认知[7]，强化其原

---

[1] Conover, P. J., & Searing, D. D., "Studying 'everyday political talk' in the deliberative system", *Acta politica*, Vol. 40, No. 3, 2005, pp. 269–283; Mansbridge, J., Everyday talk in the deliberative system. In S. Macedo (Ed.), *Deliberative politics: Essays on democracy and disagreement*, Oxford: Oxford University Press, 1999, pp. 211–242.

[2] Pattie, C. J., & Johnston, R. J., "It's good to talk: Talk, disagreement and tolerance", *British Journal of Political Science*, Vol. 38, No. 4, 2008, pp. 677–698.

[3] Weaver, D. H., Zhu, J., & Willnat, L., "The bridging function of interpersonal communication", *Journalism Quarterly*, Vol. 69, 1992, pp. 856–867.

[4] Conover, P. J., & Searing, D. D., The democratic purposes of education: A Political socialization perspective. In L. M. McDonnell, R. M. Timpane & R. Benjamin (Eds.), *Rediscovering the democratic purposes of education*, Lawrence: University of Kansas Press, 2000.

[5] Wyatt, R. O., Katz, E., & Kim, J., "Bridging the spheres: Political and personal conversation in public and private spaces", *Journal of Communication*, Vol. 50, 2000, pp. 71–92.

[6] Pingree, R. J., "How messages affect their senders: A more general model of message effects and implications for deliberation", *Communication Theory*, Vol. 17, 2007, pp. 439–461.

[7] Lane, D. S., Lee, S. S., Liang, F., Kim, D. H., Shen, L., Weeks, B. E., & Kwak, N., "Social Media Expression and the Political Self", *Journal of Communication*, Vol. 69, No. 1, 2019, pp. 49–72.

有的政治态度和偏好①，还能增进表达者参与公共生活的深度和广度。②

如前文所述，公众极少有机会进入商议体系内结构化的商议过程。这部分地由于制度框架内的话语实践在机会结构的分布上不均衡。网络则有望拓展公共表达的话语机会和空间。③ 与西方国家的公众相比，中国网民中认为互联网能够帮助他们理解政治、影响政府决策的人占据更高的比例。④ 当然，谁会真正利用以及在多大程度上利用网络表达意见是另外值得探讨的问题。根据常态化假设（normalization thesis），在网上和现实中热心于公共事务的常常是同一群人。⑤ 人们在线参与的趋向是对现实参与行为的延展。⑥ 聚焦意见表达这一公共参与模式时，研究者的确发现它倾向于超越现实与虚拟空间的区隔而呈现出趋同的特点。⑦

整合已有研究，我们得出两点初步结论。首先，意见表达可以藉由多种形态、多元渠道展开，既可能是人际间的日常政治对话，也可能是线上的观点发布，更可能是两者甚至更多形态、更多渠道内话语行动的组合。每一个表达行为都可能构成复杂商议体系内具体的商议场景和商议瞬间。所有商议场景和商议瞬间的集合共同勾画出公众展开日常交往行动，并在此基础上形成舆论的话语空间。

其次，个人在日常交往中往往同时扮演意见表达者和接收者的角色，受到他人意见影响的同时也主动向他人传递个人观点。无论是站在表达者还是接收者的角度，已有的经验观察在结论指向上是一致的，即公众

---

① Cho, J., Ahmed, S., Keum, H., Choi, Y. J., & Lee, J. H., "Influencing myself: Self-reinforcement through online political expression", *Communication Research*, Vol. 45, No. 1, 2018, pp. 83 – 111.

② Boulianne, S., "Social media use and participation: A meta-analysis of current research. Information", *Communication & Society*, Vol. 18, 2015, pp. 524 – 538.

③ Papacharissi, Z., "The Virtual Sphere: The Internet as a Public Sphere", *New Media & Society*, Vol. 4, No. 1, 2002, pp. 9 – 27.

④ Zheng, Y. & Wu, G., "Information Technology, Public Space, and Collective Action in China", *Comparative Political Studies*, Vol. 38, No. 5, 2005, pp. 507 – 536.

⑤ Chadwick, A., *Internet politics. States, citizens and new communication technologies*, New York, NY: Oxford University Press, 2006.

⑥ Wellman, B., Quan Haase, A., Witte, J., & Hampton, K., "Does the Internet increase, decrease, or supplement social capital? Social networks, participation, and community commitment", *American Behavioral Scientist*, Vol. 3, 2001, pp. 436 – 455.

⑦ Hirzalla, F., & Zoonen, L. V., "Beyond the online/offline divide: How youth's online and offline civic activities converge", *Social Science Computer Review*, Vol. 29, No. 4, 2011, pp. 481 – 498.

对于公共议题的日常交流能够对其政治态度和行为产生切实的影响。在已有研究的基础上，本文提出，意见表达的重要性还体现在它可以作用于公众对于重要公共事务话题的责任归因，构成社会舆论的话语基础，影响舆论走向。

二 意见表达与责任归因

普通民众难以知悉公共事务的运转逻辑和过程，加上诸多政治经济要素所造成的结构性束缚，我国公众整体上的政治知识和参与水平都有待加强。[①] 但是，政治参与体验或政治知识不足并不意味着人们缺少对公共事务持有独立的见解和态度。公众对于公共议题的态度往往取决于他们对相关具体问题的考虑[②]，比如关于议题的责任归因。具体来讲，责任归因可分为"因果责任"归因和"处置责任"归因两类。前者关注问题的起因（即"为何发生"），后者聚焦有助（或有碍）于问题缓解的外部力量（即"由谁负责"）。[③]

将复杂的社会话题简约为责任问题是公众寻求理解公共事务过程中的习惯倾向[④]，直接影响他们的观点、态度和行动选择。也因此，如何预测和影响人们的责任归因一直备受舆论研究者的关注。责任归因通常受到两方面因素的影响：一方面，它可能是人们的文化价值观、政治意识形态以及认知复杂性等内在特征的延续；另一方面，它更多地受到外部情境因素的中介，比如个人的交往动机、人际关系类型和交往行为的特征等。[⑤]

[①] 潘忠党：《互联网使用和公民参与：地域和群体之间的差异以及其中的普遍性》，《新闻大学》2012 年第 6 期。

[②] Brady, H. E. , & Sniderman, P. M. , "Attitude Attribution: A Group Basis for Political Reasoning", *American Political Science Review*, Vol. 79, No. 4, 1985, pp. 1061 – 1078.

[③] Iyengar, S. , "How Citizens Think About National Issues: A Matter of Responsibility", *American Journal of Political Science*, Vol. 33, No. 4, 1989, pp. 878 – 900. doi: 10. 2307 = 2111113

[④] Iyengar, S. , "How Citizens Think About National Issues: A Matter of Responsibility", *American Journal of Political Science*, Vol. 33, No. 4, 1989, pp. 878 – 900. doi: 10. 2307 = 2111113

[⑤] Manusov, V. , Attributions and interpersonal communication: Out of our heads and into behavior. In D. R. Roskos-Ewoldsen, & J. L. Monahan (Eds.), *Communication and social cognition: Theories and methods*, 2009, pp. 141 – 169.

在众多的外围因素中，传播学研究者首先注意到的是媒体在其中的作用。仙托·艾英戈在有关媒体框架的研究中提出，新闻框架作为强大的社会工具，能够直接作用于公众对社会议题的责任归因。[1] 比如，当贫困议题经由主题框架（即重点刻画议题相关的一般情境与社会条件）被报道时，受众倾向于认为政府和社会需要承担主要责任，同样的话题通过情节框架（即着重描述个体经历）呈现时，受众则会将贫困问题归咎于相关的个人。

除去媒体对责任归因的框架效应外，传播学研究格外关注人际交往与会话中的归因过程和效果。"表达的归因"（expressed attribution）、"言说的归因"（spoken attribution）、"交流的归因"（communicated attribution）等概念的提出都显示出研究者对于催生归因的人际传播基础的强调[2]，因为尽管归因过程在个人头脑中展开，但人们经常在和他人的交谈中涉及为什么某人会以某种方式行为做事这个话题。[3] 比如研究者通过考察关于艾滋病的群体讨论后发现，超过93%的群体在交谈中出现了归因式表述；可以说，人们经过公开的归因过程得出的结论是被社会建构、检验和证实的产物，个人归因也由于携带着社会共识的力量而具有了主体间性。[4] 与此同时，人们会策略性地选择公开表达哪些归因，在被表达的归因和未表达的归因之间时常存在系统性差异[5]，这在一定程度上反映

---

[1] Iyengar, S., "How Citizens Think About National Issues: A Matter of Responsibility", American Journal of Political Science, Vol. 33, No. 4, 1989, pp. 878–900. doi: 10.2307/2111113

[2] Harvey, J. H., & Weary, G., Attribution: Basic issues and applications, New York: Academic Press, 1985; Roghaar, L. A., & Vangelisti, A. L., "Expressed attributions for academic success and failure by adolescents and young adults", Western Journal of Communication, Vol. 60, No. 2, 1996, pp. 124–145; Weber, D. J., & Vangelisti, A. L., "Because I love you…" The tactical use of attributional expressions in conversation, Human Communication Research, Vol. 17, No. 4, 1991, pp. 606–624.

[3] Burleson, B. R., Attribution schemes and causal inference in natural conversations. In D. G. Ellis & W. E. Donohue (Eds.), Contemporary issues in language and discourse processes, Hillsdale, NJ: Lawrence Erlbaum Associates, Inc., 1986, pp. 63–85.

[4] Pittam, J., & Gallois, C., "Language strategies in the attribution of blame for HIV and AIDS", Communications Monographs, Vol. 64, No. 3, 1997, pp. 201–218.

[5] Dickson, R. E., Manusov, V., Cody, M. J., & McLaughlin, M. L., "When hearing's not believing: Perceived differences between public and private explanations for two compliance failures", Journal of Language and Social Psychology, Vol. 15, No. 1, 1996, pp. 27–39.

了人们的自我呈现偏差。① 面对不同的交流对象,人们归因表达中的自我呈现偏差程度不一。相比和陌生人交流,这一偏差在朋友间的交谈中往往更加显著。②

综合以上讨论,本文得出两点推论。首先,人们对于公共议题的归因很大程度上是社会互动的产物,受到来自他者和媒体等多种情境因素的影响,也因此具有天然的社会属性;其中,意见表达是推动人们形成归因的重要外部力量。其次,表达形态以及与之相关的交往特征可能对归因产生影响。人们与亲友之间面对面的讨论,在线上和熟人或陌生人之间的交流,以及基于制度途径的表达,无论在交流渠道、表达对象或是交往动机等诸多方面均存在差异。可以想象,这些差异不仅会影响人们面对具体议题时将形成何种归因,还可能作用于人们是否公开表达归因、以何种方式表达、以及归因有可能产生怎样的后果。据此,本文提出以下研究问题:

RQ1:不同形态的意见表达对人们就雾霾问题的责任归因具有怎样的影响?

三 表达如何展开？意见表达中的情感

如果说表达个人意见可能影响人们就雾霾问题的责任归因,那么影响如何发生?为此我们需要考量意见表达的特征。雾霾可能降低民众的主观幸福感并催生抑郁、焦虑、不安、绝望等消极心理。③ 这些负面情绪在人们的交流过程中被裹挟进公共话语。④ 基于对 2.1 亿条有地理标记的新

---

① Manusov, V., Attributions and interpersonal communication: Out of our heads and into behavior. In D. R. Roskos-Ewoldsen, & J. L. Monahan (Eds.), *Communication and social cognition: Theories and methods*, 2009, pp. 141 – 169.

② Manusov, V., Trees, A. R., Reddick, L. A., Carillo Rowe, A., & Easley, J., "Comparing public and private attributions: Investigating the associations of explanations and impressions with friends and strangers", *Communication Studies*, Vol. 49, 1998, pp. 209 – 223.

③ Zhang, X., Zhang, X., & Chen, X., "Happiness in the air: how does a dirty sky affect mental health and subjective well-being?", *Journal of environmental economics and management*, Vol. 85, 2017, pp. 81 – 94.

④ Wang, S., Paul, M. J., & Dredze, M., "Social media as a sensor of air quality and public response in China", *Journal of medical Internet research*, Vol. 17, No. 3, 2015, pp. 1 – 10.

浪微博情感色彩的分析，研究者发现在重度雾霾天，人们发微博吐槽的频率明显更高[1]，微博实际上为网民提供了一个发酵愤怒与伤感的空间。[2]

一方面，这些研究结果与我们的现实体验基本一致，有关雾霾的日常表达常常夹杂着表达者复杂的负面情感。另一方面，它们对政治传播研究，特别是商议研究传统中关于理性公众的预设提出挑战。在这一预设下，情感常常被视作阻碍个人形成理性态度和行为的心理障碍，以致于情感不仅在文献中鲜有涉及，甚至有被排除出政治传播研究领域的倾向。[3]

根据哈贝马斯的理论阐释[4]，公共领域指公众集体讨论和理性决策的社会空间。这种对公共领域理性特征的强调已遭到诸多质疑。以艾利斯·杨为代表的差异民主理论家指出，一个宏大的公共领域内所容纳的是多重公众，他们在交往互动中所依赖与擅长的表达形式各不相同，其中美学-情感式表达涵盖了多种日常交往模式，如修辞、虚构、隐喻、诗歌等。[5] 这些更加日常的表达形式同样应被纳入正当的公共话语形态之列，以帮助我们了解不同社会群体的立场，增进我们对公共事务的理解。[6]

包容多种话语形式恰恰是商议体系理论的应有之义：一个体系整体的商议水平并不取决于体系内任一单元自身的商议性，而是由多者共同决定。也许在局部范围内展开的话语行动并没有遵循严格的商议规则，

---

[1] Zheng, S., Wang, J., Sun, C., Zhang, X., & Kahn, M. E., "Air pollution lowers Chinese urbanites' expressed happiness on social media", *Nature Human Behaviour*, Vol. 3, 2019, pp. 237 – 243.

[2] Pan, J., "Emotional criticism as public engagement: How weibo users discuss 'Peking University statues wear face-masks'", *Telematics and Informatics*, Vol. 33, No. 2, 2015, pp. 514 – 524.

[3] Calhoun, C., Putting emotions in their place. In J. Goodwin, J. M. Jasper, & F. Polletta (Eds.), *Passionate politics: Emotions and social movements*, Chicago, IL: University of Chicago Press, 2001, pp. 45 – 57.

[4] Habermas, J., *The structural transformation of the public sphere: An inquiry into a category of bourgeois society*, Cambridge, MA: MIT Press, 1989.

[5] Young, I. M., *Inclusion and democracy*, Oxford University press on demand, 2002, p. 39.

[6] Young, I. M., Communication and the other: Beyond deliberative democracy. In S. Benhabib (Ed.), *Democracy and difference: Contesting the boundaries of the political*, Princeton, NJ: Princeton University Press, 1996, pp. 120 – 136.

甚至有时富含冲突、情绪化和不文明等许多看似非理性的因素，但是若将其放置在完整的商议体系内，这一本身商议水平较低的话语行为却有可能触发更大范围内更具商议性的互动，从而使整个体系的商议水平得到提高。[1] 在这一理论架构内，情感及情感的表达非但不构成反常现象，反而具有天然的正当性。

与近年来在人文社会科学领域兴起的"情感转向"相呼应[2]，越来越多的政治学、传播学者开始关注公共领域存在的多样性[3]，承认情感是其中不可或缺的构成元素。[4] "情感公共领域"的概念应运而生。[5] 在此公共空间中，情感的表达不仅不会阻碍理性的展开，相反有助于推理论证、增进公共交往。[6]

情感对个人的政治认知、态度和行为的影响可以简单概括为四个方面。首先，情感可以提示人们关注周边讯息，辅助其了解和评价现实境况。[7] 不同情感蕴含着不同的提示信息，进而对人们就信息的处理和对事务的判断产生不同的影响。[8]

其次，情感可能成为人们处理信息的机制。有实验研究显示，在有

---

[1] Mansbridge, J., Bohman, J., Chambers, S., Christiano, T., Fung, A., Parkinson, J., Thompson, D. F. & Warren, M. E., A systemic approach to deliberative democracy. In J. Parkinson & J. Mansbridge (Eds.), *Deliberative systems: Deliberative democracy at the large scale*, Cambridge: Cambridge University Press, 2012, pp. 1 – 26.

[2] Dahlgren, P., "Public sphere participation online: The ambiguities of affect", *International Journal of Communication*, Vol. 12, 2018, pp. 2052 – 2070.

[3] Dahlberg, L., "The Habermasian public sphere and exclusion: An engagement with post-structuralist-influenced critics", *Communication Theory*, Vol. 24, No. 1, 2013, pp. 21 – 41.

[4] Papacharissi, Z., *Affective publics*, New York, NY: Oxford University Press, 2015.

[5] Richards, B., News and the emotional public sphere. In S. Allan (Ed.), *The Routledge companion to news and journalism*, London, UK: Routledge, 2010, pp. 301 – 311.

[6] Hoggett, P., & Thompson, S., "Toward a democracy of the emotions", *Constellations*, Vol. 9, No. 1, 2002, pp. 106 – 126.

[7] Clore, G. L., Schwarz, N., & Conway, M., Affective causes and consequences of social information processing. In R. S. Wyer & T. K. Srull (Eds.), *Handbook of social cognition*, Hillsdale, NJ: Erlbaum, 1994, pp. 323 – 417.

[8] Schwarz, N., "Emotion, cognition, and decision making", *Cognition & Emotion*, Vol. 14, No. 4, 2000, pp. 433 – 440; Schwarz, N., & Clore, G. L., How do I feel about it? Informative functions of affective states. In K. Fiedler & J. Forgas (Eds.), *Affect, cognition and social behavior*, Toronto, Ontario, Canada: Hogrefe, 1988, pp. 44 – 62.

关法定最低量刑问题的政策制定上，情节框架虽然自身的说服效果略逊于主题框架，却能够通过引起人们的共情反应间接提高说服效果，最终影响人们对政策的态度。① 这表明情感可能为框架效应的实现提供有别于认知的独特路径。

再次，同样关注框架效应的情感面向，纳比观察到面对醉驾问题，愤怒框架导致人们将责任归咎于个人并主张采取严厉的惩罚措施，相反，恐惧框架则令人们更多地将醉驾归结为社会原因所致，也更愿意通过保护手段来解决问题；由此他提出"情绪即框架"，主张情绪作为框架可以为人们的逻辑推理提供认知视角和起点。②

最后，情感还能驱动人们思考和行动。特别在政治参与方面，大量研究显示，焦虑能够提升人们对选举政治的兴趣③、新闻关注度和政治参与行为的多样性④，恐惧和担忧会激励公众联系政府官员表达诉求⑤，愤怒或愤慨在激励政治积极性和公民参与等方面则效果显著。⑥

以上有关情感的研究可以带给我们至少两方面的启示。首先，人类的情感体验是其理性行为的一部分，情感的表达和理性交往无需也不可能独立存在。⑦ 在肯定理性交往的价值之外，研究者应对情感在公共生活中的角色和作用予以重视。其次，已有研究所关注的具体情感各有不同，

---

① Gross, K., "Framing persuasive appeals: Episodic and thematic framing, emotional response, and policy opinion", *Political Psychology*, Vol. 29, No. 2, 2008, pp. 169 – 192.

② Nabi, R. L., "Exploring the framing effects of emotion: Do discrete emotions differentially influence information accessibility, information seeking, and policy preference?", *Communication Research*, Vol. 30, No. 2, 2003, pp. 224 – 247.

③ Rudolph, T. J., Gangl, A., & Stevens, D., "The effects of efficacy and emotions on campaign involvement", *Journal of Politics*, Vol. 62, 2000, pp. 1189 – 1197.

④ Marcus, G. E., Neuman, W. R., & MacKuen, M., *Affective intelligence and political judgment*, Chicago, IL: University of Chicago Press, 2000.

⑤ Brader, T., *Campaigning for hearts and minds*, Chicago, IL: University of Chicago Press, 2006.

⑥ Lerner, J. S., & Keltner, D., "Fear, anger, risk", *Journal of Personality and Social Psychology*, Vol. 81, 2001, pp. 146 – 159; Valentino, N. A., Brader, T., Groenendyk, E. W., Gregorowicz, K., & Hutchings, V. L., "Election night's alright for fighting: The role of emotions in political participation", *Journal of Politics*, Vol. 73, 2011, pp. 1 – 15.

⑦ Dahlberg, L., "The Habermasian public sphere: Taking difference seriously?", *Theory and Society*, Vol. 34, No. 2, 2005, pp. 111 – 136.

所依赖的理论视角也存在差异，但研究者大都认可，情感可以形塑人们的政治态度和行为。[1]

回到本文的研究情境，公众谈及雾霾问题时可能伴有多种情感反应，可能是愤怒，可能是无奈，也可能是满怀信心与希望。本文聚焦其中负面情感的政治驱动力。选择关注作为集合的负面情感主要有三方面的考虑。第一，学术界关于情感的内部结构至今没有达成清晰的共识。采用两级单维模型将情感状态沿着正－负两个方向进行划分是文献中对情感体系最常用的描述方式之一。[2] 第二，本文旨在考察情感在意见表达中的角色，因此多种离散情绪之间的差别超出了本研究的关注范围。[3] 第三，如前文显示，以往有关雾霾公共话语的研究一致呈现出负面情感的高度相关性。[4] 鉴于这些原因，本文聚焦负面情绪作为一种整体体验如何受到意见表达行为的影响，又如何作用于公众对于雾霾问题的责任归因，为此提出下面一组研究问题：

RQ2：关于雾霾议题的意见表达对人们的负面情感有何影响？

RQ3：意见表达中的负面情感如何影响人们就雾霾问题的责任归因？

将以上两个研究问题联系起来，我们推导出意见表达可能经过情感的中介来影响人们的责任归因。至于具体的中介机制，本文通过以下问题来解答：

RQ4：不同形态的意见表达如何以负面情感为中介影响公众就雾霾问

---

[1] Brader, T., "Striking a responsive chord: How political ads motivate and persuade voters by appealing to emotions", *American Journal of Political Science*, Vol. 49, No. 2, 2005, pp. 388 – 405; Huddy, L., Feldman, S., Taber, C., & Lahav, G., "Threat, anxiety, and support of antiterrorism policies", *American Journal of Political Science*, Vol. 49, No. 3, 2005, pp. 593 – 608.

[2] Marcus, G. E., Neuman, W. R., & MacKuen, M., *Affective intelligence and political judgment*, Chicago, IL: University of Chicago Press, 2000; Rudolph, T. J., Gangl, A., & Stevens, D., "The effects of efficacy and emotions on campaign involvement", *Journal of Politics*, Vol. 62, 2000, pp. 1189 – 1197.

[3] Lerner, J. S., & Keltner, D., "Fear, anger, risk", *Journal of Personality and Social Psychology*, Vol. 81, 2001, pp. 146 – 159; Valentino, N. A., Brader, T., Groenendyk, E. W., Gregorowicz, K., & Hutchings, V. L., "Election night's alright for fighting: The role of emotions in political participation", *Journal of Politics*, Vol. 73, 2011, pp. 1 – 15.

[4] Huang, J., & Yang, Z. J., "Risk, affect, and policy support: public perception of air pollution in China", *Asian Journal of Communication*, Vol. 28, No. 3, 2018, pp. 281 – 297.

题的责任归因?

四 研究方法

(一) 样本和分析方法

本文采用问卷调查的方法,于 2019 年 4 月至 5 月期间通过专业网络调查平台,根据全国人口普查数据,采取配额抽样从北京、上海、广州和沈阳收取有效问卷 820 份。考虑到地区经济发展水平和环境污染程度都可能直接影响当地民众对环境污染的关注度①,对环境议题的关注度②,以及对环保项目的支持度③,样本来源的四座城市无论在经济水平,还是在空气污染程度上都存在系统差异④,因此,从这四地抽样可以丰富样本与雾霾相关的日常表达和态度等方面的内部差异。

在数据分析方面,本文首先呈现核心自变量和因变量,即意见表达和责任归因的分布特征。其次,文章采用回归分析的方法检验意见表达对于负面情感和责任归因的影响效果。最后,作者借助路径分析的统计技术来探究负面情感的中介作用。

(二) 主要测量

意见表达。作为本文的核心自变量,有关雾霾的意见表达行为被区分为三种形态。人际讨论指被访者在过去一年针对雾霾问题,通过(1)与家人或亲友讨论,(2)与同事讨论或者(3)与邻居讨论的方式表达自己的意见和看法的频繁程度(1 = 从未有过,5 = 有过很多次)($M =$

---

① Liu, X., & Mu, R., "Public environmental concern in China: Determinants and variations", *Global environmental change*, Vol. 37, 2016, pp. 116 – 127.

② Brody, S. D., Zahran, S., Vedlitz, A., & Grover, H., "Examining the relationship between physical vulnerability and public perceptions of global climate change in the United States", *Environment and behavior*, Vol. 40, No. 1, 2008, pp. 72 – 95.

③ Zahran, S., Brody, S. D., Grover, H., & Vedlitz, A., "Climate change vulnerability and policy support", *Society and Natural Resources*, Vol. 19, No. 9, 2006, pp. 771 – 789.

④ Tatlowm, China air quality study has good news and bad news, The New York Times, 2016. https://www.nytimes.com/2016/03/31/world/asia/china – air – pollution – beijing – shanghai – guangzhou.html? mcubz = 0

3.42，$SD=0.76$，$\alpha=0.65$）。

在线表达的频率使用相同的5点量表测量，包括被访者通过（1）在博客上发帖或发表评论，（2）在微博上发帖或发表评论，（3）用手机短信发送或转发评论，以及（4）通过微信朋友圈发贴或发表评论的方式针对雾霾表达意见（$M=2.78$，$SD=0.93$，$\alpha=0.81$）。

最后，考虑到我国独有的公共参与基础设施结构以及制度化参与途径在其中的重要位置，制度途径的表达作为最后一类表达变量被纳入测量，其中包括被访者（1）向报刊、电台、电视台反映，（2）向政府有关部门反映，和（3）向相关社会组织反映个人意见的频繁程度（$M=2.07$，$SD=1.05$，$\alpha=0.90$）。

负面情感。因子分析显示，负面情感包含一个维度，由六个问题取均值所构成。被访者用5点量表（1=完全不准确，5=非常准确）表示谈起雾霾话题时，以下词汇能够多准确地表达他们的内心感受：焦虑、气愤、无望、无奈、恐惧、担忧（$M=3.53$，$SD=0.77$，$\alpha=0.79$）。

责任归因。采用文献中的理论划分，责任归因分为人们对于问题成因的归因和处置责任的归因两类（Iyengar, 1989）。针对雾霾成因，被访者用5点量表表示他们在多大程度上同意（1=非常不同意，5=非常同意）雾霾是"人为因素"（$M=4.11$，$SD=0.81$）或"自然因素"（$M=2.98$，$SD=1.11$）引起的。针对雾霾的处置责任，被访者使用相同的5点量表表明他们认为在多大程度上认同"政府对改善雾霾有责任和义务"（$M=4.41$，$SD=0.76$），以及"每个人对改善雾霾都有责任和义务"（$M=4.28$，$SD=0.77$）。

控制变量。本文在分析中还包括了11个社会人口特征变量，包括年龄、性别、教育水平、是否已婚、有子女、有房产、为共产党员、家庭年收入、以及所在城市。另外，由于初步的数据分析显示，被访者对雾霾的责任归因可能受到媒介使用的影响，本文在统计分析中对其做了控制。

媒介使用包括传统大众媒体使用和网络媒体使用两个维度。其一，传统大众媒体使用由四个问题取均值所构成，包括被访者多经常（1=从不，5=总是）从电视新闻、报纸、杂志和广播获取与雾霾有关的信息（$M=3.41$，$SD=0.79$，$\alpha=0.74$）。其二，新媒体使用则由被访者通过网络新闻、手机新闻客户端、微博新闻账号、微博个人账号和微信朋友圈获取雾霾相关信息的频率取均值获得（$M=3.64$，$SD=0.74$，$\alpha=0.74$）。

五 结果

(一) 意见表达和责任归因的描述分析

在开始正式解答本文的研究问题之前,作者首先对被访者就雾霾议题的意见表达和责任归因的基本概况做一简单描述。

首先,三种形态的表达行为中,被访者最经常通过人际讨论发表自己就雾霾问题的看法($M=3.42$, $SD=0.76$),其频率显著高于量表中值($t=15.93$, $df=818$, $p<0.001$)。相比之下,在线表达($M=2.78$, $SD=0.93$)和制度途径的表达($M=2.07$, $SD=1.05$)频率明显降低。三种形态的表达之间呈现正相关关系($r_{人际-在线}=0.45$, $r_{人际-制度途径}=0.24$, $r_{在线-制度途径}=0.60$, $p<0.001$)。不难看出,人际讨论仍是我国公众表达自身就公共议题观点的重要形式。

其次,被访者针对雾霾的成因归因和处置责任的归因均具有明显的倾向性:相比自然因素($M=2.98$, $SD=1.11$),人们普遍认为人为因素($M=4.10$, $SD=0.81$)是引发雾霾的主要原因($t=21.55$, $df=802$, $p<0.001$),而政府($M=4.41$, $SD=0.76$)比个人($M=4.28$, $SD=0.77$)应当承担更大的改善雾霾的责任和义务($t=4.00$, $df=798$, $p<0.001$)。

以上分析为我们初步呈现了公众关于雾霾的意见表达和责任归因的总体情况。以此为起点,我们转向检验本文所提出的一系列研究问题。

(二) 意见表达对责任归因和负面情感的影响

不同形态的意见表达行为对公众就雾霾问题的责任归因具有怎样的影响?为了回答这个问题,我们估测了两组线性回归模型(表1前四列),分别对应了被访者关于雾霾问题责任归因的两个方面:对雾霾成因的归因和对改善雾霾责任与义务的归因。每一组模型下面都包括一对指向相反的归因判断。

为突出重点,表1中省略了作为控制变量纳入回归模型的社会-人口特征和媒介使用,仅呈现了核心自变量——意见表达——的回归系数。如表1所示,两组模型总体的修正R^2检验均非常显著。这说明,模型对于公众就雾霾问题的责任归因具有较强的解释力。以下,我们将重点解读意见表达对于公众责任归因的影响效果。

表1　预测意见表达对雾霾责任归因与负面情感的回归模型

预测变量	成因责任归因		改善责任归因		负面情感
	人为因素	自然因素	政府责任	个体责任	
人际讨论	0.16 ***	-0.01	0.25 ***	0.25 ***	0.24 ***
在线表达	0.05	-0.02	-0.03	-0.03	0.16 ***
制度途径的表达	-0.08	0.15 ***	-0.22 ***	-0.13 **	-0.01
修正 R^2	0.09 ***	0.06 ***	0.09 ***	0.07 ***	0.26 ***

注：N = 820，表格内为标准化回归系数，社会－人口特征和媒介使用变量未在表格中显示。
* $p<0.05$，** $p<0.01$，*** $p<0.001$。

首先来看意见表达对雾霾成因归因的影响。在控制了被访者社会－人口特征和媒介使用的影响后，人际讨论提高了人们将雾霾归于人为因素所致的可能性（β=0.16，$p<0.001$），而制度途径的表达则与雾霾由自然因素引发的责任归因显著正相关（β=0.15，$p<0.001$）。可见，两种形态的表达促使公众对雾霾的成因做出了不同判断。

其次，在改善雾霾的责任归因上，人际讨论和制度途径的表达表现出截然相反的影响力。在与雾霾有关的日常交谈中，人们倾向于突出政府（β=0.25，$p<0.001$）和社会成员（β=0.25，$p<0.001$）对改善雾霾各自应承担的责任。频繁通过制度途径表达个人意见则可能同时削弱人们对以上双方责任的归因（政府责任：β=-.22，$p<0.001$；个人责任：β=-0.13，$p<0.01$）。在两组模型中，在线表达的影响力普遍微弱，均未达到统计显著的水平。[1]

意见表达不仅影响公众对雾霾的责任归因，还能够作用于人们在表

---

[1] 考虑到前文分析显示出三种形态的表达行为之间具有高度的相关性，为了排除由于多重共线性导致回归模型估测的准确性降低，作者首先检验了三个表达行为变量在回归模型中的方差膨胀因子（VIF），其数值在1.48—2.27的值域范围内浮动，表明三个变量之间不存在多重共线性。在此基础上，作者进行了补充分析，在保留控制变量的基础上将三个意见表达变量分别单独代入回归模型。结果显示，三个变量的回归系数无论在效果方向还是效应量上与表1中呈现的结果均无不差异。这些都增强了我们对回归估测结果可靠性的信心。

达过程中的情感体验。如表 1 末列所示，人际讨论（β = 0.24, p < 0.001）和在线表达（β = 0.16, p < 0.001）都可能激发表达者就雾霾问题的负面情感，制度途径的表达所伴随的情感反应并不显著。

在分别检验了意见表达对公众就雾霾问题的责任归因和负面情感的影响效果后，我们试图将三者融入一个整合的分析框架，进一步剖析负面情感在意见表达与责任归因的关系中所起到的中介作用。

（三）意见表达影响责任归因的情感机制

研究问题 2—4 共同指向负面情感在意见表达和责任归因两者关系中发挥的连接机制作用。为此，我们针对每一类归因估测了一个路径模型。在模型中，外生变量为意见表达，结果变量为一对责任归因，负面情感作为连接两者的中介变量。模型估测在控制了社会 - 人口特征后，以变量间的协方差矩阵为基础，运用 Mplus8 软件完成。在综合考虑了理论关照、上文回归分析结果和 Mplus 提供的调整指数的基础上，我们最终确定了两组模型（图 1、2）。从每个模型下方的拟合指数看，两组模型与数据的拟合程度均令人满意。

首先来看负面情感在意见表达影响公众对雾霾成因的判断中发挥的作用。如图 1 所示，与亲朋熟人间的讨论令人们更倾向于将雾霾归为人为因素所致（β = 0.12, p < 0.001），还可通过激发负面情感（β = 0.22, p < 0.001）间接提高人们做出这一责任归因的可能性（β = 0.23, p < 0.001）。负面情感在其中发挥的中介作用占到了人际讨论对人为因素归因总效果的 29.6%（β$_{间接效果}$ = 0.1, p < 0.001）。与此相比，在线表达对人为因素归因的影响更完全由负面情感的中介得以实现（β$_{间接效果}$ = 0.1, p < 0.001）。与以上结果形成反差，制度化表达令人们更倾向于强调雾霾的自然成因（β = 0.17, p < 0.001），而其中的情感反应并不显著（β = - 0.05, ns）。

其次，我们转向意见表达对改善雾霾的责任归因的影响机制。图 2 显示，负面情感依旧受到人际讨论（β = 0.22, p < 0.001）和在线表达（β = 0.22, p < 0.001）的影响，进而促使人们强调政府（β = 0.08, p < 0.05）和个人（β = 0.07, p < 0.05）改善雾霾的责任。负面情感在人际讨论与处置责任归因之间的中介效果分别占到总效果的 8.4%（政府责任

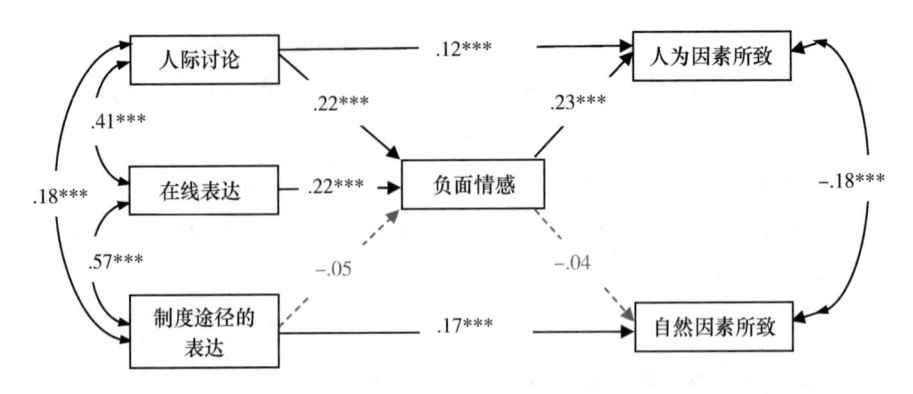

图 1　负面情感中介下的意见表达对雾霾成因责任归因的影响效果模型

$N = 768$, $\chi^2 = 2.83$, $df = 4$, $p = 0.59$, RMSEA = 0.00（90% CI, 0.00, 0.05）, CFI = 1.00, SRMR = 0.01

图中为标准化系数，虚线为统计不显著效果，*** $p < 0.001$。模型控制了社会—人口变量。

$\beta_{间接效果} = 0.02$, $p < 0.05$）和 7.2%（个体责任 $\beta_{间接效果} = 0.02$, $p < 0.05$），并完全中介了在线表达的影响效果（政府责任 $\beta_{间接效果} = 0.02$，个体责任 $\beta_{间接效果} = 0.02$, $p < 0.05$）。

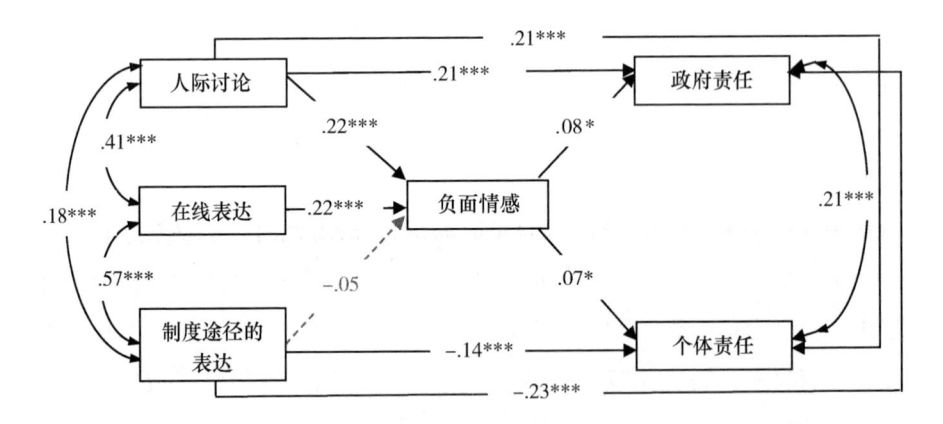

图 2　负面情感中介下的意见表达对雾霾改善责任归因的影响效果模型

$N = 768$, $\chi^2 = 0.20$, $df = 2$, $p = 0.91$, RMSEA = 0.00（90% CI, 0.00, 0.03）, CFI = 1.00, SRMR = 0.00

图中为标准化系数，虚线为统计不显著效果，* $p < 0.05$, *** $p < 0.001$。模型控制了社会—人口变量。

与此同时，人际讨论和制度途径的表达对被访者就改善雾霾的责任归因呈现出显著但方向相反的直接影响力：有别于人际讨论提升公众对政府责任（β=0.21，$p<0.001$）和个体责任（β=0.21，$p<0.001$）的归因，通过制度途径反映问题的被访者将改善雾霾的责任归为两者的可能性均有所降低（政府责任 β = -0.23，个体责任 β = -0.14，$p<0.001$）。这也再次印证了上文回归分析的结果。

六 结论与讨论

从杜威的实用主义教育思想到巴伯对强民主的阐释，再到杨提出交往民主理论，政治理论家一以贯之地倡扬公众积极卷入日常政治实践，其中的核心内容是公民以讨论、对话和商谈等多种话语形式展开交流互动。[①] 在更广泛的意义上，强调公众以日常政治会话等形式的话语活动表达个人观点既是本文的研究起点，也是最终落脚点。本文认为以意见表达为基础的话语参与构成了中国公众参与公共生活、实现公民性的重要实践形式，是我国商议体系建构中不可或缺的一部分。为了经验地呈现这种话语参与实践，本文分析了来自北京、上海、沈阳和广州四地居民的问卷调查数据，以此考察公众的日常性意见表达对他们关于雾霾问题的责任归因所产生的影响，并围绕情感在其中发挥的作用展开探索。

结果显示，三种形态的表达行为彼此之间正向关联，常常卷入人际间讨论的公众同样可能在网络上频繁地表达个人观点，同时有可能将非正式表达中展现出的积极趋向带入更加正式和制度化的表达行为中。这一结果与既有文献相一致，人们在不同情境下的表达式参与程度呈现出汇聚的趋势。[②]

本文结果同时显示，公众正式与非正式的表达行为不论在影响责任

[①] Dewey, J., *The public and its problems*, New York, NY: Henry Holt, 1927; Barber, B., *Strong democracy: Participatory politics for a new age*, Berkeley: University of California Press, 1984; Young, I. M., Communication and the other: Beyond deliberative democracy, In S. Benhabib (Ed.), *Democracy and difference: Contesting the boundaries of the political*, Princeton, NJ: Princeton University Press, 1996, pp. 120 – 136.

[②] Hirzalla, F., & Zoonen, L. V., "Beyond the online/offline divide: How youth's online and offline civic activities converge", *Social Science Computer Review*, Vol. 29, No. 4, 2011, pp. 481 – 498.

归因的目标指向、效果方向还是情感在其中发挥的作用方面都存在很大差异。频繁的线下讨论促使人们将雾霾归为人为因素所致，同时更加认同通过政府和社会成员的共同干预来改善雾霾；相反，经由制度途径反映个人对雾霾问题的看法时，人们更倾向强调雾霾是一种自然现象，同时有可能由此淡化社会干预在缓解雾霾过程中的作用（RQ1）。现实和网络空间内的意见表达常常夹杂着焦虑、气愤、恐惧等负面情感（RQ2），受此情绪影响，人们格外倾向将雾霾归为人为原因所致，也更加认同通过政府和社会成员的共同干预来改善雾霾（RQ3）。

公众在正式与非正式的表达行为中呈现出以上差异可能由多种原因导致。我们在此仅做一些有限地推测。首先，以不同话语形态表达自身意见是公众个人能动性的体现。面对不同的交流对象、报着不同的交流目的，以什么样的方式进行表达以及对雾霾的责任归因做出何种公开的判断都可能是人们策略性选择的结果。不难想象，不论是和私人之间的日常交谈还是和经由网络中介的在线表达相比，通过现有制度结构中的组织机构展开的意见表达在话语内容和形态等众多方面均受到更加严格的表达规范的限制。在向政府部门、媒体和社会组织反映雾霾问题时，公众实则是在交流双方权力地位不对等的前提下进行的可见的公共表达。与非正式的私人交流相比，表达者在其中要承担更高的社会期待，同时担负更多的社会责任。这些都可能激励表达者采用更加富于理性和协商性的表达方式。[①]

与此同时，公众在正式与非正式的表达行为中呈现出差异还可能与个体特征有关。一系列的对比分析显示，频繁经由制度途径反馈个人意见的被访者中，党员（34.1%）、已婚（93.2%）、有房产者（91.5%）所占的比例均高于其各自在频繁的人际讨论者和频繁的在线表达者中的占比。[②] 同时，具有制度化表达经历的被访者对雾霾严重程度的感知水平显著低于

[①] Scholten, L., Knippenberg, D. V., Nijstad, B. A., & De Dreu, C. K. W., "Motivated information processing and group decision-making: Effects of process accountability on information processing and decision quality", *Journal of Experimental Social Psychology*, Vol. 43, 2007, pp. 539–552.

[②] 针对每种形态的意见表达，以表达频率量表的中间值为标准将被访者分为两组："频繁的表达者"包括所有取值高于3的被访者，即过去一年中"有过好几次"或"有过很多次"通过该形式表达意见的经历；其余的则为"不频繁的表达者"。

未曾有过制度途径表达经历的被访者。据此我们推测，频繁选择制度途径反馈个人意见的人更可能是那些拥有更多制度、经济和社会资源的社会群体，同时这部分人群对雾霾问题迫切和严重程度的评估水平要更低。这也部分地解释了为何制度化表达行为所掺杂的负面情感程度更低，同时频繁以制度途径表达意见的人们对于通过政府和社会成员的人为干预改善雾霾的做法认同度也更低。

总体看来，本文通过对表达形态和责任归因维度的细分，展现了意见表达对于公众就公共议题的态度和认知更为微妙的影响。反观这些研究结果，我们可以展开进一步思考。首先，对意见表达进行理论阐发和实证检验有助于研究者对其作出更加深入的解读。意见表达可能以多种形态在不同环境下存在并展开。这些表达行动在很多情况下并未从可知或不可知的他者处得到任何反馈或引发持续互动的讨论，而基本上是表达者单向的言说。考虑到意见表达的多种可能性，本研究将面对面－网络中介的、单向—互动的、正式—非正式的表达行为放置在同一个分析框架内加以检验，试图借此更加全面立体地绘制有关我国公众意见表达的现实图景。

本文的研究结果印证了日常生活中的政治表达是人们公共生活的行动元素。同西方公众一样，中国公众在私人场合的交流频繁涉及公共议题。实际上，在本文所涉及的七项表达行为中，与亲朋熟人间面对面地讨论彼此对雾霾问题的看法是人们最经常选择的表达方式，其频繁程度高于通过博客、微博和微信等网络渠道进行的意见表达。可以说正是通过日常政治讨论，公众得以从私人领域进入公共领域，完成私人生活和公共生活的相互勾连。[1] 也正是日常政治讨论使得生活世界与公共领域之间的界限变得越发模糊，令原本属于私人领域的话语空间（比如家庭）日渐呈现出既公又私的特征。在我国现有的政治话语结构框架内，位于社会交往"后台"的私人场域在酝酿舆论及开辟公众参与渠道的过程中

---

[1] Wyatt, R. O., Katz, E., & Kim, J., "Bridging the spheres: Political and personal conversation in public and private spaces", *Journal of Communication*, Vol. 50, 2000, pp. 71–92.

占据着不可替代的位置①，对以政府部门和传统大众媒体为中心设置的制度途径的舆论反馈机制起到了重要的补充作用。对于公众而言，他们在讨论过程中得以不断检视和校正自己的观点，学习如何从公共立场出发采取思考和行动。在这个意义上，日常政治讨论是公众实现自我教育和提升公民素养的实验场和训练营。根据商议体系的理论构想，这样的政治讨论既是构成这个体系的有机元素，为体制内正式的政策商议所不可或缺，更是为体系的良好运行培育知情、审慎、具有公共精神的商议性公众的重要渠道。

肯定日常政治讨论和制度化表达的意义的同时，我们需要看到，不是所有人都能平等地建构日常传播网络，更不是所有人都有同等的机会或能力借助制度途径发表个人意见。人们可能有意回避现实中的政治表达。② 而那些背景优越的个人更可能接触"更广泛的日常活动领域、更众多的社交群体和更丰富的人际关系"，进而拥有更多从事表达行动的机会。③ 鉴于这种传播不平等，本文结果指向了互联网对于拓展公共话语空间的独特作用。值得注意的是，本文显示，新媒体技术提供的会话资源和表达空间可能遵循特有的话语规范，具体表现为在线表达中情感元素的凸显，也因此孕育出独特的话语形态。

意见表达的影响力可能因表达中所携带的情感元素而进一步增强。这些负面情绪并不简单意味着个人感性地宣泄，而是会进一步作用于人们对雾霾问题的认知，强化他们关于雾霾做出的责任归因（RQ4）。这些结果提醒我们，情感不可避免地作用于人们的日常交往活动，成为公众参与中不可或缺的驱动力、表达内容和认知渠道。如果说情感公共领域的提出重在强调人类的情感体验也是理性行为的一部分④，那么如何在公共交往中推动理性表达和相互理解的同时，实现尊重、引导和挖掘而不

---

① Eliasoph, N., *Avoiding politics: How Americans produce apathy in everyday life*, Cambridge University Press, 1998.

② Stromer-Galley, J., "New voices in the public sphere: A comparative analysis of interpersonal and online political talk", *Javnost-The Public*, Vol. 9, No. 2, 2002, pp. 23–41.

③ Tichenor, P. J., Donohue, G. A., & Olien, C. N., "Mass media flow and differential growth in knowledge", *Public Opinion Quarterly*, Vol. 34, 1970, p. 162.

④ Rosas, O. V., & Serrano-Puche, J., "News media and the emotional public sphere—Introduction", *International Journal of Communication*, Vol. 12, 2018, p. 9.

是抑制公众的情感反应理应成为研究者在重构公共话语空间的情感维度时需要着重研究的议题。研究者需要审慎思考情感在舆论中的作用，甚至重新审视情感在公共商议乃至公共生活中扮演的角色。正如马库斯所言："政治经常源于人们对于局部利益或苦难的诉求，……这些诉求需要具体的情感支持而变得具有政治性"。① 正是情感反应所迸发出的力量鼓舞着人们更积极地投入到多样的公共生活之中。

当然，我们解读任何研究结果时都应小心谨慎，尤其不可过度解读。本文在综合考虑了研究对象与研究目的基础上选取了雾霾议题作为经验考察的情境。不同议题在紧迫性、显著度、冲突性以及公众的关注度等方面都可能具有不同的性质和特征，在责任归因的指向上也可能涉及不同的目标主体。有关雾霾的意见表达在我国舆论场域中长期存在，不算新话题，随着近年来我国在空气污染治理方面取得显著成效，公众对雾霾问题关注和讨论的热烈程度以及由此引发的情感卷入度都可能有所趋缓，因此本文所呈现的更接近常态化的日常意见表达、情感和公众责任归因之间的关联状态。对于突发性议题，公众在短时内更为关注，意见交流更加频繁，情感反应也更为激烈。这些都可能增强意见表达和情感对于责任归因的影响效果，强化本文的研究结论。

另外，本文对于表达效果的检验仅建立在表达频度的基础上，并未考虑表达内容。表达内容的落脚点可能促使人们对雾霾问题形成不同的认知和态度。不同的表达内容还可能引发不同的情感反应。可以想像，当人们在表达中侧重于雾霾治理取得的成果或解决雾霾需要建立的长效机制时，情感体验会更加积极（比如感受到希望）；相反，当人们局限于雾霾所造成的不良健康和环境后果时，在表达过程中则更容易产生负面情绪。我们将这些问题留待日后与学界同行们共同探索。在未来的研究中，研究者可以从表达针对的议题、表达内容和具体的情感反应入手来考察本文的研究结论是否以及在多大程度上依赖于表达情境和表达行为自身的不同特征。

---

① Marcus, G. E., *The sentimental citizen: Emotion in democratic politics*, University Park: Pennsylvania State University Press, 2002, p. 45.

专题六

国际政治传播研究

共情、共通、共享：
中国话语国际影响力提升的新进路*

于运全　朱文博

（当代中国与世界研究院院长、研究员、高级编辑；
当代中国与世界研究院对外话语创新研究中心助理研究员，
清华大学新闻与传播学院博士研究生）

摘　要：习近平总书记多次在讲话中提出"融通中外"的国际传播理念，这既是一个工作原则，也是一个重要的方法论，为中国对外话语体系建设指明了方向。基于马克思主义基本原理及传播学理论，实现融通中外就是要在客观实践基础上，推动中国话语在国际传播中做到共情、共通、共享。党的十八大以来，中国对外话语在内容构建上充分体现出共情、共通、共享的特征，并在国际传播实践中取得阶段性成果，初步探索出了一条提升国际影响力的新进路。当前，在新时代中国特色社会主义的伟大实践中，中国对外话语体系正在进行时代性、超越性的范式转换。实现共情、共通、共享的国际传播目标，需要跨学科、跨领域的共同努力。

关键词：话语影响力；对外话语体系；国际传播；国际话语权

党的十八大以来，习近平总书记多次在重要讲话中提出"融通中外"

---

* 本文系国家社科基金重大项目"中华民国新闻史"（项目编号：13&ZD154）的研究成果。

的国际传播理念。他在 2016 年的"2·19"讲话中这样阐述"采用融通中外的概念、范畴、表述,把我们想讲的和国外受众想听的结合起来,把'陈情'和'说理'结合起来,把'自己讲'和'别人讲'结合起来,使故事更多为国际社会和海外受众所认同。"① 2021 年的"5·31"讲话中,习近平总书记进一步提出:"要加快构建中国话语和中国叙事体系,用中国理论阐释中国实践,用中国实践升华中国理论,打造融通中外的新概念、新范畴、新表述,更加充分、更加鲜明地展现中国故事及其背后的思想力量和精神力量。"②

"融通中外"既是工作原则,也是方法论,不仅为国际传播实践明确了目标方向,而且为国际传播研究提出了重大理论命题。这些年来,国内学术界围绕"共情传播""共通意义空间""价值观共享"等学术概念开展了一系列研究,部分研究揭示了"融通中外"的国际传播规律,但全面系统的学理性研究尚不多见。本研究基于马克思主义基本原理及传播学理论,尝试对"融通中外"进行学理化阐释,提出"共情""共通""共享"的分析框架,并运用这一概念体系考察中国政治话语的国际传播效果与路径,为新时代提升中国话语国际影响力提供借鉴启示。

一 共情、共通、共享的理论基础

国际传播活动本质上是一种认识活动,遵循人类认识客观世界的一般规律。根据唯物辩证法,人的认识过程是从感性认识到理性认识(第一次飞跃)再到实践(第二次飞跃),接着在实践中产生感性认识,依此循环。③ 马克思主义揭示了感性认识与理性认识之间,以及认识与实践之间关系的唯物辩证法,是研究人类一切认识活动的哲学基础。国际传播

---

① 习近平:《坚持正确方向创新方法手段 提高新闻舆论传播力引导力》,2016 年 2 月 19 日,新华社(http://www.xinhuanet.com//politics/2016-02/19/c_1118102868.htm)。
② 习近平:《加强和改进国际传播工作展示真实立体全面的中国》,《人民日报》2021 年 6 月 2 日第 1 版。
③ 贺秀峰:《从马克思哲学的角度论述感性认识与理性认识的关系》,《湘潮》(下半月) 2011 年第 8 期。

的目的就是促进对象国受众对本国的认识，自然遵循唯物辩证法的一般原则：第一，对象国受众对本国的认识，需要经过从感性到理性的过程，才能形成正确的判断；第二，对象国受众对本国的认识和判断，需要在实践中接受检验并不断丰富发展。

传播学揭示了人类传播行为相关认识活动的特殊规律，学者们将其运用于国际传播研究，为如何实现对象国受众的认识转变提出了不少创见。有学者基于传播心理学提出"共情传播"的概念，认为"万物皆可共情、人类普遍共情，共情是人类与生俱来的一种能力"[1]，"共同情感能够成为消除个体差异、构建人类命运共同体的动力"。[2] 有学者基于符号互动理论，提出国际传播需要建构"共通意义空间"，在理论和文化上探寻"共同话语"和"共同经验"，以填补"我者"与"他者"之间的认知沟壑，加深彼此理解。[3] "共情传播"与"共通的意义空间"之间存在内在关联。只有在传播主体能对他者"感同身受"和"换位思考"，以同理之心从他者的角度去认识和理解问题时，才能形成"共通的意义空间"。[4] 还有学者从跨文化传播的角度，提出国际传播中的"共享价值观"问题。他们认为，不同的个体或文化群体往往有着不同的价值观体系和核心价值，但也存在共享的一面，"共享价值观"就是"当今两种/多种文化或两国/多国民众都接受或追求的价值观"，[5] 中国文化"走出去"的核心就是文化价值观与世界各国民众不同程度地共享并内化于心。[6]

习近平总书记关于"融通中外"的相关论述，不仅符合传播学基本原理，而且体现了辩证唯物主义科学规律。第一，"打造融通中外的新概

---

[1] 吴飞：《共情传播的理论基础与实践路径探索》，《新闻与传播研究》2019年第5期。

[2] 崔维维：《国家形象的共情传播及其引发机制》，《哈尔滨工业大学学报》（社会科学版）2022年第1期。

[3] 金天栋、任晓：《"人类命运共同体"国际传播的"共通的意义空间"研究》，《社会科学》2021年第2期。

[4] 张勇锋：《共情：民心相通的传播机理》，《中国社会科学报》2020年11月19日第3版。

[5] 关世杰：《对外传播中的共享性中华核心价值观》，《学术前沿》2012年第11期（下）。

[6] 李加军：《中国文化价值观的跨文化共享研究》，《文化与传播》2020年第4期。

念、新范畴、新表述，把我们想讲的和国外受众想听的结合起来"等，强调的就是通过对外话语体系的内容建构，在国际传播中营造"共通意义空间"；第二，把"陈情"和"说理"结合起来，展现中国故事及其背后的思想力量和精神力量，"使故事更多为国际社会和海外受众所认同"等，阐述的就是从感性认识到理性认识，直至形成价值观认同的跨国、跨文化认知过程；第三，"用中国理论阐释中国实践，用中国实践升华中国理论"，则是阐明了主观认识与客观实践之间相互检验、相互促进、相互转化的深层辩证关系。

鉴于此，本文尝试对"融通中外"做如下阐释：实现融通中外，既是一个推动认识不断深化的过程，也是一个理论与实践互动发展的过程。一方面，融通中外包括三个层面的认知目标：第一层是"共情"，即国际传播首先需要实现的是对人类基本情感的准确感知和传达，做到"你同情我、我同情你"；第二层是"共通"，即在情感谅解的基础上，尝试在思想理念、理论逻辑、政治话语等道理层面上建构"共通的意义空间"，做到"你理解我、我理解你"；第三层是"共享"，即在价值观上实现道义认同和精神支持，达到"你中有我、我中有你"的最高境界。从情感上的"共情"，到道理上的"共通"再到价值上的"共享"，构成了感性认识到理性认识，直至形成正确判断与相互认同的具体过程。在话语构建与传播过程中，三者并非截然分开，而是往往相互贯通、紧密联系。另一方面，融通中外需要和实践紧密结合。从"共情""共通"到"共享"，都需要生动鲜活的中国实践作支撑，且融通中外的层次越高，对实践的深度和广度要求越高。离开了实践，一切认识活动都成了无源之水、无本之木。总之，实现融通中外，就是要基于客观实践，在国际传播中做到共情、共通、共享。

二 共情、共通、共享的话语构建

党的十八大以来，中国提出了一系列既有中国特色又有普遍意义的新概念、新范畴、新表述，在话语建构上充分体现了共情、共通、共享的融通中外特征。

在共情层面上，习近平总书记在环境保护领域提出的"绿水青山就是金山银山""要像保护眼睛一样保护生态环境";在抗疫过程中提出的"生命至上、人民至上";在扶贫攻坚中提出的"一个都不能少""两不愁、三保障"等话语,直接触及人类社会的普遍需求和基本感情,很容易引发海外受众的情感共鸣。在共通层面上,习近平总书记在政治领域提出的"全过程民主""人民幸福生活是最大人权";在经济领域提出的"绿色发展""低碳经济""开放型世界经济";在外交领域提出的"新型国际关系""互利共赢"等话语,能够在理论上与国际主流话语体系平等对话,这使得海外受众能够听得懂、听得进、听得信。在共享层面上"一带一路""人类命运共同体""全人类共同价值""共商共建共享"等话语,充分阐释了"同一个世界、同一个梦想"的全人类共同愿望,勾画了持久和平、普遍安全、共同繁荣、开放包容、清洁美丽的美好未来。

同时,新时代中国政治话语有坚实的实践基础和丰富的现实依据,使得中国话语与中国实践之间形成了相伴相生、相辅相成的辩证互动关系。其中,最典型的话语就是"人类命运共同体"。自2013年3月习近平总书记首次提出"人类命运共同体"以来,习近平总书记不仅根据形势发展需要不断丰富构建人类命运共同体理念的内涵,提出"网络空间命运共同体""人类卫生健康共同体""人与自然生命共同体"等衍生话语,同时,也随着与相关地区和国家合作实践的不断深化和发展,进一步提出"周边命运共同体""亚洲命运共同体""中非命运共同体"等次级话语。这些年来"人类命运共同体"话语经历了从理论变为实践,再由实践发展理论的辩证互动过程,这使得"人类命运共同体"不仅发展成为一个博大精深、内容完善的思想理论体系,而且日益转化为国际社会的普遍共识和行动方案。[1] 特别是"一带一路"倡议,作为构建人类命运共同体的重要实践平台,是"人类命运共同体"从美好愿景变为社会现实的最佳注脚。

因此,党的十八大以来中国对外话语体系构建的基本经验,可以总

---

[1] 裴广江、胡泽曦、俞懿春等:《共同建设更加美好的世界(新时代的关键抉择)——以习近平同志为核心的党中央推动构建人类命运共同体述评》,《人民日报》2021年11月9日第1版。

结为两点：一是尊重国际传播规律，建构能够引起情感共鸣、道理共通和价值共享的新概念、新范畴、新表述，推动话语认识的不断深化；二是理论联系实践，用中国话语阐释中国实践，用中国实践升华中国话语，促进话语与实践之间互动发展。

三 共情、共通、共享的传播实践

为了考察中国政治话语的国际传播实践情况，当代中国与世界研究院开展了三项实证调查。一是"中国政治话语海外媒体传播情况调查"。依托国际英文媒体数据库 NOW Corpus，围绕全球 20 个国家和地区近 300 家英文报刊和网站的新闻报道，分析 2020 年中国政治话语词汇在海外媒体中的传播情况，考察指标包括报道量、国家地区、情感倾向等。二是"中国政治话语受众认知情况调查"。邀约来自亚洲、非洲、欧洲和中美洲等 33 个国家和地区的 630 名来华留学生，通过线上问卷调查的方式，调查中国政治话语在海外留学生群体中的认知情况，具体指标包括认知话语、情感态度、喜好原因等。三是"中国政治话语海外传播路径个案分析"。以"全过程民主"这一创新话语为案例，深入研究中国政治话语在国际舆论场中实现共情、共通、共享的传播路径与叙事方式。主要结果如下。

（一）海外媒体传播情况内容分析结果

在关注度上，具有共情、共通、共享特征的政治话语，在国际舆论场上更容易得到媒体广泛报道，如"一带一路""开放型世界经济""合作抗疫""共商共建共享""人类命运共同体"等（如图 1 所示）。在情感态度上，非洲和亚洲的国家和地区对中国政治话语的态度更为正面积极；而西方国家和受西方影响较深的国家及地区，对中国政治话语的报道较为负面消极，认知接受程度较差（如图 2 所示）。可以看出，共建"一带一路"合作国家，对中国政治话语的认知和接受水平更高。

共情、共通、共享：中国话语国际影响力提升的新进路 / 575

图1 各国家/地区媒体对中国政治话语的报道量统计

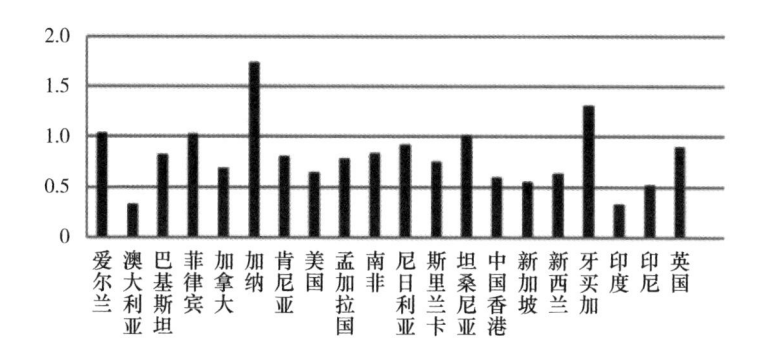

（篇/次）
- "一带一路" 4097
- 开放型世界经济及合作抗疫 2835
- 习近平治国理政 2076
- 共商共建共享 1157
- 和谐社会 1007
- 人类命运共同体 515
- 中国制造2025 351
- 生态文明 160
- 中国梦 131
- 中国特色社会主义 127

图2 各国家/地区媒体对中国政治话语的情感值分析

（二）在华留学生认知情况问卷调查结果

总体来看，在华留学生对于党的十八大以来中国提出的系列政治话语的认同度普遍较高，这与他们比较容易接受中国信息和感受中国社会关系密切。具体来看，留学生较为认同两类话语：一类是"开放型世界经济""一带一路""新型大国关系""共商共建共享"等具有共情、共通、共享特征的话语；另一类是"习近平治国理政""中国抗疫""生态文明建设""和谐社会"等在华留学生具有亲身经历和现实体会的政治话语（如图3所示）。

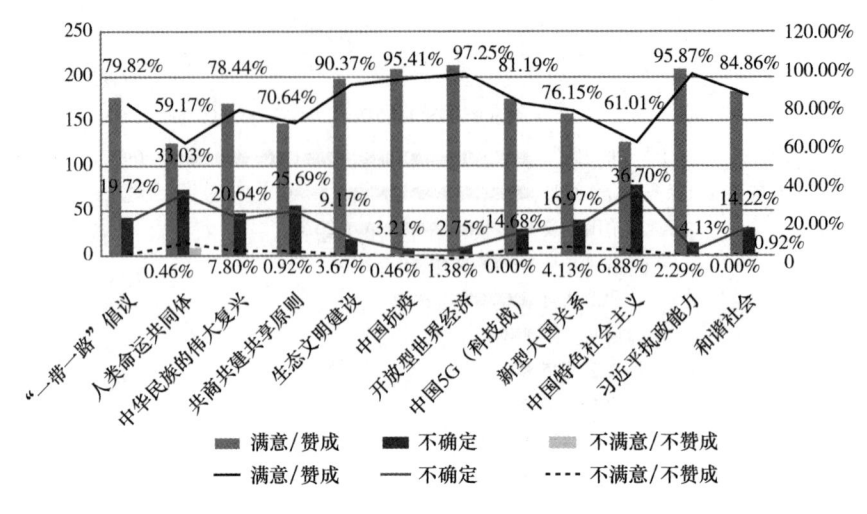

图 3　受访留学生对中国政治话语的接受度比例统计

（三）中国政治话语传播路径个案分析结果

习近平总书记提出的"全过程民主"话语在海外媒体中呈现出"农村包围城市"的传播进路，即先进入"一带一路"沿线发展中国家，再逐步进入西方国家。如乌兹别克斯坦、巴勒斯坦、孟加拉国、菲律宾、塞浦路斯等"一带一路"沿线国家媒体，将"全过程民主"作为可以学习借鉴的创新理念广泛宣传。而西方国家媒体则出现三种情况：大多数普通媒体只简单转载消息不做评论，少数权威媒体不做报道评论，极少数反华媒体则提出负面评述。这一结果与第一项调查结果相似，处于相似发展阶段、具有一定合作基础、价值观念差别不大的国家和地区，更容易实现共情、共通、共享；而发展水平差异较大、合作基础薄弱以及价值观念明显不同的国家和地区，则对中国政治话语较为抗拒。

进一步研究发现，专家学者是推动中国政治话语实现共情、共通、共享的重要力量。他们不仅可以将话语表述，而且能将话语背后的故事、道理和实践讲出来"要结合具体国家的国情，将中国故事以别人喜欢听、听得进的方式讲述出来。要坚持用事实说话，将观点置于对事实的客观介绍中，不说教、不讲空话、套话。"[①] 具体来说，他们主要采用三种叙

---

① 王梦宇：《后疫情时代媒体建构国家形象的创新路径——基于 53 位英文国家受众的研究》，《现代出版》2021 年第 3 期。

事方式：第一种方式就是讲故事，生动讲述人民群众参与全过程民主实践的真实情节和鲜活案例，推动实现情感共鸣。第二种是讲道理，从学理上进行中西民主模式或者中外民主模式对比分析，尝试建立"共通的意义空间"和"共享的价值理念"。第三种是摆事实，实事求是呈现中国落实特色民主制度的客观事实，为实现共情、共通、共享建立实践基础。

四　总结与思考

结合中国国际传播实证调查结果研究，我们发现新时代中国政治话语在实现国际传播的共情、共通、共享上已取得阶段性成果，并探索出了一条有效传播路径。具体结论如下：在话语构建上，具有融通中外特质的政治话语更容易实现共情、共通、共享；在传播路径上"一带一路"沿线国家应是中国政治话语海外传播路径的优先选择；在传播主体上，专家学者是对外阐释中国核心政治话语的中坚力量，也是"多级传播"的关键环节，是实现融通中外的桥梁；在受众群体上，以留学生为代表的青年群体，更容易接受新事物、新理念、新话语，是国际传播的重点对象；在传播方式上，应以生动的实践吸引人、真实的故事打动人、透彻的理论说服人。总之，基于客观实践在国际传播中做到共情、共通、共享，就是提高国际影响力的新进路。

基于以上研究结果，本文得出启示如下：第一，对外话语体系建设需要跨学科、跨领域支持。在国际传播能力建设上升为国家战略之际，构建融通中外的对外话语体系已成为整个人文社会科学的共同使命。只有在马克思主义指导下通过对新闻传播学、政治学、经济学、国际关系学等不同领域学科的交叉运用，才能为新时代对外话语体系建设提供全方位解决方案。

第二，中国话语正在进行时代性、超越性的范式转换。新时代中国对外话语体系，也正在向着融通中外的目标进行范式转换，迎来具有时代性和超越性的新的飞跃。这种转换既有对马克思主义科学原理和崇高价值的坚守，也有基于新时代伟大创造与丰富实践的创新，更有对全人类发展方向和价值理想的引领。共情、共通、共享正是中国对外话语体系新范式的基本特征。

第三，中国实践是中国话语生命力、创造力的不竭源泉。实践是检验真理的唯一标准，也是检验话语的重要标准。国际话语体系变革归根到底，是看话语能否满足最新实践的需要，能否回答国际社会面临的新问题和新挑战。全球性重大危机的爆发，既是对既有话语的现实检验，也是新兴话语登上历史舞台的重要契机。新时代中国特色社会主义的伟大实践，必将为新时代中国话语注入蓬勃生机与活力。

（该文首发于2021年第八届"政治传播与社会发展论坛"，刊载于《现代传播》2022年第2期。）

新时代中华文化海外传播内容创新的四个"度"
——以第一届"讲好中国故事"创意传播国际大赛获奖作品为例

崔 潇

(中国传媒大学媒介与公共事务研究院
全球传播治理研究中心助理主任、专职研究员)

民族的就是世界的。中华文化作为中华民族的智慧结晶,也是全人类共有的文化遗产。以习近平同志为核心的新一代领导集体高度重视中华文化的海外传播,提出了一系列精深论断,为我们开展工作指明了方向。

首先,中华文化的海外传播要以连接古今、融通中外为目标。习近平同志指出:"要加强对中华优秀传统文化的挖掘和阐发,使中华民族最基本的文化基因与当代文化相适应、与现代社会相协调,把跨越时空、超越国界、富有永恒魅力、具有当代价值的文化精神弘扬起来,激活其内在的强大生命力,让中华文化同各国人民创造的多彩文化一道,为人类提供正确精神指引。"[①]

其次,中华文化的海外传播要以创新为手段。习近平同志强调:"传承中华文化,绝不是简单复古,也不是盲目排外,而是古为今用、洋为

---

① 习近平:《在中国文联十大、中国作协九大开幕式上的讲话》,《人民日报》2016年12月第2版。

中用，辩证取舍、推陈出新，摒弃消极因素，继承积极思想，'以古人之规矩，开自己之生面'，实现中华文化的创造性转化和创新性发展。"①

在"讲好中国故事，传播好中国声音"理念指导下，2017年2月至2017年11月，中国外文局联合中国新闻史学会公共关系分会、华中科技大学新闻与信息传播学院、中国网等单位共同主办了第一届"讲好中国故事"创意传播国际大赛。该赛事以"原味中国故事·融通世界美好"为主旨，设置"中国梦的故事""中国人的故事""中国文化的故事""中国品牌的故事""年度故事专题"五大主题，面向国际社会征集故事文本及创意表现形式，致力于发掘、培育真正的"中国故事·世界话语"，赛事吸引了国内外机构和个人积极参与，并产生了较大反响。本文以第一届"讲好中国故事"创意传播国际大赛获奖作品为分析案例，探讨从内容层面的创新而言，中华文化的海外传播要坚持四个"度"。

一 有尺度

一是要立足本来。创新不是无中生有、凭空而来，立足已有积淀、不忘本来，是文化创新的一个重要前提。立足本来就是要深刻理解文化的时代背景，准确解读文化的意蕴内涵，避免对文化的本身含义产生误读。否则，在对外传播的过程中，会带来难以修复的不良影响。在互联网新时代，传播技术的进步促进了文化的繁荣发展，同时也带来了许多问题。在国内，信息的短平快传播，使人们对于文化的理解往往容易断章取义、一知半解，文化典籍被误读、被误传已是司空见惯。而在国外，文化概念被误读的例子更是不胜枚举，中国风被"单数化"为汉风，中华文化被"窄化"为汉族文化。造成这些误读，有传播缺位的因素，有语境转换的因素，更有对自身文化理解不准确的因素。厘清这些尴尬的"误读"，为中国文化寻求"正解"迫在眉睫，这首先要求我们拥有立足本来的思想自觉，站在对文化深刻理解和准确解读的基础上去创新、传播中华文化。

在第一届"讲好中国故事"创意传播国际大赛获奖作品中，《一匠一

---

① 《习近平在文艺工作座谈会上的讲话》，人民出版社2015年版，第26页。

心》和《十个汉字读懂中国》侧重于对文化内涵的深刻理解和准确解读。《一匠一心》通过介绍八位不同行业的拥有精湛手艺的匠人，集中阐释了"匠人精神"的历史内涵与时代内涵——勤劳、勇敢、创新，给读者留下了一个全面、形象且深刻的认识。而作品《十个汉字读懂中国》将中国书法艺术与中华传统文化相结合，用原创书法的形式展现并解读了"仁义礼智信温良恭俭让"十个汉字的深层含义，形式简单但内容厚重，使受众回味良久。这两个作品都是本着立足本来的思想，通过形象的方式对抽象的文化内涵进行了深入浅出的解读。

二是要明确旨归。创新不是目的，而是手段，创新的目的在于通过创造性转化，让中华文化在新时代的社会背景下得到新发展，在新时代的全球文化中找到新定位，渗透融入到现代社会和国际社会中。不能为了创新而只顾形式不顾内容，那样就偏离了创新的旨归，本末倒置了。党的十九大报告明确提出一个创新性概念——"社会主义核心价值体系"，要求"必须坚持马克思主义、牢固树立共产主义远大理想和中国特色社会主义共同理想，培育和践行社会主义核心价值观，推动中华优秀传统文化创造性转化、创新性发展，继承革命文化，发展社会主义先进文化"①。这一价值体系兼具鲜明的民族性、时代的先进性与历史的传承性，"这一概念贯通着古今的中华文化精髓"②，是习近平新时代中国特色社会主义思想文化建设的基本方略，也为我们明确了新时代文化创新的旨归。

大赛获奖作品《Silk Girl 的中国梦》讲述了一位从小喜欢中国文化的外国女孩塞伊达（Saida）渴望来中国学习工作的圆梦故事，作者将个体的梦想和国家发展的梦想相结合，传达出中国梦的价值理念：中国梦既是一个个生命个体的梦，也是和世界各国人民追求美好生活的息息相通的梦。该作品以弘扬中国梦为思想旨归，挖掘中外民众共同的价值理念，并聚焦到个体，进而生动展现了中国梦所体现出的文化内涵。

---

① 《中国共产党第十九次全国代表大会文件汇编》，人民出版社 2017 年版，第 8 页。
② 崔潇：《推进新时代社会主义核心价值体系建设的着力点》，2018 年 9 月 26 日，光明网（http://share.gmw.cn/theory/2018-09/26/content_31385474.htm?from=timeline&is appinstalled=0）。

二　有时度

一是要顺应媒介环境，善用网络。在信息获取方式上，有调查显示，"新媒体时代，自媒体在外国人生活中的重要程度极大提升"①，"接近2/3的外国青年将互联网作为接触中国文化信息的首选渠道"②。长期以来，我们善于通过出版物、外宣品等传统大众媒体宣介中国，而西方受众，特别是"千禧一代""屏幕一族"则希望通过手机、移动设备等新媒体和新科技的创新媒介形式来了解中国。根据新媒体特征对中华文化进行内容创新，注重个性化选择与互动性体验，致力于运用微视频、微动漫、H5、VR全景等媒介技术，更能引发共鸣、激发认同，是互联网时代提高中华文化海外传播的有效路径。

大赛获奖作品中，适用于微传播的3分钟短视频占绝大部分，还有动漫游戏、H5产品、电子杂志、移动端App，以及增强故事表现力的VR等前沿科技。例如，用手机体验陶瓷和景泰蓝制作的《工艺大师App》，通过App实现了传统文化的移动传播，兼顾了用户的个性化选择与互动性体验，实现了互联网与非遗文化的有机结合。这种互动带来了个性化的参与感，参与感使用户对陶瓷和景泰蓝文化的理解更直观、印象更深刻。

二是要顺应市场需求，善假于物。荀子在《劝学》中提出"君子生非异也，善假于物也"，告诉人们要善于利用周围已有的条件，去争取最大成功。中华文化的内容创新，要坚持"器物"和"思想"相结合，把思想内化在器物之中，将抽象的内容形象化，将虚空的内容具体化。文化是一种需求，而器物与人们的生活紧密相连，能够满足人们日常生活、精神享受乃至获取知识等多个层面的文化需求，是传播文化的重要载体。文化体现在器物之中，就成了文化创意产品。在经济全球化时代，文化

---

① 赵莉：《新媒体时代区域形象对外传播路径与效果——以外国人媒介使用习惯及浙江省国际形象问卷调查为例》，《新闻前哨》2014年第10期。
② 《首都文化创新与文化传播工程研究院发布〈外国人对中国文化认知调查报告〉》，2016年6月19日，人民网（http：//society.people.com.cn/nl/2016/0619/cl008-28456317.html）。

创意产业发展已成为中国重要的国家战略,占国民经济比重逐年提高,在国内外市场潜力巨大,为中华文化创新提供了难得的市场机遇。

大赛获奖作品《楚文化经典符号的创意设计与应用》把象征古老文明的楚国传统文化符号——凤凰、越王勾践剑、玉器、鹿、楚文化和漆器作为设计元素,开发了一系列文创生活用品,让楚风文明穿越时空,进入人们的现实生活中,影响人们的认知。这种以物承载文化的方式增强了传播效果,也使文化的影响力得以更加持久。

三 有高度

一要传达崇共荣、尚和合的世界观。"万物并育而不相害,道并行而不相悖。"这是一个彰显个性的时代,更是一个同舟共济的时代。在坚定中国特色发展道路的基础上,也要有"至中至和"的思想,与他国、他人求同存异、兼容并蓄、和睦共处。"一带一路"的共商共建共享新模式,提倡共同繁荣的人类命运共同体理念,坚持正确义利观的外交思想等新时代发展理念,都是中国崇共荣、尚和合世界观的具体体现,也是中国贡献给国际社会的精深智慧。历史已证明,和平与稳定带来发展,战争与冲突带来灾难。发展需要竞争,但竞争并不意味着战争,持久和平、共生共荣的和谐世界观是国际社会所共有的发展理念。

大赛获奖作品《温情惟馨》讲述了一位韩国白血病患者来中国寻找为其捐献造血干细胞的救命恩人的真实故事。恩人虽未出现,但他的"己欲立而立人,己欲达而达人"的中国传统文化理念,在这位韩国患者身上得到了国际化传承。创作者通过这个故事生动呈现了"大爱无国界",也传递了各国人民命运相连、休戚与共的"命运共同体"思想。作品《I LIKE CHINA》以中铁大桥局承建的帕德玛大桥项目为背景,讲述了一位和中国员工一起工作的孟加拉国籍劳模司机的故事,他的经历朴实但不普通,通过两国人民共同筑造这座孟加拉国人民的"梦想之桥"(Dream Bridge),映射出"一带一路"背景下多样文明相互包容、共生共荣的和合景象。

二要弘扬崇学文、尚勤奋的人生观。"吾生也有涯,而知也无涯",学习能让人保持思想活力,得到智慧启发,滋养浩然正气。习近平总书记曾在《同各界优秀青年代表座谈时的讲话》中提到"学如弩弓,才如箭镞",倡导青年人把学习作为一种精神追求、一种生活方式。中国有句话家喻户晓,"一勤天下无难事",中国外文局当代中国与世界研究院发布的《中国国家形象全球调查报告》连续多年发现,"勤劳敬业"是中国国民最突出的形象。当下的中国,社会主义事业进入新发展阶段,肩负全面深化改革的时代使命;当下的世界,全球性问题不断增多,人类面临更多共同的挑战。发扬崇学文、尚勤奋的人生观,倚靠劳动这个推动人类进步的根本力量,是中国和世界各国人民追求美好生活的共同选择。

大赛获奖作品《茶乡学者》讲述了一位朴实的茶乡农民学者的故事。通过他的故事,创作者将"身份不评贵贱,年龄不分老幼,学问不问高低"这一观念传达给读者,弘扬中国人崇尚学无止境和天道酬勤的文化传统。

三要传播崇正义、守诚信的价值观。"从善如登,从恶如崩",正确的价值观引导人走向光明,错误的价值观误导人走向毁灭。推崇平等、公正、法治的社会价值观,能够使民众保持积极的人生态度、良好的道德品质和健康的生活情趣。"民无信不立",诚信是中华民族几千年来传承的美德。做人需要诚信,一个国家的对外交往也需要诚信,这是一种普世价值观念,渗透在每一个国民心中,也贯穿于新时代中国的外交理念之中。

大赛获奖作品《杆秤·匠心》通过"第五届全国道德模范"——"江家秤"第五代传人造秤修秤的故事,为读者讲述了杆秤这一门古老手艺所象征的良心与公正心,以及它所传承的"诚实守信"这一中华民族传统美德。

四 有温度

一是有情怀、引共鸣。文化是由人建构的,文化的传播也应该回归到对人性的关照,努力挖掘有情怀、能够引发共鸣的文化内涵。工匠精神、坚守精神、奉献精神,亲情、爱情、战友情、家国情,这些都是国内外民众普遍认同的价值理念,是能够跨越不同民族、不同国度、不同肤色,能够引发共鸣、打动人心的文化内涵。

大赛获奖作品《维和部队》讲述了一位中国维和战士与他两岁小女儿一年只能见一两次面的故事,故事温馨且充满正气,催人泪下也感人至深,表达了中国人骨肉血脉里的"有国才有家"的家国情怀,也表达了对世界和平的期许。作品《付出最好的自己》以国内首个大学生发起的捐发公益组织"青丝行动"为背景,展现了当代中国年轻人乐于助人、无私奉献的形象,他们用自己的担当温暖着这个世界,演绎着有温度的中国故事。

二是有情趣、接地气。就是从"现实的人"和"现实的生活"出发,在"日用常行"中实践中华文化。也就是说,要立足日常生活,运用大众化表达,使含蓄精深的中华文化能够为普通大众所认知、认同,契合大众需求、贴近大众心灵。如此,才能让优秀传统文化从"旧时王谢堂前燕"到"飞入寻常百姓家",摆脱曲高和寡的尴尬;才能让中华文化走出国门,走进外国民众的心中。

大赛获奖作品《让中国歌曲的美漂洋过海》讲述了一群上海大学生,因为共同热爱音乐和英语而聚到一起,共同创办了 MelodyC2E 的故事。他们每周翻译一首中文歌曲,并创作英文版演唱,希望全世界的人都能欣赏到中文歌曲的动人故事和动人旋律。现如今,MelodyC2E 在网易云音乐、微博、Bilibili 等平台上积累了大量粉丝,遍布海内外。这种以音乐为媒、以语言转换为方式的文化创新不仅充满情趣,而且贴近生活。

(该文首发于 2017 年第四届"政治传播与社会发展论坛",刊载于《对外传播》2018 年第 12 期。)

被"标识"的国家：
撤侨话语中的国家认同与家国想象[*]

陈 薇

（华中科技大学新闻与信息传播学院副教授，
华中科技大学国家传播战略研究院研究员）[①②③]

摘 要："想象的共同体"确立了论述国家的话语方式，书写（论述）国家的行动本身，就是通过想象（叙事）来弥补在多元复杂的社会力量中所遗失的国家"同一性"，从而将宏大的民族国家叙事和细碎而弥散的日常生活建立起勾连。本文从想象国家的理论脉络出发，以新世纪以来《人民日报》对海外撤侨行动的报道为研究对象，对报道中所呈现的"国家"话语进行文本分析。研究发现，建构主义范式与原生主义范式共同作用于国家想象的生成与可见，从而"标识"国家。由此，撤侨话语成为一种展现国家力量与国家意识的权力书写，通过英雄原型叙事、建构集体记忆的话语互文、塑

---

[*] 本文系国家社科基金重大项目"人类命运共同体视阈下中国国家形象在西方主流媒体的百年传播研究"（项目编号：19ZDA322）阶段性研究成果。

① 自2004年开始，中国政府开始有系统地从危机发生区域撤离本国公民，并正式将"保护海外公民"纳入外交政策中。为了研究的完整性，本文选取以"新世纪"以后的撤侨报道作为数据采集的样本。

② 数据参见外交部中国领事服务网专题《祖国助你回家》：http://cs.mfa.gov.cn/gyls/lsgz/ztzl/zgjnhj/。

③ 本论文的初稿曾在第五届"政治传播与社会发展"论坛（2018年12月4日）上宣读，此观点来自北京交通大学人文社会科学学院施惠玲教授对该论文的点评。感谢施惠玲教授对本论文思路的启发。

造"家国一体"的概念隐喻以及话语互动,实现国家情感的表达与国家认同的凝聚。

关键词:撤侨;标识;新闻话语;国家认同;家国想象

共同体是一个"温馨"的地方,一个温暖而又舒适的场所。它就像是一个家(roof),在它的下面,可以遮风避雨;它又像是一个壁炉,在严寒的日子里,靠近它,可以暖和我们的手。[1]

一 引言

自十七世纪中叶欧洲民族国家出现后,国家逐渐成为拥有最高权力的政治单位。众所周知,安德森(Benedict Anderson)将民族国家界定为"一种想象的政治共同体——并且,它是被想象为本质上有限的,同时也享有主权的共同体"[2]。一方面,这个概念跳脱了现代民族国家受到诸如语言、种族、宗教、疆域等客观因素的限制,转而关注集体认同的主观/认知面向。另一方面,这个概念也确立了论述国家的话语形式。作为重构社会"同一性"(identity)最为重要的制度化和规范化的场所,大众传媒通过"有关书写的增补运动"(a supplementary movement of writing)[3],引导、界定、修改个人对外在环境的认知与判断、价值与行为,成为补充国家本源性"匮乏"的一种中介性力量。[4][5] 因此,书写(论述)国家的行动本身,就是通过想象(叙事)来弥补在多元复杂的社会力量中所遗失的国家"同一性",从而将宏大的民族国家叙事和细碎而弥散的日常

---

[1] 齐格蒙特·鲍曼:《共同体》,欧阳景根译,江苏人民出版社2001/2003年版,第2页。

[2] 本尼迪克特·安德森:《想象的共同体:民族主义的起源与散布》,吴睿人译,上海人民出版社1983/2003年版,第6页。

[3] Bhabha, H. K., *The location of culture*, New York, NY: Routledge, 1994, p.154.

[4] 沃尔特·李普曼:《公众舆论》,阎克文、江红译,上海人民出版社1922/2006年版,第3—23页。

[5] Bhabha, H. K., *Nation and narration*, London and New York, NY: Routledge, 1990, p.1.

生活建立起勾连，国家的概念也在反复的论述中得以凝聚，并清晰地呈现。①

纵观当下世界格局，不稳定性和不确定性越来越多，政治沟通、经贸往来、联合军演、人口流动正不断地重构国家间关系，传统意义上的国家利益已经突破国境的限制，不断向海外延伸。②③ 在发生海外骚乱、战乱或自然灾害等重大突发事件时，一国政府有权通过外交等手段，及时将本国公民和侨民撤回本国政府管辖的行政区域。④⑤ 从新世纪初至 2017 年的 18 年间⑥，中国驻外使领馆依照《维也纳外交关系公约》《维也纳领事关系公约》、中外双边领事条约（协定）和中国国内法律规章，代表中国政府成功地实施了 25 次规模不一的撤侨行动，⑦ 保护了海外中国公民和华人华侨的生命财产安全，同时彰显了中国作为负责任大国的形象与国家实力，有报道称这是"国家意识的觉醒"⑧⑨。

实际上，共同体的想象直指民族国家凝聚人民并表达国家意志的核心力量。按照当代国家理论的代表学者米格代尔（Joel S. Migdal）的观点，国家是一个被赋予权力概念的场域。在观念层面，它是一个领土内具有凝聚力和控制力、经过整合的自主的实体。但在实践层面，这种整体性被国家的各个组成部分予以解构，由此呈现出权力的争夺、行为的

---

① 卞冬磊：《"可见的"共同体：报纸与民族国家的另一种叙述》，《国际新闻界》2017 年第 12 期。

② 张昆、王创业：《疏通渠道实现中国国家形象的对外立体传播》，《新闻大学》2017 年第 3 期。

③ 苏原：《世纪撤侨——大开大合"中国形象片"》，《中国报道》2011 年第 4 期。

④ 卢文刚：《国家治理能力视域下的涉外涉侨突发事件监测预警研究——基于越南撤侨事件的分析》，《暨南学报》（哲学社会科学版）2014 年第 6 期。

⑤ 任正红：《中国也门撤离行动的领事保护属性》，《世界知识》2015 年第 9 期。

⑥ 自 2004 年开始，中国政府开始有系统地从危机发生区域撤离本国公民，并正式将"保护海外公民"纳入外交政策中。为了研究的完整性，本文选取以"新世纪"以后的撤侨报道作为数据采集的样本。

⑦ 数据参见外交部中国领事服务网专题《祖国助你回家》，http://cs.mfa.gov.cn/gyls/lsgz/ztzl/zgjnhjo。

⑧ 金水：《利比亚大撤退——国家意识觉醒》，《华夏时报》2011 年 2 月 28 日第 A09 版。

⑨ 许兵红：《中国海外撤离行动的"领事保护"属性探析》，《国际关系与国际法学刊》2016 年第 6 期。

冲突与公私界限的瓦解。[1] 国家隐没在日常的行为活动中，并非时时得以凸显，只有当其内部的矛盾和缝隙被暂时搁置和封堵时，才有可能被唤醒，而主权的运作，是标识这种"可见性"的途径。[2] 撤侨作为一种由国家主导的领事保护行动，"合乎逻辑地包含在理性之中并且被认为是绝对必要的一种意志"[3]；更以一种"拟战争"的紧迫感与动员性，迅速蓄积、发酵与传递民族情感并建构认同。因此，可被视为政治权力通过运作建构合法性的努力，而围绕着撤侨的媒介话语，则展现出更多权力意义的施行、表达与凝聚。基于此，本文以官方媒体的海外撤侨报道作为研究对象，便是关注在这种特殊的国家行动中，"国家"的概念如何被激活、被可见、被凸显；媒介如何在公众的想象与政治话语中参与国家想象的书写、作用于国家观念层与实践层的缝合并建构国家认同。

二 认同的凝聚：国家想象与家国叙事

在以"国家"为引领的概念丛中，肇始于19世纪初的共同体理论可谓枝叶扶疏、蔚然深秀。这里并无意对"共同体"概念丛的枝蔓进行系统性的整理，而是尝试从中抽出能为本研究所撷取的理论资源。更确切地说，在民族国家为主体的背景下，考察政治权力如何以撤侨为契机，作用于国家的可见与认同的凝聚。

（一）想象国家的两种范式："可见性"的日常与"幽灵的想象"

在有关民族国家的讨论中，现代主义范式（modernism）作为一种主流和正统，强调民族、民族国家、民族认同等一系列政治样式与秩序的现代性特征。[4] 如霍布斯鲍姆（Eric Hobsbawm）"被发明的传统"、盖尔

---

[1] 乔尔·S. 米格代尔：《社会中的国家：国家与社会如相互改变与相互构成》，李杨、郭一聪译，江苏人民出版社2001/2013年版，第16—23页。

[2] 钟智锦、王友：《"王者"的意义：奥运冠军报道的特征与话语中的国家意识（1984—2016）》，《新闻记者》2018年第7期。

[3] 伯纳德·鲍桑葵：《关于国家的哲学理论》，汪淑钧译，商务印书馆1999/2009年版，第233页。

[4] 安东尼·史密斯：《民族主义：理论、意识形态、历史》，叶江译，上海人民出版社2011年版，第51—53页。

纳（Ernest Gellner）"高级文化的展现体"和安德森"想象的共同体"，均指向民族国家的发明与建构的特征。其中，想象的共同体（imagined communities）最广为所知。"这个名称指涉的不是什么'虚假意识'的产物，而是一种社会心理学上的'社会事实'"，从而将民族、民族属性与民族主义视为一种"特殊的文化的人造物"①。

另一方面，想象的共同体确立了论述国家的话语形式，"区别不同的共同体的基础，并非他们的虚假/真实性，而是他们被想象的方式"②。后殖民主义者 Homi K. Bhabha③ 认为，国家存在着本源性的匮乏。"像叙事一样，国家的起源遗失在时间的神话（the myths of time）中，只能通过灵智之眼（mind's eye）一窥究竟。"20 世纪以前，国家通过大量繁复而庄严的符号与象征仪式得以表达，如民族的节日、国旗和国歌、雕像狂热、体育比赛等，霍布斯鲍姆将他们称为"被发明的传统"④。在这个过程中，"想象国家"虽然通过符号的"创造"得以可能，但并未成为日常的"可见之物"。报纸通过创造同时性的经验和市场化发行，持续地渗透读者的日常生活，成为补充国家本源性"匮乏"的一种中介。⑤也正因如此，"想象的共同体"作为一种有限的、拥有主权的和平行地跨阶级的叙事类型，设定了在文学、传媒领域讨论民族国家问题的整体范式，国家的概念也经由论述变得清晰可见。⑥

然而，论述是联结国家与人民之间的唯一力量吗？抑或说，这种话语的书写是补充国家本源性"匮乏"的唯一驱动因素吗？既然国家是被书写与想象的"文化的人造物"，那么它可以被发明，亦可以被消融。安德森也意识到，在不断流动的认同场域中，存在着某些支撑民族的永存

---

① 本尼迪克特·安德森：《想象的共同体：民族主义的起源与散布》，吴睿人译，上海人民出版社 1983/2003 年版，第 7 页。

② 本尼迪克特·安德森：《想象的共同体：民族主义的起源与散布》，吴睿人译，上海人民出版社 1983/2003 年版，第 6 页。

③⑤ Bhabha, H. K., *Nation and narration*, London and New York, NY: Routledge, 1990, p. 1.

④ 安东尼·史密斯：《民族主义：理论、意识形态、历史》，叶江译，上海人民出版社 2011 年版，第 88—89 页。

⑥ 卞冬磊：《"可见的"共同体：报纸与民族国家的另一种叙述》，《国际新闻界》2017 年第 12 期。

的因素，即"依赖于全球语言千变万化的宿命"以及人类对不朽名声的普遍追求。"这就是所有那些无名战士墓所提供的'幽灵的想象'给予的一切"①。显然，与现代主义范式关注工业资本主义下民族国家的现代化转型不同，这个观点将对民族国家的关注由当下拉长至整个历史时间轴，从而寻找对国家建构能持续发力的支点或归属。

这里，我们回到"认同"的概念来探索建构"想象"的另一种路径。社会心理学认为，认同是人所固有的为了获得心理安全感的无意识行为驱动力，是个人或者群体自认为属于某一个特定个人或群体（国家或民族）的心理现象。这种力量依靠着情感"力比多"来驱动，并通过力比多的组织化（libidinal organization）来实现集体认同。② 由此以"情感"为主导的原生主义（primordialism）成为"想象"国家的另一代表性范式。

在原生主义看来，对所属族群或民族的原始依恋与信任是凝聚"共同体"的天然且强大的黏合剂。Van den Berghe 认为，民族、族群和种族都源于人类的"基因再生产"冲动，群体成员通过"袒护亲属"（nepotism）和"包容适应"（inclusive）的策略来扩展他们的基因组合，使之超越直接的亲缘从而形成文化上更为广泛的"血缘网络系统"，而共享文化的象征符号被用来作为生物亲和力的标记。③ Geertz 称之为"文化施与"，即由血缘、言语、习惯的和谐性所带来的不可抗拒的强制力与吸引力。④ 如果说现代主义代表了政治精英自上而下的建构，那么，原生主义范式则代表了一种日常与情感化的转向，由此改变了思考民族国家问题的研究对象与思维模式，强调了大众的建构性力量。⑤

---

① 安东尼·史密斯：《民族主义：理论、意识形态、历史》，叶江译，上海人民出版社2011年版，第87页。

② Stavrakakis, Y. & Chrysoloras, N., "(I can't get no) Enjoyment: Lacanian theory and Theanalysis of Nationalism", *Psychoanalysis, Culture & Society*, Vol. 1, No. 2, 2006, pp. 144–163.

③ Van den Berghe, P. L., "Race and Ethnicity: A Sociobiological Perspective", *Ethnic & Racial Studies*, Vol. 1, No. 4, 1978.

④ Geertz, C., *The Interpretation of Cultures*, New York, NY: Basic Books, 1973, p. 259.

⑤ 安东尼·史密斯：《民族主义：理论、意识形态、历史》，叶江译，上海人民出版社2011年版，第90—92页。

(二) 国家之"爱": 想象国家的标识项

沿着想象国家的情感脉络继续探索,我们会发现,无论是安德森的"幽灵的想象",还是格尔茨(Clifford Geertz)的"原始依恋",论述都指向了"国家之爱",即对国家的特殊的情感体验和关怀[1]。其实,早在古希腊宗教的语境中,已能寻踪到与忠诚、热爱和自我牺牲等训诫有关的范例,但将这种情感上升为至高无上的卓越地位则源于民族国家的产生。在民族寻根的过程中,"热爱自己的民族"成为最高的政治美德,"政治的'爱'给予了民族这样的抽象体以可触及的表现",政治成为了没有"家(爱)"的家庭的屋顶。[2] 由此在大众的想象中,"家"与"国"建立起关联,民族国家成为"共享这一信念的最大的群体"[3]。虽然这个观点在从个人行为到集体与政治行为的逻辑推演上被广泛质疑,但无法否认它在一定程度上解释了家国想象的情感动因。

回到现代社会的情境中来,随着全球化进程的深入和互联网革命所带来的现代性价值多元与离散,原本依附于共同体而存在的个体,在现代性的进程中经历了一个"脱域"的过程,变得不安全、不确定、不可靠,认同危机也由此产生。[4] 对此,鲍曼(Zygmunt Bauman)在探讨了现代化进程所触发的传统式微与个体"脱域"的风险与不确定性后,将共同体描绘为人们想重回的温暖之地的理想:

> 在共同体中,我们能够互相依靠对方……在我们悲伤失意的时候,总会有人紧紧地握住我们的手。当我们陷于困境而且确实需要帮助的时候,人们在决定帮助我们摆脱困境之前,并不会要求我们

---

[1] Primoratz, I., "Patriotism and Morality: Mapping the Terrain", in Primoratz, I. & Pavković, A., eds., *Patriotism: Philosophical and Political Perspectives*, Burlington, VT: Ashgate, 2008, pp. 17–36.

[2] 安东尼·史密斯:《民族主义:理论、意识形态、历史》,叶江译,上海人民出版社2011年版,第33—34页。

[3] Connor, W., *Ethnonationalism: The Quest for Understanding*, Princeton: Princeton University Press, 1994, pp. 102, 197.

[4] 王亚婷、孔繁斌:《用共同体理论重构社会治理话语体系》,《河南社会科学》2019年第3期。

用东西来作抵押；除了问我们有什么需要，他们并不会问我们何时、如何来报答他们。①

这样的描述，既表达了鲍曼对现代社会"安全"与"温暖"的不可得之憾，亦从家国想象的视角强调了国家凝聚人民的重要功能。在多元而游离的现代社会，国民何时最需要家？当家受到威胁时。在现代民族国家语境下，即国家的主权受到挑战。因此，主权的运作成为"标识"国家的手段。

这里的"标识"用语参考了罗兰·巴特（Roland Barthes）讨论摄影的一组二分概念"展面"（Studium）与"刺点"（Punctum），亦有学者用它来解释"像化"国家形象的视觉识别框架。展面是一种平常所在，代表着和谐、稳定、条理与分寸；而刺点则代表着反常、偶然、炸裂与敏感，同时也聚集着丰富情感，亦是启动国家形象识别的"标识项"（the marked）。②③ 海外撤侨行动即是想象国家的"标识项"。标识的过程通过运作国家的"优先性"来实现，即国家在主权框架下优于任何其他共同体，或者国家在绝对价值上超越生存于其中的所有个体。④ 与弥散于日常的平稳而常规化运作的国家程序不同，撤侨行动触及中国公民的生死与权益，突破国家惯常的"刺点"所在，从而聚集了巨大的情感能量。网络流行语亦对此赋予了一个生动的描绘："燃"。虽然这种"标识"的运作与爱国主义、国家主义、民族主义等概念有着错综复杂的关系，但无法否认，其启动的出发点仍聚焦于国家之"爱"——在现代社会下，更多地表现为个体寻求安全与庇护的情感需求。这也似乎暗合了"想象的共同体"概念中的吊诡之处，即个体既追求自由，也深埋着对集体所赋予的安全感的渴望，因此，安德森强调共同体享有主权却被想象为本质上有限。

综上所述，想象国家有着多重进路，阅读小说和报纸"提供了一种

---

① 齐格蒙特·鲍曼：《共同体》，欧阳景根译，江苏人民出版社2001/2003年版，第3页。
② 赵毅衡：《符号学：原理与推演》，南京大学出版社2016年版，第164、74页。
③ 刘丹凌：《观看之道："像化"国家形象的视觉识别框架》，《南京社会科学》2018年第10期。
④ 王海洲：《想象力的捕捉：国家象征认同困境的政治现象学分析》，《政治学研究》2018年第6期。

最根本的联结"①，从而将具有虚构性质的"想象的共同体"变成了"清晰可见的共同体"。而日常与情感的转向将国家融入到时间与历史之维，成为以道德群体的集体意志和拥有假想的同一祖先群体的共享情感为基础的"公民的神圣的群体政治形式"和凝聚原始依恋的"情感共同体"。②③ 现代风险社会下个体的"脱域"触发了对群体安全的渴望，由此家与国的概念更为紧密地连接在一起，使得个体对国家的想象不仅清晰可见，而且深入骨髓、历久弥新。

三 研究设计与方法

在样本来源上，本研究以《人民日报》2000—2017 年间由我国政府主导的所有海外撤侨行动的报道作为研究对象，并对 2011 年的利比亚撤侨与 2015 年的也门撤侨报道进行重点分析。2011 年 2 月，利比亚发生动乱，中国政府开展了新中国成立以来最大规模的有组织撤侨行动，成功撤离了 35860 名在利比亚的中国公民和华人华侨；2015 年 3 月，也门首都萨那等地发生动乱，中国海军第十九批护航编队成功从也门撤离了中国公民 613 人，以及来自 15 个国家的外国公民共计 279 人，这也是中国首次执行海外撤离外国公民的国际人道主义救援行动。这两起撤侨以其规模的重大性、意义的重要性与涉及对象的特殊性，对回应本研究主旨有着极大的参考价值。

在媒体来源上，《人民日报》作为政党机关报和最具权威性和影响力的第一大报，对大陆主流报纸有着规范与引导效应，④ 在海外撤侨行动报道中，始终代表中国的官方话语发声，承担着传达国家态度和立场的任务。因此，本研究通过在中国报纸资源全文数据库和人民日报数据库

---

① 本尼迪克特·安德森：《想象的共同体：民族主义的起源与散布》，吴睿人译，上海人民出版社 1983/2003 年版，第 30 页。
② 安东尼·史密斯：《民族主义：理论、意识形态、历史》，叶江译，上海人民出版社 2011 年版，第 90、56—59 页。
③ Geertz, C., *The Interpretation of Cultures*, New York, NY: Basic Books, 1973, p.259.
④ 夏倩芳、张明新：《社会冲突性议题之党政形象建构分析——以〈人民日报〉之"三农"常规报道为例》，《新闻学研究》2007 年总第 91 期 4 月号。

(1946—2018)查找收录的撤侨行动关键词获得相关文章,剔除与撤侨行动不直接相关以及仅作为背景提到的文本外,研究共获得有效文本198篇(不包括独立的图片报道)。

为回应研究主旨,本研究将借助批判性话语分析法对撤侨报道的文本进行分析。在批判性话语分析看来,话语不仅是一种权力关系,还构成和改变一个社会的行为方式。[1]话语一旦产生,就受到权力关系的控制、筛选、组织和再分配,话语本身也转化为一种权力。[2]因此,批判性话语不仅关注话语的文本语言形式特征,也在话语实践与社会实践层面,揭示话语对于既有的社会身份、社会关系、社会制度和关系的建构作用。[3]本研究通过分析新闻文本在描述撤侨事件中所呈现的语言学特征,阐释国家认同话语以及话语的生产过程,解释话语背后的社会文化与权力关系,由此揭示国家的概念如何在文本中得以凸显,文本与意识形态之间的联系。

基于想象国家的理论脉络,本研究所关心并聚焦的问题在于:

(1)想象国家的建构主义范式与原生主义范式如何通过媒介话语的书写进行铺陈与展现。或者说,论述与情感在这个过程中如何通过操纵与联合,共同作用于想象的彰显与表达?

(2)在这个过程中,国家如何通过撤侨的话语文本被"看见"?想象的"同一性"如何通过话语实践得以凸显?

(3)"家国"同构的叙事逻辑如何在撤侨的话语实践与社会实践中得以实现?

四 "看见"国家:被书写的"同一性"

如前所述,话语是权力的产物,可以建立、维持和改变权力关系和

---

[1] 袁光锋:《"解放"与"翻身":政治话语的传播与观念的形成》,《新闻与传播研究》2013年第5期。

[2] 米歇尔·福柯:《知识考古学》,谢强、马月译,生活·读书·新知三联书店1998年版,第98页。

[3] 诺曼·费尔克拉夫:《话语与社会变迁》,殷晓蓉译,华夏出版社1992/2003年版,第66—69、84页。

由权力关系所构成的集合性实体。[①] 因此，对新闻话语的研究，就是探讨权力与意识形态如何在文本与话语实践中予以施行、表达、示意、掩盖与认可。这里通过分析话语的及物性、原型叙事方式与互文策略，来分析新闻话语对撤侨行动的事实呈现与建构，并探讨由此所呈现的国家认同逻辑。

（一）凸显救援主体的事实建构

及物性（transitivity）是通过语义再现世界的一种方式，将人们在主观世界和现实世界的见闻与行为分成物质、心理、关系、行为、言语等若干种"过程"，从而激活受众头脑中的施动—受动认知图式，将事件归因导向特定群体。研究发现，在新闻标题中，对撤侨行动者——中国/祖国，采用物质过程和主动语态进行描述，明确国家领导人和党员干部、救援部队、驻外使馆工作人员等在撤侨行动中的中心力量。通过这样的标题设置，海外撤侨被建构为以国家为主体的跨国援救，在认知程式上凸显了国家的优先地位。

除了标题的及物性，新闻文本中的词语选择也是显现隐含观点和意识形态的一种重要手法。[②] 研究发现，报道通过不同的词语选择来描述撤侨行动者主体与被救援者对象，从而确立了认同对象的中心性与报道立场，如表1所示。

对于撤侨行动主体——我国政府及救援部队官兵，被描述为表现高效的撤离行动者，以心系海外侨民的保护者形象出现，为了维护我国海外公民权益"全力保障""即刻赶赴"并采取"迅速撤离"行动。对于撤离行动的主要对象——被困海外的本国侨民，多以"人民"指称，其次如"同胞""亲人"等具有家庭色彩的概念表达。同时，海外公民在报道中被以"好兄弟"指涉，对中国的援救行动"表示敬意""于患难中见真情"。通过话语秩序的编排，确认了认同对象的中心性——从政府、

---

① 诺曼·费尔克拉夫：《话语与社会变迁》，殷晓蓉译，华夏出版社1992/2003年版，第62页。

② 托伊恩·A. 梵·迪克：《作为话语的新闻》，曾庆香译，华夏出版社1988/2003年版，第182页。

救援部队，到海外侨民、外国公民、国际社会，由此建构了"万众一心"的修辞氛围与集体凝聚力。

表1　　　　　　　　海外撤侨行动报道对象及关键词

报道对象	关键词
国家领导人和党员干部	重要指示和批示、全力保障、珍惜每一位同胞的生命、密切关注
救援部队官兵	即刻赶赴、迅速撤离、救民、爱民、伸出援助之手
驻外大使馆工作人员	为海外同胞服务、以人为本、外交为民、守望相伴、重视
我国撤离侨民	感谢、同胞、挥舞国旗、祖国亲人、为祖国自豪
被援助的外国公民	好兄弟、激动、感谢、患难见真情、两国友谊、表示敬意
帮助企业和志愿者	奋战第一线、团结协作、责任、关心、关爱
国际社会	积极评价、肯定、高度赞扬

（二）英雄原型的话语叙事

按照结构功能理论的观点，社会结构的协调与平衡是社会良性运行的前提，一旦功能失调，则会产生社会结构失衡，引发集体焦虑。由于撤侨行动往往与发生地的危机事件相伴而生，因此，英雄作为秩序的恢复者、生命的拯救者与安全的守护者，在报道中反复出现。而英雄恢复平衡的过程，就是减少社会焦虑的过程，从而应对文化中不能解决的矛盾并提供与矛盾共存的想象方式。[1]

研究发现，与西方个人主义英雄不同的是，撤侨报道中的英雄都是以集体主义下"共生"的状态出现，摒弃了英雄原型叙事中可能会有的傲慢自大的陷阱，进而表现为"照顾者"的神话原型。"这是一个利他主义者，受到热情、慷慨和助人的欲望所推动……生命的意义来自于施与。"[2] 例如以下报道：

> 一位长期在领事保护中心工作的外交官，讲过这样一段话："看

---

[1] Fiske, J., *Television Culture*, London, UK: Routledge, 1987, pp. 131–132.
[2] 玛格丽特·马克、卡罗·S. 皮尔森：《很久很久以前：以神话原型打造深植人心的品牌》，许晋福、戴至中、袁世珮译，汕头大学出版社2001/2003年版，第231页。

着父母渐渐老去却不能在身边尽孝,看着妻子年年期盼相伴却年年失望,看着孩子逐渐长大,却在你伸出手时倍感陌生地哭泣,有时候会揪心地疼……但我对家庭的亏欠没有白费,他们的儿子、她的丈夫、他的父亲,做了一些有意义的事"(也门撤侨报道,2016年1月6日)。

同样不容忽视的是,外交部、国家旅游局、公安部、民航局等各有关部门和中国驻埃及使馆的许许多多工作人员,"舍小家为大家",夜以继日不辞辛苦地连续工作,他们毅然放弃了与子女的团圆,放弃了与父母共享天伦,牺牲了返乡省亲的机会,牺牲了一年难得的休假,在办公室内度过了一个不眠的特殊除夕夜……(埃及撤侨报道,2011年2月10日)

在这样情感浓郁、修辞绚丽的话语中,国家意志经由集体主义下的"共生英雄"原型出场,并经由"拯救者""照顾者"的神话叙事得以不断巩固。有学者认为,能够强化主导意识形态的实践才会在党报中以神话的方式呈现。英雄话语的生产与再生产,契合并维护了社会现有的价值观或主导意识形态,从而提供毫无疑义的认知与行动框架并催生社会共识。[1][2]

(三)建构集体记忆的话语互文

互文(intertextuality)是通过符号确定一种符号的边界与言说的边界,将"其他的、特定的文本明确地纳入到一个文本之中",从而组建一条话语链或话语的秩序。[3][4] 巴库廷(Mikhail Mikhailovich Bakhtin)区分了互文性的垂直向度(vertical)和水平向度(horizontal),前者是指文本与构成当下或历史背景的其他文本之间的关联,即历时性向度;后者是

---

[1] 邱鸿峰:《从"英雄"到"歹徒":新闻叙事中心漂移、深化价值与道德恐慌》,《国际新闻界》2010年第12期。
[2] 汤景泰:《偏向与隐喻:论民粹主义舆论的原型叙事》,《国际新闻界》2015年第9期。
[3] Fairclough, N., *Discourse and Social Change*, Cambridge: Polity Press, 1992, p. 104.
[4] 韩素梅:《国家话语、国家认同及媒介空间——以〈人民日报〉玉树地震报道为例》,《国际新闻界》2011年第1期。

指文本的共时性向度①。这里采用巴库廷的分类法，从文本与关联性文本的时空维度，对撤侨报道的话语实践进行分析。

1. 垂直向度：自信叙事与耻化叙事

研究发现，撤侨报道的垂直互文性由文本与背景文本链之间的关联所体现。报道将历史事件插入当下事件中，经由垂直性互文在国家叙事中并置于同一时空，由此呈现出两种"中国"：一个是近现代的中国，饱经战乱、历经屈辱；一个是当代中国，稳定富强、具有大国担当。例如一篇利比亚撤侨行动的评论"意外的撤离 不意外的壮举"（利比亚撤侨，2011年3月10日）：

> 人们至今犹记，19世纪，众多华工被"卖猪仔"，运往美国、加拿大、澳大利亚等国，过着离乡背井的悲惨生活；人们至今犹记，一战期间，十多万中国劳工犹如"工蚁"，在欧洲出生入死，却饱受歧视和欺凌。今天，强国富民不再是梦想。当普通工人乘包机回到家乡，激动地跪倒，亲吻大地；当远行归来的留学生见到年迈的母亲，相拥而泣，我们分明听到"祖国万岁"的欢呼在蓝天回荡。

尼尔曾解释国族创伤与集体记忆之间的关系。当国族中发生不寻常事件时，国族成员以集体性共享情绪如悲伤、愤怒等形成一个以"道德社群"为主的社会，通过情感凝聚形塑对国族的认同。② 过去的国族创伤陈述既是作为记忆的话语在场，又与时效性的撤侨新闻文本构成新的话语共存。因此，通过这种文本的内在历时性，完成了读者对自我过去与当下身份的确认。遥远的历史与现实的断裂经由国家叙事得以缝合，个人经历被收编进国家苦难，而撤侨不再仅仅是领事行为，成为国家和人民共同缔造的集体记忆。

2. 水平向度：叠加视角和延续视角

新闻报道的水平向度体现在文本与同类文本，或者落在前后时间轴

---

① 诺曼·费尔克拉夫：《话语与社会变迁》，殷晓蓉译，华夏出版社1992/2003年版，第95页。

② Neal, A. G., *National Trauma and Collective Memory: Extraordinary Events in the American Century*, New York, NY: M. E. Sharpe, 2005.

的同一文本链之间的关联。利比亚撤侨事件正逢中国"十二五"开局之年的两会时期，因此，在两会报道中多次出现了利比亚撤侨事件，形成"国家与人民共生、发展与安全相连"的意义交叠。在也门撤侨报道中，亦将"中巴友好主题"关联进文本链，从两国"患难与共"到"建设命运共同体"，展示了具有中国特色的大国外交实践。除此之外，不同主题的撤侨报道之间还会互呈文本链。在"生命至上，祖国是坚强后盾"（2016年1月6日）一文里，2015年也门撤侨行动与2011年利比亚撤侨、2012年中非撤侨、2015年尼泊尔撤侨行动连接起来。通过这种水平向度的话语互文，历史与当下、中国与世界的多维时空被层层嵌套，扩展了国家认同的话语空间和共享意义体系。

五 "家国"同构：民族原生主义的自然化表达

如前文所述，报纸媒介对国家的"同一性"书写让国家被看见，而国家的"同一性"在象征层和想象层之间存在匮乏，情感是弥合国家想象断层的重要途径。研究发现，报道通过"家国同构"的话语来弥补国家想象的完整性，这种原生主义范式的自然化表达，主要通过"家国一体"的概念隐喻与不同舆论场的话语互动产生。

（一）塑造"家国一体"的概念隐喻

Lakoff和Johnson认为，隐喻作为一种概念化世界的方式，通过在人们常识性或者熟悉的领域组织认知以重构经验，并建立起以话语为中介的社会交往和社会认同。[1] 一个完整的隐喻修辞包含源域（source domain）与目标域（target domain），通过在已知喻体的典型特征或相关属性与相对陌生的本体之间搭建映射关系，从而凸显话语本体，弱化或遮蔽源域的其他可能性。[2] 研究发现，报道通过大量的概念隐喻，对以祖

---

[1] Lakoff, G. & Johnson, M., *Metaphor We Live by*, Chicago: University of Chicago Press, 1980.

[2] Lakoff, G., "The Contemporary Theory of Metaphor", in Ortony, A., ed., *Metaphor and Thought*, Cambridge, UK: Cambridge University Press, 1993, pp. 202–251.

国、救援部队、侨民等为代表的目标域进行认知上的抽象，如表 2 所示。

表 2　　海外撤侨行动报道的概念隐喻

概念隐喻的目标域	概念隐喻的源域
祖国/中国	母亲、靠山、后盾、好兄弟、亲人、合作伙伴、怀抱
外资领事保护及工作者	安全网、（万里）长城、人民利益忠实卫士、一盘棋、风暴眼
救援部队	安全卫士、诺亚方舟
海外侨民	同胞骨肉、血浓于水
曾经的海外中国人	任人宰割的肥羊

具体来看，在保护类的概念隐喻上，报道将"靠山""后盾"的概念特征赋予到"祖国"的目标域上；用"安全网""长城"等具有代表性的民族符号指涉国家的外交领事保护；用"安全卫士""诺亚方舟"等神话故事里的文化图腾表达对救援部队的肯定与信赖。通过这样的概念映射，一方面展示了保护者——国家、外交领事和救援部队的强大实力，另一方面也聚焦于被保护者——拥有了"靠山""后盾""安全卫士"保护的海外侨民，从而建构出被保护者与保护者之间紧密共生的关系，为政治认同的合理性提供确证。

报道除了采用保护者隐喻，也多次采用了"母亲""亲人""好兄弟"等家庭隐喻。"祖国——母亲"是民族国家建构中最为常见的话语象征，将人伦伦理转化为政治伦理，具有重要的政治功能。[①] 同时，报道采用"同胞骨肉""血浓于水"等概念指涉本国与海外侨民，通过强调共同的历史、文化与血缘背景，将日常对"家"的体验投射到对"国"的想象中，将海外撤侨事件清晰地定位于"我们国家"和"我们（成员）"之中。这种"家国一体"的话语表征，高度契合了中华传统文化语境。许纪霖[②]认为，在传统的家国格局下，自我、家族、国家和天下形成一个自下而上的连续体，这个共同体以天人合一、万物一体为哲学根据，以

[①] 潘祥辉：《"祖国母亲"：一种政治隐喻的传播及溯源》，《人文杂志》2018 年第 1 期。
[②] 许纪霖：《家国天下：现代中国的个人、国家与世界认同》，上海人民出版社 2017 年版，第 6—16 页。

忠孝一体、经邦济世为主要内容，以天下太平为终极理想。虽然近代以后，连续体在中国的"大脱嵌"革命下自我断裂并解体，现代意义上的国家迅速崛起，但无法否认，"家国天下"作为一种基础性建制，在中国社会起到了凝聚共同体的重要作用。对于海内外华人来说，眼前的"家"是情感依恋，遥远的"国"是精神寄托。在这样的话语建构中，国家既是宏观可想象的共同体，又成为微观可体验的情感标记，而国家与国民之间既是利益共同体也是身份共同体，由此实现民族文化认同与政治认同的双重强化。

（二）话语的"并置性互动"与"反馈性互动"

研究发现，在国家叙事的社会实践里，存在着三重主体：撤侨行动的传播主体、行动/意志主体、接受主体。在传统书写国家的官方话语体系中，行动/意志主体、传播主体与接受主体是单向度的线性关系，即国家意志经由媒介的象征符号，自上而下地渗透入接受主体，由此影响并形塑大众对国家的认知。[①] 但原生主义进路作为一种日常与情感的转向，通过官方话语对民间话语的邀约与吸纳，实现了来自大众的建构性力量。正如前文所论述的，"只有当精英们用大众广为接受并振奋人心的形象来'既代又表'（re-present）人民大众，有效的国家叙事才成为可能"[②]。当然，这种"既代又表"是被精心挑选过的。

例如，《人民日报》在迎接党的十九大特别报道"不辱使命、不负重托"（2017年10月16日）中专设了"声音"版块，摘选了撤侨亲历者和网友的留言，如"时间已经过了两年多了，总也忘不了登上航班后那种全身心放松的感觉：'我们安全了，我们有救了。'"（2015年尼泊尔地震亲历者、网友"鱼夭夭"留言，2016年1月6日）网友的留言"危难时刻展现祖国母亲的身影，祖国才是我们的坚强后盾"也被作为2015年也门撤侨的新闻报道标题。除此以外，诸如"中国护照含金量不在于免

---

① 刘煜、张红军：《政论纪录片塑造国家形象的多模态话语分析》，《现代传播》2018年第9期。

② 安东尼·史密斯：《民族主义：理论、意识形态、历史》，叶江译，上海人民出版社2011年版，第90页。

签多少个国家,还在于碰到麻烦与危险的时候,祖国带你回家"等流行的网络语言在撤侨报道中被多次引用,从而通过这种并置性互动,形成官方舆论场与民间舆论场之间的相互佐证与补充。

除了关怀话语和感恩话语的并置性互动,撤侨报道还采用了官方话语与民间话语的反馈性互动。与前者的温情与感性基调所不同的是,反馈性互动则由矛盾性、冲突性与更为戏剧化的想象空间来填充。例如在2015年也门撤侨行动报道中,就网友针对"侨民吃九菜一汤、士兵吃咸菜馒头"所提出的"作秀"质疑,报道以提问的方式直接呈现,并记录了护航部队发言人的详尽回应——"像护航编队在亚丁湾巡航,一个月靠港补给一次……事件紧急,舰上绿色蔬菜和水果十分珍贵"。并进一步回应:"如果能为这些侨民提供安全保障,吃咸菜,我们海军官兵光荣、骄傲!"(也门撤侨报道,2015年4月10日)由此将具有冲突性的"作秀""质疑"等意涵置换为"光荣""骄傲"等积极意义。与并置性互动一样,反馈性互动中的民间话语也是被精心挑选的,不在于呈现多元的声音,而是通过情感回应淡化了官方话语"规训"的色彩,也以更为隐蔽的方式激活了国家的框架。

六　结论与讨论

本研究以新世纪以来《人民日报》对海外撤侨行动的报道为研究对象,对报道中所呈现的"国家"话语进行文本分析。研究发现,想象国家的建构主义范式与原生主义范式话语共同作用于国家概念的激活、可见与凸显。报道通过撤侨行动对象和关键词的选择、英雄原型叙事与缝合时间与空间的话语互文策略,来确立国家想象的"同一性";通过"家国一体"的概念隐喻、官方话语与民间话语的并置性互动与反馈性互动,实现国家情感自然化的表达和权力关系的施行。

本研究对于想象国家的理论范式的主要意义在于:

首先,撤侨作为一种由国家为主体施行的领事保护行动,体现了从观念层对国家内聚力、社会控制力与整体性的认知、强化与证实。按照米格代尔国家—社会互动理论,它既不属于隐没于细碎日常的民间活动,但也不同于诸如阅兵仪式、就职演说、体育赛事等具有独立的象征系统的"政治仪式"①,而是一种想象国家的"标识项",体现了国家观念层与实践层的糅杂。在本研究中,"标识"意指撤侨作为一种主权运作的国家行动,作用于"国家"的凸显与认同的凝聚。国家作为"权力的集装器",需要通过一系列的权力运作显现自身并获得合法性。② 因此,围绕着海外撤侨及其一系列国家行动体系,可被视为国家争夺政治资源的重要场域。在这个过程中,媒介话语参与了家国想象的书写,一方面被吸纳为日益强大的中国国家实力的说服性旁证,另一方面也成为国家形象的外在表征。由此,在观念层,国家行动作为一种蕴含着丰富意义的政治资源,被抽象为一种同时聚集了真实的领事行为与丰富情感的仪式化的在场;在实践层,"国家"经由这种特殊的行动被书写、被强化、被可见,从而实现了撤侨行动及其象征体系的"实用性"与"实在性"的黏合。

其次,想象国家有着多重进路,撤侨报道体现了想象国家的建构主义范式与原生主义范式的互补与调适。如前所述,这两种进路并非泾渭分明,而是从话语的不同层面作用于理解国家的政治实体意义与族群象征意义,从而"标识"国家。"标识"比"可见"走得更远,因为它是一种蕴含着更为热切的情感能量的"刺点",不仅意在从惯常的行为让国家清晰可见,更意在铺设强烈的情感召唤并凝聚认同。而标识的达成依赖这两种范式的共同作用。尤其在中华民族传统文化的语境下,国家叙事经由英雄话语、互文话语和家国隐喻得以实践,而作为基础性建制的家国情怀亦指向了民族国家认同的双重逻辑——归属性认同和赞同性认同。③ 由此完成了官媒在国家"同一性"层面的社会控制与价值规训,也从中国本土适切性的角度,丰富了想象国家的叙事逻辑。

事实上,民族国家的建构与身份认同所触及的是现代性转型与现代

---

① [美]乔尔·S. 米格代尔:《社会中的国家:国家与社会如何相互改变与相互构成》,李杨、郭一聪译,江苏人民出版社2001/2013年版,第18—19页。
② 俞可平:《政治与政治学》,社会科学文献出版社2003年版,第2页。
③ 肖滨:《两种公民身份与国家认同的双元结构》,《武汉大学学报》(哲学社会科学版)2010年第1期。

化实践的问题。卡尔霍恩[①]指出，"不管前现代的共同体是何本质，现代想象的共同体尽管承诺安全，却没能为人们提供安全。结果，认同政治（identity politics）取而代之"。中国民族国家建构的过程与西方不同，所指向的认同逻辑也不同。"这个不同表现在，在工业化和现代化的过程中，国家建构的身份认同、政治认同的任务没有完成。因此，传播承担了很重要的任务。"[②] 例如，官方媒介在事故报道中通过建构"共同体"的意向来构建政治认同，从而传递和强化当前主导意识形态所构建的人与个体命运和人与群体组织的想象性关系。[③] 在这个过程中，话语作为一种社会实践，既作用于知识和信仰体系的建设，也有助于建构社会身份和认同，体现了维持或重建权力关系的意义。[④] 由此，撤侨话语超越了围绕国家行动的表征与动员，而是一种展现中国现代化进程中国家力量与国家意识的权力书写。这种话语经由中国传统政治架构中的"家国同构"动员情感，成为精英建构的有力补充，甚至是同盟。

由此，再回到本文开头的那段引用，我们发现，"家"的温暖成了国家级媒体着力打造的美丽田园，来自"屋檐"外的风雨则为保"家"护"国"的合法性提供了施展的场域甚至是"政治资源"。既然标识的过程通过运作国家的"优先性"来实现。那么，在"不优先"或者"次优先"的场景中，国家的概念如何被体现？或许正如电影《战狼2》的开头"冷锋"一记绝杀的暗喻那般，当个体让渡了部分权利组成政府，契约社会下政府多大程度能保证个体的权利，或许是在撤侨这一宏大的国家叙事下更值得关注的议题。然这一领域本文尚未涉及，此为研究局限之一。其二，本文的媒体来源为典型的"国家主义抒情媒体"《人民

[①] 克雷格·卡尔霍恩：《共同体：为了比较研究而趋向多变的概念》，载李义天主编《共同体与政治团结》，社会科学文献出版社2011年版，第3—34页。

[②] 本论文的初稿曾在第五届"政治传播与社会发展"论坛（2018年12月4日）上宣读，此观点来自北京交通大学人文社会科学学院施惠玲教授对该论文的点评。感谢施惠玲教授对本论文思路的启发。

[③] 闫岩、王冠宇：《共同体的凝聚、分化和退场：建国以来官方救灾话语的共现结构之演变（1949—2017）》，《新闻与传播研究》2018年第10期。

[④] ［英］诺曼·费尔克拉夫：《话语与社会变迁》，殷晓蓉译，华夏出版社1992/2003年版，第84页。

日报》①，党报的意识形态属性与"情感动员"基底也影响了本研究的多样性，这为另一研究局限。Hall②指出，在全球化、技术与资本流动等现代情境的冲击下，国家认同趋向于一种流动且多元的状态，而处于此在与世界二元张力中的有关中国的想象亦是一个动态且多元的过程。因此，在这种动态性演进中，思考想象与再现国家的媒介话语，以及这种话语在中国现代性进程中的生长与流转的形式及其所投射的权力关系，是值得进一步探讨的问题。

（该文首发于 2018 年第五届"政治传播与社会发展论坛"，刊载于《国际新闻界》2020 年第 1 期。）

---

① 黄月琴：《"心灵鸡汤"与灾难叙事的情感规训——传媒的社交网络实践批判》，《武汉大学学报》（人文科学版）2016 年第 5 期。

② Hall, S., "The Question of Cultural Identity", in Hall, S., Held, D., & McGrew, A. G., eds., *Modernity and Its Futures*, Cambridge, UK: Open University, 1992, pp. 273 – 326.

国际传播的平台化转向*

季芳芳

(中国社会科学院大学新闻传播学院副教授、
中国社会科学院新闻传播研究所副研究员;
中国社会科学院大学新闻传播学院硕士研究生)

摘　要：数字平台已经重构国际传播格局。相关学术探讨在不同维度展开,包括政治和治理维度(地缘政治)、技术维度(基础设施、数字鸿沟、算法)、文化维度(软实力、国家形象)等等。中国互联网平台出海势如破竹,为中国国际传播、创新中外交流开启一条新路径。鉴于数字平台作为新型对外传播手段的重要性,聚焦国际传播平台化的转向并且系统分析平台的历史演进动力、传播力建设、评估方案等显得尤为重要。

关键词：数字平台；平台出海；国际传播

一　引言：国际传播的平台化转向

平台作为一种"使两个或以上群体相互交流的基础设施"具有连接性和中介性[①]。也就是说,平台不仅是作为一种技术和商业整体嵌入社

---

* 本文系国家社科基金重大招标项目"加快国际传播能力建设的战略、流程、效果研究"(22ZDA088)阶段性成果。

① Srnicek, N., *Platform Capitalism*, New Jersey: John Wiley & Sons, 2017.

会，更是作为一种生态构建了社会本身，即"平台化"。"平台化"这一概念最早由安妮·赫尔蒙德于 2015 年提出，用以指代互联网平台成为社会交往和经济发展的主要支撑，以及扩展到其他场域所带来的后果。[1] 后来的学术研究进一步发展了这一概念，以捕捉更广泛的技术生态系统中日益增长的复杂性[2]。"平台化"已成为国际传播领域的学术热词[3][4]。数字平台正在全面重构国际传播的信息格局已成为学界共识。[5]

中国作为数字大国的崛起，为提升国家软实力带来了新可能性。[6] 市场、教育、人才等因素共同作用下，中国平台迅速发展壮大并开始从"平台出海"升级至"技术出海"。从 WeChat 进军欧洲到 TikTok 席卷全球，再到 Bigo Live、Yalla Group 在东南亚和中东走红，Tospino 在非洲扎稳脚跟，中国数字平台作为国际传播中的基础设施作用日益显著。尽管 Tiktok 受到质疑面临挑战重重，但仍无法阻挡其在全球成为最流行的短视频平台。

然而，国际传播的平台化面临着诸多问题：（1）地缘政治视角下，全球平台发展失衡，美国平台占据主导地位；（2）政治经济视角下，基于数字化基础设施，大平台掌控了生产和再生产过程以及社会信息流动，从而获得垄断权[7]；（3）社会伦理视角下，平台技术与管理对个人隐私、社会道德、商业信息和国家安全存在造成威胁的可能性[8]，数字出海平台

---

[1] 张龙、曹晔阳：《数据主权、数字基础设施与元宇宙：平台化视域下的国际传播》，《社会科学战线》2022 年第 6 期。

[2] Kaye, D. B. V., Chen, X., & Zeng, J., "The co-evolution of two Chinese mobile short video apps: Parallel platformization of Douyin and TikTok", *Mobile Media & Communication*, Vol. 9, No. 2, 2021, pp. 229–253.

[3] 姬德强、杜学志：《平台化时代的国际传播——兼论媒体融合的外部效应》，《对外传播》2019 年第 5 期。

[4] 史安斌、童桐：《平台世界主义视域下跨文化传播理论和实践的升维》，《跨文化传播研究》2021 年第 1 期。

[5] 李鲤：《赋权·赋能·赋意：〈平台化社会时代国际传播的三重进路〉》，《现代传播（中国传媒大学学报）》2021 年第 10 期。

[6] Keane, M. and Yu, H., "A Digital Empire in the Making: China's Outbound Digital Platforms", *International Journal of Communication*, No. 13, 2019, pp. 4624–4641.

[7] 谢富胜、吴越、王生升：《平台经济全球化的政治经济学分析》，《中国社会科学》2019 年第 12 期。

[8] 张志安、李辉：《平台社会语境下中国网络国际传播的战略和路径》，《青年探索》2021 年第 4 期。

发展演进动力、传播力建设以及评估方案值得全面的学术检视。

二 平台国际化研究：研究回顾

国际传播平台化的相关学术探讨在不同维度展开，相关文献总体可梳理为三个维度，包括政治和治理维度（地缘政治）、技术维度（基础设施、数字鸿沟、算法等）、文化维度（软实力、国家形象）等。

（一）国际传播平台化研究：政治和治理维度

地缘政治层面，学者往往从权力格局转移、意识形态对立等层面进行分析[1]。地缘政治视角下，在中国市场实力对美国全球市场和权力格局造成挑战、旧有的意识形态对立在数字时代和后疫情时代的延伸和加剧等因素作用下，[2] 作为互联网平台并非中立的"线上内容中介"，而是蕴涵特定价值偏向与价值规范的技术人造物（Technological Artifact）[3] 和全球数据掌控者，数字平台容易卷入国与国之间的博弈漩涡之中。这造成了即使中国平台以"去政治化"的身份进入本地市场也往往会面临"再政治化"的无奈。加上社交机器人[4][5][6]、舆论战[7]、信息战[8]、计算

---

[1] 姬德强、杜学志：《平台化时代的国际传播——兼论媒体融合的外部效应》，《对外传播》2019 年第 5 期。

[2] 姬德强：《数字平台的地缘政治：中国网络媒体全球传播的新语境与新路径》，《对外传播》2020 年第 11 期。

[3] 张志安、李辉：《平台社会语境下中国网络国际传播的战略和路径》，《青年探索》2021 年第 4 期。

[4] 赵蓓、张洪忠、任吴炯等：《标签、账号与叙事：社交机器人在俄乌冲突中的舆论干预研究》，《新闻与写作》2022 年第 9 期。

[5] 韩娜、孙颖：《国家安全视域下社交机器人涉华议题操纵行为探析》，《现代传播（中国传媒大学学报）》2022 年第 8 期。

[6] 武沛颖、陈昌凤：《社交机器人能否操纵舆论——以 Twitter 平台的北京冬奥舆情为例》，《新闻与写作》2022 年第 9 期。

[7] 喻国明、杨雅：《舆论战行为边界的一个重要改变："打明牌"时代传播片面信息可能导致反噬——俄乌战争中舆论战观察报告之一》，《新闻界》2022 年第 4 期。

[8] 赵永华、窦书棋：《信息战视角下国际假新闻的历史嬗变技术与宣传的合奏》，《现代传播（中国传媒大学学报）》2022 年第 3 期。

宣传[1]等新兴技术涌现，国与国之间以平台作为追逐场展开竞争，网络空间成为各国利益拓展的新焦点、大国博弈和军事竞争的"新场域"。

在平台治理方面，现有文献从平台他治和平台自我治理两个层面展开，分析平台治理的伦理、法律意涵以及平台治理规则的构建[2]。平台通过数字化基础设施构建的对生产和再生产过程的控制和对社会信息流动的掌控而获得垄断权[3]，互联网平台赢者通吃的商业逻辑对其他行业的排挤以及对公共利益可能构成的侵害意味着平台会面临来自公共权力的规约。提高版权保护、用户信息安全保护等平台治理手段被认为是规避政治风险的必由之路[4]。法律界和经济学界别的学者也加入了国际平台治理的规则制定研究当中。例如有学者倡导将国内外的平台治理相联系，认为随着全球数字经济的融通发展，平台竞争规则、平台治理规则、数据跨境流动规则、数字贸易规则、数字税收规则、网络安全规则等相关数字规则的构建都需要统筹国内和国际两种视角[5]。也有学者[6][7]通过研究美国的平台治理制度，从公民、政府、平台的三力角逐提供方案。

（二）国际传播平台化研究：技术维度

范迪克认为，平台通过将用户的社会行为、活动编码、转化为计算架构，通过算法和格式化协议处理（元）数据，并通过界面加以阐释和呈现，它允许用户生成内容与交换，形成了人们组织生活的在线层[8]。数

---

[1] 邹军、刘敏：《全球计算宣传的趋势、影响及治理路径》，《现代传播（中国传媒大学学报）》2022年第6期。

[2] 吴绪亮：《寻找最优数字规则框架》，《北大金融评论》2021年第9期。

[3] 谢富胜、吴越、王生升：《平台经济全球化的政治经济学分析》，《中国社会科学》2019年第12期。

[4] 匡文波、张琼：《地缘政治环境下中国社交媒体全球化发展困境——以抖音海外版 TikTok 为例》，《对外传播》2020年第11期。

[5] 吴绪亮：《寻找最优数字规则框架》，《北大金融评论》2021年第9期。

[6] 任禹臣：《美国互联网社交平台规则体系初探》，《上海法学研究》集刊（2020年第1卷总第25卷）——上海市法学会公司法务研究会文集，2020年，第76—81页。

[7] 谢新洲、宋琢：《三角力量与公私对列：美国社交平台内容治理研究》，《信息资源管理学报》2022年第1期。

[8] ［荷］何塞·范·迪克：《连接：社交媒体批评史》，晏青、陈光凤译，中国人民大学出版社2021年版，第32页。

据和算法构成理解社交平台两个重要面向。

从国际传播角度来讲，平台用算法和数据构建了社会虚拟交往的动态基础设施[1]，渗透到社会传播的方方面面，包括国际信息交往。在传播内容上，平台上的国际传播活动几乎等同于数据的流动[2]，"跨境数据的交换与融合以网络化、动态和实时的方式发生，在发送方或接收方浑然不觉的情况下跨越许多边界"[3]；分配上，在平台的算法规则支配之下，国际网络中的节点表达不断修正、生成以及再传播。数字文化体现为一种物质的生活方式的电子化和影像化[4]，数字平台使得日常生活被放置到公共空间，平台技术增强了情感体验和连接，创建了草根化的跨文化交流场景。平台成为国际传播的新空间、新主体、新力量。

（三）国际传播平台化研究：文化维度

从国际传播视角审视平台，国际传播是包含地缘政治、文化交流和经济交往的多系统之间的社会性互动，而平台为国际信息提供了完美的传输渠道和载体，也为全球化的信息交往方式、传播秩序建设与文化身份想象设定了全新的语境。[5]

从文化维度看，网络平台的参与性、复向传播性、对话性和圈子性有助于提升国际传播的认同感、覆盖率、亲和性和粘合度，使其成为跨文化传播的重要场域。[6] 从主体上看，社交媒体体现的是参与式文化。[7] 社交平台使得多元主体（个人、网红、MCN 机构、企业）成为国际传播

---

[1] ［荷］何塞·范·迪克：《连接：社交媒体批评史》，晏青、陈光凤译，中国人民大学出版社 2021 年版，第 3 页。

[2] 李鲤：《赋权·赋能·赋意：〈平台化社会时代国际传播的三重进路〉》，《现代传播（中国传媒大学学报）》2021 年第 10 期。

[3] 徐偲骕、姚建华：《"看不见"的国际传播：跨境数据流动与中国应对》，《国际传播》2019 年第 6 期。

[4] 常江、张毓强：《从边界重构到理念重建：数字文化视野下的国际传播》，《对外传播》2022 年第 1 期。

[5] 李鲤：《赋权·赋能·赋意：〈平台化社会时代国际传播的三重进路〉》，《现代传播（中国传媒大学学报）》2021 年第 10 期。

[6] 栾轶玫：《社交媒体：国际传播新战场》，《中国传媒科技》2012 年第 11 期。

[7] ［英］克里斯蒂安·福克斯：《社交媒体批判导言》，中国传媒大学出版社 2008 年版，第 53 页。

新力量。有学者将社交媒体催生的产业形态称之为社交媒体娱乐（Social Media entertainment）产业。① 他们认为，全球性社交媒体平台（例如YouTube、Facebook、SnapChat 和 Twitter）提供了技术、网络以及商业可供性（affordances），来自世界各地不同类型的、不同文化背景的，以业余身份进行内容创作的 Up 主依托平台迅速专业化和商业化。他们利用这些平台孵化自身品牌，进行内容创新，并培养庞大的、跨国和跨文化的粉丝社区。提高民间主体力量在网络国际传播活动中的参与水平成为重要议题。② 在"网络迷因"（internet meme）文化影响下，平台机制不断为用户生产内容或称创意内容产业铺平着商品化道路。③ 互联网平台出海成为提升中华文化传播力影响力的新途径。

总结以往文献，平台语境的国际传播研究已经取得不少重要学术成果，但仍然存在完善的空间。第一，目前文献主要针对某个具体案例进行分析（例如 TikTok 等），或从宏观角度论述平台化时代国际传播的理论变革和策略转向。第二，数字平台的建设与创新涉及到技术创新、组织管理、商业模式转变，这与经济管理等领域紧密相连。然而，类似能融合跨学科视角从中观层面讨论平台建设和创新的学术论文还较少。第三，缺乏对具体区域的研究。学者们更多关注 TikTok 这类风靡全球的中国平台，对 Yalla、BIGO LIVE 等成功走向中东、东南亚等区域性平台关注度不高，因而无法勾勒中国平台向全球输出的全貌。基于以上考量，接下来，本文从发展脉络、机遇分析、传播力建设、评估方面等维度，探讨如何拓展数字平台出海的现有研究。

三　出海平台与国际传播：一个研究方案的探讨

（一）数字平台与对外传播：发展动力

加强国家传播能力建设，提升中华文化传播力影响力是国际传播的

---

① Cunningham, S. & Craig, D., "Online entertainment: A new wave of media globalization?", *International Journal of Communication*, No. 10, 2016, pp. 5409-5425.

② 张志安、唐嘉仪：《民间主体参与平台网络国际传播的路径和策略》，《对外传播》2022年第2期。

③ 姬德强、白彦泽：《作为数字平台和基础设施的短视频——一个传播政治经济学的视角》，《广西师范大学学报》（哲学社会科学版）2022年第3期。

重要议题。社交媒体平台，数字互联网平台的国际化更具有嵌入公众日常生活、成为社会连接基础设施的能力[1]，被认为充满潜力。中国社交媒体平台经历何种发展历程，在历史演进中中国数字平台与多元主体的互动关系如何以及和国际传播实践如何勾连等问题需要重点分析。回答以上问题需要聚焦社交媒体平台和国际传播、软实力和国家形象等议题勾连的技术逻辑、政治逻辑、商业逻辑。

从技术逻辑上来讲，社交媒体以社会化生产算法分发的方式改变了传播生态。需要通过分析社交媒体平台的功能特点和技术特征来考察社交媒体平台之于对外传播的技术可供性。从政治逻辑来讲，则需要通过分析互联网政策、政府报告等材料从政策层面梳理网络技术与国际传播、软实力之间的逻辑演变，以及从社交媒体官网等材料分析数字平台又如何将自身国际化发展的历程与政策、政府诉求进行勾连。从商业逻辑来讲，需要关注中国社交媒体如何发展到当下如此大的规模，又为何从国内走出海外，成为中国文化对外传播的重要通道。

（二）数字平台国际化：机遇分析

中国社交媒体平台在海外不仅面临着跨文化传播障碍、排外主义和民族主义、法律监管制度、激烈的本土商业竞争和全球竞争，更重要的是，还面临着地缘政治博弈和平台治理挑战。一方面，由于全球技术革命在全球的不平衡发展和中国模式对欧美技术产生的威胁[2]，西方国家往往通过政治手段遏制中国平台的全球扩张；另一方面，中国和其他国家（如印度）的主权争端，也会影响到中国数字平台的输出。再者，平台化所带来的垄断化、技术黑箱以及对公共利益和公共价值造成的威胁使得平台治理不仅是一个国内问题还是一个全球问题，平台面临着内外在力量的重塑。平台治理甚至沦为政治博弈的借口与手段。已有许多研究分析平台面临的多重挑战与困境，同样需要学界关注的是数字平台出海的

---

[1] 张志安、潘曼琪：《抖音"出海"与中国互联网平台的逆向扩散》，《现代出版》2020年第3期。

[2] 姬德强：《数字平台的地缘政治：中国网络媒体全球传播的新语境与新路径》，《对外传播》2020年第11期。

机遇分析。

在机遇分析层面，需要分析中国数字平台面临的宏观国际环境，包括政策机遇、市场机会、技术优势等。中国互联网政策环境下，腾讯、百度、阿里巴巴等商业巨头得以壮大，并通过"走出去"战略在全球竞争。国内竞争激烈促使中国企业"走出去"。尽管美国构建了庞大的数字平台帝国，但是互联网的全球市场规模很大，没有一个国家或机构能完全垄断一个行业的新模式[①]，中国科技公司在广阔的全球市场大有可为。中国国内互联网企业在竞争中积累了丰富的技术、商业推广模式和竞争策略经验，从而为国际竞争带来优势。从国内外宏观背景下分析中国社交媒体平台对外传播的机遇将能进一步厘清中国数字平台出海何以取得成功的现实基础。

（三）社交平台出海：传播力建设

许多研究已经总结了中国平台出海在本土化经营层面取得的经验，包括如何深耕本土社区以及加强与各方合作等等。与此同时，也有不少研究建议，要基于文化差异优化内容审核机制、数据安全和隐私保护[②]，应当配备在本土具有丰富经验的管理和法务团队[③]，以及快速建立应对国际公关的能力、坚持多元价值观、明确传播对象、坚持内容为王等建议[④]等等。如前所述，数字平台不仅仅是技术产品，除了技术架构非常关键之外，也涉及到政治博弈、商业战略、文化沟通和内部组织管理。因此，讨论中国出海数字平台传播力建设需要聚焦技术基础、本土化经营、平台治理、商业战略、组织管理等方面。

（1）技术基础。一个平台的技术架构包括了界面终端、技术后台、数据存储、第三方应用程序等层面，其中不同的技术架构涉及到平台的

---

① 丹·席勒、翟秀凤、刘烨等：《信息传播业的地缘政治经济学》，《国际新闻界》2016年第12期。

② 匡文波：《数字平台如何影响中国对外传播：后疫情时代中国网络媒体全球传播的机遇与挑战》，《西北师大学报》（社会科学版）2021年第5期。

③ 王沛楠、史安斌：《中国互联网企业全球传播的发展路径与风险应对——以TikTok为例》，《中国编辑》2020年第11期。

④ 匡文波、张琼：《地缘政治环境下中国社交媒体全球化发展困境——以抖音海外版TikTok为例》，《对外传播》2020年第11期。

安全、功能优势、支持问题、易用性等①。因此，需要从信息科学、传播学的可供性等视角仔细分析中国数字平台的整体内部技术架构、界面呈现、和用户交互的特点，从而在技术方面总结平台建设的技术基础。

（2）本土化运营。文化差异是影响数字平台的全球扩张的重要壁垒。平台本地化不能仅仅是关于本地语言的实现、字幕以及响应数据速度和成本等问题的技术调整，还关乎到用户的价值尺度，即用户如何使用平台、如何使用平台的内容、如何看待平台及其内容。② 这要求平台不仅要搭建符合当地使用习惯的技术功能，也要聚合符合当地使用兴趣的内容。那么，需要以跨文化传播视角分析海内外数字平台如何跨越文化沟通障碍，实现本土化运营。这里包括，从产品和活动的策划逻辑上强化平台在有限区域中的垂直属性和社区服务功能，建立与社区、个体之间的信任度，也为监管者提供更多的安全感体验；③ 包括广告投放策略、全球广告内容、社交媒体互动模式等创新营销手段，助推中国数字平台迅速触达用户，塑造独特品牌形象，拉近与用户的距离。

（3）平台治理。平台化带来的问题（包括假新闻、数据泄露、政治控制、信息茧房、信息鸿沟、色情暴力、国家安全等等）会引发社会隐忧。由此平台推出假新闻标记、人机识别、信息审查、青少年模式等展现治理的主动性。但是技术掌控在企业手里，技术失控和技术黑箱都在影响公众对于平台的信任，因此需要通过分析现有治理模式的缺陷，思考如何通过政府、公民、平台的合作，根据现有以及未来的平台问题创新治理模式等。

（4）商业战略。中国数字平台在海外存在不同的进入方式。有的企业在国内站稳脚跟之后才向海外扩展，有的企业直接面向海外市场用户。不同企业在海外的投资方式也有所不同，存在在海外设立公司、并购本土企业等等方式寻求商业机会。在全球化和本土化视角下，中国数字平

---

① 马琳、宋俊德、宋美娜：《开放平台：运营模式与技术架构研究综述》，《电信科学》2012 年第 6 期。

② Mohan S., Punathambekar A. Localizing YouTube: Language, cultural regions, and digital platforms, *International journal of cultural studies*, Vol. 22, No. 3, 2019, pp. 317–333.

③ 王润珏：《自我优化与社区共生：后疫情时代中国社交媒体海外发展路径》，《对外传播》2020 年第 11 期。

台如何出海，采取何种投资方式值得专门探讨。

（5）组织管理。在企业全球化的过程中，聘用当地的员工通常被认为是本土化战略环节之一。面对增长的员工数量和多国交流的语言障碍，数字平台如何在员工招聘、工薪体制、组织文化、激励机制、成长培训、员工调查等方面实现完善的跨国管理，发挥员工的积极性，实现全球化以及本土化的目标，需要进一步跟踪。

（四）探讨数字平台影响力的评估方案

随着国际传播主体多元化，评估主体多元化现象随之出现，这也是国际传播效果评估领域近些年的重要发展方向。中国社交媒体平台的全球影响力，以及在提高中国对外传播效能、改善中国国家形象和提升中国文化软实力方面的作用，值得关注。

第一，可以考虑测量中国社交媒体平台的全球影响力。如表1所示，本文尝试提出一个有待完善的评估方案。该方案从全球化水平（国外用户、应用多语种采用情况、下载量等等）、社交影响力、用户影响力、媒体传播力四个一级指标角度测量中国社交媒体平台的全球影响力。

表1　　　　社交媒体平台全球影响力测量指标

一级指标	二级指标	数据来源
全球化水平	覆盖国家数量	企业官网/财报/APP Annie 等商业报告网站
	分布区域（大洲）数量	
	下载量	
	海外用户（数量、占比）	
	海外营收（数量、占比）	
	官网语言数量	
社交影响力	社交媒体账号数量	海外社交媒体
	社交媒体粉丝量	
	一年内点赞、评论、转发数量	
用户吸引力	品牌搜索数量	海外社交媒体平台、搜索引擎、媒体新闻
	社交媒体上品牌相关UGC内容情感倾向	
媒体传播力	海外媒体相关报道	
	国内媒体相关报道	

第二，可以考虑对中国社交媒体平台社会影响进行评估，测量中国社交媒体的影响力是否转化成对国家形象的正向影响。这就需要将国际形象概念具体化，将国际形象转化为品牌和软实力等较易测量的概念，并且基于操作化的定义评估效果。国际形象的评估方法主要是将抽象概念具体化，分别从传播学、营销学和国际政治学的理论视角出发，将国际形象转化为舆论、品牌和权力（文化软实力）等较易测量的变量。[①] 品牌测量（country brand image）要素包括：价值体系、生活质量、旅游吸引力、文化遗产和商业投资等。软实力[②]包括：文化、政治实力、观念、发展模式、国际形象、话语认同、外交政策等指标。综合以上指标，此部分需要测量受众在接触中国社交媒体平台前后对中国的文化遗产、政治实力、价值观念、经济发展、投资意向、旅游意向、移民意向等方面的看法。可依靠实地调查和问卷调查的方式调查国外受众态度变化，亦可使用大数据分析方法在社交媒体平台上围绕"中国"等关键词搜集相关内容，包括内容、转发、点赞、评论，并通过内容识别和文本情感分析识别海外用户情感态度走向。

四 结语

国际话语权和经济实力的不对称使得中国迫切需要提升国际传播能力。新兴媒介创新文化产业形态，中国互联网平台全球化异军突起，为文化走出带来新动能。中国应用出海已经有十余年历程，将中国人民的生活场景带向了全世界。成功出海的中国平台并非只有 TikTok，BIGO LIVE、YoHo、Temu、*SHEIN* 等应用在东南亚、中东、欧美等地获得热烈反响。中国出海平台已经涉及了社交媒体、视频、游戏、直播、网文、电商等等领域，中国出海平台逐步全球建立其独特的中国优势。

但是相对于微软、谷歌等平台，中国平台全球化起步较晚。内容监

---

① 胡文涛、招春袖：《文化外交与国家国际形象：一种文化维度的建构》，《国际新闻界》2013 年第 8 期。

② 陶建杰、尹子伊：《中国文化软实力的实证评估与模拟预测》，《未来传播》2021 年第 4 期。

管以及地缘政治博弈等让中国平台的全球发展仍然面临重重挑战，互联网平台疲于处理超脱技术之外的政商矛盾。总之，中国社交平台的出海之路并不平坦。国际传播平台化已经成为热点话题，鉴于数字平台作为新型对外传播手段的重要性，数字出海平台国际化发展动力、传播力建设以及评估等问题需要全面系统的学术检视。

（该文首发于 2023 年第十届"政治传播与社会发展论坛"）

专题七

《中国社会科学报》专题

有温度的政治传播话语才能入耳入心

陈叶军

（中国社会科学报记者）

改革开放以来，中国特色社会主义政治文明越来越强有力地影响着人类政治文明进程，引起了世界各国学者对中国政治传播实践的关注。有学者表示，学界应以创新话语体系和完善知识体系为支撑点，建构中国特色政治传播体系，推动政治宣传向政治传播转变。

一 建构中国特色政治传播战略

作为政治学与传播学的交叉学科，中国的政治传播研究目前已进入新阶段，以往那种靠翻译、解析西方政治传播理论的"关门论道"式研究，已无法满足学术需要。近日，在中国青年政治学院新闻传播学院政治传播研究中心成立仪式暨第一届政治传播与社会发展论坛上，与会学者表示，总结和提升中国特色社会主义政治文明，建构具有中国特色和中国气派的政治传播体系势在必行。

"建构与中国国际地位相匹配的政治传播战略，对彰显中国负责任大国的形象具有重要意义。"中国传媒大学政治传播研究所所长荆学民认为，建构中国特色政治传播战略，可以向全世界有效传播中国特色社会主义政治文明。

与我国所取得的发展成就和日益提高的国际地位相比，我国在国际舆论中的影响力仍然较弱，国际舆论"西强我弱"的局面并没有根本改变。"只有加强中国特色政治传播研究，才能改变这种局面，进而彰显我国在构建和谐世界中的积极作用。"荆学民表示，我国的政治传播观念和手段相对于时代发展来说较为落后，开展中国特色政治传播研究，改进落后传播观念和手段是建设和谐社会的内在要求。

学者认为，开展中国特色政治传播战略研究，对于反驳"文明冲突论"与"历史终结论"的文化霸权主义，提倡与"和谐世界"相匹配的"文明融合"文化理念，提高中国文化软实力具有积极意义。

二 创新政治传播话语体系

"在互联网时代，应当转变政治传播的话语方式，由过去追求价值转向追求魅力。"中国人民大学新闻学院副院长喻国明表示，当前政治传播的价值是毋庸置疑的，然而其语言和内容往往缺少吸引人、影响人的魅力，很难把有价值的东西转变为老百姓愿意接受和能够掌握的传播力量。

有温度的政治传播话语才能入耳、入脑、入心。"政治传播要讲理性，更要讲感情。"喻国明表示，仅用空洞的逻辑、道理去沟通、引导、说服公众，很难产生良好的传播效果。建立在关系认同、情感认同、立场认同基础上的传播，才有可能得到郑重对待和认可。在新媒体催生的"熟人社会"中，人们接触信息的渠道具有圈子化特征。政府要积极转变话语方式，避免单向度的大众传播，并有效嵌入圈子，充分考虑传播对象的生活、心情和社群状态，增加传播话语的亲和力、吸引力。

网民并非游离于政治传播之外的主体，要理性地参与政治传播话语的建构。微博微信在保障人民群众知情权、表达权、监督权方面有重要作用，但基于此平台的讨论不一定能达成理性的社会共识。人民网副总编辑祝华新说，"网络平台上的'新意见阶层'要积极发挥在公共治理、国家治理方面的重要作用，营造理性平和、积极务实的舆论氛围，以期实现更加畅通的传播效果"。

三　完善政治传播知识体系

中国人民大学新闻学院教授高钢认为，当今的中国社会，政治格局和传播格局都发生了深刻变化，学术界要承担起构建符合传播规律的政治传播知识体系的重任。

"构建中国政治传播理论，在知识上不应自足或孤立，要与国际传播进行互动，从人文社会科学诸学科中汲取有用的理论与方法。"香港城市大学媒体与传播系主任李金铨呼吁以韦伯式现象学路径为基础，重建国际传播的知识论和方法论，先从"在地经验"着手，然后逐渐上升到抽象层次，同时与更大经验和文献互动，最后充分诠释层层在地经验的复杂性与丰富性，建立既具有中国文化特色，又具有普遍意义的"全球视野"。

中国青年政治学院新闻传播学院政治传播研究中心主任何晶说，传播学学科架构下的"政治传播研究"在国内还有很大发展空间，尤其是在如何处理相对成熟的西方学术话语和中国政治传播实践的关系上，以及在如何建立对中国政治传播实践具有解释力的传播学话语体系和知识体系上，都有大量亟待探索的问题。

中国政治传播话语体系必须立足于当代中国实践。荆学民提出，要通过拓展知识存量体系促进学术话语体系的中国转向，尤其要全面总结与梳理中国共产党政治宣传的历史经验与教训，及时跟踪研究新媒体发展以及社会环境变化所带来的挑战与机遇，吸收前沿研究成果，使理论研究真正契合当代中国政治实践发展的需要。此外，要防止陷入西方政治传播理论的殖民化，不断增强我国政治传播理论的学术创造力、传播力与影响力。

（该文系对2014年第一届"政治传播与社会发展论坛"的综合报道，载于《中国社会科学报》2014年10月15日第A01版。）

大陆政治传播研究亟待政治学深度介入

荆学民

（中国传媒大学政治传播研究所所长、教授）

近年来，随着中国特色社会主义经济社会的强大与政治文明的发展，在传播技术与新媒体融合发展的推动下，中国大陆的政治传播研究可谓风生水起，多姿多彩。

说到中国政治传播研究的路向，2004年，我国香港学者何舟发表《中国政治传播研究的路向》一文，该文认为，改革开放后，中国政治传播研究主要的问题是："政治正确"原则的限制，可操作中层理论的缺乏，西方理论与中国现实的对话艰难等；在宏观层面上，新马克思主义的批判理论，由于其核心是对意识形态和文化霸权的解构，所以不适宜对官方话语的研究；在组织层面上，利益集团的分离、离异，导致了传播的政治经济"拔河"模式；在个人层面上，由于新媒体和自媒体的兴起，一些学者的研究在官方媒体和新媒体、自媒体之间游移和转换。

虽然时间已经过去10年了，但是何舟的这些分析和结论似乎仍旧有效。当然，比起10年前，中国大陆的政治传播研究毕竟也与时俱进，有了很大的变化。

路向一：继续引进、评介西方的政治传播理论。

这个路向显然已经日渐式微。过去那种成套的"译丛"已经不再出现了，厚重的专门性学术译著也鲜见了，只是国外学术论文的翻译与评介偶尔有之。应当指出，这种情况的出现，并不意味着国人认为西方的政治传播理论不重要了，水平不高了。可能是如下因素使然：第一，西方与中国的政治传播所赖以产生和生存的政治体制、制度以及生态不同，决定了西方政治传播理论在中国的有效性有限。第二，近几年，中国的崛起反映了中国政治制度的优越性，反映了中国特色政治文明对人类政治文明的独特贡献。第三，在中西政治有较大差异性的情况下，对于政治传播的研究，就会从过去那种比较依赖传播学的倾向向研究具体的政治生态转移。第四，西方传播学在近几十年的发展中没有什么新的理论出现，因而，再来引进、评介脱胎于政治学、依赖于传播学的西方政治传播理论，在当前的中国大陆似乎已经没有太大的吸引力了。

路向二：直接"楔入"当下意识形态的建构与传播，以诠释、论证、解读当下意识形态为己任，把政治传播作为政治宣传来研究。

这个路向发展势头迅猛，队伍也比较庞大。突出表现在两个领域：第一，通过专门的研究机构对当下的意识形态进行建构和传播，传播过程中的诠释、论证、解读，必然借用了新时期中西政治传播的理念和理论，因而多少也展现出这种路向的研究对政治传播理论的零散式贡献。第二，以高校思想政治教育为主要领域的意识形态研究与教学队伍，对政治传播研究的涉入有两种情况。一种情况是，从不同的角度和侧面掺入一些政治传播理念和理论，以期取得较好的传播和教育效果。另一种情况是，把政治传播等同于马克思主义传播，认为在当下中国大陆的政治传播就是传播马克思主义。

应该看到，从学术研究的意义上讲，意识形态是政治传播的重要内容，但是，任何时候意识形态的传播不能涵盖因而也不能完全取代政治传播。此外，马克思主义传播与马克思主义的政治传播理论构建不是一回事。

路向三：针对当下政治传播的意识形态化，用更具普遍性以及更有效果的政治传播理论，来改革现有的政治宣传理论，构建中国特色的政治传播理论。

这个路向的特点是更多地彰显出对既有政治宣传模式的重构。这一路向试图努力构建具有中国特色的、能真正对中国当下的政治传播实践有效指导的政治传播理论。国家社科基金重大项目"中国特色政治传播理论与策略体系"就着力于这个路向的研究，对于中国大陆的政治传播研究具有一定的引领意义。

路向四：回归纯学术研究论域，超越特定的意识形态，对政治传播的一般性原理进行反思。

比如，将政治传播的基本范畴、内容理论、效果理论、基本原理等，重新置于学术场域进行严谨的学理性探索。这个路向试图剥离缠绕在政治传播理论上的中西意识形态尖锐对峙的外壳，努力构建出一种新形态的"政治传播学"。毫无疑问，这个路向的研究比较"淡定"，有更深远的意义和学术价值。但是，像哲学家康德所说，要想成为一种"学"，必须具备四个成熟的要件——研究对象、基本范畴、基本原理、基本规律，就此而言，政治传播理论距离"学"还相差甚远。

理想的政治传播研究，应该是打破固有的传播学与政治学的学科壁垒，实现政治学与传播学的"视界融合"。但实际上，以上几种研究路向的学科视野和学术追求反映出，现实中还是存在或者仅从传播学视角研究政治传播，或者仅从政治学视角研究政治传播。总体上看，中国大陆近几年从传播学视野研究政治传播要多于从政治学视野研究政治传播。正因如此，也许我们可以这样说，传播学的优势与劣势深深地烙印在政治传播的研究上。因此，这个意义上，当下中国大陆的政治传播研究，似乎更加呼唤政治学的深度介入，我们期待这方面优秀的研究成果。

（该文首发于 2014 年第一届"政治传播与社会发展论坛"，刊载于《中国社会科学报》2015 年 1 月 7 日第 B01 版，被中国人民大学《复印报刊资料·政治学》2015 年第 5 期转载。）

香港政治传播研究的发展进程

黄 煜 徐 来

(香港浸会大学协理副校长、传理学院院长；
香港浸会大学传理学院博士生)

至今香港政治传播研究者的总人数不多。相比内地的政治传播研究学者的人数来讲寥寥。内地与香港传播研究的本土化过程和结果不大一样，加强彼此的交流，对促进两地政治传播学进一步发展具有重要作用。

作为亚太地区的信息中心之一，香港传媒业的发达令人称奇。事实上，香港报纸的源头要追溯到19世纪中叶。从1841年发行第一份英文报纸《香港公报》，1858年出版第一份中文报纸《中外新报》开始，到20世纪50—60年代，香港纸质媒体早已呈现百花齐放的局面。

尽管20世纪60年代英国殖民当局对香港媒体实行打压政策，但包括《明报》《大公报》《文汇报》《新晚报》《香港商报》《天天日报》《晶报》《正午报》《香港夜报》《新生晚报》等在内的新闻媒体依然在舆论引导上各抒己见，政治立场鲜明。

香港第一篇政治传播学术论文、1969年Mitchel的《香港报业如何面对十五年来急剧社会转变》便在这样的时代背景下应运而生。然而，虽然香港在中国新闻史上占有重要地位，并拥有丰富的媒介生态——既可以研究西方传媒制度的模型，又带有本土特殊的现实语境，但20世纪80年代以前对它的政治传播解读和研究却乏善可陈。原因有二，一是传播学本身也是80年代才开始在香港大专院校普及；二是由于80年代以前的香港社会经历百年殖民统治，民众对政治存在长期漠视与低参与度。自 80 年代初中英两国展开香港回归的谈判，英国在撤出前加速香港民主化的步伐，香港才急速政治化起来。这一切既影响了香港的社会政治生态，也影响了香港的传媒生态，使香港政治传播研究自此兴起并活跃起来。

一 香港政治传播研究的三个阶段

第一阶段是 20 世纪 80 年代初到 1997 年回归前的香港政权交接过渡期。在此期间，中英政治角力，双方影响力此消彼长。正因为中英两权对立和相互制衡，使得港人有空间寻求本土的身份认同，并展现强烈的民主诉求。媒体总体呈现"百家争鸣"的局面。此阶段的香港政治传媒研究兴起，主要围绕殖民统治与新闻自由、传媒报道与政党政治、受众参与与公众舆论、社会结构与传媒专业理念、香港政治过渡期的权力架构与媒介变化等议题展开。

1997 年香港主权移交前，集中探讨英殖民统治时期新闻自由权在媒体诉求和政府权力的博弈中推进和维护，从权力架构基础预测新闻自由的前景，成为这一时期的政治传播的研究热点之一。社会权力架构的变迁所引起的媒介变化是这一时期政治传播研究的另一重点。这一议题延续到香港回归前后，不少学者都检视了香港回归后传媒如何响应政治、社会和文化变迁。

第二阶段是 1997 年香港回归前后。由于香港发生主权归属的根本性转变，"一国两制"下的意识形态和文化观念面临大撞击。这一时期，政治变迁与香港传媒表现、角色及新闻伦理道德、传媒所有制和竞争等议题，成为政治传播研究的主要内容。

研究者发现，香港回归前后，当局与传媒的权力关系发生了变化。这一权力与传媒之间的关系变化直接投射到传媒意识形态、新闻自由、媒体角色与表现当中。具体来讲，自 1984 年中英签署联合声明后，香港经历的一个重要转变是中英二元权力的确立。有学者将此称为"非机构性的媒介拥有权集中"。

第三阶段是香港回归至今。以"香港回归"这一坐标为新起点，香港在过去 17 年间经历着一些重要的社会、经济事件，金融海啸、"新移民"、非典、2003年七一游行、特首更迭、香港公营广播检讨等。一方面，热点频出，社会问题出现胶着状态，本土传媒报道呈现出一种"没落的焦虑"；另一方面，内地和香港两地互相接触和互相影响越来越频繁。在此期间，香港政治变迁与传媒、政治、经济角力，传媒与国家认同、身份认同之形成，传媒与社会运动，选举与民意，本土意识与传媒"代议"功能等成为新时期政治传播关注的焦点。

二 加强香港和内地政治传播研究交流

关于香港的社会、政治以及传媒的变迁的讨论，"香港回归"大概依然是最重要的坐标。2007年香港本地学术界以至大众传媒都卷起过一阵"回归十年"的风潮，讨论回归给香港社会带来的种种影响。

民意调查研究。注重民调的传统由来已久，发展至今成为每个香港人常常挂在嘴边的日常词汇。在香港，香港大学、香港中文大学、香港浸会大学都有民意调查中心，而传媒的民调大多是委托这些学术机构去做，然后自己发布。

媒体"代议功能"与社会运动。传媒的"代议功能"让社会大众发声、共同投入香港事务以建构身份认同，传媒担当这一角色既充实了香港政治现实，同时也为自己找到了定位，从而实现两者的良性互动。

本土意识与利益。回归之后，香港民众的本土意识时而高涨，而传媒的运作与所在地的经济、政治和文化环境相互影响，传播内容与本土利益息息相关。如在2003年非典期间，民意沸腾，传媒发挥了"代议功能"，借着提供讨论平台，让民众向官员提出批评和建议，减轻甚至消除了社会冲突。在本土意识和利益高涨时，传媒不得不就此作出响应，甚或推波助澜，对促进社会问题之解决产生重要影响。

总体而言，自20世纪80年代起，香港有一群较活跃的政治传播研究学者与国际学界保持紧密的对话，同时不时在研究过程中借用社会学、政治学、心理学和其他社会科学的相关理论。可惜的是，我们可以看到，至今香港政治传播研究者的总人数不多。相比内地的政治传播研究学者的人数来讲寥寥。内地与香港传播研究的本土化过程和结果不大一样，加强彼此的交流，对促进两地政治传播学进一步发展具有重要作用。

（该文首发于 2014 年第一届"政治传播与社会发展论坛"，刊载于《中国社会科学报》2015 年 1 月 7 日第 B01 版，被中国人民大学《复印报刊资料·政治学》2015 年第 5 期转载。）

新媒体语境下的台湾政治传播研究

陈清河

（台湾世新大学学术副校长）

全球数字与新媒体环境趋势深刻影响了台湾，自媒体已成为台湾民众日常生活的一部分。

台湾政治传播的诉求不外有三。首先是以公共事务的宣示为主，诸如全民健保、缴税、选举等，试图透过媒介将公共事务对民众进行善意的告知。其次，是导引整合信息的意图，诸如防疫、防震以及对生活环境的相关知识或常识之提供，期望借助日常教育的养成，促使民众对其行为或习惯得以自我掌控与节制。最后是法律规范与道德观念的诱导，此一诉求常是介乎感性的呼唤以及直接的提醒之间，诸如卫生、交通、法务、环保、教育等相关单位一再提出的教化性信息，主要目的是在提升民众尊重社会的观念。

一 媒体使用型态的理论层次

政治传播与公共营销或社会营销有密不可分的关系，系统研究媒介使用型态与公益营销效果之间的微妙关联确实有其必要。媒体使用型态可分成三个理论层次来讨论。第一个理论层次是媒体暴露程度是否可能有效预测知识的增加。第二个理论层次与媒体的"本质"有关。第三个理论层次是阅听人对公共事务报道的关心与注意程度，会影响到他们对公益广告的注意程度与学习效果。

从上述的理论探讨可知，由于社会结构的改变，一般人对于过往政策倡导的印象，仍然存在刻板与单向的告知，但因生活的多元化，促使信息生产者为达到倡导效果而加入营销理念，使得此一印象已渐有改观。套用一段传播学的用语，人们已无法接受百发百中的传播论点，反而因为选择性的暴露、选择性的理解以及选择性的需求，成为政治传播中信息供需之间必须考虑的因素。政治传播与新媒体效益跟任何地方皆同，台湾为因应全球数字与新媒体环境趋势、网络传播快速与跨距离的特性，使网络成为信息流通的新兴媒介。

由于台湾新闻媒体具有催化者的角色，政府部门和新闻媒体的互动，不仅可促进公民参与的精神，也可以让政府制定或推行的政策符合标的顾客需求。以台湾政治传播的情境为例，政策希望标的民众能获得相关知识与充足的信息，进而满足标的团体的需求，其结果能否成功乃植基于新闻媒体与人际管道和宣传策略。同时，讯息的设计也相当重要，讯息是否能完整且成功地表达出来，并告知或说服大众，这对于长久依赖选举氛围的社会，当然更为凸显。因此，台湾的公共部门要能熟悉传播媒体的流程与沟通的方式、安排传播的程序表，以确保媒体所报道的内容和政府所欲推行的政策内容达到一致性。

政治传播除了会运用传统媒体与社会大众进行政策沟通与倡导外，随着互联网时代的来临，台湾的政治传播也会运用新兴网络媒介与社会大众进行沟通，也就是公民只要一个按钮就可以轻易透过网络，直接进入政府所提供的信息系统，并且与该部门进行对话，例如市长电子邮箱。换言之，政府利用信息传播科技（ICT），使得公共行政与公众之间互动的交易成本下降，促使政府的政策倡导与营销不必支付大量成本，电子化政府更要利用既有的信息传播科技进行政策营销，展现政府服务民众的意志力、自主性与职能性。要言之，台湾政治传播的网络治理模式特质，在于强调不同行动者之间的沟通与互动、深入的决策信息、公民的涉入和不同团体的参与，借此开启平等参与的决策空间、避免政府垄断的决策权力、强化政策的正当性基础及创造多元的公私协力关系，可说是具有深化民主治理的效果。

然而，在网络治理过程中，政府和媒体在网络中所扮演的角色与定位及两者互动模式为何，是本文需加以深入探讨的焦点。

政治传播的"营销"理念、政府推动的政策倡导，无不需要适切的政治传播作为,才能争取民众的支持,不少学者认为营销管理是当前公共部门中相当重要的公共管理策略。政策倡导的产品大多是抽象的、无形的,必然需要借由营销以增进民众对公共事务的认知。归根究底主要是因为消费者社会的出现,使得政府与公众的关系从"治者与被治者"的上下隶属关系转变为"生产者与消费者"的平等互惠关系,这种关系的改变促使许多公共管理者开始体认到政治传播也必须当作一种"产品"来加以营销,才能得到民众的认同。政治传播作为响应与满足民众需求的一张良方,可简单界定为政府机关及人员在网络新媒体内容中,采取有效的营销策略与方法,促使内部执行人员及外部服务对象,对研议中或已形成之政策倡导产生共识或共鸣的动态性过程;其目的在增加政策执行成功的概率、提高国家竞争力、达成为公众谋利的目标。

政治传播具有下列功能:政治传播可加强政策倡导的竞争力;政治传播可建立良好的公共形象:透过市场机能中营销广告的运作,可树立公共部门的良好公共形象,有助于推展政策倡导,争取民众支持。政治传播可促使公共服务价格符号化:政府所提供的公共服务,可透过营销方式予以"商品化",如"使用者付费"的运用,使之更能吸引民众的购买与顺从。站在政府机关或机构服务的立足点,上述三项动机似乎皆出乎绝对善意的理念,因而,从理论上即使是片面的诉求,一般民众也应无所谓排斥的意念才对。

可是,在台湾,有时情况并非如此,尤其是新媒体与公民媒体结合之后,更为明显;诚如很多学者所提及,新媒体常无法落实科责问题,更没有媒体组织负起社会的责任。从新媒体网络治理模式的政治传播特质看,新媒体强调不同行动者之间的沟通与互动、深入的决策信息、公民的涉入和不同团体的参与,并借此开启平等参与的决策空间、避免单向的决策权力、强化政策的正当性基础及创造多元的协力关系。

多元媒体的发展使得民众积极使用多元路径与工具快速汇集信息,包括视讯、图片、微信、微博、社群网站等各种新媒体形式。相对的观察是,目前台湾的网络新媒体内容,对于民众而言,是取得外界信息的重要来源,文学创作、流行音乐、戏剧节目等信息,都让民众深感兴趣;但是,新媒体信息交流在台湾,仍然存在甚多盲点,让社会的互信机制潜藏沟隙。

（该文首发于 2014 年第一届"政治传播与社会发展论坛"，刊载于《中国社会科学报》2015 年 1 月 7 日第 B01 版，被中国人民大学《复印报刊资料·政治学》2015 年第 5 期转载。）

附 录

第一至十届政治传播与社会发展论坛主题演讲及会议论文目录

第一届政治传播与社会发展论坛 …………………………（638）
第二届政治传播与社会发展论坛 …………………………（643）
第三届政治传播与社会发展论坛 …………………………（647）
第四届政治传播与社会发展论坛 …………………………（650）
第五届政治传播与社会发展论坛 …………………………（654）
第六届政治传播与社会发展论坛 …………………………（657）
第七届政治传播与社会发展论坛 …………………………（660）
第八届政治传播与社会发展论坛 …………………………（663）
第九届政治传播与社会发展论坛 …………………………（666）
第十届政治传播与社会发展论坛 …………………………（670）

第一届政治传播与社会发展论坛
"政治传播：延续与变革"
（2014 年 9 月 21 日）

主题演讲

陈生洛（中国青年政治学院马克思主义学院教授）
　　《国际关系学视域的国家形象研究》

陈清河（世新大学广播电视电影学系教授、学术副校长）
　　《新媒体对两岸信息交流的影响》

程曼丽（北京大学新闻与传播学院教授、中国新闻史学会会长）
　　《国际传播能力建设的协同性分析》

高　钢（中国人民大学新闻学院教授、中国人民大学新闻学院与中国青年政治学院新闻传播学院学科共建委员会主任）
　　《政治传播研究——社会责任与学术尊严》

黄　煜（香港浸会大学传理学院教授、院长、协理副校长）
　　《香港政治传播研究的历史与现状》

荆学民（中国传媒大学政治传播研究所教授、所长）
　　《中国特色政治传播理论的基础、轴心与边界》

李金铨（香港城市大学媒体与传播系讲座教授、传播研究中心主任）
　　《国际传播的国际化》

喻国明（中国人民大学新闻学院教授、副院长）
　　《中国当下政治传播需要解决三个问题》

祝华新（人民网副总编辑、人民网舆情监测室秘书长）
　　《网络社群：政治引领与政治吸纳》

学者分论坛

姓名	单位及身份	论文题目
分论坛一：中国政治传播史研究		
白文刚	中国传媒大学政治传播研究所副教授、副所长	《中国古代政治传播的经验与启迪》
吴江平	中国地质科学院探矿工艺研究所讲师	《清朝早期政治合法性建构中的天命塑造》
侯松涛	中国政法大学马克思主义学院副教授	《中共新闻史研究史料资源的比较讨论——以抗美援朝运动相关史料为例》
许 静	北京大学新闻与传播学院副教授	《大跃进运动中的政治传播再思考——结构功能主义视角》
潘祥辉	华东师范大学传播学院副教授	《人民币五次改版的政治传播学分析》
晏 青	暨南大学新闻与传播学院讲师	《中国传统文化的媒介化生存：知识转换、国家认同与政治合法性》
分论坛二：中国语境下的政治传播理论研究		
刘海龙	中国人民大学新闻学院副教授、新闻传播研究所副所长	《在政治与传播之间：中国政治传播研究的问题与边界》
刘 兢	华南师范大学新闻与传播学系副教授	《聪明人的猜谜游戏？：1970—1980 年代夏威夷东西方中心传播研究所的中国政治传播研究》
刘宪阁	沈阳大学文化传媒学院副教授	《当代中国政治传播中的内参：演变、类型与功能》
陆 晔	复旦大学新闻学院教授、复旦大学信息与传播研究中心副主任	《媒介使用、社会交往、政治认知与中国社会思潮的三种意见趋势》
苏 颖	中国传媒大学政治传播研究所博士研究生	《失灵的舆论领袖——当代中国政治传播困境》
张 国	北京交通大学讲师	《老龄社会背景下我国城市的政治传播研究》
张林庆	中国传媒大学政治传播研究所博士研究生	《当代中国政治传播的公共性研究》
分论坛三：政治传播基础理论研究		
陈先红	华中科技大学新闻与信息传播学院教授、副院长	《论公共关系的政治性格》

续表

姓名	单位及身份	论文题目
杜 涛	中国青年政治学院新闻传播学院讲师	《分散化与同质化：国内媒介框架研究的取向与问题》
华炳啸	西北大学政治传播研究所所长，西北大学新闻传播学院副教授、副院长	《对政治传播概念及其研究方法的思考》
李书藏	中国青年政治学院新闻传播学院副教授	《西方新闻生产的语境分析——从基本概念权威的视角出发》
刘文科	河南师范大学政治与公共管理学院副教授	《现代政治传播的系统分析》
刘小燕	中国人民大学新闻学院教授	《政府回应民意的理性选择》
分论坛四：新媒体与舆论研究		
黄楚新	中国社会科学院新闻与传播研究所副研究员	《中国网络舆论监督发展态势及建议》
郭小安	重庆大学新闻学院研究员、院长助理	《网络舆情热点联想叠加的基本模式——基于相关案例的综合分析》
季乃礼	南开大学周恩来政府管理学院教授	《公众舆论、舆情是否可得兼？——兼论舆情能否成为一门独立的学科》
马得勇	南开大学周恩来政府管理学院副教授	《新媒体时代的公共舆论倾向研究——以网民为对象的实证分析》
张 健	苏州大学凤凰传媒学院教授、系主任	《"普通人在想些什么？"——乔治·盖洛普民调哲学思想述评》
赵新利	中国传媒大学广告学院讲师	《新媒体环境下舆论形成机制研究——一种与传统媒体比较的视角》
分论坛五：政治传播与青年政治参与研究		
陈经超	厦门大学新闻传播学院助理教授	《拟人化方式下的政府形象评价探析》
陈彤旭	中国青年政治学院新闻与传播学院副教授、传媒与青年研究所所长	《论全国青年报刊系统的形成》

续表

姓名	单位及身份	论文题目
卢家银	中国青年政治学院新闻传播学院讲师	《互联网对中国青年政治参与的影响研究：基于CGSS2010的实证分析》
乐 嫒	厦门大学新闻传播学院助理教授	《大陆年轻人如何感知与解读台湾政治人物形象——基于2012台湾地区领导人电视辩论的焦点小组研究》
徐志伟	中国人民大学新闻学院硕士研究生	《微观的抗争：当代大学生网络公共意见表达研究》
分论坛六：媒介与政治研究		
罗 艺	南京晓庄学院新闻传播学院讲师	《一个公共议题的媒体呈现——基于2012年北京"7·21"暴雨报道分析》
施惠玲	北京交通大学人文社会科学学院教授	《政治传播中的政治话语与意识形态》
吴 麟	中国劳动关系学院文化传播学院讲师、北京大学社会学系博士后	《另类媒体与劳资关系治理：一个探索性的分析》
许 燕	复旦大学新闻学院副教授	《从社会分层角度看自媒体时代中国媒介话语失衡》
曾一果	苏州大学凤凰传媒学院教授、新闻传播系副主任	《再现与遮蔽——电视纪录片〈远方的家——边疆行〉的"边疆景观"》
张爱凤	扬州大学新闻与传媒学院副教授、副院长	《网络视频新闻微博传播中的文化政治》
赵晓昉	上海交通大学人文艺术研究院硕士研究生	《互联网平台：网络推手对公共领域的重构——基于天涯论坛与新浪微博的实证研究》
分论坛七：政策传播与公共治理研究		
谢进川	中国传媒大学文法学部社会学系副教授、教研室主任	《政府微博的长效管理分析》
杨 秀	重庆大学新闻学院讲师	《政府应对网络谣言中的"权力思维"反思——以"打击网络谣言"中的政府信息沟通能力为视角》
张 宁	中山大学传播与设计学院教授、副院长、公共传播学系主任	《政治时间与冲突现场：外压型议题如何进入政策视野？》

续表

姓名	单位及身份	论文题目
张洋	中国人民大学新闻学院博士研究生	《污名化:"城管"的媒介话语建构——基于20家主流媒体新闻报道的实证研究(2000—2013)》
章平	复旦大学新闻学院副教授	《决策转型中的大众传媒参与模式——以新医改政策制定过程为例》
郑亚楠	黑龙江大学新闻传播学院教授、院长	《政务微信与县域政治生态的塑造——以@绥棱人为例》
朱剑虹	南京晓庄学院新闻与传播学院讲师	《网络表达的政府治理与遣散——以5起网络维权事件为例》
分论坛八:	中国的对外政治传播研究	
欧亚	外交学院外交学与外事管理系副教授	《国家领导人媒介形象研究——以〈纽约时报〉对中国国家领导人访美报道为例》
沈国麟	复旦大学新闻学院副教授	《"冲突、自卫、维护和平"的二次传播——从日本政府购买"钓鱼岛"风波看我国对外传播话语结构的"二次传播"效果》
谭峰	人民日报社人民论坛编辑、记者	《Social Media: the God or the Devil for the Global Democracy——From three Perspectives of Power, Institution, and Identity》
吴志远	中国南海研究协同创新中心、南京大学新闻传播学院博士研究生	《新媒体环境下的政治传播研究与中国智库建设——以"中国南海研究协同创新中心"为例》
翟峥	北京外国语大学英语学院讲师	《中国"第一夫人"的魅力攻势:三地媒体对彭丽媛2013年随访报道的比较研究》
周培源	中国传媒大学新闻学院硕士研究生、人民网舆情监测室特约舆情分析师	《我国外交政治微博的得与失——以新浪微博平台@外交小灵通为例》

第二届政治传播与社会发展论坛
"政治传播：多元对话"
（2015年12月3日）

主题演讲

黄达业（台湾大学财金系、新闻所教授）
《经济政策报道对台湾政党选情的影响》

李金铨（香港城市大学媒体与传播系讲座教授、传播研究中心主任）
《内眷与真空：我对美国主流政治传播文献的述评》

李　伟（中国青年政治学院马克思主义学院教授、院长）
《中国特色社会主义理论在青年中传播的路径与方式研究》

刘　健（《中国青年报》副总编辑）
《政治会议报道的实质性进步——以"两会"为例》

陆小华（中国政法大学光明新闻传播学院教授、院长，新华社音视频部主任）
《微传播时代的政治传播》

马志鹏（阿里巴巴集团政府事务专家）
《DT时代政府治理的机遇与挑战》

彭宗超（清华大学公共管理学院教授、副院长）
《风险沟通与信息治理》

张天潘（安平公共传播公益基金总干事）
《人人公益：推动社会跨界融合的新力量》

赵鼎新（美国芝加哥大学社会学系教授）
《政治传播的学理逻辑》

朱宏任（工业和信息化部原党组成员、总工程师、新闻发言人）
《政府新闻发言人与媒体的互动之道》

学者分论坛

姓名	单位及身份	论文题目
分论坛一：中国政治传播史		
白文刚	中国传媒大学政治传播研究所副教授、副所长	《中国古代核心价值观传播的现代启示》
高山冰	南京师范大学新闻与传播学院副教授	《民国南京临时政府新闻管理的内涵及运行机制研究》
刘宪阁	沈阳大学文化传媒学院副教授	《张季鸾"报恩主义"的由来》
罗祎楠	清华大学公共管理学院助理教授	《"治理"视野下的传统中国政治传播思想研究：以先秦思想比较为例》
涂凌波	中国传媒大学新闻传播学部电视学院助理教授	《从"旧媒介"到"新媒介"：晚清政府对报纸的控制及政治传播观念》
张 放	上海外国语大学马克思主义学院助理教授，上海外国语大学政治学博士后流动站博士后	《节日教育：新中国初期的儿童节与政治传播》
分论坛二：中国语境下的政治传播理论		
杜 涛	中国青年政治学院新闻传播学院副教授	《多维视角下的政治传播系统研究》
李 智	中国传媒大学传播研究院教授	《中国政治传播研究的方法论之思》
卢家银	中山大学传播与设计学院副教授	《社交媒体对青年政治表达的影响》
施惠玲	北京交通大学人文社会科学学院教授	《主流意识形态：政治传播视角的分析》
苏 颖	中国传媒大学政治传播研究所助理教授	《作为自主力量的公众舆论：当代中国政治传播转型的推动力》
吴 江	清华大学社会科学学院政治学系助理研究员	《基于文本挖掘的决策者理论词语使用情况研究》

续表

姓名	单位及身份	论文题目
分论坛三：社会行动中的政治传播		
冯仕政	中国人民大学人口与社会学院教授、副院长	《科学、价值与社会媒体中的框架建构》
何 晶	中国青年政治学院新闻传播学院副教授	《农民工阶层的利益表达分析》
吴 麟	中国劳动关系学院文化传播学院副教授	《新生代农民工的媒介素养与传播赋权——以劳资关系治理为中心的观察》
曾凡斌	暨南大学新闻与传播学院副教授	《网络社会动员里的中间阶层的政治参与分析》
曾繁旭	清华大学新闻与传播学院副教授	《社会运动的多重扩散：行动者网络与运动家族形成》
分论坛四：新媒体与国家治理		
黄楚新	中国社会科学院新闻与传播研究所副研究员	《双微联动：建构党政与民众对话新渠道》
蔺玉红	团中央网络影视中心副主任	《"青年之声"：共青团互联网+的时代担当》
苏昌强	中共福建省周宁县委党校助理教授	《"学习大军"的网络传播机制》
伍 刚	中国广播网副总裁、副总编辑、高级编辑	《网络强国战略的中国式创新路径》
张志安	中山大学传播与设计学院教授、院长	《大数据、网络舆论与国家治理》
邹 维	北京拓尔思信息技术股份有限公司首席舆情顾问	《大数据环境下的网络舆情监测与分析实践》
分论坛五：政治传播与政治参与		
陈红玉	北京市社会科学院副研究员、首都文化研究中心副主任	《视觉修辞与新媒体时代的政治传播》
季乃礼	南开大学周恩来政府管理学院教授	《官员拒绝、沉默回应负面事件失败的原因探究》
乐 媛 毕若旭	厦门大学新闻传播学院助理教授；硕士研究生	《电视辩论对报纸的议程建构研究：以2014年台北市长候选人电视辩论为例》

续表

姓名	单位及身份	论文题目
夏琼	武汉大学新闻与传播学院教授、新闻系主任	《突发事件中的政府危机公关策略研究——基于天津"8·12"爆炸事件和"东方之星"沉船事件的舆情分析》
向芬	中国社会科学院新闻与传播研究所副研究员	《野火之后：媒体市场、政府管制与新闻自由——以台湾新闻传播为例》
张宁	中山大学传播与设计学院教授、副院长、公共传播学系主任，公共传播研究所所长	《博弈与共荣：广州地区"创意问政"及其媒介近用研究——以"孟浩与39号文"事件为例》
分论坛六：国际政治传播研究		
黄超	人民日报总编室编辑	《中央企业国际传播的现状与问题》
李书藏	中国青年政治学院新闻传播学院副教授	《全球传播中的政治考量和专业力量》
任晶晶	中国社会科学院地区安全研究中心研究员	《"一带一路"背景下周边国家对华舆情分析与对外传播话语构建》
沙宗平	北京大学哲学系副教授	《"一带一路"与国家形象传播——〈人民日报〉对三大宗教的报道研究》
王华	中国青年政治学院新闻传播学院副教授	《国家形象的外部映射与消解：基于传播效果的分析》
张丹	中国社会科学院新闻与传播研究所副研究员，世界传媒研究中心副主任	《俄罗斯媒体外交战略及发展趋势——以"今日俄罗斯"（RT）电视台为例》

第三届政治传播与社会发展论坛
"新媒体时代的政治传播和青年政治参与"

(2016年11月5日)

主题演讲

陈堂发（南京大学新闻传播学院教授、新闻与政治研究所所长）

《网民政治性表达的权利保障状况——以近年来的50起案例为分析对象》

董天策（重庆大学新闻学院教授、院长）

《社会化媒体对社会变革的推动作用》

黄楚新（中国社会科学院新闻与传播研究所研究员、中国社会科学院新媒体研究中心副主任兼秘书长）

《"微团建"：互联网思维下的共青团创新工作模式》

廖圣清（复旦大学新闻学院传播系教授、主任）

《新媒介技术环境下的意见表达研究：以上海大学生为研究对象》

刘海龙（中国人民大学新闻学院教授、《国际新闻界》主编）

《作为传播的政治》

张洪忠（北京师范大学新闻传播学院教授、副院长）

《中央与地方：网民的政府信任度比较》

学者分论坛

姓名	单位及身份	论文题目
分论坛一：政治传播史论		
耿宏伟	安阳师范学院传媒学院讲师	《戏剧与青年政治认同》
黄世永	中国邮政报主任编辑	《近代报刊与政治传播——以马克思主义在中国的早期传播为例》
王凯山	中国青年政治学院新闻传播学院讲师	《媒介融合环境下政府新闻发布变迁动因分析》

续表

姓名	单位及身份	论文题目
王咏梅 刘宪阁	山东大学新闻传播学院副教授；郑州大学新闻学院教授	《从"四不"到"二不"——新记〈大公报〉办报方针表述改变的背后》
魏金梅	中华女子学院文化传播学院讲师	《政治传播历史观照下的"媒介榜样"变迁》
张勇锋	陕西师范大学马克思主义新闻观中国化研究中心副教授	《昭示与潜隐：新中国连环画政治传播的两种模式》
分论坛二：新媒体与青年政治参与		
李红涛 黄顺铭	浙江大学传媒与国际文化学院副教授；四川大学文学与新闻学院副研究员	《一个线上公祭空间的生成——南京大屠杀纪念与数字记忆的个案考察》
马晓东	中国铁路总公司铁道党校管理学教研部讲师	《新媒体时代青年政治参与及其引导》
刘东海	浙江省团校讲师	《政治传播与政治参与研究——共青团在青年政治参与中的绩效考察》
陶蕴芳	西安电子科技大学马克思主义学院讲师	《网络拟态环境下的政治认同形成机制与引导研究》
涂凌波	中国传媒大学新闻传播学部电视学院讲师	《中国共青团的互联网上政治传播：机制、事件与正当化》
王　菁	成都理工大学马克思主义学院副教授	《呈现、认同与建构：大学生微博政治参与与公民身份分析》
殷　俊	深圳大学城市治理研究院助理教授	《网络公众参与与公共治理的不同互动模式》
分论坛三：互联网政治表达		
陈志峰	澳门理工学院客座副教授	《互联网时代的正向公共产品——以澳门正能量协进会为例》
杜智涛	中国青年政治学院新闻传播学院副教授	《网络环境中公民政策批评的影响因素》
耿　磊	人民日报社研究部编辑、博士	《移动互联网时代舆情监测和引导面临的挑战与对策》

续表

姓名	单位及身份	论文题目
胡 鹏	北京市新闻出版广电局公共服务处主任科员、博士	《传播学视角下的北京现代公共文化服务体系研究》
王 华 李征远	中国青年政治学院新闻传播学院副教授；青少年工作系硕士研究生	《台湾大学生在两岸关系问题上的态度现状与分析》
夏 琼 李 京	武汉大学新闻与传播学院新闻系主任、教授；博士研究生	《网络社群集体行动中的政治表达——以南海仲裁案事件为例》
张爱凤	扬州大学新闻与传媒学院教授	《微传播中的文化政治》
分论坛四：国际政治传播		
陈红玉	北京市社会科学院副研究员	《多维建构：中国文化对外传播的媒介转换》
冯丙奇 江旭爽 田 琳	中国传媒大学广告学院副教授；硕士研究生；硕士研究生	《希拉里竞选视频的互动性含义传播情形研究》
葛在波	浙江工商大学人文与传播学院讲师	《爱国主义与商业利益的交织：两次世界大战中的美国广告业》
李 智	中国传媒大学传播研究院教授	《"话语权"新解》
刘晓霞	孔子研究院助理研究员	《从朴槿惠服饰政治谈中韩外交》
张博轩	人民日报-中国城市网大数据研究中心见习舆情分析师	《对"捍卫跨国新闻客观性"与"构建多极化世界新闻秩序"两个历史任务的实践评述与总结思考》

第四届政治传播与社会发展论坛
"全球化与逆全球化背景下的国际政治传播"
（2017年12月2日）

主题演讲

白　贵（河北大学特聘教授、"一带一路"沿线国家研究智库联盟理事长）

《媒介形象建构对"一带一路"民心相通的影响》

荆学民（中国传媒大学政治传播研究所教授、所长）

《人类命运共同体：政治的雄心与传播的躁动》

庞金友（中国政法大学政治与公共管理学院教授、副院长）

《政治传播与现代政治秩序的建构：以逆全球化浪潮为视角》

史安斌（清华大学新闻与传播学院副院长，教育部青年长江学者特聘教授）

《新全球化时代的政治传播理论重建与路径重构》

唐绪军（中国社会科学院新闻与传播研究所研究员、所长）

《互联网内容建设的"四梁八柱"》

韦　路（浙江大学传媒与国际文化学院教授、院长，中国新闻史学会全球传播与公共外交委员会秘书长）

《全球化时代的国际政治认知和态度：中国网民如何看待美国总统》

赵永华（中国人民大学新闻学院教授、外国新闻史研究会副会长）

《新时代中国国际传播研究存在的问题与突破路径——以"一带一路"传播研究为中心的思考》

邹　军（南京师范大学新闻与传播学院教授、院长助理、中国新闻史学会媒介法规与伦理研究委员会秘书长）

《逆全球化思潮的兴起与全球互联网治理模式的重构》

学者分论坛

姓名	单位及身份	论文题目
分论坛一：互联网、全球化与国际传播新秩序		
曹小杰	中山大学传播与设计学院副研究员	《多元化与可治理性：互联网政治视阈下黑客研究的向度》
杜智涛	中国社会科学院大学新闻传播学院副教授、中国社会科学院大学政治传播研究中心研究员	《技术赋能与权力相变：网络政治生态的演进》
马得勇	中国人民大学国际关系学院教授	《匹配效应：谣言的心理及意识形态根源》
马立明	暨南大学新闻传播学院博士后	《"萨帕塔之友"与政治抗争的全球化》
李红艳	中国农业大学人文与发展学院教授	《全球化与本地化中的媒介：基于流动家庭的案例分析》
王卫明 王 楠	南昌大学新闻与传播学院教授；硕士研究生	《新媒体平台的中国军事传播及其信息安全》
赵 鹏 吴敏苏 曹培鑫	中国传媒大学新闻传播学部硕士研究生；教授、副学部长；教授	《重构国际传播与信息新秩序——以中国环球电视网（CGTN）的传播实践为例》
赵瑞琦	中国传媒大学马克思主义学院传媒政治研究所副教授、所长	《话语制衡与网络安全建构——美国对金砖国家的挑战与启示》
分论坛二：中国的对外传播及国家形象		
白文刚 赵 洁	中国传媒大学政治传播研究所副教授、副所长；硕士研究生	《"以俄为师"：建国初期新中国对苏传播中的国家形象建构（1949—1953）》
胡利超 何清新	广西艺术学院影视与传媒学院硕士研究生；教授	《越南主流媒体他者化的中国形象建构》

续表

姓名	单位及身份	论文题目
李书藏	中国社会科学院大学新闻传播学院副教授、中国社会科学院大学政治传播研究中心研究员	《中国电视节目走出去必需的几个文化特征分析——以〈美丽中国〉〈河西走廊〉等电视纪录片为例》
李 智	中国传媒大学传播研究院教授	《中国对外传播的两种世界想象》
吕 焰 林岳龙	西北工业大学马克思主义学院博士研究生；宁波诺丁汉大学数学科学学院副教授	《"人类命运共同体"中经济交往话语有效性论纲》
苏林森	北京交通大学语言与传播学院副教授	《受众能感知到媒介的议程设置效应吗？——基于美国受众对华认知的研究》
徐天博 唐敏瑶	安徽大学新闻传播学院讲师；英国谢菲尔德大学新闻学院博士研究生	《隐喻的中国国家形象——基于〈第一财经日报〉和〈金融时报〉5646篇报道的分析》
张伟伟	南京师范大学新闻与传播学院副教授	《高铁报道与国家形象：十八大以来英美主流媒体对中国高铁报道的新闻框架分析》
分论坛三：圆桌论坛		
崔 潇	中国外文局对外传播研究中心编辑、助理研究员	《开展全球民间外交 提升中国文化软实力——"讲好中国故事"创意传播国际大赛的实践启示》
龙兴春	中国国际电视台（CGTN）编辑	《"一带一路"国际传播的误区》
苏 颖	中国传媒大学政治传播研究所讲师	《制度分析：比较政治传播的一种理论路径的探索》
吴鹏森	上海政法学院应用社会科学研究院教授、所长	《人类命运共同体与新型全球化的话语建构与国际传播》
徐惊奇	四川外国语大学国际关系学院副教授	《媒体外交与"一带一路"政策的国际传播》
张爱凤	扬州大学新闻与传媒学院教授	《微传播时代媒介文化中"文化政治"的崛起》

续表

姓名	单位及身份	论文题目
张久安	中国外文局对外传播研究中心助理研究员	《"逆全球化"背景下全球治理的话语权争夺——人类命运共同体的话语建构与战略传播》
曾　昕	中国社会科学院新闻与传播研究所助理研究员	《融合媒体时代的国家形象传播：以新华社NEW CHINA的宣传报道为例》
祖　昊	中国政法大学光明新闻传播学院讲师	《作为历史话语创新的"人类命运共同体"》

第五届政治传播与社会发展论坛
"新媒体场景下的政治传播"
(2018年12月2日)

主题演讲

单学刚(人民网舆情数据中心副主任,人民在线副总经理、智库中心主任)

《全媒体时代政府传播力和影响力提升的探索与创新》

李　捷(中国社会科学院大学媒体学院名誉院长,中国史学会会长、研究员)

《新媒体环境下的政治传播》

陆先高(《光明日报》副总编辑、融媒体中心主任、光明网董事长)

《融媒体时代的主题宣传场景》

王润泽(中国人民大学新闻学院教授、副院长,中国新闻史学会副会长)

《马克思唯物史观与中国新闻实践史的开拓》

杨伯溆(北京大学新媒体研究院教授、副院长,北京大学创意产业研究中心主任)

《新媒介传播与资本:一个理解当下政治传播活动的视角》

杨发喜(《求是》杂志社国际编辑部主任、编审)

《在新媒体场景下政治传播仍然要坚持思想为王》

喻国明(教育部长江学者特聘教授、北京师范大学新闻传播学院执行院长)

《智能算法推荐:工具理性与价值适切——技术逻辑下的政府治理之道》

学者分论坛

姓名	单位及身份	论文题目
分论坛一		
白文刚	中国传媒大学政治传播研究所副教授、副所长	《从大国竞争到文明对话：新世界史观与中国对美传播的话语创新》
陈 薇	华中科技大学新闻与信息传播学院副教授，华中科技大学国家传播战略研究院副院长、研究员	《国家行动、被书写的"同性"与家国叙事：新世纪以来〈人民日报〉海外撤侨报道的话语分析》
苏 颖 黄耀颖	中国传媒大学政治传播研究所讲师；硕士研究生	《政治品牌：从媒介传播向理解受众转型的政治传播》
王凯山	中国社会科学院大学媒体学院讲师	《新媒介视域下中国政府新闻发布历程研究》
张唐彪	新疆喀什大学人文学院副教授	《"廉价传播"催生"喧嚣盛景"：网络生态双面显像的"传播成本"逻辑》
分论坛二		
蔡一村	广州大学台湾研究院讲师	《互联网时代的集体行动动员机制研究》
上官酒瑞	上海市委党校政治学教研部教授	《新媒介赋权与网络政治"悖论"》
孙天梦 郑 欣	南京大学金陵学院教师；南京大学新闻传播学院教授	《软性话语抗争：青少年公共参与中的网络语言使用研究》
王 瀚 陈 超 王 蕊	两岸关系和平发展协同创新中心、厦门大学台湾研究院博士研究生；助理教授；硕士研究生	《"赋权"或是"去权"：媒体使用与政府回应性评价——基于中国大陆与中国台湾地区的比较研究》
张 静	北京航空航天大学马克思主义学院讲师	《构建新时代高校舆论场培育提升大学生政治参与能力》
郑旭涛	中国矿业大学文法学院讲师	《从精英到大众：邻避信息传播的涟漪效应——以什邡事件为例》

续表

姓名	单位及身份	论文题目
分论坛三		
陈界亭	北京市社会科学院助理研究员	《新媒体发展与社会主义核心价值观传播的内在逻辑》
成群鹏	中关村企业家顾问委员会秘书处副秘书长，中关村泰诚民营经济产业发展研究所研究部部长	《基于实证分析视角下的政务微信公众号满意度模型探索研究》
达 彤 陈堂发	南京大学新闻传播学院博士研究生；教授，新闻与政治研究所所长	《新媒体场景下政策问题构建的媒介依赖——基于美国明尼阿波利斯大桥坍塌事件报道的分析》
黄军勇	副研究员，中共温岭市委宣传部部务会议成员、温岭市社科联主席	《新媒体场景下温岭民主恳谈的传播创新与经验启示》
孙 莉	西南财经大学人文学院新闻与传播研究所所长、副教授	《价值创新视角下的媒体参与社会治理的机制研究》
谢稚 杨丛逊	中国地质大学艺术与传媒学院副教授；硕士研究生	《新媒体场景下微博社交平台的主流价值引导》

第六届政治传播与社会发展论坛
"政治传播：回到原点，守正创新"
（2019年10月26日）

主题演讲

荆学民（中国传媒大学政治传播研究所教授、所长）
《理论省思与实践观照：政治统摄传播的双重效应》

李 智（中国传媒大学传播研究院教授）
《国际政治传播的研究范式》

刘海龙（教育部青年长江学者、中国人民大学新闻学院教授、《国际新闻界主编》）
《从宣传1.0到宣传3.0》

潘祥辉（南京大学新闻传播学院教授）
《古代政治传播史研究的问题意识与方法意识》

沈 菲（香港城市大学媒体与传播系副教授）
《政治传播研究方法的发展与问题》

喻国明（教育部长江学者特聘教授、北京师范大学新闻传播学院执行院长）
《5G时代政治传播的新机遇新挑战》

学者分论坛

姓名	单位及身份	论文题目
分论坛一		
白文刚 赵 洁	中国传媒大学政治传播研究所副教授、副教授；博士研究生	《中国古代政治传播研究的回眸与省思》
常轶军 亓 光	云南大学民族政治研究院副教授；中国矿业大学马克思主义学院教授	《中国梦的政治认同功能、限度及其超越》

续表

姓名	单位及身份	论文题目
苏颖	中国传媒大学政治传播研究所讲师	《从意识形态宣传到制度权威建构——当代中国政治传播转型路径探索》
晏齐宏 殷鹤	北京交通大学语言与传播学院讲师；北京师范大学马克思主义学院博士研究生	《政治传播中公众的内涵、分析路径与演变特征——一项基于唯物史观的梳理》
张博 林媛	中国传媒大学马克思主义学院教授；讲师	《马克思主义中国传播70年回望》
张垒	新华社新闻研究所主任编辑	《回归实践：中国道路视野下的新闻学和新闻业》
祖昊	中国政法大学光明新闻传播学院讲师	《"政治逻辑"视域下政治传播的基本功能探析》
分论坛二		
董向慧	北京师范大学新闻传播学院博士后，天津社会科学院舆情研究所副研究员	《"非虚构写作"在网络舆情事件中的情感动员功能与表达逻辑研究》
何晶	中国社会科学院大学新闻传播学院教授	《"底层表达"与中国政治传播研究的路径创新》
塞莉 陈玉霞	四川省社会科学院新闻传播研究所副所长、研究员；副研究员	《少数民族地区政治传播的突围与创新》
马立明	暨南大学新闻与传播学院副教授	《景观的迷宫："德波—凯尔纳之辩"与"后真相"的挑战》
吴江	首都师范大学政法学院讲师	《留痕与媒介：一种现象学的视角》
杨君 陈莹晶	暨南大学公共管理学院副教授；硕士研究生	《竞争还是共生？政策传播渠道关系演变研究——基于19个大都市的问卷调查数据分析》
张彦华	中国矿业大学公共管理学院副教授	《网络社群影响公共决策的效应、机理及优化路径——基于传播政治经济学的视角》
分论坛三		
靳雪莲 张余	重庆邮电大学传媒艺术学院副教授；成都理工大学传播科学与艺术学院传播学硕士研究生	《互联网使用对大学生政治参与的影响和引导策略研究——基于国内七所高校问卷调查数据的分析》

续表

姓名	单位及身份	论文题目
王 蕊 周 佳 李纯清	北京师范大学新闻传播学院讲师；硕士研究生；硕士研究生	《网络舆情事件中的社会协商——有效性评估与测量指标建构》
Yue Hu, Zijie Shao	Tsinghua University, Sun Yat-Sen University	Supply vs. Demand: Why People Watch State-Media Broadcasts in China
Dongshu Liu, Li Shao, Fangfei Wang	Syracuse University, Zhejiang University, Dalian University of Technology	How China Defend External Criticism
Tianguang Meng, Zesen Yang	Tsinghua University	Internet-Driven Accountability: Variety of Responsive Institutions and Quality of Responsiveness in Cyber China
Jennifer Pan, Zijie Shao, Yiqing Xu	Stanford University, Sun Yat-sen University, University of California	The Effects of Television News Publicity: Experimental Evidence from China
Chengli Wang, Jiangnan Zhu, Dong Zhang	Shanghai University of Finance and Economics, University of Hong Kong, Lingnan University	Combating Rumors in a Competing Information Environment: An Experimental Analysis

第七届政治传播与社会发展论坛
"计算科学、政治传播与国家治理"
(2020年10月31日)

主题演讲

黄楚新（中国社会科学院大学新闻传播学院教授、副院长，中国社会科学院新闻与传播研究所研究员）

《短视频传播及生态重构》

荆学民（中国传媒大学政府与公共事务学院教授、政治传播研究所所长）

《后疫情时代何种"主义"主沉浮？——一种政治传播视角的分析》

孟天广（清华大学政治学系长聘副教授、社会科学学院副院长、计算社会科学平台执行主任）

National Identity of Locality: The State, Patriotism, and Nationalism in Cyber China

王国成（中国社会科学院大学计算社会科学研究中心教授、主任，中国社会科学院数量经济与技术经济研究所研究员）

《票箱前的抉择——计算社会科学视角下政治传播的网络结点效应》

喻国明（教育部长江学者特聘教授、北京师范大学新闻传播学院学术委员会主任）

《未来政治传播研究的三个可能的关键》

周葆华（复旦大学新闻学院教授、副院长，教育部青年长江学者）

《社交与智能媒体时代的连接性治理》

朱廷劭（中国科学院心理研究所研究员、教授）

《基于社会媒体大数据的疫情期间民众心态分析》

学者分论坛

姓名	单位及身份	论文题目
分论坛一：大数据时代的政策传播与国家治理		
白文刚	中国传媒大学政府与公共事务学院教授、政治传播系主任、政治传播研究所副所长	《大国博弈视野下中国在美国家形象演变的逻辑与中国对外传播话语的战略性调整》
曹 芳	中共内蒙古自治区委员会党校讲师	《基于数据分析方法的中央与内蒙古政府工作报告相关度研究》
阙天舒 王璐瑶	华东政法大学政治学与公共管理学院教授；政治学研究院科研助理	《美国特朗普政府的舆论战略新动向及其全球政治影响》
王芳菲 杨小涵 黄 河	大连理工大学人文与社会科学学部讲师、新闻与传播学系副主任；中国人民大学新闻学院博士研究生；中国人民大学新闻学院教授、新闻与社会发展研究中心研究员	《社交媒体语境下公共政策宣传话语的转变与效果检验——基于全面二孩政策微博的文本挖掘》
杨 君 陈莹晶 李春娜	暨南大学公共管理学院副教授；硕士研究生；硕士研究生	《政策传播中的信息鸿沟会逐渐缩小吗？——来自19个城市的经验证据》
分论坛二：社会行动中的网络政治传播		
高 月	安徽师范大学新闻传播学院讲师	《现代性乡愁书写与"数字中国"的国家形象治理》
马溯川	武警工程大学基础部政治学教研室副教授	《重大疫情中网络谣言场域的意识形态斗争研判》
汤景泰 陈秋怡 徐铭亮	暨南大学新闻与传播学院教授、副院长；硕士研究生；硕士研究生	《论社会运动中虚假信息的情感动员》
佟德志 王 旭	教育部长江学者特聘教授、天津师范大学政治与行政学院院长；硕士研究生	《微信公众号新闻传播策略与效果的实证分析——以〈人民日报〉公众号疫情期间1100篇报道为例》

续表

姓名	单位及身份	论文题目
王宝卿	中央电视台《今日说法》栏目执行制片人、高级编辑	《涉疫情信息的不当传播与个人信息的保护》
分论坛三：政治传播基础理论		
马立明	暨南大学新闻传播学院副教授	《从信息全球化到信息地缘政治：互联网思维的嬗变与未来走向》
苏 颖	中国传媒大学政府与公共事务学院、政治传播研究所讲师	《比较政治传播研究中的现代性基点与回应》
于淑婧	中国传媒大学政府与公共事务学院师资博士后	《政党领导的交流秩序：自媒体时代中国政治传播的运行特质》
张爱军 梁 赛	西北政法大学新闻传播学院教授、网络政治传播中心主任；东北大学文法学院博士研究生	《大数据对政治传播的异化及消解理路》
祖 昊	中国政法大学光明新闻传播学院讲师	《国外民粹主义传播研究的三种逻辑起点辨析》

第八届政治传播与社会发展论坛
"以史为鉴、开创未来：
面向新征程的中国政治传播研究"

（2021年10月30日）

主题演讲

段伟文（中国社会科学院哲学所研究员、科技哲学研究室主任、科学技术和社会研究中心主任）

《算法时代的伦理政治审视》

郭建斌（云南大学民族学与社会学学院教授、媒体人类学研究所所长、复旦大学信息与传播研究中心研究员）

《民族志视角下的中国政治传播研究——基于个人研究经历的言说》

荆学民（中国传媒大学政府与公共事务学院教授、政治传播研究所所长）

《世界政治风云：重建新时代国际政治传播理论的构想》

马得勇（中国人民大学国际关系学院教授）

《公众政治信息接收行为及形成机制分析》

邢云文（上海交通大学马克思主义学院长聘教授、院长）

《李提摩太译介与马克思主义在中国的早期传播》

于运全（中国外文局当代中国与世界研究院研究员、院长）

《共情共通共享：中国话语国际影响力提升的新进路》

学者分论坛

姓名	单位及身份	论文题目
分论坛一：马克思主义与中国特色政治传播		
常轶军	云南大学民族政治研究院副教授、云南大学中央四部委铸牢中华民族共同体意识研究基地研究员	《"中国梦"的政治认同功能及其超越》

续表

姓名	单位及身份	论文题目
苏 颖 于淑婧	中国传媒大学、政府与公共事务学院、政治传播研究所讲师；师资博士后	《强国家导向的政治传播现代化——基于2018年以来中国宣传机构改革的研究》
吴 锋 杨晓萍	西安交通大学新闻与新媒体学院教授、传播系主任；马克思主义学院博士研究生	《小印量何以形成大影响？延安时期〈解放日报〉的发行组织、网络和运营体系》
张 波 谭生哲	贵州大学文学与传媒学院副教授、新闻系主任；硕士研究生	《从反应性政治到回应性政治：县级融媒体建设中的政治传播逻辑转向》
分论坛二：政治传播理论		
王国勤	浙江传媒学院社会治理传播研究所教授、所长	《意识形态话语分析的张力与论争》
吴 江	首都师范大学马克思主义学院讲师	《黑格尔论媒介》
张爱军 朱 欢	西北政法大学新闻传播学院教授、网络政治传播研究中心主任；硕士研究生	《聚合与割裂：社交媒体时代的政治认同》
赵 洁	中国政法大学政治与公共管理学院博士后	《重返现实主义：汉斯·摩根索国际政治传播观探析》
祖 昊	中国政法大学光明新闻传播学院讲师	《当代国外政治媒介化理论刍议——概念、框架及意义》
分论坛三：政治传播与政治参与		
董向慧	天津社会科学院舆情研究所副研究员	《新媒体时代青年群体网络抗争的类型分析与政治社会化治理》
韩莹莹 李科生 吴克昌	华南理工大学公共管理学院教授；贵州民族大学民族文化与认知科学学院副教授；华南理工大学公共管理学院教授	《什么类型的政务新闻更容易引发网络舆论？基于政务新闻敏感度、自我卷入与网络评论的实验研究》
马立明 姜 熙 连紫嫣	暨南大学新闻与传播学院副教授；广东外语外贸大学新闻与传播学院讲师；曼彻斯特大学人类学硕士研究生	《网络民族主义的崛起及其动因：基于胡锡进头条号的研究》
蒙胜军 郭 璇 戴璞聪	西安交通大学新闻与新媒体学院副教授；硕士研究生；硕士研究生	《微信群中青年群体政治意见表达的影响机制研究——基于社会交换理论和公民自愿模型的实证分析》

续表

姓名	单位及身份	论文题目
张彦华	中国矿业大学公共管理学院副教授	《网络视频话语权力的变迁及其风险治理研究——基于传播政治经济学的分析视角》
分论坛四：	政治传播与国家形象	
白文刚	中国传媒大学政府与公共事务学院教授、政治传播系主任、政治传播研究所副所长	《国家形象建构的逻辑困境与中国故事叙事的文明转向》
关天如 吴恺帆	武汉大学新闻与传播学院副教授；硕士研究生	《一个新的国家形象量表：基于国家、双边关系和情感的因素》
潘 玥 肖 琴	暨南大学国际关系学院/华侨华人研究院副研究员；合肥工业大学外国语学院印尼语教师	《一带一路、污名化传播与中国国家形象——以印度尼西亚为例》
向志强 黄依婷	湖南大学新闻与传播学院教授、副院长；硕士研究生	《突发公共卫生事件中的社交文本情绪分析》
徐惊奇	四川外国语大学新闻传播学院副教授	《抗战时期〈纽约时报〉书评中的中国共产党形象》
分论坛五：	中国的对外政治传播	
祁芝红 李 智	天津师范大学外国语学院讲师；中国传媒大学传播研究院教授	《从翻译—传播研究到翻译传播研究：后疫情时代中国政治话语国际传播研究的新路向》
汪学磊	杭州师范大学当代中国话语研究院副教授、副院长	《中共政党外交话语传播研究》
王晨光	中共中央对外联络部当代世界研究中心助理研究员	《如何向世界讲好中国共产党的故事——以"中国共产党的故事"系列专题宣介会为例》
叶桂平 孟静文	澳门城市大学教授、协理副校长、澳门社会经济发展研究中心主任；澳门城市大学葡语国家研究院博士研究生	《中国共产党与葡萄牙共产党的政治传播：交流与联系》
赵思洋	暨南大学国际关系学院/华侨华人研究院副教授、国际政治系副主任	《近代中国国际新闻观念的形成》

第九届政治传播与社会发展论坛
"数字中国建设与政治传播研究"
（2022 年 10 月 30 日）

主题演讲

胡　泳（北京大学新闻与传播学院教授）
《李普曼与我们的世纪：重视公共性与民主》

胡正荣（中国社会科学院大学新闻传播学院教授、院长，中国社会科学院新闻与传播研究所所长）
《治理现实与传播理想》

荆学民（中国传媒大学政府与公共事务学院教授、政治传播研究所所长）
《现时代国际政治传播我们该怎么说》

刘永谋（中国人民大学哲学院教授、国家发展与战略中心研究员）
《祛魅大数据治理》

佟德志（天津师范大学政治与行政学院教授、国家治理研究院院长）
《基于大数据的舆情治理及其限度》

张道阳（国家市场监管总局网络交易监管司副司长）
《数字经济时代市场监管领域的"变与不变"：观察、思考和应对》

学者分论坛

姓名	单位及身份	论文题目
分论坛一：数字技术与政治传播		
方　禹	中国信息通信研究院互联网法律研究中心主任	《关于数字中国背景下构建数据法治及传播秩序的思考》

续表

姓名	单位及身份	论文题目
马立明 黄泽敏	暨南大学新闻与传播学院副教授、国际关系学院拉美研究中心特约研究员；硕士研究生	《算法认知战中的社交机器人：动向、机制与治理》
苏 颖	中国传媒大学政府与公共事务学院、政治传播研究所副教授	《技术在何种意义上影响政治：互联网时代比较媒介体制的理论推进》
汤天甜 温曼露	西南大学新闻传媒学院副教授；硕士研究生	《作为舆论的短视频：影像化表达的底层逻辑及其风险审视》
叶桂平 孟静文	澳门社会经济发展研究中心教授、主任，澳门城市大学协理副校长、研究生院院长、葡语国家研究院院长；博士研究生	《澳门特区建设以人为本的数字智慧城市的适用性研究》
分论坛二：政治传播与国家治理		
宫 贺 董 旭	中国人民大学新闻学院副教授；厦门大学新闻传播学院硕士研究生	《"嵌入式媒介"为核心的社区治理与沟通模式建构》
向青平	湘潭大学文学与新闻学院讲师	《场景、关系与治理变革：湘西村级微信群中国家与乡村社会的沟通过程研究》
尤 游 李桂童	上海大学新闻传播学院副教授；硕士研究生	《感知、意会和参与：信息传播中的乡村社区治理逻辑》
张爱军	西北政法大学新闻传播学院教授，网络政治传播研究中心主任	《网络政治舆情界分及其治理体系构建》
分论坛三：政治传播与网络舆论		
韩为政	南京林业大学人文社会科学学院讲师、广告与传播学系副系主任	《社交媒体传播语境下的民族主义话语情感表达研究》
吉木拉衣	中共内江市委党校基础理论教研室助教	《互联网使用与政府绩效评价：基于广西地区的实证研究》

续表

姓名	单位及身份	论文题目
李科生 张　婷 熊盼盼	贵州民族大学民族文化与认知科学学院副教授；传媒学院硕士研究生；硕士研究生	《"借风使船"：平台化时代下政务舆情回应的实效模式探索——基于多案例的比较分析》
马得勇 黄敏璇	中国人民大学国际关系学院教授；博士研究生	《态度极化与虚假共识——中国网络舆论形态及其生成机制分析》
祖　昊 段　锐 陈　硕	中国政法大学光明新闻传播学院讲师；中国传媒大学政府与公共事务学院讲师；中国政法大学光明新闻传播学院硕士研究生	《人格化补位、离散性收编与米姆式动员——"萌化"政治传播的三种社会政治效能》
分论坛四：政治传播与意识形态		
董向慧	天津社会科学院舆情研究所副研究员	《传播史上的玉器时代与华夏传播精神形塑》
潘祥辉	南京大学新闻传播学院教授	《"揖让而天下治"：中国传统揖礼的创造性转化与创新性发展》
秦小琪 李灵艺	大连海事大学马克思主义学院讲师；硕士研究生	《聚合与偏离：网络媒介与饭圈经济融合对青年主流意识形态的影响》
王新刚 何作为	河南理工大学马克思主义学院教授；硕士研究生	《舆情场域中主流意识形态话语困境及其治理》
张彦华 顾秦一 耿文琪	中国矿业大学公共管理学院副教授、网络风险治理研究中心主任；研究员；研究员	《网络政治舆论影响意识形态安全的三重逻辑及其风险治理》
分论坛五：数字时代的国际政治传播		
冯　杰 唐嘉骏 肖亚龙 贺天琪 陶玥竹	中南大学文学与新闻传播学院讲师；本科生；副教授；讲师；本科生	《中美政治话语互动中的框架竞争研究》

续表

姓名	单位及身份	论文题目
高 冉 高 玥 李林霏	南开大学新闻与传播学院讲师；周恩来政府管理学院硕士研究生；硕士研究生	《全球数字政治外交中的数据跨境政策比较研究》
金 勇 刘家豪	中国传媒大学政府与公共事务学院副教授；硕士研究生	《中韩电影中的国家叙事与国家形象——基于政治传播的视角》
刘 典 赵婧如	复旦大学中国研究院副研究员；中国人民大学国际关系学院硕士研究生	《平台崛起：数字时代国际传播的范式转换与权力格局演变》
杨伊璐 关天如	天津大学新媒体与传播学院副研究员；武汉大学新闻与传播学院副教授、副院长	《海外民众对华信任的现状、影响机制与传播策略：一项基于多国调研数据的实证研究》

第十届政治传播与社会发展论坛
"政治传播：历史、现实与未来"
（2023 年 10 月 28 日—29 日）

主题演讲

陈昌凤（清华大学新闻与传播学院教授，《全球传媒学刊》执行主编）

《智能价值观区域化探讨》

高奇琦（华东政法大学政治学研究院院长、教授，教育部青年长江学者）

《大模型技术背景下的政治传播新动向初探》

胡正荣（中国社会科学院大学新闻传播学院院长、教授，中国社会科学院新闻与传播研究所所长）

《增加中国故事的价值供给》

姜　飞（北京外国语大学国际新闻与传播学院院长、教授）

《二次他者化政治传播的历史》

荆学民（中国传媒大学政治传播研究所所长，政府与公共事务学院教授）

《新时期国际政治传播理论建构的学术基点》

钱　彤（新华网党委常委、总编辑）

《瞄准社交趋势　提升引导能力　注重柔性表达——新时期政治传播的三个着力点》

任孟山（中国传媒大学研究生院院长、教授）

《"竞选游戏"：电子模拟游戏中的美国政治传播》

孙吉胜（外交学院副院长、教授）

《做好数字时代的中国政治传播》

王君超（清华大学新闻与传播学院教授）

《传播研究的向内转：中华优秀传统文化与互联网全球治理的"中国方案"》

吴　靖（北京大学新闻与传播学院教授）

《国际传播的技术与技术的国际传播》

喻国明（北京师范大学新闻与传播学院学术委员会主任，教育部长江学者特聘教授）

《生成式 AI 崛起下政治传播的新生态》

张星久（武汉大学政治与公共管理学院教授，武汉大学"弘毅学堂特聘教授"，中国政治思想史研究会副会长）

《从中国古代帝制的合法性建构看政治传播的机制与效度》

赵云泽（中国人民大学新闻学院教授，教育部青年长江学者）

《舆情事件中大众情绪传播基本规律探讨》

周葆华（复旦大学新闻学院副院长，教育部青年长江学者）

《舆论研究的计算与智能方法》

学者分论坛

姓名	单位及身份	论文题目
分论坛一：数字时代的国际政治传播		
袁晓如 陈昕悦 李思航 刘　灿	北京大学智能学院研究员/长聘副教授；博士研究生；硕士研究生；北京大学武汉人工智能研究院助理研究员	《政治人物社交媒体内容的历时性研究——以可视化唐纳德·特朗普的56571条推文为例》
姜可雨 占　颖	湖北大学新闻传播学院副教授；硕士研究生	《加冕与脱冕：算法时代 Tiktok 在美国政治传播中的行动机制》
汤景泰 郑淑芬	复旦大学新闻学院教授；博士研究生	《全政府-全社会：社交媒体战场化趋势下的美国战略传播》
王子刚 祝文浩	对外经济贸易大学外语学院副教授；北京大学国际关系学院博士研究生	《拉美涉华意见领袖的传播形构与内容特征：一项基于推特的大数据研究》
分论坛二：涉华传播与中国的对外传播		
常　笑	国防大学政治学院讲师	《日本国民对"一带一路"倡议的认知变化及政策影响——基于〈朝日新闻〉的考察》
苏林森 李　羽	北京交通大学语言与传播学院教授；硕士研究生	《国际涉华网络舆论的情绪传播和破圈对策》

续表

姓名	单位及身份	论文题目
田佳鹤	新疆大学政治与公共管理学院讲师	《文化构型视域下中国在中亚地区国家传播能力的实现路径探析》
王 昉 王天铮 比 畅	中国人民公安大学涉外警务学院讲师，中国政法大学光明新闻传播学院博士研究生；中国政法大学光明新闻传播学院教授；美国内布拉斯加大学奥马哈分校传播学院公共关系和广告系助理教授	《国际受众对涉华假新闻的信息处理与态度生成》
分论坛三：主流意识形态传播		
王新刚 何作为 张梦鑫	河南理工大学马克思主义学院教授；硕士研究生；硕士研究生	《新时代主流意识形态的图像化叙事及其建构》
王智丽 姜竣之	同济大学艺术与传媒学院助理教授；硕士研究生	《论十八大以来中国共产党组织传播环境变动下的挑战与机遇——基于CCO"蒙特利尔学派"视角》
张 媛	西安交通大学新闻与新媒体学院教授	《观念的图像化：中华民族共同体意识的视觉传播机制》
赵佳鹏	河南大学新闻与传播学院讲师	《"国家生成"视域下〈红色中华〉的群众生活观建构研究（1931—1934）》
分论坛四：政治沟通与政治参与		
陈 强 张杨一 赵汉卿	西安交通大学新闻与新媒体学院教授；博士研究生；博士研究生	《面向公众的数字政府对话传播研究：来自省级平台的证据》
彭 莹	中共佛山市委党校佛山市马克思主义学院院长、副教授	《"社区公共领域"框架下网络信息传播及公共参与》
吴 麟	中国劳动关系学院文化传播学院副教授，新闻传播学系主任	《沟通与联结：国家治理逻辑中农民工返乡创业的实践进路》
向青平	湘潭大学文学与传播学院讲师	《身份政治视角下的媒体信任流变、挑战与重构》

续表

姓名	单位及身份	论文题目
分论坛五：政治传播与国家治理		
黄俊华	河南工业大学新闻与传播学院副教授	《城乡居民互联网使用何以影响政府治理效能评价——以政府信任感和社会公平感为中介的分析》
秦小琪 邢文利	大连海事大学马克思主义学院讲师；教授	《平安中国建设视域下网络舆情的挑战、治理与实践》
杨 琳 刘胜华	西安交通大学新闻与新媒体学院教授；博士研究生	《数字时代中国政治传播与乡村治理的关系与研究趋势》
张彦华	中国矿业大学公共管理学院副教授，中国社会科学院大学政治传播研究中心兼职研究员	《智能媒体嵌入数字政府传播系统的风险样态与治理策略》
分论坛六：媒介技术与政治传播		
韩 娜	中国人民公安大学国家安全学院副教授	《国家安全视域下信息操纵的数字运行逻辑》
李瑛琦	辽宁大学新闻与传播学院讲师	《媒介技术政治化的两条批判路径及其哲学叙事——重返马尔库塞与哈贝马斯的分歧》
张爱军 贾 璐	西北政法大学新闻传播学院教授，网络政治传播研究院院长；西北政法大学新闻传播学院博士研究生	《被建构的政治中心：媒介发展视域下的中国政治传播研究》
张岩松 张 晨	中央民族大学新闻与传播学院助理研究员；硕士研究生	《何为线上不文明？中国语境下新闻网站中的非文明舆论研究》
分论坛七：政治传播史论		
李 斌	河北大学新闻传播学院副教授	《〈新莱茵报〉编辑部"由马克思一人决断"的由来——恩格斯〈马克思和〈新莱茵报〉〉考证》
刘大明 苟雅婷	西南政法大学新闻传播学院副教授；硕士研究生	《〈文萃〉的革命宣传（1946—1947）》
乔 婷	东南大学马克思主义学院讲师	《媒介变迁视域下社会思潮治理的历史演进与问题聚焦》
苏 颖	中国传媒大学政府与公共事务学院副教授	《现代共和观念的大众生成："布鲁图斯"在16—18世纪英国与法国的政治传播研究》

续表

姓名	单位及身份	论文题目
王 婷	贵州师范大学国际教育学院讲师，中盐金坛博士后工作站厦门大学博士后流动站博士后研究员	《"覆舟"之隐喻：论中华文明中舟水意象的政治传播意蕴》
分论坛八：国际传播与国际关系		
郭存海 戴 扬	中国社会科学院拉丁美洲研究所研究员；中国社会科学院大学国际政治经济学院硕士研究生	《中拉发展互鉴背景下的区域传播——以纪录片〈我们的田野：拉美青年蹲点记〉为例》
马得勇	中国人民大学国际关系学院教授	《国际传播中的元知觉与知觉偏差：以中美关系为例》
齐天博	吉林外国语大学英语学院英语系助教	《韩国媒体视阈下中国形象的建构与呈现：基于KBS电视新闻报道的叙事分析》
肖亚龙 陈奕丰 朱承璋 冯 杰	中南大学人文学院副教授；硕士研究生；副教授；讲师	《作为桥梁的"一带一路"沿线国：基于主题建模与时序分析的跨国媒体间议程设置研究》
分论坛九：国际传播理论研究		
季芳芳 王雪玲	中国社会科学院大学新闻传播学院副教授，政治传播研究中心研究员，中国社会科学院新闻与传播研究所副研究员；中国社会科学院大学新闻传播学院硕士研究生	《国际传播的平台化转向：研究回顾与路径展望》
王震宇	上海社会科学院新闻研究所助理研究员，中国社会科学院大学数字文明与智慧决策实验室研究员	《国际传播的竞争理论》
张 健 齐博宇	苏州大学传媒学院教授；硕士研究生	《对"我们"的创造：俄罗斯总统普京讲话的同一修辞动员》

续表

姓名	单位及身份	论文题目
周嘉希	上海社会科学院国际问题研究所助理研究员	《媒介化时代的开源情报与大国竞争》
分论坛十：政治沟通与公共意见表达		
谷　羽 徐　恒	湖北大学新闻传播学院副教授；湖北省职业交通技术学院讲师	《去中心化的民主困境：社区居民微信群的公共协商研究》
蒋烨红	广西师范大学政治与公共管理学院讲师	《沟通何以未竟：对W村村民数字媒介表达动机的考察》
马立明 赵鑫娆	暨南大学新闻与传播学院副教授；中国传媒大学国际传媒教育学院硕士研究生	《直播平台中的爱国主义表达：机制重构与逻辑演进——以鸿星尔克"野性消费"事件为例》
闫文捷	北京师范大学新闻传播学院教授	《谈论雾霾：日常性意见表达对舆论的影响及其情感机制》
杨　贵	河海大学公共管理学院讲师	《内容何以为王：可见性视角下的议题属性、媒体报道、公共事件与政民互动平台公众参与》
分论坛十一：政治信息生产的媒介实践		
杜晓燕 高雪莲	西安交通大学马克思主义学院教授；硕士研究生	《媒介信息与认知态度：青年干部清廉感知的影响机制研究——基于反腐新闻"框架效应"视角》
梁　鑫 吴　晶	甘肃政法大学文学与新闻传播学院副教授；硕士研究生	《〈人民日报〉（2012—2021）禁毒宣传报道研究》
邱新有 王丽华	江西师范大学新闻与传播学院教授；博士研究生	《意义的再生产：信息稳定视角下新闻发布会的四要素分析》
孙蕾蕾	中央广播电视总台社教节目中心主任编辑	《转型视野下政治传播纪录片的多维透视》

第一至九届研究生论坛论文目录

第一届研究生专场 ……………………………………………（677）
第二届研究生专场 ……………………………………………（678）
第三届研究生专场 ……………………………………………（679）
第四届研究生论坛 ……………………………………………（681）
第五届研究生论坛 ……………………………………………（683）
第六届研究生论坛 ……………………………………………（685）
第七届研究生论坛 ……………………………………………（687）
第八届研究生论坛 ……………………………………………（690）
第九届研究生论坛 ……………………………………………（693）

第一届研究生专场

（政治传播：多元对话，2015）

姓名	单位及身份	论文题目
分论坛一		
汤璇 夏方舟	中国人民大学新闻学院博士研究生；公共管理学院博士研究生	《基于利益相关者预期模型的雾霾应对行为治理策略研究》
王含骁	清华大学新闻与传播学院硕士研究生	《新民学会的宣传实践与宣传观念》
张铁云	广西大学新闻传播学院硕士研究生	《认知维度的创新与实践理性的奠基——马克思和恩格斯政治传播理论内涵与特质之刍议》
周培源	中国传媒大学传播研究院博士研究生	《政治传播视域下的政治道歉：基础概念与研究进路》
分论坛二		
刘洋	南京师范大学新闻与传播学院硕士研究生	《偶像与镜鉴：新记〈大公报〉的孙中山形象呈现（1926—1928）》
吕焰	西北工业大学人文与经法学院博士研究生	《中韩电影中思想政治教育功能的比较研究——基于战争类型片的价值观传导与培育》
袁纯子 邓立峰	中国青年政治学院新闻学院硕士研究生；硕士研究生	《海外媒体对"一带一路"的媒介呈现》
祖昊	中国传媒大学政治传播研究所博士研究生	《论政治传播的历史性内涵》
分论坛三		
霍伟东	中山大学政治与公共事务管理学院硕士研究生	《香港时事节目的政治传播初探——以2014年五个时事节目为例》
连小童	南京政治学院新闻系博士研究生	《联演活动舆情传播路径分析——以2014环太平洋军演为例》
孙璐	中国传媒大学硕士研究生	《数位时代政治传播与青年世代——基于柯文哲与连胜文台北市长选举的比较研究》
解庆锋	中国传媒大学传播研究院博士研究生	《新疆少数民族聚居区社会主义核心价值观大众化的传播机制》

第二届研究生专场

（新媒体时代的政治传播和青年政治参与，2016）

姓名	单位及身份	论文题目
分论坛一		
别君华	中国传媒大学传播研究院博士研究生	《网络文化的民粹主义面向辨析》
吕焰 丁社教	西北工业大学马克思主义学院博士研究生；博士研究生	《伦理－政治商谈中理解实现的内在机理——基于伽达默尔的解释学循环》
夏羿	南京师范大学新闻与传播学院博士研究生、南京晓庄学院新闻传播学院讲师	《影像战士的诞生：中国共产党影像工作者群体的生成（1937—1942）》
陈雨人	北京大学艺术学院戏剧与影视系硕士研究生	《从港版〈申报〉解读中国大陆电影在港的政治传播》
王保平	中国传媒大学新闻学院硕士研究生	《当代中国领导人新闻摄影中的政治表达》
王正邦	暨南大学新闻传播学院硕士研究生	《政治传播视角下〈人民日报〉改革政治话语体系建构研究——以"全面深化改革"的新闻为例》
赵洁	中国传媒大学文法学部硕士研究生	《西方政治思想家思想中公众舆论角色的转化——基于卢梭、托克维尔和密尔的思想》
分论坛二		
路畅	中国传媒大学新闻学院博士研究生	《社交媒体时政报道的话语分析——以微信公众号"侠客岛"为例》
张维	西班牙巴塞罗那自治大学新闻与传播学院博士研究生	《初探政治传播对社会治理的微观层面影响》
陈朋亲	广西民族大学政治与公共管理学院硕士研究生	《坊间政治段子研究——中国基层政治文化发展的一个视角》
任苒	兰州大学马克思主义学院硕士研究生	《网络政治参与中亟待消解的阴暗面》
孙志鹏	华中师范大学新闻传播学院硕士研究生	《风险社会的分化、整合与重构：环境传播议题中"三元主体"的互动模式研究》
王治国	中国青年政治学院新闻传播学院硕士研究生	《中国网络政治传播研究现状综述》
张戌	西安外国语大学新闻与传播学院本科生	《基于当代青年政治参与的网络文化环境优化研究》

第三届研究生专场

（全球化与逆全球化背景下的国际政治传播，2017）

姓名	单位及身份	论文题目
分论坛一		
陈 烨	中国人民大学新闻学院硕士研究生	《全民外交视野下网络民族主义与国家软实力的相关性探索》
侯大明	中国政法大学光明新闻传播学院硕士研究生	《地缘政治经济视角下的新型网络安全规范》
金 星	南京师范大学新闻与传播学院硕士研究生	《后真相时代的假新闻传播研究——以希拉里"披萨门"事件为例》
王震宇	复旦大学新闻学院硕士研究生	《新型大国关系的话语建构》
吴晓虹 朱毓春	中国传媒大学新闻学院硕士研究生；硕士研究生	《国内外社交媒体隐私披露综述》
分论坛二		
韩建力	吉林大学行政学院博士研究生	《以"主旋律"电影提升软实力的困境与突围路径——政治传播视角》
李华伟 王治国	中国社会科学院大学新闻传播学院硕士研究生；硕士研究生	《华盛顿邮报关于中国雾霾报道的框架建构——基于2010—2015年报道的内容分析》
唐嘉仪 刘依林	中山大学传播与设计学院博士研究生；中山大学新华学院公共管理学院本科生	《社交媒体与国家形象传播策略：对比新华网Twitter账户和美国驻华大使馆微博账户》
郑宇飞	中国传媒大学新闻学院硕士研究生	《在科技强国视域下讲好中国航天故事》
朱垚颖	北京大学新媒体研究院博士研究生	《中国儒家文明的现代国际传播手段及效果分析》
分论坛三		
刘迎迎	山东师范大学新闻与传媒学院硕士研究生	《"一带一路"与城市实践——基于31个省会城市政务微博传播"一带一路"实证分析》

续表

姓名	单位及身份	论文题目
孙罂闻	中央民族大学文学与新闻传播学院硕士研究生	《批评性话语视角下中国日报网和华盛顿邮报网"一带一路"报道的比较分析》
王凯	中国社会科学院大学新闻传播学院硕士研究生	《马克思主义交往理论视阈下的一带一路传播观及传播工作探析》
王沛楠 王含阳	清华大学新闻与传播学院博士研究生；西安交通大学新闻与新媒体学院博士研究生	《"一带一路"倡议：中国公共外交的叙事转型》
张伊慧	山东师范大学新闻与传媒学院硕士研究生	《"一带一路"视域下中国形象传播渠道方式研究——以孟加拉国达卡大学为例》

第四届研究生论坛

(新媒体场景下的政治传播,2018)

姓名	单位及身份	论文题目
分论坛一		
陈雪薇	清华大学新闻与传播学院博士研究生	《内容为王还是视听制胜?公安类政务抖音短视频传播效果的影响因素研究》
马英歌	中国传媒大学新闻学院硕士研究生	《注意力时代官方媒体政治传播动漫化呈现的尝试与探索研究》
王震宇	复旦大学新闻学院博士研究生	《欧洲极右翼政党的崛起——一个媒介与政治互动的视角》
王 娜	南京师范大学新闻与传播学院硕士研究生	《新社会阶层的媒介依赖与网络政治参与研究——一项基于江苏地区的调查》
王美华	中国社会科学院大学新闻传播学院硕士研究生	《"后真相":技术赋权背景下的话语争夺战》
晏齐宏	中山大学传播与设计学院博士研究生	《二元性互构:媒介平台选择性接触影响下的青年网络政治意见表达差异——有调节的中介效应模型分析》
张元元	兰州大学新闻与传播学院硕士研究生	《抗争与和解:网络时代的民族主义呈现——以"帝吧出征"事件为例》
藏新恒	北京大学新闻与传播学院硕士研究生	《用短视频讲好中国故事——基于CGTN和RT优兔英文主账号的探讨》
钟 娟 吴 玫	澳门大学传播学系硕士研究生;硕士研究生	《假新闻与美国2016年总统大选:幻想主题的分析》
分论坛二		
韩为政	武汉大学新闻与传播学院博士研究生	《意见的交锋:网络舆论介入政策传播过程研究》
林彦君 方格格	中国传媒大学新闻传播学部硕士研究生;硕士研究生	*Chinese digital diasporas build a new China's national image*
秦小琪	辽宁师范大学马克思主义学院博士研究生	《网络政治意识形态传播的动力、特性及其规制》
王泽伟	北京交通大学马克思主义学院硕士研究生	《新媒体时代网络舆论在腐败治理中的力量彰显》

续表

姓名	单位及身份	论文题目
武 文	中国社会科学院大学新闻传播学院硕士研究生	《中国网络舆论研究概述（1999—2017）》
俞逆思	中国传媒大学新闻传播学部硕士研究生	《新媒体环境下政论片表达方式转型的创新路径——以〈辉煌中国〉〈不负新时代——十九大精神讲习〉为例》
张樱子	华中科技大学新闻与信息传播学院硕士研究生	《新媒体环境下从网络热词透视我国政治传播的新变化》
赵 洁	中国传媒大学政治传播研究所博士研究生	《"群众路线"的新阐释——基于政治传播视角》
郑 姣	清华大学新闻与传播学院博士研究生	《重大贪腐案件报道中的中国共产党形象构建研究》
分论坛三		
陈天明	中南民族大学文学与新闻传播学院硕士研究生	《碎片与裂变：微信公众号中热点事件群体极化现象探究——以"北京红黄蓝幼儿园虐童案"为例》
杜楠楠	中山大学政治与公共事务管理学院博士研究生	《中国互联网内容监管机构的制度化研究——基于省级以上网监机构的分析》
刘婧婷	清华大学新闻与传播学院博士研究生	《新浪微博上"自干五"的表达及其话语策略研究》
宋俪超	中国青年政治学院马克思主义学院硕士研究生	《新媒体背景下马克思主义在青年中的传播面临的机遇、挑战以及对策》
唐钰龙 殷 鹤	广西大学新闻传播学院硕士研究生；上海财经大学马克思主义学院硕士研究生	《体制性网络空间的公共性透视》
王俐然 赵康帅	中国传媒大学电视学院硕士研究生；硕士研究生	《基于内容分析法的政务抖音传播特征研究——以共青团中央抖音号为例》
魏锦鹏 关鑫宇	内蒙古大学公共管理学院硕士研究生；硕士研究生	《基于"神回复"现象探究政务微信建设导向》
于淑婧	中国传媒大学政治传播研究所博士研究生	《政治传播的哲学基础与秩序建构》
赵永刚	北京外国语大学中国外语与教育研究中心博士研究生	《再语境化与社交媒体舆论塑造——对知乎社区"中国锐实力"讨论的语料库辅助话语研究》

第五届研究生论坛

(政治传播：回到原点，守正创新，2019)

姓名	单位及身份	论文题目
分论坛一		
郭　梦	中国传媒大学政治传播研究所硕士研究生	《国庆纪念文本的政治传播功能研究——基于新中国国庆纪念文本变迁的考察》
脱　畅	兰州大学新闻与传播学院硕士研究生	《疏离与融合：作为城乡与时代媒介的五四青年——以甘籍旅京〈新陇〉杂志同人群体为例》
王英霖	中国政法大学光明新闻传播学院硕士研究生	《现代理性的重建——哈贝马斯眼中的对话与共识》
徐惊奇	上海外国语大学新闻传播学院博士研究生	《抗战时期国际宣传处的国际传播实践研究》
向青平	中国传媒大学传播研究院博士研究生	《理解"后真相"：后现代民粹主义思潮的传播变革》
赵颖竹	重庆大学新闻学院硕士研究生	《营救马寅初：抗战时期大后方媒介抗争的兴起与影响》
分论坛二		
程思琪 苏林森	北京师范大学新闻传播学院博士研究生；北京交通大学语言与传播学院教授	《中日关系与媒介情绪指数对公众态度的影响》
黄　毅 章　越 雷　森	国防大学政治学院硕士研究生；硕士研究生；硕士研究生	《合法性建构：抗战时期中国共产党"民主"与"抗战"主题的对外传播》
江潞潞	南京大学新闻传播学院硕士研究生	《美国政治传播中的议程建构——基于里根和特朗普的媒体策略对比》
李华伟	武汉大学新闻与传播学院博士研究生	《网络民族主义运动中的米姆传播及其隐喻分析》
刘章仪	北京邮电大学马克思主义学院硕士研究生	《论视觉识别对短视频时代意识形态工作的赋能》

续表

姓名	单位及身份	论文题目
分论坛三		
陈宗海 孙一丹	中国社会科学院大学新闻传播学院硕士研究生；北京开放大学国开业务部行政助理	《政治传播视阈下的"一带一路"研究：议题、理论与方法选择》
方格格	清华大学新闻与传播学院博士研究生	《社会风险与谣言流通的动态影响机制研究》
梁 轩 孙文豪	中国传媒大学电视学院硕士研究生；硕士研究生	《家国群像：新历史主义转向下〈国家相册〉的政府形象建构》
陶卓钊	中山大学政治与公共事务管理学院硕士研究生	《网络"战狼"从哪来？中国网民的媒介使用与民族主义》
于淑婧	中国传媒大学政治传播研究所博士研究生	《以政治宣传为轴心的中国政治传播秩序研究》

第六届研究生论坛

（计算科学、政治传播与国家治理，2020）

姓名	单位及身份	论文题目
分论坛一：	**网络政治传播与政治参与**	
曹卓栋 王红缨	新疆大学新闻与传播学院硕士研究生；副教授	《网络议程设置——新冠疫情事件中媒体与公众议程网络研究》
都 郁	新西兰奥克兰大学政治与国际关系学院博士研究生	《互联网对新西兰初代华人移民政治素质培育和政治参与的影响》
冯雨雷	上海交通大学媒体与传播学院博士研究生	《社交媒体中网络民族主义的议程设置路径研究——基于全民撑警事件的网络舆情分析》
郭艺博	清华大学新闻与传播学院本科生	《粉丝社群的政治参与——基于动员机制和行动策略的研究》
刘 通	华中科技大学新闻与信息传播学院硕士研究生	《社交媒体依赖对中国大学生群体政治参与意愿的影响研究：以政治信息成本为中介变量》
分论坛二：	**政治传播与国家治理**	
林 阳	中国传媒大学播音主持艺术学院硕士研究生	《两会"通道"新闻发言人的口语传播考察——以2020年全国两会为例》
秦小琪	辽宁师范大学马克思主义学院博士研究生	《大数据时代中国国家安全治理困境、成因及对策分析》
史 磊	上海外国语大学新闻传播学院硕士研究生	《论负责任大国议题设置与话语建构——以〈人民日报〉为例》
王海潮	上海交通大学媒体与传播学院硕士研究生	《社交媒体政治新闻使用、政治价值观与我国网民的政府信任——基于政治文化视角》
张冰倩 臧雷振	中国农业大学人文与发展学院博士研究生；教授	《因特网普及率降低贫困——基于全球面板数据》
分论坛三：	**政治传播史论与方法**	
崔贺轩 张 宁	中山大学传播与设计学院硕士研究生；中山大学新华学院公共治理学院教授，公共传播研究所所长	《政治传播新模式：建构传播管理权》

续表

姓名	单位及身份	论文题目
李世强	天津师范大学新闻传播学院博士研究生	《媒介偏向视阈下中国古代政治传播特点研究——以桓楚、宋代、明代为例》
宁志垚	中国传媒大学政府与公共事务学院硕士研究生	《作为方法论的政治传播——兼论信息时代的政治学研究》
王　念	中国传媒大学互联网信息研究院博士研究生	《中国机器人新闻技术进路与文化谱系：智媒时代信息生产的本土范式》
徐惊奇	上海外国语大学新闻传播学院博士研究生	《抗战时期延安电台英语广播对中共国际话语权的推动——以〈纽约时报〉为中心的考察》

第七届研究生论坛
（以史为鉴、开创未来：面向新征程的中国政治传播研究，2021）

姓名	单位及身份	论文题目
分论坛一：马克思主义与中国特色政治传播		
李 斌	中国社会科学院大学新闻传播学院博士研究生	《传播偏向下的沉积与传统——〈新莱茵报〉在中国早期传播考证史》
李 静	中国人民大学新闻学院博士研究生	《中国特色新闻价值体系的基本内涵与历史构建》
宋 建	南京师范大学马克思主义学院硕士研究生	《中国共产党在百年马克思主义中国化进程中的角色探究》
阎晓阳	北京大学马克思主义学院硕士研究生	《马克思主义在近代中国的传播——以〈东方杂志〉为中心的考察（1904—1948）》
赵月静	湖南大学马克思主义学院硕士研究生	《新民主主义革命时期马克思主义在乡村传播的实践启示》
赵志颖	湖南科技大学马克思主义学院硕士研究生	《新时代高校红色教育的智能媒体传播路径研究》
分论坛二：政治传播史论		
蔡 惠	北京外国语大学国际新闻与传播学院博士研究生	《图像框架中的"抗美援朝、保家卫国"运动——以1950年至1953年〈人民画报〉中的视觉创作为研究对象》
陈胜勇	中国传媒大学政治传播研究所博士研究生	《重回强大效果——对西方政治传播效果研究的反思》
王 婕	厦门大学新闻传播学院博士研究生	《水舟隐喻：中国古代政治传播的观念史研究——互动式政治传播效果论》
向青平	中国传媒大学传播研究院博士研究生	《县域社会治理的国家逻辑：基于基层媒体制度史的研究》
赵泽瑄	安徽大学新闻传播学院硕士研究生	《邵飘萍与袁世凯复辟帝制——以〈时事新报〉社评等新发现史料为中心的考察》

续表

姓名	单位及身份	论文题目
分论坛三：政治传播与政治参与			
艾民伟	香港中文大学新闻与传播学院博士研究生	《新闻消费、政治满意度与政治态度极化的关系》
李羽	北京交通大学语言与传播学院硕士研究生	《互联网使用对主观阶层认同的影响：社会网络职业异质性的中介效应》
芦猛	吉林大学新闻与传播学院硕士研究生	《农民媒介使用行为与其政治参与行为的关系研究——基于二元 Logistic 回归模型的分析》
谢晓琳	华中师范大学社会学系硕士研究生	《"我蛮夷也"：入关学刍论——当代青年的网络政治表达》
杨志健	华侨大学政治与公共管理学院硕士研究生	《差序政府信任如何影响政治参与？——基于 ABS 第四波数据的实证研究》
分论坛四：政治传播与国家治理			
董宇璞	中国政法大学光明新闻传播学院博士研究生	《国家与社会沟通视域下的国家认同建构和公民实现——以媒介事件作为情境》
宁志垚	中国传媒大学政府与公共事务学院、政治传播研究所博士研究生	《治理平台与平台治理：新技术视角下的互联网政治传播》
沈文瀚	南开大学新闻与传播学院本科生	《面子协商与分步传播的镶嵌：一种聚焦社区的政治传播方式——基于天津市 S 社区的实地研究》
王晶	复旦大学金砖国家研究中心硕士研究生	《国家危机互动中的意图传递——基于"清晰信号"的策略选择》
王鹏达	中国传媒大学电视学院硕士研究生	《人民领袖媒介记忆建构研究——基于"梁家河"新闻报道的文本考察》
分论坛五：国际政治传播			
李朝瑞	北京外国语大学国际关系学院硕士研究生	《十九大以来中国共产党政党外交的实践特征》
李佳颐	北京交通大学语言与传播学院硕士研究生	《中西方主流媒体话语权竞争下的双重中国形象——以"抵制新疆棉花事件"为例》
时盛杰	国际关系学院公共外交与文化传播专业硕士研究生	《政治哲学视角下国际传播的"交往理性"困境》

续表

姓名	单位及身份	论文题目
孙雨晴	华东师范大学政治学系硕士研究生	《变革与困境：中国外交部发言人新冠疫情回应的内容分析》
王怡丹	黑龙江大学俄语学院硕士研究生	《政治术语"一带一路"在俄罗斯传播与接受的实证研究》
郑宇龙 崔镁戈 奚光蕾	外交学院国际关系研究所博士研究生；博士研究生；博士研究生	《习近平外交思想的理论与实践——以中国共产党与世界政党领导人峰会为例》
分论坛六：媒介技术与政治传播		
刘章仪	复旦大学马克思主义学院博士研究生	《推荐算法介入下网络思想政治教育面临的风险及其应对》
曲秀玲	吉林大学马克思主义学院硕士研究生	《数字协商民主：优势、问题与优化》
王乐轩	中国传媒大学政府与公共事务学院、政治传播研究所硕士研究生	《信息地缘政治的权力逻辑》
殷昊	吉林大学行政学院博士研究生	《窄播时代的大众传播：新时代中国政治传播的挑战与主流媒体的应对策略》
赵奥博 李雨函	中国传媒大学电视学院硕士研究生；清华大学新闻与传播学院硕士研究生	《跨越边界的"权利"：互联网平台的三重属性》

第八届研究生论坛

（数字中国建设与政治传播研究，2022）

姓名	单位及身份	论文题目
分论坛一：数字技术与政治传播		
陈朝东	四川大学公共管理学院博士研究生	《数字政府掉入"技术陷阱"了吗？——关于公众视角下电子政务使用现状的调查研究》
金慧芳	杭州师范大学外国语学院硕士研究生	《数字乡村平台化进程中的农民数字素养形塑过程、平台张力与协作共治》
李瑛琦	中国社会科学院大学新闻传播学院博士研究生	《从"先验真实"到"后验真理"——算法技术环境中的新闻生产转向》
毛思佳	北京外国语大学国际关系学院硕士研究生	《地方数字政府改革逻辑与建设模式比较——基于中国省级数字政府政策文本分析》
叶恒语	西北工业大学马克思主义学院硕士研究生	《从异化走向自由：数字治理中人的主体性遮蔽与复归》
詹依依	西北大学新闻传播学院硕士研究生	《媒介可供性视角下地方媒体客户端政治传播创新研究》
分论坛二：政治传播与数字治理		
卢荣婕	东南大学法学院博士研究生	《政务数据的确权之路》
徐姝敏 高舒帆	兰州大学新闻与传播学院硕士研究生；硕士研究生	《"码"上数字治理：健康码常态化使用的驱动路径探究——基于ECM模型的fsQCA实证分析》
殷 昊	吉林大学行政学院博士研究生	《地方化网络舆情治理：对互联网时代基层政府回应性的解读》
张璐璐	武汉大学新闻与传播学院硕士研究生	《信息增效与自治悬浮：基层治理视角下全科网格数字化的双重影响——以浙江省丽水市FY乡为例》
赵大友 袁丰雪	鲁东大学文学院硕士研究生；教授、传媒系主任	《从脱域到嵌入：智媒时代网络空间现代化治理新路径》
分论坛三：数字时代的国际政治传播		
常益敏 贺 妍 Nissel Bruin	西北大学马克思主义学院博士研究生；西安石油大学硕士研究生；《New York Times》记者	《从俄乌关系报道看美国主流媒体对中国国家形象的建构——以〈纽约时报〉涉华舆情研究为例》

续表

姓名	单位及身份	论文题目
陈燕琪	上海外国语大学新闻传播学院硕士研究生	《理解外媒报道中的中国国家形象建构——基于国内涉华舆情研究的视角》
王乐轩	中国传媒大学政府与公共事务学院、政治传播研究所硕士研究生	《国际政治传播研究的理论资源与价值关怀》
杨欣雨 时盛杰	国际关系学院硕士研究生；国际关系学院与丹麦奥尔堡大学联合培养硕士研究生	《被误解的成就：解析西方的"数字中国"认知》
周怡廷 彭 玲	北京外国语大学国际新闻与传播学院硕士研究生；硕士研究生	《关键影响者的角色实践：基于SNA的国际网络舆情传播研究》
分论坛四：政治传播与政治参与		
艾民伟	香港中文大学新闻与传播学院博士研究生	《从新闻消费到政治信任：公共讨论、私下讨论与理性原则的角色》
杜全清清 倪虹悦	中国传媒大学传播研究院硕士研究生；郑州大学新闻与传播学院硕士研究生	《小镇青年短视频使用对政治认同的影响——媒介与政治信任的中介作用》
刘 嘉	中央民族大学新闻与传播学院硕士研究生	《党史类新闻游戏的叙事特征与传播策略》
邵 乐	中国传媒大学政府与公共事务学院、政治传播研究所硕士研究生	《"情"与"理"：我国网络公共舆论中的公民政治心理研究》
王贤思	北京外国语大学硕士研究生	《屏里屏外：少数民族地区农村大喇叭抗疫传播实践——基于云南省寻甸回族彝族自治县B村的研究》
张迎新 刘丁香 万立良	电子科技大学公共管理学院硕士研究生；硕士研究生；北京外国语大学国际新闻与传播学院博士研究生	《线上喧嚣与线下沉默：互联网使用对公众政治参与的影响——基于CGSS微观调查数据的实证研究》
分论坛五：政治传播与媒介话语		
崔冠云	北京航空航天大学公共管理学院硕士研究生	《公共问题多主体博弈格局与公共能量场构建的新范式——基于〈向前一步〉的探索性思考》

续表

姓名	单位及身份	论文题目
冯俊雄	西华师范大学新闻传播学院硕士研究生	《重大突发事件中县级融媒体的内容生产——"邻水发布"突发疫情报道的个案分析》
史磊	重庆大学新闻学院博士研究生	《西方媒体对"中国英雄"形象的建构与解构——基于费氏三维话语模型的分析》
王雪雁	中国传媒大学电视学院硕士研究生	《媒介社会学视域下县级公安政务新媒体对警察形象的再现》
王志威	爱丁堡大学社会与政治科学学院博士研究生	《"中国人在线"——以互联网为媒介的中国国族认同的话语（再）生产》
袁千惠	中国传媒大学政府与公共事务学院、政治传播研究所硕士研究生	《"看不见的她"——网络政治传播中性别议题的沟通困境》
分论坛六：政治传播史论		
李世强	天津师范大学新闻传播学院博士研究生	《从"病夫"到"社会主义新人"：新中国体育宣传画中的政治身体生产和情感动员研究（1949—1978）》
马磊 龙倩 吴娟 贺佳欣	贵州民族大学传媒学院硕士研究生；硕士研究生；硕士研究生；硕士研究生	《中国网络政治传播互动：生成逻辑、要素和关系演变》
万立武	辽宁大学新闻与传播学院硕士研究生	《作为中国古代实用政治传播形式的"假托"：概念、机制与内涵》
王婕 谢清果	厦门大学新闻传播学院博士研究生；教授、副院长	《对天言说与人民民主：传统民心政治的交流路径与政治传播模式的"双创"研究》
张小健 蔡明伦	湖北师范大学历史文化学院硕士研究生；教授	《舆论之场：由"报闻""不报"管窥明季政治文化的嬗变》
赵隶阳	中国传媒大学政府与公共事务学院、政治传播研究所硕士研究生	《孔子正名观念的政治传播价值研究》

第九届研究生论坛

（政治传播：历史、现实与未来，2023）

姓名	单位及身份	论文题目
分论坛一：	数字技术与政治传播	
陈思凝	中国传媒大学政府与公共事务学院硕士研究生	《以游戏为媒：重审政治传播实践》
李华伟 洪杰文	武汉大学新闻与传播学院博士研究生；教授	《短视频平台上红色文化的记忆书写及其传播路径研究——基于"记忆之场"理论》
王　楠 于轶婷	中国社会科学院大学新闻传播学院博士研究生；四川省社会科学院新闻传播研究所硕士研究生	《计算传播与政治传播的相遇：历史与未来》
赵艺童 于　晶	华东师范大学政治与国际关系学院硕士研究生；传播学院副教授	《政务新媒体多平台信息传播效果及影响因素的比较研究——基于"陕西交警"新媒体矩阵的考察》
赵紫荆 张开平	清华大学社会科学学院政治学系博士研究生；副教授	《GPT模型如何给社会科学带来范式变革？以政治传播研究为例》
分论坛二：	政治传播史论	
李安琪	南京大学新闻传播学院硕士研究生	《从"落脚点"到"出发点"：论作为媒介的窑洞——以延安时期知识分子为考察中心（1935—1948）》
刘　洋	中国人民大学新闻学院博士研究生	《无声的译者：重访中日新闻交流史上的古城贞吉》
严　琦	湖南大学新闻与传播学院硕士研究生	《从规范理论看徐宝璜〈新闻学〉中的报刊角色观》
杨志鹏 宋素红	北京师范大学新闻传播学院硕士研究生；教授	《"人神传播"如何影响殷商国家治理？——传播权力视阈下的甲骨卜辞再探》
姚　君 丁云亮	安徽师范大学新闻与传播学院博士研究生；教授	《天命思想的符号建构：商周鼎革中凤鸟神话的政治传播论》

续表

姓名	单位及身份	论文题目
分论坛三：国际政治传播		
李昂	复旦大学新闻学院硕士研究生	《一种社会运动，两种新闻故事——对〈纽约时报〉黑人与亚裔抗争运动报道的比较研究》
时盛杰 杨欣雨	厦门大学新闻传播学院博士研究生；国际关系学院文化与传播系硕士研究生	《认知行为视角下中国对中等强国的战略传播提升路径研究》
师喆 顾洁 黄文昕	中国传媒大学媒体融合与传播国家重点实验室博士研究生；电视学院教授；媒体融合与传播国家重点实验室博士研究生	《游离、依附与契洽：美国智库的国际传播历史回望与进展》
万立良 刘丁香 苟圆圆	北京外国语大学国际新闻与传播学院博士研究生；中国传媒大学电视学院博士研究生；电子科技大学泛喜马拉雅地区传播研究中心助理研究员	《美国智库对"讲好中国故事"议题的认知分析》
张佩豪	中国传媒大学媒体融合与传播国家重点实验室博士研究生	《讲好中国故事的"语境转维"和"话语势能"营造——基于国际政治传播话语视角的研究》
分论坛四：政治传播史论		
霍宗毅 经羽伦	清华大学新闻与传播学院博士研究生；复旦大学新闻学院博士研究生	《映像中国与印象中国：个体政治价值观如何影响中国国家形象认知——基于亚洲晴雨表的实证研究》
宁志垚	中国传媒大学政府与公共事务学院博士研究生	《中国自主知识体系中的政治传播学》
王婕 谢清果	厦门大学新闻传播学院博士研究生；教授	《工具论与存在论：中西水舟原型叙事比较与媒介理解差异》
王乐轩	中国传媒大学政府与公共事务学院、政治传播研究所硕士研究生	《政治营销何以兴起：基于政党体系结构变迁的理论解释》

续表

姓名	单位及身份	论文题目
左雯榕	南京大学新闻传播学院硕士研究生	《歌以咏志：央视春晚歌曲中的政治意涵探究》
分论坛五：政治传播与政治实践		
储照胤 陈家欣 李乐辰	中国传媒大学传播研究院硕士研究生；硕士研究生；硕士研究生	《社会支持与网络政治参与——基于台湾传播调查数据库的探索分析》
宋国澳	中国传媒大学电视学院硕士研究生	《我国智慧广电乡村工程的政策工具选择与目标价值调适——基于政策文本的内容分析》
宋 爽	北京师范大学新闻传播学院博士研究生	《高选择媒介环境下的政治讨论：政治兴趣、媒介信任与对话开放性的作用》
张保军	中国人民大学中共党史党建学院博士研究生	《新中国成立初期农业合作化中的政治动员与农民认同——以京郊为例（1950—1956）》
赵浩天	华中科技大学新闻与信息传播学院硕士研究生	《社交媒体使用对青年政治知识的影响研究：检验导向需求与知识的内容结构特征》
分论坛六：政治传播与国家治理		
韩佳良	武汉大学新闻与传播学院硕士研究生	《全过程治理与悬浮困境：基层社会风险平台化治理的双重效应——以Z市C村专项治理机制平台为例》
贾浩伟	中国社会科学院大学新闻传播学院博士研究生	《新闻治理与乡村现代化：中国共产党乡村新闻政策的演进规律及功能使命》
马镜涵 李耘耕	上海交通大学媒体与传播学院硕士研究生；副教授	《中国传统媒体使用和互联网使用与地方政府政治信任的强化螺旋效应》
夏博阳	中国传媒大学政府与公共事务学院硕士研究生	《基于和合文化视角的网络空间治理探究》
张艺瑜 王勇安	陕西师范大学新闻与传播学院博士研究生；教授	《革命根据地"山沟马列主义"出版考察——兼论党出版事业的"智库"功能》
分论坛六：政治传播史论		
胡子琪	安徽大学哲学学院硕士研究生	《大众媒介的意识形态建构——论阿尔都塞的传播机器》
龙 盼	南京大学新闻传播学院硕士研究生	《"对聋者宣讲"：国民党中央广播电台的新生活运动宣传（1934—1937）》

续表

姓名	单位及身份	论文题目
陆 玲	华东师范大学传播学院硕士研究生	《学做新闻：上海工人通讯员的创作劳动与文化塑造（1949—1955）》
邵 乐	中国传媒大学政府与公共事务学院、政治传播研究所硕士研究生	《派伊发展传播学框架下中美政治仪式的比较》
王超慧	中国人民公安大学治安学院博士研究生	《抗日战争时期治安强化运动报道的话语分析》
分论坛七：政治传播与政治实践		
李卓琳 施睿哲	南开大学周恩来政府管理学院本科生；本科生	《"凝视"与"在场"：爆红城市双重空间的流量治理机制》
刘烜弟	北京外国语大学国际关系学院硕士研究生	《想象中的共同体：媒体使用对个人民族主义倾向的影响——基于2019—2020网民社会意识调查数据的实证研究》
施 伟	山东大学政治学与公共管理学院硕士研究生	《西方政党的算法运用及其对民主政治的影响》
孙留馨 杨 窈	湖南大学新闻与传播学院硕士研究生；硕士研究生	《粉丝与"小粉红"：身份冲突下的心理与选择》
张 洋	云南师范大学传媒学院硕士研究生	《基于扎根理论的俄乌冲突中多种变量互文性关系分析》
分论坛八：政治传播与主流意识形态		
程雨宁	湖南理工学院新闻传播学院硕士研究生	《媒介事件下行动者网络如何解释中国的政策议程设置？——基于两会议题高热度传播的社会网络分析》
廖明珠	湖南科技大学人文学院硕士研究生	《中共二十大全球舆情中的中国国家形象建构研究》
亓明超	首都师范大学马克思主义学院博士研究生	《短视频时代主流意识形态传播的风险挑战及优化路径》
原子茜	中央民族大学教育学院博士研究生	《如何讲好中国故事——高等教育推动政治传播工作的时代价值和路径选择》
郑昊霖	青海民族大学民族学与社会学学院博士研究生	《政治符号赋能铸牢中华民族共同体意识研究》